KB161794

윌 듀랜트(1885~1981)　미국의 역사가이자 철학자

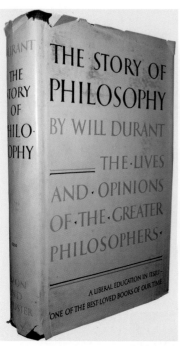

▲월 듀랜트와 아내 에어리얼 듀랜트

◀《철학이야기》는 철학의 역사를 가장 매력적으로 소개한 책으로 꼽힌다.

《문명이야기 *The story of civilization*》 전11권으로, 그 가운데 몇 권은 듀랜트의 아내가 썼다.

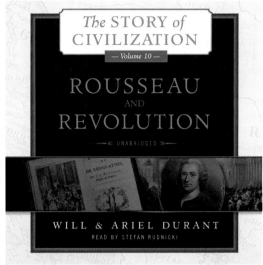

▲듀랜트는 《문명이야기》 11권 가운데 제10권인 《루소와 혁명》으로 퓰리처상을 받았다.

◀《철학의 즐거움》은 고리타분한 상아탑 속에만 들어앉아 있던 철학을 대중 앞으로 이끌어낸 획기적 명저로 평가받는다.

듀랜트의 저서들은 일반 대중들에게 인간에 대한 이해의 지평을 넓히고, 인류의 지식을 더 폭넓게 공유할 수 있도록 해주었다.

▲1977년, 듀랜트는 '자유 훈장'을 받았다.
▼아내 에어리얼이 죽은 지 13일 뒤, 듀랜트도 뒤따라 세상을 떠났다.

케빈 놀란 〈에어리얼 듀랜트의 결혼식날〉
듀랜트 부부는 철학사에서 보기 드문 러브
스토리의 주인공이었다.

컬럼비아 대학교   1917년, 듀랜트는 컬럼비아 대학교에서 〈철학과 사회문제〉로 박사 학위를 받았다.

세계사상전집041
Will Durant
THE STORY OF PHILOSOPHY
철학이야기
월 듀랜트/임헌영 옮김

동서문화사

이 책을 읽는 이에게

이 책은 완전한 철학사(哲學史)는 아닙니다. 소수의 뛰어난 사람들을 중심으로 사변적인 사상의 연혁을 이야기하고, 그럼으로써 지식이라는 것에 인간성을 주려고 기도한 것입니다.

선발된 사람들을 생생하게 다루기 위해, 부수적인 이들은 생략했습니다. 반 전설적인 소크라테스 이전의 철학자, 스토아학파와 에피쿠로스학파, 스콜라 철학자와 인식론자에 대한 취급을 충분히 하지 않은 것은 그 때문입니다. 나는 생각하건대, 인식론은 근대 철학을 유괴하여 거의 그 몸을 파멸시켜 버렸습니다.

나는 인식 과정의 연구가 심리학이 할 일이며, 철학은 경험 그 자체의 양식 및 과정의 분석적 기술이 아니라 모든 경험의 종합적 해석이라고 이해될 때가 올 것을 기대합니다. 분석은 과학에 속하며 우리들에게 지식을 주지만, 철학은 지혜를 위한 종합력을 가져야 합니다.

나는 여기에, 교육과 여행의 기회를 주고 고귀한 지적 생활에 대한 열정을 불어넣어 준 얼덴 프리만에게 도저히 갚을 수 없는 은혜를 입고 있음을 말하고자 합니다. 이 둘도 없는 친구가 이 책―그리 중요하지도 않은 불완전한 책이긴 하지만―속에서, 그의 관용과 성의에 대해 조금이나마 보답이 될 만한 무엇인가를 발견하길 바랍니다.

W.J. 듀랜트

철학이야기
차례

머리글
철학의 효용에 대하여

철학에는 즐거움이 있으므로 형이상학의 신기루까지도 매력이 있습니다. 그것은 형이하적 생존의 '조잡한 필요'에 의해 사상의 언덕에서 경제적 투쟁과 획득의 시장으로 질질 끌려 내려갈 때까지, 모든 학생들이 느끼는 매혹입니다. 우리들 대부분의 사람들은 사실 플라톤이 말한 대로 철학이 이른바 '귀중한 기쁨'이었던 멋진 청춘의 나날을 경험해 왔습니다. 그때는 깨달을 듯하면서도 알쏭달쏭한 '진리'에 대한 사랑이, 육욕이나 이 세상의 사소한 일과는 비교도 안 될 만큼 찬란하게 느껴졌던 나날이었습니다. 그리고 우리들의 마음속에는 언제나 지혜에 대한 젊은 날의 사랑의 아쉬움이 남아 있습니다.

우리는 브라우닝과 같이 '인생은 의미를 가지고 있다. 그리고 그 의미를 찾아내는 것이 무엇보다도 큰 나의 즐거움이다'라고 느끼고 있습니다. 우리들의 생활은 대부분이 무의미하며, 그것은 자기 파괴적인 미망(迷妄)이요, 무익한 소행이 되고 있습니다. 우리는 우리를 에워싸고 있는 혼돈과 우리의 내부에 쌓인 혼돈을 상대로 싸우고 있는데, 만일 우리 영혼의 수수께끼를 풀 수만 있다면 우리 안에 생명을 지탱하는 의미심장한 무언가를 믿을 수 있습니다.

우리는 '인생이란 우리의 본질과 경험하는 모든 것을 끊임없이 빛과 불꽃으로 바꾸는 것을 의미한다'(니체, 《즐거운 지혜》)라는 말을 이해하고 싶어 합니다. 우리는 《카라마조프 형제들》에 나오는 미챠와 같이 '수백만금을 구하는 것이 아니고 자기의 여러 가지 의문에 대한 해답을 구하는 사람들 중의 한 사람'입니다. 우리는 지나가는 것들의 가치와 전망을 포착하여 그날그날 일어나는 일의 큰 소용돌이 속에서 우리들 자신을 끌어올리고 싶은 것입니다. 작은 일은 작다, 큰일은 크다는 것을 너무 늦기 전에 알고 싶은 것입니다. 사물이 '영원한 빛 속에서' 보일 모습을 지금 똑똑히 보고 싶은 것입니다. 피할 수 없는 일을 당하고도 웃을 수 있듯이, 죽음의 발소리를 듣고도 미소 지을 수 있게 되고 싶은 것입니다. 우리는 완전하고 싶고 여러 가지 욕망을 비판하고 조화시킴으로써 우리의 에너지를 조절하고 싶은 것입니다. 에너지의 조절은 윤리학과 정치학 그리고 논리학과 형이상학의 마지막 판단 기준이기 때문입니다.

"철학자란" 하고 소로는 말했습니다. 철학자란 "단순히 정묘(精妙)한 사상을 가진 자도 아니고, 또한 어떤 학파를 창립한 자를 두고 하는 말도 아니며, 지혜의 지시에 따라 간소, 독립, 아량 및 신뢰의 생활을 하기 위해 지혜를 사랑하는 자이다." 우리가 지혜를 찾아낼 수만 있다면 그 밖의 모든 것도 우리에게 주어진다고 믿어야 합니다.

"먼저 마음을 선하게 하라." 베이컨은 우리에게 권고하고 있습니다. "그러면 다른 모든 것은 찾아올 것이며, 찾아오지 않더라도 고통은 되지 않을 것이다." 《학문의 진보》 진리가 우리를 부유하게 못할지라도 그 대신 우리를 자유롭게 해줍니다.

무례한 독자 가운데는 여기서 우리를 가로막고, 철학은 장기(將棋)처럼 무익하고 무지처럼 애매하며 만족처럼 활발치 못하다는 사람도 있습니다. "철학자들이 쓴 책처럼 어이없는 것은 없다." 키케로는 말했습니다. 그리고 대부분의 철학적 비상은 희박한 공기의 부력에 의지하고 있었습니다. 우리는 이 책의 항해에선 밝은 항구에만 들어가고, 형이상학의 진흙 바다와 신학적 논쟁의 '노도의 바다'에는 들어가지 않도록 합시다.

그러나 철학은 진정 무기력한 것일까요. 과학은 항상 전진하고 있는 것 같은데, 철학은 언제나 쇠퇴하고 있는 것 같습니다. 하지만 이것은 아직 철학이 과학으로 해결하지 못하는 여러 문제, 즉 선과 악, 미(美)와 추(醜), 질서와 자유, 삶과 죽음 같은 문제를 취급하는 어려운 모험을 맡고 있기 때문입니다. 연구의 영역이 정밀하게 공식화할 수 있는 지식을 제공하면 그것은 과학이라 불립니다.

모든 과학은 철학으로 시작하여 기술로 끝나고, 가설에서 일어나 업적으로 흘러듭니다. 철학은—형이상학처럼—알려져 있지 않은 것의, 혹은—윤리학이나 정치학처럼—정밀하게 알려져 있지 않은 것의 가설적 해석입니다. 철학은 진리의 공략전에 있어서 최전방 참호입니다.

과학은 점령 지구로써 그 뒤는 안전 지대이며, 지식과 기술이 거기에 불완전하지만 놀라운 세계를 건설하고 있습니다. 철학은 갈 바를 몰라서 우뚝 서 있는 것 같으나, 이는 철학이 승리의 과실(果實)을 그의 딸인 과학에 남겨 주고 자신은 숭고한 불만을 안고 불확실한 미지의 세계로 발을 들여 놓은 까닭입니다.

좀 더 전문적으로 말하겠습니다. 과학은 분석적 기술이고, 철학은 종합적 해석입니다. 과학은 전체를 부분으로, 유기체를 기관(器官)으로, 애매한 것을 확실한 것으로 분해하려고 합니다. 그것은 사물의 가치와 이상적 가능성을 탐구하는 것도 아니요, 사물 전체로서의 궁극적 의의를 탐구하는 것도 아닙니다. 사물이 현재 실정과 작용을 표시하는 것으로 만족하고, 사물 자체의 성질과 과정을 주시하는 것으로 한합니다.

과학자는 투르게네프의 시에 나오는 '자연'과 같이 공평무사합니다. 과학자는 벼룩의 다리에 대해서도 천재의 창조적 고민과 같은 흥미를 느낍니다. 그러나 철학자는 사실을 서술하는 것에 만족하지 않고 사실의 경험과 일반에 대한 관계를 알아내어 그것의 의미와 가치를 찾아내려 합니다. 철학자는 사물을 결합해 종합적 해석을 합니다. 즉 탐구적인 과학이 분석적으로 분해한 우주라는 거대한 시계 장치를 전보다 더 훌륭하게 조립하려고 시도하는 것입니다.

과학은 어떻게 치료하고, 어떻게 죽이는가를 가르쳐 줍니다. 사망률을 줄이는가 하면 전쟁에서 사람을 대규모로 죽입니다. 오직 지혜—모든 경험의 빛 속에서 조절된 욕구—만이 우리에게 언제 치료하고, 언제 죽여야 하는지를 가르칠 수 있습니다. 과정을 관찰하고 수단을 구성하는 것이 과학이라면, 모든 목적을 비판하고 조정하는 것이 철학입니다. 그러나 오늘날 우리의 수단과 기계가 우리의 이상과 목적에 대한 해석과 종합보다 더욱 증대되었으므로 우리의 생활은 무의미한 소음과 광란으로 가득 차 있는 것입니다. 왜냐하면 사실이란, 욕구와 관계가 없는 하나의 무(無)이며, 목적과 전체에 관계가 없는 한 완벽하지 않기 때문입니다. 철학이 없는 과학, 전망이 없거나 혹은 평가를 떠난 사실은 우리를 황폐와 절망에서 구출할 수 없습니다. 과학은 우리에게 지식을 줍니다. 그러나 오직 철학만이 우리에게 지혜를 줄 수 있습니다.

자세히 말하자면, 철학은 연구 및 논술의 다섯 가지 분야, 즉 논리학, 미학, 윤리학, 정치학 및 형이상학을 포함하고 있습니다. '논리학'은 사고 및 탐구의 이상적 방법에 대한 연구로, 관찰과 내성, 연역과 귀납, 가설과 실험, 분석과 종합—이러한 것이 논리학이 이해하고 지도하려는 인간 활동의 형식입니다. 그것은 우리 대다수 사람들이 그다지 환영하지 않는 학문이지만, 그럼에도 불구하고 사상사상(思想史上)의 위대한 사건은 사고 및 탐구의 방법을 개선한 것입니다. '미학(美學)'은 이상적 형태, 혹은 미에 대한 연구, 즉 예술의 철학입니다. '윤리학'은 이상적 행위에 대한 연구입니다. 소크라테스에 따르면 최고의 지식은 선과 악에 대한 지식, 인생의 지혜에 대한 지식입니다. '정치학'은 이상적 사회 조직에 대한 연구입니다(흔히 생각하는 관직의 획득 및 확보에 대한 기술이나 학문은 아닙니다). 군주 정체, 귀족 정체, 민주주의, 사회주의, 무정부주의, 페미니즘—이것들이 정치 철학의 등장인물입니다.

그리고 끝으로 '형이상학'(이것은 철학의 다른 여러 형식과 같이 현실적인 것을 이상의 빛에 비추어 조정하려는 것이 아니므로 매우 번거로운 일이 됩니다)은 사물의 '궁극적 실재'에 대한 학, 즉 '물질'의 진정한 종극적 본성에 대한 학(존재론)과 '정신'의 진정한 종극적 본성에 대학 학(철학적 심리학)과 지각 및 인식의 과정에 있어서의 '정신'과 '물질'의 상호 관계에 대한 학(인식론) 등입니다.

이상이 철학의 여러 부문입니다. 그러나 이와 같이 분석해 버리면 철학의 아름다움과 매력은 사라집니다. 우리는 그것을 철학의 시들어빠진 추상성과 형식성 속에서가 아니라, 천재들의 생생한 표현 속에서 찾을 것입니다.

우리는 단순히 여러 가지 철학을 연구할 뿐만 아니라 모든 철학자들을 연구할 것입니다. 우리는 잠시 사상의 성자나 순교자들과 함께 지내면서 정신의 빛을 듬뿍 받읍시다. 그러면 우리는 어느 정도 레오나르도가 말한 바 있는 '이해의 기쁨'이라고 하는 가장 고귀한 즐거움'을 맛볼 수 있을 것입니다. 이와 같은 철학자들은 우리들이 바르게 접근한다면 반드시 무엇인가를 가르쳐 줍니다. 에머슨은 "진정한 학자의 비밀을 아는가? 누구에게나 내가 배울 수 있는 무엇인가가 있다. 그 점에서 나는 모든 사람의 학생이다"라고 말합니다.

분명히 우리는 역사상의 위인에 대해 우리의 자존심을 손상하는 일 없이 이런 태도를 취할 수 있습니다. 또 에머슨은, 천재가 하는 말을 들을 때 우리는 그와 같은 생각—우리는 그것을 말로 표현할 길, 혹은 용기가 없었지만—을 젊은 시절에 막연히 가졌다는 기억이 희미하게 떠오른다고 말합니다. 에머슨의 이 말을 들으니 우리도 좀 우쭐해지는 것 같습니다. 사실 위대한 사람들은 우리에게 오직 그들이 하는 말을 들을 귀와 마음만 갖추어져 있으면—적어도 우리가 그들의 안에 꽃을 피우고 있는 뿌리를 마음속에 가지고 있다면—우리에게 말을 걸어 줍니다. 우리 역시 그들의 경험을 겪어 왔지만, 우리는 그들이 얻은 미묘한 숨은 뜻을 흡수하지 못했습니다.

우리는 우리의 주위에서 윙윙거리는 실재의 배음(倍音)을 느끼는 힘이 없있습니다. 천재는 배음, 즉 천상의 음악을 듣습니다. '철학은 최고의 음악'이라는 피타고라스의 말을 천재는 알고 있습니다.

그러므로 그들이 하는 말에—일시적인 오류는 용서하고—귀를 기울이고, 그들이 애써 가르치고자 하는 여러 가지 교훈을 열심히 배워야 합니다. 늙은 소크라테스가 크리톤에게 한 말을 기억하십시오.

"도리를 생각해서 철학 교사들이 옳은가 그른가를 따질 것 없이 오직 철학에만 몰두하라. 그리고 아주 충실하게 검토해 보라. 그 결과, 만일 철학이 나쁜 것이라면 모든 사람들이 철학을 버리게 하라. 그러나 만일 철학이 내가 확신하는 것과 같다면, 철학을 따르고 섬기며 기운차게 살아가라."

플라톤

1. 플라톤의 상황

유럽 지도를 보면 그리스는 다섯 손가락을 구부린 해골 같은 손을 지중해 속으로 뻗치고 있다. 그 남쪽에 가로놓여 있는 것이 크레타섬으로, 그 섬에서 욕심 많은 이 다섯 손가락은 그리스도 기원전 2000년경에 문명과 문화의 실마리를 잡았다. 동쪽에는 에게해(海)를 넘어서 소아시아가 있다. 지금은 비록 소리도 없이 잠들어 있는 것 같지만, 플라톤 이전의 시대에는 산업과 상업 및 투기로 약동하던 곳이다. 서쪽에는 이오니아해를 사이에 두고 바닷속에 피사의 사탑처럼 툭 튀어나온 이탈리아와 시칠리아 및 에스파냐가 있으며, 그 때는 이 모든 나라에 그리스의 식민지가 번영하고 있었다. 그리고 에스파냐의 맨 끝 쪽에 있는 '헤라클레스의 기둥(지브롤터)'은 고대의 뱃사람들이 감히 지나가려 하지 않았던 불길한 문이었다. 다음에 북쪽은 당시 테살리아·에피루스·마케도니아라 불리던 아직 길들여지지 않고 반쯤은 야만적인 지역으로, 정력적인 종족이 거기서 또는 그곳으로 점차 들어와 호메로스와 페리클레스 시대의 그리스 천재들을 낳았다.

다시 한번 지도를 보라. 무수한 해안선의 출입과 육지의 기복(起伏)이 보인다. 어디에나 항구가 있어 바다가 들어와 있고, 땅에는 산과 언덕이 중첩되어 있다. 그리스는 이런 자연적 장벽에 의해 고립된 단편으로 분리되었다. 여행이나 통신의 곤란과 위험은 지금에 비할 바 아니었다. 따라서 모든 하천 유역은 자급자족의 경제 생활, 자치 정치, 거기에 따르는 제도, 방언과 종교와 문화를 발달시켰다. 또한 여기에는 각각 한두 개 정도의 도시가 있었는데, 산비탈에 뻗친 도시의 주변은 농업에 적합했다. 그것이 바로 에우보이아·로크리스·아이톨리아·포키스·보이오티아·아카이아·아르골리스·엘리스·아르카디아·메세니아·라코니아(스파르타 포함)·아티카(아테네 포함) 등의 '도시국가'였다.

끝으로 다시 한번 지도를 보고 아테네의 위치를 관찰해 보자. 아테네는 그리스의 비교적 큰 도시 가운데 제일 동쪽에 위치해 있다. 아테네는 그리스인이 소아시아의 번화한 여러 도시로 나가는 문이었고, 먼저 발달한 오래된 도시들이 청춘기에 있는 그리스에 그들의 사치품과 문화를 내보내는 데 유리한 위치에 있었다. 아테네에는 피레우스라는 훌륭한 항구가 있어, 많은 선박들이 그곳에서 거친 파도를 피했을 것이다. 사실 아테네는 대규모의 상선대(商船隊)를 가지고 있었다.

기원전 490년에서 470년에 걸쳐 스파르타와 아테네는 적대감을 버리고 군사력을 합병한 뒤 그리스를 아시아 제국의 식민지로 삼으려는 다리우스와 크세르크세스가 지휘하는 페르시아인의 공격을 물리쳤다. 쇠약한 동방에 대한 젊은 유럽의 전투에 스파르타는 육군을, 아테네는 해군을 파병했다. 전쟁이 끝나자 스파르타는 군대를 해산시켰고 그 결과 경제적 혼란에 빠졌다. 그러나 아테네는 해군을 상선대로 전환하여 고대 세계에서 최대 상업 도시의 하나가 되었다. 스파르타는 다시 농업의 퇴영(退嬰)과 침체에 빠졌으나 아테네는 번성하는 시장 및 상업 항구가 되어, 많은 인종과 모든 제사·풍속의 집합지가 되었다. 따라서 그들 여러 인종들과의 접촉 및 경쟁은 비교와 분석과 사상을 낳았다.

이 같은 모든 교류의 중심지에서는 전통과 교리가 서로 충돌하므로, 지리적으로 중대한 역할은 할 수 없다. 신앙이 무수히 많을 경우 우리들은 그 모든 신앙에 대해 회의를 느끼기 쉽다. 아마도 최초의 회의주의자는 무역업자일 것이다. 너무나 많은 것을 보았으므로 너무 많은 신앙을 믿지 못할 것이다. 그리고 모든 인간을 바보와 악한으로 분류하는 일반적인 상인 기질로 인해 그들에겐 모든 신조를 의심하는 버릇이 있다. 그들은 또한 서서히 과학을 발달시켰다. 교역이 복잡해짐에 따라 수학이 발달하고, 항해가 늘어남에 따라 천문학이 발달했다. 부(富)의 증대는 탐구와 사색에 없어서는 안 될 여유와 안정을 가져왔다. 바야흐로 사람들은 단순히 바다의 길잡이로서만이 아니라, 우주의 수수께끼를 풀기 위해 별을 연구했다. 최초의 그리스 철학자들은 천문학자였다. '페르시아 전쟁 뒤, 사람들은 그 공적을 자랑하기 위하여 한층 더 멀리 진출했다. 그들은 모든 지식을 고국으로 가지고 돌아와 더욱더 넓게 여러 학문

플라톤

을 탐구했다'고 아리스토텔레스가 말했듯이 사람들은 초자연의 힘으로만 돌리던 변화나 사건의 자연적 설명을 대담하게 시도하게 되었다. 마술과 제사는 점차 과학과 관찰에 길을 양보하고, 그리하여 철학이 시작되었다.

처음에 철학은 자연학이었다. 그것은 물질세계에 주의를 기울여, 무엇으로도 돌아갈 수 없는 사물의 가장 궁극적인 성분이 무엇이냐는 문제였다. 이러한 사고의 자연적 결론은 '사실은 원자(아톰)와 공허(캐논)밖에 없다'는 데모크리토스(기원전 460~360년)의 유물론이었다. 이것이 그리스 사상의 한 주류였다. 그것은 플라톤의 시대에는 잠시 지하에서 흐르지만 에피쿠로스(기원전 342~270년) 때에 이르러 다시 표면화되어 루크레티우스(기원전 98~55년)에 이르러서는 도도한 급류가 된다.

그러나 그리스 철학의 가장 독특하고 풍요로운 발전은 소피스트들에 의해 형성되었다. 그들은 사물의 세계를 외적으로 주시하기보다는 오히려 내적으로 자기 자신의 사상이나 본성에 주목했다. 그들은 모두 슬기로운 사람들이었고 (이를테면 고르기아스와 히피아스), 대부분은 심원(深遠)한 사상가였다(프로타고라스와 프로디코스). 정신이나 행위에 대한 현대 철학의 문제나 그 해결로써 그들이 생각지 못하거나 논의치 않은 것은 거의 없었다. 그들은 모든 일에 의문을 품고, 종교 및 정치상의 터부도 두려워하지 않고 나섰다. 그리하여 대담하게 신조와 제도를 이성의 법정에 불러냈다. 정치학에서 그들은 두 파로 갈라졌다. 한편은 루소처럼 자연은 선(善)하고 문명은 악하며, 사람은 날 때부터 평등하지만 단지 계급이 만든 제도에 의해 불평등해졌을 따름이며, 법률은 강자가 약자를 속박하여 지배하기 위한 발명이었다고 주장했다. 다른 한 파는 니체처럼 자연은 선악을 초월하며, 모든 사람은 날 때부터 불평등하고, 도덕은 약자가 강자를 구속하여 그 힘을 저지하기 위한 발명이고, 힘은 최고의 덕이며 인간 최고의 욕구이다. 그리고 모든 정치 형태 중 가장 현명하고 가장 자연스러운 것은 귀족정치라고 했다.

민주정치에 대한 이런 공격은 의심할 여지없이 스스로 과두정치파(寡頭政治派)라고 자칭하며, 민주정치를 헛된 속임수라고 비난한 아테네의 부유한 소수파가 출현한 것을 반영하고 있다. 이것은 어떤 의미에서 비난할 정도의 민주정치는 존재하지 않았던 것이다. 왜냐하면 40만의 아테네 주민 중에 25만은 노예로서 어떤 종류의 정치적 권리도 없었으며, 15만의 자유민 중 에클레시아(국민의회―국가의 정책이 토의되고 결정되는 일반 의회)에 출석할 수 있는 자는 소수에 지나지 않았기 때문이다. 그러나 그들 자유민이 가졌던 민주정치는 그 이후 한번도 재현된 일이 없을 만큼 철저한 것이었다. 에클레시아는 최고의 권력이었다. 그리고 최고 관직인 디카스테리온(최고재판소)은 1천 명 이상으로 구성되었으며,[1] 전 시민의 명부에서 알파벳 순서로 선출하고 있었다. 이보다 더 민주적인 제도는 없었을 것이며, 또한 그 반대자들의 말에 따르자면 이토록 어리석은 제도도 없었다.

30년 동안 계속된 펠레폰네소스 대전쟁(기원전 430~400년) 때, 스파르타 육군은 아테네의 해군과 싸워 마침내 이를 격파했지만, 이 전쟁 중 크리티아스가 이끄는 아테네의 과두정치파는 민주정치가 전시에 무력하다는 이유로 폐지를 주장하며, 은근히 스파르타의 귀족정치를 찬양했다. 그 결과 많은 과두정치파 지도자들이 추방되었다.

그 때문에 결국 아테네를 항복시킬 때, 스파르타가 제안한 강화 조건의 하나는 이들 추방된 귀족주의자들을 복귀시키라는 것이었다. 그들은 복귀하자마자 크리티아스를 당수로 하여 비참한 전쟁 기간을 지배한 '민주정치파'에 대해 부유층의 혁명을 선언했다. 혁명은 실패로 돌아가고, 크리티아스는 전장에서 쓰러졌다.

그런데 이 크리티아스는 소크라테스의 제자였고, 플라톤의 숙부였다.

2. 소크라테스

고대의 유품으로 전해 내려온 흉상을 가지고 판단한다면, 소크라테스만큼

---

[1] 1천 명 이상의 인원으로 구성된 까닭은 뇌물을 주고 싶어도 비용이 많이 들어 줄 수 없도록 하기 위해서이다.

못생긴 사람도 없을 것이다. 대머리에다, 크고 둥근 얼굴, 물끄러미 바라보고 있는 우묵한 눈, 수많은 '향연'에 참석했던 것을 역력히 증명하는 너부죽하고 붉은 사자코—그야말로 이것은 그 유명한 철학자의 얼굴이라기보단 오히려 문지기의 얼굴이다. 그러나 다시 한번 자세히 보면 이 못생긴 사상가의 조잡한 석상을 통하여, 아테네의 고귀한 청년들이 가장 사랑하는 스승이 되게 한 저 따뜻한 인간미와 거만하지 않은 순진함을 볼 수 있다. 우리는 그에 대해 아는 바가 별로 없지만, 그는 귀족적인 플라톤이나 내성적이고 학구적인 아리스토텔레스보다 훨씬 더 친밀하게 느껴진다. 언제나 구겨진 튜니카[2]를 입은 몰골사나운 그의 모습이, 정치의 소란함에도 아랑곳없이 유유히 광장을 거닐며 사람을 붙들고는 오래도록 이야기하고, 광장에 모인 청년과 학자들을 신전(神殿)의 한 모퉁이로 데려가서 그들이 지니고 있는 개념의 정의가 무엇인지를 질문하는 광경을 우리는 2천3백 년이 지난 지금도 상상할 수 있다.

소크라테스를 둘러싸고 유럽 철학의 창조를 도운 청년들은 실로 잡다한 무리였다. 그중에는 아테네의 민주정치를 풍자적으로 분석한 플라톤과 알키비아데스 같은 부유한 젊은이들이 있었고, 또 스승의 태평스럽고 궁핍한 생활을 좋아한 안티스테네스 같은 사회주의자도 있었으며 주인과 노예의 구별 없이 모든 사람이 소크라테스처럼 무관심하고 자유롭게 살 수 있는 세계를 바라는 아리스티푸스 같은 무정부주의자도 있었다.

당시의 사회를 소란케 하며, 청년들에게 끝없는 논쟁의 씨앗이 되고 있는 모든 문제를 이 사상가와 변론가들의 작은 집단이 움직였던 것이다. 그들은 스승과 함께 논의하지 않는 인생은 가치가 없는 것이라고 생각했다. 사회 사상의 모든 학파는 여기에 그 대표자와 기원을 가지고 있는 것이다.

소크라테스가 어떤 생활을 했는지 거기 대해서는 아는 사람이 거의 없다. 그는 일을 하지 않았으며, 내일에 대해서도 조금도 걱정하지 않았다. 그는 제자들이 식사에 초대하면 언제든지 가서 먹었다. 그가 생리학적인 번영의 모든 징후를 보였으므로 제자들은 그의 참석을 즐거워했는지도 모른다.

그는 가정에서는 별로 환영받지 못하는 가장이었다. 왜냐하면 그는 처자식

---

2) 고대 그리스인들이 사용했던 셔츠 같은 옷.

에 대해 무관심했을 뿐만 아니라, 아내 크산티페가 보기에는 가정에 빵을 가지고 돌아온다기보다 오히려 악명을 가지고 돌아올 뿐인 아무 쓸모없는 게으름뱅이였기 때문이다.

소크라테스

크산티페도 소크라테스에 지지 않을 만큼 말하기를 좋아했기 때문에 두 사람은 많은 대화를 했을 텐데, 플라톤은 그것에 대해 기록하기를 게을리 했다. 그러나 그녀 또한 그를 사랑하고 있었으므로 남편이 70세를 살고 죽은 것을 만족스럽게 생각했을 리는 없을 것이다.

그의 제자들은 어찌하여 그를 그토록 존경했을까. 그것은 그가 한 철학자였을 뿐 아니라, 인간이기도 했기 때문이리라. 그는 전장에서 큰 위험을 무릅쓰고 알키비아데스의 생명을 구해 주기도 했고, 신사처럼 술을 사양하지 않았으며, 도에 지나치게 술을 마시지도 않았다. 그러나 제자들은 의심할 나위 없이 그의 신중한 지혜에 가장 마음이 이끌렸던 것이리라. 그는 지혜가 있다고 주장한 일이 없고 다만 지혜를 사랑하여 구할 따름이라고 말했다.

그는 지혜를 사랑하는 자였지 직업인은 아니었던 것이다.

델포이의 신탁은 비상한 분별력으로써 그를 그리스에서 가장 지혜로운 자라 선언했다고 하는데, 그는 이것을 자신의 철학의 출발점인 '불가지론(不可知論)' 즉 '나는 내가 아무것도 모른다는 단 한 가지만을 안다'는 것을 신께서 기리신 것이라고 풀이했다.

철학은 사물의 의심, 특히 자기가 소중히 마음에 고수해 온 신념, 즉 교리나 원칙을 의심하게 될 때 비로소 시작된다. 이들 신념이 어떻게 우리에게 확고한 것으로 되었는지, 또 남모르는 소망이 사상의 옷갈피에 욕구를 집어넣어 어느새 그 확실성을 만든 것이 아닌지, 그것은 알 길이 없다. 마음이 자기 자신을 검토하기 전에는 진정한 철학은 존재하지 않는다. '너 자신을 알라(Gnothi Seauton)'고 소크라테스는 말했다.

물론 소크라테스 이전에도 철학자는 있었다. 이를테면 탈레스나 헤라클레이토스와 같은 강자, 파르메니데스나 엘레아의 제논과 같은 치밀한 사람, 피타고라스나 엠페도클레스와 같은 예언자가 있었다. 그러나 그들은 대개가 자연 철학자였다. 그들은 외적 사물의 본성(Physis), 즉 측정할 수 있는 물질계의 법칙과 성분을 탐구했다. 그것은 모두가 좋은 일이라고 소크라테스는 말했다.

그러나 철학자에게는 모든 나무나 돌보다도, 또 모든 별들보다도 훨씬 더 가치 있는 대상이 있다. 즉, 인간의 정신이다.

인간이란 무엇인가.

인간은 무엇이 될 수 있는가.

그리하여 그는 애써 인간의 정신을 탐구하고 가정(假定)을 폭로하며 확신을 의심했다. 너무 쉽게 정의(正義)를 논하는 사람이 있으면 그는 조용히 "그것은 무엇이냐?"라고 물었다. 너희들은 추상적인 말로 생사의 문제를 그처럼 쉽게 처리하는데, 너희들의 그 말은 대체 어떤 의미냐. 명예·덕·도덕·애국심이라는 말을 너희들은 어떤 의미로 해석하느냐. 너희들 자신을 어떠한 것이라 생각하고 있느냐. 소크라테스가 즐겨 다룬 것은 그러한 윤리학이나 심리학의 문제였다. 정확한 정의와 명석한 사고, 엄밀한 분석을 요구하는 이 '소크라테스적 방법'에 땀을 뺀 자들 중에는, 소크라테스는 자기도 답변하지 못할 말을 물어서 남의 정신을 전보다 더 혼란하게 만들어 놓고 모른 체한다고 불평을 늘어놓는 사람도 있었다. 그럼에도 불구하고 소크라테스는 우리의 가장 곤란한 문제 중 '덕의 의미는 무엇인가?' '어떤 것이 가장 좋은 국가인가?'라는 두 가지 문제에 대해 매우 정확한 해답을 철학에 남겼다.

이 두 가지 문제만큼 그 시대의 젊은 아테네인의 생활에 중요한 화제는 없었을 것이다. 소피스트들은 올림푸스의 신들에게 품고 있던 청년들의 신앙과 또 편재(遍在)해 있는 신들을 두려워하여, 그토록 크게 내심의 제재를 받은 도덕률에 대한 신앙을 파괴해 버렸다. 그들에게는 법률에 위반되지 않는 한 무슨 일이든 마음대로 해서 안 될 이유란 없었다. 이 붕괴하고 있는 개인주의는 아테네인의 성격을 악화해, 마침내 아테네를 엄격한 교육을 받은 스파르타인의 먹이가 되게 하고 말았다. 그리고 국가적으로 보더라도 군중에 이끌려 격정에 우롱되는 민주정치, 토론회에 의한 통치, 장군들의 경솔한 선발, 해직 및 처형, 무식한 농부나 상인을 알파벳 순에 의해 최고재판소의 구성원으로 삼는 그런 선택 아닌 선택이 이루어졌으니, 이보다 더 한심한 일은 없었을 것이다. 어떻게 하면 새롭고 자연스러운 도덕을 아테네에 발달시킬 수 있고, 어떻게 하면 국가를 구할 수 있을까.

소크라테스에게 죽음과 불멸을 안겨준 것은 이런 질문들에 대한 그의 대답이었다. 만일 소크라테스가 예부터 내려오는 다신교적 신앙의 부활에 노력하여 해방된 그들의 혼을 신전과 신성한 숲으로 이끌어 다시 조상의 신들에게 제사를 올리게 했다면, 나이 많은 시민들은 그에게 존경의 뜻을 표했을 것이다. 그러나 그는 그런 짓은 희망 없는 자살적인 기도이며 '무덤을 초월하는' 것이 아니라, 무덤 속으로 들어가는 일이라고 생각했다. 그는 자기 나름의 종교적 신앙이 있었다. 그는 유일신의 존재를 믿으며 죽음이 자기를 멸망시키지 않는다는 것을 겸손하게 믿었다. 그러나 그는 그처럼 불확실한 신학(神學) 위에 불변의 도덕률을 세울 수 없다는 것을 알았다. 만일 모든 종교적 교리에서 완전히 독립하여 경건파(敬虔派)에게나 무신론자에게도 타당한 도덕 체계를 세울 수 있다면, 여러 가지 신학은 생겼다 없어졌다 할지라도 도덕의 규범만은 늦추어지는 일 없이 어리석은 개인을 공동체의 평화로운 시민으로 만들 수 있을 것이다.

예를 들어 '선'이 '이성적'인 것을 뜻하고 '덕'이 '지혜'를 뜻한다면, 그리고 인간이 자기의 진정한 이해와 자기 행위에 대한 먼 앞날의 결과를 내다볼 수 있고 자신의 욕망을 비평과 조정으로써 자기 파멸적인 혼돈에서 어떤 목적에 맞는 창조적 조화로 돌리게 할 수 있음을 배울 수 있다면, 교육받은 이론가일지라도 결국은 도덕을─무식한 사람에게 외부에서 교훈을 반복하여 강요해야 하는 것이지만─몸에 익히게 될 것이다. 죄라는 것은 모두 오류와 불완전한 통찰과 어리석은 행동에서 기인하는 것이 아닐까. 지식 있는 사람이나 무지한 사람이나 다 같이 광포하고 비사회적인 충동을 가졌을지 모르지만, 그러나 지식 있는 사람은 확실히 그 충동들을 좀 더 잘 다스려서 좀처럼 짐승 같은 짓을 하지 않을 것이다. 또 지적으로 통치된 사회에서는, 즉 자유를 제한하여 개인에게서 빼앗을 것보다 큰 힘을 개인에게 돌려주는 사회에서는, 각 개인의 이익이 질서 있는 사회적 행위를 하는 데 있으며, 평화와 질서와 선(善)한 의지를 확보하기 위해서는 오직 투철한 통찰만이 필요한 것이 된다.

그러나 만일 정부 자체가 혼돈되고 부조리하여 도움 없이 통치하고 이끌지 않고 명령한다면, 그러한 국가에서 어떻게 개인을 설득하여 법을 따르게 하며, 자기의 욕망을 제한하고 전체의 복지를 누리게 하라고 할 수 있을 것인가. 알키비아데스 같은 사람이 능력을 믿지 않고 지식보다 수(數)를 존중하는 국가에 반대하는 것은 조금도 이상할 것 없다. 사고가 없는 곳에 혼돈이 지배하고, 군중은 성급함과 무지 속에서 결단하고, 나중에야 안타깝게 후회하는 것은 조금도 이상할 것 없다. 단순한 숫자가 지혜를 준다고 생각하는 것은 근본적인 잘못이 아닐까. 오히려 어리석은 대중들이 각각 고립하고 있는 사람들보다 어리석고 난폭하고 잔혹하다는 것은 일반적으로 볼 수 있는 사실이 아닌가. '한 번 치면 손을 댈 때까지 울리는 놋그릇같이, 언제까지나 긴 연설을 하며 지껄여 대는' 연설가에게 통치를 받는다는 것은 실로 부끄러운 일이 아닌가. 확실히 국가의 관리는 지적일수록 좋으므로 지극히 뛰어난 사람들의 자유로운 사고를 필요로 한다. 현명한 사람들이 지도하지 않는다면 어떻게 사회를 구할 수 있으며, 또 강해질 수 있겠는가.

전쟁이 모든 비판에 침묵을 요구하고 소수의 부유한 지식층이 혁명을 꾀하던 시대에, 아테네의 인기 있는 정당이 이 귀족주의적 복음에 어떻게 반응했는가를 상상해 보라. 소크라테스의 제자가 되어 조상이 믿는 신들을 모욕하고 정면으로 조상을 비웃는, 그런 아들을 둔 민주주의자의 지도자 아니투스의 기분을 생각해 보라. 당치도 않은 낡은 도덕을 비사회적인 지성과 대치시킨 결과를 아리스토파네스[3]는 분명히 예언하지 않았는가. 그 후 혁명이 일어나 사람들은 두 편으로 갈라져 사투(死鬪)를 계속했다. 민주주의가 승리를 거두었을 때 소크라테스의 운명은 결정되었다. 그는 평화주의자였지만 또한 혁

---

3) 그는 《구름》(기원전 423년)에서 소크라테스와 그의 '사상의 가게'를 야유했다. 이 가게에서 사람들은 자기가 아무리 그를지라도 옳다는 것을 증명하는 기술을 배우는 것이다. 피디피데스는 아버지에게 늘 얻어맞았다고 해서 아버지를 때려눕혔다. 이것으로 빚을 갚은 셈이다. 그러나 이 풍자극은 선의에서 쓴 것 같다. 이유인즉 아리스토파네스도 소크라테스의 '사상적 가게'에 자주 출입했고, 그들은 민주주의를 경멸하는 점에서 의견이 일치했으며, 플라톤은 《구름》을 디오니시오스에게 추천했다. 이 극은 소크라테스가 재판받기 24년 전에 상연된 것이므로, 철학자의 비극적인 최후를 가져오게 하는 것과 큰 관계가 있었을 리는 없다. [원주]

명파의 지적 지도자였다. 그는 미움받는 귀족주의적 철학의 장본인이며 청년 들을 토론에 도취시켜 해친 당사자였다. 소크라테스는 죽어 마땅하다고 아니 투스와 멜레투스는 말했다.

　그 뒷이야기는 온 세상이 다 알고 있다. 플라톤이 그것을 시보다도 아름다 운 산문으로 썼기 때문이다. 다행히 우리는 꾸밈없이 대담한(만약 전설이 아니 라면) 《변명(Apology)》을 읽을 수 있는데, 거기에서 이 철학의 순교자는 사상의 자유와 권리의 필요를 부르짖고, 국가에 대한 자기의 가치를 주장하고, 자기 가 경멸해 온 민중에게 자비를 베풀 것을 거부했다. 민중도 소크라테스를 사 면할 권한이 있었으나 그는 그들에게 호소하는 것을 수치로 알았다. 격분한 민중들은 그의 사형에 찬성 투표를 던졌는데, 재판관들이 그의 석방을 바랐 다는 것은 그의 교설(敎說)에 대한 기묘한 확인이었다. 소크라테스는 신들을 부인하지 않았는가. 사람들이 배울 수 있는 이상으로 빨리 가르치는 자는 결 국 박해당한다. 그리하여 민중은 판결을 내려 소크라테스에게 독배를 들게 했다. 친구들은 소크라테스를 옥사로 찾아가 탈출을 권했다. 그들은 옥사의 관리들을 모두 매수했던 것이다. 그러나 소크라테스는 거절했다. 그때 그의 나이는 70세(기원전 399년)였다. 아마도 그는 지금이 죽을 때다, 다시는 이처럼 유익하게 죽을 수 없으리라고 생각했던 것이리라.

　"용기를 내게." 그는 슬퍼하는 친구들에게 말했다. "그리고 단지 내 육체를 매장하는 데 불과하다고만 생각하게." "그는 이렇게 말하고"라고 플라톤은 세 계 문학 중 가장 위대한 문장의 일절에 쓰고 있다.

　소크라테스는 일어나서 크리톤과 함께 욕실로 갔다. 크리톤은 우리에게 기 다리라고 했다. 그래서 우리는 기다렸다. 우리는 우리의 큰 슬픔……에 대해 이야기하거나 생각하면서 기다렸다. 그는 우리를 남겨 두고 가려는 아버지 같 았다. 그리하여 우리는 이제 고아로 남아 앞으로의 생(生)을 보내려 하고 있는 것이다. 해질녘이 가까웠다. 소크라테스가 욕실 안에 있는 동안 많은 시간이 흘렀기 때문이었다. 욕실에서 나와 소크라테스는 다시 우리와 함께 자리를 같 이 했다. ……그러나 말은 많이 하지 않았다. 잠시 뒤 옥졸이 들어와 그의 곁 에 서서 이렇게 말했다.

"소크라테스, 나는 당신이 여기에 온 누구보다도 기품이 높고 온유하고 뛰어난 분이라는 것을 알고 있습니다. 다른 사람들은 모두 내가 당국의 명령에 따라 독을 마시라고 명하면 미친 듯이 날뛰면서 나를 욕합니다만 당신만은 그러지 않으시리라 믿습니다. 아시는 바와 같이 죄가 있는 것은 제가 아니고 저 사람들이니까요. 그러면 안녕히 가십시오. 피치 못할 운명은 마음 편히 견디는 수밖에 도리가 없습니다. 내 직무가 무엇인지는 아시겠지요." 옥졸은 눈물을 흘리며 돌아서 나갔다.

소크라테스는 옥졸을 보며 말했다. "호의는 감사하오. 당신이 하라는 대로 하리다." 그리고 우리 쪽을 향해 말했다. "그 얼마나 다정한 사낸가. 내가 여기에 온 뒤 언제나 나를 돌보아 주었고 지금도 저렇게 진심으로 슬퍼해 주다니. 그러나 크리톤, 우리는 그가 말하는 대로 하지 않으면 안 되네. 독약이 준비되었거든 잔을 가져오도록 하게. 만일 아직 안 되었으면 담당자에게 준비하도록 일러 주게."

"그러나" 크리톤은 말했다. "해는 아직도 서산에 걸려 있습니다. 밤이 깊은 뒤에 마신 자도 많습니다. 그런 자들은 통고를 받은 뒤 먹고 마시고 육체적 쾌락에 빠지기도 한답니다. 그러니 서두를 건 없습니다. 아직도 시간은 있습니다."

소크라테스는 말했다. "그야 그럴 테지. 크리톤, 자네가 말하는 그런 자들은 그럴 만한 이유가 있어서일세. 그들은 지체하면 지체하는 만큼 덕을 본다고 생각한 걸세. 그러나 나는 그렇게 하지 않는 것이 좋네. 독을 조금 늦게 마셨다 해서 무슨 유익한 일이 있진 않을 테니까. 그건 이미 지나가 버린 목숨을 아까워하는 것이나 다름없으니 그야말로 웃음거리가 될 걸세. 제발 내가 말하는 대로 해주길 바라네."

크리톤은 이 말을 듣자 하인에게 눈짓했다. 하인은 안으로 들어가더니 잠시 뒤에 독배를 든 옥졸과 함께 나왔다. 소크라테스는 말했다.

"자네는 이런 일에 대해 잘 알고 있을 테니, 어떻게 하는지 가르쳐 주게."

"약을 드신 뒤 이 방을 거닐다가 다리가 무거워진 뒤 침상에 누우시면 약효가 납니다." 옥졸은 이렇게 말하고 소크라테스에게 독배를 건넸다. 소크라테스는 태연하고도 조용한 태도로 조금도 두려워하지 않고 물끄러미 옥졸을 바라보며 잔을 받아 들고 말했다.

"신에게 이것을 조금 바쳐도 좋은가?"

옥졸은 대답했다. "꼭 마실 분량만 지었는데요."

"그래." 소크라테스는 말했다. "그러나 여기서 저세상까지 무사히 가게 하여 주시도록 기도를 올리는 것은 무방할 테니 기도를 올려야겠네. 내 소원은 이 것뿐이니 아무쪼록 들어 주기 바라네." 이렇게 말하고 그는 잔을 입으로 가져 가 태연하고 기운차게 그 독을 들이켰다.

이때까지 우리들 대부분은 슬픔을 억누를 수가 있었다. 그러나 지금 눈앞 에서 소크라테스가 잔을 기울여 독을 마시고 난 것을 보았을 때 우리는 더 참 을 수 없었다. 눈물이 걷잡을 수 없이 흘렀다. 나는 얼굴을 가리고 내 자신을 위해 울었다. 확실히 나는 그를 위해 울지는 않았다. 이러한 상대를 잃어버린 나 자신의 불행을 생각하고 운 철학. 그것은 나뿐만이 아니었다. 크리톤은 눈 물을 참을 수가 없자 일어나 나가 버렸다. 나도 그의 뒤를 따랐다. 바로 그때, 벌써부터 흐느껴 울고 있던 아폴로도로스가 목을 놓아 우는 바람에 덩달아 모두 울음을 터뜨리고 말았다. 다만 소크라테스만이 태연자약했다.

"이게 무슨 일들인가?" 그는 말했다. "이럴 줄 알고 여자들을 못 오게 했는 데, 남자란 조용하게 죽어야 한다고 들었네. 자, 조용히들 하게. 그리고 참아 주게."

그 말을 듣고 우리는 부끄러운 생각이 들어 눈물을 참았다. 그는 방 안을 이리저리 거닐다가 다리가 무거워진다고 했다. 그러고 나서 시키는 대로 침상 에 반듯이 눕자 그에게 독을 건넨 옥졸이 이따금 그의 다리와 발을 살폈다. 한참 후, 발을 세게 누르며 감각이 있느냐고 물었다. 그러자 그는 없다고 대답 했다. 그의 다리와 몸이 점점 굳어져 갔다. 그것을 안 소크라테스는 자기 손으 로 만져 보고 "약 기운이 심장에까지 미치면 그만이겠지" 하고 말했다. 하복부 근처가 식어지는 것을 느꼈을 때, 그는 손수 얼굴까지 덮었던 이불을 젖히고 말했다. 이것이 마지막 말이었다. "크리톤, 내가 아스클레피오스에게 닭 한 마 리를 빚졌는데, 잊지 말고 갚아 주기 바라네."

"틀림없이 갚겠습니다." 크리톤은 말했다. "그 밖에 다른 부탁은 없습니까?" 이 말에는 대답이 없었는데, 잠시 후 움직이는 기척이 있었으므로 옥졸이 이 불을 벗겼다. 눈은 이미 움직이지 않았다. 크리톤은 눈을 감고 입을 다물었다.

이것이 내가 일찍이 알던 모든 사람 중 가장 지혜롭고, 올바르며 가장 뛰어난 분이라고 진정으로 부를 수 있는 우리의 친구 소크라테스의 최후였다.

3. 플라톤의 준비

플라톤이 소크라테스를 만난 것은 그의 생애에서 하나의 전환기였다. 그는 어릴 때부터 아무 부족함 없이 부유하게 자랐다. 그는 잘 생기고 건강한 청년이었다. 플라톤이라 불린 것도 어깨가 벌어졌기 때문이라 한다.

그는 군인으로서도 뛰어나서 이스트미아 제전에서 두 번이나 우승했다. 그러나 이러한 청년기를 지낸 사람이 철학자가 되는 예는 드물다. 그러나 플라톤의 총명한 정신은 소크라테스의 '변증법'이라는 경기에서 새로운 기쁨을 발견했다. 그의 예리한 질문으로 독단과 가정(假定)을 깨뜨리는 것은 유쾌했다. 플라톤은 거친 레슬링을 하는 기분으로 이 경기에 참가했다.

그리하여 그는 이 늙은 '등에'[4]의 지도 아래 단순한 토론에서 주의 깊은 분석과 많은 결실이 있는 논쟁으로 넘어갔다. 그는 지혜와 스승을 진정으로 사랑했다. "나는 야만인(그리스인이 아닌 사람)이 아닌 그리스인으로, 노예가 아닌 자유인으로, 여자가 아닌 남자로, 무엇보다도 소크라테스 시대에 태어난 것을 신께 감사한다"라고 그는 말했다.

스승이 죽었을 때 그는 28세였다. 스승의 조용한 생애에서 이 비극적인 최후는 제자들의 사상에 큰 영향을 주었다. 이 사건은 플라톤에게 단순한 귀족적 혈통과 성장만으로는 이루어질 수 없는 민주정치에 대한 모멸과 민중에 대한 증오로 가득 차게 만들었다.

그는 민주정치를 파괴하고 가장 지혜롭고 선한 사람들이 다스리는 정치로 바꿔야 한다는 결의를 갖게 되었다. 가장 슬기롭고 선한 사람들을 찾아내어 국가를 다스리게 할 방도를 세우는 것, 이것은 플라톤이 일생을 통해 전념한 과제였다.

한편 그는 소크라테스를 구출하려는 노력 때문에 민주파 지도자들의 의심을 샀다. 친구들은 아테네는 플라톤이 안주할 곳이 못되며, 오히려 지금이 넓

---

[4] 소크라테스는 아테네를 말(馬)로 비유하고, 자기는 말의 몸을 콕콕 찔러서 경고를 주는 '등에'로 비유했다.

은 세계를 볼 수 있는 절호의 기회라고 역설했다. 그리하여 플라톤은 기원전 399년 길을 떠났다.

그 여정에 대해 학자들 사이에 여러 논쟁이 많지만 분명히 알 수는 없다. 그는 먼저 이집트로 가서 그곳을 지배하는 사제 계급의 이야기를 들었다. 그들에 따르면 유치한 나라인 그리스는 확고한 전통과 심오한 문화가 없다는 것이었다. 따라서 스핑크스처럼 수수께끼에 찬 나일의 학자들은 그리스를 중요하게 생각하지 않는다는 말을 듣고 놀랐다. 그러나 충격만큼 우리를 교육하는 것은 없다. 조용한 농업국민을 신권(神權)정치로 통치하는 학식 계급에 대한 기억은 플라톤의 사상에 생생하게 남아서, 그가 유토피아《국가론》를 쓰는 데 큰 역할을 했다. 다음에는 시칠리아와 이탈리아로 건너가, 거기서 그는 잠시 위대한 피타고라스가 창설한 학파에 참가했다. 그리고 그의 예민한 정신은 소수의 학자들이 큰 권력을 가졌음에도 학문과 치국에만 전념하며 검소한 생활을 하는 데 깊은 인상을 받았다.

그의 여행은 12년 동안 계속 됐는데, 그는 모든 원천에서 지혜를 흡수하고 신전을 순례하며 모든 교리를 음미했다. 사람들에 의하면, 그는 유대에 가서 사회주의자를 연상하게 하는 예언자들의 전통적 교훈에서 감화를 받았고, 갠지스 강변까지 가서 힌두교도의 신비적 영상을 배웠다고 하지만 분명히는 알수 없다.

기원전 387년, 플라톤은 아테네로 돌아왔다. 그때 나이는 40세, 여러 민족을 알고 많은 나라의 지혜를 흡수하여 원숙한 경지에 이르렀다. 청년 시대의 정열은 조금 식었지만 올바른 균형점에서 사상을 봐야 한다는 것을 배웠으므로 모든 극단은 반쪽 진리라고 보았다. 따라서 모든 문제의 한쪽 면들은 진리의 작은 부분으로 공정하게 나눠지는 조화로 보았다. 그는 철학자와 시인이 하나의 영혼 속에 살고 있었으므로 지식도 있었고 예술가이기도 했다. 그리고 그는 자기 자신을 위하여 미(美)와 진(眞)이 동시에 발휘되는 표현 수단, 즉《대화편》[5]을 창조했다. 철학이 그토록 찬란한 옷을 입어 보기는 전무후무한 일

---

5) 《대화편》《국가론(Politeia)》 외에 가장 중요한 것은 《소크라테스의 변명(Apologia)》, 《크리톤 (Kriton)》, 《파이돈(Phaidon)》, 《향연(Symposion)》, 《파이드로스(Phaidros)》, 《고르기아스(Gorgias)》, 《파르메니데스(Parmenides)》, 및 《정치가(Politikos)》이다. 〔원주〕

이었다. 그의 문체는 《대화편》의 번역본을 보아도 빛과 생기로 넘쳐 흘렀다.

플라톤을 이해하기 어려운 점은 철학과 시, 학문과 예술의 만남에 있다. 저자가 대화를 어떤 성격과 형식으로 진행하고 있는지, 즉 문자 그대로 말하는 것인지 아니면 비유로 말하는 것인지, 농담조인지 혹은 정색으로 하는 말인지를 분별할 수 없다. 그는 재담이나 풍자, 그리고 신화적인 표현을 좋아하므로 이따금 우리를 어리둥절하게 만든다. 그는 항상 비유로 가르쳤다고 해도 무방하리라. "나는 노인이니, 젊은 자네들에게 비유로 말할까, 아니면 신화로 말할까?"라고 그의 《대화편》에 나오는 프로타고라스는 묻고 있다.

이 《대화편》은 플라톤이 일반 독자를 위해 쓴 것이라고 전해진다. 대화 방법, 찬반의 활발한 싸움 및 모든 주요 논지의 점진적 발전과 반복에 의해, 오늘날의 우리에게는 《대화편》이 이해하기 어려울지라도 철학을 가끔 낙으로 음미하는 사람들과, 짧고 바쁜 인생이라 부득이 걸어가며 책을 읽는 사람들도 쉽게 이해할 수 있도록 썼다는 것은 분명하다.

이 《대화편》에는 농담과 비유가 많이 나온다는 것을 각오해야 한다. 즉 플라톤 시대의 사회·문학 실정에 밝은 학자밖에 알 수 없는 것도 있고, 오늘날의 우리에게는 부적당하고 공상적으로 보이지만, 그때의 철학적 요리를 가리던 사람들을 위해 기름진 사상의 요리를 소화시키도록 곁들인 소스와 양념 역할을 한 것도 많다.

사실 플라톤 자신도 스스로 비난하는 여러 가지 성질을 많이 지녔었다. 그는 지옥과 속죄를 설교하는 사제들을 불평했으나 자신이 사제·신학자·설교자이면서 예술을 비난하고, 공허한 것은 불 속으로 던지라고 전하는 사보나롤라[6]같은 사람이었다. 그는 소피스트들이 공허한 말을 늘어놓는 논쟁자라고 책망하지만 자기 자신은 단순한 논리에서 벗어나지 못했다. 파게는 플라톤을 이렇게 풍자하고 있다.

"전체는 부분보다 확실히 크군요? 그렇다면 부분은 전체보다 작군요? 아무렴요……. 그러니까 분명히 철학자가 국가를 지배해야겠군요—그게 무슨 소리지요?—그것은 자명합니다. 다시 한번 되풀이하지요."

---

6) 15세기 후반의 이탈리아의 종교개혁자. 교회의 세속화를 통렬히 공격하고 사치를 훈계했으며, 르네상스 문화의 병폐를 공격했다.

그러나 이것은 플라톤에 대한 가장 나쁜 비평일 따름이고 어쨌든 그의 《대화편》은 세계에서 둘도 없는 것임에는 변함이 없다. 그 《대화편》 중 가장 우수한 《국가론》은 플라톤이 정리하여 한 권의 책으로 엮었는데, 그것만으로 완전한 논문이다. 여기서 우리는 그의 형이상학·신학·윤리학·심리학·교육학·정치학·예술론을 찾아볼 수 있을 것이고, 또한 근대미(近代味)가 넘치고 현대의 흥미를 끄는 여러 문제를 찾아볼 수 있을 것이다.

즉 공산주의와 사회주의, 페미니즘, 산아 제한과 우생학, 도덕과 귀족주의에 대한 니체적인 문제들, 자연으로 돌아가라는 루소의 자유교육론, 베르그송의 '생의 비약'과 프로이트의 정신분석 등 모든 것이 여기에 있다. 그것은 재료를 아끼지 않는 주인에 의해 베풀어진, 선발된 손님을 위한 향연이다. '플라톤은 철학이요, 철학은 플라톤이다'라고 에머슨은 말하면서 오마르(페르시아의 시인, 《루바이야트》의 저자)가 '도서관을 불살라도 좋다. 그 가치는 코란에 있다'고 코란에 대한 한 말을 《국가론》에 헌사하고 있다.

그러면 《국가론》을 연구해 보자.

4. 윤리학적 문제

토론은 부유한 귀족 케팔로스의 집에서 행해진다. 그곳에는 플라톤의 형제인 글라우콘과 아데이만토스, 조급하고 흥분 잘하는 소피스트인 트라시마코스가 있다. 대화 중에서 플라톤의 대변자 역을 하는 소크라테스가 케팔로스에게 묻는다.

"자네가 부(富)에서 얻은 최대의 행복이란 무엇이라고 생각하나?"

케팔로스는 대답하기를, 부는 나를 관대하고 정직하게 하며 또 바르게 해주므로 고마운 것이라고 말했다. 소크라테스는 언제나처럼 짓궂은 방법으로 바른 것이란 어떤 것인가를 물어 철학적인 전투를 시작한다. 대체로 정의하는 것보다 어려운 것은 없다. 정신의 명석함이나 기량을 시험하기에 이것처럼 엄격한 것은 없다. 소크라테스는 자기에게 제출된 정의를 문제없이 대답해 치웠다. 마침내 누구보다도 성급한 트라시마코스가 소리쳤다.

"이 무슨 어리석은 수작이오? 안 그렇소, 소크라테스. 그리고 자네들은 왜 또 바보처럼 맞장구만 치고 있는 거요? 소크라테스, 바른 것이 무엇인지 알고 싶거든 묻고만 있지 말고 자기가 대답해야 하오. 남이 대답하는 것을 반박하며 잘난 체하는 것은 좋지 않소. ……질문할 줄 알아도 대답할 줄 모르는 자는 얼마든지 있으니까."

그래도 소크라테스는 대답하기는커녕 오히려 태연하게 질문을 계속한다. 그리고 넘기기도 하고 캐묻기도 하여 경솔한 트라시마코스를 충동질해서 정의를 내리게 한다.

"그럼 들으시오." 화난 소피스트는 말한다. "힘은 곧 정의요, 정의란 강자의 이익에 지나지 않는다고 나는 주장하오……. 여러 가지 다른 형태의 정부는 각자의 이익을 생각하여 민주제는 민주적인 법률을, 귀족제는 귀족적인 법률을, 참주제(僭主制)는 참주적인 법률을 만드는 것이오. 그들이 각자에게 유리하도록 만든 이 법률들을 그들은 국민에게 '정의'라고 선포하며 거기에 위반하는 자를 '부정'하다 하여 처벌하오……. 나는 대규모의 부정을 두고 말하는 것이오. 나의 뜻하는 바는, 기만과 폭력으로 타인의 재산을 몰래 빼앗는 참주정치(僭主政治)를 보면 가장 뚜렷하게 알 수 있을 것이오. 지금 한 인간이 시민들의 금전을 빼앗아 그들을 노예로 만든다면, 그 사람을 사기꾼이나 도둑놈이라 하지 않고 행복한 사람이라고 하오. 이유인즉, 부정을 비난하는 사람들은 부정을 행하는 것을 두려워하기 때문이 아니고, 부정당하는 것을 두려워하기 때문에 부정을 비난하는 것이오."

이 말을 들으며 오늘날의 우리들은 니체의 이름을 연상한다. "자신이 절름발이이기 때문에 착하다고 생각하는 약자를 나는 여러 번 비웃었다."《차라투스트라는 이렇게 말했다》, 슈티르너 또한 똑같은 생각을 간결하게 표현했다. "가방 가득한 정의보다 한 줌의 권력이 낫다." 그리고 그것은 나름대로 옳을 것이다.

플라톤이 이 학설을 또 하나의 대화편 《고르기아스》에서 정식화했는데, 《고르기아스》에서 칼리클레스라는 소피스트는, 도덕이란 약자가 강자의 힘을 유명무실하게 하기 위하여 발명한 것이라고 공격하고 있다.

"그들(약자)은 자신의 이익을 고려하여 칭찬하고 비난한다. 그들은 거짓이 부정하고 부끄러운 일이라 하는데, 거짓이란 이웃보다 많이 가지려는 욕망을 뜻한다. 그들은 자신이 뒤떨어진 것을 알기 때문에 평등하기만 하면 더없이 기쁘게 생각하는 것이다……. 그러나 만일 충분한 힘을 가진 자가 있다면, 그는 이러한 모든 것을 깨뜨려서 자유롭게 될 것이다. 그는 우리의 모든 율법과 주문(呪文)과 자연에 위배되는 법칙을 짓밟을 것이다……참되게 살려는 자는 그 욕망을 최대로 키웠을 때 그것을 만족시킬 용기와 지혜를 가져야 한다. 이것이 바로 자연적인 정의와 고귀함이라고 나는 단언한다. 그러나 대다수의 약자들은 그럴 수가 없다. 따라서 그들은 자기 자신의 무능함이 부끄러워 그것을 숨기기 위해 그런 사람들을 비난한다. 그리하여 과도한 것을 야비하다고 한다……그들은 자기보다 고귀한 사람들을 노예처럼 천하게 보며, 자기가 비겁하기 때문에 정의를 칭찬하는 것이다. 이러한 정의는 인간을 위한 도덕이 아니고, 노예를 위한 도덕이다. 그것은 노예도덕이지 군주도덕이 아니다. 인간의 참된 덕은 용기와 지혜이다.”

이 혹독한 ‘비도덕주의’는 아테네의 대외 정책에서 제국주의의 발전과 약소국에 대한 무자비한 처사를 반영하고 있다. 페리클레스는 투키디데스가 그를 위해 초안한 연설에서 ‘제국은 국민의 선의에 의하기보다 오히려 제국 자신의 힘에 기초를 두고 있다’고 말했다. 그리고 이 역사가는 아테네의 사절이 멜로스를 위압하여 대(對) 스파르타 전쟁의 동맹국으로 끌어넣은 상황을 다음과 같이 보고한다.

“우리와 마찬가지로 제군들도 잘 아는 바와 같이, 정의란─현상으로는─오직 힘이 평등한 자에게만 문제일 따름이다. 강자는 할 수 있는 일을 하고, 약자는 받은 명령을 묵묵히 수행하는 것이다.”

여기에 윤리학의 근본 문제인 도덕 행위 학설의 어려운 점이 있다.

정의란 무엇인가. 우리는 공정을 구할 것인가, 힘을 구할 것인가. 선한 것이 좋은가 강한 것이 좋은가.

소크라테스─즉 플라톤─는 이 학설의 도전에 어떻게 응수했을까. 우선 그는 그 말에 전혀 대답하지 않고 정의는 사회 조직에 의존하는 개인 간의 관계이며, 따라서 그것을 개인 행위의 성질로서 연구하기보다는 사회구조의 부분으로서 연구하는 쪽이 좋다는 것을 지적한다. 그는 말하기를, 만일 우리가 정의의 국가를 그릴 수 있다면 정의의 개인을 그리기는 더 쉬울 것이라고 했다. 플라톤의 이 논법은, 사람의 시력을 검사할 때, 먼저 큰 글씨를 읽게 한 다음에 작은 글씨를 읽도록 한다는 이유를 들고 있다. 그래서 정의의 분석도 개인적 행동의 작은 규모에서보다는 큰 규모에서 검토하는 편이 쉽다는 것이다. 그러나 우리가 거기에 속아 넘어갈 건 없다. 사실 플라톤은 두 권의 책에 매어 이 이론으로 그 두 권을 함께 붙이려고 시도한 것이다. 그는 단지 개인 도덕의 문제뿐만 아니라, 사회적·정치적 개조에 관한 문제까지 논하려 하고 있다. 그는 소매 속에 유토피아를 넣어두었다가 적당한 시기에 꺼내 보이려는 속셈인 것이다. 그의 책이 지닌 핵심과 가치 때문에 이렇게 샛길로 빠진 그의 행동을 용서하기란 쉽다.

5. 정치학적 문제

'정의란 단순한 철학'이라고 플라톤은 말한다. 만일 인간이 단순하다면, 무정부주의적 공산주의로 족할 것이라 했다. 잠시 동안 그는 모든 것을 자유롭게 상상한다.

"먼저 그들의 생활 양식이 어떤 것인가를 생각해 보자…… 그들은 곡물·술·옷·신발을 만들고, 집을 지을 것이다. 그리고 집이 완성되면 여름에는 대개 옷을 벗고 맨발로 일하며, 겨울에는 옷을 충분히 입고 신을 신고 일할 것이다. 그들은 보리와 밀을 주식으로 삼으며, 밀가루로 맛있는 푸딩과 빵을 만들어 그것을 갈대로 엮은 자리나 깨끗한 잎 위에 내놓고, 주목(朱木)이나 도금양(桃金孃)의 큰 가지로 만든 마루 위에 누워서 자녀들과 함께 잔치를 열어 손수 빚은 술을 마시며, 머리엔 화환을 쓰고 신들을 찬미하며, 즐거운 공동생활을 영위하되 가족이 그 재산을 탕진하지 않도록 주의할 것이다. 그들은 가난과 전쟁을 싫어하기 때문이다. 물론 그들은 조미료를 가지고 있을 것이다. 소금과 올리브유, 치즈나 양파나 양배추, 또는 그 밖의 야채를 가지고 있을 것이다. 그리고 우리가 디저트로 무화과·완두콩·강낭콩 또는 도금양 열매나 너도밤나무의 열매를 내놓으면, 그들은 그것을 불에 구워서 안주 삼아 알맞게 술을 마실 것이다. 이러한 생활을 하면서 그들은 아마도 노령에 이르기까지 평화롭게 살며, 자녀들에게도 같은 생활이 이어질 것으로 생각할 것이다."

여기서 인구 관리(아마도 영아 살해)·채식주의·'자연에의 귀환'—히브리 전설이 에덴동산에 그리는 원시성에의 귀환—에 잠시 언급하고 있음에 주의하라.

전체적으로 보면 "우리는 동물에게 돌아가 그들과 함께 살아야 한다. 동물은 평온하고 자족적이다"라고—그 형용사가 암시하듯이—생각한 견유학파의 디오게네스를 떠올리게 한다. 여기서 우리는 잠시 플라톤을 생시몽이나 푸리에, 윌리엄 모리스, 톨스토이와 같은 부류로 생각해도 좋을 것이다. 그러나 플라톤은 다정한 신념을 가졌던 이들보다는 조금 더 회의적이다. 그러나 어찌하여 그가 그린 낙원이 도무지 찾아오지 않는가, 어찌하여 이러한 유토피아가 지도 위에 나타나지 않느냐고 플라톤은 질문한다.

플라톤은 탐욕과 사치 때문이라고 대답한다. 인간은 단순한 생활로는 만족하지 않고 욕심과 야심, 경쟁심과 질투심이 강하여 자기의 소유물에는 금방 싫증을 느껴 자기가 가지고 있지 않은 것을 동경하며, 타인의 소유물이 아니면 탐내지 않는다. 그 결과 서로 간의 영토 침략, 자원 쟁탈, 나아가서는 전쟁까지 이른다. 상업과 금융은 발달하여 새로운 계급 분열을 낳는다. '도시는 어느 도시든지 두 개의 도시로 되어 있다. 하나는 가난한 자의 도시이고 또 하나는 부자의 도시로 두 도시는 서로 싸우고 있다. 그 각 부분도 작게 나뉘어져 있어, 만일 그것들을 단일한 도시국가로 취급하려 한다면 그것은 큰 오해다.' 상업 부르주아 계급이 등장하여 부와 낭비로써 사회적 지위를 구하며, 그들은 아내를 위하여 매우 많은 돈을 지출할 것이다. 부의 분배에서 이 변화는 필연적으로 정치적 변화를 가져온다. 즉 상인의 부가 토지 소유자의 부를 능가하면 귀족정치는 금권적(金權的) 과두정치에 길을 양보하여, 부유한 상인이나 은행가가 국가를 지배하게 된다. 그렇게 되면 사회의 여러 세력을 조정하고, 모든 정책으로 국가의 성장에 적응시키는 정치는 책략과 관직의 이용만을 일삼는 정략으로 변해 버린다.

모든 정치 형태는 그 기초 원리의 과잉으로 인해 망하는 경향이 있다. 귀족정치는 권력자의 범위를 너무 좁게 제한하기 때문에 몰락하고, 과두정치는 당면한 부를 무분별하게 탐하기 때문에 몰락한다. 어느 경우나 다 그 결과는 혁명이다. 혁명이 일어나는 양상을 보면, 그것은 언제나 사소한 원인과 변화에서 일어나는 것처럼 보일지 모른다. 그러나 그 발단이 사소한 경우에서 생긴다 해도 그 원인은 심각하고 누적된 잘못의 결과이다. 병을 내버려 두어 몸이 쇠약해졌다면 사소한 일로도 중태에 빠질지 모른다. '그리하여 민주정치가 나타나

가난한 사람은 그 반대자를 타도하고, 더러는 학살하고 더러는 추방하여 국민에게 자유와 권력을 평등하게 분배한다.'

그러나 민주정치라도 과잉, 즉 민주주의의 과잉에 의해 몰락한다. 민주정치의 기초 원리는 모든 사람이 관직을 가질 수 있는 권리와 정책을 결정하는 권리를 평등하게 갖고 있다는 것이다.

이것은 언뜻 보기에는 매력적이지만, 국민이 최선의 지도자와 가장 현명한 길을 선택할 만한 교육을 제대로 갖추지 못했다면 재앙이 된다. '국민은 지성이 없으므로 통치자의 명령에 순종할 뿐이다.' 중우정치(衆愚政治)는 국가라는 배에게 사나운 바다여서, 연설의 폭풍이 불 때마다 큰 파도가 일어 항해를 그르친다. 이러한 민주정치의 종말은 전제정치이며 참주정치이다. 민중은 아첨을 좋아하며 '꿀맛에 주려' 있으므로 결국 가장 교활한 아첨쟁이가 '국민의 보호자'로 자처하여 최고의 권력을 잡게 된다.

플라톤은 변덕스럽고 속기 쉬운 민중에게 관리의 선택을 맡기는 어리석음에 놀라지 않을 수 없었다. 그렇다고 민주정치의 무대 뒤에서 과두정치의 꼭두각시를 놀리는 괘씸한 정략가들에게 나랏일을 맡기자는 것은 아니다. 우리는 단순한—이를테면 제화공 같은—어떤 일에 특별한 훈련을 거친 자만이 목적을 이룰 수 있다고 생각하므로, 정치에서도 투표를 많이 얻을 수 있는 자만이 도시나 국가를 통치할 수 있는 줄 안다고 플라톤은 탄식했다. 우리가 병들면 용한 의사—전문 분야에 의술이 보증되는 경력을 가진 의사—를 부르지, 잘생긴 의사라든가 말 잘하는 의사를 부르지는 않는다. 국가 전체가 병들었을 때 왜 좀 더 현명하고 뛰어난 사람의 봉사와 지도를 바라서는 안 되는 것일까?

무능과 부정을 공무에서 몰아내고 공동의 복리를 위해 통치할 수 있는 가장 우수한 사람들을 선택하여 준비할 방법을 강구할 것, 이것이 정치철학의 과제이다.

6. 심리학적 문제

그러나 이 정치 문제들의 배후에는 인간의 본성이 숨어 있으므로 정치학을 이해하기 위해서는 불행히도 심리학을 이해하지 않으면 안 된다. '사람이 먼저

난 뒤 국가가 생겼기' 때문에 '정치 제도는 인간의 성격이 다르듯이 다르다……
국가는 국민의 본성으로 이루어진다.' 보다시피 국가가 있는 것은 국민이 있기
때문이다. 그러므로 인간이 더 좋아지지 않는 한 더 좋은 국가를 기대할 수는
없다. 그 전까지는 어떤 변화도 본질적인 것을 바꾸지 못할 것이다. "사람들은
얼마나 매력적인가!—그들은 늘 무질서를 진찰하고 증대시키며, 복잡하게 만
들면서 다른 사람이 제안한 엉터리 비법으로 무질서가 치료되리라 상상하지
만 치료는기녕 더 나빠지기만 한다. ……그들이 입법에 손을 대고 개혁으로써
인류의 부정직함과 악랄함을 뿌리 뽑을 수 있다고 생각하는 것은 희극이 아
닐까. 그들은 사실 히드라의 머리를 잘라내고 있다는 것을 알지 못한다."

정치철학이 다루어야 할 재료로서의 인간을 잠시 음미해 보자.

플라톤은 인간의 행동은 세 가지 중요한 원천, 즉 욕망·감정·지식에서 흘러
나온다고 말한다. 욕망·욕구·충동·본능이 그 하나이고, 정서·활기·야심·용기
가 하나이며, 지식·상상·지력(知力)·이성이 또 하나이다. 욕망은 허리에 자리를
잡고 있다. 그것은 힘, 주로 성적 욕망의 터질 듯한 저장 장소이다. 감정은 가
슴에, 즉 혈액의 흐름과 힘에 자리가 있다. 그것은 경험과 욕망의 유기적 공명
이다. 지식은 머리에 있다. 그것은 욕망의 눈으로서 영혼의 안내자가 될 수도
있다.

이 모든 능력과 성질은 만인에게 갖추어져 있으나, 그 정도는 다르다. 어떤
이들은 욕망의 화신에 지나지 않아 물질의 추구나 투쟁에만 여념이 없는, 사
치와 허영심에 불타는 성급한 욕심쟁이들이다. 이런 사람들은 산업을 지배하
고 조정한다. 이와는 달리 감정과 용기의 화신으로서 무엇 때문에 싸우느냐
는 것보다 오직 승리 자체를 존중하는 사람들이 있다. 그들은 물질의 취득보
다 싸움을 좋아하고, 물질의 소유보다 권력을 자랑하며, 시장보다는 싸움터
를 좋아하여 세계의 육해군을 만들었다. 이밖에 명상과 이해를 낙으로 삼는
소수의 사람들은 재산이나 승리보다 지식을 동경한다. 시장이나 싸움터를 떠
나 조용한 사색에 몰두한다. 그들의 의지는 불이라기보다는 빛이며, 그들의 안
식처는 권력이 아닌 진리이다. 그들은 세상이 돌보지 않는 지혜인들이다.

그런데 개인의 행위에서 욕망은—비록 감정으로 더러워졌다 할지라도—
지식의 지도를 받을 필요가 있듯, 완전한 국가에서도 산업력은 생산은 해도

통치는 하지 않을 것이다. 또 군사력은 방위는 해도 통치는 하지 않을 것이다. 그리하여 지식과 철학의 힘이 보호 육성되어 통치하게 될 것이다. 지식의 지도가 없으면 민중은 혼란된 욕망처럼 무질서한 군중이 되어 버린다. 민중은 욕망이 지식에 의한 계발을 필요로 하듯이 철학자들의 지도를 필요로 한다. '파멸은 부에 의해 상인들이 통치자로서 군림할 때 찾아온다.' 또는 '장군이 그 군대를 이용하여 군부의 독재를 수립할 때 온다.' 생산자가 그 진가를 가장 잘 발휘하는 것은 경제 분야이며, 군인은 전투에서이다. 그들의 어느 쪽이든 관직에 들어설 때 가장 유해하다. 그들의 미숙한 손 안에서 정치는 타락하기 때문이다. 정치란 학문이요 기술이므로, 정치가가 되려면 그 준비와 체험을 필요로 한다. 오직 철학자인 군주만이 국민을 지도할 자격이 있다.

'철학자가 왕이 되거나 현재의 왕과 군주들이 진지하게, 그리고 철저하게 철학을 하여 지혜와 정치적 지도력이 한 사람에게 겸비될 때까지……국가와 인류는 결코 재난을 피하지 못할 것이다.'

이것이 바로 플라톤 사상이라는 아치형 구조물의 핵심이다.

7. 심리학적 해결

그러면 어떻게 하면 좋은가.

우선 '열 살 이상의 도시 주민을 모두 전원으로 보내어 그들이 부모의 습관에 물들지 않도록 할 것'《공화국》에서 시작하지 않으면 안 된다. 청소년들이 나이 많은 사람들을 본받아 끊임없이 타락한다면 우리는 유토피아를 건설할 수 없다. 되도록 모든 것을 날로 새롭게 해야 한다. 이것을 깨달은 통치자가 우리에게 전권(全權)을 부여하여 그 영토의 일부나 식민지에서 시험해 보게 하는 것은 가능한 일이다. 어쨌든 우리는 모든 아이들에게 처음부터 교육의 기회를 공평히 주어야 한다. 재능과 천재의 빛이 어디서 번뜩일지 알 수 없기 때문이다. 우리는 어디서든 공정하게—모든 계급과 인종 속에서—이 빛을 구해야 한다. 새로운 길에의 첫걸음은 보편적 교육이다.

태어나서 10년 동안의 교육은 주로 체육이다. 학교에는 반드시 체육관과 운동장을 만들어 유희와 스포츠를 교과(敎課)의 전부로 삼는다. 그렇게 하면 이 최초의 10년 동안에 충분히 건강이 저장되어 약(藥) 같은 것은 전혀 필요 없게 될 것이다. "나태하고 사치스러운 사람들의 생활이 물과 바람으로 가득 찬 웅덩이처럼 자신을 채웠기 때문에 '약'이 필요하다—소화불량과 카타르에 걸려 만신창이가 된 몸으로 약을 찾는 것은 부끄러운 일 아닌가? 우리의 현재 의료 제도는 질병을 치료하기보다 질병을 키우고 있다." 질병을 치료하지 못하고 도리어 끌려가는 것이다. 그러나 이것은 게으른 부자들의 어리석음이다. "목수는 병이 들면 의사에게 구토제와 하제(下劑), 뜸뜨기, 수술 등 거칠어도 빠른 방법으로 치료를 부탁한다. 누군가 식이요법이나 안정요법 등 그 밖의 다양한 요법을 권하면 그는 머리를 싸매고는 아플 시간이 없다고 말한다. 결국 그는 의사의 처방을 소홀히 하고 보통 때처럼 음식을 먹게 되고, 병이 나아 생업을 계속하거나 또는 몸이 약해져 결국 죽고 만다." 우리는 병자와 병자들의 나라를 가질 여유가 없다. 유토피아는 인간의 몸에서부터 시작해야 한다.

그러나 경기와 체조만으로는 사람을 너무 치우치게 만든다. 어떻게 하면 온화하고도 용감한 성품을 기를 수 있을까. 양자는 서로 일치되지 않기 때문이다. 장사(壯士)들만의 국민은 필요하지 않다. 아마도 이 문제는 음악이 해결해 줄 것이다. 정신은 음악을 통하여 조화와 운율뿐만 아니라 정의의 본질까지도 배우게 된다. '마음에 조화가 잡힌 사람이 부정(不正)할 수 있을까……글라우콘 군, 음악의 훈련이 그처럼 유력한 것은 조화와 운율이 영혼의 안으로 들어가, 그 우미(優美)함으로써 영혼을 우아하게 만들기 때문이다.'

음악은 성격을 형성한다. 따라서 사회 정치 여러 문제의 결정에도 관계가 있다. '다이몬은 음악의 음계가 변하면 국가의 기본법도 따라서 변한다고 말했는데, 나(소크라테스)도 동감이다.'

음악에 가치가 있는 것은, 음악이 감정과 성격을 고귀하게 만들어 줄 뿐 아니라 건강을 보존하고 회복시켜 주기 때문이다. 정신을 통해서만 치료할 수 있는 병이 여러 가지 있다. 이를테면 코리반트의 사제[7]는 히스테리에 걸린 여자를 조잡한 관악기로 치료하는데, 이 음악은 그녀들을 흥분시켜 춤을 추게 만들어 결국 그녀들은 지쳐 쓰러져 잠이 들게 된다. 잠에서 깰 때, 병은 이미 나아 버린다. 이러한 방법은 인간 사고의 무의식적 근원에 접촉해 이를 진정시키

---

7) 대 소아시아의 여신. 키벨레의 사제.

는 것인데, 천재는 이러한 행동과 감정의 심층에 뿌리를 내리고 있다. "인간은 의식이 또렷할 때가 아니라 오히려 잠들었거나 병 또는 정신착란으로 지력(智力)을 속박당했을 때 진정한, 또는 영감과도 같은 직관에 도달한다. 예언자나 천재는 광인과 다름없다."

플라톤은 나아가, '정신분석'의 주목할 만한 예견을 세웠다. 우리의 정치 심리학이 혼란스러운 것은 인간의 여러 가지 욕망과 본능을 충분히 연구하지 않았기 때문이다. 꿈은 이런 미묘하고 포착하기 어려운 성질을 연구하는 데 도움이 될지도 모른다고 그는 주장하고 있다.

어떤 불필요한 쾌락과 욕망은 불법으로 간주한다. 그리고 그것은 누구나 가지고 있는 듯하다. 어떤 자는 그것을 법률과 이성의 억제 아래 두고 좀 더 나은 욕망의 감독 아래 승화하여[8] 완전히 억압하거나 강도를 약하게 하여 그 수가 적은 상태가 되지만, 어떤 자에게는 이 욕망이 좀 더 강하고 풍부하다. 특히 인격의 추진력, 제어력과 지배력(검열)[9]이 잠들어 있을 때 눈을 뜨는 야수는 잔뜩 먹고 마시며 나체로 돌아다니다가, 다시 한껏 폭음포식한다. ……이 같은 본성이 어리석음이나 범죄를 저지르지 않는다고 생각할 수 없다. 그것이 아무리 몰염치하고 부도덕하다 해도―근친상간이나 어버이 살해자(오이디푸스 콤플렉스)라도―예외는 아니다. 그러나 맥박이 건전하고 온건하며, 그 욕망이 중용을 취하거나 잠자게 할 수 있으면 그는 망상과 무법한 악몽의 장난감이 되지는 않을 것이다. ……우리 안에는―선량한 사람들까지도―이러한 숨어 있는 야수성이 있어 잠자는 사이에 머리를 쳐든다.

음악과 선율은 심신에 우미함과 건강을 주지만, 지나치면 경기에서와 마찬가지로 위험하다. 단순한 경기자가 거의 야만인에 가깝듯이, 단순한 음악가는 '지나치게 유약해진다.' 그러므로 이 두 가지는 결합되어야만 한다. 그리고 16세 이후는 음악의 개인 연습을 중단하고 합창만을 공동경기와 같이 일생 계속해야 한다. 음악은 단지 음악으로만 쓸 것이 아니라 수학·역사·과학과 같이 무미한 내용을 흥미 있는 형식, 즉 시가(詩歌)로서 미화(美化)시켜서 안 될 이유는 없다. 그렇더라도 학문이란 무리하게 강요해서는 안 된다. 어느 정도까지

---

8) 성적 충동을 사회적으로 인정된 행위로 돌리는 무의식적 과정을 말하는 정신분석의 술어.
9) 잠재의식의 억압력을 신문기사의 검열에 비유하고 있는 정신분석 용어.

자유의 정신을 존중해야 하기 때문이다.

"교육의 원칙은…… 어릴 때 일러두어야 한다. 그러나 강요해서는 안 된다. 자유인은 지식의 습득에서도 자유인이어야 하기 때문이다. 강요받은 지식은 머릿속에 오래 남지 않는다. 초기 교육은 하나의 오락이 되도록 해야 한다. 그러면 아이들이 본래의 성향을 더 쉽게 찾아낼 것이다."

이처럼 자유롭게 성장한 정신과, 스포츠와 다양한 야외 생활에 의해 단련된 몸으로, 이상국가(理想國家)는 모든 성장 발전의 가능성을 충분히 가진 심리적·생리적 기초를 확보할 것이다. 그러나 도덕적 기초 또한 주어서야 한다. 사회 구성원은 통일을 형성해야 한다. 그들은 서로 의존하는 것과 호의를 보이며 의무를 행할 것을 배워야 한다. 그러나 인간은 나면서부터 욕심이 많고 질투심이 강하며, 싸움을 좋아하고 색욕을 가졌으므로, 그들을 어떻게 납득시키고 타이를 수 있는 것일까. 경찰관이 곤봉을 휘두르면 그것은 야만스러운 방법일 뿐 아니라 비용도 들고 원망도 많을 것이다. 가장 좋은 방법은 사회의 도덕적 요구에 대해 초자연적 권위의 승인을 내리는 것이다. 따라서 우리는 종교를 가져야 한다.

플라톤은, 국민은 신을 믿지 않는 한 강해질 수 없다고 확신했다. 단순한 우주력이나 제1원인 또는 생의 비약을 가지고는 도저히 희망·헌신·희생·위안·용기를 줄 수 없다. 그러나 살아 있는 신은 이것을 할 수 있다. 그리고 이기적 개인주의자를 흔들어 외경심을 갖게 하여 탐욕에 절도를 주고, 정욕을 억제시킬 수 있다. 만일 신에 대한 신앙에 인격의 불멸에 대한 신념을 더하면 더욱 좋을 것이다. 영원한 삶에 대한 희망은 우리 자신의 죽음을 직시하는 용기를 줄 뿐 아니라 사랑하는 이의 죽음을 참고 견딜 수 있는 용기도 준다. 신앙을 가지고 싸우는 자는 이중으로 무장한 셈이다. 비록 어떠한 신앙도 증명되지 않고, 신은 결국 우리들의 사랑과 희망이 의인화된 이상(理想)에 불과하며, 영혼은 칠현금(七絃琴)의 소리와 같아서 외형인 그 악기와 동시에 죽는다 해도 신앙이 (이것은 《파이돈》이나 파스칼의 의론(議論)과 비슷하지만) 우리를 해치지 않는 것만은 확실하며, 우리와 우리의 자손에게 수많은 이익을 줄 철학일 것이다.

왜냐하면 아이들의 단순한 정신에 모든 것을 설명하고, 그 정당성을 증명하기는 곤란하기 때문이다. 그들이 스무 살이 되어 그동안 다 같이 배운 것을 처음으로 검토받고 시험받을 때는 특히 괴로울 것이다. 그때 대대적인 '제거'라 할 무자비한 도태(淘汰)가 시작된다. 이 시험은 단순한 학과 시험이 아니기 때문에 이론적이기도 하고 실천적이기도 하다. 즉, '그들에게는 노고와 고통과 투쟁도 부과될 것이다.' 모든 능력이 그것을 발휘할 기회를 얻게 되고, 모든 무능력이 드러나게 된다. 이 시험에 낙제하는 자는 국가 경제의 일을 할당받아 실무가·점원·직공·농부가 될 것이다. 이 시험은 공정하여 농부나 철학자가 되는 것이 기회의 독점이나 연고 관계에 의해 결정되지 않는다. 선발은 민주주의적으로 행해진다.

최초의 시험에 합격한 자는 다시 10년 동안 몸과 마음 그리고 성격의 교육과 훈련을 받은 뒤 전보다 더 엄격한 두 번째 시험을 보게 된다. 이 두 번째 시험에 합격하지 못하는 자들은 국무의 보조자, 즉 행정관이나 육군사관이 된다. 우리는 제거된 그들이 침착하고 조용히 운명을 받아들이도록 설득해야 한다. 최초의 시험에서 제거된 수많은 실격자의 수는 그보다 적지만 기력이나 능력이 한층 뛰어난 두 번째 실격자 그룹이 한 덩어리가 되어 우리의 유토피아를 파괴하지 않도록 하거나, 또는 그들의 수효와 권력이 지배하는 거짓 민주주의를 건설하지 못하게 하는 방법은 어디 있을까? 종교와 신앙이 우리를 유일하게 구할 것이다. 우리는 그들에게 그들이 처한 계급은 신의 뜻이므로 결코 취소할 수 없다고 선언할 것이다. 그 목적으로 우리는 그들에게 금속의 신화를 들려줄 것이다.

"시민이여, 그대들은 형제이다. 그러나 신은 그대들을 저마다 다르게 만드셨다. 어떤 자는 명령하는 힘을 가지고 있다. 신은 그들을 금으로 만드셨다. 그러므로 그들은 최대의 명예를 입은 것이다. 어떤 자는 은으로 만드셨으니 보좌관 급이요, 어떤 자는 청동과 철로 만드셨으니 농부나 직공이다. 그러나 그대들은 모두 한 가족이므로 금의 어버이가 때로 은의 자식을 가질 수도 있고, 은의 어버이가 금의 자식을 가질 수도 있는 것이다. 그런데 신은 이렇게 말씀하셨다……만일 금 또는 은의 어버이에게서 청동이나 철의 자녀가 나타나 그 신분이 농부나 직공 계급으로 낮아지더라도 지배적 지위에 있는 자는 자녀를 가엽게 여겨서는 안 된다. 왜냐하면 직공 계급의 자녀가 명예를 얻어 군인이나 보조관이 될 수도 있기 때문이다. 어떤 신탁에 따르면 청동 혹은 철의 인간이 나라를 수호하면 나라가 망한다고 했다."

이 '국왕 우화'의 도움을 빌려 아마도 우리는 유토피아 계획에 대해 대체로 일반적인 동의를 얻을 수 있을 것이다.

그런데, 이 잇따른 선발의 물결을 헤치고 합격한 나머지 행운아들은 어떻게 될 것인가.

그들에게는 철학을 가르친다. 그들은 이제 30세가 된 것이다. '고귀한 기쁨을 너무 빨리 맛 보이는' 것은 현명하지 못하다. '왜냐하면 젊은이가 처음으로 철학의 맛을 보면 마치 놀이처럼 토론하고 반박하고 부정을 일삼기 때문이다. 마치 아무에게나 할퀴고 물며 재롱을 떠는 강아지처럼.' 철학이라는 이 고귀한 기쁨은 주로 두 가지를 뜻한다. 명석한 사고, 즉 형이상학과 현명한 통치, 바로 정치학이다. 그러므로 선발된 젊은이들은 우선 명석한 사고를 배워야 한다. 이 목적을 위해서 그들은 이데아(Idea)에 대한 학설을 연구하게 된다.

그러나 이 유명한 이데아론은 플라톤의 상상력과 시에 의해 꾸며지고 흐려져 현대의 연구자를 실망시킬 미궁이므로, 두 번째의 '제거'를 통과하여 남은 자에게 또 하나의 새로운 난관이 된다. 한 사물의 이데아란 그것이 속해 있는 유(類)의 '일반 관념'이나 작용하는 법칙 혹은 여러 법칙이다. 또는 그 사물과 그 유의 발전이 지향하는 완전한 목적과 이상이다. 아마도 이데아란 위에서 말한 모든 것—관념·법칙·이상—일 것이다.

우리의 감각기관에 들어오는 표면적인 현상과 사상(事象)의 뒤에는 감각에 의해서는 알 수 없고 이성과 사고에 의해서 포착할 수 있는 보편적인 것과 합법칙적인 것 등, 여러 가지 발전적 방향이 숨겨져 있다. 이 관념·법칙·이상은 감각으로 아는 특수한 사물—그 사물들을 통해서 우리는 관념·법칙·이상을 포착하고 연역하는 것이지만—보다 영속적이고 더욱 '실재적'이다. '인간'은 갑돌이나 삼돌이나 막동이보다 영속적이다. 원은 내 연필의 움직임에 따라 그려졌다가 지우개로 지우면 없어지지만, '원'이라는 관념은 영원히 존속한다.

이 나무는 서 있고 저 나무는 넘어져 있지만, 그것이 언제 왜 넘어지는가를 결정하는 법칙은 과거와 현재와 미래에도 존재하므로, 시작도 없고 끝도 없는 것이다. 스피노자가 말했듯이 감각에 의해 지각되는 사물의 세계와 사고에 의해서 추론된 법칙의 세계가 있다. 역평방의 법칙은 눈에는 보이지 않지만, 그것은 지금 어디에나 존재하고 있다. 그것은 사물이 시작하기 이전에 이미 있었고, 사물의 세계가 옛이야기가 되어 버릴 때에도 남아 있을 것이다. 여기, 하나의 다리(橋)가 있다. 감각은 1억 톤의 콘크리트와 철을 지각하지만, 수학자는 정신의 눈으로 이 거대한 물건이 역학·수학·공학의 여러 법칙에 따라 교묘히 구성된 것을 볼 것이요, 만일 이 수학자가 동시에 시인이었다면 이 법칙들이 다리를 떠받치고 있음을 볼 것이다.

만약 이 법칙들이 무시되면 다리는 무너져 아래로 흐르는 강물 속으로 추락해 버린다. 법칙은 다리를 손바닥으로 떠받치고 있는 신이다. 아리스토텔레스는 플라톤의 이데아의 의미는 피타고라스가 '이 세계는 수(數)의 세계(세계는 수학적 제일성齊一性 및 규칙성에 지배되고 있다는 뜻일 것이다)'라고 했을 때의 '수'의 뜻과 같다고 말하고 있지만, 그것은 앞에서 든 사실을 가리키고 있다. 플루타르코스는 플라톤에 의하면, '신은 항상 기하학을 상용한다'는 것을 말하고 있다. 또 스피노자의 표현에 의하면 신과 구조 및 작용의 보편적 여러 법칙은 동일한 실재인 것이다.

그러므로 플라톤에 있어서의 수학은 버트런드 러셀에 있어서와 같이 철학에서 빼놓을 수 없는 전주곡이며, 철학의 최고의 형식이다. 플라톤은 그 아카데메이아의 문 위에 단테를 연상케 하는 다음과 같은 말을 내걸었다. '기하학을 모르는 자는 들어오지 마라.'

이 여러 가지 이데아—보편화된 것·합법적인 것·이상적인 것—가 없다면 세계는 지금 막 눈을 뜬 갓난아이가 본 것과 같을 것이다. 즉, 무질서하고 아무 의미도 없는 혼돈된 감각의 덩어리일 것이다. 왜냐하면 사물은 분류와 정의, 존재 법칙과 목표의 발견에 의해서 의미를 가지기 때문이다. 도서 목록에는 많은 책 이름이 그 유(類)와 목적에 따라 정연하게 배열되고 있으나, 만일 이데아가 없다면 목록 카드가 우연히 쏟아져 뒤섞인 것 같은 혼돈계일 것이다. 또 이렇게도 말할 수 있다.

여기 하나의 동굴이 있는데, 밖에는 해가 비치고 있어 실재 사물의 모든 그림자를 동굴의 벽면에 던지고 있다. 이데아가 없는 세계는 꼭 이 그림자와 같을 것이다. 그러므로 좀 더 높은 교육의 핵심은 이데아의 탐구, 즉 보편적인 것, 관련 법칙 및 발전의 이상 탐구이다. 사물의 뒤에서는 그것의 관계와 의미,

작용의 양식과 법칙, 사물을 통해서 활동하는―또는 희미하게 나타나는―이상을 발견해야 하며, 우리의 감각 경험을 법칙과 목적의 관점에 따라 분류하고 조정해야 한다. 이것을 하고 못하는 데서 정신박약자의 정신과 시저의 정신이 구별되는 것이다.

이 심원한 이데아론―즉 혼란한 감각 속에서 의미 있는 형식과 인과 관계와 잠재적 가능성을 깨달을 수 있는 기술―을 몸에 지니고, 이 원리를 인간의 행동과 국가의 경영에 적용하는 데에 5년의 훈련을 쌓고, 유년 시절부터 청년 시절을 거쳐 35세라는 장년에 이르는 긴 준비를 거친 지금, 이 교육 완성자들은 과연 왕의(王衣)를 입고 공공생활의 최고 직무를 집행할 준비가 되었는가, 과연 그들은 인류를 통치하고 해방시킬 수 있는 철학자, 즉 왕이 된 것일까.

슬프게도 아직 끝나지 않았다. 그들의 교육은 아직 끝나지 않은 것이다. 요컨대 그것은 대체로 이론적인 교육이었기 때문에 아직도 그밖에 필요한 것이 남아 있다. 이들 철학 박사들은 철학의 언덕에서 사람과 사물의 세계라는 '동굴' 속으로 내려와야 한다. 정의나 추상은 이 구체적인 세계에 의해 검토되지 않는 한 무가치하기 때문이다. 그들은 현실세계로 들어가야 한다. 그리고 실무가나 완고한 개인주의자 또는 힘세고 교활한 인간들과 승패를 겨루는 것이다. 이 투쟁에 의해 그들은 인생을 배운다. 그들은 세상의 조잡한 실재에서 철학에 익숙한 손과 발을 다치고 이마에 땀을 흘려 먹을 양식을 번다.

마지막의 가장 어려운 시련은 15년이라는 긴 세월동안 무자비하게 계속된다. 그중에는 고난에 이기지 못해 마지막 도태의 험한 물결에 빠지는 자도 나오겠지만, 살아남은 자는 상처의 흔적도 역력하게 나이는 50이요, 냉정하고 자신이 있으며, 인생의 무자비한 알력(軋轢)으로 학자적 허영심은 제거되고 전통과 경험, 교양과 투쟁이 하나로 되어, 비로소 나눌 수 있는 지혜로 무장된다.―이런 사람들은 결국 자동적으로 국가의 통치자가 된다.

8. 정치학적 해결

자동적이라 함은 투표 같은 아무런 위선이 없다는 것이다. 민주정치란 완전히 기회균등―특히 교육에서―을 의미하는 것이지 갑돌이나 삼돌이, 막동이가 돌아가며 관직에 오른다는 것은 아니다. 누구든지 행정상 복잡한 여러 가지 일에 임할 수 있도록 준비할 기회를 평등하게 가지고 있으나, 자기의 기질—혹은 앞에 든 우화로 말하면 자기의 금속—을 확인하고 모든 시험을 거쳐 그 기량이 명백해진 사람들만이 통치자로 선택될 자격을 갖게 되는 것이다. 국가 공무원은 일반투표나 위장(偽裝) 민주정치의 비밀단체에 의한 조직에 의해서가 아니라, 민주정치의 기본원리인 기회균등으로 증명된 능력에 따라 선출되는 것이다. 어느 누구도 특별한 훈련 없이는 관직에 오를 수 없으며, 또 낮은 관직을 충분히 완수하지 않고 높은 관직에 오를 수도 없다. 이것이 귀족정치일까? 그렇다.

그러나 우리는 그 말을 두려워할 필요는 없다. 만일 그 말의 표현이 좋다면 말이다. 말은 현명한 사람들의, 이를테면 수호(數號)[10]같은 것이지 그 자체에 가치가 있는 것은 아니다. 다만 어리석은 사람이나 정상배(政商輩)들이 그것을 현금으로 생각할 따름이다. 우리는 가장 뛰어난 사람들에게 통치를 맡기고 싶다. 이것이 귀족정치라는 말이 뜻하는 바다. 우리는 칼라일과 같이, 가장 뛰어난 사람들에게 통치되기를 열망하거나 빈 적이 없었을까. 그러나 우리는 귀족정치를 세습적인 것이라 생각하게 된 것이다. 플라톤이 말하는 귀족정치는 그런 종류가 아님을 특히 유의해야 한다. 그것은 오히려 민주주의적 귀족정치라 부를 수 있는 것이다. 왜냐하면 국민은, 당이 후보자로서 지명한 두 악인 중 비교적 나은 쪽을 맹목적으로 뽑는 것이 아니고, 이 경우 국민 각자가 후보자이며, 관직은 '교육에 의해 선출한다'는 균등한 기회를 가지기 때문이다. 여기에는 계급의 차별도, 지위나 특권의 상속도 없으므로 가난한 인재의 등용을 막는 것도 없다. 통치자의 자식도 구두닦이의 자식과 같은 평민에서 출발, 같은 취급을 받고 같은 기회를 가지는 것이다. 통치자의 자식이라도 바보라면 첫 시험에서 떨어질 것이고, 구두닦이의 자식이라도 능력이 있으면 국가의 수호자가 될 길은 열려 있다. 재능이 있는 자는 태생이야 어떻든 미래는 밝을 것이다. 이것은 학교의 민주주의로 투표의 민주주의보다 백 배나 공정하고 유효하다.

---

10) 트럼프 따위에서 득점을 셈하는 것.

그러므로 '국가의 수호자들은 모든 사무를 제쳐놓고 국가의 자유를 유지하기에 몸을 바치며, 이것을 자기의 임무로 삼고 이 목적에 적합지 않은 일에는 따르지 않을 것이다.' 그들은 입법자와 행정관과 사법관을 한몸에 겸비하되, 법률까지도 사정에 따라 융통성을 보일 것이며, 관례에 구속되지 않고 활발한 지능으로 통치할 것이다.

　그러나 50세가 된 사람이 어떻게 유연한 지성을 가질 수 있을까. 나날이 판에 박은 일과 때문에 그들의 정신은 이미 고정되지 않았을까. 아데이만토스는 생각이 달라서, '철학자란 어리석은 자이거나 악당이므로 미련하게 통치하거나 사리를 채우거나 아니면 두 가지를 다 한다'고 말한다. 청년 시절에 교양을 목적으로 철학을 공부했을 뿐만 아니라, 성년이 된 뒤에 직업으로 철학을 연구하는 사람들은 대부분 악한 사람은 아니라 해도 별종이 된다. '그들 중에 가장 뛰어나다고 생각되는 자라도 결국 당신이 찬양하는 이 학문 때문에 도리어 세상의 무용지물이 되어 버린다.' 이 말은 안경을 일부 쓴 현대 철학자에게도 충분히 해당된다. 그러나 플라톤은 다음과 같이 대답한다. '지혜를 사랑하는 자들에게 학교 교육과 동시에 생활 경험을 부과하여 이 곤란한 사태를 미리 막기로 했던 것이다. 그렇게 해두면 그들은 사색인이라기보다 오히려 행동인—오랜 경험과 시련에 단련되어 높은 목적과 훌륭한 기질이 몸에 붙은 사람—이 될 것이다.' 철학이란, 플라톤에 의하면 활동력 있는 교양, 바쁜 실생활과 가까운 지혜를 의미하며 서재에 갇힌 비실제적인 형이상학은 아니다. 플라톤은 "칸트와는 전혀 다른 인물로 이는 모든 면에서 중요한 장점이다."

　철학자의 무력함에 대해 운운하는 것은 이만해 두자. 다음에는 부정을 행하지나 않을까 하는 문제인데, 이것은 수호자들 사이에 공산제도(共産制度)를 실시함으로써 방지할 수 있다.

　"그들은 첫째로 인간으로서 필요한 것 외에 재산을 가져서는 안 된다. 둘째로는 누가 안으로 들어가려는 것을 막기 위한 '빗장'이 있는 집을 가져서는 안 된다. 식량은 절도 있고 용감하고 훈련된 병사가 필요로 하는 정도의 것을 받고, 보수는 1년 동안의 지출이 가능한 일정액을 시민들로부터 받는데, 그 이상 받아서는 안 된다. 그리고 전진(戰陣)에 있는 군인처럼 공동식사를 하고 공동생활을 한다. 금이나 은에 대해서 우리는 그들에게 말한다. 제군은 금이나 은을 신으로부터 받고 있으므로 보다 신성한 금속이 제군의 마음속에 있으니까 돈이라는 이름으로 통하는 지상의 금전 같은 것은 조금도 필요치 않다. 제군은 저 신성한 금이나 은에다 지상의 돈을 섞어서 더럽혀서는 안 된다. 왜냐하면 이 지상의 금과 은은 수많은 신성치 못한 행위의 근원이 되었으나 본래 제군의 금속은 더러움을 타지 않기 때문이다. 모든 시민들 중 그들만은 금이나 은을 만져서도 안 되고, 금과 한집에 살거나 그것을 몸에 지니거나 그 잔으로 술을 마셔서도 안 된다. 그래야만 그들도 국가도 구제될 것이다. 그러나 만일 그들이 자신의 집이나 땅이나 금전을 가지게 된다면, 그들은 수호자가 아니라 집주인이나 농부가 된다. 다른 시민들의 절친한 벗이 아니라 적과 폭군이 된다. 그리하여 미워하고 미움받고, 음모하고 음모를 당하여 그들은 외부의 적보다 내부의 적을 두려워하며 일생을 지낼 것이다. 그리고 그들 자신과 시민들에게 파멸의 때가 가까워질 것이다."

이런 식으로 제정하면, 수호자들이 공동체 전체의 이익보다 자기 계급의 이익을 구하며 다스릴 경우, 그들에게 불리할 뿐 아니라 위험하기도 할 것이다. 왜냐하면 그들은 이 제도에 의해 가난의 위협과 경제적 고통에서 벗어나고, 고상한 생활을 위하여 필요한 것과 검소한 사치품이 때마다 공급될 것이며 그들은 이 보호에 의해 욕심과 야심을 버려도 되기 때문이다.

그것은 항상 세속적인 부(富)를 적당하게 부여받고 있다. 그들은 병자를 위해 식이법을 만들 듯이 국민을 위해 식이법을 만들어 자기 자신도 그것을 지킬 것이다. 그들은 성직자들처럼 공동식사를 하고, 생활을 선서한 병사들처럼 막사에서 함께 잘 것이다. 피타고라스가 늘 말했듯이 '친우들은 모든 것을 공유하지 않으면 안 된다.'

이리하여 수호자들의 권위는, 말하자면 그들의 권력은 멸균되어 무독해진다. 그들의 유일한 보수는 명예와 봉사 의식이다. 그리고 그들은 물질적 제한이 많은 삶에 처음부터 자진하여 동의한 사람들이며 벼슬을 돈으로 사는 정상배나 '경제인'의 언어도단적인 이익보다도 정치가의 높은 명성 쪽을 귀중하게 여길 것을 엄격한 훈련 끝에 배운 사람들이다. 그들의 등장과 더불어 정당의 투쟁은 없어지게 될 것이다.

그러나 그들의 아내들은 이러한 모든 것을 무엇이라 할까? 그녀들도 사치스러운 생활과 화려한 소비를 달갑게 단념할 수 있을까? 그러므로 수호자들은 아내를 가지지 않을 것이다. 그들의 공산주의는 재물의 공산주의일 뿐 아니라 여자의 공산주의이기도 해야 할 것이다. 그들은 자기 자신의 이기주의에서도 해방되어야 한다. 아내로 인하여 줄곧 돈을 탐내는 남편이 되어서는 안 된다. 아내보다 국가에 더 헌신해야 한다. 자기 자식에게도 '내 자식'이라고 할 수 없게 된다. 수호자의 자녀들은 모두 출생하자마자 어머니로부터 떼어져 공동으로 길러지게 되어, 어머니와 자식의 관계는 많은 아이들과 뒤범벅이 되는 동안 알 수 없게 되어 버린다. 수호자의 아내들이 모두 수호자의 자녀들을 돌보며, 인간은 모두가 동포라는 의식이 이 안에서는 말을 초월하여 사실이 된다. 모든 아이들은 서로 형제 자매가 되고, 남자는 모두 아버지가, 여자는 모두 어머니가 된다.

그러나 이 수호자들의 아내를 어디서 구할 것인가? 그녀들 중 어떤 이는 틀림없이 상인계급이나 군인계급에서 구혼을 받을 것이고, 또 어떤 이는 그녀들 자신의 자격으로 수호자 계급의 일원이 되었을 것이다. 그것은 이 공동체에는 성별에 의한 어떤 제한도 없기 때문이다. 특히 교육에서 여자나 남자나 똑같이 기회를 가지며, 국가 최고의 지위에 오를 수 있는 똑같은 기회를 가지고 있다. 글라우콘이 여자가 심사에 합격했다 하여 어떤 관직에 오를 것을 허용하는 것은 분업의 원칙을 깨뜨리는 것이라고 반대했을 때 그는 다음과 같은 날카로운 대답을 듣는다. 분업은 소질과 능력에 의한 일이어야지 성별에 의한 일이어서는 안 된다. 만일 여자가 행정 능력을 가졌다면 그것을 할 것이고, 남자가 접시닦이의 능력밖에 없다면 하늘이 부여한 그 직무를 행하게 해야 한다는 것이다.

아내의 공유는 난혼(亂婚)을 의미하는 것이 아니다. 오히려 모든 생식 관계에서 엄격한 우생학적 관리가 행하여지는 것이다. 동물 사육과의 비교론은 길게 계속된다. 가축 사육에 있어서 원하는 종자를 골라 각 세대의 가장 우수한 것만을 교배해서 만약 좋은 결과가 얻어졌다면, 어찌하여 그와 같은 원칙을 인간의 배우에 응용해선 안 된단 말인가. 아이들은 바르게 교육하는 것만으로는 부족하다. 선발된 건강한 부모에게서 정당하게 태어나지 않으면 안 된다. '교육은 출생 이전에 시작된다고 해도 좋다.' 그러므로 남자나 여자가 완전한 건강 상태가 아니면 자식을 낳아서는 안 되며, 신부나 신랑은 반드시 건강 증명서를 제출해야 한다. 남자는 30세에서 45세까지, 여자는 20세에서 40세까지가 아니면 자식을 낳을 수 없다. 35세가 되었는데도 결혼하지 않은 남자는 과세에 의해 결혼을 강요해야 한다. 허가 없는 결혼 생활에서 낳은 자녀와 불구아는 밖에 내다버려 죽게 할 것이며, 허용된 생식 연령 이전, 또는 이후의 성교는 태아를 유산시킨다는 조건부로 자유로이 해야 할 것이다. 이것을 허가하는 데는 당사자가 태아를 낳지 못하게 하는 엄격한 규정을 설정한 다음에 하기로 한다. 그래도 낳게 된다면, 그런 자식은 키울 수 없음을 분명히 인식시켜야 한다. 따라서 그들은 거기에 따라 수배하지 않으면 안 된다. 근친 결혼은 퇴화를 초래하므로 금지되고 있다. 남녀 모두 가장 우수한 자는 가급적 우수한 상대와 결합해야 하고, 열등한 자는 열등한 자와 결합해야 한다. 그리고 전자에서 난 아이는 키우고, 후자에서 난 아이는 키우지 않는다. 왜냐하면 이렇게 하는 것이 인간을 가장 좋은 조건으로 유지하는 유일한 방법이기 때문이다. ……용기 있고 우수한 젊은이들에게는 명예나 보수 외에 여자와의 동침 허가가 더 충분하게 주어져야 할 것이다. 그것은 그러한 젊은이는 가급적 많은 자식을 낳아야 하기 때문이다.

그러나 우리의 우생학적 사회는 병과 퇴화뿐만 아니라 외부의 적으로부터 지켜져야 한다. 일단 유사시에는 전쟁에 이길 수 있는 준비를 해야 한다. 우리의 모범 공동체는 물론 평화를 추구할 것이다. 그것은 인구를 생존 가능의 범위 내로 제한하기 때문이다. 그러나 이렇게 관리되지 않은 이웃나라는 우리의 유토피아가 착착 번영하고 있음을 보고 침입·약탈의 유혹을 느낄지도 모른다. 그래서 우리는 이 필요성이 유감스럽기는 하지만 중간계급 중에 잘 훈련된 충분한 수의 병사를 두어야 한다. 그들은 그들의 '부양자 및 부조(父祖)', 즉 국민에 의해서 공급되는 극히 적은 양의 물자로써 수호자들과 마찬가지로 아주 간소한 생활을 해야 한다. 동시에 전쟁이 일어날 기회를 피하기 위해 모든 예방 수단이 강구되지 않으면 안 된다. 전쟁의 첫째 요인은 인구 과잉이다. 둘째 요인은 외국 무역으로, 이것을 방해하는 분쟁은 피할 수가 없다. 사실 무역의 경쟁은 전쟁의 한 형태이다. '평화란 단순한 어휘에 지나지 않는다.' 그러므로 우리의 이상국가는 아무리 발전된 외국 무역도 접근할 수 없도록 상당한 오지에 있는 것이 좋다. '바다가 있기 때문에 국토는 상품과 거래로 충만하게 된다. 바다가 있기 때문에 사람들의 마음에—국내관계와 대외관계에 있어서—금전욕과 불신의 습성이 생긴다.' 외국 무역은 그 보호를 위하여 대함대를 필요로 하는데, 해군 제일주의는 육군 제일주의와 마찬가지로 곤란하다. '어떤 경우에도 전쟁의 책임은 소수 사람들에게 있으며, 다수는 서로가 친구들인 것이다.' 가장 빈번하게 일어나는 전쟁은 분명히 가장 지독한 전쟁인 내란, 즉 그리스인과 그리스인 사이의 전쟁이다. '그리스인은 그리스 민족 전체가 야만인에 통치되지 않도록' 단결하여 범(汎)그리스 동맹을 맺어야 한다.

우리의 정치 기구는 소수의 수호자 계급을 추대하고, 많은 병사와 보조자 계급에 의해서 지켜지며, 상업과 산업 및 농업 인구의 광대한 기초 위에 서 있게 된다. 이 마지막 계급, 즉 경제계급은 사유재산을 보유하고 사적인 배우자와 가족을 갖는다. 그러나 수호자들은 무역과 산업을 감독하여 개인의 지나친 부와 가난을 막는다. 누구든 시민 평균 재산의 4배 이상을 획득하면 초과분을 국가에 양도해야 한다. 따라서 이자는 금지되고 이익은 제한된다. 수호자들의 공산주의는 경제계급에서는 이루어질 수 없다. 이 계급의 가장 큰 특징은 강력한 획득 본능과 경제 본능이다. 그들 중에는 고귀한 자가 있어서 격렬한 소유의 열병에 걸리지 않는 자도 있겠지만 대다수는 그것 때문에 애를 태운다. 그들은 정의나 명예보다 무한한 소유를 갈망한다. 금전 획득에 몰두하는 사람은 국가의 통치에는 부적당하다.

그리고 우리의 계획 전체는 다음의 희망 위에 세워져 있다. 즉, 수호자가 잘 다스리고 간소한 생활을 하면, 경제인은 사치의 독점을 조건으로 수호자에게 정치의 독점을 허용하리라는 희망이다. 요컨대 완전한 사회란 모든 계급과 모든 구성원이 본성과 재능에 가장 적합한 일을 하고 있는 사회이며, 어떤 계급이나 어떤 개인도 서로가 남을 방해함이 없이 모두가 조화로운 전체를 산출하기 위해 저마다 협력할 수 있는 사회이다. 그것이 바로 정의로운 국가일 것이다.

9. 윤리학적 해결
우리의 정치학적 객담(客談)은 끝나고, 우리가 처음에 세운 본제(本堤), 즉 정의란 무엇이냐는 문제에 대답할 단계가 되었다. 이 세상에서 참으로 가치가 있는 것은 정의(正義)와 미(美), 그리고 진리이다. 이 세 가지는 그 어느 것이나 정의할 수 없다. 플라톤 이후 4백 년을 지나, 난처해진 유대의 로마 총독(필라투스)는 '진리란 무엇인가'(《요한복음》 18장 38절)라고 물었으나 철학자들은 아직도 거기에 대한 확답을 못 내렸고, 미가 무엇이라는 것도 말하지 못했다. 그러나 정의(正義)에 대해서 플라톤은 말한다. '정의란 자기 자신의 것을 소유하고 자기 자신의 일을 하는 것이다.'

절대로 확실한 가르침이 있으리라 믿고 기다리던 우리인 만큼 다소 실망감을 느끼지 않을 수 없다. 대체 이 정의란 무엇일까? 그것은 단순히 자기가 한 일에 대한 보상을 받으며 자기에게 가장 적합한 직분을 완수하는 것이다. 올바른 사람이란 자신의 자리에서 최선을 다하고 그 보상에 맞는 가치를 대신 주는 사람을 말하는 것이다. 그러므로 바른 사람들의 사회란 가장 조화를 이룬 유능한 집단이라 할 수 있다. 왜냐하면 이 집단의 각 구성원은 완전한 관현악단의 악기들처럼 자기에게 맡겨진 적당한 직분을 완수할 것이기 때문이다. 사회에서 정의(正義)란 수많은 유성이 질서 정연한(피타고라스의 음악적인) 운행을 계속하며 결합을 유지하고 있는 조화라고 할 수 있다. 그처럼 조직된 사회는 생존하기에 적합하므로 정의는 일종의 다원적 인정을 받게 되는 것이다. 인간이 그 본래의 위치에 있지 않을 경우, 이를테면 실업가가 정치가를 억압하거나 군인이 왕위를 빼앗을 때는, 각 부분의 협동관계는 파괴되고 사회는 해체되어 붕괴한다. 정의란 유효하게 일하는 협동이다.

개인에게도 정의란 유효하게 일하는 협동, 각 요소가 각각 적합한 위치에서 서로가 조화 있게 일하는 것이다. 각 개인은 여러 가지 욕망과 감정 및 관념의 코스모스이거나 카오스이다. 이것들을 잘 조화시키면 개인은 존속하고, 이것들이 그 자리를 잃고 기능을 그르쳐서 감정이 행위의 세력과 빛이 되려 하거나(광신자에서처럼) 사상이 행위의 빛과 열(熱)이 되려 한다(지식인에서처럼)면 인격의 해체가 시작되어, 낙오는 피할 수 없는 밤처럼 다가온다. 정의란 영혼의 여러 부분의 그 질서와 미(美)이므로 정의와 영혼의 관계는 건강과 신체와의 관계와 같다. 모든 불행은 부조화, 즉 사람과 자연, 사람과 사람, 사람과 그 사람 자신 사이의 부조화이다.

그래서 플라톤은 트라시마코스와 칼리클레스에게 또한 앞으로 영구히 출현할 모든 니체주의자에게 다음과 같이 대답한다. '정의란 단순한 힘이 아니라 조화된 힘이다. 즉 여러 가지 욕망과 허다한 인간이 이성과 조직의 본질인 질서를 얻는 것이다. 정의는 강자의 권리가 아니라 전체의 유효한 조화이다.' 한 개인이 자신의 성품과 재능에 알맞은 자리에서 벗어날 때, 잠시 이익을 얻기도 한다. 그러나 피할 수 없는 복수의 여신—아낙사고라스가 말한 궤도를 벗어난 행성을 뒤쫓는 복수의 여신—의 추격을 피할 수는 없다. '사물의 본성'이라는 '지휘봉'은 빗나간 악기를 자기 자리로 돌려놓고, 자신의 음계와 음색을 되찾게 한다. 코르시카 출신의 중위가 하룻밤 사이에 급하게 세워진 왕조보다는 고대의 군주정치에 더 알맞은 독재정치로 유럽을 지배할 수는 있다. 그러나 그는 바다에 세워진 감옥 안에서 끝을 맺으며 자신이 '사물의 본성의 노예'라는 것을 유감스럽게 인식할 것이다. 불의는 사라질 것이다.

이 견해에는 별로 새로운 점이 없다. 사실 철학에서는 참신하다고 과시하는 학설을 불신의 눈으로 보는 것은 좋은 일이다. 진리는 자주 그 옷차림을 바꾸지만—아름다운 여인이면 누구나 그렇듯이—그 몸은 언제나 같다. 도덕학에서도 괄목할 만한 혁신을 기대할 필요는 없다. 소피스트나 니체 학도의 흥미 있는 학설에도 불구하고 도덕적 개념은 전체의 복지라는 것을 축(軸)으로 회전한다. 도덕은 결합·상호 의존 및 조직과 더불어 시작하며, 사회 생활은 개인 주권의 어느 부분으로 하여금 일반 질서를 위해 양보할 것을 요구한다. 그리고 행동의 규범은 그 집단의 복지가 된다. 자연은 그것을 바라므로 자연의 판단은 항상 궁극적이다. 어떤 집단이 다른 집단과의 경쟁이나 전투에서 살아남은 것은, 그 집단의 구성원이 공통 목적을 위해 일치 협동하는 통일된 능력과 힘에 따르는 것이다. 그리고 각자가 가장 잘 할 수 있는 일을 힘써 하는 것보다 더 훌륭한 협동은 없을 것이다. 그것은 사회가 살아 있는 한 구해야 할 조직의 목표이다. 그리스도는 약자에게 친절한 것이 도덕이라 했고, 니체는 강자의 용감함이라고 했으며 플라톤은 전체의 유효한 조화라고 했다. 완벽한 윤리학을 찾아내려면, 아마도 이 세 가지 학설을 결합해야 할 것이다. 그러나 우리는 이 세 가지 요소 중 어느 것이 근본적인 것인지 의심할 수 있을까.

10. 비평

우리는 유토피아 전체를 어떻게 평해야 할까? 그것은 과연 실행할 수 있는 것일까 만약 실행할 수 없는 일이라면, 무언가 현대에 사용할 수 있는 실제적인 점을 가지고 있는 것일까? 그것은 이전에 어딘가에서 조금이라도 실현된 일이 있었을까?

적어도 이 마지막 물음에는 플라톤에게 유리한 대답을 하지 않을 수 없다. 1천 년 동안 유럽은 플라톤이 몽상한 것과 아주 비슷한 수호자 계급에 의해 지배되었다. 중세를 통해서 기독교 세계의 모든 주민은 노동자·군인·성직자로 나누어졌다. 이 성직자 계급은 비록 그 수는 적었으나 교양의 수단과 기회를 독점하며 거의 무제한의 권세로써 지구상 가장 강력한 대륙의 절반을 지배했다. 성직자는 플라톤의 수호자 계급처럼 권위의 자리에 있었는데, 그것은 국민의 투표에 의해서가 아니라 성직자로서의 학문과 경영에 나타난 그들의 재능이나 명상, 혹은 간소한 생활에 알맞은 그들의 기질—아마도 더 부연하지 않으면 안 되겠지만—및 국가나 교회에서 그들의 친척의 세력에 의하는 것이었다. 그들이 지배했던 중세 후반기의 성직자는 플라톤이 바란 대로 가족에 대한 걱정을 면할 수 있었다. 그리고 이따금 수호자들에게 주어진 생식의 자유를 적잖게—아무래도 그렇게 생각되는데—누리고 있었다. 독신 생활은 성직자 권세의 심리적 구조의 일부였다. 그것은 한편으로는, 그들이 가족이라는 편협한 이기심에 얽매이지 않고, 다른 한편으로는 분명히 육욕의 유혹에 이기고 있다는 것이 죄인들로 하여금 외경심(畏敬心)을 높여 주고, 이들이 고해실에서 그들에게 자기 생활을 진실하게 털어놓게 만들었다.

가톨리시즘의 가르침은 대부분 플라톤의 '웅대한 허구'에서 나오거나, 그 영향을 받고 있다. 즉, 중세적 형식의 천국·연옥·지옥의 관념은 《국가론》의 마지막 장(章)으로 거슬러 올라갈 수 있다. 스콜라학파의 우주론은 대부분 《티마이오스》에서 유래된다. 실재론(實在論)[11]은 이데아 설의 한 해석이다. 교육상의 《4과(四科)》[12]도 플라톤이 윤곽을 그린 교육과정에서 본을 딴 것이다. 이 학설

---

11) 보편 개념이 객관적으로 실재한다는 학설.
12) 중세의 대학에서 가르치는 일곱 가지 교양 과목 중 상위에 속하는, 산술·음악·기하·천문학을 말한다.

에 의해서 유럽 국민은 아무런 폭력도 당하지 않고 지배되었다. 그리고 국민은 자진하여 이 지배에 복종했고, 1천 년 동안 지배자들에게 물질적 지지를 아낌없이 해주면서, 정부에 대하여 아무런 발언권도 요구하지 않았다. 이 묵종(默從)은 일반 국민에만 그치지 않고 상인이나 군인, 봉건영주나 민간 유력자도 한결같이 로마에 무릎을 꿇게 했다. 그것은 정치적으로 매우 명민한 귀족정치였으므로, 실로 강력하고도 훌륭한 공전(空前)의 조직을 쌓아 올렸던 것이다.

한때 파라과이를 통치한 반 플라톤적 수호자인 예수회 회원들은, 야만석인 주민들 사이에서 지식과 기능을 가진 성직자로서 과두정치를 했다. 또한 1917년 11월 혁명 후, 러시아를 통치한 공산당은 기이하게도 플라톤의 《국가론》을 연상케 하는 형식을 취했다. 그들의 수는 불과 몇 명 안 되었지만 종교적인 확신으로 단결하여 정통 신앙과 파문이라는 무기를 휘두르면서 성자가 신앙에 대하여 하듯이 엄격하게 그 주의(主義)에 몸을 바쳤다. 그리고 그것으로 전 유럽의 절반을 지배했음에도 검소한 생활을 영위했다.

이와 같은 여러 예를 보면 어떤 범위 내에서는 변경을 가하기만 하면 플라톤의 계획이 실행가능하다는 것을 알 수 있다. 그 계획은 플라톤 자신이 여행 중의 견문에서 얻어 온 것이다. 그는 이집트의 신권정치(神權政治)에서 깊은 인상을 받았다. 거기엔 소수의 사제계급이 지도한 위대한 원시문명이 있었다. 이집트의 정치는 아테네 에클레시아의 논쟁이나 폭정과 무능에 비하면 훨씬 높은 국가형식이라고 생각되었다. 이탈리아에서는 잠시 피타고라스 교단에서 지냈는데, 그들은 채식주의와 공산주의자로서 이탈리아의 그리스 식민지를 몇 세대에 걸쳐 지배하고 있었다. 스파르타에서는 소수 지배계급이 예속된 주민들과 공동으로 엄격하고 간소한 생활을 하고 있는 것을 보았다. 그들은 공동으로 생활을 하며 우생학적 목적을 위해 성교를 제한하고, 용감한 자에게는 다처(多妻)의 특권을 주고 있었다. 물론 플라톤은 여기서 에우리피데스가 처(妻)의 공유, 노예의 해방 및 전 그리스 동맹에 의한 그리스인 세계의 화목에 대해 외치는 것을 들었다. 또한 그가 오늘날 소크라테스 좌파라고 할 수 있는 집단에서 강력한 공산주의 운동을 발전시킨 퀴닉 학파의 사람들을 약간 알고 있었다는 것도 확실하다. 요컨대 플라톤은 자기 눈으로 본 현실에 입각하여 이 계획을 제의하는 것이지, 어떤 불가능한 것을 말하는 것은 아니라고 확신하고 있었다.

그러나 아리스토텔레스 시대부터 지금까지 비평가들은 플라톤의 《국가론》에 비판과 의혹을 품을 여지가 많다고 보아 왔다. '이런 일 및 그 밖에 많은 일들은' 하고 아리스토텔레스는 비아냥대듯 간결하게 말하고 있다. '세월이 흐르는 동안 여러 번 검토된 일이다.' 모든 사람이 동포인 사회를 구상하는 것은 퍽 좋은 일이다. 그러나 이 같은 관계를 현대의 남성들 사이에 확대시키려고 하면, 그 관계는 온기가 희박해져서 그 의의를 상실하게 된다. 공유재산에 대해서도 마찬가지다. 즉, 그것은 책임감을 적게 만들 것이다. 모든 것이 모든 사람에게 속할 때는 누구도 그것을 소중히 여기지 않을 것이다. 그리고 마지막으로―이 위대한 보수주의자(아리스토텔레스)는 주장하고 있다―공산주의는 타인과의 접촉으로 사람들을 견딜 수 없게 하여 사생활이나 개인을 용인할 여지를 남기지 않을 것이고, 소수의 성도(聖徒)들 사이에서만 볼 수 있는 인내와 협동의 덕을 전제로 할 것이다. 우리는 덕(德)의 표준이 범인이 따르지 못하는 것이어서도 안 되고, 교육이 천성이나 그 밖의 조건에 의해 특별한 혜택을 받아 마땅하다고 생각해서도 안 된다. 오히려 우리는 다수가 함께 살 수 있는 생활이나, 여러 국가가 널리 일반적으로 달성할 수 있는 정치 형태를 고려해야 한다.

거기까지는 플라톤의 가장 위대한―그리고 가장 질투 많은―제자도, 후세의 비평가의 대다수도 비슷한 평가를 하고 있다. 플라톤은 일부일처제와 그에 따르는 도덕에 의한 습관의 힘을 과소평가했으며, 남자는 아내의 몇 분의 일만을 소유하는 것으로 만족할 것이라고 생각했다는 점에서 남자의 소유욕을 너무 가볍게 보고 있다. 또 누구인지도 모르는 냉정한 사람의 손에 자식을 맡기는 일에 어머니들이 동의하리라 믿는다는 것은 모성본능을 지나치게 경시한 것이다. 그러나 무엇보다도 그는 도덕의 큰 요람인 가족을 파괴함으로써 국가의 심리적 기초가 될 협동적인 공산주의적 습관의 주요한 원천도 사라진다는 것을 잊고 있다. 그는 유례없는 웅변으로써 자기가 앉아 있는 큰 가지를 자르고 있는 것이다.

이상의 모든 비평은 허수아비에 대항하는 것이나 다름없다고 생각할 수 있다. 플라톤은 분명히 그 공산주의적 계획에서만 지배계급에서 요구하는 물질적 자제의 능력이 있으며, 오직 수호자들만 형제자매라 부를 것이고, 그들만이 돈이나 재산을 갖지 않고도 살 수 있으리라는 것을 명백히 인정했다. 대다수의 사람들은 그다지 고통스럽잖은 기존의 습관—재산·금전·사치·경쟁·그 밖에 그들이 바라는 사생활—을 그대로 보존할 것이고, 되도록 일부일처의 결혼을 하여 그 제도와 가족을 바탕으로 모든 도덕을 지킬 것이다. 아버지는 아내를, 어머니는 자식을 마음껏 곁에 붙잡아 둘 것이다. 수호자들이 필요로 하는 것은 공산주의적 성향보다 오히려 청렴과 명예욕이요, 친절보다 긍지이다. 또 모성본능에 관해서 말한다면, 이것은 아이가 나기 전까지, 아니 성장하는 도중에도 강하지는 않다. 보통 어머니는 갓난아이를 기쁨보다 체념으로써 받아들인다. 갓난아이에 대한 애정은 발전이지 갑작스러운 기적이 아니므로 아이가 자람에 따라—어머니의 정성으로 아이의 개성이 형성되어 감에 따라—성장하는 것이다. 이러한 모성적 능력이 구체적으로 나타나기 전에 갓난아이는 어머니의 마음을 먼저 사로잡지 못한다.

그 밖의 비판은 심리적이라기보다 오히려 경제적인 것이다. 플라톤의 《국가론》에서는 모든 도시가 두 개의 도시로 나뉘어져 있다고 비난하면서 도시는 세 개로 나누는 것이 좋다고 논하는 자가 있다. 이에 대해서는 도시가 두 개로 나뉘어진 것은 경제적 알력에 의하는 것으로, 플라톤의 국가에서는 수호자 계급과 보조자 계급을 결코 금전이나 재산의 경쟁에 참여시키지 않는 것으로 되어 있다고 대답할 수 있다.

그러나 이런 경우 수호자들이 무책임한 권력을 가지게 되므로 폭정이 되지 않을까 하는 의심이 일어나기도 하나 결코 그런 일은 없다. 그들은 정치상의 권력과 지휘권은 갖고 있으나 경제력과 부(富)는 가지고 있지 않기 때문이다. 경제계급은 만일 수호자들의 통치 방법이 마음에 들지 않으면 의회가 예산을 제한하여 행정기관을 억제하듯 식량의 공급을 정지할 수도 있다. 그러나 수호자들에게 정치적인 권력만 있고 경제적 권력이 없다면 그들은 어떻게 그 지배력을 유지할 수 있을 것인가. 정치 권력은 경제 권력의 반영이므로 경제 권력이—18세기에 중산계급에 옮겨졌듯이—정치상 종속하고 있는 계급으로 옮아가기만 하면 정치 권력이 불안정하게 되는 것은 해링턴이나 마르크스, 그 밖의 많은 사람이 증명해 온 바가 아닌가.

이것은 매우 중대한 비판으로 아마 치명적인 것이리라. 이에 대해서는 카노사에서 신성 로마 제국의 황제까지도 굴복시킨 로마 가톨릭 교회의 권력은, 처음 몇 세기 동안은 부(富)의 전략에 의해서라기보다 교리의 주입에 의한 지배였다고 대답할 수 있다. 그러나 교회의 장기 지배력은 대부분 유럽의 농업 사정에 의하는 것이었다. 즉 변덕스러운 자연력에 의존하는 수밖에 없었던 농민들은 자연을 제어할 수 없었기 때문에 항상 자연을 두려워했고, 나아가서는 숭앙하게 되어 결국은 초자연적인 신앙으로 기울었다. 산업 및 상업의 발달로 새로운 유형의 좀 더 현실적이고 더욱 현세적인 정신과 인간이 나타나자, 교회의 권력은 이 새로운 경제적 사실과 충돌하여 순식간에 붕괴되기 시작했다. 정치적 권력은 경제적 여러 세력의 평형의 변화에 끊임없이 적응하지 않으면 안 된다.

플라톤이 말하는 수호자들이 경제계급에 의한 경제적 의존은 그들로 하여금 곧 경제계급의 감독을 받는 정치적 기관으로 전략시켜 버릴 것이다. 군사력을 동원할지라도 이 불가피한 결과를 오래 제지할 수는 없을 것이다. 혁명 러시아의 군사력 이상의 것이 있어도 식량의 증산을—나아가서는 국민의 운명을—지배하는 농민들 사이에 소유의 개인주의가 발달하는 것을 막을 수는 없다. 플라톤에게 남는 것은 다만 이러한 것뿐이다. 즉 국가의 정책은 경제적으로 가장 유력한 그룹에 의해 규정될지라도 정책의 실시는 이 목적을 위하여 특별한 준비교육을 받은 관리의 손에 의해서 행해지는 것이 정치가로서의 어떤 훈련도 없이 상공업에서 정계로 들어오는 무리들에 의해 행해지는 것보다 낫다는 것이다.

플라톤에게 특히 결여된 것은 유전(流轉)과 변화에 대한 헤라클레이토스적 감각이다. 그는 이 세계가 움직이지 않는 고정된 그림이 되기를 지나치게 원했다. 그는 소심한 철학자들처럼 질서를 극히 사랑할 뿐이므로, 아테네의 민주 정치의 동요에 놀라서 개인의 가치를 극단적으로 무시하게 된 것이다. 그는 곤충학자가 파리를 분류하듯이 인간을 여러 계급으로 나누어, 목적을 달성하기 위해서는 사제 행세를 하여 속임수를 쓰는 일도 서슴지 않았다.

그의 국가는 정적(靜的)이다. 그것은 자칫하면 창의를 적대시하고 변화를 증오하는 완고한 노인들에게 통치되는 구폐(舊弊)한 사회로 될 가능성이 많다. 이 국가에는 과학이 있을 뿐 예술은 없다. 이 국가는 과학적 정신의 중요한 질서를 찬양하고, 예술의 혼인 자유를 등한시하기 때문이다. 그것은 미(美)를 숭배하면서도 오직 미를 창조하는 예술가를 추방하는 것과 같다. 그것은 스파르타나 프러시아 같은 나라가 될 수는 있지만 이상국가는 될 수 없다.

지금까지 불쾌한 비판을 숨김없이 내렸으므로 이번에는 플라톤의 사상의 힘과 깊이에 대해 경의를 표하기로 하겠다. 근본적으로는 그가 옳았다. 그렇지 않은가? 이 세상이 원하는 것은 가장 현명한 사람들의 통치이다. 그의 사상을 우리 자신의 시대와 제한에 적용하는 것은 우리가 할 일이다. 오늘 우리는 민주주의를 당연하게 생각한다. 우리는 플라톤이 말했듯이 선거권을 제한할 수는 없으나 관직의 획득에 제한을 가하여 플라톤이 바라는 민주정치와 귀족정치의 혼합을 확보할 수는 있다. 정치가도 의사처럼 철저한 전문 훈련을 받아야 한다는 그의 주장은 우리가 두말없이 받아들여도 무방하다. 우리나라의 대학에도 국가학부와 행정학부를 설치해도 좋을 것 같다. 그리고 그 학부들이 충분히 기능을 발휘하기 시작한 뒤에는 정치학교의 출신자에게만 관직에 오를 자격을 주어야 한다. 그렇게 하면, 우리나라 민주정치 부패의 본원(本源)인 저 복잡한 지명제도(指名制度)는 완전히 제거될 것이다. 정당한 훈련을 받고 충분한 자격을 갖춘 입후보자를 선거민이 뽑도록 해야 한다. 또한 민주적인 관료선발은 비슷비슷한 두 사람이 4년마다 부질없는 희극을 연출하는 현재보다는 훨씬 더 철저한 것이 될 것이다. 관직에 임할 자격을 행정기술 교육의 졸업자로 제한하는 이 계획을 진정하게 민주적으로 하려면 꼭 한 가지 수정을 가할 필요가 있다. 그것은 모든 남녀에게, 부모의 재산을 막론하고 교육의 기회가 균등하게 주어져야 한다는 것, 대학 교육과 정치적 승진의 길이 균등하게 열려 있어야 한다는 것이다. 시(市)와 군(郡)과 주(州)가 유망한 청년들, 특히 능력이 있으면서도 가난한 부모에게서 태어났기 때문에 상급학교에 진학하지 못하는 자에게 장학금을 주어서 교육받도록 해야 한다. 이것이야말로 그 이름에 어울리는 진정한 민주주의일 것이다.

끝으로 플라톤은 자기의 유토피아가 도저히 실현될 수 없다는 것을 알고 있었다고 덧붙이는 것이 공정하다. 그 자신도 달성하기 어려운 이상을 그렸다는 것을 인정하고 있으나, 그러한 욕망을 그리는 자체에 가치가 있다고 주장한다. 인간의 의의는 보다 나은 세계를 상상하여 적어도 그 일부분이나마 실현하려고 노력하는 데에 있기 때문이다. 인간은 유토피아를 계획하는 동물이다. '우리는 앞뒤를 살펴보고 없는 것을 간절히 동경한다.' 그렇지 않다면 모든 것은 아무 소용이 없다. 이카로스의 꿈처럼 우리의 많은 꿈들은 손발이 자라 걷고 날개가 돋아 날았다. 비록 우리가 이상하는 바를 그려만 놓는다 해도 그 그림은 우리들의 행동목표와 모범이 되어 많은 사람이 그것을 보고 빛을 좇는다면 우리의 유토피아는 언젠가 지상에서 실현될 것이다. 그러노라면 '하늘에 전형이 있어, 그것을 보려 하는 자는 볼 수 있고 그것을 모범으로 하여 스스로를 다룰 수 있다. 그러나 그러한 국가가 지상에 존재하는가 또는 어느 때 나타나는가 하는 것은 사실 아무래도 좋고, 그는 그 이상적인 나라의 법에 따라 살게 될 것이다.' 군자는 불완전한 국가 안에서도 완전한 법률을 적용할 것이다.

위의 여러 가지 의문에도 불구하고 플라톤은 기회를 얻어 대담하게도 계획을 실현하려고 나섰다. 기원전 387년, 플라톤은 시칠리아 수도(당시 번영해서 강력했던 시라쿠사)의 통치자 디오니시오스로부터 국토를 유토피아로 만들어 달라는 초청을 받았다. 플라톤은 튀르고와 같이 전 국민을 교육시키기보다는 비록 왕일지라도 한 사람의 인간을 교육하는 편이 쉽다고 생각하고 이에 응했다. 그러나 디오니시오스는 플라톤의 계획에 따르면 자기가 철학자가 되든지, 아니면 왕 노릇을 그만 두든지 해야 한다는 것을 깨닫자 낙심하고 말았다. 그러다가 결국 심한 논쟁이 벌어졌다. 일설에 따르면 이때 플라톤은 노예로 팔렸다가 친구이자 제자인 아니세리스의 구출을 받았다는 것이다. 그래서 아테네의 문하생들이 아니세리스에게 스승을 위해 치러 준 몸값을 갚으려 했을 때 그는 당신들에게만 철학을 구할 특권이 있는 것은 아니라고 하며 거절했다. 그 경험과 또 하나의 비슷한 경험이(만일 3세기 전반의 철학자가 디오게네스 라에르티오스를 믿는다면) 플라톤 최후의 저서인 《법률》의 꿈에서 깬 듯한 보수주의를 설명하게 될 것이다.

그럼에도 그의 긴 생애의 노년은 꽤 행복했다. 제자들은 사방으로 진출하고 있었으며, 그들의 성공은 도처에서 스승의 명성을 높이고 있었다. 그는 아카데메이아[13]에서 평화로운 날을 보내며 제자들을 차례로 방문하여 연구할 문제나 과제를 주고 돌아와서는, 그 보고나 해답을 요구했다. 라 로슈푸코는 '어떻게 늙어야 하는가를 아는 자는 적다'고 말했지만, 플라톤은 그것을 잘 알고 있었다. 그것은 솔론처럼 배우고 소크라테스처럼 가르치는 것이었다. 열의 있는 젊은이를 지도하고, 지적 동지애를 찾아내는 일이다. 학생들은 그를, 그가 그들을 사랑하는 것처럼 사랑했다. 그는 그들의 철학자이고 지도자인 동시에 그들의 친구였다.

제자 한 사람이 '결혼'이라 불리는 저 커다란 '심연'에 임하여 스승을 혼례 잔치에 초청했다. 플라톤은 여든의 고령이었으나 기꺼이 참석하여 들떠서 떠드는 무리들 틈에 끼었다. 그런데 희희낙락하며 몇 시간이 지났을 무렵, 노철학자는 조용한 방 한구석으로 물러나 잠깐 눈을 붙이려고 의자에 앉았다. 날이 새어 잔치가 끝났을 때 떠들고 노는 데 지친 제자들이 그를 깨우러 왔다. 밤새 플라톤은 조용히 영원한 잠을 자게 되었던 것이다. 아테네의 모든 사람들은 그의 묘지까지 따라 나왔다.

---

13) 플라톤이 아테네의 교외에 세운 학교, 이 지방에는 영웅 아카데모스(Academus)를 모신 신전이 있었으므로 이 이름이 생겼다. 근대어 아카데미의 어원이 되었다.

아리스토텔레스와 그리스 과학

1. 역사 배경

아리스토텔레스는 기원전 384년 아테네 북방 약 2백마일 떨어진 곳에 있는 마케도니아의 한 도시 스타기라(또는 스타게이라)에서 태어났다. 아버지는 마케도니아 왕인 알렉산드로스 대왕의 조부인 아민타스의 친구이며, 그의 시의(侍醫)였다. 아리스토텔레스 자신도 아스클레피오스 의료단[1]의 일원이었던 듯하다. 후세의 많은 철학자가 신성한 분위기에서 성장한 것과 달리, 그는 약냄새 속에서 자라났다. 그는 과학적 경향을 발달시킬 기회와 자극이 많았으며, 과학의 창시자가 될 준비를 처음부터 갖추고 있었다.

그의 청년 시절에 대한 여러 이야기가 전해 내려오고 있다. 일설에 의하면 방탕한 생활로 유산을 낭비하고, 생활이 어려워 군대에 들어갔다가 의원을 개업하기 위해 스타기라로 돌아왔으며, 30세가 되었을 때 아테네에 가서 플라톤에게 철학을 배웠다고 한다. 더 확실해 보이는 다른 이야기에 따르면 18세 때 아테네로 들어가, 위대한 스승의 지도를 받은 것으로 되어 있다. 그러나 그럴 듯한 전설 속에서도 무모하고 규율에 벗어난 청년의 패기가 충분히 반영되고 있다. 이 이야기를 듣고 어안이 벙벙해진 독자들은, 어느 설에서나 결국엔 우리 철학자가 아카데메이아의 조용한 숲속에 정착하게 됨을 보고 아마 마음이 놓일 것이다.

플라톤의 문하에서 그는 8년, 혹은 20년 동안 공부했다. 실제로 플라톤주의가 아리스토텔레스의 사색에—극히 반(反) 플라톤적인 사색에까지도—침투한 것을 보면 20년 간이라는 말이 사실일 것 같다. 이 기간이 그에게는 가장 행복한 시기였다고 누구나 생각하고 싶을 것이다. 재기에 넘친 제자가, 가장

---

[1] 의술의 신 아스클레피오스의 신전에서 병을 치료한 의사 단체.

좋은 스승의 지도 아래 그리스인의 연인 들처럼 어울리며 철학의 정원을 산책했기 때문이다. 그리고 그들은 천재였다. 천재 끼리는 다이너마이트와 불처럼 잘 어울린 다는 것은 당연한 사실이다. 그런데 두 사 람에겐 거의 50년에 가까운 나이 차가 있 었다. 아무리 이해를 하려 해도 이 연령의 간격을 메워서 상반되는 정신의 대립을 없애기는 어려웠다. 플라톤은 야만인이라 일컫는 북방에서 온 색다른 세 제자의 위 대함을 인정하고, 예지(叡智)의 화신을 의

아리스토텔레스

미하듯이 그를 아카데미아의 '정신(Nous)'이라 부른 적이 있다. 아리스토텔레 스는 서적 구입에 돈을 아끼지 않고 썼다(인쇄술이 없던 시대라 수사본임). 그는 에우리피데스 이후 도서관을 만든 최초의 사람이었다. 그의 학문에 대한 많 은 공헌 중에는 도서 분류법의 원칙을 세운 것도 있다. 그러므로 플라톤이 아 리스토텔레스의 집을 '독서인의 집'이라 부른 것은 매우 마땅한 찬사였던 것 같다. 그러나 고대의 한담(閑談)에는 스승인 플라톤이 아리스토텔레스를 책벌 레라고 빈정댔었다고 말하는 사람도 있다. 더 근거 있는 시비는 플라톤의 만 년에 일어난 것 같다. 원대한 뜻을 가진 이 청년은 정신상의 아버지보다는 철 학에 호의와 애정을 기울여 분명히 '오이디푸스콤플렉스[2]'를 일으켜, 지혜는 플라톤과 함께 없어지는 것이 아니라는 말을 암시했다. 늙은 현인도 이 제자 를 가리켜, 어미젖을 다 빨아먹고 발로 차는 망아지 같다고 말했다. 박학한 첼 러[3]는 아리스토텔레스를 불교에서 말하는 이른바 열반의 경지에 이른 사람처 럼 말하고, 이런 이야기를 어떻게 하든지 우리가 믿지 않도록 하려고 했다. 그

---

2) 아들이 무의식적으로 동성의 아버지를 멀리하고 이성의 어머니를 좋아하는 잠재의식. 그리 스 신화의 오이디푸스왕이 아버지를 잘못 알고 죽인 뒤, 그 어머니와 결혼한 이야기에 관련시 켜 붙인 말이다.
3) Eduard Zeller(1814~1908). 독일의 철학사가 ·철학자 ·신학자. 베를린대학 등에서 신학 및 철학 교수를 역임했으며, 특히 주저 《그리스인의 철학》으로 유명하다.

러나 터무니없는 말이 전해 내려 올까 하는 의심도 든다.

이 밖에도 아테네 시대에는 더욱 의심스러운 사건이 있었다. 아리스토텔레스가 이소크라테스에 대항하여 웅변학교를 열었다고 하며, 얼마 뒤 도시국가 아타르네우스의 참주(僭主)가 된 부유한 헤르미아스는 이 학교 학생이었다고 말하는 전기 작가들도 있다. 그 높은 지위에 오른 헤르미아스는 아리스토텔레스를 그의 궁전으로 초청했다. 그리고 기원전 344년, 과거의 은혜를 갚기 위해 누이동생(일설에는 조카딸)을 아내로서 그에게 주었다. 이것은 그리스인의 선물(나쁜 뜻을 포함하고 있는 선물)이라고 의심할지도 모르지만, 역사가들은 아리스토텔레스가 천재였음에도 불구하고 아내와 충분히 행복한 생활을 보냈으며, 유언장에는 아내에 대한 애정 어린 말이 있었다고 주장한다. 마케도니아 왕 필리포스가 아리스토텔레스를 펠라 궁전으로 불러, 아들 알렉산드로스의 교육을 맡긴 것은 그로부터 1년 뒤의 일이다. 당대 제일의 군주가 최대의 스승을 물색하여, 장차 군주가 될 아들의 스승으로 아리스토텔레스를 선택한 것은 철학자의 명성이 높아져 가고 있음을 의미한다.

필리포스는 아들을 위하여 원대한 계획을 세우고 있었으므로, 그에게 모든 교육상의 편의를 주려고 결심했다. 그는 기원전 356년, 트라키아를 정복해서 금광의 관할권을 얻었는데, 그것은 당시 아테네가 고갈해 가는 라우리온 은광에서 얻고 있던 양의 10배나 되었다. 그의 국민은 원기 왕성한 농민과 군인으로 구성돼 있었고, 도시의 사치나 악습에 물들지 않았다. 그는 차츰 군소(群小) 도시국가의 정복과 그리스의 정치적 통일을 가능케 하는 수단을 자기 것으로 만들어 나갔다. 필리포스는 그리스인의 개인주의에는 공명하지 않았다. 즉, 그 개인주의는 그리스인의 예술과 지성을 양성했지만, 동시에 그 사회 질서를 무너뜨렸기 때문이었다. 그는 작은 수도에서 생생한 문화와 탁월한 예술을 보는 대신에, 상업의 부패와 정치의 혼란만을 보았다. 만족할 줄 모르는 상인과 은행가들은 모두 국민을 착취했고 무능한 정치가와 교활한 웅변가는 근면한 민중을 속여 불행한 음모와 전쟁으로 몰아넣고, 경쟁은 계급 분열을 낳았으며, 분열한 계급은 인도의 카스트처럼 고정되는 것을 보았다. 필리포스는 이를 평하여, 이것은 국민이 아니라, 개인의―천재와 노예의―혼합이라고 했다. 그는 이 혼란에 질서를 세우고, 전 그리스를 통일된 강국으로서, 세계의 정치적 중심지로 부흥시키려고 생각했다.

청년시절에 그는 테베에서 고결한 장군 에파미논다스로부터 전술과 사회조직의 기법을 배웠는데, 그때 품은 대망을 바탕으로 끝없는 용기와 스승의 가르침을 한껏 활용했다. 기원전 338년, 그는 카이로네이아에서 아테네군을 격파하고, 마침내 그리스를 통일했다(무력에 의한 통일이긴 하지만). 그는 다시 여세를 몰아 아들과 함께 전 세계의 지배와 통일을 계획했으나, 뜻을 이루지 못한 채 자객의 손에 쓰러지고 말았다.

아리스토텔레스가 왔을 때 알렉산드로스는 성격이 거친 13세의 소년으로 성미가 급하고 간질 증세가 있었으며 거의 만성 알코올 중독자였다. 다른 사람이 길들이지 못하는 말을 길들이는 것이 알렉산드로스의 오락이었다.

이 분출하고 있는 화산의 불을 진화하려는 철학자의 노력은 별 도움이 되지 못했다. 아리스토텔레스가 알렉산드로스를 길들이기보다는 알렉산드로스가 부케팔로스—그의 군마—를 길들이는 편이 더 나을 정도였다. 플루타르크는 "알렉산드로스는 아리스토텔레스를 마치 아버지처럼 사랑하고 소중히 여겼다. 그는 한 사람으로부터 생명을 받았지만 다른 한 사람은 그에게 삶의 기술을 가르쳐 주었다고 말했다."라고 전한다(그리스에는 '생명은 자연의 선물이지만 아름다운 삶은 지혜의 선물'이라는 격언이 있다).

알렉산드로스는 아리스토텔레스에게 보내는 편지에서 '나는 권력이나 영토의 확대보다도, 선(善)이란 무엇인가 하는 지식에서 다른 사람보다 우수하기를 바랍니다'라고 쓰고 있다. 그러나 이것은 젊은 왕자의 스승에 대한 인사치레에 불과했을 것이다. 철학에 열심인 초심자의 마음속에는 야만족의 왕녀와 야성적인 왕과의 사이에 태어난 아이의 격렬한 기질이 잠재해 있었다. 이성의 힘은 선조 대대로 물려받은 격정을 제어하기엔 너무 무력했다. 그래서 알렉산드로스는 2년 뒤에는 철학을 버리고 왕위에 올라 세계 정복의 길을 떠났다.

통일에 대한 알렉산드로스의 열정은 강렬하고 왕성했는데, 실로 그 일부분은 철학사상 가장 종합적인 사상가였던 스승에게서 받은 것이라고 믿어도 좋고, 스승과 제자가 각기 정치의 영역과 철학의 영역에서 질서를 정복한 일이—즉 두 위대한 마케도니아인이 혼돈된 두 세계를 각각 통일한 것은—하나의 고귀하고 웅장한 계획의 양면(兩面)이었다고 믿어도 좋다(이 재미있는 생각을 우리는 의심하는 바이지만).

알렉산드로스가 아시아 정복을 떠날 때, 남아 있는 그리스의 여러 도시의 정부(政府)는 모두 그에게 호의적이었지만 그들 도시의 주민 전체는 단연코 적의를 표했다. 자유롭고 한때는 강력하던 아테네의 오랜 전통은—세계를 정복한 위세 당당한 전제군주에 대해서도—복종을 참을 수 없는 것으로 생각했다. 그리하여 데모스테네스의 비통한 웅변은 에클레시아로서 도시의 실권을 장악하고 있던 마케도니아 당(黨)에게 언제나 반항할 것을 촉구했다.

기원전 334년, 아리스토텔레스는 두 번째의 여행을 마치고 아테네로 돌아왔는데, 그때 그는 이 마케도니아 당과 결탁하여 알렉산드로스의 통치에 찬성한다는 것을 숨기려 하지 않았다.

아리스토텔레스가 만년의 12년 동안 전개해 보인 사색과 연구의 성과를 음미하고, 학교 창립과 일찍이 어느 누구의 정신에도 깃든 일이 없었던 풍부한 지식의 정합 등 다방면의 일을 생각할 때는 결코 조용하고 안정된 진리의 추구만이 아니라, 정계가 언제 일변하여 평화스러운 철학적 생활을 폭풍우로 몰아넣을지 모른다는 사실까지도 생각해야 했다.

이런 상황을 염두에 두어야만 비로소 아리스토텔레스의 정치 철학과 그의 비극적 최후를 이해할 수 있다.

2. 아리스토텔레스의 저서

왕 중 왕의 스승이었으므로, 아테네시(市)가 아무리 그에게 적의를 품었다 해도 어렵지 않게 제자를 발굴해 낼 수 있었다. 58세 때 아리스토텔레스는 리케이온(학교 이름)을 세웠는데, 많은 학생이 모여들어 세세한 규칙 없이는 질서를 유지할 수 없었다. 규칙은 학생들 자신이 정하고 열흘마다 학교를 관리하기 위한 위원 한 사람을 선출했다. 그러나 우리는 그 학교를 엄격한 훈련의 도장이라 생각할 필요는 없다. 오히려 지금까지 전해 내려온 그림을 보면, 학생들은 스승과 함께 식사를 하고, 체육장—이 체육장에서 리케이온이란 이름이 생겨났지만—근처의 소요로(逍遙路)⁴⁾를 산책하면서 선생님에게 배우고 있었다.

---

4) 소요로는 페리파토스(Peripatos)라 불렸다. 거기에서 페리파토스학파(또는 소요학파)라는 명칭이 뒷날 붙여졌다. 체육장은 아폴론 리케이오스(Apollon Lykeios)의 성역의 일부로, 아폴론 리

이 새로운 학교는 플라톤이 남긴 학교의 단순한 모방은 아니었다. 아카데메이아는 특히 수학과 사변 철학(思辨哲學) 및 정치 철학에 주력했으나, 리케이온은 오히려 생물학 및 기타의 자연과학에 주력하는 경향이 있었다. 만일 플리니우스《박물지》의 저자)를 믿어도 좋다면 알렉산드로스는 사냥꾼·사냥터지기·정원사·어부들에게 명령하여 아리스토텔레스가 요구하는 동물학 및 식물학상 필요한 모든 재료를 공급시켰다. 또 다른 고대의 저술가들에 의하면, 아리스토텔레스는 한때 1천 명이나 사람을 써서 널리 그리스 및 아시아 각지의 동식물 표본을 수집시켰다고 한다. 그는 그 풍부한 재료로 지금까지 보지 못하던 대규모의 동물원을 세울 수 있었다. 그 수집이 그의 과학과 철학에 미친 영향은 새삼스럽게 강조할 필요는 없을 것이다.

아리스토텔레스는 그 사업에 필요한 자금을 어디서 조달했을까? 당시의 그는 수입도 많았으며, 그리스에서 가장 유력한 정치가의 한 사람과 인척이 되어 재산을 얻고 있었다. 아테나이오스가 —의심할 것도 없이 약간 과장하여—말하는 바에 따르면 알렉산드로스는 아리스토텔레스의 물리학이나 생물학의 설비비 및 연구비로서 총액 8백 달란트(약 4백만 달러)를 주었다고 한다. 알렉산드로스가 나일강의 원류를 조사, 정기적 범람의 원인을 발견하기 위하여 막대한 비용을 들여 탐험대[5]를 파견한 것도 아리스토텔레스의 제안이었다고 생각하는 사람이 적지 않다. 또한 아리스토텔레스를 위하여 집성하도록 한 1백 58개 법규의 유찬(類纂)을 봐도, 상당히 많은 조수나 서기가 있었다는 것을 짐작할 수 있다. 요컨대 이것은 유럽의 역사상 국가가 학문에 대하여 대규모 자금을 공급한 최초의 예이다. 만일 현대의 국가가 학술 연구에 그와 비슷한 대대적인 원조를 한다고 하면 어느 정도의 지식을 얻을 수 있을까!

그러나 그와 같은 전대미문의 자금과 편의가 있었음에도, 치명적으로 시설이 부족했음을 잊어버린다면 우리는 아리스토텔레스에 대하여 공정하다고 할 수 없다. 그는 '시계 없이 시간을 측정했고, 한난계 없이 온도를 비교했으며, 망원경 없이 천체를, 청우계 없이 천후를 관측해야만 했다……우리가 가지고 있는 모든 수학적·광학적·물리학적 기구 중 그가 가지고 있었던 것은 자와 컴

케이오스란 양의 무리를 이리(Lykos)로부터 수호하는 신이었다. [원주]
5) 탐험대의 보고에 의하면 홍수는 아비시니아 고원의 눈에 의한 것이었다. [원주]

퍼스, 두서너 개의 극히 불완전한 대용품뿐이었다. 화학 분석, 정확한 도량형, 물리학에 대한 수학의 완전한 응용 등은 아직 알려져 있지 않았다. 물질의 견인력, 낙하의 법칙, 전기의 현상, 화합의 조건, 기압과 그 작용, 빛, 열, 연소 등 등의 본성, 요컨대 현대 과학의 물리학적 여러 이론의 기초가 되는 모든 사실은 거의 전부 발견되지 않았다.'

여기서 발명이 어떻게 역사를 만드는가 살펴보라. 망원경이 없었기 때문에 아리스토텔레스의 천문학은 유치한 이야기의 연속이다. 현미경이 없었으므로 그의 생물학은 미로만을 더듬었을 뿐이었다. 사실 그리스가 그 유례없는 업적의 일반적 수준에 비하여 훨씬 뒤떨어진 것은, 산업 및 기술상의 발명 때문이다. 그리스인은 수공업을 경멸하여 나태한 노예 이외에는 아무도 사물의 제조 과정을 직접 알고 있는 사람이 없었고, 기계류에 접촉하지 않았으므로 결함도 모르고, 가능성을 예지할 수도 없었다. 하려고만 하면 기술상의 발명을 할 수 있는 무리들도 발명에 관심이 없었으므로 발명에서 물질적 보수를 얻을 수는 없었다. 아마도 노예가 헐값이었다는 것이 발명을 지연시켰을 것이다. 근육이 기계보다 쌌던 것이다. 그리스 상업이 지중해를 정복하고, 그리스 철학이 지중해 연안 사람들의 마음을 정복했음에 반해 그리스 과학은 낙오했고, 그리스 산업은 천 년 전 그들의 조상이 남하하여 크노소스·티린스 및 미케네에 침입했을 당시의 에게해 산업과 큰 차이가 없었다. 그 당시 실험 기계 장치는 아직 없었으므로, 가능한 한 포괄적으로 끊임없이 관찰을 한다는 일이 최선의 길이었다. 그럼에도 불구하고 그와 그의 조수들이 모은 방대한 자료는 과학 진보의 기초가 되었고, 2천 년 동안 지식의 교과서가 되었다. 그것은 인간이 이룩한 경탄할 역작의 하나이다.

아리스토텔레스가 쓴 책은 수백을 헤아릴 정도로 많다. 고대의 저술자들 중, 누구는 4백 권이라 하고 어떤 자는 1천 권이라고 말한다. 지금 남아 있는 것은 불과 일부분에 지나지 않지만 그 자체로 훌륭한 도서관을 이루고 있다—그 전체의 범위와 웅장함을 상상해 보라. 첫째 논리학에 관한 많은 저작이 있다. 《범주론》《변증론》《분석론 전서》《분석론 후서》《명제론》《소피스트적 논박》 등이 그것인데, 후기 소요학파(逍遙學派)의 사람들이 수집 편찬한 것으로 아리스토텔레스의 《오르가논》이라는 제목이 붙어 있다. 즉, 올바른 사고의 기관, 또는 도구라는 뜻이다. 둘째는 과학에 관한 것으로, 《자연학》《천체론》《생성과 소멸에 관하여》《기상학》《자연학》《영혼에 관하여》《동물의 부분들에 관하여》《동물의 움직임에 관하여》 및 《동물의 발생에 관하여》 등이 있다. 셋째는 미학상의 저작으로 《수사학》과 《시학》, 그리고 넷째는 좁은 의미의 철학의 저작, 즉 《윤리학》《정치학》 및 《형이상학》이다.[6]

이는 정말 그리스의 브리태니커 백과사전이라 할 만하다. 거기에는 이 세상의 모든 문제가 있다. 저작을 했던 어느 철학자보다도, 아리스토텔레스에게 많은 오류와 부조리가 있는 것도 무리는 아니다. 그것은 알렉산드로스의 변덕스럽고 야만적인 승리보다도 훨씬 뛰어난 세계의 정복이다. 만일 철학이 통일의 탐구면 아리스토텔레스야말로 2천 년 동안 그를 지칭한 그 '철학자'[7]란 위대한 이름이 조금도 아깝지 않은 사람이다.

이 정도의 과학적 경향을 가진 사람에게 시가 결여되는 것은 당연한 일이다. 우리는 시인이며 철학자였던 플라톤의 문장에서 넘치고 있는 문학적 광채를 아리스토텔레스에게서 찾으려 해서는 안 된다. 아리스토텔레스가 우리에게 주는 것은, 철학이 신화나 비유의 묘사로 구체화된—그리고 애매한—위대한 예술이 아니고, 전문적이고 추상적인 압축된 과학이다. 그는 플라톤처럼 글을 새롭게 표현한 것이 아니라, 과학과 철학의 술어를 확립했다. 오늘날 우리는 그가 창작한 술어를 쓰지 않고는 도저히 과학에 대해서 말할 수 없다. 그 술어들은 화석(化石)처럼 우리 언어의 지층 속에 가로놓여 있다. faculty(기관의 기능), mean(수단), maxim(아리스토텔레스에선 삼단논법의 대전제라는 뜻), category(범주), energy(에너지), actuality(현실), motive(동기), end(목적), principle(원리), form(형상)—이렇듯 철학적 사고에 꼭 필요한 통화가 그의 머릿속에서 주조되었던 것이다.

아마도 재미있는 '대화편'에서 정밀한 '과학 논문'으로의 이동은 철학의 발전에 필연적인 걸음이었을 것이다. 그리고 철학의 기초이며 등뼈인 과학은 그 자체의 엄밀한 연구법과 표현법을 발전시킬 때까지는 성장할 수 없었다. 아리

---

6) 이상은 모두 지금까지 알려져 있는 책이며, 연대순으로 되어 있다. 이 장의 논의는 '형이상학'의 경우를 제외하고 이 순서에 따른다. 〔원주〕

7) 스콜라 철학에서 '철학자'라고 하면 아리스토텔레스를 가리켰다.

스토텔레스도 문학적인 '대화편'을 여러 편 써서 당시는 플라톤의 《대화편》과 같이 높은 명성을 떨쳤지만, 플라톤의 과학적 논문이 사라져 버린 그것과 같이 없어져 버렸다. 아마도 시간이 각자의 작품 중 우수한 것만을 보존한 모양이다.

마지막으로 아리스토텔레스의 것으로 되어 있는 저서가 실은 그가 쓴 것이 아니라 대부분 그가 강의한 내용을 노트에 적어 뒀던 학생이나 문하생들이 편집한 것은 있을 수 있다. 아리스토텔레스 생전에 논리학 및 수사학에 관한 것을 비롯한 전문 저서가 전부 세상에 발표되었다고는 볼 수 없다. 논리학의 여러 논문이 지니고 있는 지금의 체제는 틀림없이 그 뒤의 편집일 것이다. 《형이상학》과 《정치학》은 아리스토텔레스가 남긴 노트를 관리인들이 편집한 것 같으나 교열이나 변경은 가해지지 않았다.

하여간 우리는 아리스토텔레스가 그의 이름으로 된 모든 저서의 정신상의 저자이며, 여러 단계를 거쳐 그것을 쓴 사람들은 다를지 모르나 머리와 마음은 그의 것이라고 확신해도 될 것이다.[8]

3. 논리학 창시

아리스토텔레스의 가장 위대한 공적은, 오직 혼자만의 엄격한 사색으로 논리학이라는 새로운 학문을 창조한 것이라 할 수 있다. 르낭[9]은 '직접 또는 간접으로 그리스인의 훈련을 받지 않은 정신은 훈련이 부족하다'라고 말했지만, 사실은 그리스인의 지성도 아리스토텔레스가 사상을 음미하고 수정하기 위한 엄격한 공식을 제시하기까지는 규율이 없고 혼란했었다. 플라톤마저도 규칙이

---

8) 철학자 자신에 직접 접촉하고 싶은 독자는 《기상학》에서 아리스토텔레스의 과학적 저서의 흥미 있는 예를 찾아볼 수 있을 것이다. 또한 《수사학》에서는 많은 실제적 지식을 얻을 수 있을 것이다. 그리고 아리스토텔레스의 최고 걸작을 《윤리학》의 제1권, 제2권 및 《정치학》의 제1권, 제4권에서 찾아 볼 수 있을 것이다. 《윤리학》의 가장 잘된 번역은 웰던(J. E. C. Welldon)의 것이고, 《정치학》은 조웻(Benjamin Jowett)의 것이다. 알렉산더 그랜트 경(Sir Alexander Grant)의 《아리스토텔레스 Aristotle》는 이해하기 쉬운 책이다. 첼러(Zeller)의 《아리스토텔레스 Aristotle Vols III–IV in Greek Philosophy》는 학문적이긴 하지만 무미건조하다. 곰페르츠(Gomperz)의 《그리스 사상가들 Greek Thinkers (vol. IV)》은 명저이나 어렵다. 〔원주〕

9) Ernest Renan(1823~1892). 프랑스의 작가이자 문헌학자, 철학자이자 역사가. 《이스라엘 민족의 역사 History of the People of Israel》에서 인용.

나 구속 따위를 따르지 않고, 오히려 너무 자주 신화의 구름 속에 휩쓸리고, 진리의 얼굴을 너무도 아름다운 베일로 가리는 사람이었다. 아리스토텔레스 자신도 그 자신이 세운 기준을 몇 번 위반했지만, 그러나 나중에 스스로 알게 되었다. 그리스의 정치 및 경제적 쇠퇴는 아리스토텔레스 뒤의 그리스 정신과 성격을 약화시켰다. 그러나 1천 년 동안 야만의 암흑 시대를 지나 새로운 인종(로마인)이 다시 사색의 여유와 능력을 발견했을 때, 보에티우스가 번역한 아리스토텔레스의 《오르가논》은 중세 사상의 참된 옥토가 되어 스콜라 철학의 엄격한 어머니가 되었다. 그러나 그 교리에 얽매여 불임 상태에 이르렀음에도 불구하고 청년기인 유럽의 지성에 추리와 세밀한 분석의 훈련을 베풀고 근대 과학의 전문용어를 만들며, 자기를 낳아 주고 길러 준 체계와 방법으로는 모자랄 만큼 정신을 크게 성장시켰으므로 마침내 그것을 벗어 버리지 않을 수 없게 했다. 간단히 말하면 논리학이란 정확한 사고의 기술과 방법이다. 그것은 모든 학문과 과학 및 기예(技藝)의 방법이며, 음악 속에까지 스며들고 있다. 올바른 사고 과정은 어느 정도까지 규칙에 환원할 수 있으며, 정상적인 인간이라면 누구에게나 가르칠 수 있으므로 논리학은 하나의 과학이다. 또한 그것은 연습으로 피아니스트의 손가락이 악기를 통해 손쉽게 하모니로 안내하는 무의식적이고 즉각적인 정확성을 생각할 수 있기 때문에 예술이다. 논리학만큼 따분하면서 그만큼 중요한 것도 없다. 이 새로운 과학이 갖는 하나의 암시는, 소크라테스가 사람들에게 문답식으로 정의를 강요한 일이나 플라톤이 모든 개념을 끊임없이 순화시킨 데 있었다.

'만일 나와 얘기하고 싶거든 우선 당신의 용어에 정의를 내려 주시오' 하고 볼테르는 말했다. 논자들이 용어에 정의를 내려두기만 한다면 아무리 많은 논쟁이라도 짧은 말로 압축될 것이다. 진지한 의론에서는 중요한 모든 용어를 엄밀히 음미하고, 정의를 내려 두어야 된다. 그것은 논리학의 알파요 오메가이며, 논리학의 진수(眞髓)다. 그것은 어려운 일이며 사람의 정신을 가차 없이 시험하지만, 그러한 작업이 끝난 뒤부터는 편하다.

우리는 대상 또는 용어의 정의를 어떻게 진행시켰을까? 아리스토텔레스는 대답하기를 우수한 정의에는 반드시 두 개의 부분이 있어 꿋꿋이 두 발로 서 있다고 한다. 첫째로, 정의는 당면한 대상을 유(類) 내지 종(種)—그것들의 일반적 특징이 이 대상 자체의 특징이기도 한 그것—속에 집어넣는다. 예를 들어 인간은 무엇보다도 먼저 동물이다. 둘째로, 어떤 점에서 그 대상이 같은 유(類)에 속하는 다른 대상과 다른가를 말한다. 예를 들면, 인간은 아리스토텔레스의 체계에서는 '이성적' 동물이다. 인간의 '종차(種差)'[10]는 다른 모든 동물과는 달리 이성적이라는 것이다. 여기에 어떤 재미있는 전설의 기원이 있다. 아리스토텔레스는 대상을 그 '유'라는 대양 속에 떨어뜨렸다. 그것을 끌어올리면 일반적 의미—즉 유 내지 종의 여러 특징—는 물방울이 되어 뚝뚝 떨어진다. 그렇게 되면 그 대상의 개성과 이색(異色)은 대상과 아주 비슷함과 동시에 아주 다른 여러 대상과 대조되기 때문에 점점 뚜렷하게 두드러진다.

논리학의 이 지대를 통과하면, 아리스토텔레스와 플라톤이 '보편'이라는 무서운 문제를 둘러싸고 싸운 큰 전쟁터가 나온다. 그것은 오늘날까지 이어진 긴 전쟁이었다. 그것은 최초의 전투였으므로, 그 뒤 중세 유럽 전 지역에 '실재론자(Realist)'와 '유명론자(Nominalist)'의 함성 소리가 울려 퍼졌다.[11] 보편이란—아리스토텔레스에 있어서는—어떤 유에 속하는 모든 것에 보편적으로 적용할 수 있는 보통 명사, 즉 공통적인 이름을 말한다. 예를 들면, 동물·인간·책·나무는 '보편 개념'이다. 그러나 이 보편 개념은 주관적 관념이지 지각할 수 있는 객관적 실재는 아니다. 즉 명칭(nomina)이지 실물(res)은 아니다. 우리의 외부에 존재하는 것은 모두 개개의 특수한 여러 대상으로 이루어지는 세계에 속해 있고, 일반자나 보편적인 사물의 세계에 속해 있지는 않았다. 개개의 인간, 개개의 나무, 개개의 동물은 현실에 존재하고 있으나, 전체의 인간 또는 보편적인 인간은 기껏해야 사상 속에 존재하는 데 불과하다. 그것은 정신적인 관념이지 객관적 존재, 또는 실재는 아니다.

그런데 아리스토텔레스는, '보편 개념이야말로 객관적 존재를 지니고 있다'는 것이 플라톤의 생각이었다고 해석한다. 왜냐하면 플라톤은, 보편은 개별과는 비교도 안 될 만큼 영속적이고 중요하며 본질적이고, 개별은 끊임없이 밀렸다가 돌아가는 큰 파도 가운데 하나의 작은 파도에 불과하고, '개별적 사람

---

10) 논리학의 용어로서 같은 유 개념에 속하는 종 개념들을 구별하는 특유한 성질을 말한다.
11) 이 논쟁에 관해서 프리드리히 슐레겔은, 사람은 플라톤주의자나 아리스토텔레스주의자 둘 중 하나로 태어난다고 말했다. (원주)

들'은 태어났다가 죽어버리지만 '보편적 인간'은 영원하다고 말했기 때문이다. 아리스토텔레스는 실제적 정신을 지닌 사람이었다. 윌리엄 제임스가 말했듯이 부드러운 정신보다는 강인한 정신의 소유자였다. 첫 논쟁이었으므로 그는 플라톤의 '실재론'을 무한한 신비주의와 학자의 터무니없는 생각의 근원으로 보고, 맹렬히 플라톤을 공격했다. 시저보다도 오히려 로마를 사랑한 브루투스처럼, 아리스토텔레스도 '나는 플라톤을 사랑한다. 그러나 진리를 더 사랑한다'라고 말했다.

적대적인 비평가는 아리스토텔레스가 (니체처럼) 플라톤을 날카롭게 비판한 까닭은 플라톤으로부터 많은 것을 빌려왔음을 의식했기 때문이라고 말할지도 모른다. 채무자가 영웅일 수는 없는 것이다. 프리드리히 슐레겔은 이 논쟁을 언급하여 이렇게 말했다. "모든 사람은 플라톤주의자이거나 아리스토텔레스주의자이다." 그럼에도 아리스토텔레스의 태도는 건강했다. 그는 현대적인 의미에서 실재론자이다. 플라톤이 주관적 미래에 열중하고 있는 데 반하여 그는 객관적인 현실을 취급하려고 굳게 결심하고 있었다. 정의(定義)에 대한 소크라테스와 플라톤적 요구에는, 사물과 사실에서 이론과 관념으로, 특수에서 일반으로, 과학에서 스콜라주의로 가려는 경향이 있었다. 마침내 플라톤은 일반적인 것에 열중한 나머지 일반적인 것이 특수함을 결정한다고 보았고, 이데아에 열중한 나머지 이데아로 사실을 정의했다. 아리스토텔레스는, '사물로 돌아가라', 그리고 '자연의 싱싱한 얼굴'을 보라고 말한다. 그는 구체적이고 특수한 것, 피가 통하는 개별자를 특히 좋아했다. 그러나 플라톤은 일반적이고 보편적인 것을 사랑했기 때문에 《국가론》 속에서, 완전한 국가를 건설하기 위하여 개인을 말살해 버렸다.

그러나 이것은 흔한 역사의 유머로, 이 젊은 전사(戰士)는 그가 공격하는 늙은 스승의 성질을 많이 물려받고 있다. 우리는 스스로의 비난거리를 항상 많이 가지고 있다. 비슷한 것이라도 대조해 보면 차이가 확실히 나타나듯이 오로지 비슷한 사람들만이 싸우며, 가장 치열한 전쟁은 목적이나 신념의 극히 적은 차이 때문에 일어난다. 십자군 기사들은 살라딘을 신사로 여기고 우호적인 싸움을 했으나, 유럽의 기독교인들이 적대 진영으로 침입했을 때는 단 한 치의 아량도 베풀지 않았다. 아리스토텔레스가 플라톤에 대해 가차 없이 군것은, 자신에게 플라톤적인 요소가 많았기 때문이다. 그 또한 관념적인 것이나 일반적인 것을 사랑했으므로 그럴 듯하게 꾸민 이론을 위해 가끔 확실한 사실을 왜곡했고, 최고의 세계를 탐구하려는 자신의 철학적 열정을 이겨내기 위하여 계속 노력하지 않으면 안 되었다.

이것에 대한 큰 공헌은 아리스토텔레스의 가장 독창적인 철학, 즉 삼단논법에 대한 학설에서도 볼 수 있다. 삼단논법은 세 개의 명제로 이루어지는데, 제3명제(결론)는 다른 두 개의 명제(대전제 및 소전제)의 명백한 진리에서 나온다는 것이다. 예를 들면 '인간은 이성적 동물이다. 그런데 소크라테스는 인간이다. 그러므로 소크라테스는 이성적 동물이다'와 같은 것이다.

수학을 배운 독자는 곧 삼단논법의 구성은 두 개의 전제가 제3의 것과 같다면, 이 두 개의 전제는 서로 같다는 명제와 비슷하다는 것을 알게 될 것이다. 즉 A=B, C=A라면 C=B이다. 수학의 경우에서 결론은 두 전제에서 공통된 A를 제거하면 얻게 되는데, 삼단논법의 경우에도 결론은 양 전제에서 인간이란 공통어를 없애고, 남아 있는 것을 결합하면 얻어진다.

피론의 시대에서부터 존 스튜어트 밀의 시대에 이르는 논리학자들이 지적했듯이, 이 경우의 난점은 삼단논법의 대전제가, 증명해야 할 점을 자명한 것으로 보고 있는 데 있다. 왜냐하면, 만일 소크라테스가 이성적이 아니었다면─그가 인간임에는 틀림없으나─인간이 이성적 동물이란 것은 보편적 진리가 되지 않기 때문이다. 아리스토텔레스는 물론 이렇게 대답할 것이다. 만일 개체가 유(類)에 특유한 성질을 대부분 가지고 있다면('소크라테스는 인간이다'), 그 개체는 그 유에 특유한 다른 여러 성질─이성적인 것─도 가졌으리라는 강한 추정을 내릴 수 있다고. 그러나 확실히 삼단논법은 진리를 발견하기 위한 수단이라기보다 설명이나 사고를 명석하게 하기 위한 수단이다.

삼단논법은 《오르가논》의 많은 항목과 마찬가지로 그 자신의 가치를 지닌다. '아리스토텔레스는 이론적 일관성의 모든 기준과 변증법적 토론의 모든 기법을 발견하여 정식화했던 만큼, 그 노력과 명민함은 이루 다 말할 수 없이 훌륭했다. 이 방면에서 그의 노작(勞作)은 다른 어떠한 저자들보다도 더 한층 후대를 지적으로 자극하는 데 공헌한 것이다.' 그러나 아무도 논리학을 이처럼 고도로 긴장시킨 사람은 없었다. 올바른 추리의 지침서는 예의범절의 안내서처럼 사람의 마음을 높여 준다. 그러나 그것을 쓰는 것은 좋으나 논리학이 우리를 북돋워 고귀하게 하지는 않는다. 아무리 용감한 철학자라도 논리학의 교과서를 향하여 세레나데를 부르지는 않을 것이다.

사람들은 논리학에 대하여 항상—베르길리우스가 단테에게 무색의 중립성 때문에 지옥으로 떨어지는 사람들을 보게 하여 느끼게 한 것처럼—'그들을 더 생각하지 말고 그냥 보고 지나가자'라는 태도를 취하는 것이다.

4. 과학의 조직
자연철학시대의 과학

"소크라테스는 인류에게 철학을 주었고 아리스토텔레스는 인류에게 과학을 주었다. 물론 소크라테스 이전에도 철학은 있었고, 아리스토텔레스 이전에도 과학은 있었다. 그리고 소크라테스와 아리스토텔레스 이후 철학과 과학은 측량할 수 없는 진보를 했다. 그러나 모든 것은 그들이 놓은 기초 위에 세워진 것이다."

르낭이 《예수의 생애》에서 이와 같이 말하듯 아리스토텔레스 이전의 과학은 그때까지 태아였던 것으로 아리스토텔레스와 함께 탄생했다.

그리고 이전의 문명도 과학적 연구를 시도했다. 그러나 지금도 해독하기 어려운 설형문자와 상형문자를 통하여 그들의 사상을 읽어낼 수밖에 없는데, 그때의 과학은 신학과 구별되어 있지 않았다. 즉 그리스 이전의 민족은 자연의 모든 신비한 작용을 어떤 초자연의 힘으로 설명했으며, 곳곳에 신이 존재한다고 믿었다. 우주의 복잡한 현상과 신비로움에 처음으로 자연적 해석을 한 것은 분명히 이오니아의 그리스 사람이었다. 그들은 자연학에서 개개의 사건의 자연적 원인을 찾아냈고, 철학에서 전체적인 자연 이론을 구했다.

'철학의 아버지' 탈레스(기원전 640~550년)는 원래 천문학자로, 밀레토스인에게—그들이 항상 신으로 숭배하던—태양이나 별이 단순한 불덩어리에 지나지 않는다는 것을 가르쳐 주어 그들을 놀라게 했다.

그의 제자 아낙시만드로스(기원전 610~540년)는 천문도와 지도를 만든 최초의 그리스인이었으며, 우주는 처음엔 미분화한 덩어리이고 이 덩어리에서 만물이—서로 반대되는 것이 분리하여—생긴 것이라고 믿었다. 우주의 역사는 무한한 세계의 진화와 해체가 주기적으로 반복되었고, 지구는 내부의 추진력과 균형에 의해(뷔리당의 당나귀처럼) 우주에 정지해 있었으며, 모든 행성은 한때 유동적이었지만 태양에 의해 증발되었고 생명체는 처음에는 바다에서 만들어져 바닷물이 줄어들자 육지로 떠밀려 왔다고 믿었다. 이 좌초된 동물들 중 일부는 공기를 마실 수 있는 능력을 개발했고, 그렇게 해서 이후 모든 육지 생명의 조상이 되었다고 생각했다. 그는 인간의 최초는 지금과 달랐다고 믿었는데, 만일 인간이 처음 등장했을 때 지금처럼 무력하게 태어나고 오랜 기간의 성장기가 필요했다면 살아남지 못했을 것이라고 생각했기 때문이다. 또 한 사람의 밀레토스인, 아낙시메네스(기원전 545년)는 만물의 원시 상태를 설명했는데, 그것은 매우 희박한 덩어리였으며, 점점 응축하여 바람·구름·물·흙·돌이 되었고, 물질의 이 3형식—기체·액체·고체—은 응축의 진행 단계이고, 열과 냉은 단순한 희박화에 지나지 않는다고 주장했다. 또한 지진은 원래 유동적인 지구가 응고해서 발생하며, 생명과 영혼은 하나였는데 생명력과 팽창력으로 인해 어디에서나 존재하게 되었다고 생각했다.

페리클레스의 스승 아낙사고라스(기원전 500~428년)는 일식과 월식을 올바르게 설명을 했다. 그는 식물이나 어류의 호흡작용을 발견했으며, 인간의 지력(知力)을 손을 쓰는 능력에 따라 설명하고, 그 능력은 앞다리가 보행에서 해방되었을 때 생겼다고 설명했다. 이 사람들을 거쳐 지식은 서서히 과학으로 성장했다.

헤라클레이토스(기원전 530~470년)는 부(富)와 그에 따르는 번뇌를 버리고 가난한 생활을 보내며 에베소스 신전 기둥의 그늘에서 연구한 사람으로, 과학을 천문학적 연구로부터 지상으로 돌렸다. 만물은 영원히 흐르며 그 모습은 변한다고 그는 말했다. 정지된 물질도 눈에는 보이지 않지만 움직이고 있다. 우주의 역사는 원을 그리며 회귀하고, 언제나 불에서 불로 돌아간다.[12] 헤라클레이토스는 말했다. '투쟁에 의해서 만물은 생멸한다. ……싸움은 만물의 아버지이다. 싸움이, 어떤 자는 신으로, 어떤 자는 인간으로, 어떤 자는 노예로, 어떤 자는 자유인으로 만들었다.' 투쟁이 없는 곳에는 쇠멸이 있다. '혼합

---

12) 이것이 스토아학파나 그리스도교의 최후의 심판이나 지옥론의 한 원천이 되었다.

물은 흔들지 않으면 분해된다.' 변화와 투쟁과 도태라고 하는 이 흐름 속에 다만 한 가지 불변하는 것이 있다. 즉, 법칙이다.

엠페도클레스(기원전 445년경)는 이 진화의 관념을 더 발전시켰다. 기관(器官)은 계획에 의해서가 아니고, 선택에 의해서 발생한다. 자연은 유기체에 많은 실험을 하게 하여 여러 가지 기관을 가지각색으로 결합시킨다. 이 결합이 환경에 적합하면 그 유기체는 살아남아 동류를 영속시킨다. 결합이 실패하면 그 유기체는 제거된다. 이리하여 유기체는 점점 복잡해지고, 더욱 잘 그 환경에 적응해 간다.

마지막으로 레우키포스(기원전 445년경)와 제자 데모크리토스(기원전 460~360년)가 나오는데, 둘 다 트라키아의 도시 압데라 사람이다. 우리는 여기서 아리스토텔레스 이전 과학의 마지막 단계—유물론적·결정론적 원자론—에 도달한다. 레우키포스는 '모든 것은 필연성에 의해 움직인다'고 말했고, 데모크리토스는 '사실은 원자와 공허가 존재할 뿐이다'라고 말했다. 지각(知覺)은 원자가 대상에서 방사되어 감각 기관에 닿음으로써 생긴다.

무수한 세계가 존재하고 있고, 또 존재해 왔으며, 앞으로도 존재할 것이다. 한순간에 유성들은 충돌하여 사멸하고, 새로운 세계들은 같은 크기와 같은 모양을 한 원자들의 선택과 새로운 결합에 의해 혼돈으로부터 발생한다. 우주에 계획이란 없다. 우주는 다만 하나의 기계일 뿐이다.

이상은 표면적인 요약으로, 아리스토텔레스 이전의 그리스 과학의 연혁이다. 이들 선구자들이 극히 불충분한 실험 장치와 관찰 시설 속에서 일해야 했던 것을 생각하면 연구의 항목이 조잡한 점은 충분히 이해할 수 있다. 노예경제의 악몽에 사로잡혀 있던 그리스 산업의 침체는 이 훌륭한 과학의 시작을 충분히 발전시키지 못했다. 또, 아테네 정치생활의 급속한 복잡화는, 소피스트와 소크라테스 및 플라톤을 물리학이나 생물학의 연구에서 떠나게 하여 윤리학이나 정치학 이론의 좁은 길로 전향케 했다. 아리스토텔레스는 그리스 사상의 두 계열, 즉 자연학적 계열과 윤리학적 계열을 총괄하여 결합할 만큼 폭이 넓었고, 또 용기를 가지고 있었다. 또한 스승 플라톤을 능가하여, 소크라테스 훨씬 이전의 그리스인들이 이룩한 과학적 발전의 계통을 파악해서, 그들보다 더 세밀히 연구하고 다방면으로 관찰했다. 그리고 그들의 일을 계승, 모든 결과를 집대성하여 조직적 과학의 당당한 체계를 세웠는데, 이것은 아리스토텔레스의 수많은 업적 중의 하나이다.

자연학자로서의 면모

여기서 저작 연대순으로, 그의 《자연학》에서부터 시작하면 실망할 것이다. 사실 이 논문은 하나의 형이상학으로, 물질·운동·공간·시간·무한·원인 및 여러 '궁극개념'의 난해한 분석이기 때문이다. 그의 생생한 논쟁 중의 하나는 데모크리토스의 '공허'에 대한 공격이다. 자연 속에는 공허나 진공은 있을 수 없다고 아리스토텔레스는 말한다. 왜냐하면 진공 속에서 모든 물체는 등속운동으로 낙하하기 때문이다. 그러한 일은 불가능하므로 '가정되어 있는 이 공허는 아무것도 내포하고 있지 않음—공허한 개념—을 알 수 있다.' 이것은 동시에 아리스토텔레스의 독특한 유머, 정립되지 않은 가정에 열중하는 태도와 철학에서의 선배를 나쁘게 말하는 경향을 가리키는 예이다. 자기 저서의 서문에 있는 주제에 대한 선인(先人)의 공헌에 대해 역사적인 스케치를 하고, 그 공헌의 어느 것이나 지독한 논박을 가하는 것은 우리 철학자의 습관이다. 베이컨은 "아리스토텔레스는 오스만 제국의 방식처럼 형제를 살해하지 않고서는 안전하게 통치할 수 없다고 생각했다."라고 말했다. 바로 이 동포 살해광의 덕분으로 우리는 소크라테스 이전의 지식을 대부분 얻고 있는 것이다.

이런 이유로, 아리스토텔레스의 천문학은 선배들에 비해 아주 조금 앞서 있을 뿐이다. 그는 태양이 우주의 중심이라는 피타고라스의 견해를 부인하고, 오히려 이 명제를 지구로 돌리는 편이 좋다고 생각했다. 그러나 기상학에 관한 소논문은 빛나는 관찰로 가득 차 있어 그 사유는 밝은 불꽃처럼 빛난다. 철학자들은 우주가 돌고 있다고 말한다. 즉 태양은 강과 바다를 말려서, 마침내 끝없는 대양을 벌거벗은 바위로 만들어 버린다. 하지만 위로 올라간 습기는 구름이 되고, 비가 되어 다시 강이나 바다를 이룬다. 곳곳에 이러한 변화가—알아차릴 수는 없으나 실제로—행해지고 있다. 이집트는 '나일의 작품', 즉 몇 십만 년에 걸친 퇴적물의 소산이다. 여기서는 바다가 육지를 잠식하고, 저기서는 육지의 손이 조금씩 바다로 뻗는다. 새로운 대륙과 대양이 발생하며, 낡은 대양과 대륙이 소멸한다. 이리하여 세계의 모습은 모두 성장과 붕괴라는 커다란 수축과 팽창 속에서 끊임없는 변화를 되풀이한다. 때로는 이런 거대한 변화가 갑자기 일어나, 문명의—생명까지도—지질적 물질적 기초를 파괴한다. 그것은 주기적으로 대지의 옷을 벗기고, 인간을 원점으로 되돌려 보낸다. 시시포스[13]처럼 문명은 몇 번이고 그 정상에서 바닥으로 굴러 떨어져 그 언덕을 처음부터 다시 올라가는 수고를 되풀이한다. 즉 문명에 있어서 거의 같은 발명과 발견의 '영원한 순환', 완만한 경제적·문화적 축적의 동일한 '암흑기', 학문·과학·예술의 동일한 부활이 있다. 의심할 나위 없이 유명한 신화들은 앞 문화에서부터 우리 손에 살아남은 막연한 전승이다. 그 이유로 인간의 역사는 무의미한 원을 그리며 움직이는데, 그것은 인간이 자기가 살고 있는 지구를 아직 지배하고 있지 않기 때문이다.

생물학의 창시

아리스토텔레스는 이상한 생각에 잠겨 자기가 만든 큰 동물원을 거닐다가 다음과 같이 확신을 얻었다. 즉, 한없이 다양한 생물을 연속된 계열 속에 배열할 수 있다는 것과, 그 속에서 서로 연결 고리로 인접된 것은 거의 구별할 수 없다는 확신이었다.

모든 점에서—구조와 생태·생식·성장·감각 및 감정의 점에서도—가장 낮은 유기체에서 가장 높은 유기체까지 매우 작은 점층적 이행이 있다. 최저 단계에서 생물과 무생물을 구별하기란 거의 불가능하다. 또 식물인지 동물인지 확실히 말할 수 없는 종(種)도 많다.

이러한 낮은 단계의 유기체처럼, 서로가 너무 비슷해서 그 속(屬)과 종(種)으로 분류할 수 없는 것도 있다. 그런 이유로 생물계의 모든 질서에서 단계적 차이가 연속적으로 현저한 것은 기능이나 형태의 차이가 현저한 것과 마찬가지다. 그러나 이 많은 형태를 통하여 어떤 종류의 사실이 인정되지만, 그것은 꽤 설득력이 있다. 즉, 생명은 점점 복잡해지고 강력하게 되어 갔다는 것, 지성은 구조가 복잡해지고 운동하기 쉬운 형태로 변하여 발달했다는 것, 기능은 점

---

13) 그리스 신화에 나오는 코린트의 왕. 제우스를 속인 죄로 지옥에 떨어져 바위를 산 위로 밀어 올리는 벌을 받았다. 그가 밀어 올리는 바위는 산꼭대기에 이르면 다시 아래로 굴러떨어지기 때문에 그는 영원히 이 일을 되풀이했다고 한다.

점 특수화 되어 생리적 통제가 집중되었다는 것, 바로 그것이다. 서서히 생명은 신경 계통과 뇌수를 만들어 냈다. 그리고 정신은 단연 환경을 지배하기 시작한 것이다.

여기서 주목할 일은 아리스토텔레스가 앞서 말한, 모든 단계적 차이와의 유사를 알면서도 진화의 이론을 세우지 못했다는 사실이다. 그는 모든 기관 및 유기체가 적자생존의 결과라는 엠페도클레스의 학설과 인간의 지성은 손을 쓰기 위해서라기보다는 사물을 처리하기 위해서 생겼다는 아낙사고라스의 견해도 물리친다. 이와 반대로 아리스토텔레스는 인간은 지성을 얻었기 때문에 손을 사용하기에 이르렀다고 생각한다. 실제로 아리스토텔레스는 생물학이라는 과학의 창시자로서 많은 과오를 범하고 있다. 예를 들어, 정자의 가장 중요한 기능은 난자를 수정시키는 일이 아니고 오히려 아버지의 유전질을 태아에게 주어, 자손으로 하여금 우성의 변종(變種)—즉 두 가지 혈통의 새로운 혼합종—을 만드는 것이라고는 생각하지 못했다. 그때는 아직 인체 해부가 행해지지 않았기 때문에, 그에게는 특히 생리학상의 과오가 많다. 그는 근육의 존재조차 몰랐다. 남자의 두개골에는 여자보다 봉합선이 많다는 것은 어느 정도 봐줄 수 있고, 사람의 가슴 양쪽에 각각 늑골이 여덟 개밖에 없다고 믿는 것도 역시 봐줄 수 있지만, 여자는 남자보다 치아의 수가 적다는 것은 도저히 이해할 수 없으며 또한 용서할 수도 없다. 아무래도 그는 여자에 대해선 꽤 호의적이었던 것 같다.

그러나 지금까지 그리스인으로서 생물학 전체를 진보시킨 사람은 그를 따를 사람이 없다. 그는 조류와 파충류의 구조가 비슷하다는 것, 원숭이의 형태는 네 발 짐승과 인간의 중간이라는 것을 알고 있었고, 어떤 곳에서는 대담하게 인간은 태생(胎生)인 네 발 짐승(포유류)의 일종이라고 주장했다. 또 유아의 마음은 동물의 마음과 거의 구별할 수 없다고 했고, 음식도 생활 양식을 결정한다는 중요한 관찰도 하고 있다. '어떤 동물들은 무리를 짓고, 또 어떤 것들은 흩어져 살고 있다. 그들은 나름대로 먹이를 얻는 데 가장 적합한 방법으로 생활하고 있다.' 그는 속(屬)의 공통적인 특징들(눈과 귀와 같은)은 그 종 특유의 특징들(치아의 형태 같은)이나 개체 특유의 성질(눈의 최종적인 색깔 등)에 앞서서 나타난다는 폰 베어의 유명한 법칙을 예상하게 했고 2천 년 전에 이미 개체화는 기원에 반비례한다는, 즉 종이나 개체가 고도로 발달하고 특수화하면 할수록 그 자손의 수는 줄어든다는, 스펜서의 법칙을 예측했다. 그는 유형으로 회귀하는 것, 이를테면 뛰어난 변종(천재와 같은)이 짝짓기를 통해 희미해지다가 대를 거듭하면서 사라지는 경향을 알아차리고 이를 설명했다. 아리스토텔레스의 동물학적 관찰 중에는 한때 후세의 생물학자들이 부정했으나 근대의 연구로 확인된 것들이 수없이 많다. 예컨대 물고기가 둥지를 만든다거나 상어가 태반(胎盤)을 자랑하는 것 등등이 그렇다.

마지막으로 그는 발생학이란 과학을 창시했다. '성장하는 것을 처음부터 본 사람은 사물을 가잘 잘 보는 사람일 것이다'라고 그는 썼다. 그리스 최고의 의학자 히포크라테스(기원전 460~377경)는 부화(孵化)의 여러 단계에 있는 달걀을 깨뜨려 봄으로써 실험 방법의 훌륭한 실례를 주었고, 이 연구의 결과를 〈아이의 기원에 대하여〉라는 논문 속에 이용했는데 아리스토텔레스는 이것을 참고로 하여 여러 실험을 했다. 그에 따라 오늘날 발생학자들의 찬사를 받고 있는 병아리의 발달에 대한 기술을 남길 수 있었다. 그는 유전에 대하여 몇 가지 새로운 실험을 한 것 같다. 아버지의 오른쪽 고환을 묶었으나 그 자녀의 성별이 각기 달랐다는 사례를 제시하면서 자녀의 성(性)은 어느 쪽 고환에서 정액이 나왔는가에 달렸다는 이론을 부인했기 때문이다. 그는 유전의 아주 현대적인 문제들을 제기한다. 엘리스의 어떤 부인이 흑인과 결혼했는데 아이들은 모두 백인이었다. 그러나 그다음 대에서 흑인 아이가 태어났다. 아리스토텔레스는 검은 피부가 중간 대에는 어디에 숨어 있었을까, 라고 반문하고 있다. 이처럼 중대하고 현명한 질문에서 그레고어 멘델(1822~1882년)의 획기적 실험까지는 불과 한걸음밖에 되지 않는다. 무엇을 물어야 하는지 아는 것은 이미 반은 안 것이다. 이 생물학 연구는 여러 가지 오류로 말미암아 엉망이 되었지만, 과학을 위해 개인이 세운 최대의 기념비임은 확실하다. 아리스토텔레스 이전에는, 우리가 아는 바로는 서로 연결 없는 개개의 관찰 외에 생물학다운 것은 하나도 없었다. 다른 사람이라면 이 업적 하나만으로도 필생의 사업이었을 것 같고, 또 불멸의 이름을 얻었으리라 생각된다. 그러나 아리스토텔레스에게는 단순한 시작에 불과했다.

5. 형이상학과 신의 본성

아리스토텔레스의 형이상학은 생물학에서 성장했다. 세계의 모든 사물은 내부의 충동에 움직여져 지금보다 더 큰 것이 되려고 한다. 모든 것은 실재의 형상일 뿐 아니라 그것의 질료였던 어떤 것에서 생장한 것으로, 형상인 그것들은 또 그 자신보다 높은 형상을 생장시키는 질료가 된다. 예를 들면, 어른은 형상이고 그 질료는 아이이며, 아이가 형상이라면 그 질료는 태아이다. 또한 태아가 형상이면 그 질료는 난자이다. 이같이 더듬어 나가다 보면 마침내 막연하나마 형상이 없는 질료라는 개념에 도달한다. 그러나 이러한 형상 없는 질료는 아무것도 아니다. 왜냐하면 모든 것에는 반드시 형상이 있기 때문이다. 질료는 가장 넓은 의미로는 형상의 가능성이며, 형상은 질료의 현실성, 완성된 실재이다. 형상은 단순히 형태일 뿐 아니라 형태를 만드는 힘, 즉 단순한 재료를 특수한 의장(意匠)과 목적에 따라 형성하는 내적인 필연성이며 충동인 것이다. 그것은 질료의 잠재적인 능력의 실현이며, 어떠한 것에도 갖추어져 있는 행동의 힘, 존재의 힘 및 생성의 힘의 총화이다. 자연은 형상에 의한 질료의 정복이며, 생명의 부단한 진보와 승리이다.[14]

세계의 모든 것은 자연히 특정한 자기 실현을 향하여 움직인다. 어떤 사건을 규정하는 여러 원인 중, 목적을 규정하는 궁극 원인이 가장 결정적이고 가장 중요하다. 자연의 과오와 무익한 일은 목적의 형성력에 저항하는 질료의 특성에 의한다. 유산을 하거나 기형아를 출산하는 것도 그 때문이다. 발달은 우연이 아니다. 만일 우연이라면 우리는 어떻게 유용한 여러 기관의 보편적인 출현과 유전을 설명할 수 있을까. 모든 것은 본성과 구조와 엔텔레케이아[15]에 의해 안쪽에서 일정한 방향으로 이끌어지는 것이다. 달걀은 오리가 아닌 닭이 되는 것과 도토리는 버드나무가 아닌 참나무가 되는 것처럼 내면적으로 계획되고 예정되어 있다. 이 일은 아리스토텔레스에게 있어서는 어떤 외적인 신의

---

14) 아리스토텔레스가 드는 예 중에 남녀를 예로 드는 것을 알고, 독자의 반은 재미있게 생각할 것이고, 나머지 반은 기뻐할 것이다. 남성은 능동적인 형성 원리이고, 여성은 형성되기를 기다리고 있는 수동적인 소재라는 것이다. 여성의 자손은 형상이 질료를 지배하다가 실패한 결과이다. 〔원주〕

15) entelecheia. 자기 목적(telos)을 속에(entos) 가지고 있는(echo) 것. 하나의 철학 전체를 속에 포함한 아리스토텔레스 술어의 하나이다. 〔원주〕

존재를 뜻하는 것이 아니라, 오히려 내적인 것이며 사물의 공동 형태와 기능에서 생기는 것이다. '아리스토텔레스에게 신의 섭리는 자연적 원인의 작용과 완전히 일치한다.'

그럼에도 신은 존재한다. 신은 청년기의 젊은 정신이 품을 수 있는 의인관(擬人觀)에 의해 상상된 단순한 인간은 아닐 것이다. 아리스토텔레스는 운동에 관한 오래된 궁금증에서부터 이 문제에 접근한다. 운동은 어떻게 시작되느냐고 그는 묻는다. 그는 물질에는 시작이 없다고 생각하지만, 운동에도 시작이 있을 수 없다는 가능성은 인정하지 않는다. 질료는 미래의 여러 형상의 단순하고도 무한한 가능성이므로 영원할 수 있다. 그러나 이 광대한 우주를 마침내 무한의 형태로 채운 운동과 형성의 끝없는 과정은 언제, 어떻게 시작한 것일까. 아리스토텔레스는 말한다. 확실히 운동에는 근원이 있다. 그리고 우리가 이 문제를 한걸음 한걸음 한없이 거슬러 올라가다 보면 마지막에는 스스로는 움직이지 않고, 다른 일체를 움직이게 하는 최초의 것, 즉 비물체적이고, 분할할 수 없고, 넓이가 없고, 성(性)이 없으며, 감정이 없는, 불변의 완전하고 영원한 어떤 존재자를 생각하지 않을 수 없다, 라고.

신은 세계를 창조하는 것이 아니라 움직이는 것이다. 그것은 기계적인 힘으로 움직이는 것이 아니라 세계에 있어서의 모든 활동의 포괄적 동인으로 움직이는 것이다. '신은 세계를, 사랑의 대상이 그것을 사랑하는 자를 움직이는 것처럼 움직인다.' 신은 세계의 궁극 원인이고, 사물의 원동력이며 목적이고, 세계의 형상이다. 세계의 생명의 원리, 세계의 생성 과정과 힘의 총화, 세계의 성장의 내재적 목표 전체를 현실화하는 엔텔레케이아이다. 신은 순수한 에네르게이아,[16] 스콜라학파의 악투스 푸루스(actus purus, 능동성 그 자체)이다. 이것은 다분히 현대의 생리학이나 철학에서 말하는 신비적인 '힘'이라 할 수 있다. 이 신은 인격이라기보다는 오히려 자력이다.

그럼에도 불구하고 아리스토텔레스는 ─ 이것도 예(例)의 모순의 하나지만 ─ 신을 자기 의식적인 영혼으로 그리고 있다. 그것은 불가사의한 영혼이다.

---

16) 아리스토텔레스 철학에서는 질료의 현 실태를 energeia라고 한다. Actus purus란 '순수한 에네르게이아'의 라틴어 번역으로 질료가 완전히 현실대로 되어 이미 질료를 포함하지 않는 '능동성 그 자체'를 말한다. (원주)

왜냐하면 아리스토텔레스의 신은 결코 아무 일도 하지 않기 때문이다. 욕망도 의지도 목적도 가지고 있지 않다. 순수한 능동성 그 자체이므로 결코 행동하지 않는다. 그의 신은 절대적으로 완전하므로 아무 욕심도 부리지 않을 것이며, 따라서 아무런 할 일도 없다. 유일한 일은 사물의 본질을 관조하는 일이지만, 신 자신이 모든 사물의 본질이며 모든 형상(形相)의 형상이므로 자기 자신을 관조하는 것이 유일한 일이다. 불쌍한 아리스토텔레스의 신! 그는 아무것도 하지 않는 이름뿐인 왕이다. '왕은 통치는 하지만 지배는 하지 않는다.' 영국인이 아리스토텔레스를 좋아하는 것은 이상할 게 없다. 아리스토텔레스의 신은, 확실히 영국 국왕의 모조(模造)이다. 또는 아리스토텔레스의 자신의 모조이기도 하다.

철학자는 관조를 사랑하는 나머지 신의 개념을 희생시켰다. 그의 신은 조용한 아리스토텔레스 형(型)의 신으로, 아무 데도 낭만적인 곳은 없고, 세상의 투쟁과 탁함을 떠나 상아탑에 틀어박혀 있다. 그의 신은 플라톤의 철인왕과 다를 뿐 아니라 엄격하고 피가 통하는 실체로서의 여호와 신(神), 인자하고 무엇이든 염려해 주는 아버지 같은 그리스도교의 신과도 아주 다른 신이다.

6. 심리학과 예술의 본성

아리스토텔레스의 심리학에도 애매모호한 곳이 있다. 거기에는 흥미 있는 부분이 많은데, 습관의 힘이 강조되어 그것을 제2의 천성이라 부른 것도 그가 처음이었고, 연상의 법칙도—아직 발전되지는 않았지만—그가 명확히 공식화했다. 그러나 철학적 심리학의 두 개의 난문제, 의지의 자유와 영혼의 불멸이란 문제는 의혹의 안개 속에 남아 있다. 때로 아리스토텔레스는 결정론자처럼 말한다. '우리는 본래의 자기와는 다르게 될 수는 없다'라고. 그러나 그는 환경은 우리의 성격을 만들어 주므로 우리는 환경을 잘 선택함으로써 장래의 자기 성격을 선택할 수 있다고 말한다. 따라서 그는 우리가 친구·서적·직업·오락을 선택함으로써 우리 자신의 성격을 만든다는 의미에서 자유롭다고 주장하며, 결정론과는 반대되는 말을 한다. 성격을 형성하는 이러한 선택은 이미 그 자체가 성격에 의해 결정된 것이며, 이 성격은 결국 선택할 수 없는 유전과 이미 정해진 환경에 의해서 결정된다고 주장하는 결정론자의 반박을 예측하지 않았다. 그는 우리가 칭찬이나 비난을 끊임없이 들추는 것은 도덕적 책임과 자유의지를 전제로 한 것이라는 점을 강조하지만 결정론자가 동일한 전제에서 내리는 정반대의 결론—즉 칭찬과 비난은 장래의 행위를 결정하는 요인의 일부분이 되게 하기 위해서 하는 것이라는 결론—을 끌어낼 수 있다는 것을 미처 생각지 못한 것이다.

아리스토텔레스의 영혼론은 흥미 있는 정의에서 시작된다. 영혼은 유기체의 단일(單一)한 생명 원리, 유기체의 힘과 작용의 총화이다. 식물에게 영혼은 단순히 영양과 번식의 힘에 불과하고, 동물에 있어서는 그 밖에 감각과 이동의 힘이 되며, 인간에게는 사고와 추론(推論)의 힘이 된다. 영혼은 신체의 힘의 총화이므로 신체 없이는 존재할 수 없다. 양자는 밀랍과 그 형체의 관계처럼 머릿속에서 따로 생각할 수 있지만 실제로는 하나의 유기적인 전체이다. 영혼은 다이달로스가 비너스의 작은 입상(立像)이 쓰러지지 않게 하기 위해 그 속에 수은을 넣은 것처럼 신체 속에 존재할 수 없다. 그럼에도 불구하고 영혼은 데모크리토스가 말한 것처럼 물질적인 것도, 죽으면 없어지는 것도 아니다. 인간 영혼의 정신적인 힘은 수동적이고 기억과 단단히 결부되어 있어 기억을 지니고 있는 신체와 함께 살고 죽는다. 그러나 '능동적 이성', '순수한 사고력'은 기억으로부터 독립되어 있어 소멸과는 관계없다. 능동적 이성은 인간에게 개인적 요소와는 달리 보편적인 것이다. 사후에 남는 것은 인격이나 일시적인 성정과 욕망이 아니라 극히 추상적인 비인격적 형식의 정신이다.

요컨대 아리스토텔레스는 영혼에 불사(不死)를 주기 위해 영혼을 파괴하는 것이다. 불사의 영혼은 현실에 오염되지 않은 '순수한 사고'이다. 마치 아리스토텔레스의 신이 활동에 오염되지 않은 순수한 능동적인 것처럼, 이 신학으로 위안받는 사람은 위안을 받아도 좋을 것이다. 사람들은 때때로 이 모순된 형이상학적 주장을 반 마케도니아파의 독배에서 몸을 지키기 위한 아리스토텔레스의 빈틈없는 수단이 아니었을까, 하고 의심하고 있다.

위험성이 좀 더 적은 심리학의 영역에서는, 그의 저서가 한층 독창적이며 적절하다. 그는 거의 혼자서 미학—미와 예술에 대한 학문—을 창조하고 있다. 예술적 창조는—하고 아리스토텔레스는 말한다—형성충동(形成衝動)과 정서적 표현의 동경에서 생긴다. 예술은 그 본질상 현실의 모방이며, 자연에 거울을 비치는 것이다. 하등동물에서는 볼 수 없지만 인간은 모방에 즐거움을 느낀다. 그러나 예술의 목적은 사물의 외적 현상을 표현하는 것이 아니고, 내적 의의를 표현하는 데에 있다. 왜냐하면 사물의 진실은 내적의 의의에 있지 수법이나 세밀함에 있는 것은 아니기 때문이다. 《트로이아의 여인들(에우리피데스)》의 현실적인 눈물 속에서보다는 《오이디푸스왕(소포클레스)》의 엄격하게 고전적인 절도(節度) 속에 한층 더 많이 인간적인 진실이 포함되어 있다고 말할 수도 있다.

가장 고상한 예술은 감정에 호소할 뿐 아니라 지성에도 호소한다―예를 들면 교향악이 화성(和聲)과 반복 진행에 의해서 뿐 아니라, 구성과 발전에 의해서도 호소하듯이―. 그리고 그 지적 쾌락은 인간이 일으킬 수 있는 환희의 최고 형식이다. 그러므로 예술작품은 형식을, 그보다도 특히 통일을 목표로 해야 된다. 통일이야말로 구성의 뼈대가 되며 형식의 초점이기 때문이다. 희곡에서는 그 줄거리에 통일이 없으면 안 된다. 까다로운 줄거리가 있거나 지엽적인 삽화가 있어서는 안 된다.[17] 그러나 무엇보다도 먼저 예술의 작용은 카타르시스, 즉 정화에 있다. 사회적 구속의 압력으로 우리들 내부에 축적되어 있다가 비사회적인 파괴 행위로써 폭발하기 쉬운 감정은 무해한 극적 흥분으로 정화되는 것이다.

그리하여 비극은 '연민과 공포를 통하여 이들 감정을 적당히 정화시키는 데 효과가 있다.'《시학》 아리스토텔레스는 비극의 몇 가지 요점을―예를 들면 주의와 인격의 충돌―을 간과하고 있으나, 이 카타르시스 설에서는 거의 신비적이라 할 수 있는 예술의 힘을 이해하는 데 하나의 암시를 주었다. 그것은 그가 사색의 모든 분야에 파고들어 접촉한 모든 것을 미화시킬 수 있는 재능을 가지고 있었다는 빛나는 하나의 예증(例證)이다.

7. 윤리학과 행복의 본성
아리스토텔레스의 학문이 발전하여 청년들이 학문을 닦고, 덕을 쌓기 위하

---

17) 아리스토텔레스는 단 한 곳에서 시간의 통일을 말하고 있을 뿐, 장소의 통일에 대해서는 언급하고 있지 않다. 그러므로 그가 주장했다고 대부분 알고 있는 '3통일'은 후에 사람이 만든 말이다. (원주)

여 그의 주위에 무리를 지어옴에 따라, 점점 그의 마음은 과학의 항목에서 행위와 성격이 좀 더 포괄적이고 막연한 문제로 방향이 바뀌게 되었다. 그에게는 물질적 세계의 모든 문제 외에 특히 다음과 같은 문제가 어렴풋이 보였다. '최선의 삶은 무엇인가?' '삶의 최고선은 무엇인가?' '덕은 무엇인가?' '어떻게 우리는 행복을 실현할 수 있는가?' 하는 문제이다.

그는 윤리학에서는 소박한 현실주의자이다. 과학적 훈련 덕택으로 그는 초인간적인 이상(理想)의 설교와 완성의 공허한 충고 따위는 하지 않는다. 아리스토텔레스는 생의 목적은 선을 위한 선이 아니라 행복임을 솔직히 인정하는 데서 출발한다. '왜냐하면 우리는 행복 그 자체를 위하여 행복을 구하는 것이지 그 이외의 무엇을 기대하여 구하는 것은 아니다. 그러나 우리가 명예·쾌락·지력(知力)을 구하는 것은……그것 때문에 우리가 행복해질 것이라고 믿기 때문이다.'

그러나 그는 행복을 최고선이라 부르는 것은 자명한 일이라고 분명히 말하고 있다. 필요한 것은 행복의 본성을 보다 분명히 해명하는 일과 행복에 이르는 길이다. 이 길을 발견하려면, 인간이 그 외의 사물과 다른 점은 어디에 있는가를 묻고, 인간의 행복은 이 인간 특유의 성질을 완전히 발휘하는 데 있다고 생각하는 것이라고 믿는다. 그런데 인간 특유의 장점은 사고의 힘이다. 인간이 다른 일체의 생물을 능가하고 지배하는 것은 이것에 의하며, 그 능력의 발달이 인간에게 패권(覇權)을 주었으므로 그것을 발전시키는 일이 인간을 완성시켜 행복하게 할 것이라고 추정해도 좋다.

그 경우, 행복의 주요 조건은 어떤 종류의 신체적 선행조건을 제외하고, 인간 특유의 자랑이며 힘인 이성의 생활이다. 덕, 혹은 탁월[18]은 명석한 판단, 자제, 욕망의 균제, 수단의 교묘한 처리에 입각하고 있다. 그것은 성실한 사람의 점유물도 아니며, 결백한 의지의 증여물도 아니고, 충분히 발달한 인간의 경

---

18) excellence라는 말은 보통 virtue라 오역되고 있는 그리스어 arete(아레테)의 가장 적절한 번역이다. 번역자가 virtue라고 쓴 곳을 excellence, ability, 또는 capacity라고 바꾸어 쓰면 플라톤 및 아리스토텔레스를 오해하는 일이 없게 될 것이다. 그리스어 arete는 라틴어의 virtus로서, 모든 남성적 장점을 의미한다(Ares는 전쟁의 신, vir는 남자의 뜻). 고대 사람들은 virtue를 남성으로 생각했다. 마치 중세의 기독교가 그것을 여성으로 생각한 것처럼. [원주]

험 성과이다.

그러나 거기에 도달하는 길, 탁월에의 인도는 존재하는 것으로, 그에 의해 우리는 아마도 돌아가거나 망설이거나 하지 않아도 될 것이다. 즉, 중도 또는 중용이 그것이다. 성격의 여러 성질은 셋을 한 조로 짤 수 있어, 각기의 경우 최초의 성질과 최후의 성질은 극단과 악덕, 중간의 성질은 덕 또는 탁월이다. 예를 들면 겁과 경솔함 사이에 용기가 있고, 인색과 낭비 사이에 관대가 있으며, 게으름과 탐욕 사이에 명예심이 있고, 비하(卑下)와 거만 사이에 겸손이 있으며, 비밀과 누설 사이에 정직(正直)이 있고, 무뚝뚝함과 익살 사이에 즐거움이 있으며, 호전성과 아첨 사이에 우정이 있으며, 햄릿의 우유부단과 돈키호테의 행동력 사이에 극기가 있는 것이다. 그래서 윤리학, 또는 행위에서의 '올바름'은 수학이나 기술에서의 '올바름'과 같다. 그것은 최선의 결과를 위해 최선의 작용을 하는 정확·적절이라는 것을 의미한다.

더구나 중용은 수학의 평균처럼 정확하게 산출할 수 없다. 중용은 각 국면(各局面)에 부수하는 상황과 함께 동요하고 오직 원숙하고 순응하기 쉬운 이성의 눈에만 보인다. 탁월은 배움훈련으로써 얻어진 기술이다. 우리는 덕 혹은 탁월을 가지고 있으므로 바르게 행위하는 것이 아니라, 오히려 바르게 행위했으므로 덕 또는 탁월을 가지고 있는 것이다. '이 덕은 행위에 따라 인간 속에 형성된다.' 우리는 우리가 반복하여 행하는 바로 그것이다. 그러므로 탁월은 능동적 활동이 아니라 수동적인 습관이다. '인간의 선이란, 정신이 인간의 탁월성에 적절하고 완전한 활동을 하는 것이다. 왜냐하면 제비가 한 마리 와도, 또는 따뜻한 날이 하루 있어도 봄이 될 수는 없는 것처럼, 인간을 행복하게 하는 것은 하루아침에 할 수 없는 것이다.'

청년 시대는 극단으로 달리는 시대이다. '청년이 과실을 범하는 것, 이것은 언제나 도를 지나치는 일이며, 과장하고 있기 때문이다.' 청년에게—또는 다수의 장년에 있어서도—곤란한 것은 한쪽의 극단을 벗어나 다른 쪽의 극단으로 빠지지 않는다는 것이다. 하나의 극단은 과도교정(過度矯正)[19]에 의해서이고, 그 밖에 무엇에 의하건 자칫하면 또 하나의 극단으로 옮아가기 때문이다.

---

19) 어떤 약점을 교정하고자 하는 생각 때문에 반대의 성질을 극도로 과장하려는 무의식적 노력을 말한다. 정신분석 용어.

불성실은 자주 지나치게 단언하며, 비하[20]는 자만이라는 벼랑의 주위를 배회한다. 자기가 어떤 극단에 사로잡혀 있음을 자각하는 사람은 덕의 이름을 중용에 주려 하지 않고 반대의 극단에 주려고 한다. 경우에 따라서는 그것도 좋다. 왜냐하면 만일 한쪽의 극단에 치우쳐 자기의 잘못을 깨달으면 '우리는 그 반대의 극단을 목표로 삼아야 한다. 그렇게 하면 중간 위치에 달할 수 있기 때문이다. 마치 구부러진 목재를 바로 잡는 경우처럼.' 그러나 자각 없는 극단자는 중용을 최대의 악덕으로 보고, '중간 위치에 있는 사람을 각각 양극단으로 내쫓는다. 용감한 사람은 겁쟁이로부터는 경솔한 자라고 불리고, 경솔한 자로부터는 겁쟁이라고 불린다. 그리고 이것은 다른 경우도 마찬가지다.' 그러한 이유로 현대의 정치에서도 '자유주의자'는 급진주의자로부터는 '보수주의자'라 불리고, 보수주의자로부터는 '급진주의자'라 불린다.

이 중용설은 그리스 철학의 거의 모든 체계에 나타나는 특징적인 태도를 정식화다. 플라톤이 덕을 조화 있는 행동이라 했을 때도 이 학설을 심중에 품고 있었다. 소크라테스가 덕과 지(知)를 동일시했을 때도 그랬다. 7현인은 델포이의 아폴론 신전에 '메덴 아간meden agan(무슨 일에도 분수를 넘지 말아라)'이라고 조각함으로써 이 전통의 기초를 만든 것이다. 아마도―니체가 주장하는 것처럼《비극의 탄생》―이러한 사실은 모두 그리스인이 그들 자신의 과격하고 충동적인 성격을 제지하려는 시도였다. 그보다도 격정은 그 자체가 악덕이 아니며, 도가 지나쳐 불균형하게 움직이느냐, 아니면 절제하여 조화 있게 움직이느냐에 따라 악덕도 될 수 있고, 덕도 될 수 있는 생생한 재료라고 하는 그리스인 기질의 반영이었다고 하는 것이 사실일 것이다.[21]

그러나 우리의 실제적인 철학자는 중용이 반드시 '행복의 비결'의 전부는 아니라고 한다. 우리는 또한 상당한 정도의 재산을 가지고 있어야 한다. 가난

---

20) 비하는 "안티스테네스[퀴닉학파]의 허영심이 외투의 찢어진 틈으로 얼굴을 내밀고 있다."고 플라톤은 말했다. [원주]

21) 같은 견해인 사회학적 정식화를 참조할 것. '가치는 결코 절대적이 아니고 단순히 상대적이다…… 인간의 본성에 있어서 어떤 종류의 성질은 당연히 있어야 할 만큼 풍부하지는 않다고 생각된다. 그러므로 우리는 그것에 가치를 두고…… 그것을 조장하고 양육한다. 이 평가의 결과로써 우리는 그것을 덕이라 부른다. 그러나 만일 같은 성질이 남을 정도로 풍부하게 되면 우리는 그것을 악덕이라 부르고 그것을 억압하려 할 것이다.' [원주]

은 사람을 인색하게 하고 욕심쟁이로 만들지만, 재산은 사람에게 '귀족적인 침착한 태도와 매력의 원천인 걱정과 탐욕으로부터의 자유'를 주기 때문이다. 행복에 대한 외부의 보조수단 중 가장 고귀한 것은 우정이다.

실제로 우정은 불행한 사람보다는 행복한 사람에게 필요하다. 왜냐하면 행복은 남에게 나누어 줌으로써 불어나기 때문이다. 우정은 정의보다 중요하다. 왜냐하면 '사람들이 저마다 친구라면 정의는 불필요하지만, 사람들이 공정할 경우에도 우정은 고마운 것이기 때문이다.' '친구는 두 몸 속에 있는 하나의 영혼이다.' 그럼에도 우정은 다수의 친구들 사이에 있는 것이라기보다 오히려 소수의 친구들 사이에 있다. '친구를 많이 갖고 있는 자는 한 사람도 친구가 없는 것이다.' '완전한 우정으로서는 많은 사람과 친구가 될 수는 없다.' 아름다운 우정은 일시적인 강렬함보다 영속성이 필요하다. 거기에는 성격의 강고함이 전제되어야 한다. 우정이 만화경과 같이 변하는 것은, 성격이 변하기 때문이라고 하지 않으면 안 된다. 또 우정은 서로의 평등을 요구한다. 감사한 마음은 기껏 우정에 대해 불확실한 발판을 주는 데 불과하다.

'은혜를 베푸는 사람들은 일반적으로 그 은혜를 받은 사람들이 자기에 대하여 가지고 있는 것보다 많은 우정을 그들에게 가지고 있다고 생각한다. 서로를 만족시키는 이 문제의 설명을 위해 한쪽은 채권자, 또 한쪽은 채무자라고 하면…… 채무자 쪽은 채권자가 없어지기를 바라나 채권자 쪽에선 채무자가 어떻게든지 보존되기를 바라는 것이다.'

아리스토텔레스는 이 설명을 받아들이지 않는다. 그는 오히려 은혜를 베푸는 사람 쪽이 훨씬 마음이 착한 것은 자기의 작품에 대한 예술가의 사랑이나, 자기 자식에 대한 모친의 사랑으로부터의 유추에 의해 설명할 수 있다고 말한다. 우리는 자기가 만든 것을 사랑하기 때문이다.

외적인 재산이나 관계는 행복에 필요하긴 하지만 행복의 본질은 우리의 내부, 즉 원숙한 지식과 맑은 정신에 있다. 확실히 감각적 쾌락은 바른길이 아니다. 이 길은 환상(環狀) 도로로 되어 있어, 우리는—소크라테스가 노골적인 쾌락주의의 사고방식에 대하여 말한 바와 같이—자꾸 같은 길을 반복해서 걸을 뿐이다. 또 정치적 행로도 행복에의 길은 아니다. 그 안에서 우리는 민중의 변덕에 휩쓸려 걷는 것이며, 민중만큼 변덕스러운 것은 없기 때문이다. 확실히 행복은 정신의 쾌락이어야 한다. 그리고 행복이 진리의 추구, 또는 진리의 획득에서부터 나올 때 우리는 안심하고 행복이라고 생각하는 것이 좋다.

"지성의 활동은…… 그 자체 이외의 목적을 갖지 않는다. 또 지성을 자극해 활동을 계속할 수 있는 쾌락이 그 자체 안에 있다. 자기 만족·분주함·한가함 등의 특질은 확실히 지성의 활동에 속하므로 이 활동 속에 완전한 행복은 있다."

그러나 아리스토텔레스의 이상적 인간은 단순한 형이상학자는 아니다. '그에게는 마음에서부터 존중하는 일이 조금밖에 없으므로 불필요하게 몸을 위험에 드러내지는 않는다. 그러나 그는 큰 위험에는 자진해서 자신의 생명까지도 바친다. 그는 어떤 상태 아래에서는 사는 것이 아무런 가치도 없다는 것을 알고 있기 때문이다. 그는 사람에게서 봉사를 받는 일은 부끄러워하지만, 사람에게 봉사하고자 한다. 사람에게 친절을 베푸는 일은 우월의 표시이고, 친절을 받는 것은 종속의 표시이다. ……그는 자기 선전을 하지 않는다. ……그는 노골적으로 좋고 싫음을 표시하고, 인간이나 세상일을 경멸하므로 언행에 숨김이 없다. 그의 눈에는 위대한 것이 아무것도 없으므로 결코 감탄의 불로 가슴을 태우지 않는다. 친구가 아니면 타인과 친밀하게 살 수 없다. 친밀하게 하는 일은 노예가 하는 일이기 때문이다. ……그는 결코 악의를 갖지 않으며 모욕은 잊어버린다. 그는 다변을 좋아하지 않는다. 자기가 칭찬을 듣거나 비난을 받거나 그것은 그가 알 바가 아니다. 그는 사람에 대하여—적에 대해서까지—직접 대놓고 말할 경우를 제하고는 악평은 하지 않는다. 그의 태도는 침착하고 목소리는 굵고 낮으며 말은 삼간다. 왜냐하면 그는 관심사가 적기 때문이다. 그는 일에 열중하는 버릇이 없다. 왜냐하면 무엇이든 몹시 중요한 일이라고는 생각하지 않기 때문이다. 큰소리나 급한 걸음은 근심이나 불안에서 온다. ……그는 인생의 재난을 위엄과 품위로써 견뎌내고, 환경에 선처하는 모습은 지략 있는 장군이 한정된 병력으로 전쟁을 인솔하는 것처럼 한다. 덕이 없거나 능력이 없는 사람은 자기 자신의 최악의 적으로서 고독을 두려워하나, 그는 자기 자신의 제일 좋은 친구로서 은둔을 즐긴다.'

이것이 아리스토텔레스의 '초인(超人)'이다.

8. 정치학

공산주의와 보수주의

이와 같이 귀족주의적인 윤리학에서는 엄격한 귀족주의적 정치철학이 나오기 마련이다(아니면 순서가 바뀐 것이 아닐까). 황제의 스승이요 왕녀의 남편인 아리스토텔레스가 일반 서민에게, 하물며 상업 부르주아지에게 넘치는 애착심을 품는다는 것은 기대할 수 없었다. 우리의 철학은 우리의 보물을 넣어둔 곳에 있는 것이라고 했다. 그러나 아리스토텔레스는 더 나아가 아테네의 민주주의에서 생긴 혼란과 재앙으로 인해 매우 보수적이 되었다. 전형적인 학자답게 그는 질서와 안전과 평화를 열망했고, 지금은 정치적 광태를 부리고 있을 때가 아니라고 생각했다. 급진주의는 안정된 시대의 사치품이다. 우리가 사물을 감히 변화시켜도 괜찮은 것은 사물이 우리 손안에 꽉 쥐어져 있을 때 한한다. 그리고 일반적으로 '법률을 쉽게 변경하는 습관은 악습이다. 또 법률을 변경했기 때문에 얻어지는 이익이 적을 때에는 어떤 결함은—입법의 그것이든 위정자의 그것이든—단념하고 너그럽게 봐주는 것이 좋다. 사회가 이 변경에 의해서 얻는 이득은 불복종의 습관으로 잃은 손실보다 적기 때문이다.' 법률이 국민에게 준수할 것을 강요하여 정치적 질서를 지탱해 나가는 힘은, 대부분은 습관에 그 기초를 두고 있는 것으로 '낡은 법률에서 새로운 법률로 쉽게 옮기는 것은 무엇보다도 모든 법률의 중추적 본질을 약화하는 확실한 수단이다.' '시대의 경험을 잊지 않도록 하자. 이 사태는 만일 그것이 좋은 것이라면, 여러 해 지나는 동안 알려지지 않고 묻혀 있지는 않을 것이다.'

물론 '이 사태'란 주로 플라톤의 공산주의적 공화국을 가리킨다. 아리스토텔레스는 플라톤의 보편개념—이데아—에 관한 실재론과 정치에 관한 이상론을 공격하고, 스승이 그린 미래화에 많은 오점을 발견했다. 그는 플라톤이 명백히 '수호자인 철학자들'에게 강요한 병영 생활과 같은 민중과의 끊임없는 접촉을 좋아하지 않았다. 아리스토텔레스는 보수적이긴 해도 개성·사생활 및 자유를 사회적 능력이나 재능 이상으로 존중한다. 그는 모든 동년배를 형제나 자매라고 부르거나 그보다 윗사람을 무조건 아버지, 어머니로 부르기를 좋아하지 않는다. 모두가 형제라면 형제는 하나도 없는 것이나 같고, '플라톤식으로 아들이 되기보다는 누군가의 진짜 사촌이 되는 것이 낫다.' 여자와 아이들을 공유하는 나라에서는 '사랑은 흐르는 물과 같고…… 관심과 사랑을 북돋는 중요한 두 가지, 곧 소유의 감각과 이에 따르는 사랑은 플라톤의 국가에서는 결코 존재할 수 없다.'

가족이 유일한 국가이고 소박한 목축과 경작이 유일한 생활양식이었던 아득한 옛날에는, 공산 사회가 존재했을 것이다. 그러나 '사회가 한층 분화된 단계에서는' 여러 가지 임무에 따른 분업이 인간의 자연적 불평등성을 낳아 확대되고, 이 단계에 이르면 공산주의는 우수한 능력 발휘에 충분한 자극을 주지 않기 때문에 파탄에 이른다. 획득의 자극은 노동력에 필요하며, 소유의 자극은 적당한 근면·절검 및 장래의 준비에 필요한 것이다.

모든 것이 모두의 소유일 때는 아무도 그것을 돌보지 않을 것이다. '최대 다수인의 공유물에 대하여는 최소한의 성의밖에 보이지 못할 것이다. 인간은 누구나가 다 자기의 이익만을 생각하고, 공공의 이익은 생각지 않는다.' 그리고 '공동생활을 하는 것, 또는 사물을 공유하는 것은 언제나 곤란하나 특히 공유재산을 가지는 데는 더욱 그렇다. 여행에서 동행자와의 공동생활은 적절한 실례로, 그들은 대개 사소한 일로 싸우고 헤어진다.'

유토피아에 '사람들은 기꺼이 귀를 기울인다. 그리고 뭔가 훌륭한 방법으로 모두가 모두의 친구가 된다는 것을 쉽게 믿는다. 특히 현존하는 해악을 사유재산 제도의 결과라고 공공연히 비난하는 것을 들을 때는 더욱 그렇다. 그러나 이 해악은 이것과는 전혀 다른 원인, 즉 인간 본성[22]의 약점에서 일어나는 것이다.' '정치학은 인간을 만드는 것이 아니라 인간을 자연 발생적인 그대로 보지 않으면 안 된다.'

또한 인간의 본성—인간의 평균 수준—은 신보다도 짐승 쪽에 가깝다. 대부분 인간은 날 때부터 게으르다. 어떤 제도에서든지 이런 사람들은 몰락할 것이다. 그리고 국가 보조금으로 그들을 구제하는 것은 '밑 빠진 독에 물 붓기'이다. 이와 같은 사람들은 정치적으로 지배를 받고, 일하는 데도 남의 지도를 받아야 할 것이다. 될 수 있는 한 그들의 동의를 얻고 필요하면 동의를 얻지

---

22) 보수주의자는 인간의 본성에 관하여 비관론자이고, 급진주의자는 낙관론자이나, 인간의 본성은 그들이 믿는 것처럼 선도 악도 아니다. 자연이라기보다는 오히려 초기에 있어서의 훈련 및 환경의 결과일 것이라는 데에 주의하라. 〔원주〕

않고서라도 지도를 해야만 한다.

'태어나는 순간부터 어떤 자는 복종하도록, 어떤 자는 명령하도록 운명 지워져 있다.' '왜냐하면 자기 정신으로 예견할 수 있는 자는 날 때부터 지배자가 되고 주인이 되도록 예정되어 있으며, 자기의 육체로밖에 일할 수 없는 자는 날 때부터 노예[23]인 것이다.' 노예와 주인과의 관계는 육체와 정신과의 관계와 같은 것으로 육체가 정신에 예속되는 것처럼, '열등자는 주인에게 지배를 받는 편이 낫다.' '노예는 산 도구이며, 도구는 생명 없는 노예다.' 이 무정한 철학자는 이에 덧붙여 근대의 산업 혁명이 우리에게 준 모든 가능성을 내다보고 사려 깊은 희망으로 이렇게 썼다.

"만일 모든 도구가 사람의 의지에 따라, 또는 사람의 의지를 앞질러 그 자신의 일을 성취하게 되면……만일 사람의 손을 빌리지 않고 북이 직물을 짜고 채가 리라를 타게 되면, 명공(名工)은 조수를 필요로 하지 않으며, 주인은 노예를 필요로 하지 않을 것이다."

이 철학은 그리스인의 수공업에 대한 멸시를 상징한다. 당시의 아테네 수공업은 지금처럼 복잡하지 않았다. 오늘날 많은 수공업에 요구되는 지력(知力)은 보통 중류계급이 영위하는 사업에 필요한 그것보다도 훨씬 뛰어나 대학의 교수까지도—어떤 긴박한 때에는—자동차 기계공을 그야말로 신으로 우러러보고 있다. 당시의 수공업은 문자 그대로 손을 쓰는 것으로, 아리스토텔레스는 철학이란 고지(高地)에서 그것을 내려다보고, 정신없는 자들이 하는 정해진 일이며, 노예에게만 알맞은, 그리고 인간을 노예로서 유능케 하는 일이라고 생각한 것이다. 손일은 정신을 둔하게 하고 천하게 하며, 정치를 이해하려는 힘과 여유도 남지 않게 한다고 그는 믿었다. 충분한 여가를 가진 사람들만이 정치에 발언권을 갖는 것이 합리적인 결론이라고 아리스토텔레스는 생각했다.

'가장 좋은 국가 형태는 직공에게 시민권을 허락지 않는 것이다. ……테베에는 10년 전에 실무에서 물러난 자가 아니면 관직에 오를 수 없다는 법률이 있

---

23) 아마 slave(노예)는 그리스어의 doulos의 너무 조잡한 번역이다. doulos란 오늘날, 노동자의 위엄이나 인간의 우애에 대하여 여러 가지를 논함으로써 감지할 수 있는 잔혹한 여러 사실의 지극히 솔직한 확인을 의미하는 말이었다. 말을 만드는 데는 우리가 확실히 고대인보다 탁월하다. 〔원주〕

었다.' 상인이나 금융업자까지도 아리스토텔레스는 노예 속에 넣는다. '상거래는 부자연스러운 것으로……사람들이 서로를 통해 돈을 버는 방법이다. 이 교환 중에서 가장 혐오를 받고 있는 일은……고리대금업으로서, 그것은 돈 그 자체에서 이익을 얻는 것이지 돈을 자연스러운 수단으로 사용해서 이익을 얻는 것이 아니다. 돈은 원래 교환의 도구였지, 이자[24]를 늘이기 위한 것이 아니었다. 돈이 돈을 낳는 것을 뜻하는 이 이자는……이득을 얻는 모든 방법 중 가장 부자연스럽다.' 돈은 새끼를 쳐서는 안 된다. 그러므로 '금전 문제를 이론적으로 논하는 것이 철학을 가치 없게 한다고는 할 수 없으나, 금융업[25]이나 돈벌이에 관계하는 일은 자유인으로선 있을 수 없는 일이다.'

결혼과 교육

여자와 남자와의 관계는 노예와 주인, 수공 노동자와 정신 노동자, 야만인—그리스인이 아닌 사람—과 그리스인의 관계이고, 여자[26]는 낮은 발달 단계에 남게 된 남자이다. 수컷은 날 때부터 우수하며, 암컷은 날 때부터 열등하다. 한쪽은 지배하고, 다른 한쪽은 지배된다. 이러한 원칙은 필연적으로 전 인류에 영향을 미친다. 여자는 의지가 약하며, 따라서 독립적인 성격, 즉 자주적인 태도를 취할 수 없다. 여자는 조용한 가정생활에 가장 적합하며, 대외 관계에선 남자의 지도를 받으나 집안일에는 더없이 우수하다. 여자는 플라톤의 공화국에서처럼 남자와 비슷해질 게 아니라, 오히려 차이점을 증대시켜야 할 것이다. 서로가 다른 것처럼 매력 있는 일은 없다. '남자의 용기와 여자의 용기는 소크라테스가 가정한 것처럼 동일하진 않다. 남자의 용기는 지휘에서 나타

---

24) 이 견해가 중세에 와서는 이자를 금지하는 영향을 주었다. 〔원주〕
25) 아리스토텔레스는 덧붙여서, 철학자도 몸을 낮추어 그 분야에 들어가면 아마 성공을 했을 것이라고 말하고 자연스럽게 탈레스에 대한 말을 하고 있다. 탈레스는 풍작을 예견하고 마을에 있는 곡식 베는 기계를 모조리 매점했다가 수확기에 그것을 마음대로 비싼 값으로 팔았던 것이다. 그 때문에 아리스토텔레스는 재물을 얻는 일반적 비결은 독점권의 획득에 있음을 알았던 것이다. 〔원주〕
26) 《동물발생론》《동물지》《정치학》, 또한 바이닝거의 《성과 성격》 및 메러디드의 다음의 말을 참조하라. '여자는 남자에 의해 문명화되는 최후의 것이리라.' 그러면서도 남자는 여자에 의해 문명화된 최후의 것이었다(또는 것이었으리라)고 생각된다. 왜냐하면 큰 문명화의 힘은 가족과 안정된 경제생활이므로 이것은 모두 부인의 창조물이기 때문이다. 〔원주〕

나고, 여자의 용기는 복종에서 나타난다. ……시인의 말처럼, 침묵은 여자의 명예다.'

아리스토텔레스는, 여자의 이상적 노예화는 남자가 거의 성취할 수 없는 것으로써 팔보다도 오히려 혀가 지배하는 것이 많지 않은가 라고 생각하는 것 같다. 무슨 일이 있어도 필요한 우위를 남성에게 주려고 하는 것과 같이 그는 남자는 37세 정도까지 결혼을 미루고 20세 정도의 처녀와 결혼하도록 권한다. 20세 전후의 여자에게 30세의 남자는 호적수이겠지만 37세의 노병(老兵)이라면 힘에 겨운 상대일 것이다. 아리스토텔레스에게 이 '결혼의 수학'에 대한 흥미를 불러일으키는 것은, 이처럼 나이가 다른 두 사람은 거의 같은 시기에 생식력과 정열을 상실할 것이라는 생각에서이다. '여자에겐 이미 어린아이를 낳을 능력이 없는데 남자 쪽에는 아직 생식력이 있을 경우나, 또는 그 반대의 경우에는 둘 사이에 시비나 불화가 일어날 것이다. ……생식 기간이 일반적으로 남자는 70세, 여자는 50세로 제한된 이상 남녀의 결합도 이 시기에 맞춰서 시작되어야 한다. 너무 젊었을 때 남녀가 결합하는 일은 아이를 만드는 데 나쁘다. 모든 동물에 있어서도 너무 어린 동물들의 새끼는 몸이 작고 발육이 나쁘며, 대개는 암컷이다.' 건강은 사랑보다도 중요하다. '게다가 절제의 관점에서도 너무 빨리 결혼[27]하지 않는 편이 도움이 된다고 하는데, 이것은 조혼한 여자가 다정하기 쉽고, 남자도 성장 시기에 결혼하면 체격의 발달이 저해된다.'

이러한 문제는 젊은이들의 분방한 마음에 맡겨 둘 것이 아니라, 국가가 감독하고 관리해야 한다. 국가는 결혼의 최저 연령과 최고 연령, 임신의 최적기 및 인구 증가의 비율을 결정해야 한다. 만일 자연의 증가율이 지나치게 높아질 때는 잔혹한 유아 살해와 같은 짓을 하지 말고 낙태시키는 것이 좋다.

'낙태는 감각과 생명 활동이 시작되기 전에 행해야 한다.' 국가에는 각기 이상적 인구가 있는데, 이것은 국가의 사정과 자원에 따라 다르다. '인구가 너무 적은 국가는 자급자족이 되지 않고, 인구가 많으면……인간의 집단은 되어도, 국가는 되지 않으며, 입헌정치가 거의 불가능하다.' 또는 종족의 통일도 정치의 통일도 불가능해진다. 인구 1만을 넘는 국가는 바람직하지 못하다.

---

27) 아리스토텔레스는 여자의 절제만을 생각하고 있음은 확실하다. 결혼을 뒤로 미루는 것이 남자에게 미치는 도덕적 영향 같은 것은 생각지도 않은 듯하다. 〔원주〕

교육도 국가가 관리해야 한다. '헌법의 영속에 가장 공헌이 큰 것은 교육을 정치 형태로 적응시키는 일이다. ······교육은 시민이 생활하는 정치 형태에 준하여 행해져야 한다.' 학교의 국가 관리에 의해서 우리는 사람들의 흥미를 산업이나 상업에서 농업으로 돌릴 수 있으며, 사유재산을 보존하면서도 각자의 재산을 분수에 따라 공공용으로 제공하도록 훈련할 수도 있다. '선량한 사람들 사이에는 재산의 사용에 관하여 친구들 사이엔 모든 것이 공유이다, 라는 금언(金言)이 적용될 것이다.'

그러나 무엇보다도 먼저 성장기의 시민에겐 법률을 가르쳐야 한다. 그렇게 하지 않으면 국가는 성립하지 않는다. '복종을 배우지 못한 자는 좋은 명령자도 될 수 없다, 는 말은 지당하다. ······선한 시민은 두 가지가 다 가능해야 한다.' 그리고 다만 학교의 국가제도만이 인종을 달리하는 시민들 사이에 사회적 통일을 성취할 수 있다. 국가는 다수인의 모임이며, 이 모임은 교육에 의해 통일체 내지 공동체로 변해야 한다. 또 청년들에겐 국가에 커다란 은혜를 받고 있는 일이나 고마움이 의식되지 않는 몸의 안전 보장은 사회조직의 덕택이라는 것과, 자유는 법에서 온다는 것을 가르쳐야 한다.

'인간은 완성되면 가장 선한 동물이 되나 내버려두면 가장 악한 동물이 된다. 왜냐하면 부정이 무장되면 점점 위험해지는데, 인간은 날 때부터 극히 나쁜 목적에도 사용할 수 있는 지성과 성격상의 특질로 무장되어 있기 때문이다. 그러므로 인간은 덕(德)을 지니고 있지 않는 한 동물 중에서도 가장 맹악(猛惡)한, 탐욕과 육욕의 덩어리이다.' 따라서 다만 사회의 감독에 의해 인간을 덕스럽게 해야 한다. 인간은 언어에 의해 사회를, 사회에 의해 지성을, 지성에 의해 질서를, 질서에 의해 문명을 전개시켰다. 이같이 질서 있는 국가 속에서 처음으로 개인과 고립되어서는 절대로 얻을 수 없는 무수한 기회와 수단이 열린 것이다. 그렇기 때문에 사람[28]이 '고립해서 살려면, 동물이거나 아니면 신이거나 그 어느 쪽이어야 한다.'

그러므로 혁명은 대부분 어리석게 되기 마련이다. 혁명은 어느 정도 좋은 일을 달성할지 모르나, 거기에는 많은 해악이 따른다. 그 해악의 주된 것은 국

---

28) 정치 철학의 대부분을 아리스토텔레스에게서 취하고 있는 니체는 이렇게 덧붙이고 있다. '또는 사람은 그 양쪽이 아니면 안 된다. 바꾸어 말해서 철학자가 아니면 안 된다'라고. (원주)

가에 있어서의 모든 선의 기초인 사회 질서 및 조직의 교란(攪亂)과 그 해체일 것이다. 혁명에 의한 혁신의 직접적인 결과는 계산할 수 있고, 또 유익한 것인지도 모른다. 그러나 간접적 결과는 대개의 경우 계산할 수 없고, 종종 참담할 때도 있다. '몇 가지 점만을 계산에 넣는 자는 쉽게 판단을 내릴 수 있다.' 그리고 조금밖에 논할 것이 없을 때는 사람은 재빨리 결심할 수 있다. '젊은 사람들은 속기 쉽다. 그들은 믿기 쉽기 때문이다.' 오래된 습관은 깊이 뿌리를 박고 있기 때문에 예부터 내려온 습관의 억압은 혁신정부의 전복을 초래한다. 성격은 법률처럼 쉽게 바꿀 수는 없다. 어떤 정체를 영속하려면, 사회의 모든 부분이 이 정체를 유지하기를 바라지 않으면 안 된다. 그러므로 혁명을 피하려는 통치자는, 빈부의 차가 매우 커지는 것—이것은 흔히 전쟁의 결과로써 생기는 상태지만—을 방지하여야 한다. 또, 무서운 인구 과잉의 상태에 처하게 되면 영국인처럼 식민지 개척을 장려해야 하며, 나아가 종교를 만들고 실천해야 한다. 독재적 통치자는 특히 신들의 숭배에 열심인 것처럼 보여야 한다. 왜냐하면 통치자가 신앙심이 두텁고 신들을 숭배한다고 생각하면, 사람들은 통치자로부터 부정을 받지는 않을까 하는 염려를 그리 하지 않게 되며 신들 자신이 통치자 편이 되어 싸워 줄 것이라고 믿어, 통치자에게 반역할 생각이 들지 않을 것이다.

민주주의와 귀족주의

종교와 교육 및 가정생활의 처리에 이 정도의 주의가 되어 있으면, 어떠한 전통적 정치 형태에도 들어맞을 것이다. 모든 정치 형태에는 좋은 점과 나쁜 점이 섞여 있어, 각기 여러 가지 상황에 적합하게 되어 있다. 이론적으로, 이상적 정치 형태란 모든 정치적 권력이 한 사람의 최상 인물에게 집중되어 있는 것이다. 호메로스가 '많은 사람에게 통치권이 있는 것은 나쁘다. 한 사람을 너의 통치자 및 지배자로 삼으라'고 한 말은 옳다. 그러한 사람에게는 법이 구속이라기보다 오히려 수단이라 해야 할 것이다. "뛰어난 능력을 가진 사람에게는 법이 없다. 그 자체가 법이다." 그들을 위해 법을 만들려고 시도하는 사람은 어리석다. 그들은 아마 안티스테네스의 우화에 나오는 사람처럼 대담할 것이다. 어느 날 짐승들의 회의에서 산토끼가 모두를 위한 평등을 주장하기 시작했을 때 사자가 이렇게 말했다. "네 발톱은 어디에 있지?"

그러나 실제에 있어서 군주정치는 대체로 가장 나쁜 정치 형태이다. 왜냐하면 큰 힘과 큰 덕은 가까운 친척이 아니기 때문이다. 따라서 실행성이 있는 가장 좋은 정치 형태는 귀족정치, 즉 학식 있고 능력 있는 소수의 사람들이 통치하는 일이다. 정치는 너무 복잡한 일이므로 단순한 수(數)에 의해서 결정할 수는 없다. 더 작은 문제까지도 지식과 능력을 요하기 때문이다.

"의사는 의사가 평가해야 하듯이, 사람은 일반적으로 동등한 사람이 평가해야 한다. ……이 같은 원리는 선거[29]에도 적용되지 않을까. 올바른 선거는 지식이 있는 사람에 한해서만 가능하다. 예를 들면 기하학자는 기하학자에 관해서는 공정히 선정할 것이며, 수로 안내인은 수로 안내인에 대해서만은 올바르게 선정할 것이다. ……그러므로 장관을 선거하는 일도, 그들의 책임을 묻는 일도 다수자에게 맡겨서는 안 된다."

세습적 귀족정치의 한계는 그것이 영속적인 경제적 기초를 가지고 있지 않은 데 있다. 벼락부자가 끊임없이 나타나기 때문에 조만간 관직은 최고 입찰자에게 양도된다. '최고의 여러 관직을……살 수 있다'는 것은 확실히 곤란한 일이다. 이 악폐를 허용하는 법률은 능력보다도 부(富)를 중요시하므로 국가 전반에 걸쳐 탐욕스러워진다. 왜냐하면 국가의 우두머리들이 고귀하다고 보는 것은 다른 시민들도 반드시 고귀하다고 생각하기 때문이다(현대사회 심리학의 '위신모방'). '능력이 존경받지 못하는 곳에 진정한 귀족정치는 없다.'

민주정치는 보통 금권정치에 대한 혁명의 결과이다. '지배계급의 이욕(利慾)은 끊임없이 그들의 수를 감소시키고(마르크스의 '중산 계급의 소멸기'), '그 결과 대중의 힘을 강하게 하고, 결국 대중은 그들의 주인에게 반항하고 민주정치를 세운다.'

이 '무산자에 의한 지배'에는 다소의 강점이 있다. '인민의 한 사람 한 사람은 전문적인 지식을 가진 자보다 판단이 뒤떨어지지만, 그러나 모두 모이면 그 판단은 훌륭한 것이 된다. 또 예술품을 잘 평가하는 것은 그것을 만든 예술가 자신이 아니라 다른 사람일 때도 있다. 예컨대 어떤 집의 사용자 또는 주인이

---

29) 현대의 '직능대표론'을 참고하라. [원주]

그것을 세운 건축가보다도 좋은 감식자일 것이다. ……또 손님이 요리사보다도 요리 맛을 더 잘 판별할 것이다.' 그리고 '다수가 소수보다도 부패하기 어렵다. 대량의 물이 소량의 물보다도 썩기 쉽지 않은 것과 마찬가지다. 개인은 노여움이나 그 밖의 격정에 지기 쉽고 그 경우 그 판단은 필연적으로 정도(正道)를 벗어난다. 그러나 다수의 인간[30]이 모두 격정에 휩쓸려 동시에 길을 잘못 들리라고는 도저히 상상할 수 없다.'

그러나 민주정치는 일반적으로 귀족정치보다 못하다. 왜냐하면 그것은 평등이라는 그릇된 전제에 기인하고 있기 때문이다. 그리스는 '하나의 점에서— 예를 들면 법률에 관해서—평등한 자는 모든 일에 평등하다는 생각에서 생긴다. 인간은 누구나 자유이므로 완전한 평등을 요구하는 것이다.' 그 결과 능력은 수(數)에 희생되고 다수자는 책략의 농간을 받는다. 민중은 속기 쉽고, 그 견해는 변덕스럽기 때문에 투표는 지식계급에만 한정되어야 한다. 우리가 필요로 하는 것은 귀족정치와 민주정치의 결합이다.

입헌정치는 이 행운의 결합을 제공한다. 이것은 생각할 수 있는 최상의 정치라고는 할 수 없으나—교육의 귀족주의라고도 할 수 있는—최선의 국가이다. '우리는 최대 다수의 국가에 있어서 무엇이 최상의 헌법이며, 최대 다수의 인간에 있어서 무엇이 최상의 생활인가를 물어야 할 것이다. 그러나 그 결정은 사람에게는 미치지 않는 덕의 표준을 세우거나, 소질이나 환경에 특별히 혜택을 받고 있는 일을 필요로 하는 교육을 전제로 하거나, 단순히 염원에 불과한 이상국가를 상상하거나 해서는 안 되며, 다수의 인간이 실제로 영위할 수 있는 생활과, 대개 어느 국가에서나 실행할 수 있는 것 같은 정치 형태를 염두에 두고 해야 한다.' '일반적 적용의 원칙, 즉 그 정치의 지속을 희망하는 국가의 부분이 그를 희망하지 않는 부분보다도 강하지 않으면 안 된다는 원칙을 세우는 것부터 의논을 시작할 필요가 있다.'

그리고 강함이란 단순히 수나 재산이나 군사적 또는 정치적 능력뿐만 아니

---

30) 타르드나 르 봉과 그 밖의 사회심리학자는 정반대 것을 주장한다. 그들은 군중이 악덕을 과대시함에도 불구하고 아리스토텔레스에게서보다는 기원전 430년에서 330년에 이르는 아테네의 에클레시아의 행동에서 자신의 학설을 지지하는 보다 나은 근거를 찾아낼 것이다. 〔원주〕

라 이상의 모든 것의 결합을 말하는 것이므로 '단순한 수적 우월뿐만 아니라 자유·부(富)·교양 및 고귀한 태생'이라는 것도 생각해 두어야 한다. 그러면 우리는 위에서 말한 입헌 정치를 뒷받침할 그러한 경제적 다수자를 어디서 발견할 수 있을 것인가. 중류계급에서 가장 많이 발견할 수 있을 것이다. 즉 여기서 우리는 다시 중용을 갖는다. 마치 입헌정치가 민주정치와 귀족정치와의 중간인 것처럼, 만일 이 국가가 공직의 길을 모든 사람에게 열어 놓았다면, 국가는 민주주의적이며, 만일 공직이 실제로 이 길을 걸어 충분히 예비 교육을 마치고 온 사람 이외의 사람들에게는 닫혀 있다면 귀족주의적일 것이다. 우리가 어떤 각도로부터 영원한 정치 문제로 접근하든지 언제나 우리는 같은 결론에 도달한다. 즉 공동체의 목적은 자신이 결정해야 하지만, 그 방법은 그 길에 익숙한 자만이 이를 선택하여 적용해야 한다. 선택은 민주주의적으로 확대해야 한다. 그러나 관직은 충분한 훈련을 받은 선발된 수재에게 제한해야 한다.

9. 비평

우리는 철학에 대하여 무엇이라 말할 것인가. 아마도 열광적인 것은 하나도 없을 것이다. 아리스토텔레스에게서 감동을 받기는 어렵다. 왜냐하면 아리스토텔레스 자신도 감동하는 일이 별로 없었기 때문이다. 그러나 '나를 울리고 싶으면 너희들이 먼저 울어야 한다.'[31]는 아리스토텔레스의 표어는 'nil admirari(어떤 일에도 경탄하지 않음)'다. 그리고 우리는 그의 앞에서는 이 표어를 위반하는 일을 망설이게 된다. 우리는 그가 플라톤의 혁신적인 정열, 이 위대한 이상주의자를 움직여 그 동포들을 비난케 한 열렬한 인류애가 없음을 알게 된다. 스승과 같은 대담한 독창성, 고원한 상상력, 고귀한 환상의 능력이 없음을 깨닫게 된다. 더구나 플라톤을 읽은 후에는 그의 정열 때문에 아리스토텔레스의 회의적 평정보다 우리에게 더 좋은 것이 없다는 것을 발견할 것이다.

우리의 비판을 요약해 보자. 우선 우리는 논리학의 무리한 요구에 괴로움을 받는다. 그는 삼단논법을 인간의 추리 과정의 기술이라고 생각하는데, 그것은 사람을 설득하기 위해 자기의 추리를 수식하는 방법을 기술한 데 불과

---

31) 호라티우스가 《시학Ars poetica》 속에서 배우 및 시인에 대하여 한 말. 〔원주〕

하다. 또 그는, 사고란 전제(前提)에서 시작해 그 전제로부터 결론을 구하는 것이라고 생각했으나, 실제로는 가설적인 결론에서 시작하고 그 결론을 정당화하는 전제를 구하는 것으로서, 그러한 전제는 실험적으로 분리되어 특수한 사건을 관찰할 때 가장 잘 나타난다. 그러나 2천 년의 세월도 아리스토텔레스적 논리학의 부수적인 것을 변경한 데 불과하다는 것, 오컴·베이컨·휴웰·밀, 그 밖의 많은 사람도 다만 그의 태양—즉 논리학—에 여러 가지 흑점을 발견한 데 불과하다는 것, 새로운 사고(思考)의 학문 창조와 그 주요 진로를 확고히 설정한 것은 인간 정신에게 불후(不朽)의 공적이라는 것—만일 이것을 잊어버린다면 얼마나 어리석은 일이겠는가.

아리스토텔레스의 자연과학에 많은 불완전한 관찰이 남아 있는 것은, 실험과 유효한 가설이 결여되어 있기 때문이다. 그의 장기인 재료의 수집 및 분류를 통해 그는 모든 분야에 자기의 범주를 구사하여 분류 목록을 만들었다. 그러나 이 관찰적 경향과 재능으로 그는 형이상학에 플라톤같은 열의로 심취했고, 이것이 모든 과학에서 그를 좌절케 하여 극히 터무니없는 가정(假定)으로 몰고 갔다. 바로 여기에 그리스 정신의 큰 결함이 있다. 그리스 정신은, 훈련을 거치지 않고 행동이 지나치는 것을 제한하여 사고를 견실히 하는 전통이 결여되어 있었다. 그리고 지도에 그려져 있지 않은 벌판을 자유롭게 뛰어다니면서 너무 쉽게 이론으로 달려가 결론을 서둘렀다. 그리하여 그리스 과학이 뒤에서 절뚝거리며 걷고 있는 동안, 그리스 철학은 도달한 적이 없었던 고지로 뛰어오른 것이다.

현대의 위험은 그것과는 정반대다. 귀납적 재료가 베수비어스 화산의 용암처럼 곳곳에서 우리 머리 위로 쏟아져 내려오고 있어, 정리되지 않은 사실들로 숨이 막힐 것 같다. 종합적 사고와 통일적 철학의 결핍 때문에 항상 새로운 이론이 늘어나고, 우리의 정신은 혼돈스러운 특수과학에 압도되어 있다. 우리는 모두 인간 가능성의 한 조각에 불과하다.

아리스토텔레스의 윤리학은 논리학의 일부분이다. 이상적 생활이란 올바른 삼단논법과 같다. 그가 우리에게 주고 있는 것은 개선을 향한 격려라기보다 오히려 예절의 안내서이다. 어느 고대의 비평가는 그를 가리켜 '지나치게 절도 있다'고 평했다. 과격한 반대론자라면 《윤리학》을 모든 문헌 중 범설을 모은 가장 훌륭한 책이라고 부를지도 모른다. 또 영국을 싫어하는 사람이라면, 영국인이 케임브리지 대학이나 옥스퍼드 대학에서 《니코마코스 윤리학》을 한 자도 빼지 않고 읽어야 하는 것을, 그들 자신이 청년기에 미리 그들의 제국주의적 죄악의 죗값을 치르는 것이라고 생각하면 위안이 될 것이다. 우리는 이 말라빠진 페이지 사이사이에 생생한 푸른 '풀잎'을 섞어서 아리스토텔레스의 순수하고 지적인 행복의 찬미를 휘트먼의 상쾌한 감각의 환희에 대한 변호로 보충하고 싶은 것이다. 아리스토텔레스의 이런 극단적인 중용의 이상은, 굳어진 완전, 무표정한 예의범절이라는 영국적 귀족주의의 무색한 덕과 어떤 관계가 있는 것같이 생각된다. 매슈 아널드는 당시 옥스퍼드의 교수들이 《윤리학》을 오류가 없는 책으로 생각했다고 말한다. 3백 년을 통하여 이 《윤리학》과 《정치학》은 영국 지배계급의 정신을 형성하여 위대하고 고귀한 사업을 수행했으나, 다른 한편 그것이 그들에게 무정하고 냉혹한 능력을 준 것도 확실하다. 모든 제국 중 가장 큰 제국인 이 나라의 지배계급이, 그 정신적 영향을 이 책에서가 아닌 《국가론》의 신성한 열정과 건설적 정열에서 취해 왔다면 그 결과는 과연 어떠했을까.

확실히 아리스토텔레스는 순수한 그리스인은 아니었다. 그는 아테네에 오기 전에 이미 인간이 되어 있었던 것이다. 그에게는 아테네인다운 점은 하나도 없었고, 아테네를 정치적 비약으로 이끌어, 결국 통일 전제 군주의 압제에 복종하게 만드는, 그 아테네인 특유의 경솔한 실험주의 역시 조금도 보이지 않았다. 그는 과도를 피하라는 델포이 신탁의 명령을 너무 완벽히 지키고, 오직 극단을 배격하려던 나머지 마침내는 아무것도 남기지 않았다. 그는 무질서를 두려워하여 노예제도의 두려움을 잊어버렸고, 확신이 없는 변화에 겁을 먹은 나머지 거의 죽음과 같은 일종의 무변화를 좋아했다. 영속적 변화를 모두 점진적이라고 믿는 점에서는 보수파를 변호하고, 무변화 상태는 영속하는 것이 아니라고 믿는 점에서는 급진파를 변호하는 그 헤라클레이토스적 유전의 의의가 결여되어 있다. 그는 플라톤의 공산주의가 엘리트(정예), 즉 무사무욕(無私無欲)한 소수의 사람들에 대해서만 생각되던 일을 잊어버린 것으로, 그의 재산은 사유되어야 하지만 될 수 있는 한 공동으로 사용해야 한다고 말하는 점은 결국 플라톤적 결과에 도달하고 만 것이다. 생산 수단의 개인 지배는 누구나가 손에 넣을 수 있도록 생산 수단이 단순할 때에만 사람의 관심을 끌며 또 세상에 도움이 된다는 것, 그리고 생산 수단이 복잡해져서 돈이 들게 되면 그에 따라 재산과 권력이 한곳에 모이게 되어 위험해지고 인위적인―그래서 결국은 국가를 분열시키는―불평등이 생긴다는 것을 그는 알지 못했다.[32]

이상의 비평은 일찍이 한 사람에 의해 조직된, 가장 경탄할 만하고 가장 영향력 있었던 사상체계에 비하면 극히 비본질적인 점을 들춘 데 불과하다.

그러나 세계의 계몽을 위해 이처럼 큰 공헌을 한 사상가가 또 있었는지 의문스러울 때가 있다. 후세의 모든 시대는 아리스토텔레스에 의존했고, 아리스토텔레스의 어깨에 올라타 진리를 보려고 한 것이다. 알렉산드리아의 다채롭고 호화로운 문화는 그에게 학문적 암시를 발견케 했다. 그의 《오르가논》은 중세의 미개한 정신을 자라게 하여 견실한 사고로 훈련시키는 데 중요한 역할을 했다.

기타의 저서는, 5세기에 네스토리우스파(派)[33]의 기독교도에 의해서 시리아어(語)로 번역되었으며, 10세기에는 시리아어에서 아라비아어와 히브리어로, 그리고 또 1225년경에는 그것들을 기초로 라틴어로 번역되었으나, 이 저서는 스콜라 철학, 즉 웅변조인 아벨라르를 시초로 해, 토마스 아퀴나스의 백과사전적 완성으로 향하게 했다. 십자군 원정자들은 아리스토텔레스의 여러 저서들 보다 더 정확한 그리스어 사본을 가지고 돌아갔다. 그리고 1453년 이후 콘스탄티노플(이스탄불)의 그리스인 학자가 터키군의 포위를 탈출해 나올 때 귀중한 아리스토텔레스의 문헌을 가지고 나왔다. 아리스토텔레스의 저서는 유럽 철학에 있어 신학의 성경처럼 모든 문제의 해결점을 갖고 있는 절대적인 텍스트가 되었다. 1215년, 파리의 로마 교황 사절단은 교사들의 아리스토텔레스 강의를 금지했다. 1231년에는 그레고리우스 9세가 아리스토텔레스 저작의 온당치 못한 곳을 삭제하는 위원회를 설치했다. 그런데도 1260년에는 이미 아리스토텔레스는 모든 기독교 학교에서 'de rigueur(필독서)'가 되었고, 종교회의는 아리스토텔레스의 견해에서 벗어나는 것을 유죄로 한다는 입장을 선언했

---

32) 그가 일찍이 그것을 알고 있어야 했을 것이라고 기대하는 것은 불가능하다.
33) 시리아 사람. 콘스탄티노폴리스의 대사교. 그리스도에 있어서의 신성과 인성의 일치를 부정했다.

다. 새로운 기계와 축적된 관찰과 끈기 있는 실험이 과학을 개조하고, 오컴과 라무스, 로저 베이컨과 프랜시스 베이컨에게 저항하기 어려운 무기를 줄 때까지 그의 군림은 끝나지 않았다. 이처럼 오랫동안 인류의 지성을 지배한 정신은 그 외에 다시없다.

10. 만년과 죽음

한편 아리스토텔레스의 생활은 손댈 수 없을 정도로 복잡해졌다. 그는 알렉산드로스를 신으로 숭배하기를 거절한 칼라스테네스(아리스토텔레스의 조카)의 처형에 항의했기 때문에 알렉산드로스와 사이가 좋지 못했다. 이 항의에 알렉산드로스는, 자신의 전능한 권력으로는 철학자도 사형에 처할 수 있다는 것을 암시하는 대답을 했다. 한편, 아리스토텔레스는 알렉산드로스의 변호를 위해서도 아테네 사람들에 끼어 바쁘게 활동했다. 그는 전 그리스인의 단결을 도시국가에 대한 애국심보다도 중요시했으며, 문화와 과학은 약속한 독립 국가의 보잘것없는 싸움이 끝났을 때 더 융성해질 것이라고 생각했었다. 또한 그는 알렉산드로스에게서, 괴테가 나폴레옹에게서 보았던 것과 같은 점을 보았다. 즉, 혼돈된 참기 어려울 만큼 복잡한 세계에서 철학적 통일을 보았던 것이다. 자유를 갈망하는 아테네인은 아리스토텔레스에게 불평했으며, 적의로 차 있는 도시 중심지에 알렉산드로스가 철학자의 상(像)을 세우게 했을 때는 분격했다. 이 소란 속에서도 우리가 아리스토텔레스에게서 받은 인상은 그의 《윤리학》에서 받은 인상과는 아주 다르며, 이때의 그는 결코 냉정하고 인간미 없는 사람이 아니라 사면초가(四面楚歌)의 적진 속에서 거인의 사업을 착착 수행해 가는 전사와 같았다. 아카데메이아의 플라톤 후계자들이나 이 소크라테스의 웅변학교나 데모스테네스의 신랄한 웅변을 듣고 분노한 군중들은 음모를 꾸며, 그를 추방하거나 또는 사형시키라고 외쳤다.

그러나 갑자기(기원전 323년), 알렉산드로스가 죽었다. 아테네는 환희로 가득 차 있었다. 마케도니아 당은 쓰러지고 아테네는 독립이 선언되었다. 알렉산드로스의 후계자이며 아리스토텔레스의 친구였던 안티파트로스는 이 반란의 도시에 진군했다. 그러나 마케도니아 당은 대부분 도망하고 없었다. 제사장 에우리메돈은 아리스토텔레스를, 기도나 희생의 무익을 설명했다 하여 고소했다. 아리스토텔레스는 자기가, 소크라테스를 죽인 무리들과는 비교가 안 될 정도로 강렬한 적의를 가진 배심원과 대중에 의해서 심판받을 운명에 처했다는 것을 깨달았다. 아주 현명하게도 그는 다시 아테네에게 철학에 대해 죄를 범할 기회를 주고 싶지 않다고 말하고 이 도시를 떠났다. 그것은 비겁한 일은 아니었다. 아테네에서는, 피고인이 스스로 추방되는 쪽을 선택하는 것은 자유였기 때문이다. 카르키스에 도착한 뒤, 아리스토텔레스는 병을 얻었다. 디오게네스 라에르티오스는, 이 늙은 철학자가 모든 일이 다 틀린 것을 알고 실망한 나머지 독미나리를 먹고 자살했다고 말했다. 그러나 어쨌든 그의 병은 치명적이었다. 그리고 아테네를 떠난 지 몇 달(기원전 323년) 후 아리스토텔레스는 쓸쓸히 죽었다.

그 해, 아리스토텔레스와 같은 나이인 62세로 알렉산드로의 최대의 강적 데모스테네스가 독약을 마시고 죽었다. 그 12개월 사이에 그리스는 최고의 지배자와 최고의 웅변가와 최고의 철학자를 잃었다. 그리스의 영광은 이제 로마라는 떠오르는 태양 앞에 쓰러졌다. 로마의 영광은 사상의 빛이라기보다도 힘의 화려함이었다. 이 영광도 결국 쇠퇴하고, 그 작은 빛은 거의 사라져 버렸다. 1천 년간, 암흑이 유럽을 뒤덮었다. 전 세계는 철학의 부활을 고대하게 되었다.

프랜시스 베이컨

1. 아리스토텔레스부터 르네상스까지

기원전 5세기 말엽에 스파르타가 아테네를 봉쇄하여 이를 쳐부수었을 때, 그리스의 철학 및 예술의 도시는 정치적 패권을 잃었으며 아테네 정신의 활력과 자주성은 쇠퇴했다. 기원전 399년 소크라테스를 사형에 처했을 때, 아테네의 정신은 소크라테스와 함께 죽었으며 단지 그들의 자랑거리인 제자 플라톤에게만 살아남았다. 그리고 마케도니아의 필리포스가 기원전 338년, 아테네인을 카이로네이아에서 격파하고, 3년 후에 알렉산드로스가 대도시 테베를 완전히 태워 버렸을 때 핀다로스[1]의 집만은 남겨 두었다는 것을 아무리 그럴 듯하게 자랑할지라도 아테네의 독립이—정치적으로나 사상적으로나—만회할 수 없을 만큼 파괴되었다는 사실을 숨길 수는 없었다. 마케도니아인인 아리스토텔레스의 그리스 철학의 군림은 북방의 강건한 젊은 민족에 의한 그리스의 정치적 굴복의 반영이었다.

알렉산드로스의 죽음(기원전 323년)은 이 쇠퇴의 발걸음을 빠르게 했다. 청년 황제는 아리스토텔레스의 교육을 받고도 역시 그리스인이 아님에는 변함이 없었으나, 그리스의 풍성한 문화를 존경하게 되었으며 이 문화를 전승군의 뒤를 따라 동양으로 확대할 몽상을 했다. 그리스 상업의 발전과 소아시아 각지에 그리스인 상업지를 증가시킨 것은 이 지역을 그리스 제국의 일부로서 통일하기 위한 경제적 기초를 준비하기 위해서였다. 또 알렉산드로스는 이 번화한 근거지에서 그리스의 사상이 그 상품과 함께 곳곳으로 널리 퍼져 승리자가 되기를 기대했다. 그러나 그는 동양 정신의 타력(惰力)과 저항, 동양 문화의 위대함과 심원함을 과소 평가했다. 그리스 문화처럼 미숙하고 불안정한 문명을,

---

[1] 핀다로스(Pindaros)는 그리스인들에게 국민시인으로서 찬양받고 있었으므로 알렉산드로스는 그 집을 태우지 못하게 했다.

측량할 수 없이 널리 퍼져 있는—존경할 만한 전통에 뿌리박고 있는—문명 위에 덮어씌울 수 있다는 생각은, 결국 청년의 공상에 지나지 않았다. 아시아의 양(量)은 그리스의 질(質)에 비해 너무나도 큰 것이었다.

알렉산드로스 자신도 승리의 순간 동양의 정신에 정복되었다. 그는—몇몇 여인들을 아내로 삼았을 뿐만 아니라—다리우스의 딸을 아내로 맞아 페르시아의 왕관과 왕복(王服)을 채택하고, 유럽에 제왕신권이라는 동양적 관념을 받아들여 마침내는 동양풍의 당당한 문체로 '나는 신이다'라고 선언, 회의적인 그리스를 놀라게 했다. 그리스는 그를 조소했다. 그리고 알렉산드로스는 술을 과음한 탓으로 죽었다.

이와 같이 그리스인의 지친 육체 속에 아시아의 정신이 미묘한 방법으로 스며들자, 그 뒤를 따라 급속히 동양의 제사와 신앙이 젊은 정복자가 열어 놓은 그 길을 따라 그리스로 흘러들어 왔다. 제방은 터지고 동방의 사상은 아직 청년기에 있는 유럽 정신의 저지(低地) 위에 범람했다. 그리스의 가난한 사람들 사이에 뿌리박고 있던 신비한 미신적 신앙은 점점 왕성하게 퍼졌고, 무감동과 체념이라는 동양 정신은 퇴락하여 절망한 그리스에서 알맞은 온상을 발견했다.

스토아 철학이 페니키아의 상인 제논에 의해(기원전 310년 무렵) 아테네에 소개된 것은 동양에서 들어온 수많은 것 중의 하나에 불과했다. 스토아 철학과 에피쿠로스 철학—무감동한 패배의 수용과, 쾌락의 품속에서 패배를 잊으려고 하는 노력—은 모두 다 어떻게 하면 정복되거나 예속되어서도 행복할 수 있을까에 대한 이론이었다. 그것은 마치 19세기 쇼펜하우어의 염세관을 바탕으로 한 동양적 금욕주의와 르낭의 절망적인 쾌락주의가, 실패한 혁명과 분열된 프랑스의 상징이었던 것과 같다.

그러나 윤리학설의 반정립은 그리스에서는 처음은 아니었고, 마땅한 결과였다. 우리는 이러한 반정립을 우울한 헤라클레이토스나 '웃는 철학자' 데모크리토스에서 볼 수 있다. 또한 소크라테스의 제자들이 안티스테네스와 아리스티포스의 지도 아래 견유학파와 키레네학파로 나뉘는 것을 보았고 전자는 무관심을, 후자는 행복을 찬양했다. 그러나 그 무렵의 이러한 사상들은 대체로 이국적인 사고방식이었다. 도도한 아테네는 이 사상들을 받아들이지 않았다.

그러나 그리스는 카이로네이아가 피로 물들고 테베가 잿더미로 변하는 것을 목격하자 디오게네스의 말에 귀를 기울이기 시작했다. 영광이 아테네를 떠났을 때 아테네는 마침내 제논과 에피쿠로스를 받아들였다.

제논은 그의 '아파테이아'[2]의 철학을 결정론[3] 위에 세웠으나, 후대의 스토아학파 크리시포스는 결정론과 동양의 숙명론은 구별하기 어렵다고 생각했다. 노예제도의 지지자가 아니었던 제논이 어떤 일로 화가 나서 노예를 때리면 노예는 조용히, 주인의 철학에 따라 먼 예부터 이 잘못을 범할 운명이었다고 변명했다. 그에 대하여 제논은 현자다운 평온한 어조로, 나 역시 같은 철학에 의해 너를 때릴 운명이라고 대답했다. 쇼펜하우어가 개인의 의지로 우주의 의지와 싸우는 일은 무익하다고 생각했듯이, 스토아학파는, 철학적 무관심은 생존경쟁에서 불공평하게 패배당하기로 결정되어 있는 인생에 대한 유일한 합리적인 태도라고 주장했다.

만일 승리가 가능하다면 그 승리를 경멸하는 것이다. 평화의 비결은 우리가 성취하는 일과 우리의 욕망이 균형을 이루도록 하는 것이 아니라, 그것의 욕망을 우리가 성취할 수 있는 수준으로 끌어내리는 일이라 했다. '당신이 갖고 있는 것이 당신에게 불만스럽게 생각된다면, 세계를 소유하더라도 당신은 불행할 것이다'라고, 로마의 스토아학파 철학자 세네카는 말했다.

이러한 주의(主義)에 대해 그는 하늘을 향해 큰소리로 그 반대의 주장을 외쳤고, 에피쿠로스는―그 자신의 생활만은 제논과 같이 스토아 철학적이었으나―그 요구에 응했다. 페늘롱은 말했다.

"에피쿠로스는 아름다운 정원을 사서 손수 그것을 경작했다. 그가 학교를 세운 곳도 그곳이었다. 그는 거기서 산책하거나 일하면서 제자들을 가르치고, 조용하고 즐거운 나날을 보냈다. ……그는 누구에게나 상냥하고 친절했다. ……그는 철학에 전심을 기울이는 것만큼 이 세상에서 고상한 일은 없다고 생각했다."

---

2) Apatheia란 'Pathos가 없는 것'으로 파토스란 수동적 격정의 뜻이므로 초연하게 무감동함을 말한다.

3) Determinism이란 모든 사건은 선행상태의 불가피한 결과이며, 인간 존재는 유전과 과거 환경의 기계적인 현상이라고 해석하는 입장을 말한다.

그의 출발점은, 아파테이아는 불가능하지만 쾌락은—반드시 감각적 쾌락은 아니지만—생활과 행위를 생각할 수 있는 유일하고 정당한 목적이라는 확신이었다. '자연은 모든 생물이 다른 사람의 행복보다도 나 자신의 행복을 선택하도록 지도하고 있다'—스토아학파까지도 체념 속에 미묘한 쾌락을 발견하는 것이다. '우리는 쾌락을 피할 것이 아니라 선택해야 한다.' 따라서 에피쿠로스는 향락주의자가 아니다. 그는 감각의 즐거움보다 지성의 즐거움을 칭찬하여, 정신을 완화하기는커녕 흥분시켜서 혼란케 하는 쾌락을 경계하는 것이다. 결국 일반적인 뜻의 쾌락이 아니라 아타락시아(ataraxia)—마음의 평온과 침착, 휴식—를 구하라고 하는 것이다. 이러한 심경은 제논의 '아파테이아'와 아주 비슷한 데가 있다.

　기원전 146년, 로마인이 그리스의 땅을 빼앗으려고 와보니 철학의 영역은 상반되는 이 두 학파에 의해 나누어져 있었다. 그들은 스스로 사색할 여유와 예민한 지능도 가지고 있지 않았으므로 이 철학을 그대로 전리품과 함께 로마로 가져갔다. 위대한 조직이란 영원한 노예와 마찬가지로 금욕적인 기분이 되기 쉽다. 과민한 사람은 주인이 되기도, 종이 되기도 곤란하기 때문이다. 그래서 로마의 철학은 대개 제논학파의 계통이었다. 이것은 황제인 마르쿠스 아우렐리우스, 노예였던 에픽테토스도 마찬가지였다. 루크레티우스까지도 에피쿠로스 설을 스토아학파처럼 말했다. 그리고 그의 준엄한 '쾌락의 복음'에 자살을 택함으로써 결말지었다. 그의 고귀한 서사시 《사물의 본성에 대하여》는 에피쿠로스처럼 마지못해 쾌락을 칭찬하면서도 사실은 헐뜯고 있다. 시저나 폼페이우스와 거의 같은 시대 사람인 그는 소란과 공황이 가장 성할 때 살았고, 그 신경질적인 펜은 계속 평온과 평화를 구하는 기도를 써 놓았다. 어떤 사람은 그를 종교적 불안으로 어두운 청년기를 보낸 내성적인 사람이라고 평하고 있다. 왜냐하면 그는 독자에게 다음과 같이 말하는 데 싫증을 느끼지 않았기 때문이다.

　'이 세상 그 어디에도 지옥은 없고, 세상사에 초연한 에피쿠로스의 정원에 살며 결코 인사(人事)에 간섭하지 않는 군자들 이외에는 신들이 없다.' 로마인들 사이에 천국과 지옥의 신앙이 퍼지자 그는 냉정한 유물론을 대비시킨다. 마음은 신체와 함께 발달하고 신체의 성장과 함께 자라며, 신체의 병과 함께 앓고 신체의 죽음과 함께 죽는다. 원자(原子)와 공간과 법칙 이외에는 아무것도 존재하지 않으며, 모든 법칙 중의 법칙은 곳곳에서 활동하는 생성과 소멸의 법칙이다.

만물은 머무르지 않고 모두 흐르네.
조각은 조각에 붙어 물건이 되니,
우리가 인정하고 이름 지어 줄 때까지
사물은 점점 녹고 남는 것은 없어라.

원자에 의해 구(球)로 되어,
완만하게 또 재빠르게 갖가지 태양이 낙하하는 것이 보인다.
모든 우주의 형태가 이루어지는 것이 보인다.
마침내 우주도 태양도, 서서히 영원한 흐름으로 돌아갈 것을.

오오, 지구여, 모든 제국과 땅과 바다를 실은 지구여.
모든 은하계 중 가장 작은 것이여,
너 또한 저 태양과 우주처럼 흘러 구(球)가 되었다.
애달파라, 결국은 사라지리니, 너 또한 시시각각 소멸하리니.

머무르는 것은 하나도 없나니,
너 바다는 사라지고 부드러운 아지랑이가 되어
달 밝은 모래펄도 너의 행방을 모르고,
곧 새로운 바다가 나와
하얀 파도는 낫으로 목장의 풀을 베듯 만(灣)을 깨문다.

천문학상의 생성과 소멸에 다시 종의 기원과 도태가 더해진다.
"지구 또한 예부터 다수의 괴물을 낳으려고 시도했다. 기묘한 얼굴과 팔다리가 있는 것을. ……어떤 것은 발이 없고, 어떤 것은 손이 없고, 어떤 것은 입이 없고, 어떤 것은 눈이 없다. ……지구는 이러한 종류의 모든 괴물을 낳았으나 그것은 무익했다. 왜냐하면 자연이 그러한 것들의 번영을 금했기 때문에, 그들은 열망의 청춘에 이르지 못했고, 먹을 것도 발견하지 못했으며, 결혼할 수도 없었다. ……그리고 생물의 많은 종자는 죽어 없어지고 자식을 낳아 그 혈통을 남겨 존속시킬 수 없었음에 틀림없다. 왜냐하면 생명이 있어 숨을 쉬는 모든 생물은 존재하기 시작하면서부터 힘이나 원기나 민첩함에 의해 그 특성을 지키고, 또 보존해 왔기 때문이다. ……그런데 자연은 이들에게 특질을 하나도 주지 않았으므로 다른 생물의 먹이나 노획물이 되어, 결국은 멸종해 버린 것이다.”

민족도 개인과 마찬가지로 서서히 성장하다가 반드시 몰락한다. ‘어떤 민족은 흥하고, 어떤 민족은 쇠퇴하며, 짧은 세월 동안 생물의 종속은 변화하고 달리는 사람이 바통을 넘겨주듯 생명의 빛을 다음 세대로 넘겨준다.’

전쟁과 피하기 어려운 죽음에 직면해서 ‘아타락시아’—‘조용한 마음으로 만사를 방관하는—외에 더 나은 지혜는 없다. 확실히 여기에 삶의 그 낡은 이교적 환희는 사라지고, 이국적인 정신만이 부서진 리라의 현을 건드린다. 유머로 차 있지 않은 역사란 재미없지만, 역사가 금욕적인 서사시를 지은 이 염세가에게 향락주의자의 이름을 줄 때처럼 우스운 일은 없었다.

만일 이것이 에피쿠로스의 후계자(루크레티우스)의 정신이라면 아우렐리우스나 에픽테토스와 같은 숨김없는 스토아 철학자들의 생생한 낙천주의가 어떤 것인지 상상할 수 있다. 모든 문헌 중에서 황제(마르크스 아우렐리우스)의 《명상록》이나, 노예(에픽테토스)의 《논문》만큼 사람의 마음을 우울하게 만드는 것은 없다. ‘너의 소원을 성취하려고 노력하지 말고, 오히려 일이 되어가는 대로 내버려 두어라. 그리하면 너는 행복하게 살 수 있을 것이다.’ 이렇게 하면 틀림없이 사람은 미래를 지배하고, 세계에 군림할 수 있을 것이다. 이런 이야기가 있다.

에픽테토스의 주인은 그를 늘 학대했는데, 어느 날 심심풀이로 에픽테토스의 다리를 비틀기 시작했다. “그렇게 하시면 내 다리는 부러집니다.” 하고 조용히 그는 말했다. 주인은 못 들은 척하고 비틀었기 때문에 다리는 부러지고 말았다. “그러기에 뭐라고 했습니까?” 에픽테토스는 온순하게 말했다고 한다. 그럼에도 불구하고 이 철학에는 도스토옙스키에 나오는 어떤 평화주의자의 조용한 용기를 생각게 하는 그런 신비적인 고귀함이 있다. '어떤 경우에나, 이러이러한 것을 잃었다고 말할 것이 아니라 그것을 돌려보냈다고 할 것이다. 너의 자식은 죽었느냐, 아니 본래의 위치로 돌아간 것이다. 너의 처는 죽은 것이냐, 아니 본래의 자리로 돌아간 것뿐이다. 너의 재산은 빼앗긴 것이냐, 아니 그것도 역시 본래의 위치로 돌아간 것이 아닐까.' 이 같은 말에서 우리는 그리스도교나 그 불굴의 순교자들과 비슷한 점을 느낀다.

실제로 그리스도교의 자기 부정의 윤리와 거의 공산주의적이라고도 할 수 있는 사해동포(四海同胞)의 정치이상, 그리고 전 세계 최후의 불의 심판이라는 종말론은 사상의 흐름 위를 떠내려 온 스토아 설(說)의 편린은 아니었을까. 에픽테토스에 있어 그리스·로마의 정신은 그 이교 정신을 잃고 새로운 신앙을 받아들일 준비가 된 것이다. 이러는 사이에 역사적 배경은 점차로 새로운 장면으로 옮겨 갔다. 그 원인이 무엇이었든 간에 로마의 부(富)는 가난해지고, 조직은 무너지고 힘과 명예는 쇠퇴하고 시들었다. 여러 도시의 빛은 바래져 벽지(僻地)와 분간할 수 없게 되었다. 도로는 황폐해졌고, 활발한 상거래는 이미 볼 수 없게 되었다. 소수의 교양 있는 로마인은 해마다 국경을 넘어 들어오는, 정력이 왕성하고 무식한 게르만 민족에게 결혼을 강요당했다. 이교의 문화는 동양적 제사—그리스도교—에 속하게 되고, 제국은 모르는 사이에 거의 교황 정치로 변해 갔다.

교회는 처음 몇 세기 동안은 황제들의 지지를 받았으나, 점차 그들의 세력을 빼앗아, 급속히 그 수(數)와 부(富)의 세력 범위를 넓혔다. 13세기까지 교회는 유럽 전체의 3분의 1을 자기 것으로 만들고, 금고는 가난한 자와 부자들의 헌금 희사(喜捨)에 의해 늘어만 갔다. 그 후 1천 년 동안, 교회는 일정불변의 신교의 마력으로 유럽 주민의 대부분을 하나로 결합했는데, 이처럼 조직이 널리 퍼지고 이처럼 평화스럽게 영위된 것은 전무후무한 일이었다. 그러나 이 결합은 교회가 생각한 것처럼 시대의 변화와 부식작용을 초월한 초자연적 규정으로 강화된 어떤 공통의 신앙을 필요로 했다. 그 때문에 한결같이 명확한 교리가 중세 유럽의 미숙한 정신 위에 울타리와 같이 설정되었다.

이 울타리 속에서 스콜라 철학은 신앙에서 이성으로, 그리고 이성에서 신앙으로의 좁은 길을 왕래했다. 13세기 전, 그리스도 교회는 아리스토텔레스의 아라비아어 및 히브리어 번역에 놀라서 자극되었지만, 교회의 권력은 아직도 강하여 토마스 아퀴나스와 그 밖의 사람들을 통하여 아리스토텔레스를 중세의 한 신학자로 변형시키기에 넉넉했다. 그 결과는 교묘했지만, 그러나 지혜는 아니었다.

베이컨이 말하고 있는 것처럼 "인간의 기지(機智)와 정신이 물질에 적응할 때는 그 물질에 따라 활동하므로 그 물질에 의해 제한되지만, 거미가 거미집을 만들 듯 자기 자신에 작용할 때에는 그것이 한없이 계속되어 실제로 학문이라고 하는 '거미집'을 만들게 된다. 그때 그 거미줄과 세공은 훌륭하지만 실질적으로는 아무것도 없으며, 유익한 점도 하나도 없다." 이리하여 유럽의 지력(知力)은 이 울타리에서 뛰어나오지 않을 수 없었다.

약 1천 년 동안의 경작을 거쳐, 지상에는 다시 꽃이 피었다. 재물은 넘쳐흘렀고 상업은 흥하지 않을 수 없었다. 상업은 상업로의 교차점에 다시 대도시를 건설하고, 그 대도시 속에서 사람들은 문화를 배양하고 문명을 재건하기 위해 힘을 합쳤다.

십자군이 동방으로 길을 열자 사치와 이단이 흘러들어와 금욕과 교리에 종지부를 찍게 되었다. 이집트로부터 싼 종이가 들어와 값비싼 양피지—이 값비싼 양피지 때문에 학문은 성직자의 독점물이 되었지만—를 대신하게 되었다. 오래전부터 비용이 들지 않는 방법을 고대하던 인쇄술은 불을 붙인 폭발물처럼 갑자기 발달하여 혁명적인 계몽 사조의 영향을 도처에 보급시켰다.

용감한 수부들은 나침반을 무기 삼아 거친 바다로 나가서 지구에 대한 인간의 무지를 정복했다. 인내심 있는 관찰자들은 망원경을 무기로 교리의 경계를 뛰어넘어 천계에 대한 인간의 무지를 정복했다. 대학이나 수도원이나 은둔처에서, 사람들은 논쟁을 중지하고 탐구를 시작했다. 먼 길을 더듬어 비금속을 금으로 바꾸려는 연금술의 노력은 화학으로 변했다. 사람들은 겁을 내면서도 대담하게 더듬어 찾아 점성술에서 천문학의 길을 발견했다. 그리고 동물의 우화에서는 동물학이 생겼다.

그 각성은 로저 베이컨(1294년에 사망)에서 시작되어서 무한한 능력을 가진 레오나르도(1452~1519년)와 함께 성장했고, 코페르니쿠스(1473~1543년) 및 갈릴레오(1564~1642년)의 천문학, 길버트(1540~1603년)의 자기(磁氣) 및 전기의 연구,

베살리우스(1514~1564년)의 해부학의 연구, 하비(1578~1657년)의 혈액 순환의 연구에서 그 정점에 달했다. 지식이 늘어남에 따라 공포는 줄어들었다.

사람들은 미지의 것을 숭배하기보다는 오히려 그것을 극복하려고 생각했다. 생생한 모든 정신은 새로운 확신에 자신만만했으며 장벽은 무너지고 인간의 활동을 제한하는 아무런 구속도 느끼지 않았다. '저 작은 배가 한 개의 천체와 같이 지구 전체를 한 바퀴 돈다는 것은 우리 시대의 행복이다. 이러한 시대야말로 고대의 사람들이 non plus ultra(더 앞으로 가지마라)고 한 데 대하여 plus ultra(더 앞으로!)라고 정당하게 말해도 상관없을 것이다.' 그것은 성취·희망 및 활력의 시대, 모든 분야에서의 새로운 개시와 진취 시대, 하나의 소리를, 즉 시대의 정신과 결의를 요약하는 종합적인 인물을 고대했던 시대였다. 그 사람이야말로 '근세의 가장 강한 정신', 프랜시스 베이컨으로서 그는 '지자규합(知者糾合)'의 종을 울려 유럽이 성년에 이른 것을 선언했다.

2. 베이컨의 정치 경력

베이컨은 1561년 1월 22일 런던의 요크하우스에서 태어났다. 요크하우스는 엘리자베스 치세 초기 20년 동안 국새(國璽) 담당관이었던 아버지 니콜라스 베이컨 경(卿)의 저택이다. 베이컨의 어머니 안 쿠크는 엘리자베스 통치 시절 재무장관이며 영국에서 손꼽히는 유력자의 하나인 벌리 경(卿) 윌리암 세실의 처제였다. 외조부는 에드워드 6세의 교육장관이었다. 그리고 어머니 자신도 언어학자·신학자여서 주교들과 그리스어로 서신을 교환하는 것 따위는 아주 쉬운 일이었다. 어머니는 아들의 교사가 되어 아들의 교육에 몸을 아끼지 않았다.

그러나 베이컨을 위대하게 만든 진정한 유모는 가장 강대한 근대국가의 가장 위대했던 시대, 즉 엘리자베스 시대의 영국이었다. 또한 미국 대륙의 발견으로 인해 교역은 지중해에서 대서양으로 옮겨가 대서양 연안의 여러 나라 ─ 에스파냐·프랑스·네덜란드·영국 ─ 를 부흥시켜 대부분의 유럽이 동양 무역의 출입항으로 드나들었던 이탈리아를 대신하여 상업 및 경제의 패권을 잡게 했다. 이 같은 변화와 함께 르네상스는 피렌체·로마·밀라노 및 베네치아에서 마드리드·파리·암스테르담 및 런던으로 옮겨졌다. 1588년에 에스파냐 해상

베이컨

세력이 멸망한 뒤 영국의 상업은 모든 바다로 뻗쳤으며, 영국의 도시들은 가내 공업에 의해 번영했고, 항해자들은 지구의 여러 곳을 항해했으며 선장들은 미국에 닿았다. 영국의 문학은 스펜서의 시와 시드니의 산문이 꽃이 피었고, 영국의 무대는 셰익스피어·말로·벤 존슨 및 많은 작가의 활기찬 희곡으로 맥박 뛰고 있었다. 이러한 시대의 땅에 태어나서 조금이라도 소질이 있는 자라면 누구나 나와서 활약하지 않을 수 없었을 것이다.

12세 때 베이컨은 케임브리지의 트리니티 컬리지에 들어가게 되었다. 여기서 3년간 재학했는데, 이 학교의 교과서나 교수법을 싫어하여 아리스토텔레스 숭배에 대한 적의는 더욱 심해지게 되었다. 그는 철학을 좀 더 유용한 면으로, 스콜라적 논쟁에서 떠나 인간의 행복을 밝히고 그것을 증진하는 방향으로 전향시키려고 결심했다.

16세의 어린 나이였지만 그는 프랑스 주재 영국 대사의 수행원으로 임명되었다. 그는 승낙 여부를 신중히 고려한 끝에 수락했다. 《자연의 해석》 서두에서 그는 철학에서 정치로 전향케 된 이 운명적인 결의를 말하고 있다.

다음의 것은 그대로 보아 넘길 수 없는 그 한 구절이다.

"나는 내가 인류에 봉사하기 위해 태어났다고 믿었다. 그리고 공공의 복리를 배려하는 것이 바다나 공기처럼 만인에게 공평하게 주어져 있는 공권(公權)의 성질을 가진 임무의 하나라고 생각했다. 그래서 나는 무엇이 가장 인류를 이롭게 하며, 어떤 일이 내 천성에 맞는지 스스로에게 물었다. 그러나 막상 생각해 보니 인간의 생활을 문명으로 이끄는 데 도움이 되는 기술이나 발명을 추구하고, 또 그것을 발전시키는 것만큼 가치 있는 일이 없을 것 같았다. ……그 중에서도 특히 어떤 특수한 발명을 단지 세상에 밝히는 데 그치지 않고, 자연속에 하나의 태양을—그것이 떠오르기 시작하면 지금까지의 여러 발견이 지닌 제한이나 한계에 빛을 던지고, 더한층 높이 떠오르면 암흑의 모든 구석구석을 남김없이 밝혀낼 수 있는 어떤 태양을—빛나게 하는 데 성공할 수 있다면 그와 같은 발견자는 인간 왕국을 우주에 확장하는 자, 인간의 자유를 위해 싸우는 전사(戰士), 현재 인간을 속박하고 있는 궁핍을 근절하는 자라고 불려 마땅하리라고 나는 생각했다. 그뿐 아니라 나는 나 자신의 본성이 진리의 관조에 적합하다는 것을 발견했다. 그와 동시에 내게는 가장 중요한 것―그것은 서로 비슷한 것을 인지하는 것인데―에 대한 예리한 정신이 있었으며, 동시에 그 차이의 미묘한 음영을 알아차릴 만한 견고하고 집중력이 강한 정신이 있었다. 나는 연구에 대한 정열, 참을성 있게 판단을 보류해 두는 힘, 즐겁게 묵상하는 힘, 조심스럽게 긍정하는 힘, 잘못된 인상을 재빨리 수정하는 힘, 세심하게 마음을 써서 자기 생각을 정리하는 힘 등을 가지고 있었다. 나는 신기한 것을 좇는 일도, 옛것을 맹목적으로 찬미하는 일도 없었다. 어떤 의미에서나 새로운 것을 나는 마음속으로 혐오했다. 이 모든 이유에서 나는 자기의 본성과 소질이 진리와 이른바 일종의 근친관계를 가지고 있다고 생각했다. 그러나 나의 혈통, 훈육 및 교육은 나를 철학으로 향하게 하지 않고 정치로 향하게 했다. 나는 어릴 때부터 말하자면 정치에 젖어 있었던 것이다. 그리고 젊은이들에게 흔히 있듯이 나는 가끔 여러 의견에 의해 어지럽혀졌다. 나도 또한 조국에 대한 의무가, 그 밖에 인생의 의무가 주장할 수 없는 것 같은 특수한 요구를 나에게 부과하고 있다고 생각했다. 마침내 나는 만일 국가의 어떤 높은 지위에 오른다면 운명이 나에게 예정하고 있는 일을 완성하는 데 필요한 여러 가지 원조나 지지를 얻을 수 있을지도 모른다는 희망을 품기 시작했다. 이런 동기로, 나는 정치에 몸을 던졌다."

니콜라스 베이컨 경은 1579년에 급사했다. 그는 프랜시스에게 부동산을 남겨 줄 셈이었으나 죽음이 계획을 앞질렀기 때문에 급히 런던으로 소환된 젊은 외교관은 나이 18세에 아버지도 잃고 돈 한 푼 없는 신세가 되었다. 그는 당시의 사치스러운 생활에 익숙해져 있어 새삼 검소한 생활에 쉽게 만족하기란 어려운 일이라고 생각했다.

그는 법률의 실무에 종사했지만, 그동안 유력한 친척들에게 경제적 궁핍을 면할 정도의 정치적 지위에 오르게 해달라고 성가시게 졸랐다. 거의 구걸에 가까운 그 의뢰장은 우아하고 박력 있는 문체로 쓰여 있어 저술가의 능력을 뚜렷이 보여주고는 있었지만 효과는 그리 없었다.

결국 베이컨은 끌어올려 주는 사람이 없었기 때문에 자신이 기어 올라갔다. 그러나 한 걸음 한 걸음 올라가는 데는 많은 시간이 걸렸다. 1583년 그는 타운 톤시(市)를 대표하여 의회에 나갔는데, 선거민은 그에게 대단히 만족하고 있었으므로 선거 때마다 의석을 얻게 해주었다. 그는 의회의 토론에서 간결하고 생생한 변설을 발휘했는데, 그것은 기교를 부리지 않는 웅변이었다.

'누구나 지금까지 이처럼 정밀하게, 이처럼 간결하게, 이처럼 무게 있게, 이처럼 발언 내용을 풍부하게 말한 자는 없다. 그의 연설은 부분 부분이 모두 베이컨 특유의 매력을 지니고 있었다. 청중은 기침을 하거나 한눈을 팔면 반드시 어떤 손해를 봤다. 그의 연설은 명령이었다. ……누구도 그만큼 청중의 애정을 독차지한 사람은 없었다. 모든 청중은 그의 연설이 곧 끝나지나 않을까, 걱정했다'고 벤 존슨은 말했다. 참으로 부러운 웅변가이다.

당시 한 유력한 친구가 그에 대해 의리를 품고 있었다. 그가 바로 엘리자베스의 연모를 받아들이지 않아 미움받게 된 저 미남 에섹스 백작이다. 1595년 에섹스는 베이컨을 위해 어떤 정치적 지위를 확보코자 했는데, 이에 실패하자 보상으로 트위커넘의 저택을 증여했다. 그것은 훌륭한 선물이었으므로 일생 동안 베이컨은 에섹스에게 구속될 것이라고 사람들은 생각했을지도 모른다. 그러나 그렇지 않았다.

2, 3년 후에 에섹스는 엘리자베스를 가두고 왕위 계승자를 선택하려는 음모를 꾀했는데, 베이컨은 이 은인에게 몇 번이고 편지를 써서 이 대역(大逆)에 반대했다. 에섹스가 그것을 듣지 않았을 때 베이컨은 그에게 경고하여 여왕에 대한 충절을 친구에 대한 감사보다도 우위에 놓을 것이라고 말했다.

에섹스는 그 일을 감히 시도했다가 실패하여 체포되었다. 베이컨은 여왕에게 계속 그를 옹호하고 나섰으므로, 여왕은 결국 베이컨에게 "다른 얘기를 하라."고 명령할 정도였다.

가석방의 은혜를 입은 에섹스가 병력을 모아 런던으로 진군, 다시 주민을 움직여 혁명을 일으키려고 하자 베이컨은 분노해 그를 적대시했다. 그동안 그는 최고 사법 재판소에 어떤 지위를 얻고 있었는데, 에섹스[4]가 다시 체포되어

---

4) 베이컨 경력의 이 점에 관해서는 많은 책에 쓰여 있다. '인간 중에 가장 현명하고 가장 비열한 자'(포프는 그에 대하여 이렇게 말했다)로서의 베이컨에 반대하고 있는 예는 매콜리의 에세이

대역죄로 문초를 받을 때, 그는 모든 것을 아낌없이 베풀어 준 친구를 기소하는 데 적극적인 역할을 했다.

에섹스는 유죄로 사형에 처해졌다. 이 재판에서 베이컨의 역할로 인해 한동안 그는 평판이 좋지 않았다. 그때부터 그는 기회만 있으면 그를 파멸시키려는 원수들 틈에서 살았다. 만족할 줄 모르는 야심은 그를 쉬게 하지 않았다. 그는 언제나 불만이 있었고, 1년 내내 수입을 가불하고 있었다. 돈을 함부로 썼고, 그에게는 돈뭉치를 뿌리는 것이 정책의 일부였다.

베이컨은 45세에 결혼했는데, 그 성대하고 화려한 결혼식으로 부인의 매력의 하나였던 지참금까지도 거의 다 써버렸다. 1598년에는 부채 때문에 체포되기도 했다. 그럼에도 불구하고 그는 계속 승진했다.

그의 다방면에 걸친 재능과 거의 무한에 가까운 지식은 그를 모든 중요한 위원회의 귀중한 회원이 되게 했다. 높은 관직이 점차 그의 앞에 열려 1606년에는 법무차관에 추대되고, 1613년에는 법무장관이 되었으며, 1618년 마침내 57세로 대법관이 되었다.

3. 《에세이》

베이컨의 승진은 플라톤의 '철인왕'의 꿈을 실현하는 것처럼 보였다. 한 걸음씩 정치 권력을 획득함과 동시에 철학의 정상으로 올라갔기 때문이다. 베이컨의 광대한 학식과 위대한 문필상의 업적이 단지 파란 많았던 정치적 생애의 부산물이거나 기분 전환에 불과했다고는 말할 수 없다. '세상에 잘 숨는 자는 가장 잘 살 수 있다'는 것이 그의 표어였다. 그는 활동적인 생활과 관조적인 생활 중 어느 쪽이 자기 기질에 맞는지를 결정할 수 없었다. 그의 희망은 세네카처럼 철학자인 동시에 정치가가 되는 것이었다. 물론 그도 두 마리의 토끼를 쫓는 일이 이해의 범위를 좁히고 그 성공을 저하시키지나 않을까 하고 생각은 했지만, '관조하는 생활을 활동하는 생활에 혼합하는 것과 활동에서 물러나 전적으로 관조에 몰두하는 것과 어느 쪽이 더 마음을 산란하게 하

와 애버트, 《프랜시스 베이컨》속에서 가장 상세하게 찾아볼 수 있을 것이다. 이것들은 그에게 그 자신의 말, 곧 '인간 자신을 위한 지혜는 집이 쓰러지기 조금 전에 틀림없이 집을 뛰어나가려고 하는 쥐의 지혜이다'라는 말을 적용하는 것이 일반적인 예이다.

고 방해하는지를 말하기는 어렵다'라고 그는 썼다. 학문은 그 자체가 목적이 될 수도 없고 그 자체가 지혜가 될 수도 없으며, 행위에 옹호되지 않는 지식은 창백한 연구의 허영이라고 생각했다.

"학문에 너무 많은 시간을 소비하는 것은 나태이다. 학문을 너무 많이 장식으로 쓰는 것은 허식이다. 학문의 척도로만 판단하는 것은 학자 기질이다. ……교활한 사람은 학문을 욕한다. 단순한 사람들은 학문을 감탄한다. 총명한 사람은 학문을 이용한다. 학문은 학문의 용도를 가르치지 않기 때문이다. 그것을 가르치는 것은 학문 이외의 지혜, 즉 관찰로 얻은 학문 이상의 지혜이기 때문이다."

이것은 스콜라 철학—지식의 이용과 관찰로부터의 절연—의 폐기(廢棄)를 표명하고 영국 철학의 특징을 이루며, 마침내 실용주의로 되어 가는, 경험과 성과를 중히 여기는 새로운 태도이다. 그렇지만 베이컨은 책과 명상을 사랑하는 일을 조금도 그치지 않았다. 소크라테스를 생각게 하는 말, '나는 철학 없이는 살고 싶지 않다'고 쓰기도 했고, 자기 자신을 가리켜 '날 때부터 다른 무엇보다 학문에 적합했으나 어떤 운명으로 자기 성격에 반(反)하여 활동하는 생활로 들어가게 된 인간'이라고도 했다.

그의 최초의 출판이라고 할 수 있는 것은 《지식의 찬미》(1592년)였다. 철학에 대한 열광을 이 책에서 인용하지 않을 수 없다.

"나의 찬사는 정신 그 자체에 바쳐질 것이다. 정신은 인간이며, 지식은 정신이다. 인간이란 그가 인식한 것에 불과하다. ……감정의 기쁨은 감각의 기쁨보다 크고, 지성의 기쁨은 감정의 기쁨보다 크지 않을까. 지성의 기쁨만이 싫증나지 않는 참으로 자연스러운 기쁨이 아닐까. 오직 지식만이 마음의 혼란을 없애 주는 것이 아닐까. 우리가 존재하지 않는다고 생각하는 것이 얼마나 많이 존재할 것인가. 우리는 얼마나 얼마나 많은 것을 제 값 이상으로 평가하고 존중하고 있는가. 이런 헛된 상상이나 균형이 잡히지 않는 평가는 혼란의 폭풍을 일게 하는 오류의 구름이다. 그러므로 사물의 혼란을 넘어서 자연의 질서와 인간의 오류를 올바르게 평가할 수 있는 경지로 올라가는 것만큼 인간의 정신에 있어 행복한 일이 있을까. 다만 향수(享受)의 관점만 있을 뿐 발견의 관점은 없는 것일까. 자기만족의 관점만 있을 뿐 공익의 관점은 없는 것일까.

우리는 자연의 표면에 있는 미(美)를 발견할 뿐 아니라 자연의 창고에 있는 부(富)를 찾아내야 할 것 아닌가. 진리는 아이를 낳지 못하는 것일까. 우리는 진리를 손에 넣음으로써 가치 있는 결과를 낳아 인간의 생활에 무한히 많은 이기(利器)를 부여할 수는 없을까.'

그의 가장 우수한 작품 《에세이》(1597~1623)는 정치도 좋고 철학도 좋다는 식의 계속적인 방황을 나타내고 있다. '명예와 명성에 대한 에세이'에서 그는 모든 등급의 명예를 정치 및 군사적 공적에 부여하고 문학 및 철학적 업적에는 하나도 부여하지 않고 있다. 그러나 '진리에 대하여'에서는 '진리의 탐구, 이것은 진리에 구애하는 일, 또는 구혼하는 일이다. 진리의 인식, 이것은 진리의 찬미이다. 그리고 진리의 신앙, 이것은 진리의 향수이고 인간 본성의 최고 선이다'라고 씌어 있다. 책 속에서 '우리는 현자와 말한다. 행동 속에서 우자(愚者)와 말하듯이'. 우리가 책을 선택할 줄 알면 그것은 바로 옳은 말이다. 유명한 구절에 '혀로 맛보아야 할 책도 있으며 꿀꺽 삼켜 버려야 할 책도 있으나, 잘 씹어서 소화해야 할 책은 적다'라고 했다. 이 모든 책들은 의심할 것도 없이 세계가 매일 그 속에서 씻기고 해독을 입으며 물에 빠지게 되는 잉크나 바다나 급류의 극히 작은 부분에 불과하다.

확실히 《에세이》는 잘 씹어 소화시킬 가치가 있는 소수의 책 중의 하나로 손꼽아야 할 것이다. 이처럼 많은 고기가 이렇게 훌륭히 조리되어 이같이 작은 접시에 가득 담겨진 것은 보기 어렵다. 베이컨은 문장을 길게 늘이기 위한 말이나 쓸데없는 말을 경멸한다. 그는 짧은 글 속에 무한한 보배를 담고, 논문에서도 한 두 장마다 인생의 주요 문제에 관한 달인들의 명민한 지혜의 정수를 실었다. 그 내용과 문체 중 어느 쪽이 더 우수한가를 말하기는 곤란하다. 셰익스피어의 언어가 운문의 최고봉이듯이 그의 언어는 산문의 최고봉이기 때문이다. 그것은 꽉 짜인 타키투스의 문체처럼 간결하고 아주 세련된 문체이다. 그 문체의 간결은 라틴어의 숙어나 표현법을 교묘히 응용한 데서 비롯되고, 은유를 많이 사용한 것은 엘리자베스 시대의 특색을 나타내고 있으며 르네상스의 흘러넘치는 생기(生氣)를 반영하는 것이다.

영국 문학에서 이처럼 함축성 있고 힘찬 비유를 많이 사용한 사람은 없다. 비유를 함부로 늘어놓는 것은 베이컨 문체의 유일한 결점이다. 끝없는 은유와 우의(寓意)와 인용은 채찍처럼 우리의 신경을 치고, 마침내는 우리를 완전히 지치게 한다. 이 《에세이》는 농후하고 질긴 음식처럼 한 번에 다량을 소화할 수는 없다. 그러나 네 개나 다섯 개 정도라면 영어에 있어선 최고급 지적 영양이다. 지혜의 정수에서 어떻게 다시 그 정수를 뽑아냈을까, 베이컨이 최선의 출발점을 취한 일이나 중세 철학적 생활 방식으로부터의 현저한 이탈은 아마도 그가 직접 에피쿠로스의 윤리학을 받아들인 데 있을 것이다.

"'사랑하려고 생각하니까 원하게 된다. 원하게 되니까 걱정이 되는 것이다'라는 철학적 사고의 순서는 약하고 자신 없고 겁 많은 정신의 표현으로 생각된다. 그리고 사실 스콜라 철학자들의 학설은 대체로 지나치게 회의적이고, 사물의 성질상 필요 이상으로 사람의 인식에 마음을 쓰고 있는 것 같다. 이리하여 그들은 죽음의 공포에 대처하기 위한 구제책으로, 죽음의 공포를 증대시키는 것이다. 사실 그들이 인간의 생활을 죽음을 위한 준비, 또는 훈련 같은 것으로 보는 동안은 죽음에 대한 방비가 아무리 잘 돼 있더라도 죽음이 두렵지 않다는 것은 있을 수 없기 때문이다."

욕망에 대한 스토아적 억압만큼 건강에 좋지 않은 것은 없을 것이다. 무감동(무관심) 때문에 노후한 생명을 연장시켰다고 해서 그것이 무슨 도움이 되겠는가.

더군다나 그것은 있을 수 없는 철학이다. 왜냐하면 본능이란 반드시 나타나기 때문이다. '본성은 가끔 은폐되고 압도될 수 있지만, 소멸하는 일은 드물다. 강압은 그 보복으로 본성을 한층 광포하게 한다. 가르침이나 설교는 본성이 귀찮게 조르는 것을 조금은 누를 수가 있으나, 오로지 습관은 본성을 개조하고 정복한다. ……그러나 인간으로 하여금 본성에 대한 승리를 과신케 하지 마라. 왜냐하면 본성은 오랫동안 묻혀 있겠지만, 가끔 유혹에 따라 소생하기 때문이다. 그것은 이솝의 우화에 나오는 것처럼 처녀로 둔갑한 고양이가 정숙하게 식탁 앞에 앉았다가 쥐가 앞으로 달려가는 것을 보고 쫓아가는 것과 비슷하다. 그러므로 인간에게 전혀 그런 기회를 주지 않거나 자주 기회를 주어 마음이 너무 움직이지 않도록 하거나, 둘 중 어느 하나를 해야 할 것이다.'

베이컨은, 신체는 억제에 익숙해질 뿐 아니라 과도(過度)에도 익숙해져야 한다. 그렇지 않으면 약간 도를 넘었을 때 신체를 못 쓰게 될지도 모른다고 생각한다. '예를 들면, 부드럽고 극히 소화가 잘 되는 음식물만 섭취하던 사람이 잊어버리거나 필요에 따라 완전식을 못하게 되면 배탈이 나기 쉽다.' 그러나 '즐거움은 과도한 것보다는 다양한 쪽이 좋다.' 왜냐하면 '청년에 있어서 본성의 힘은 수많은 과도를 태연히 해내며 과도는 나이 들 때까지 인간에게 따라다니는 것'이기 때문이다. 인간은 성숙해지면 청년기의 대가(代價)를 갚는다. 건강으로 가는 하나의 지름길은 정원이다. 베이컨은 '전능한 신은 처음에 정원을 설치했노라'고 하는 《창세기》의 저자나, 우리는 우리의 뒤뜰을 갈아야 한다는 볼테르(《캉디드》에서)와 같은 의견이다.

《에세이》의 도덕 철학은 베이컨이 빈틈없이 크게 경의를 표한 그리스도 교의 냄새보다도 오히려 마키아벨리의 냄새가 난다. '우리는, 인간은 무엇을 해야 하느냐, 하는 것이 아니라 실제로 인간은 무엇을 하느냐, 하는 것을 있는 그대로 서슴없이 공언하는 마키아벨리나 기타 그러한 종류의 저술가들의 혜택을 받고 있다. 왜냐하면 덕은 사악에 대한 본성을 모르고, 또 뱀의 지혜와 비둘기의 순결을 결합하는 일이 불가능하다는 것을 모르는 채 무방비 상태로 위험을 당하고 있기 때문이다.' 이탈리아인은 '사람이 좋아 쓸모가 없다.'라는 무례한 속담을 가지고 있다.'

베이컨은, 순수하긴 하나 부드러운 금속을 견고하게 합금시키는 것처럼 정직에 위선을 알맞게 혼합할 것을 권한다. 그는 정신을 넓게, 깊게, 강하게, 날카롭게 할 수 있는 모든 것에 정통케 하는 풍부하고 다채로운 생활을 바라는 것이다. 그는 단순한 관상의 생활을 칭찬하지 않고 괴테처럼 행동에 도달하지 않는 지식을 경멸한다. '인생극장에서는 신들과 천사들만이 관객임을 사람들은 알아야 한다.'

그는 애국심에서 왕과 종교를 같이 했다. 베이컨은 가끔 무신론자라고 비난받았으며, 그의 철학 경향은 대부분 현세적이며 이성주의적임에도 불구하고, 그의 진지한 웅변은 무신앙의 적이 된다.

"우주의 이 질서가 정신없이 존립한다고 믿을 정도라면 나는 오히려 성인전(聖人傳)이나 탈무드나 코란 속에 있는 우화를 전부 믿는 편이 낫다고 생각한다. ……시시한 철학은 사람의 정신을 무신론으로 기울게 하지만 심오한 철학은 사람들의 정신을 종교로 이끈다. 왜냐하면 인간의 정신이 흩어져 있는 파생적인 여러 원인을 바라보는 동안은 때때로 이 원인에 머물러 있어 더 이상 앞으로 나아갈 수 없지만, 그러나 그 원인이 서로 결합하여 하나의 사슬을 이루고 있는 것을 보면 아무래도 인간 정신은 섭리나 신성으로 달아나지 않을 수 없기 때문이다."

종교적 무관심은 종파가 많은 데 따라 생긴다.

"무신론의 원인은 신앙이 여러 개로 분열하는 한 신앙의 분열에 있다. 왜냐하면 분열이 하나면 단지 두 파의 열의를 높일 뿐이지만, 분열이 많으면 결국 무신론을 초래하기 때문이다. ……그리고 끝으로 학문적 한가(閑暇), 특히 그것이 평화롭고 부유한 여유라면 이것도 무신론의 원인이 된다. 왜냐하면 고난과 불행은 인간 정신을 쉽사리 종교 앞에 굴복시키기 때문이다."

그러나 베이컨의 가치는 신학이나 윤리학에서보다는 오히려 그의 심리학에 있다. 그는 인간 본성의 확실한 분석가로서, 모든 사람의 가슴에 분석의 화살을 쏜다.

이 세상의 진부한 논제들에 반(反)하여 그가 논하는 것은 통쾌할 정도로 독창적이다. '남자는 결혼 첫날에 그의 사고력을 7년이나 앞당기게 된다.' '덜된 남편이 훌륭한 아내를 가진 것은 흔히 볼 수 있는 일이다(베이컨은 예외이다.)' '성직자에게는 독신생활이 적당하다. 자비심은 우선 연못을 채우지 않으면 땅을 적실 수 없기 때문이다. ……처자가 있는 자는 행운에게 인질을 준 것이다. 왜냐하면 처자는 대사업—덕의 그것이든, 악덕의 그것이든—의 장애물이기 때문이다.'

베이컨은 일에 너무 열중하여 사랑할 틈이 없었는지, 한 번도 사랑을 깊이 느낀 일이 없었던 것 같다.

"이 열정의 과잉을 관찰하는 것은 상당히 묘하다. ……아무리 거만한 사람도 남자가 그 애인을 과대 평가하듯이 바보처럼 자기를 과대 평가하지 않는다. 여러분은 위대하고 존경할 만한 사람들 중에—옛날이나 지금이나 그러한 사람들에 대한 기억은 남아 있다—미친 듯이 사랑에 빠진 사람은 아무도 없음을 알게 될 것이다. 이것은 위대한 인물과 위대한 사업이 이 연약한 감정을 가까이하지 않으려는 것을 나타내고 있는 것이다."

그는 우정에도 회의적인데 그래도 연애보다는 높이 평가하고 있다. '세상에서 높이 칭찬할 만한 우정은 적다. 특히 동년배 간에는 그렇다. 그러한 우정은 서로의 운명이 얽혀 있는 손윗사람과 손아랫사람 사이에 존재한다. ……우정의 주요한 효과는 모든 종류의 격정에 의해 야기되는 가슴속의 번민을 완화하여 배출하는 것이다.' 친구는 그 이야기를 들어주는 사람이다.

"마음을 털어놓기 위해 친구를 구하는 자는 자기 마음의 식인종이다. ……마음속에 생각이 많은 사람은 다른 사람과의 편지나 대화에 의해 사려나 분별의 구름을 벗어난다. 마음에 떠오른 생각은 한층 풀리기 쉽고, 한층 잘 정돈된 언어로 표현해 보고야 비로소 그것이 어떠한 것인가를 알게 된다. 그리하여 결국, 실제보다도 총명하게 되는데, 그것은 하루의 묵상보다도 오히려 한 시간의 담화에 의해 되는 것이다."

《청년과 노년에 대하여》라는 에세이에서 그는 한 권의 책을 한 구절의 글로 압축하고 있다.

"젊은이들은 판단보다 발명에, 상담보다 실행에, 기초가 잡힌 일보다 새로운 계획에 알맞다. 왜냐하면 노련함은 그 연령의 범위 내에서 그들을 지도하지만, 새로운 일에서는 그들을 배신하기 때문이다. ……젊은이들은, 평소의 행동 방법이나 처리를 보면 손에 가질 수 있는 것 이상으로 끌어안으며, 진압할 수 있는 이상으로 소동을 벌이고 수단이나 그 정도를 잘 생각하지 않고 목적으로 뛰어들며, 우연히 알게 된 약간의 주의원칙을 추구하고, 혁신의 방법을 고려하지 않기 때문에 생각지 않은 불편을 초래한다. ……노련한 사람들은 여러 가지 이의를 지나치게 제기하고, 상담이 너무 길며, 모험이 너무 적고, 후회가 너무 빠른 데다 웬만해서는 일을 완전히 완결 짓지 않고 흔히 중도에서 만족해 버린다. 어떻게 해서든 양쪽을 결합하는 일이 좋을 것은 틀림없다. ……왜냐하면 양자의 장점이 서로의 결점을 상쇄할 수 있기 때문이다."

그럼에도 불구하고 그는 젊은이나 어린이에게 지나치게 자유를 주어 규율이 없어지고 방자해지지나 않을까, 하고 걱정했다. '어버이는 아이들에게 권하고 싶은 직업이나 진로를 미리 선택해야 한다. 선택할 때가 되면 아이들은 자기 마음대로 하기 때문이다. 또 어버이는 아이들이 가장 좋아하는 것을 시키면 결과가 가장 좋으리라 생각하고 그들의 소질을 지나치게 적용해서는 안 된다. 아이들의 기호나 재능이 특별하면 그것을 방해하지 않는 것은 좋으나, 대체로 최선을 택하라, 습관은 그것을 유쾌하게 하고 용이하게 할 것이다 (Optimum lege, suave et facile illud faciet consuetudo)라는 피타고라스학파의 가르침은 올바른 것이다.' 왜냐하면 '습관은 인간생활의 제일이기 때문이다.'

《에세이》의 정치학은 통치의 큰 뜻을 품은 사람으로서는 자명한 주의인 보수주의의 설교이다.

베이컨은 강력한 중앙집권을 바라고 있다. 군주정체는 최선의 통치 형태이며, 보통 국가의 능률은 집중화에 따라 변한다. 정부에는 '준비, 토론, 조사·완성(혹은 실시)'이라는 '세 가지 일이 있다.' '빠른 처리를 요할 경우에는 그중 제2의 일을 다수인에게 위촉하고, 제1과 제3의 일은 소수인에게 위촉해야 한다.'

그는 명백한 군국주의자로, 산업의 발달이 인간을 전쟁에 부적당하게 만드는 일을 슬퍼했고, 평화로 군인이 허송 세월을 보내는 것을 탄식했다. 그럼에도 불구하고 그는 원료의 중요성을 인정하고 있다.

'솔론이 크로이소스를 향해(크로이소스가 금을 이것 보라는 듯이 자랑했을 때) "만일 당신 것보다 좋은 철을 가지고 있는 자가 나오면 당신의 이 금은 모두 그 사람의 것이 되어 버릴 것이다."라고 말한 것은 당연하다.'

그는 아리스토텔레스처럼 혁명을 피하도록 여러 가지로 충고하고 있다. '폭동을 예방하는 가장 확실한 방법은…… 폭동의 원인을 제거하는 것이다. 왜냐하면 불이 없는 곳에 연기는 나지 않기 때문이다…… 또 너무 심하게 풍문을 억압(즉 토의)하는 것이 소동의 구제책이 되지 않는다. 왜냐하면 소동을 무시하는 일이 가끔 가장 잘 그것을 막으며, 직접 그것을 제지하려 하면 오히려 그것을 더 오래 끌게 되기 때문이다. 소란의 원인에는 두 가지 종류가 있는데, 하나는 심한 빈곤, 또 하나는 심한 불만이다. ……소란의 원인이나 동기는 종교의 개신, 세제·법률·습관의 변경, 특권의 침해, 일반적인 불황, 게다가 무가치한 인간이나 타국인의 우대, 기근, 병사의 해직, 절망에 빠진 도당(徒黨) 및 민중을 노하게 하여 공통의 불평으로 단결시키는 모든 것이다.' 모든 지도자가 취할 방침은 적을 분열시키고, 자기 편을 결합시키는 것이다.

'일반적으로 모든 반 국가적 도당을 분열 또는 해체시켜 서로 멀리하게 하는 것, 또 서로 불신을 일으키게 하는 것 등은 결코 졸렬한 수단은 아니다. 왜냐하면, 국가의 방침에 동의하는 사람들이 일치되지 못하고 도당으로 갈라져서 반대하는 사람들이 단결하여 하나로 되었다는 것은 절망적인 경우이기 때문이다.'

'혁명을 피하기 위한 가장 좋은 처방은 공정한 부(富)의 분배이다.' '돈은 비료처럼 뿌리지 않으면 효력이 없다.'

그러나 그것은 사회주의(社會主義)를 뜻하는 것도 민주주의를 뜻하는 것도 아니다. 베이컨은 그 당시 교육을 받을 길이 없었던 사람들을 신용하지 않는다. '모든 아첨 중 가장 낮은 것은 하층민에 대한 아첨이다.' 그리고 '포키온이 군중에게 갈채를 받자 자기가 무엇을 잘못한 일이 있느냐고 반문한 것도 무리가 아니다.' 베이컨이 바라는 것은 첫째로 부유한 독립 자작농이고, 둘째로 행정에 참여한 귀족계급이며, 그 위에 철인왕이 있는 것이다.

'통치가 학식 있는 통치자들 밑에서 성공하지 못한 실례는 거의 없다.' 그는 세네카·안토니우스·피우스 및 아우렐리우스에 대하여 말하고 있는 것으로, 후세가 그 자신의 이름을 그들의 이름에 더한다는 것이 그의 희망이었던 것이다.

4.《대혁신》

베이컨의 마음은 성공 속에서도 무의식중에 철학에 이끌리고 있었다. 철학은 젊은 날의 유모였고, 관직에서의 반려였고, 감옥에서 오명을 받고 있을 때의 위안이었다. 그는 철학이 악평을 받게 된 것을—그는 그렇게 믿었지만—슬퍼하고, 그 책임을 무미건조한 스콜라주의로 돌렸다. '진리를 둘러싸고 여러 가지 논쟁이 일어난다는 이유로 사람은 자칫하면 진리를 경시하기 쉬워, 서로 일치하지 않은 것은 모두 틀린 것이라고 생각하기 쉽다.'

"학문은……정체되어 있어 인류에게 아무런 보탬도 되지 않는다. ……여러 학파의 모든 전통 및 존속은 아직도 사제 간의 계승이지 발명자에게로의 상속이 아니다……현재, 여러 학문에서 행해지고 있는 것은 단순한 선회에 불과하며, 몇 번이고 처음으로 되돌아가는 끝없는 논의이다."

그는 입신출세를 거듭하는 동안에도 철학의 부활이나 재건을 계속 생각했다. 그는 그 연구를 모두 이 과제에 집중시키려고 했다. 그 《저작계획》[5]에서 그는 이렇게 말하고 있다. 우선 첫째로, 몇 개의 입문적 논문을 써서 철학의 정체는 낡은 방법이 그 기능을 상실하고도 계속 고집하기 때문에 생겨났다는 것을 설명하고, 새로 시작하기 위한 제안을 약술한다. 둘째로, 새로운 학문의 분류를 시도하여 모든 학문에 그 재료를 할당하여 각 분야의 미해결 문제의 목록을 만든다. 셋째로는, 자연 해석의 새로운 방법을 제시한다. 넷째로, 바쁜 손을 실제로 자연과학으로 돌려 자연의 여러 현상을 연구한다. 다섯째로, 과거의 저술가들이 중세의 말이 많은 배경에서 이탈하여 모습을 갖추기 시작한 모든 진리를 향해 기어 올라간 그 지성의 사다리를 가리킨다. 여섯째로, 새로운 방법에서 틀림없이 나오리라고 믿는 과학적 여러 성과의 어떤 종류의 예상도 시도한다. 그리고 마지막으로, 제2 철학(또는 응용철학)으로서 이 모든 싹트고 있는 여러 과학—그는 그 예언자가 되기를 바랐으나—에서 꽃필 미래상을 그린다. 이 전체가 《대혁신》, 곧 철학의 대재건의 내용을 이루는 것이었다.

그야말로 아리스토텔레스를 제외하고는 철학사상 최초의 일이었다. 이론보다는 실천을, 사변적 논리보다도 특수한 구체적 결과를 노리는 점 등이 다른 모든 철학과 그 취지를 달리하고 있다고 할 수 있다. 지식은 힘이지, 단순한 논증이나 장식은 아니다.

'그것은 견지해야 할 의견이 아니고……해야 될 사업이다. 그리고 나는…… 학파나 교설에 기초를 두는 것이 아니라, 효용과 힘의 기초를 쌓으려고 노력하는 것이다.' 여기서 우리는 처음으로 근대 과학의 소리와 그 가락을 들을 수 있다.

---

5) 이 계획에 따른 베이컨의 실제 작품은 주로 다음과 같다.
　　1. 《자연의 섭리》(1603), 《철학에 대한 비판》(1609)
　　2. 《학문의 진보》 (1603~6)
　　3. 《생각한 것과 본 것들》(1607), 《미로의 맥락》(1606) 《신기관》(1608~20)
　　4. 《자연사》(1622), 《지성계에 관한 설명》(1612)
　　5. 《숲속의 숲》(1624).
　　6. 《기원에 대하여》 (1621)
　　7. 《새로운 아틀란티스》(1624)
　　《새로운 아틀란티스》와 《학문의 진보》를 제외한 모든 저작은 라틴어로 쓰였고, 이 두 책도 유럽의 독자를 얻기 위해 베이컨과 그의 조수가 라틴어로 번역했다.

《학문의 진보》

사물을 산출하려면 지식이 있어야 한다. '자연은 복종함으로써만 지배할 수 있다.' 자연의 법칙을 알아보자. 그러면 우리는 자연을 지배할 것이다. 현재는 무지하여 자연의 노예로서 만족하고 있지만 과학은 유토피아로의 길이다. 그러나 이 길은 어떤 상태로 되어 있을까. 구불구불하고, 불도 없으며, 가다 보면 제자리로 돌아오고, 쓸데없는 샛길로 빠져들기도 하여, 그 길은 광명이 아니라 혼돈으로 통하고 있다. 거기서 학문의 상태를 살펴보고, 제 과학에 알맞은 독특한 분야를 지정해 주자. '여러 과학을 각기 적당한 장소에 앉히고' 그 결함, 요구 및 그 가능성을 음미하여 학문의 빛을 고대하고 있는 새로운 여러 문제를 지적하고, 나아가 일반적으로 그 여러 문제의 '뿌리 주변의 흙을 조금만 파헤쳐 보자.'

이상이 《학문의 진보》에서 베이컨이 자신에게 낸 과제이다. 그는 왕국에 들어가는 왕자처럼 이렇게 썼다. '어느 곳이 경작되지 않은 채 황량하게 버려져 있으며, 어디에 인간의 근로가 미치지 않고 있는가에 주의하여 유기된 지역을 지도에 정밀하게 표시하고, 공사의 인력을 그 지역의 발전에 이용한다는 목적으로 지식의 나라를 한바퀴 도는 것이 나의 의도이다.' 그는 도로를 반듯하게 하고, 전야(田野)를 노동자들에게 분배하며, 잡초가 무성한 토지의 훌륭한 측량사가 되려고 했다. 그것은 지나칠 정도로 호방한 계획이었으며, 그러한 대항해를 계획하기에 그의 나이는 충분히 젊었다.[6]

'나는 모든 지식을 내 영역으로 삼았다'고 그는 1592년 벌리에서 써 보냈는데, 그것은 '백과사전'을 간행한다는 조급한 계획을 뜻하는 게 아니라 사회개조(社會改造)를 위한 모든 학문을 비평하고 조정하는 자로서 그 연구는 모든 영역에 미칠 것이라는 것을 뜻하는 데 불과하다. 그의 목적의 위대함만으로도 이미 그의 문체에 품위 있는 장려함을 주어, 그로 하여금 때때로 영국 산문의 최고봉이 되게 하고 있다.

그리하여 그는 자연의 장애나 인간의 무지와 싸우는 연구의 광대한 싸움터를 두루 달리며, 모든 분야에서 빛을 밝힌다. 그는 생리학과 의학을 중요시하

---

6) 철학자로서 42세는 젊은 나이이다.

고, 의학을 '자칫하면 음이 틀리기 쉬운 정교한 세공 악기'를 조정하는 것이라 하여 높이 칭찬하고 있다.

그러나 당시의 의사들이 멋대로 모든 병을 경험주의적 요법과 동일한 처방—보통은 하제(下劑)—으로 치료하는 무책임한 경향에 대해서는 이의를 주장했다. '그들은 너무도 단순한 우연, 체계적이 아닌 개인 경험에 지나치게 의뢰하고 있다.' 그들은 좀 더 널리 실험을 기획하고, 비교 해부학에 의해 인간의 해부학을 해명하고, 또 시체를—필요에 따라서는 생체를—해부해야 한다. 그리고 무엇보다도 먼저 실험과 그 결과와의 접근하기 쉽고 이해하기 쉬운 보고를 작성해야 한다. 베이컨의 소신에 의하면 극심한 고통을 당하면서 의사에 의해 임종을 2,3일 더 연장시키는 것뿐이라면 차라리 죽음을 편하게 하고, 나아가서는 죽음을 빠르게 하는 것을 허락해야 한다고 주장한다.

그러면서 한편 의사들에겐 생명 연장에 대해 좀 더 연구하라고 절실히 권고하고 있다. '이것은 의학의 새로운 부분으로서 모든 부문 중 가장 고귀한 부문임에도 불구하고 몹시 부족하다. 만일 그 결함이 보충된다면, 의술은 여러 가지 천한 치료법에 숙달될 필요가 없으며, 의사는 단순히 필요하기 때문에 존중받는 것이 아니라 인간에게 지상 최대의 행복을 베푸는 자로서 존중받을 것이다.'

심리학에선 그는 거의 '행동 심리학자'[7]이다. 즉 인간의 행위에서 원인과 결과에 대해 엄밀한 연구를 요구하고 어휘에서 우연이라는 말을 제거하기를 바란다. '우연이란 존재하지 않는 것의 이름이다.' 그리고 '우주에서의 우연이란, 인간의 의지와 같은 것이다.' 이 짧은 구절에는 많은 의미와 선전포고가 들어 있다. 즉, 스콜라 철학의 자유의지설은 의논의 여지가 없다고 제쳐놓는다. 따라서 '의지'는 '이성'과는 전혀 다른 것이라는 일반적인 가정이 사라진다.

이것은 그의 의지에 대한 후세의 견해이지만 베이컨은 이 견해를 더 이상 추구하지 않는다. 그가 한 권의 책이 될 내용을 한 구절로 요약해 버리고 나가 버리는 것은 이 경우만이 아니다.

무엇이든 과학의 대상이 되지 않는 것은 없으며, 과학의 손이 미치지 않는

---

7) 행동심리학은 미국에서 발전한 심리학의 일파로 주관적인 의식이 아닌 객관적인 행동을 주로 연구 대상으로 하여 자극과 반응의 관계를 밝히려는 것.

것은 없다. 마법·꿈·예언·정신감응·강신술(降神術) 등, 일반적인 '심리 현상'은 과학적 검증을 받게 해야 한다. '왜냐하면, 미신으로 돌려 버린 결과가 때로는 어느 정도 자연적 원인을 가지고 있을지 알 수 없기 때문이다.' 그의 강한 자연주의적 경향에도 불구하고 그는 이러한 문제에 매력을 느꼈으며, 인간에 관한 문제로 그의 흥미를 끌지 않는 것은 하나도 없다. 실제로 화학이 연금술에서 싹튼 것처럼, 이러한 연구에서 어떤 뜻하지 않은 진리나, 새로운 과학이 나올지는 예측할 수 없는 일이다. '연금술이라고 하면 어떤 남자가 포도밭 어딘가에 금을 묻어놨다고 자식들에게 유언한 이야기에 비교할 수 있다. 자식들은 그곳을 파보았으나 금을 찾을 수 없었다. 그러나 포도나무의 뿌리 주변을 파헤쳤기 때문에 큰 수확을 얻었다고 한다. 금을 만들기 위한 연구와 노력은 수많은 실험을 가져왔다.'

또 하나의 다른 과학이 제8권에서 서서히 그 형태를 갖춘다. 즉 인생의 성공에 대한 과학이다. 아직 권력의 자리에서 전락하기 전에 베이컨은 입신 출세의 방법에 대한 요점을 말하고 있다. 첫째 필요조건은 지식, 즉 우리 자신 및 타인에 대한 지식이다. '너 자신을 알라'라는 말은 입신출세를 위해서는 사실 반밖에 아는 게 되지 않는다. 나 자신을 아는 것은 주로 남을 아는 수단으로써 가치가 있다.

"우리가 상대하는 특수한 사람들의 일을 잘 조사해야만 한다. 즉, 그들의 기질·욕망·견해·습관·관습 등이다. 그들이 의지하고 힘을 얻는 보조·지지 및 확신, 그들이 가장 빠지기 쉬운 결함과 약점, 그들의 친구·당파·보호자·추종자·적·선망자·경쟁자, 그들의 면접 시간이나 모습……그러나 남의 마음의 자물쇠를 여는 가장 확실한 열쇠는 그들의 기질과 성질 그리고 목적과 계획을 검토하는 일이다. 비교적 약하고 단순한 사람은 그 기질을 보면 가장 잘 판단할 수 있고, 비교적 세심하고 주의 깊은 사람은 그 계획을 보면 가장 잘 판단할 수 있다. ……그러나 이 조사 전체의 가장 손쉬운 방법은 다음 3개 조항이다. 즉, ① 사교의 기회를 많이 만들 것, ② 자유로운 담화와 침묵에 알맞은 절제와 신중을 관찰할 것, ③ 그러나 가장 중요한 점은 사람의 본심을 잘 나타내고 자기의 권리를 지키는 일이다. 즉 사람들을 지나치게 친절히 대하거나 자기의 착한 성품을 남에게 보여 자기 무장을 풀어 버리는 것은 약점을 잡힐 우려가 있으므로……때때로 꿀과 가시를 함께 가지고 있는 자유로 관대한 마음의 불꽃을 던지는 것이 가장 중요하다."

베이컨에게 친구는 주로 권력을 얻기 위한 수단이다. 그는 마키아벨리와 같은 견해를 가지고 있다.

사람들은 보통 이 견해를 르네상스의 탓으로 돌리기 쉽지만, 미켈란젤로와 카발리에리, 몽테뉴와 라 보에티, 필립 시드니 경(卿)과 허버트 랑그웨드의 타산을 넘은 아름다운 우정을 생각하면 반드시 그렇지도 않음을 알 수 있다. 아마도 우정에 대한 이런 실리적인 평가야말로 베이컨의 실각을 설명하는 데 도움이 될 것이다. 이와 같은 견해가 나폴레옹의 실각을 설명하는 데 도움이 되듯, 왜냐하면 사람들이 친구를 사귈 때 겉치레보다 고급 철학을 말하는 일은 거의 드물기 때문이다. 더 나아가, 베이컨은 그리스 일곱 현자 중 한 사람인 비아스의 말을 인용한다. '너의 벗을 장차 네 원수가 될 자로서 사랑하라. 너의 적을 장차 네 친구가 될 자로서 사랑하라.' 친구에게라도 자기의 진정한 목적이나 생각을 지나치게 털어놓아서는 안 된다. 담화할 때는 의견을 토로하기보다도 질문을 많이 하라. 그리고 얘기할 때는 자기 신념이나 판단보다도 정보나 사실을 제공하라.'

공공연한 자부는 출세에 도움이 된다. '겉치레는 정치상의 결함이기보다 도덕상의 결함이다.' 이 말에서도 다시 나폴레옹이 연상된다. 베이컨은 나폴레옹과 같이 원래 꾸미지 않는 성격이었으나 밖으로 나가면 의례와 허식을 좋아하고, 세상의 명성을 얻는 데 그것을 빼놓을 수 없다고 생각했다.

이처럼 베이컨은 여러 세계를 뛰어다니며 모든 과학 속에 자기 사상의 씨를 뿌렸다. 실제 조사를 마치자 그는, 과학은 과학만으로는 불충분하다. 모든 과학을 조정하여 이것에 어떤 목표를 지정해 주는 힘 있는 학문이 없으면 안 된다는 결론에 도달했다. '과학이 조금밖에 진보하지 못한 데는 또 하나의 유력한 원인이 있다. 그것은 바로 목표, 그 자체가 올바른 위치에 놓여 있지 않다는 것이다. 그러면 진로를 바르게 달릴 수 없다.' 과학이 필요로 하는 것은 철학이다. 즉, 과학적 방법의 분석과 과학의 목적 및 결과의 정합(整合)으로, 이것 없이는 어떤 과학이든지 천박한 것이 된다. '왜냐하면 평지에서 한 나라 전체를 바라볼 수 없는 것과 같이, 과학이 평면에서 한층 높은 곳으로 오르지 않고는 어떤 과학이든 그 심원한 부분을 발견할 수 없다'는 자연의 통일성을 생각하려 하지 않고, 그 연관 관계에서 떨어져 나와 고립된 사실로 보는 습관을 비난했다. 그것은 마치 중앙에 등잔불을 켜 놓으면 환해져서 전체를 볼 수 있는데도 작은 초를 들고 구석구석을 둘러보는 것과 같다고 말하고 있다.

결국 과학보다는 철학이 베이컨의 애인인 것이다. 철학만이 소란과 비탄에 찬 생활에까지 오성의 고귀한 평화를 줄 수 있다. '학식은 죽음과 비운의 두려움을 정복하고 진정시켜 준다.' 그는 베르길리우스의 유명한 구절을 인용한다.

사물의 이치를 파악할 수 있는 자는 행복하여라.
모든 두려움과 거부할 수 없는 운명,
탐욕스러운 아케론의 소음은 그의 발밑에 있노니.

철학의 최고의 효과는 산업적 환경이 끝없이 반복되는 이욕(利慾)을 버리고 정신을 탐구하는 일이다. '철학은 우리로 하여금 정신적 행복을 먼저 탐구하게 하는 바, 그 밖의 것은 행복으로 보충되거나 아예 결핍을 느끼지 않을 것이다.' 작은 한 조각의 지혜도 영원한 기쁨이다.

정치도 과학과 같이 철학의 결여로 괴로워하고 있다. 철학과 과학은 정치와 정책의 관계와 같다. 즉, 목표 없는 개개의 탐구에 대한 포괄적인 지식과 전체적인 전망에 이끌린 운동이다. 지식의 추구가 인간과 생활의 현실적인 필요에서 분리되면 스콜라주의가 되는 것처럼, 정책의 수행도 과학이나 철학에서 분리되면 위험하기 짝이 없는 미친 짓이 되고 만다. '몸을 엉터리 의사에게 맡기는 것은 잘못이다. 그들은 보통 두서너 가지 처방에만 의존할 뿐 병의 원인, 환자의 체질, 우발적인 위험 및 참된 치료법도 모르고 있다. 국가라는 신체도 그와 마찬가지여서 엉터리 의사인 정치가들에게 치료하게 하는 일이란 위험하기 짝이 없다. 적어도 충분한 학식을 가진 사람들이 정치가의 친구로 참여하지 않는 한…… "왕이 철학자이든가, 철학자가 왕이든가 하면 국가는 행복하게 된다"고 말한 사람—플라톤—은 철학자라는 직업에 치우쳐 있다고 생각할지 모르지만, 황금시대가 지혜 있고 학식 있는 왕자 아래서 태어난 일은 경험에 의해 충분히 실증되고 있다.' 그리고 그는 도미티아누스 이후 콤모두스 이전에 로마를 통치한 위대한 황제들을 회상케 한다.

이 같은 이유로 베이컨은 플라톤이나 우리와 마찬가지로 자기가 좋아하는 길을 예찬했고, 그것을 인간의 구제책으로 내놓았다. 그러나 플라톤보다도 훨씬 뚜렷하게—이 차이점이야말로 근대를 알리는 것이지만—특수 과학의 필요와 특수 연구에 종사하는 병사나 군대의 필요를 인정했다. 베이컨이나 누구를 막론하고, 만일 올림포스의 산정(山頂)에서 내려다본다 해도 학문의 전체 영역을 전부 볼 수는 없을 것이다.

그는 도움이 필요한 것을 알았으며, 도움 없는 사업에 에워싸여서 외로움을 느꼈다. '군(君)은 군의 일을 하는데 동료들이 있느냐'고 그는 한 친구에게 묻고 있다. '나는 완전히 혼자일세.' 그는 과학자들이 부단한 연락과 협력으로 특수 연구를 하면서 일대(一大) 조직에 의해 공통된 목표를 향해 협동할 것을 그리고 있다. '많은 한가한 사람이 몇 세대에 걸친 협력을 통해 무엇을 기대해도 좋은가를 잘 생각해 보는 것이 좋다. 문제는—사고의 경우가 그렇듯이—한 사람밖에 지나갈 수 없는 길이 아니고, 사람들의 노력과 근면—특히 경험의 집적(集積)에 관해서는—이 가장 잘 축적되고 분배되어 나중에 결합될 수 있는 길이므로 더욱 그렇다. 왜냐하면 모든 사람들이 같은 일을 하지 않고, 각자 하는 일이 다르기 때문에 인간은 비로소 그들의 힘을 알 수 있을 것이다.' 인식의 조직인 과학은 다시 그 자체가 조직되어야 한다.

그리고 이 조직은 국제적이어야 한다. 이 조직이 자유롭게 국경을 넘게 되면 유럽은 지적으로 일체가 될 수 있을 것이다. '내가 발견하는 제2의 결함은 유럽 전체에 있어서도, 개개의 국가나 왕국에 있어서도 단과대학이나 종합대학 사이에 공감이 적고, 관련이 별로 없다는 것이다.' 이 모든 대학은 서로 연구의 주제나 문제를 할당하고, 연구와 출판에서 협력해야 한다. 그처럼 조직하고 서로 연락이 되면 모든 대학은 왕후의 지지를 받을 가치 있는 것이 될 것이며, 이 지지에 의해서 대학들은 이상적인 것, 세계를 지배하는 학문의 중심이 될 것이다.

베이컨은 '과학이든 기술이든 대학교수의 지위에 지급되는 봉급이 아주 적은 것'에 국가가 교육이란 큰 임무를 인수할 때까지는 변하지 않을 것이라고 짐작한다. '가장 좋았던 옛 시대의 현인들까지도 국가가 법률에만 몰두하고 교육에 태만했음을 언제나 개탄했다.' 그의 큰 꿈은 자연을 정복하고 인간의 힘을 증대시키기 위해 과학을 사회화한다는 것이다.

그래서 그는 제임스 1세가 아첨을 좋아한다는 사실을 알고 그에게 아부하며 호소했다. 제임스 1세는 왕홀이나 칼보다 펜을 자랑스럽게 여기는 군주이자 학자였다. 이처럼 학문에 조예가 깊고 박식한 왕에게는 무언가 기대할 만한 점이 있었다. 베이컨은 제임스에게 자신이 세워놓은 계획은 '참으로 왕에 어울리는 것'으로서 '한 사람의 노력은 교차로에 세워진 표지처럼 방향을 지시할 수는 있지만 길을 건너지는 못하는 것'이라고 말한다. 물론 이 왕업에는 비용이 들겠지만 '왕후 및 국가의 대신, 염탐꾼들이 정보의 대가를 요구하는 청구서를 제출하듯이, 알아둬야 할 일에 대해 무지하지 않기 위해서는 자연을 탐구하고 제보하는 자들에게도 청구서 제출을 허락해야 한다. 알렉산드로스가 아리스토텔레스에게 막대한 금액을 주면서 사냥꾼, 들새 사냥꾼, 어부 등을 부리게 했다면 자연의 미로를 밝혀내는 사람들에게는 더 큰 혜택을 주어야 한다.' 왕의 도움이 있으면 위대한 재건은 몇 년 안에 완성할 수 있으나 그렇지 못하다면 몇 세대가 필요하다.

베이컨의 생생한 새로움은 인간이 자연을 정복한다고 예언하는 그의 장대한 확신이다. '나는 자연과 경쟁하는 기술의 승리에 모든 것을 건다.' 인간이 지금까지 해온 일은 '그들이 앞으로 할 일의 착수금에 지나지 않는다.' 그러나 이 큰 희망은 어디서 오는 것일까. 인간은 이미 2천 년간 진리를 찾아서 과학의 좁은 길을 답사해 온 것은 아닐까. 이처럼 오랜 세월을 두고 조금의 성과밖에 얻지 못했는데, 이제부터 이처럼 큰 성공을 기대한다는 것은 어찌 된 일일까.

베이컨은 이렇게 대답하고 있다. 그렇다. 인간이 지금까지 사용하여 온 방법이 잘못되어, 아무런 도움이 되지 않은 것을 어떻게 할 것인가? 그 연구가 길을 잃고 행방도 알 수 없는 샛길로 들어가 버린 것을 어떻게 할 것인가? 우리는 우리의 연구법과 사고, 우리의 과학 체계와 논리학의 가차 없는 혁명을 필요로 한다. 우리는 아리스토텔레스의 과학보다도 우수한 한층 광대한 세계에 적합한 새로운 기관을 필요로 한다. 그리하여 베이컨은 그의 가장 중요한 저서를 우리 앞에 내놓았다.

《신기관》

베이컨의 최대 업적이란 《신기관(Novum organum)》의 제1권뿐이라고, 그의 신랄한 비평자는 말한다. 그러나 귀납법에 서사시적 모험을 시도하여 논리학에 새로운 생명을 불어넣었던 사람은 일찍이 아무도 없었다. 만일 논리학을 공부해야 할 사람이 있다면 이 책부터 시작해야 한다. '논리학과 관련 있는 인간 철학의 이 부분은 많은 사람들의 입맛에 맞지 않는다. 올가미를 비롯해 가시 돋친 미묘한 함정이 그들에게 보이기 때문이다. 그러나 우리가 사물을 참된 가치에 따라 평가한다면 이 이성적인 과학은 나머지 모든 것을 여는 열쇠이다.'

철학을 풍요케 하는 새로운 방법이 없었기 때문에 오랫동안 불모지였다고 베이컨은 말한다. 그리스 철학자들의 큰 실책은 이론에 많은 시간을 허비하고, 관찰에는 시간을 쏟지 않은 것이다. 그러나 사고는 관찰의 보조가 되는 것이지 관찰의 대용이 되는 것은 아니다. 《신기관》 머리말의 잠언은 모든 형이상학에 도전하듯 다음과 같이 씌어 있다. '인간은 자연의 사용인이며 해석자이므로 자연의 질서에 대한 관찰이……허용하는 범위 내에서만 쓸 수 있고 이해할 수 있다. 그리고 그 이상의 것은 알 수도 없고 또 쓸 수도 없다.' 소크라테스의 선배들은 이 점에서는 후배들보다도 건전했다. 특히 데모크리토스는 구름 위를 보는 눈보다도 사실을 맡을 수 있을 코를 가지고 있었다. 철학이 아리스토텔레스 이후 거의 진보가 없는 것도 이상할 게 없다. 철학은 아리스토텔레스의 방법을 사용해 왔기 때문이다. '아리스토텔레스를 아리스토텔레스의 빛으로 초월하려고 하는 것은 빌려온 빛을 빌려 준 쪽의 빛보다 더 밝게 할 수 있다고 생각하기 때문이다.' 아리스토텔레스가 생각해 낸 이론을 2천 년 동안 되풀이해 온 이후, 철학은 저조해져 아무도 존경하려고 하지 않았다. 중세의 모든 이론, 설교 및 논쟁은 배제하고 망각해야 한다. 철학이 다시 태어나기 위해서는 백지로 돌아가 깨끗하게 새로이 출발해야 한다.

그러므로 제일 먼저 해야 할 일은 지성을 바로잡는 일이다. 우리는 편견과 선입관을 씻어 버리고, 이즘(主義)과 추상을 전혀 모르는 어린이가 되어야 한다. 우리는 마음의 우상을 파괴해야 한다.

베이컨이 말하는 우상이란—이것은 아마도 프로테스탄트가 우상숭배를 거부한 것을 반영하고 있겠지만—현실로 보여진 그림, 또는 실체를 잘못 본 사상이다. 오류는 이러한 머릿속에서 나오는 것으로써, 논리학의 최초의 문제는 이 오류의 근원을 규명하여 그것을 막아 버리는 일이다. 거기서 베이컨은 그 유명하고도 당연한 오류 추리의 분석을 시작한다. '베이컨만큼 인간 오류의 원인을 잘 알고 있었던 사람은 없다'고 콩디야크는 말했다.

이 오류 중 첫째는 종족의 우상으로 이것은 인간의 본성이 일반적으로 가리키는 오류 추리이다. '왜냐하면 인간의 감각은 사물의 척도[8]라고 잘못 주장했기 때문이다. 반대로 모든 지각은 감각적이거나 정신적이거나 인간과 관계 있는 것이며 우주와는 관계가 없는 것이다. 그리고 인간의 마음은 울퉁불퉁한 거울이 그 자신의 성질을 각기 다른 대상에 주어 그 대상들을 왜곡하고 추하게 하는 것과 흡사하다.' 우리의 사상은 그 대상의 사진이라기보다도 오히려 우리 자신의 사진이다. 예를 들면 '인간의 오성은 그 특유의 성질에서 자칫하면 사물의 질서와 올바른 규칙을 실체보다 과대하게 상상한다. 이로부터 모든 천체는 완전한 원을 그리고 운행한다는 가설이 생긴 것이다.'

다시 말하자면, 인간의 오성은 어떤 명제를 세우면(일반적인 승인 및 신념을 따르든, 또는 그에 수반하는 즐거움을 따르든), 그 밖의 다른 것에 대해서는 이 명제에 새로운 근거와 확인을 추가하도록 강요한다. 비록 이 명제와 반대가 되는 설득력 있고 풍부한 사례가 존재한다 하더라도 인간의 오성은 첫 결론의 권위를 희생하는 대신 오히려 난폭하고 해로운 편견을 갖고 이러한 예를 무시하거나 경멸하거나 아니면 제거하거나 거부한다. 신전에서 난파의 위기를 벗어난 사람들이 바친 제물의 위패들을 보여주며 이래도 신들의 힘을 인정하지 않겠느냐고 물었을 때 다음과 같이 대답한 사람은 현명했다. "제물을 바쳤는데도 목숨을 잃은 자들의 초상화는 어디에 있습니까?" 점성술이나 꿈, 징조, 인과응보 등의 미신은 결국 같으며 미신에 현혹당한 자들은 성취된 일만을 볼 뿐, 실패는 제아무리 많아도 무시하거나 간과한다.

'인간은 문제를 우선 자기 의지에 따라 결정하고, 그런 연후에 비로소 경험에 호소한다. 그리고 그 경험을 자기설(自己說)에 맞도록 해석하고, 개선 행렬

---

8) 프로타고라스는 '인간은 만물의 척도'라고 말했다.

속의 포로처럼 끌고 간다.' 즉 '인간의 오성은 순수한 빛이 아니라 의지나 감정이 섞여 있으며, 거기서 《자기가 좋아하는 대로의 과학》이라고 이름 붙여도 괜찮을 만한 과학들이 나온다. 왜냐하면 차라리 진실에 가까우면 믿기가 쉽기 때문이다.' 사실 그렇지 않을까.

베이컨은 이런 점에서 귀중한 조언을 하고 있다. '일반적으로 자연 연구자는 반드시 다음 사실을 규칙으로 삼아야 할 것이다. 즉 자기 마음이 특별한 만족감으로서 포착되고 유의하게 되는 것은 다 의심해 봐야 하며, 그러한 문제를 취급할 때는 오성을 평온하고 명석하게 보전하기 위해 더욱 많은 주의를 기울여야 한다는 것이다.' '오성은 특수에서 최고의 일반성에 가까운 공리로 비약해서는 안 된다. 오성에는 날개를 달아줄 게 아니고, 오히려 추를 달아서 뛰거나 날지 못하도록 해야 한다.' 상상력은 오성을 시험하는 수단인데, 오성 최대의 적일지도 모른다.

그의 오류 중 두 번째 오류를 베이컨은 동굴의 우상이라고 부른다. 개인 특유의 오류다. '사람은 누구나 자기 고유의 동굴로써 자연의 빛을 굴절시키거나, 혹은 변색시킨다.' 이것은 본성 및 교육과 심신의 기분 내지 상태에 따라 형성된 각자의 성격이다. 어떤 마음은 날 때부터 분석적이어서 곳곳에서 그 차이점을 보고, 어떤 마음은 날 때부터 종합적이어서 곳곳에서 유사점을 본다.

그렇기 때문에 한편으로는 과학자와 화가가 생기고, 또 한편으로는 시인과 철학자가 생긴다. 또 '어떤 성향은 낡은 것을 한없이 감탄하며, 어떤 성향은 새로운 것을 열심히 받아들인다. 다만 소수의 사람만이 공정한 중용을 지켜, 고대인이 정확히 수립한 것을 파괴하지도 않고, 근대인의 정당한 혁신을 멸시하지도 않는다.' 진리는 당파를 모른다.

세 번째 오류는 시장의 우상으로 '인간 상호의 교섭 및 교제에서' 생기는 우상이다. '왜냐하면 인간은 언어에 의해서 통하지만, 언어란 인간의 두뇌에서 만들어졌으므로 나쁜 말이나 마땅치 못한 말은 정신에 놀랄 만한 지장을 일으키기 때문이다.' 철학자들은 문법학자가 부정사를 논하듯 태평하게 무한을 말한다. 그러나 이 '무한'이란 것이 무엇이며, 도대체 '무한'은 존재해 왔는지 어떤지를 알고 있는 자가 있을 것인가. 철학자들은 '원인 없는 제1원인'이라든가, '자신은 움직임을 받지 않고 다른 모든 것을 움직이는 제1인자라든가 하는 말을 쓰는데, 이것은 무지를 숨기기 위해 이러한 말은 사용하는 자의 양심을 가리키는 말은 아닐까. 머리가 좋고 정직한 사람이라면 반드시 어떤 원인이든 그 원인이 없을 수 없으며, 자신은 받지 않고 다른 일체를 움직이는 자가 있을 리 없다는 것을 알고 있다. 아마 철학에 있어서 최대의 개조는 단순히 거짓말을 중지하는 데 있다고 해도 좋을 것이다.'

"마지막으로 철학자들의 여러 가지 독단과 잘못된 논증 과정에서 인간의 마음에 들어온 우상이 있다. 이것을 나는 극장의 우상이라 부른다. 나의 견해로는 일반적으로 인정된 철학 체계는 모두 비현실적이고 극적인 형식으로 그들 자신이 만든 세계를 묘사하는 무대에 불과한 것이다. 그리고 이 철학의 극장에서 상연되는 극에서 여러분은 시인의 극장에서 보는 것과 같은 것을 관찰할 수 있을 것이다. 즉, 무대용으로 만들어진 이야기는 역사적 실화보다도 잘 짜여져 있어 기품도 높고, 우리가 바라는 것에 한층 가깝다는 것을."

플라톤이 묘사한 세계는 단순히 플라톤이 생각해 낸 세계에 불과하고, 현실의 세계를 묘사했다기보다는 오히려 플라톤 자신의 세계를 묘사하는 것이다.

이러한 우상들이 아직까지 우리를, 우리 가장 뛰어난 사람까지도 곳곳에서 걸려 넘어지게 하는 한 우리의 진리의 인식은 큰 진보를 할 수는 없다. 우리에게 사고를 위한 새로운 방법, 오성을 위한 새로운 도구가 필요하다. '서인도의 광대한 지역도 나침반의 사용을 몰랐다면 결코 발견할 수 없었던 것처럼, 과학상의 발명 및 발견의 기술이 여전히 알려지지 않은 이상 기술에서의 발명과 발견은 결코 진리를 향하여 진보할 수는 없을 것이다.'

'물질적 지구의 범위가 우리 시대에 널리 확장되었는데, 지적 지구가 과거의 발견에 의한 좁은 한계 안에 갇혀 있다는 것은 확실히 불명예스러운 일이다.'

마지막으로 우리는 교의(敎義)와 연역 때문에 난처하게 된다. 우리가 새로운 진리를 발견하지 못하는 것은 오래되고 존귀하나 의심스러운 여러 명제를 의심할 수 없는 출발점으로 보고, 이 전제를 관찰과 실험으로써 음미할 것을 꿈에도 생각지 않기 때문이다. 그런데 '확신을 가지고 일을 시작하는 사람은 회의로 끝나며, 자기 스스로 회의를 가지고 시작하는 자는 확신으로 끝날 것이다—유감스럽게도 그것은 반드시 그렇게 된다고는 할 수 없다—' 이것은 근대 철학의 초기에 공통된 기조(基調)이며, 근대 철학의 독립 선언이다. 또한 데카르트도 머지않아 성실한 사고의 낡은 풍습을 새롭게 하기 위한 선결 조건으로서 '방법적 회의'의 필요를 역설했던 것이다.

베이컨은 더 나아가 과학적 연구법을 아주 훌륭하게 저술하고 있다.

"거기에 단순한 경험이 남아 있다. 그것이 있는 그대로 받아들여질 때는 우연이라 불리고, 탐구될 때는 실험이라 불린다. ……경험의 참된 방법은 먼저 초에 불을 붙이고(가설) 다음에 그 빛으로 길을 가리킨다—실험의 준비를 정비하여 범위를 결정한다—그리고 서투르거나 엉터리가 아닌, 질서 정연하고 계통이 선 경험에서 출발하여 거기서 공리를 끌어내고, 일반적으로 승인된 공리에서 다시 새로운 실험으로 나아간다."

우리는 여기서—뒤에서 최초의 실험 결과를, 그 뒤의 경과를 이끄는 '최초의 수확'이라고 하는 것도 그렇지만—베이컨이 가설과 실체와 연역의 필요를 아마 불충분하기는 하겠지만 명백히 통찰하고 있음을 알게 된다. 베이컨을 비평하는 몇몇 사람들은 베이컨이 앞에 든 사실의 필요성을 완전히 간과하고 있다고 주장하지만, 우리는 서적·인습 및 권위에 의존할 것이 아니라 자연 그 자체로 돌아가야 한다.

'우리는 자연을 고문하여 무슨 일이 있어도 증언을 시켜야 한다.' 가령 자연의 뜻에 반하여서까지라도 우리 목적을 위해 자연을 이용할 수 있도록, 우리는 유럽의 과학자들의 공동 연구에 의해 확립된 세계의 '자연지(自然誌)'를 여러 곳에서 모아야 한다. 우리는 귀납을 필요로 한다.

그러나 귀납이란 모든 사실의 '단순한 열거'를 의미하는 것은 아니다. 단순한 열거는 틀림없이 무한하며, 무용한 것이라 해도 좋을 것이다. 아무리 재료가 있다 해도 그것만으로는 과학이 될 수 없다. 그것은 '평야에서 사냥을 하는 것'과 같다. 짐승을 잡기 위해서는 사냥터를 좁혀 둘러싸야 한다. 즉 귀납적 방법에는 사실을 분류하고 가설을 제거하는 기법을 포함해야 한다.

그리하여 가능한 설명을 순차적으로 없애고, 마지막으로 단 하나만 남게 된다. 이 기법에서 가장 도움이 되는 것은, 아마도 '증감표(增減表)'를 만드는 것으로, 이것은 두 개의 성질 또는 상태가 서로 증감하는 사례를 모아, 그것으로써 동시에 변화하는 양쪽 현상과의 인과 관계를 알 수 있도록 한 것을 말한다. 이에 베이컨은 열(熱)이란 무엇이냐, 하는 문제에 대해, 열이 증가함에 따라

증가하고, 감소함에 따라 감소되는 요인을 탐구하여 오랜 분석 후에 열과 운동 사이의 정확한 상관 관계를 찾아냈다. 열은 운동의 한 형식이라는 결론은 자연과학에 대한 그의 몇 가지 기여 중 특히 주목할 만한 것이다.

베이컨의 말에 따르면 사실에 대한 이 끈질긴 축적과 분석에 의해 우리는 연구하려고 하는 현상의 형상, 즉 현상의 숨은 본성과 그 내적 본질에 도달하는 것이다.

베이컨의 '형상'에 대한 학설은 플라톤의 이데아 학설과 아주 흡사하다. 즉, 이것도 과학의 형이상학이다. '형상이란 기본적 성질을 질서 있게 규칙을 만들어 활동시키고 있는 법칙에 불과하다. ……따라서 열의 형상이라든가 빛의 형상이란, 열의 법칙이라든가 빛의 법칙에 불과하다.'

같은 취지로 스피노자는 원의 법칙은 원의 실체라고 말했다. '왜냐하면 자연 속에는 특수한 법칙에 따라 뚜렷한 개별적 결과를 나타내는 개물(個物) 이외에는 아무것도 존재하지 않으나, 지식의 모든 영역에서는 이 법칙들—그 연구·발견 및 발전—이야말로 이론 및 실천의 기초이기 때문이다.' 이론과 실천이라고 하면 한쪽은 다른 쪽 없이는 무익하며, 위험하다. 결국 무엇이든 성취하지 못하는 지식은 사물(死物)이며, 인류에게 가치가 없다. 우리는 모든 사물의 형상을 형상을 위해서가 아니라, 형상—즉 법칙—을 앎으로써 모든 사물을 원하는 모습으로 바꾸기 위해 힘쓰는 것이다.

이를테면 우리는 수량을 계산하고 다리(橋)를 놓기 위해 수학을 배우며, 사회라는 정글에 길을 내기 위해 심리학을 배우는 것이다. 과학이 모든 사물의 형상을 충분히 탐지해 놓기만 하면 이 세계는 우리가 어떠한 유토피아를 건설하려고 할 때 그를 위한 자료가 될 것이다.

《과학의 유토피아》

과학을 완전한 것으로 여기고 과학을 관리함으로써 사회 질서를 완전하게 한다는 것, 그 자체가 이미 충분히 유토피아적인 생각이다. 베이컨의 짧은 단편과 사망하기 2년 전에 출판된 최후의 저서 《새로운 아틀란티스》에서 우리에게 보여준 세계는 이 같은 유토피아이다.

H.G. 웰스는 베이컨의 '과학에 대한 최대의 공적'은, 비록 스케치에 그치고

말았지만 과학이 사물의 지배자로서 그 정당한 지위를 얻은 사회를 우리에게 그려 보여준 것이라 생각한다.

무지와 빈곤에 대한 지식과 발명의 3백 년 간의 싸움에서 무수한 전사들이 쉽게 그 목표를 잃지 않았던 것은, 베이컨의 왕성한 상상력의 활동에 의한 것이었다. 이 작은 책 속에 우리는 프랜시스 베이컨의 본질과 그 '형상', 즉 그의 존재와 생활의 법칙, 그의 정신의 비밀스런 숙원을 볼 수 있다.

플라톤은 《티마이오스》에서 서쪽 바다에 침몰한 대륙 아틀란티스의 옛 전설을 전했다. 베이컨과 그의 추종자들은 콜럼버스와 캐벗[9]의 새로운 미국을 이 낡은 아틀란티스와 동일시하고, 이 큰 대륙은 결국 함몰된 것이 아니라 단지 인간에게 바다를 건널 용기가 없었다고만 생각했다.

이제 이 낡은 아틀란티스는 발견되었지만 베이컨이 공상하는 훌륭한 유토피아인과는 전혀 비슷하지 않은 씩씩한 인종이 살고 있는 듯하므로, 그는 새로운 아틀란티스를 상상했다. 그것은 드레이크와 마젤란만이 횡단한 요원한 태평양 위의 한 작은 섬으로, 유럽과는 멀리 있어 직접 알아보는 것은 생각할 수도 없었으므로 유토피아적 상상을 마음껏 펼치기에 충분했다.

이야기는 디포나 스위프트의 굉장한 이야기[10]와 같이 무기교(無技巧)의 기교로서 시작된다. '우리는 페루—거기에 만 1년 체재하고 있었다—에서 그 대륙의 남해를 거쳐 중국, 일본을 향해 출범했다.' 정적이 찾아들어 배는 몇 주간 한없는 대양 위에, 마치 거울 위의 작은 얼룩처럼 조용히 가로누워 있었는데, 그동안 모험가들의 식량은 점점 없어져 갔다. 드디어 심한 바람은 무자비하게 자꾸 북으로 몰아, 섬이 있는 남해에서 점점 한없는 대해(大海)로 밀려났다. 식량은 자꾸 줄어들고 승무원들은 병에 걸렸다.

마침내 그들이 죽음을 각오하고 있을 때 꼭 꿈처럼 아름다운 한 섬이 하늘 아래 어렴풋이 나타났다. 배가 가까이 가자, 기슭에 보인 것은 야만인이 아닌, 검소하지만 아름답게 차려 입은 깨끗하고 지적인 사람들이었다. 승무원은 상륙을 허용받았으나, 섬의 정부는 외국인을 오래 체재시킬 수는 없다고 말했다. 그러나 승무원 중에 병자가 있어 병이 나을 때까지 전원이 머물러도 좋게 되

---

9) Giovani Caboto(1425~1498). 이탈리아의 항해자 콜럼버스에 앞서 아메리카 대륙에 도달했다.
10) 《로빈슨 쿠루소》 및 《걸리버 여행기》를 가리킴.

었다.

회복기의 몇 주간 동안 표류자들은 차츰 새로운 아틀란티스의 신비를 풀어 갔다. "약 1천 9백 년 전에 어떤 임금님이 이 섬을 통치하고 있었습니다." 주민 중의 한 사람이 그들에게 말했다.

"그 임금님의 영혼을 우리는 무엇보다도 숭배하고 있습니다. ……임금님의 존함은 솔라모나라고 하며, 우리는 이분을 우리 국민의 입법자로서 존경하고 있습니다. 이 임금님은 마음이 넓으신 분으로……왕국과 그 국민을 행복하게 하는 일만 생각합니다."

"이 임금님의 탁월한 사업 중 특히 두드러진 사업이 하나 있습니다. 그것은 '솔로몬의 집'이라 불리는 교단이라 할까 학회라고 할까, 그러한 것의 창설이었습니다. 그것은 지금까지 지상에 없었던 가장 고귀한 시설로, 이 왕국의 등불이라고 우리들은 생각합니다."

이어서 '솔로몬의 집' 묘사가 있는데, 그것을 인용하기엔 너무 복잡하다. 그러나 유려한 문장은 베이컨 비평자인 머컬리조차도 '심원하고 청명한 지혜의 문장으로서 이보다 더 탁월하고 뛰어난 문장은 찾아볼 수 없다'고 말할 정도이다. '솔로몬의 집'은 새로운 아틀란티스에서는 런던에서의 국회의사당의 위치를 차지하고 있으며, 섬 정치의 본거지다. 그러나 거기에는 정략가도, 오만한 '선민(選民)'도 없으며, 칼라일의 이른바 '국가적 잡담'도 없고, 정당도, 흑막회의도, 대통령 후보 예선회도, 당대회도, 선거전도, 금단추의 제복을 입은 사환도, 석판술도, 논설도, 연설도, 허언도, 선거 투표도 없다. 이러한 극적 방법에 따라 공직을 차지한다는 생각은 이 아틀란티스 사람들의 머리에는 전혀 떠오르지 않았던 모양이다.

그러나 과학적 명성의 절정에 이르는 길은 모든 사람들에게 열려 있으며, 이 길을 걸은 자만이 국회의원이 된다. 그것은 인민의 선출에 의한 인민을 위한 인민의 정치이고, 기술자·건축가·천문학자·지질학자·생물학자·의학자·화학자·경제학자·사회학자·심리학자 및 철학자에 의한 정치다. 꽤 복잡하긴 하지만, 정치가가 없는 정치를 상상해 보라!

실제로 새로운 아틀란티스에는 전혀 정부가 존재하지 않는다. 이 통치자들은 인간의 통치보다는 오히려 자연의 지배에 종사하기 때문이다. '우리 시설의 목적은 사물의 원인과 숨겨진 운동에 대하여 아는 일이며, 모든 것을 가능케 하기 위하여 인간의 한계를 확대하는 데 있다.' 이것이 본서(本書)를, 그리고 프랜시스 베이컨을 해독하기 위한 열쇠가 되는 문장이다. 우리는 통치자들이 별을 연구하고, 수력으로 동력을 일으켜 산업에 이용하며, 여러 가지 병을 치료하기 위해 가스를 발생시키고 외과에 관한 지식을 얻기 위해 동물 실험을 행하고, 이종 교배에 의해 동식물의 신종을 키우는 것 같은 그리 위엄이 없는 일에 종사하고 있는 것을 볼 수 있다. '우리들은 새가 나는 것을 모방하여 어느 정도 하늘을 날 수 있게 되었으며, 물속을 잠항하는 배나 보트를 가지고 있다.' 외국과의 무역은 있지만 그것은 전혀 색다른 것이다. 섬은 소비물을 생산하고 생산물을 소비하기 때문에 외국 시장을 획득하기 위해 전쟁을 하거나 하지는 않는다. '우리들은 금·은·보석·비단·향료·기타 상품이나 물자로 무역을 하는 것이 아니라, 다만 신이 최초로 만드신 것, 즉 빛으로 무역을 하는 것이다. 우리는 세계의 모든 곳에서 진보의 빛을 받아들이고 싶은 것이다.' 이 '빛의 상인들'은 '솔로몬의 집'의 구성원으로, 12년마다 해외로 파견되어, 지구상의 모든 문명권의 이방인들 사이에서 살며, 그들의 말을 배우고 그들의 과학·산업 및 문학을 연구한다. 그리고 12년이 지나면 돌아와서 '솔로몬의 집'의 지도자들에게 그 얻은 것을 보고하는데, 한편 그들이 나갔던 해외의 전 지역은 새로운 과학 탐험대가 조사한다. 이렇게 하여 세상에서 가장 좋은 것은 곧 새로운 아틀란티스로 들어오는 것이다.

묘사는 간단하지만, 우리는 여기서 다시 모든 철학적인 유토피아의 윤곽과 만나게 된다. 즉, 이 국민은 좀 더 현명한 사람들에 의해 평화롭고 풍족하게 지도를 받는다. 모든 사상가의 꿈은 과학자를 정치가로 바꿔놓는 것이다. 이만큼 많은 유토피아의 자세한 모습이 나왔는데도 왜 그것은 아직도 의연히 꿈으로 머물러 있는 것일까. 사상가는 현실 세계로 들어가 자기 생각을 실현하기엔 너무 몽상적인 지식인에 불과한 것일까. 이욕의 화신이 된 야심이 철학자나 성자의 온화하고 조심성 있는 포부를 뛰어넘도록 영원히 운명지어져 있기 때문일까. 그렇지 않으면, 과학은 아직 성숙하지 않아 자각 있는 힘이 되어 있지 않다는 것일까. 현대에 와서야 비로소 물리학자와 화학자와 기술자는, 산업과 전쟁에서 그 사용도가 높아진 과학의 역할이 그들에게 사회적 전략의 중요한 지위를 주고 있는 것이나, 조직된 그들의 힘이 세상 사람을 설득해 그들을 초대하여 지도자로 삼을 때가 왔다는 것을 깨닫기 시작한 데 불과한 것일까. 과학이 이전에는 세계의 지배권을 잡을 가치가 없었지만 아마 곧 그것을 장악하게 될 것이다.

5. 비평

그런데 우리는 프랜시스 베이컨의 이 철학을 어떻게 평가해야 할까.

이 철학 속에 뭔가 새로운 것이 포함되어 있을까. 머컬리는 말하는 귀납법은 몹시 구식이라서 새삼스럽게 떠들어댈 만한 사실도 아니며 기념비를 세울 만한 일도 못 된다고 생각했다. '귀납은 세계가 시작된 이래 아침부터 밤까지 모든 인간에 의해 실제로 이행되어 온 것이다. 고기가 든 파이를 먹었더니 기분이 나빠졌고, 먹지 않았더니 기분이 좋았다. 많이 먹었더니 기분이 몹시 나빴고, 조금 먹었더니 기분이 조금 나빴다. 그러니까 고기가 든 파이는 자기 체질에 맞지 않는다고 추리하는 사람은 무의식적이긴 하나 충분히 《신기관》이 내걸고 있는 모든 표(表)를 응용하는 것이다.' 그러나 A라는 사람이나 B라는 사람은 그 증감표를 그렇게 정확하게는 응용하지 않고 마음속으로 불안을 느끼면서도 아마 고기가 든 파이를 계속 먹을 것이다. 가령 그들이 아무리 현명하다 해도 그것이 베이컨의 공적을 빼앗는 것은 아니다. 논리학은 현명한 사람의 경험과 방법을 정식화하는 이외에 무엇을 하는 것일까? 어느 학문이든 소수 사람들의 특수한 기술을 기계적으로 누구에게나 가르칠 수 있는 과학으로 바꾼다는 시도 이외에 무엇을 하는 것인가.

그러나 그 정식화는 베이컨 자신의 것일까. 소크라테스적 방법은 귀납적이 아닐까. 아리스토텔레스의 생물학도 귀납적이 아닐까. 로저 베이컨은, 프랜시스 베이컨이 단순히 설명한 데 불과한 귀납적 방법을 설명과 동시에 실행한 것이 아닐까. 갈릴레오는 과학이 실제로 사용한 방법을 보다 잘 정식화 한 것이나 아닐까. 로저 베이컨은 그렇다고 볼 수 있으나 갈릴레오는 그렇다고 볼 수 없다. 더구나 아리스토텔레스에 대해서는 더욱 그렇고, 소크라테스에 대해서는 더욱더 그렇다. 갈릴레오는 과학의 방법보다는 오히려 목표의 약도를 그려, 그 후계자들 앞에 일체의 경험과 관계의 수학적·양적 정식화를 목표로 명시했다. 아리스토텔레스는 그렇게 밖에 할 방법이 없었을 경우나 아주 일반적인 전제에서 특수한 결론을 연역할 경우 자료가 없었을 때만 귀납법을 적용한 것에 불과하다. 그리고 소크라테스는 귀납—사실의 수집—을 했다기보다는 오히려 분석—말이나 개념의 정의와 식별—을 한 것이다.

베이컨은 결코 유일한 독창자라고는 할 수 없다. 셰익스피어처럼 그 또한 위대한 손으로써 모든 것을 받아들이며, 그가 접촉한 사물 모두를 미화시킨다는 것이 그의 변명이었다. 생물에는 모두 적합한 음식물이 있듯이 사람에겐 제각기 힘의 원천이 있다. 베이컨의 특징은, 그것들을 소화하여 피와 살이 되게 하는 그 방법에 있다. 로울리가 말한 것처럼 베이컨은 '어떤 사람의 관찰이든 경시하지 않고 자기 횃불에 밀초로 불을 붙인 것'이다. 그러나 베이컨은 이 부채를 승인하고 '히포크라테스의 그 유익한 방법'에 언급하고 있는데, 이것은 당장 귀납적 논리학의 참된 원천이 그리스인 사이에 있다—는 것을 가르쳐준다. '플라톤'(이 경우 '소크라테스'라고 쓰는 게 정확하다고는 할 수 없다—'귀납과 개별적 사실의 점검에 대한 연구의 좋은 예를 던져 주고 있다. 물론 그 같이 요령이 없는 방법으로는 효력도 없고 성과도 오르지 않지만' 그는 이 선인에게서 받은 은혜를 부인할 정도로 인색한 짓은 하지 않았을 것이고, 우리로서는 그것을 과대시해서는 안 될 것이다.

그러나 도대체 베이컨의 방법이란 올바른 것일까. 그것은 근대 과학에 사용된 가장 유효한 방법일까. 그렇지는 않다. 일반적으로 과학은 사실의 수집(《자연지》와 《신기관》의 복잡한 조작에 의해서 성립되는 것이 아니라, 더 단순한 가설, 연역 및 실험이라는 방법에 의해 최대의 성과를 올린 것이다.

예를 들면 다윈은 맬서스의 《인구론》을 읽고 인구의 증가는 생활 자료의 증가보다도 빠른 경향이 있다는 가설을 모든 생물에 적용하려고 생각했다. 그는 이 가설에서 연역하여 인구의 증가가 음식물의 공급을 어렵게 하는 결과, 생존경쟁이 일어나 적자는 살아남고 종(種)은 세대마다 그 환경에 밀접하게 순응하게 된다는 개연적 결론을 끌어냈다. 그리고 결국—가설과 연역에 의해 과제와 관찰 영역을 한정하여—'시들지 않은 자연의 얼굴'을 향하여 20년 동안이나 끈기 있게 사실들을 귀납적으로 조사했다. 또 아인슈타인은 빛은 직선이 아니라 곡선으로 전달된다는 가설을 생각해 냈다. 그는 뉴턴에게서 영향을 받았을 것이다. 그리고 이 가설에서—직선설에 입각하여—하늘의 일정한 자리에 있는 것같이 보이는 별도 사실은 그 자리보다 조금 옆으로 치우쳐 있다고 단정하고, 이 결론을 실험과 관찰에 의해 음미해 보았다. 확실히 가설과 상상력의 움직임은 베이컨이 생각했던 것보다도 위대하며, 과학의 전진은 베이컨이 구상했던 것보다도 밀착된 것일 뿐 아니라 제한도 많다.

베이컨은 스스로 자신의 방법이 뒤떨어지리라는 것을 예상했다. 정치의 여가로 과학에 종사하는 것보다도 실제로 과학에 종사하는 편이 보다 좋은 방법을 발견할 수 있다는 것을 알고 있었다. '이러한 일이 성숙되려면 몇 세대를 거쳐야 한다.'

아무리 베이컨 정신의 지지자라도 이 대법관이 과학의 법칙을 규정하고 있는 동안, 그때의 과학에 뒤떨어졌음을 인정치 않을 수 없다. 그는 코페르니쿠스를 부인하고 케플러와 티코 브라헤(덴마크의 천문학자)를 무시했다. 또 길버트(영국의 물리학자)를 경시했으며, 하비(혈액순환의 발견자)에 대해서는 모르는 것 같았다. 사실 그는 연구보다도 의논을 좋아했다. 아마 힘든 연구를 할 틈도 없었을 것이다. 그가 철학 및 과학에서 수행한 일은, 그가 죽었을 때는 단편적으로 무질서한 채 남아 있었기 때문에 거기에는 반복과 모순과 단순한 포부와 소개가 포함되어 있었다. Ars longa, vita brevis(예술은 길고 인생은 짧다.)—이것은 모든 위대한 인물의 비극이다.

철학의 개조라는 일도 다망하고 번거로운 정치적 생애의 여가에 하지 않으면 안 될 정도로 무리한 일을 한 사람이, 저 방대하고 복잡한 셰익스피어 극의 작가라고 함은 한가한 공론가의 논의일 뿐 학자의 시간 낭비이다. 셰익스피어에게는 이 대법관의 특색인 학식과 철학이 결여되어 있다. 셰익스피어는 많은 과학에 대해 얕은 지식은 꽤 가지고 있었지만 어느 것 하나 정통하지는 않았으며, 모든 것에 대하여 아마추어의 웅변으로 말하고 있는 데 불과하다. 그는 점성술, 즉 '모든 별이 의미 있는 듯한 암시를 한다……이 거대한 나라'의 존재를 믿고 있다. 그는 박학한 베이컨이 도저히 할 수 없는 잘못을 계속 저지르고 있다. 그가 그린 헥토르[11]는 아리스토텔레스의 말을 인용하고 있으며, 코

---

11) 트로이 전쟁에서 트로이군의 총사령관이자 첫째가는 장군.

리올라누스[12]는 카토[13]의 고사(故事)를 인용하고 있다. 또 '루페르칼리아(루페르쿠스 축제)'를 언덕의 이름이라 생각하고 있으며, 그가 이해하는 시저는 H.G. 웰스와 같을 정도로 깊다. 그는 젊었을 때의 생활과 결혼 생활의 괴로움을 수 없이 언급하고 있다. 그리고 셰익스피어는 스트래트퍼드의 난폭자로 도살자의 아들이었음을 완전히 벗어나지 못하는 술 마시고 떠드는 사람에게서 흔히 볼 수 있는 야비한 일이나 음탕한 짓이나 서투른 재담을 마구 해버리는데, 이러한 일은 냉정하고 조용한 이 철학자에게서는 거의 예상할 수 없는 일이다. 칼라일은 셰익스피어를 가장 위대한 지성인이라고 부르고 있지만, 그러나 그는 오히려 가장 위대한 상상가이며 가장 예리한 관찰자이다. 그가 심리학자임은 확실하지만, 철학자는 아니다. 그에게는 자기 자신의 생활과 인류의 생활에 대한 목적에 대해 통일된 사상 체계가 없다. 그는 사랑과 그 모든 문제에 몰두했고, 몽테뉴의 말을 빌리면 오직 상심할 때만 철학을 생각하는 데 불과하다. 그 밖의 점에서는 현세를 즐겁게 받아들여 플라톤이나 니체나 베이컨을 고귀하게 한 그 개조의 꿈에 마음을 태우고 있지는 않다.

베이컨의 위대한 점과 약점은 말할 나위 없이 통일에의 열정, 모든 과학 위에 조정적인 천재의 날개를 펴려는 욕구에 있다. 그는 플라톤처럼, '모든 것을 우뚝 솟은 암벽 위에서 바라본 탁월한 천재'가 되길 바랐다. 그는 자기 자신 위에 부과된 무거운 짐 때문에 쓰러졌다. 그는 그렇게 많은 일을 기획했기 때문에 실패한 것이므로 용서할 여지가 있다. 그는 과학의 '약속의 나라'에 들어가지는 못했지만, 그러나 카울리(영국의 시인)의 묘비명에 있듯, 적어도 그 국경에 서서 멀리 보이는 그 아름다운 나라를 가리킬 수는 있었다.

그의 사업은 간접적인 것이었음에도 위대했다. 그가 쓴 철학상의 저작은 지금은 잘 읽히지 않지만 '세계를 움직인 식자(識者)들을 움직였다.' 그는 르네상스의 낙천관과 결의를 웅변으로 표명했다. 지금까지 이 정도로 큰 자극을 준 사상가는 없다. 과연 제임스왕은 베이컨의 과학 장려의 제안을 거부하여 《신기관》은 '모든 지력을 초월한 신의 평화와 같은 것이다'라고 말했다.

그러나 1662년, 세계 최대의 과학자 학회가 된 영국 학사원을 창설한 보다

---

12) 기원전 6세기에서 5세기에 걸친 반전설적인 고대 로마의 귀족.
13) 통칭 '대 카토'로 로마의 정치가. 철저한 국수주의자로 옛 로마 규율의 진흥을 주장했다.

현명한 사람들은 베이컨을 '우리의 모범, 우리에게 영감을 준 사람'이라고 불렀다. 그들은《학문의 진보》가 가르치는 대로, 영국의 이 연구가 단체가 유럽 전체에 걸친 협동단체로 향하는 길을 닦아 주리라고 기대하고 있었다. 또 프랑스 '계몽주의'의 위인들은 지적 기획의 걸작 '백과전서'를 계획했을 때, 그것을 프랜시스 베이컨에게 바쳤다. 디드로는 '만일 이것이 성공했다면 우리는 좀더 많은 덕을 대법관 베이컨에게서 입었을 것이다. 그는 기술도 과학도 존재하지 않았던 시대에 기술과 과학의 포괄적인 사전의 계획을 제안했다. 이 비범한 천재는 기존 사실의 역사도 아직 쓸 수 없었을 때, 반드시 알지 않으면 안될 것에 대한 역사를 썼다'고 내용 설명서에서 말했다. 달랑베르는 베이컨을 '철학자들 중에서 가장 위대하고, 가장 포괄적인 그리고 가장 웅변적인 철학자'라고 불렀다. 당시의 의회는 베이컨의 저작을 국비로서 출판했다.

영국 사상의 그 후의 방침 및 경과는 완전히 베이컨의 철학에 따랐던 것이다. 세계를 데모크리토스풍(風)의 기계론적 개념으로 생각하는 그의 경향은 그의 비서 홉스에게 철저한 유물론적 출발점을 심어 주었으며, 그의 귀납법적 방법은 로크에게 관찰에 매달리고 신학과 형이상학에서는 해방된 경험적 심리학의 관념을 물려주게 되었다. 그리고 그의 '이익'과 '성과의 중시(重視)'는 벤덤의 유용과 선(善)을 동일시하는 법칙을 가져다주었다.

지배 정신이 체념 정신을 압도한 곳에는 어디나 베이컨의 영향이 있었던 것이다. 베이컨이야말로 하나의 대륙을 황야에서 기술과 과학의 보물나라로 바꾸고, 작은 반도를 세계의 중심이 되게 한 유럽인의 대변자이다. '인간은 바로 서서 걷는 동물이 아니고 불멸의 신들이다'라고 베이컨은 말했다. '조물주는 우리에게 전 세계만큼이나 큰 영혼을 주셨다. 아니 그 세계만으로도 만족할 수 없는 영혼을 주셨다.' 모든 것이 인간에게는 가능하다. 시대는 젊다. 우리에게 몇 세기만 부여하라. 그러면 우리는 일체를 지배하고, 만물을 새로 창조할 것이다. 아마 최후에 우리는 인간끼리 싸워서는 안 되고, 자연이 인간을 쓰러뜨리기 위해 내세우는 장애물과 싸워야 한다는 가장 귀한 교훈을 배울 것이다. 베이컨은 그 가장 고귀한 장(章)에 다음과 같이 썼다.

"인류의 노력에 세 가지 종류를, 이를테면 세 가지 단계를 구별하는 것은 적당하다. 첫째는 자기 세력을 본국에 확장하려는 사람들로, 이런 것은 저열하며 타락하고 있다. 둘째는 자기 나라의 세력이나 지배력을 인간 사이에 확대하려는 사람들로, 이것은 확실히 전자보다는 좀 낫지만 아직 욕심을 벗어나지 못했다. 그러나 만일 전 세계에 인류의 세력과 지배력을 수립하여 확대하려고 노력한다면 그 사람의 노력은 의심할 나위 없이 전자들보다 건전하고 고귀하다.”

정신을 몸에 붙이려는 상반된 이 염원에 의해 갈기갈기 찢어지는 것이 바로 베이컨의 운명이었다.

6. 결론

“높은 지위에 있는 사람들은 세가지 의미의 종이다. 즉, 주권자, 또는 국가의 종, 명성의 종, 그리고 직무의 종이며, 몸과 행동 심지어 시간에도 자유가 없다. ……높은 지위에 오르는 것은 힘든 일이며, 수고하여 더 큰 수고를 얻는 것이다. 그리고 때로는 천박한 일이기도 한데, 수치스러운 행동으로 높은 자리에 오르는 자가 적지 않기 때문이다. 멈춰 서면 미끄러지기 쉽고, 후퇴는 전락이거나 적어도 명예의 소멸이다.”

베이컨의 이 결론은 얼마나 욕심스러운 요약인가. ‘한 사람의 단점은 시대의 것이며 장점은 그 사람 자신의 것이다’라고 괴테는 말했다. 이것은 ‘시대정신’에 대해서는 좀 불공평한 것처럼 생각되나 베이컨의 경우에는 예외적으로 옳다.

재판관이 법정의 피고인으로부터 ‘선물’을 받는 것은 그 활발한 시대 풍습의 하나였다. 베이컨은 이 점에서는 시대를 초월하지 않았다. 그리고 몇 년분의 수입을 입체하여 지출을 계속한다는 그의 성벽(性癖)은 양심의 가책이라는 사치를 그에게 금하게 했다. 이러한 점도 에섹스 사건에서 적을 만들었으나 변설(辯舌)로 교묘하게 적을 자르지 않더라면 무사히 지냈을지도 모른다. 어떤 친구는 그에게 경고하여 “자네의 혀가 어떤 사람들에게 면도칼이었던 것처럼, 그들의 혀도 자네에게 언젠가는 면도칼이 될 것이라고……궁중에서는 평판이 자자하네”라고 말한 일이 있었다. 그러나 그는 이 경고를 묵살했다. 그는 황제에게 크게 호감을 산 듯 1618년에는 베룰람 남작이 되었고, 1621년에는 세인트 올번스 자작이 되었다. 그리고 3년 동안 대법관이었다.

그러나 갑자기 거센 바람이 불어왔다. 1621년, 기대에 어긋난 어떤 소송인이 그를 수뢰죄(受賂罪)를 고소했다. 그러한 일은 그때에도 진기한 것은 아니었으나, 베이컨은 당장 만일 적들이 그것을 강력히 주장하면 자기는 틀림없이 몰락하리라는 것을 알았다.

이리하여 그는 집에 들어앉아 사건의 전후를 알아보고 있었다. 그리고 적들이 그의 해직을 선동하고 있는 것을 알자 '고백과 겸손한 복종'이란 글을 왕에게 보냈다. 제임스는 현재 득세하여 뽐내고 있는 의회—베이컨은 지금까지 줄곧 의회로부터 제임스를 지켜왔는데—의 압력에 못 이겨 그를 런던 탑으로 보냈다. 그러나 베이컨은 이틀 후에 석방되었고, 과중한 벌금이 부과되었으나 왕에 의해서 면제되었다. 그의 자존심은 그리 손상되지 않았다. '나는 최근 50년 간, 영국에서 가장 공정한 재판관이었다. 그러나 이번 판결은 200년 동안 의회에서 가장 공정한 판결이었다'라고 그는 말했다.

그는 5년의 여생을 은둔과 가정의 평화 속에서 보냈다. 몸에 익숙지 않은 빈곤 때문에 고민은 했지만, 철학의 적극적인 추구로서 위안을 받았다.

그 5년 사이에 그는 가장 위대한 라틴어 저서 《데 아우그멘티스 스키엔티아룸》[14]을 썼고 《에세이》의 증보판 《숲속의 숲》이라 불리는 단편집과 《헨리 7세의 역사》를 출판했다. 베이컨은 좀 더 일찍 정치에서 발을 씻고 자기 시간을 문학과 과학에 쏟지 못한 것을 후회했다. 그리고 최후의 시간까지 연구에 종사했는데, 말하자면 전장에서 쓰러지고 싶었던 것이다.

수필 《죽음에 대하여》에서 그는 '상처를 입고 따뜻한 피가 흘러도 상처를 입은 순간에는 거의 아픔을 느끼지 않는 것과 같이 열심히 일을 하고 있을 때 죽고 싶다'고 말했다. 시저처럼 그도 자기의 숙원을 이루었다.

1626년 3월 런던에서 하이케이트로 가는 도중, 고기를 눈 속에 묻어 두면 얼마 동안이나 썩지 않고 있을까, 하는 문제를 생각하고 있는 동안, 당장에 이것을 실험해 보고 싶어졌다. 그리하여 한 농가에 들어가 말에서 내려 닭 한 마리를 사서 죽여 그 배 속에 눈을 집어넣었다. 그러고 있는 동안 오한이 나고 기분이 나빠졌다. 말을 타고 시가로 돌아가기에는 너무 기분이 나빴으므로 이

---

14) De Augmentis Scientiarum. 1622년 라틴어 번역에 착수했다.

웃에 있는 아런델 경(卿)의 저택으로 옮겨 달라고 명한 뒤, 이 저택에서 그는 자리에 눕게 되었다. 그때까지도 그는 생명을 단념하지 않고 쾌활하게 '실험은……훌륭하게 잘 성공했다'라고 썼다. 그러나 그것은 그의 마지막 편지가 되었다. 변화하는 생명의 불규칙한 흥분이 신체를 소모시켰던 것이다. 그는 이미 그 흥분에 의해 서서히 스며든 병마와 싸우기에는 너무도 허약했다. 이리하여 1626년 4월 9일, 그는 65세를 일기로 세상을 떠났다.

유언장에 그는 다음과 같이 오만하고도 특색 있는 말을 써놓았다.

"나는 영혼을 신에게 유증한다. ……신체는 사람 눈에 띄지 않게 슬쩍 파묻어라. 내 이름을 다음 세대와 외국의 모든 국민에게 전해 달라."

그다음 세대와 모든 인류는 그 유산을 받아들인 것이다.

스피노자

1. 역사 및 전기(傳記)

유대인 오디세이

바빌론유수[1] 이후 이방인들 사이로 뿔뿔이 흩어진 유대인의 역사는 그야 말로 유럽사(史)의 서사시를 이루는 한 편의 시(詩)였다. 로마인들에게 예루살 렘을 공략당해(70년), 고국에서 쫓겨난 이래 그들은 끝없는 도주와 생업인 상 업에 의해 세계의 여기저기로 파고들었다. 그들의 경전과 기억에 의해 위대한 종교 그리스도교와 마호메트교가 탄생했지만 그들은 오히려 그 신도들에게 박해받거나 살해당하곤 했다. 봉건 제도에 의해 토지를 소유할 수 없게 되었 고, 길드 제도로 말미암아 산업에 관여할 수 없게 되었으며, 인구 과잉 상태의 게토(유대인 지구)와 직업의 제한에 묶인 채 민중에게 폭행당하거나 군주들에 게 멋대로 착취당했다.

그런 상황 아래에서도 그들은 재정과 경제에 대한 천성을 살려 문명에 필 요한 마을과 도시를 건설해 나갔다. 그들은 사회에서 소외당하고 교회에서는 파문당하는 온갖 모욕과 위협에 처해 있었을 뿐 아니라, 아무런 정치조직도 갖지 않았으며 사회적 통일에 대한 어떠한 법적 강제력도 지니지 못했었다. 그 러나 놀라운 그들 민족은 공통된 언어조차도 없이 몸과 마음을 모두 자립하 여 그 종족과 문화를 본연의 모습으로 보호 유지했으며, 한결같은 사랑으로 옛 의식과 전승을 지키며 오직 인내로써 구원의 날을 기다렸다.

그러면서 예전보다도 그 민족의 수를 늘리고 모든 분야마다 천재들의 공헌 으로 명성을 떨쳐 그들은 2천 년의 방랑 끝에 의기양양하게 그 먼 옛날의 잊

---

1) 기원전 6세기에 두 차례에 걸쳐, 신바빌로니아에 의하여 정복당한 많은 유대인이 바빌론으로 끌려간 일. 이후 유대인은 오랜 세월 동안 방랑 생활을 하게 되었으며, 일부는 페르시아의 키 루스 이세의 포로 해방령에 의하여 기원전 538년에 예루살렘으로 귀국했다.

을 수 없는 고향에 다시 돌아왔다. 어떤 희곡이 이런 거대한 수난과, 갖가지 사건, 그리고 이 넓은 땅을 성취한 영광과 정의에 겨룰 수 있을까? 어떤 소설이 이 사실인 로맨스에 필적할 수 있을까?

유대인의 흩어짐은 성도(聖都 : 예루살렘)가 함락되기 몇백 년 전부터 시작된 것이다. 티레(페니키아의 고대 도시), 시돈 및 그 밖의 항구를 거쳐 유대인은 지중해 연안의 방방곡곡으로, 아테네, 안티오키아, 알렉산드리아, 카르타고, 로마, 마르세유, 그리고 멀리 에스파냐에까지도 퍼져갔다. 여호와의 신전이 파괴된 뒤로, 분산은 거의 집단 이주가 되었다. 그 움직임은 결국 두 방향으로 나뉘어 하나는 다뉴브 및 라인강을 따라 나가 그곳에서 후에 폴란드와 러시아로 들어갔으며, 다른 하나는 정복을 일삼던 무어인과 함께 에스파냐와 포르투갈로 들어갔다.

에스파냐로 들어간 유대인은 1492년 페르디난드(당시 에스파냐 왕)가 그라나다를 정복하고, 무어인이 결정적으로 쫓겨날 때까지 크게 번영했다. 이제야말로 이 반도의 유대인은 이슬람교(마호메트교)의 관대한 권세 아래 누리던 자유를 잃었다. 종교재판은 그들에게 그리스도교로 개종하여 세례를 받든지 추방되어 재산을 몰수당하든지, 둘 중의 하나를 선택하라고 강요했다. 이것은 교회가 유대인에게 폭력으로 적대한 것이 아니고—사실 사제들은 종교재판의 만행에 거듭 항의했으므로—, 이 이인종(異人種)이 부지런히 축적한 부(富)로써 자신의 주머니를 두둑이 채우려 했던 에스파냐 왕의 의도였던 것이다. 콜럼버스가 미국을 발견한 것과 거의 같은 해에 페르디난드는 유대인을 발견했다.

대부분의 유대인은 더욱 곤란한 쪽을 택하여 다른 곳으로 피난처를 찾았다. 어떤 자는 배를 타고 제노아와 이탈리아의 여러 항구에 들어가려 했으나 그것도 거절당하고, 더해 가는 쓰라림과 병고와 싸우면서 항해를 계속하여 아프리카 해안에 이르렀다. 그러나 대다수는 보석을 숨기고 있다는 의심을 받아 살해되었다. 소수의 사람들은 베네치아(베니스)에 수용되었는데, 이는 베네치아의 해상 발전에 유대인의 공이 얼마나 큰가를 알기 때문이었다. 또 어떤 자는 콜럼버스의 항해에 자금을 제공하여, 동족의 한 사람인 이 대항해자가 자기들을 위한 새로운 고향을 발견해 주기를 기대했다. 그러나 유대인의 대다수는 그 무렵, 위험한 항해로 대서양을 건너 그들에게 적의를 갖고 있는 영국과 프랑스 사이를 빠져나가 마침내 소국이지만 너그러운 네덜란드에서 다소 환영을 받았다. 이 유대인 중에 에스피노자(Espinoza)라고 불리는 포르투갈계(系)의 한 집안이 있었다.

그 후 에스파냐는 쇠퇴하고 네덜란드는 번영했다. 유대인은 그들 최초의 시너고그(교회당)를 1598년 암스테르담에 세웠다. 그리고 75년 뒤에 두 번째로 유럽에서 가장 장려한 교회당을 건립했을 때, 그리스도 교도인 이웃 사람들은 이 사업에 자금을 제공하여 그들과 힘을 합쳤다. 화필이 독특한 렘브란트의 그림에서 볼 수 있는 상인들의 기쁨이나 랍비(유대의 율법사)들의 만족감으로 보아 당시의 유대인들은 참으로 행복했던 것 같다. 그러나 17세기 중엽에 이르러 그들의 평온함은 교단 내부의 치열한 논쟁으로 깨졌다. 다른 몇몇 유대인도 그러했지만, 르네상스의 회의적인 영향을 받은 다감한 청년 우리엘 아코스타는 내세의 신앙을 심하게 공격한 논문을 썼다. 이 부정적 태도는 오랜 유대교의 교의(教義)에 반드시 위반되는 것은 아니었으나, 교회당은 그들을 관대히 받아들인 사회의 반감을 살 것을 두려워하여 그에게 공개적으로 철회하도록 강요했다. 이 요지는 그리스도교의 근본 교의에 중대한 공격을 가하는 이론(異論)에 대해서는 용서 없이 적대시한다는 것이었다. 그리하여 청년에게 부과된 철회와 징벌의 형식은 그를 교회당 입구에 엎드리게 하고 그 위를 모든 교도들로 하여금 짓밟게 한다는 것이었다. 이 치욕을 견뎌내지 못한 우리엘[2]은 집으로 돌아가 박해자들에 대한 격렬한 비난의 글을 써놓고 총으로 자살하고 말았다.

이것은 1640년 일이었다. 그때 ‘근대의 가장 위대한 유대인’이며, 근대 철학자 중 가장 위대한 철학자인 바뤼흐 스피노자는 열다섯 살의 소년으로 교회당에서 총애를 받는 생도였다.

스피노자의 교육
유대인의 오디세이는 스피노자의 정신적 배경을 이루고 있었으며, 스피노

---

2) 카를 구츠코브(Kal Gutzkow, 1811~1878년 독일의 작가)는 이 이야기를 비극 《우리엘 아코스타》 (1846년)로 썼는데, 지금도 유럽에서는 종종 상연하고 있다. [원주]

자로 하여금—뒤에 추방했음에도 불구하고—언제나 유대인의 긍지를 갖게 했다.

아버지는 성공한 상인이었는데, 이 젊은이는 그 길이 성미에 맞지 않아서 오히려 교회나 그 주위에서 시간 보내기를 좋아했으며, 자기 민족의 종교와 역사를 속속들이 섭렵했다. 그는 우수한 생도로서 장로들은 그를 가리켜 자기들 사회와 신앙의 빛이 될 것이라고 생각했다. 곧 그는 성서 그 자체에서 탈무드(유대교 율법의 주석서)의 극히 정세한 주석서(註釋書)로 나갔으며, 다시 마이모니데스(유대인 철학자), 레비 벤 게르손(프랑스의 유대인 철학자), 이븐 에즈라(에스파냐의 유대인 철학자), 그리고 하스다이 크레스카스(에스파냐의 스콜라 학자)의 저서(著書)로 나갔다. 그리고 닥치는 대로 마구 읽어가 마침내는 이븐 가비롤, 에스파냐의 유대인 철학자의 신비철학, 코르도바의 모세의 카바라적 교설에까지 손을 뻗쳤다.

그는 후자가 신과 우주를 동일시하고 있는 데 몹시 놀랐다. 그리고 세계의 영원을 가르친 벤 게르손의 사상이나 물질계를 신의 신체라고 본 하스다이 크레스카스의 사상을 추구했다. 그는 마이모니데스를 잊고 불사(不死)는 아베로에스 개인의 것이 아니라는 학설에 반긍정을 했으나, '의혹자의 지침' 속에서 나갈 길을 발견하기는커녕 오히려 곤혹을 느꼈다. 왜냐하면 이 위대한 랍비는 대답보다는 오히려 의문을 제기하고 있기 때문이었다. 그리고 스피노자는 《구약》의 여러 가지 모순과 진실 같지 않은 점이 마이모니데스의 해결 방법을 잊어버리고 나서도 오랫동안 머릿속에 남아 있음을 깨달았다.

신앙의 극히 교묘한 옹호자들이 실은 신앙의 가장 큰 적이다. 왜냐하면 그들의 교묘함은 의혹을 일으켜 정신을 자극하기 때문이다. 마이모니데스의 저서가 그러했으나 이븐 에즈라의 주석은 한층 더해서 거기에는 낡은 신앙의 여러 문제가 한층 더 솔직하게 표현되어 있으며, 이따금 풀 수 없는 문제로서 방치되어 있었다. 그리하여 많이 읽으면 읽을수록, 깊이 생각하면 생각할수록 스피노자의 단순한 확신은 불가해와 회의 속으로 녹아들었다.

호기심에 이끌린 그는 그리스도교 세계의 사상가들이 신과 인간의 운명이란 중대한 의문에 관해서 어떻게 썼는가를 연구하려고 생각했다. 그래서 네덜란드의 학자 판덴 엔데에게 라틴어를 배우기 시작하여 좀 더 넓은 경험과 지

식의 세계로 들어갔다. 이 새 선생은 이단
자다운 점이 있는 신조와 정치의 비평가로
서, 서재를 떠나 프랑스에 대한 음모에 가
담하여 1647년 단두대의 이슬로 사라진 모
험적인 사람이었다. 그에게는 아름다운 딸
이 하나 있었는데, 스피노자의 애정을 얻고
자 성적이 좋은 라틴어의 경쟁 상대가 되
었다. 오늘날의 대학생들도 이러한 권유자
가 있으면 기꺼이 라틴어를 공부할지도 모
른다.

스피노자

　그러나 이 젊은 숙녀는 그다지 지적이지
못했기 때문에 이 다시없는 기회를 놓치고 말았다. 한 구혼자가 나타나 비싼
선물을 보내오자 스피노자에 대한 관심을 잃어버리고 말았던 것이다. 우리의
주인공이 철학자가 된 것은 의심할 바 없이 이 순간 때문이었으리라.

　아무튼 스피노자는 라틴어를 정복했다. 그리고 라틴어를 통해서 고대와 중
세 유럽 사상의 유산에 손을 댔다. 그는 소크라테스, 플라톤, 그리고 아리스
토텔레스를 공부한 것 같지만 그들보다는 오히려 위대한 원자론자들, 즉 데모
크리토스, 에피쿠로스, 루크레티우스 쪽을 좋아했다. 또한 스토아 철학자들은
그에게 확고한 감화의 흔적을 남겼다. 그는 스콜라 철학자의 저서를 읽고, 그
들에게서 단순히 그 술어뿐만 아니라 공리·정의·정리·증명·비고 및 계(系)를
써서 설명하는 기하학적 방법을 이어받았다.

　또한 그는 브루노(1548~1600년)를 연구했다. 이 위대한 반역자의 가슴에 불
타고 있던 불은 '코카서스의 모든 눈(雪)으로도 끌 수 없었고,' 그는 이 나라에
서 저 나라로, 이런 신조에서 저런 신조로 탐구와 경탄(驚嘆)의 여행을 계속하
여 언제나 '열고 들어간 그 문으로 다시 나왔다.' 그리고 마침내 종교재판에서
'될 수 있는 대로 자비롭게 피를 흘리지 않고' 죽인다. 즉 화형에 처한다는 판
결이 내려졌다.

　어쩌면 이다지도 풍부한 사상이 이 낭만적인 이탈리아인에게 있었던가. 그
첫째 사상은 통일이라는 중심 사상이었다. 모든 실재는 실제로 하나이다. 원인

에서도 하나이며 근원에서도 하나이니, 신과 이 실재도 하나이다. 또 브루노에게서는 정신과 물질도 동일한 것이다. 실재의 모든 미분자는 물적인 것과 심적인 것으로 나뉘어질 수 없이 조합되어 있다.

그러므로 철학의 과제는 다양한 가운데 통일을, 물질 속에서는 정신을, 그리고 정신 속에서 물질을 인정하는 것이며, 반대와 모순이 합쳐서 융화와 총합을 발견하는 일이며, 신의 사랑의 지적(정신적) 영상인 우주적 통일의 저 최고 인식에 도달하는 것이다. 이러한 사상은 모두 스피노자 사상의 내부구조를 이루는 부분이 되기에 이르렀다.

최후로, 그리고 누구보다도 먼저 데카르트(1596~1650년)—그는 근대 철학에 있어 주관적인 관념론적 전통의 아버지였다(베이컨이 객관적인 실재론적 전통의 아버지였듯이)—에게 영향을 받았다. 프랑스의 신봉자에게나 영국의 적대자에게나 데카르트의 중심개념은 의식의 우위(優位)였다. 즉 정신은 다른 무엇보다도 직접 정신 그 자체를 안다는 것, 정신은 감각 및 지각에 의해서 받아들여진 외계의 인상을 통하여 외계를 안다는 것, 그 결과로써 모든 철학은—다른 모든 것은 의심하지 않으면 안 되지만—개인의 정신, 다시 말해서 자기에게서 출발하여 그 최초의 명제(命題)를 'cogito, ergo sum(나는 생각한다. 그러므로 나는 존재한다.)'이라는 세 마디로 표현한다는 것 등으로 얼핏 보아 명백한 주장이었다. 아마도 이 출발점에는 다소 르네상스의 개인주의가 있으며, 확실히 거기에는 후세의 사변의 근원이 되는 것이 있었다. 마치 요술쟁이의 모자 속과 같이. 이제 인식론의 위대한 게임이 시작되어 라이프니츠, 로크, 버클리, 흄, 칸트로 이어지면서 근대 철학을 자극하는 동시에 황폐하게 만든 '3백 년 전쟁'으로 확대되었다.

그러나 데카르트 사상의 이 측면은 스피노자의 관심을 끌지 못했다. 그는 인식론의 미궁으로 빠지고 싶지는 않았던 것이다. 그의 주의를 끈 것은 물질의 모든 형식의 기초에 있는 동질적 '실체'와 정신의 모든 형식의 기초에 있는 또 하나의 동질적 실체라는 데카르트의 착상이다. 실재를 이렇게 두 개의 궁극적 실체로 나누는 것은 스피노자의 통일화된 열정에 대한 도전으로, 그의 사상의 축적 위에 수태하는 정자와 같은 작용을 했다. 그의 관심을 끈 것은 신과 영혼을 제외한 세계의 만물을 기계적인 수학적 법칙에 의해서 설명하려는 데카르트의 시도였다. 이 사상은 레오르도나 갈릴레오에 소급하는 것으로 틀림없이 이탈리아 여러 도시에서의 기계 및 산업의 발달을 반영하고 있다.

데카르트는 이렇게 말하고 있다―아낙사고라스가 그보다 2천 년이나 전에 말한 것처럼―. 신에 의해 최초의 자극이 주어지면 그 후의 천문, 지질, 기타의 모든 비정신적 과정 및 발전은 최초엔 분산된 형태로 존재하는 동질적 실체로서 설명될 수 있으며―칸트와 라플라스의 '성운설'―모든 동물의 운동은 물론 인체의 운동까지도 기계적 운동이다. 예를 들어 혈액 순환이나 반사 작용처럼 세계 전체와 모든 물체는 하나의 기계다. 다만 세계의 밖에는 신이 있고, 물체 안에는 영혼이 있다고.

여기서 데카르트는 멈추었다. 그러나 스피노자는 열심히 앞으로 나가려고 노력했다.

파문

이상은 외적으로는 평온한 듯하면서도 내적으로는 불안한 젊은이의 정신적 선행사정(先行事情)인데 이 젊은이는 1656년(그는 1632년생이다), 이단이라는 이유로 교회당의 장로들 앞에 불려갔다. 장로들은 물었다.

"그대가 친구들에게 신은 신체―물질의 세계―를 가지고 있을지 모른다. 천사는 환상일지 모른다, 영혼은 단순히 생명일지도 모른다, 그리고 《구약》은 불사(不死)에 관해서는 아무 말도 하지 않았다고 한 것이 사실인가?"

우리는 그가 뭐라고 대답했는지 모른다. 다만 알고 있는 것은 겉으로만 이라도 교회당과 신앙에 충실할 것을 맹세한다면 5백 달러의 연금을 주겠다고 한 그 제의를 거절하여, 1656년 7월 27일에 헤브라이의 종교의식에 의한 음울한 수속으로 파문당했다는 것뿐이다.

"저주의 말이 읽히는 동안 이따금 커다란 뿔피리의 길게 꼬리를 끄는 처량한 소리가 울렸다. 식이 시작될 때 환하게 타던 등불은 식이 진행됨에 따라 하나씩 하나씩 꺼져서, 마침내 마지막 등불도 꺼졌다―파문된 자의 영적 생명의 소멸을 상징한다―그리고 회중(會衆)들은 캄캄한 어둠 속에 남겨졌다."

판 블로텐은 이날 쓰인 파문서를 우리에게 전해 주고 있다.

"고하노라, 교법회의의 간부는 일찍이 바뤼흐 데 스피노자의 나쁜 견해와 소행을 충분히 확인하고 온갖 수단과 약속으로써 그를 사도(邪道)에서 전향케 하려고 애썼으나, 모든 노력은 수포로 돌아갔노라. 이에 그는 오히려 무서운 이단을 품고 이를 공언했을 뿐 아니라, 이단을 선전하여 세상에 퍼뜨린 사실을 확인할 증인들도 많으므로 장로들은 스피노자의 유죄를 인정하노라. 따라서 자세한 것을 교법회의 수반(首班) 앞에서 재조사케 한 바 간부들은 스피노자를 파문하고, 이스라엘의 국민에게 제적하여 지금부터 다음의 조문으로써 영벌(永罰)에 처하기로 동의할 것을 결의했노라.

천사들의 심판과 성자들의 판결에 의해, 우리들은 6백13개 조항의 규정을 기록한 성서 앞에서 성스러운 교단 전원의 동의를 얻어 엘리사가 그 자녀들을 저주한 조문과 율법서에 기록된 일체의 주문으로 바뤼흐 데 스피노자를 파문하고 저주하며 추방하노라.

그는 낮에도 저주받고 밤에도 저주받으며, 잘 때도 저주받고 일어날 때도 저주받을지어다. 주께서도 그를 결코 용서치 않으시옵고, 또한 인정하시지 않을 것이로다. 주의 노여움이 지금부터 그 위에 임하며, 율법서에 기록된 모든 저주가 그를 압박하여 그의 이름을 이 세상에서 지워버리실 것이로다. 주께서 그를 나쁘게 여기시어 이스라엘 종족으로부터 제거하시고, 율법서에 기록된 모든 하늘의 저주로 괴롭히실 것이로다. 또한 신께 순종하는 자는 오늘날 구원을 얻을 것이로다.

이로써 각자를 훈계하노라. 누구나 입으로 그와 말을 주고받지 말고, 글로써 그와 의사를 주고받지 않도록 하라. 아무도 그를 돌보지 마라. 아무도 그와 한 지붕 밑에서 살지 마라. 아무도 그에게서 에르렌 거리의 근처 이내로 접근하지 말 것이며, 누구도 그가 입으로 전했거나 글로 쓴 문서를 읽지 말 것이로다."

너무 성급하게 교회당 지도자들을 비평해서는 안 된다. 그들은 기묘한 상황에 직면해 있었기 때문이다. 분명히 그들은 에스파냐에서 자기들을 쫓아 버린 종교재판과 마찬가지로 이단에 대해 너그럽지 못하다는 비난을 받고 싶지는 않았던 것이다. 그러나 그들은 유대교 교의와 그리스도교 교의에 회의를 갖고 공격하는 자를 파문하는 것은 자기들을 환대해 준 네덜란드에 대한 보은이라고 생각했다.

그 무렵 프로테스탄티즘(신교)은 요즈음과 같이 자유롭고 융통성 있는 철학이 아니었다. 종교 투쟁은 모든 종파로 하여금 저마다의 신조를 굳게 지키게 했는데, 그들은 최근에 신조 옹호를 위한 유혈(流血) 이래 더욱더 그들의 신조를 소중하게 지켰던 것이다. 처음엔 아 코스타와 같은 사람을 추방하고, 다음 세대에는 스피노자와 같은 사람을 추방함으로써 그리스도 교도의 관용과 보호에 대하여 보은하려고 한 유대인 교단에 대하여 네덜란드 당국은 어떻게 평했겠는가? 또한 장로들에게는 종교적 화합이 암스테르담에서의 많지 않은 유대인의 단결을 보존해나가는 유일한 수단이며, 온 세계에 분산되어 있는 유대인의 통일을 유지하고 신앙을 보전하는 거의 최후의 수단이라고 생각되었던 것이다. 만약 그들이 그들 자신의 국가, 그들 자신의 민법을 가졌고, 내부의 단결을 굳히고 외부의 존경을 받는 데 필요한 세속적(비종교적) 세력이나 권력이 있는 그들 자신의 조직을 가지고 있었더라면, 그들은 좀 더 관대했을지도 모른다.

그러나 그들의 종교는 그들에게는 신앙심과 동시에 애국심이며, 교회당은 예배와 숭배의 중심임과 동시에 사회, 정치 생활의 중심이었다. 그리고 스피노자가 그 진실성을 비평한 성서는 그들 민족의 '휴대할 수 있는 조국'이었던 것이다. 그들은 그런 형편이어서 이단은 반역이며, 관용은 자살이라고 생각했다.

그들은 대담하게 이러한 위험을 무릅쓰고라도 관대한 처분을 했어야 옳을 것이라는 생각이었겠지만, 사람을 옳게 재판한다는 것은 사람의 피부를 벗기는 것과 마찬가지로 곤란하다. 그때 므낫세 벤 이스라엘은 암스테르담의 유대인 공동체 전체의 수령이었는데, 이 사람이라면 무언가 융화의 방식을 발견하여, 교회당과 철학자가 평화롭게 공존할 여지를 발견했을지도 모르겠다. 그러나 이 위대한 랍비는 그 무렵 런던에 있었으며, 유대인을 위해 영국의 문호를 개방케 하려고 크롬웰을 설득하고 있었다. 이미 스피노자는 전 세계의 것임이 운명 지워져 있었던 것이다.

은둔과 죽음

그는 평온한 용기로써 파문을 감수하여 '그것은 나에게 어떠한 경우에도 해서는 안 될 일을 강요하는 것은 아니다'라고 했다. 그러나 이것은 어두운 밤의 휘파람이었다. 실로 이 젊은 연구가는 혹독한 고독에 몰려 있었던 것이다. 고독처럼 무서운 것은 없다. 그중에서도 한 사람의 유대인이 동족 전체에서 고립된 것처럼 처절한 고독은 없다. 스피노자는 이미 낡은 신앙의 상실에 괴로워했다. 정신의 알맹이를 이토록 뿌리째 뽑는 것은 일종의 대수술이어서 많은 상처를 남긴다. 만약 스피노자가 또 하나의 교회(그리스도 교회)에 들어갔다면, 다시 말해서 사람들이 암소처럼 온기를 취하기 위해 서로 밀면서 몰려 있던 또 다른 정통 신앙을 받들었다면, 그는 뛰어난 개종자(改宗者)의 역할을 하여 가족과 민족으로부터 완전히 버림받음으로 생활을 조금은 되찾았을 것이다. 그러나 그는 다른 어떠한 종파에도 가담하지 않고 고독한 생활을 했다. 아들이 헤브라이 학문에 뛰어나기를 낙으로 기다리던 아버지는 아들과 인연을 끊고 말았다. 누이동생은 그를 업신여겨, 얼마 되지 않는 상속 재산을 빼앗으려 했다. 이전의 친구들은 그를 회피했다. 사실 스피노자에게 유머가 적었던 것도 이상한 일이 아니다. 또한 그가 율법의 관리자(신학자)들을 생각할 때마다 다음과 같은 신랄한 비평을 토로하는 것도 이상한 일이 아니다.

"기적의 원인을 탐구하고자 하는 자, 자연의 사물을 철학자로서 이해하여 어리석은 자처럼 그것에 경탄의 눈을 크게 뜨고 보려 하지 않는 자는 당장 이단이나 불경하다고 간주되어 민중들로부터 자연과 신들의 통역자로 숭배 받는 자들에게 진실로 그렇다는 선고를 받는다. 왜냐하면 이자들은 일단 무지가 없어지면 자기의 권위를 유지할 유일한 수단인 감탄도 함께 없어질 것을 알고 있기 때문이다."

파문 후 얼마 되지 않아 그의 경험은 극점에 달했다. 어느 날 밤, 스피노자가 거리를 걷노라니 경신(敬神)을 표방한다는 한 흉한이 신학의 위력을 살해의 형식으로 나타내고자 이 젊은 연구자에게 단도로 습격해 왔다. 스피노자는 재빠르게 몸을 피하여 목에 대수롭지 않은 상처를 입었을 뿐 위험을 모면했다. 철학자에게 안전한 장소가 이 세상에는 적다고 단정하고, 그는 암스테르담 시외의 아우델게르크가의 조용한 고미다락방으로 옮겨 살았다.

그가 바뤼흐라는 그 이름을 베네딕투스[3]로 바꾼 것은 아마 이때일 것이다.

---

3) 스피노자의 이름은 원래는 포르투갈 말로 Bento라 하고, Baruch는 헤브라이 이름, Benedictus 는 라틴 이름임.

숙소의 주인 부부는 메노파(派)⁴⁾인 그리스도교도로, 어느 정도는 이교도를 이해할 수 있는 사람들이었다. 그들 부부는 그의 다정스러워 보이는 표정이 마음에 들었다(고난을 겪은 사람들은 대개는 매우 표독해지거나 반대로 매우 온순해지거나 하는 법이다). 그리고 그가 이따금 저녁때 아래층으로 내려와 함께 담배를 피우면서 꾸밈없는 이야기 상대로서 기분을 맞추어 주는 것을 매우 기쁘게 여겼다.

그는 처음에는 판덴 엔데의 학교에서 아이들을 가르치는 것으로, 나중에는 다루기 어려운 재료를 다루는 것이 취미였던 것처럼 렌즈를 갈아서 생계를 이어갔다. 그는 유대인 사회에서 사는 동안 렌즈 가는 기술을 익혔는데, 그것은 학자라면 누구나 어떤 재주나 기술을 익혀 두어야 한다는 헤브라이의 율법에 따른 것이었다.

그것은 단순히 면학과 충실한 교수만으로는 좀처럼 생계를 세울 수가 없다는 이유에서뿐만 아니라, 가말리엘(바울의 스승인 예루살렘의 율법학자)이 말했듯, 노동은 사람을 유덕하게 한다. 그러므로 '직업을 가지고 있지 않은 학자는 결국 부랑인이 되고 만다'는 이유에서다.

5년 후(1660년) 하숙집 주인이 레이덴 근방의 린스부르크로 이사를 했으므로 스피노자도 함께 이사했다. 그 집은 지금도 남아 있어 그 거리는 철학자의 이름으로 불리고 있다. 그 후 생활은 어렵지만 사고력은 깊어진 몇 년을 보냈다. 이틀이고 사흘이고 방에 틀어박혀 아무도 만나지 않고, 조악한 식사를 위로 날라 오게 한 적도 몇 번이나 있었다.

렌즈는 잘 만들어냈지만, 그러나 충분한 벌이가 될 정도로는 이어지지 않았다. '성공한 사람'이 되기에는 너무도 지혜를 사랑했던 것이다. 이 하숙에서 스피노자를 직접 알고 있던 사람들의 보고에 따르면, 철학자의 소전(小傳)을 쓴 콜레루스는 다음과 같이 말하고 있다.

"그는 그 회계를 매우 주의 깊게 계산했다. 해마다 꾸어 써야만 할 금액보다 많거나 적게 쓰지 않기 위해서였다. 그리고 그는 곧잘 집안사람들에게, 나는 꼬리를 입에 문 뱀과 같다고 말하곤 했다. 그것은 연말에는 한 푼도 남기지

---

4) 메노파 사제(Menno Simons, 1492~1559)가 창설한 종교로 재세례파에 속한다.

않았다는 뜻이다."

그러나 이렇듯 조촐하게 살면서도 그는 행복했다. 어떤 사람이 이성보다는 계시를 믿으면 어떻겠냐고 권하자 그는 이렇게 대답했다.

"비록 내가 때때로 나의 자연적 오성으로 수집한 결과가 진실이 아님을 발견하는 일이 있다 하더라도 나는 그것을 불만으로 생각하지 않는다. 왜냐하면 내게는 그 자체가 유쾌하기 때문이다. 그리고 나의 나날은 탄식과 슬픔이 아니라 평화와 밝음과 환희 속에서 지나가고 있기 때문이다."

'만일 나폴레옹이 스피노자처럼 총명했더라면' 하고, 어떤 위대한 현자(賢者)는 말하고 있다. '나폴레옹은 고미다락방에 살면서 네 권의 책을 썼을 것이다'라고.

스피노자가 조그마한 단편 《지성개선론》과 《윤리학》을 쓴 것은 이 5년간의 린스부르크 체류 중의 일이었다. 후자는 1665년에 탈고했지만, 10년 동안이나 그것을 출판하려고 하지는 않았다.

1668년 아드리안 쿠르바흐는 스피노자와 비슷한 견해를 공표했기 때문에 10년 동안 감옥에 들어가게 되었으며, 18개월의 복역 끝에 죽었다. 1675년에 스피노자는 그의 주저(主著)를 이제는 안심하고 출판할 수 있으리라 생각하고 암스테르담으로 갔다. 그때, 친구인 올덴부르크에게 써 보낸 편지는 다음과 같다.

"신이 존재하지 않는다는 것을 증명하려고 애쓴 나의 저서가 머지않아 세상에 나올 모양이라는 소문이 퍼지고 있네. 이 평판은 유감스럽게도 많은 사람들에게 사실로 받아들여지고 있는 모양이네. 어떤 신학자들은—그들 자신이 아마 이런 소문을 맨 먼저 퍼뜨리기 시작한 사람이겠지만—이 기회를 이용하여 나를 오란니에 공(公)에게 고소했네. ……이런 신학자들이 곳곳에 숨어서 나를 기다리고 있다고 말하는 나의 신뢰하는 친구로부터 이 사실을 알았으므로, 나는 사태가 어떻게 바뀔지 징후가 보일 때까지 출판 계획을 연기하기로 했네."

스피노자가 죽은 뒤 처음으로 《에티카》, 미완성인 《국가론》 및 《무지개에 관한 논문》이 함께 발표되었다(1677년).

스피노자가 자신의 손으로 생전에 출판한 책으로는 1663년의 《데카르트 철학의 원리》와 1670년에 익명으로 공표된 《신학정치론》뿐이며, 후자는 즉시 '금서목록'에 추가되는 영예를 입어 당국에 의해 판매가 금지되었다. 그 덕택으로 그 책은 의학 논문이나 역사서로 보이도록 표지를 바꾸어 상당히 널리 유포되었다. 이에 대해 무수한 반박서가 써졌는데 어떤 사람은 스피노자를 '지금까지 지구상에 살았던 무신론자 중 가장 불경한 자'라고 불렀다. 콜레루스는 이 반박문을 '무한한 가치를 지닌 불멸의 재보(財寶)'라고 평하고 있다.

지금 남아 있는 비평은 이것뿐이지만, 이와 같은 사회적 징벌에 부가하여서 스피노자를 회개시키려는 편지가 다수 날아들었다. 예전의 제자로서 가톨릭으로 개종한 알베르 버그의 편지는 아마도 그 본보기가 될 것이다.

"선생님은 마침내 참다운 철학을 발견했다고 믿고 계십니다만 선생님의 철학이 이 세상에서 일찍이 가르쳤고 현재 가르치고 있고 앞으로도 가르칠 모든 철학 중 최상의 철학이라는 것을 어떻게 식별하시겠습니까? 장래에 생각하게 될지도 모르는 철학은 제외하고라도 이곳에서, 인도에서, 온 세계에서 가르치고 있는 고금의 철학을 모조리 검토해 보셨습니까? 설사 그것들을 충분히 검토하셨다 하더라도 어떻게 최상의 철학을 선택했다는 것을 식별할 수 있습니까?……어떻게 선생님 자신을 모든 교부(敎父)·예언자·사도·순교자·교회 박사와 고해 신부 위에 감히 올려놓으실 수 있겠습니까? 벌레와 같은 불쌍한 지상의 인간일 뿐 아니라 오래지 않아 죽어 구더기의 먹이가 될 선생님이 어떻게 영원한 지혜에 대하여 말하기조차 끔찍한 불경스러운 말을 던지신단 말입니까? 무슨 근거로 이 분별없고 엉뚱하고 한탄스러운, 저주받을 학설을 가지고 계십니까? 악마와 같은 어떤 오만한 마음이 가톨릭의 교도자들조차도 터득할 수 없다고 언명하고 있는 신비에 판단을 내릴 정도로 선생님을 자만하게 했을까요, 운운."

이에 스피노자는 이렇게 대답하고 있다.

"자네는 마침내 최상의 종교를, 또는 최상의 교사들을 발견했다고 생각하고 그들의 덕택으로 경신(輕信)의 성질이 굳어졌다고 생각하는 모양이지만, 자네는 그들이 일찍이 종교를 가르쳤고, 현재 가르치고 있으며, 앞으로 가르칠 교사들 중 최상의 교사임을 어떻게 아는가? 자네는 이 땅에서, 인도에서 온 세계에서 가르치고 있는 모든 종교를 검토했는가? 자네가 충분히 그것들을 검토했다 하더라도 어떻게 자네가 최상의 종교를 선택한 줄 아는가?"

분명히 이 얌전한 철학자도 필요할 때에는 확고한 태도로 나아갈 수 있는 주장이 있었던 것이다.

모든 편지가 이처럼 불쾌한 것만은 아니었다. 대부분은 원만한 교양과 높은 지위를 지닌 사람들에게서 온 편지였는데, 이 편지를 보낸 사람들 중 가장 우수한 사람은, 이 무렵 창립된 영국 학사원의 서기관 하인리히 올덴부르크, 독일의 젊은 발명가이며 귀족인 폰 치른하우스, 네덜란드의 과학자 하위헌스, 철학자 라이프니츠(그는 1676년 스피노자를 방문했음), 헤이그 출신인 의사 루드비코 메이에르 및 암스테르담의 부유한 상인 시몬 드 브리스이다.

드 브리스는 스피노자를 무척 숭배했으므로 1천 달러의 증여금을 받아주기를 간청했으나 스피노자는 거절했다. 그 후 드 브리스가 유언서를 작성하여 막대한 자기의 재산을 고스란히 스피노자에게 물려줄 것을 제의했을 때, 스피노자는 드 브리스를 설득하여 그것을 동생에게 남기도록 했다.

이 상인이 죽었을 때, 소유지의 수입 중에서 2백50 달러의 연금을 스피노자에게 지불하도록 유언한 사실을 알았다. 스피노자는 "자연은 극히 적은 것으로 만족하고 있다. 자연이 그러므로 나도 그렇게 하리라"고 말하면서 그것을 거절하려 했지만, 그러나 마침내 설복되어 1년에 1백50 달러씩 받게 되었다. 또한 사람의 친구인 얀 더빗―네덜란드 공화국의 원수―은 5백 달러의 국가 연금을 그에게 주었다. 마지막으로 '짐은 곧 국가'라고 말한 루이 14세로부터, 다음 나올 저서를 자기에게 헌정한다면 거액의 연금을 주겠다는 제안이 왔으나 스피노자는 정중하게 이를 거절했다.

친구와 그에게 편지를 보내는 이들의 의견에 따라 스피노자는 1665년 헤이그 교외의 보르뷔르흐로, 1670년에는 헤이그로 이사했다. 말년에 그는 얀 더빗과의 애정 어린 우정을 나누었다. 1672년 얀 더빗과 그의 동생은 거리에서 폭동을 일으킨 군중들에게 살해당했는데, 성난 군중은 네덜란드군이 프랑스군에 패배당한 책임이 그들에게 있다고 믿었다. 스피노자는 불명예를 각오하고 울음을 터뜨릴 수밖에 없었다. 만일 늘 자신을 억제해온 힘이 그에게 없었다면 그는 제2의 안토니우스가 되어 이 범죄를 고발하고자 현장으로 달려갔으리라. 그 후 얼마 지나지 않아서 프랑스군의 사령관인 콩데 공(公)이 스피노자를 사령부로 초대했다. 그 자리에서 콩데 공은 스피노자에게 프랑스 왕실 연금을 주겠노라 제안하며 자신과 함께 있던 스피노자 숭배자들을 소개했다. 스피노자는 민족주의자라기보다는 '선량한 유럽인'과 다름없었으므로 전선을 넘어 콩데의 진영으로 가는 것을 이상하게 여기지 않았다. 그러나 그가 헤이그로 돌아왔을 때 그의 프랑스 방문 소식은 널리 퍼져 있었고 사람들은 분노로 들끓었다. 스피노자의 하숙집 주인인 판덴 스파이크는 자신의 집이 공격받지나 않을까 두려움에 떨었다. 그러나 스피노자는 그를 진정시키며 이렇게 말했다. "나는 어떤 반역 혐의라도 쉽게 해명할 수 있습니다. 하지만 사람들이 조금이라도 당신을 괴롭힐 기색이 보인다면, 아니 당신 집 앞에 모여서 떠들기라도 한다면 내가 그들에게 바로 내려가겠습니다. 가엾은 더빗과 같은 일을 당하더라도 말이지요." 그러나 군중은 스피노자가 단순한 철학자임을 알게 되었고, 해를 끼칠 만한 인물이 아니라는 결론을 내렸다. 그리고 소동은 잠잠해졌다.

스피노자의 생활은 이 작은 사건에서도 볼 수 있듯이 전통적으로 묘사되어 온 것 같은 빈곤한 은둔 생활은 아니었다. 어느 정도 경제적 보장이 있었고, 마음이 맞는 유력한 친구들도 있었다. 시의 정치적 싸움에 관심을 기울이기도 했으며, 생사에 가까운 모험도 상당히 했던 것이다.

파문이나 성직 금지를 받았음에도 불구하고 동시대인의 존경을 받았다는 것은 1673년 하이델베르크 대학의 철학교수로 초빙된 것으로 보아도 분명하다. 그 제청(提請)의 내용은 극히 경의에 찬 어조로 '철학하는 것의 가장 완전한 자유'를 약속하는 것으로 '전하는 귀하가 그것을 남용해서 국가가 공인하는 종교에 대해서 이론(理論)을 제기하지는 않으리란 것을 확신하고 있다'고 씌어 있었다. 스피노자는 다음과 같이 회답했다.

"각하, 어떠한 학부에서라도 교수의 의무를 맡게 되는 것이 지금까지의 저의 소망이었다면 저의 소망은 팔츠 선제후(選帝侯) 전하께서 각하를 통하여 영광스럽게도 저에게 제공하여 주신 지위를 기꺼이 받아들임으로써 만족될 것입니다. 또한 이 제안은 거기에 덧붙여진 철학적 사색의 자유 때문에 저로서는 한층 더 귀중합니다. ……그러나 저로서는 국가 공인의 종교에 간섭하는 것처럼 여겨지지 않도록 철학적 사색의 자유를 어느 범위까지 제한해야 할 것인지 분명치 않습니다. ……그렇기 때문에 각하께서도 잘 아시겠지만 저는 지금 누리고 있는 지위보다도 높은 어떠한 세속적인 지위도 찾지 않으며, 다른 방법으로는 얻을 수 없다고 생각되는 평온함을 사랑하기 때문에 저는 공적인 교수직을 사양할 수밖에 없습니다……."

1677년 최후의 때는 왔다. 스피노자는 겨우 이젠 마흔네 살이 되었으나 친구들은 이미 그의 여명(餘命)이 몇 해 남지 않았음을 알고 있었다. 그의 집안은 원래 폐병적인 기질을 다분히 갖고 있었으며, 더구나 스피노자의 경우 집안에 틀어박혀 지내는 생활과, 먼지투성이인 방 안에서의 노동은 이 유전적인 불리한 조건을 극복하는 데 적합하지 않았다.

차츰 그는 호흡 곤란에 시달렸고, 그의 폐는 점점 쇠약해져 갔다. 그는 요절할 것을 각오하고, 다만 살아 있을 동안 출판하지 못한 저작이 죽은 뒤에 분실되거나 파기(破棄)될 것을 염려할 뿐이었다. 그는 원고를 조그마한 책상 속에 넣고 잠근 다음 그 열쇠를 숙소 주인에게 맡기며, 자신이 죽으면 이 책상과 열쇠를 암스테르담의 출판업자 얀 류베르츠에게 전해 달라고 부탁했다.

2월 20일 일요일, 집안사람들은 스피노자의 병세가 보통 때보다 나쁘지 않다는 자신 있는 말을 듣고 교회로 나갔다. 집에는 의사 메이어만이 혼자 스피노자 옆에 붙어 있었다. 그들이 집으로 돌아와 보니 철학자는 이 친구의 팔에 안겨 죽어 있었다. 많은 사람들이 그의 죽음을 애도했다. 학자들이 그의 지혜 때문에 그를 존경했듯이, 순박한 사람들은 그의 다정함 때문에 그를 사랑했던 것이다. 철학자나 주회 의원들이 서민의 열(列)에 함께 서서 그를 최후의 휴식처로 보냈다. 그리고 갖가지 신앙을 가진 사람들이 그의 묘소에 모여들었다.

니체는 어디에선가 최후의 그리스도는 십자가 위에서 죽었다고 말했으나, 그는 스피노자를 잊고 있었던 것이다.

2. 《신학정치론》

쓰인 순서에 따라 그의 네 권의 저서를 보기로 한다.

《신학정치론》은 아마도 오늘날의 우리들에게는 가장 흥미가 적을 것이다. 왜냐하면 스피노자가 시작한 고등비평 운동은 그가 생명을 내건 여러 가지의 주장을 진부한 것으로 만들어 버렸기 때문이다. 저자가 자기의 주의를 너무 철저하게 논증하는 것은 현명하지 못하다고 생각한다.

그의 결론은 유식한 사람 전부의 상식이 되어 버렸고, 그 때문에 그의 저작은 이미 우리들을 언제까지나 끌어당기는 신비로운 매력을 잃기 때문이다. 볼테르가 그랬으며, 스피노자의 《신학정치론》이 그러하다.

본서의 근원원리는 성서의 언어를 고의로 은유적, 또는 풍유적으로 사용하고 있는 점인데, 그것은 성서의 언어가 높은 문학적 색채 및 분식(粉飾)과 과장된 서술 방법이라는 동양적 경향을 띤다는 이유뿐만 아니라, 예언자나 사도들이 상대방의 상상력을 불러일으키므로 그들의 가르침을 전하기 위해 부득이 민중의 능력과 소질에 순응했기 때문이다.

"성서는 처음에는 전 민족을 위해, 나중에는 전 인류를 위해 계시된 것이므로 그 내용은 필연적으로 일반 민중의 이해력에 적응시켜야만 했다."

"성서는 사물을 그 자연적 원인에 의해 설명하는 것이 아니라 단지 사람들을—특히 배우지 못한 사람들을—움직여 귀의시키는 힘을 가장 많이 가지고 있는 순서와 문체로 설명한 것에 지나지 않는다. ……성서의 목적은 이성을 납득시키는 일이 아니라 상상력을 일으켜 그것을 포착하려는 데 있다."

그렇기 때문에 무수한 기적과 신의 출현이 되풀이된다.

"일반 민중은 신의 힘과 섭리가 지금까지 자연에 대하여 가지고 있던 그들의 개념에 반대되는 이상한 사건으로써 가장 명료하게 나타난다고 생각한다. ……실제로 그들은 신이란 자연이 평상적인 질서대로 움직이는 한 활동하고 있지 않으며, 반대로 자연의 힘과 자연적 원인은 신이 활동하는 한 일하고 있지 않다고 생각한다. 이런 이유로 그들은 서로 다른 두 개의 힘, 다시 말해서 신의 힘과 자연의 힘을 상상하고 있는 것이다."(여기에 신과 자연의 과정은 하나라는 스피노자 철학의 기초 관념이 들어 있다.)

인간은 신이 자기들을 위하여 사건의 자연적 질서를 깨뜨려 준다고 믿고 싶어 한다. 그러므로 유대인은 그들이 신의 총아라는 확신을 다른 민족에게—그리고 아마도 그들 자신에게—느끼게 해주기 위해 해가 길어지는 것도 초자연적인 기적으로 설명했던 것이다. 이와 비슷한 이야기는 모든 민족의 초기 역사에는 흔하다. 있는 그대로의 진지한 기록은 사람의 마음을 움직이지 못한다.

만약 모세가 홍해를 건널 수 있었던 것은 단지 동풍 탓이었다고—그 뒤의 글귀에서 짐작하는 바와 같이—말했다면, 그것은 그가 이끌고 있던 일반 민중의 마음에 큰 영향을 주지는 못했을 것이다.

또한 사도들은 우화를 빌려 호소한 것과 같은 이유로 기적담에 호소했다. 그것은 대중 심리에 대한 적응이었다. 철학자나 과학자에 비해 그러한 사람들에 대한 영향이 큰 이유의 대부분은, 종교의 교조(敎祖)들이 그들 사명의 성질상, 또는 그들 자신의 감정적 강세를 위하여 채용한 신선한 은유적 표현 형식 때문이었다.

이 원리에 준하여 해석하면 성서는 '이성에 반대되는 일은 아무것도 포함되어 있지 않다'라고 스피노자는 말하고 있다. 그러나 문자 그대로 해석하면 성서는 오류와 모순과 불가사의로 가득 차 있다. 예를 들어 《구약》의 처음 다섯 권이 모세에 의해 씌어졌다는 것이다. 더욱 철학적인 해석은 풍유나 시의 애매성을 통하여 위대한 사상가나 지도자들의 심원한 사상을 나타내고, 성서의 영속성과 사람들에 대한 무한한 영향력을 이해하게 한다. 이 두 가지 해석에는 제각기 특유한 과제와 효용이 있다. 민중은 언제나 비유적으로 표현된 초자연적 후광에 싸인 종교를 요구한다. 이러한 형식의 신앙이 파괴되면 그들은 또 다른 형식을 만들어낸다.

그러나 철학자는 신과 자연이 필연적으로 불변의 법칙에 따라 활동하는 동일물임을 알고 있다. 철학자가 숭경하고 복종하는 것은 이 장엄한 법칙이다. 성서에서는

"신은 민중의 이해력과 그 불완전한 지식으로서만 입법자 혹은 군주로서 서술되며, 올바르고 자비로운 등등으로 일컬어지는 것뿐이다. 그러나 실제로 신은…… 그 본성의 필연성에 의하여 활동하는 것으로 신의 의지는 영원한 진리다."

이와 같은 말을 학자는 알고 있는 것이다.

스피노자는 《구약》이나 《신약》을 분리하지 않고, 일반 민중의 증오와 오해가 제거되어 철학적 해석이 유대교와 그리스도교라는 서로 적대하는 신앙의 감추어진 핵심과 진수를 찾아내는 한 양자는 하나라고 보는 것이다.

"나는 그리스도교적(的) 신앙, 다시 말해서 사랑, 기쁨, 평화, 자제 및 만인에 대한 자선을 고백하는 것을 자랑하는 사람들이 그처럼 악의에 불타는 원한

으로써 서로 반목하고 매일 서로 그처럼 심한 증오로 적대하는 것을 보고 때때로 이상하게 생각했다. 그들 신앙의 목표가 그들이 주장하는 덕(德)보다는 오히려 증오가 아닌가 하고까지 의심했다."

유대인이 존속해 온 것은 주로 그리스도 교도가 그들을 증오했기 때문이며, 박해가 민족의 존속에 필요한 일치와 단결을 그들에게 주었던 것이다. 박해가 없었다면 그들은 유럽의 여러 민족과 서로 융합해, 가는 곳마다 그들을 에워싸고 있던 수많은 다른 민족에 흡수되고 말았을 것이다.

그러나 유대교적 철학자와 그리스도교적 철학자가 그 모든 무의미한 것을 떨쳐 버린다면 평화와 협조로 공존한다는 신조에 충분히 일치하지 않을 만한 아무런 이유가 없는 것이다.

이것을 달성하는 첫걸음은, 예수에 대한 상호 간의 이해라고 스피노자는 생각했다. 진실인 것 같지도 않은 교의를 철회하면 유대인은 머지않아 예수를 예언자 중 가장 위대하고 가장 고귀한 예언자라고 인정할 것이다.

스피노자는 그리스도의 신성을 믿지 않고 그리스도를 인류의 제1인자로 보고 있는 것이다.

"신의 영원한 지혜는…… 만물 속에, 그러나 주로 인간의 마음속에, 그중에서도 특히 가장 명료하게 예수 그리스도 속에 계시되었다."

"그리스도는 단순히 유대인뿐만 아니라 전 인류를 가르치기 위해 보내졌다." 그리하여 "그리스도는 민중의 이해력에 순응하여, ……그리고 자주 비유로써 가르쳤다."

스피노자는 예수의 윤리는 거의 지혜와 동의어라고 생각한다. 예수를 숭경함으로써 사람은 '신의 지적 사랑'으로 올라갈 수 있다.

이토록 존귀한 인물이 만약 분열과 논쟁으로 이끄는 데 불과한 교의의 장해물에서 해방이 된다면 전 인류를 자신에게 끌어당길 것은 너무나 확실하다.

그리고 아마도 그의 이름 아래, 혀(舌)와 칼(劍)의 자살적 투쟁으로 찢겨진 세계는 신앙의 통일과 사해동포의 가능성을 결국은 찾아낼 것이다.

3. 《지성개선론》
스피노자의 다음 저서를 펴면 최초로 우리는 철학 문헌의 주옥 가운데 하나를 만나게 되리라. 스피노자는 그 속에서 왜 철학을 위해 만사를 포기했는가를 이야기하고 있다.

"일상생활에서 자주 일어나는 모든 일이 공허하고 무익하다는 것을 경험으로 배운 후 내가 두려워한—또는 나를 두렵게 한—모든 것은 그것에 의해 감동되지 않는 한 그 자체는 선도 악도 아니라는 것을 깨달았다. 그리하여 마침내 나는 사람이 관계할 수 있는 참으로 선한 것, 즉 다른 모든 것을 배제하고, 단지 선에 의해서만 동요할 만한 것이 존재하는가 하는 것을 연구해야겠다고 결심했다. 곧 나는 영구히 계속되는 지고(至高)의 행복을 누릴 능력을 발견하고 획득할 수 있을까를 탐구하려 했다. ……나도 명예나 부(富)에서 많은 이익을 얻을 수 있다는 것을 알고 있었으며, 만일 진지하게 새로운 사물을 연구하려면 이 두 가지를 얻는 것은 그만 두어야 한다는 것도 알고 있었다……. 그러나 그 어느 쪽이든 그것을 지니면 지닐수록 쾌락은 증대하므로 사람은 그것에 힘을 얻어 더욱더 이 두 가지를 늘이려고 한다. 이런 사실로 미루어 보면 언젠가 우리들의 희망이 좌절될 때 우리의 마음속에는 극히 깊은 고통이 생긴다. 명성에도 또한 이 커다란 약점이 있다. 즉, 우리가 명성을 추구하기 위해서는 사람들이 싫어하는 것을 피하고 사람들이 기뻐할 일을 찾아 그 기호에 맞게 우리의 생활을 지켜 나가야만 한다는 것이 바로 그것이다. ……그러나 영원하고 무한한 것에 대한 사랑만은 고통이 생길 염려가 없는 쾌락으로써 마음을 양육한다……최대의 선한 것은 마음이 자연 전체와 공유하고 있는 통일된 지식이다. ……마음은 알면 알수록 자기의 힘과 자연의 질서를 더욱 잘 이해하고, 더욱 자기를 잘 지도하고 명령할 수 있을 것이다. 또한 마음은 자연의 질서를 이해하면 할수록 더욱 쉽게 자기를 무용한 사물에서 자유롭게 할 수 있을 것이다. 이것이 완전한 방법이다."

이 경우 다만 지식만이 힘이며, 자유이다. 그리고 지식의 추구와 지성의 기쁨만이 영원한 행복이다. 그러나 아무튼 철학자도 하나의 인간이며, 시민이어야만 한다. 진리를 추구하는 동안 철학자의 생활양식은 어떠해야 하는가? 스피노자는 어떤 단순한 규칙을 정했는데, 우리가 알고 있는 한 그는 현실적인 행동도 거기에 일치시켰다.

"1. 민중에게 이해할 수 있는 방법으로 말하고 우리의 목적 달성을 방해하지 않는 것은 무엇이든 민중을 위해 행할 것……2. 다만 건강 보전에 필요한 쾌락을 누릴 것. 3. 우리의 생활과 건강을 유지하는 데 필요한 만큼의 금전을 구하여, 우리의 목적과 상반되지 않는 습관에 따를 것."

그러나 그와 같은 탐구를 시작하자 이 성실하고 두뇌가 명석한 철학자는 돌연 다음과 같은 문제에 직면했다. 나의 인식이 참된 인식이라는 것을—즉, 나는 나의 감각이 나의 이성에 가져오는 재료를 보증할 수 있다는 것과, 나의 이성은 그것이 감각의 재료에서 끌어내는 결론을 신뢰할 수 있다는 것을—내가 어찌 알겠는가. 차(車)가 가는 대로 몸을 맡기기 전에, 차 그 사체를 조사해야 할 것이 아닌가. 차를 완전한 것으로 하기 위하여 할 수 있는 일은 모조리 다해야 할 게 아닌가. 이러한 문제였다. "무엇보다도 먼저"—스피노자는 베이컨식으로 말하고 있다.—"지성을 개선하고, 정화하는 수단을 궁리하지 않으면 안 된다." 우리는 주의 깊게 지식의 여러 가지 형식을 분류하여 그중의 가장 좋은 형식만을 신뢰해야 할 것이다.

그 경우 첫째로, 전해들은 지식이 있는데, 이를테면 우리는 자신의 생일을 안다. 둘째는 막연한 경험, 즉 나쁜 의미에서의 '경험적' 지식으로, 의사가 실험적 테스트의 과학적 공식화에 의해서가 아닌 경험이 '통례적'으로 준 '일반적 인상'에 의하여 치료법을 알고 있는 것 같은 것이 그것이다. 셋째는 직접적 연역, 또는 추리에 의해서 도달한 지식으로 다른 대상의 경우 그 거리가 멀면 작아 보인다는 데서 태양이 거대한 것이라고 단정하는 것과 같은 것이다. 이런 종류의 지식은 다른 두 종류의 지식보다 우수하나, 이것은 역시 사정에 따라 직접적 경험으로 뜻밖의 반박을 받기 쉽다. 이를테면 과학은 그 진로를 1백 년 동안 논리적으로 더듬어 '에테르(빛·열 등의 복사현상의 가상적 매체)'에 달했으나 에테르는 지금에 와서는 지도적인 물리학자들에게도 매우 인기가 없다. 그러므로 최고의 지식은 직접적 연역과 지각에 의해 생기는 넷째 형식으로, 2 : 4 = 3 : x라는 비례에서 그 미지수는 6이라든가 전체는 부분보다도 크다든가를 보고 곧 아는 것이다. 스피노자는 숫자에 조예가 깊은 사람들은 대개 유클리드를 이 직각적 방법으로 알고 있다고 믿고 있다. 그러나 그는 슬픈 듯이 '내가 이 지식에 의해 알 수 있었던 것은 지금까지 대단히 적었다'는 것을 인정하고 있다.

《에티카》에서 스피노자는 최초의 두 가지 형식의 지식을 하나로 환원하고 있다. 그리고 직각적 지식을 '영원한 모습(相) 아래에서의' 사물의 지각이라고 부르고 있는데 이것은 철학을 한마디로 정의하는 것이다. 그러므로 직각적 지식은 사물이나 사건의 배후에 그 법칙과 영원한 관계를 발견하려 하는 것이다. 그러므로 스피노자는 '현세의 질서'—물체와 사건과의 '세계'—와 '영원의 질서'—법칙과 구조와의 세계—를 근본적으로 구별하는 것이다(그의 체계 전체의 기초). 이 구별을 자세히 연구하기로 하자.

"주의해야만 할 것은 나는 여기서 원인이나 실재물의 계열을 변화하기 쉬운 개체의 계열로 이해하는 것이 아니라, 오히려 확고한 영원한 사물의 계열로 이해하고 있는 점이다. 왜냐하면 변화하기 쉬운 개체의 계열을 더듬는 것은 단순히 그 수가 계산을 능가하기 때문이라는 것뿐만 아니라 동일물 속에서도 많은 상태가 있으며, 그 하나하나가 그 개체의 존재 원인일지도 모르므로 무력한 인간에게는 불가능할 것이기 때문이다. 실제로 특수한 사물의 존재는 그러한 사물의 본질과는 아무 관계가 없으며, 영원한 진리가 아니기 때문이다. 그러나 우리가 변화하기 쉬운 개체의 계열을 이해하지 않으면 안 될 것도 없다. 왜냐하면 그러한 개체의 본질은……확고한 영원의 사물 속에 새겨져 있는 여러 법칙에서—그 법칙에 따라 변화하기 쉬운 모든 개체는 만들어지고 질서 잡혀져 있다—그러한 법칙에서만 발견되는 것이다. 그뿐 아니라 이러한 변화하기 쉬운 개체는 내면적으로나 본질적으로 확고한 사물에 의존하고 있으며, 이러한 확고한 사물 없이 개체는 존재할 수도 생각할 수도 없는 것이다."[5]

스피노자의 명저(名著)를 공부할 때 이 일절을 기억하고 있으면 사리가 분명해질 것이며, 특히 낙담할 정도로 복잡한 《에티카》의 표현은 이것으로 단순해지고 이해하기 쉬워질 것이다.

4. 《에티카》

근대 철학의 가장 귀중한 이 저작은 그 사상을 유클리드식으로 명석하게

---

5) 왜냐하면 자연 속에는 특수를 가리키는 개물 외에는 아무것도 존재하지 않지만 학문의 각 부분에 있어서는 바로 그 법칙—그 법칙의 연구, 발견 및 발전—이 이론과 응용의 양쪽 기초이므로 근본 원리에 있어서는 모든 철학자가 같은 의견이다. (원주)

하기 위해 기하학의 주형에 넣고 있는데, 그 결과는 간결하고 난해하여 각 행마다 주석의 탈무드를 필요로 한다. 스콜라 학자들은 그들의 사상을 이와 같은 식으로 정식화했으나 결코 이것만큼 간결하게 되어 있지는 않다. 그들은 미리 신에 의해 정해진 결론의 도움을 받고 사리를 명쾌하게 할 수 있었다. 데카르트는 철학을 수학의 형식으로 표현하지 않는 한 정확할 수 없다는 제언을 했다. 그러나 데카르트는 결코 그 자신의 이상을 수학화시키지는 않았다. 스피노자는 모든 엄정한 과학적 과정의 참다운 기초인 수학의 훈련을 거쳐 코페르니쿠스, 케플러 및 갈릴레오의 공적에 강한 감명을 받아 이 제언을 채택했다. 우리의 좀 더 느슨한 정신으로 본다면 그 결과는 내용과 형식의 소모적인 농축이며 우리는 이 철학적 기하학을 왕과 비숍, 기사와 졸병처럼 공리와 정의, 정리와 증명을 조작하는 인위적인 체스 게임, 즉 스피노자의 고독을 달래기 위해 발명한 혼자 두는 논리의 체스라고 비난함으로써 스스로를 위로하려는 유혹을 느낀다. 질서는 우리의 정신적인 경향과는 어울리지 않는다. 우리는 환상의 미로를 따라가기를 즐기며, 꿈으로부터 불안정하게 철학을 엮어내기를 선호한다. 그러나 스피노자는 세계의 참을 수 없는 혼돈을 통합과 질서로 환원하고자 하는 하나의 강력한 열망을 갖고 있었다. 그는 아름다움에 대한 남방적인 열정보다는 진리에 대한 북방적인 갈망을 갖고 있었다. 그의 안에 깃든 예술가적 기질은 순수한 건축가였고, 그는 완벽한 균형과 형식으로 사상의 체계를 구축했다.

한편 오늘날의 독자는 스피노자의 용어에 걸려 불평을 할 것이다. 라틴어로 썼기 때문에 하는 수 없이 그는 본질을, 근대적인 사상을 중세 스콜라 용어로 표현했으나 그 무렵 사람들이 알 수 있는 철학 용어 또한 이밖에는 없었다. 그런 까닭에 우리라면 실재(reality), 또는 실체(essence)라고 써야 할 곳에 본질(substance)이라는 말을 사용하고, 완전한(complete)이라고 써야 할 것을 완벽한(perfect)으로, 대상(object)을 이상적인 사물(ideal)로, 개인적(subjectively)을 객관적(objectively), 객관적(objectively)을 형상적(formally)이라고 썼다. 이것들은 육상경기의 장해물과 같은 것이어서 약한 자를 주저케 하겠지만, 동시에 강한 자를 북돋울 것이다.

요컨대 스피노자는 읽어야 할 것이 아니라 연구해야 할 것이다. 불과 2백 페이지밖에 안 되는 이 책 속에 한 인간이 쓸데없는 것은 모두 냉정하게 버리고 그 생애와 사상을 쓴 것임을 인정하고 유클리드에 접근하듯이 그에게 접근해야 한다. 서둘러 읽어 버리고 그 핵심을 발견하려고 생각해서는 안 된다. 철학서에는 뛰어넘어 읽어서 손해가 없을 만한 곳은 거의 없다. 어느 부분이든 반드시 그 앞의 부분에 의거하며, 어떠한 명백한—보기에는 불필요한—명제도 당당한 논리 발전의 초석임을 알 수 있다. 전체를 읽고 잘 생각해야만 비로소 중요한 부분을 충분히 이해할 수 있다. 야코비의 열광적인 과장처럼 《에티카》의 단 한 줄이라도 모호하게 남아있다면 스피노자를 이해하지 못한 것이다"라고 말할 필요는 없다. '여기서 틀림없이'—스피노자는 이 책 제2부에서 말하고 있다—'독자는 어쩔 바를 모르게 될 것이다. 그리고 독자를 막다른 골목으로 몰아넣게 하는 것이 많다는 것을 알게 될 것이다. 그러므로 나는 독자가 나와 함께 앞으로 나가 전부를 천천히 모조리 읽게 될 때까지 이것에 판단을 내리지 않기를 부탁한다.' 이 책은 전부를 단번에 읽어 버리지 말고 조금씩 몇 번이고 나누어서 읽어라. 그리고 그것을 다 읽고 나면 간신히 그것을 알기 시작했을 뿐이라고 생각하라. 그런 다음에 어떤 주석서, 폴록의 《스피노자》나 마티노의 《스피노자 연구》를 읽어라. 두 책을 다 읽으면 더욱 좋다. 그리고 마지막에 《에티카》를 다시 한번 읽어 보라. 그러면 그것은 새로운 책처럼 느껴질 것이다. 두 번째 그것을 다 읽고 나면 여러분들은 철학의 영원한 애호자가 되어 있을 것이다.

자연과 신
먼저 첫 페이지에서 우리를 형이상학의 큰 소용돌이 속에 던져 넣는다.

우리는 형이상학에 대한 현대의 냉철한(그렇지 않으면 어리석은?) 혐오감에 사로잡혀 있으므로, 잠깐 동안이라도 좋으니 스피노자 같은 형이상학적인 사람은 상대하지 않아도 되는 곳이 있으면 좋겠다고 생각한다. 그러나 다른 한편 형이상학은 윌리엄 제임스가 말했듯이 사물을 명확하게 생각해 내어 그 궁극의 의의를 포착하고 실재의 조직 속에 그 실체적 본질, 또는 스피노자의 표현에 의하면 그 본질적 실체를 찾아내어 그것에 의해 모든 진리를 통일하고, 실제적인 한 영국인에 있어서까지도 철학의 본질을 이루는 '모든 보편화

중 최고의 보편화'에 도달하려는 시도에 불과하다. 몹시 거만한, 형이상학을 경멸하는 과학 자체가 그 모든 사상 속에 형이상학을 전제하고 있는 것이며, 간혹 과학이 전제하는 형이상학은 스피노자의 형이상학인 것이다.

스피노자의 체계에는 실체, 속성, 양태라는 세 가지 주요한 술어가 있다. 간단히 하기 위해, 우리는 속성을 잠시 옆에 놓아두기로 한다. 양태란 무엇이라도 좋은 개개의 물건 또는 사건이며, 실재가 잠시 동안 취하는 특수한 형식 또는 형상이다. 여러분의 신체, 여러분의 사상, 여러분의 집단, 여러분의 인류, 여러분의 행성은 모두 양태이다. 이것들은 모두 그 배후 내지 밑에 있는 어떤 영원 불변한 실재의 형식이고 양태이며, 거의 글자 그대로의 '존재 양식'이다.

이와 같은 근본적인 실재란 무엇인가? 스피노자는 그것을 실체(實體, substance)라고 부르는데, 이것은 말 그대로 밑에 있는 것이라는 뜻이다. 8세대 동안 이 술어의 의미에 관한 심한 논쟁이 있었다. 그러므로 이 한 구절에서 이 문제가 해결되지 않더라도 낙담할 것까지는 없으나, 한 가지 오류를 조심해야 한다. 즉 실체란, 의자의 실질이 목재인 것처럼 어떤 사물의 구성 재료를 뜻하는 것이 아니라, '그 소견의 요지'라는 말로 표현할 때 우리의 이 말이 스피노자적 용법에 접근하는 것이다. 스피노자는 이 술어를 스콜라 철학자에게서 취해 왔는데, 그 스콜라 철학자들에게로 거슬러 올라가면 우리는 그들이 그것을 그리스어 ousia(이것은 einai, 즉 to be의 현재분사로 내적 존재, 또는 본질을 가리킨다)의 역어(譯語)로서 사용한 것임을 알 수 있다. 그 무렵엔 실체란 '있는 것'이며(스피노자는 《창세기》의 인상적인 '나는 있음으로써 존재하는 것이다'를 잊지 않았다), 영원히 변함이 없는 것이며, 그 밖의 것은 모두 그 일시적인 형식 또는 양태였다. 지금 세계를 실체와 양태로 나누는 이 분류를 《지성 개선론》에서 한편으론 법칙과 여러 가지 관계와의 영원한 질서, 다른 한편으론 시간이 낳은 죽을 운명의 사물의 시간적 질서로 나누는 분류법에 비교하면, 스피노자가 여기에서 말한 실체란 거의 영원한 질서와 같은 의미로 쓰였었다고 단정할 수밖에 없다. 가령 그것을 실체라는 개념의 한 요소라 해석하고, 그것은 모든 사건과 사물의 근저에 가로놓여 세계의 본질을 이루는 존재의 본래 구조를 표현하는 것이라고 해석하자.

그런데 그 후에 스피노자는 실체를 자연 및 신과 동일시한다. 스콜라 철학식으로 그는 자연을 이중의 모습(相)으로 이해한다. 즉, 한편에서는 능동적으로 활발하게 약동하는 과정으로 이해하는데, 이것을 스피노자는 능산적 자연(能産的自然, natura naturans : 베르그송의 생의 비약이나 창조적 진화)—이라고 부르며, 다른 한쪽에서는 이 과정은 수동적 산물, 즉 소산적 자연(所産的自然, natura naturata), 자연의 재료와 내용, 나무나 바람이나 물, 산이나 들, 그 밖에 무수한 외적 형태—로서 이해하고 있다. 그가 자연과 실체와 신의 동일성을 부정하는 것은 후자의 의미에서이고, 긍정하는 것은 전자의 의미에서이다.

실체와 양태, 영원한 질서와 시간적 질서, 능동적 자연과 수동적 자연, 신과 세계—이것들은 모두 스피노자에게는 서로 일치하는 동의적 유별이며, 각기 우주의 본질과 우연으로 나뉘는 것이다. 실체는 실질이 없다는 것, 실체는 형식이지 물질이 아니라는 것, 실체는 물질과 사고가 혼합된 중성적 합성물—어떤 해석자들은 실체를 그런 것으로 상정하고 있으나—과는 아무 관계도 없다는 것은, 이처럼 실체를 창조적인 자연과 동일시하나 수동적, 또는 물질적 자연과는 동일시하지 않는다는 것으로 충분히 명료해진다. 스피노자 편지는 우리의 이해를 도와줄 것이다.

"나는 신과 자연에 대해 후대의 그리스도교도들과는 전혀 다른 견해를 갖고 있다. 다시 말해서 나는 신은 만물의 내재적 원인이지 외재적 원인은 아니라고 생각하므로 이제 말한 바와 같이 만물은 신(神) 안에 존재하고, 신 속에서 살며 움직이고 있는 것이다. 이것을 나는 사도 바울과 함께, 또한 고대의 모든 철학자와 함께 주장한다. 물론 그들과는 다른 의미에서이긴 하지만 어떤 종류의 전승은 크나큰 변혁과 왜곡을 받고 있다. 하지만 전승에서 이런 것을 추측해도 상관없다고 한다면 나의 견해는 옛날의 헤브라이인이 품고 있던 견해와 같다고 말할 수 있을지도 모르겠다. 그러나 나의 목적이…… 신과 자연—이 자연이라는 말을 그들은 유형물질의 어떤 덩어리라는 뜻으로 해석하고 있는데, 그러한 자연—이 동일하다는 것을 보여 주려는 데 있다고 말하는 사람들은 나를 완전히 오해하고 있다. 나는 그런 의향은 없었다."

또 《신학정치론》 속에는 '신의 도움으로 나는 자연의 확고한 불변의 질서, 또는 자연생기(自然生起)의 연쇄를 해석한다'라고 그는 쓰고 있다. 자연의 보편적 법칙과 신의 영원한 의지는 같은 것이다. 신의 무한한 본성에서 모든 것은……삼각형의 본성에서 그 세 각의 합은 2직각과 같다는 것이 영원에서 영원으로 거쳐 나오는 것과 같이 필연성에 의하여, 또한 같은 방법으로 나온다. 원의 법칙과 모든 원에 대한 관계는, 신의 세계에 대한 관계와 같다.

실체와 같이 신은 인과적 연쇄 또는 과정, 만물의 기초적 조건, 세계의 법칙 및 구조이다. 양태와 사물 사이에 있는 이 구체적 우주와 신의 관계는 다리〔橋〕와 그 설계 구조 및 건설에 따르는 수학 및 역학의 여러 법칙의 관계와 같다. 이것들은 다리를 받치는 기초이자 다리의 기본 조건이며, 다리의 실체이다. 이런 것들이 없으면 다리는 무너지고 만다. 이 다리와 같이 세계 그 자체도 그 구조와 그 법칙으로 받쳐져 있다. 그것은 신의 손으로 받쳐져 있는 것이다.

신의 의지와 자연의 법칙이 여러 가지로 표현되는 동일 실재라고 한다면, 모든 사건은 변함없는 법칙의 기계적 작용에 따르는 것이지 천계에 자리 잡고 있는 무책임한 독재자의 변덕스러운 마음에 의거하는 것이 아니다. 데카르트가 물질과 물체 속에서만 본 기계작용을, 스피노자는 신과 정신 속에서도 본다. 그것은 결정론의 세계며, 계획의 세계는 아니다. 우리는 의식적인 목적을 의식하여 행동하므로, 모든 과정에는 그 같은 목적이 있다고 상상한다. 또한 우리는 인간이므로 모든 사건은 차츰 인간에게 끌어당겨져서 인간의 필요에 도움이 되도록 기획되어 있다고 상상한다. 그러나 이것은 우리의 사고방식의 대부분이 그렇듯이 인간 중심의 망상이다. 철학에서 최대 오류의 근원은 인간다운 목적, 표준, 기호를 객관적 우주 속에 투사하는 데 있다.

여기에서 우리의 '악의 문제'가 생긴다. 우리는 신이 우리의 작은 선악을 초월하고 있다는 욥에게 주어진 교훈을 잊고, 인생의 악을 신의 인자(仁慈)와 조화시키려고 애쓴다. 선과 악은 인간의—그리고 가끔 개인적인—취미나 목적과 관계가 있으며 우주에 대해서는—우주 속에서 개인은 하루살이며, 신의 전능한 손은 인류의 역사까지도 물 위에 썼지만—타당성이 없다.

"자연 안에는, 우리에게 우스꽝스럽고 부조리하게 또는 나쁘게 보이는 일이 있을지라도, 그것은 모두 우리가 사물을 단지 부분적으로만 알고 전체로서의 자연의 질서와 연관에 전혀 무지하기 때문이며, 모든 것이 우리 자신 이성의 명령에 따라 정돈될 것을 바라고 있기 때문이다. 그러나 실제로 우리의 이성이 악이라고 말하는 것은, 모든 자연의 질서 및 법칙에 관해서는 악이 아니며, 다만 분리된 우리 자신의 본성(自然)의 법칙에 관해서만 악인 것이다. ……
선과 악이라는 말은 그 자체에서 고찰된 적극적인 아무것도 지시하지 않는다.
……왜냐하면, 동일한 사물이 동시에 선도 되고 악도 되며, 선도 악도 아닌 것
이 될 수도 있다. 이를테면 음악은 우울증에는 선이 되고 애도하는 사람에게
는 악이 되며, 죽은 사람에게는 선도 악도 아니다.”

악과 선은 선입견이며, 영원한 실재는 그것을 시인할 수 없는 것이다. '세계
는 무한자의 모든 본성을 예증해야 할 것이며, 단순히 인간의 특수한 이상을
예증할 것이 아니라는 것은 정당하다.'

선악에 관한 일은 미추(美醜)에 관해서도 마찬가지로 해당된다. 아름다움과
추함 또한 주관적이며, 사람이 이름 지은 말로써 이것을 우주에 내던지면 그
것은 내던진 자에게로 되돌아가게 될 것이다. '미리 말해 두고자 하는데, 나는
자연에 아름다움도 추함도 질서도 혼잡도 귀속시키지 않는다. 다만 우리의 표
상력과의 관계에서만 사물은 아름답거나 추하다거나 질서 정연하다거나 혼잡
하다고 부를 수 있다.' '예를 들면 우리 앞에 있는 대상에서 신경이 눈을 통해
서 받는 자극이 건강에 도움이 된다면, 그러한 대상은 아름답다고 불리고 그
렇지 않으면 추하다고 불린다.'

그러한 말 속에서 스피노자는 플라톤을 초월하는데, 플라톤은 이 미적 판
단은 창조의 법칙이며 신의 영원한 명령이 틀림없다고 생각했다.

신은 인격인 것일까? 이 말의 어떤 인간적 의미에 있어서도 그렇지 않다. 스
피노자는 '신을 아직도 남성으로 그려내고 여성으로는 그려내지 않는 일반 민
중의 신념'에 대해 언급하는데, 그는 여자의 남자에 대한 종속을 반영한 이 생
각을 물리칠 만한 정중함을 지니고 있다. 신을 비인격적으로 생각하는데 반대
한 한 서한 교환자에 대하여 스피노자는 고대 그리스의 회의론자 크세노파네
스를 생각게 할 만한 말로 다음과 같이 쓰고 있다.

“신에게 보고 듣고 관찰하고 의지하는 등의 작용이 있음을 인정하지 않는다
면……나의 신이 어떤 종류의 신인지 모른다고 당신께서 말씀하시지만, 나는
그것으로 추측해 보건대 당신이 앞에서 말한 여러 가지 속성에 의하여 설명
할 수 있을 만큼 커다란 완전성은 없다고 믿고 계시는 것으로 생각됩니다. 당
신이 그렇게 믿으시는 것도 이상하지는 않습니다. 생각건대 삼각형은, 만일 삼

각형이 말을 할 수 있다면 같은 식으로 신은 대체로 삼각형이라고 할 것이며, 원(圓) 또한 신은 대체로 둥근 것이라고 말할 테니까요. 이처럼 사람은 모두 자기 자신의 속성을 신께 귀속시키는 것입니다."

마지막으로 이러한 인간적 성질을 신성에 귀속시키는 것과 같은 일반적인 의미로는 '지성도 의지도 신에게는 속하지 않을 것이다.' 오히려 신의 의지는 모든 원인 및 모든 법칙의 총화이며, 신의 지성은 모든 정신의 총화이다.

스피노자의 생각에 따르면 '신의 정신은 공간 및 시간 위에 흩어진 신성의 전부이며, 세계에 생명을 불어넣고 있는 확산된 의식성이다.'

'만물은 정도의 차는 있을지라도 생명이 있는 것이다.' 생명 또는 정신은 우리에게 알려진 모든 물건의 한 존재양식 또는 모습(相)이다. 물질적 연장 또는 물체가 또 하나의 모습인 것과 같이. 정신과 물체는 우리가 실체—또는 신—의 작용을 통해서 지각하는 두 개의 존재양식, 또는 속성이다(스피노자의 용어에 의하면). 이 의미에 있어 신—다시 말해서 여러 물건의 유전(流轉)의 배후에 있는 일반적인 과정과 영원한 실재—은 정신과 물체를 다 지니고 있다고 해도 좋다.

신은 정신이 아닐 뿐 아니라 물체도 아니다. 이중의 세계사를 구성하고 있는 정신의 과정과 물체의 과정 및 그러한 과정의 원인과 법칙이 신이다.

물질과 정신

그러나 정신이란 무엇이며, 물질이란 무엇인가? 정신은 상상력이 빈약한 사람들이 생각하는 것처럼 물질적인 것인가? 또한 물체는 상상력이 풍부한 사람들이 생각하는 것처럼 단순한 관념인가? 정신적 과정은 대뇌(大腦) 과정의 원인인가, 아니면 그 결과인가?

또는 양자는—일찍이 말브랑슈가 가르친 것처럼—서로 아무 관계없이 독립적이며, 다만 신의 섭리에 의하여 평행하고 있는 데에 불과한 것인가.

스피노자는 대답한다. 정신은 물질적인 것이 아니며, 물질 또한 정신적인 것이 아니다. 뇌수 과정은 사고 과정의 원인이 아닐뿐더러 결과도 아니다. 또한 두 개의 과정이 서로 독립하여 평행하는 것도 아니다. 왜냐하면 두 개의 과정이 있는 것도 두 개의 존재가 있는 것도 아니기 때문이다. 있는 것은 다만 하나의 과정으로 내적으로는 사고라 보이고, 외적으로는 운동으로 보이는 데 지나지 않는다. 있는 것은 다만 하나의 실재로서 내적으로는 정신으로 보이고 외적으로는 물질로 보이지만 사실상 그것은 양자의 불가분의 결합이며 통일이다. 정신과 물체는 별개의 것이 아니라 하나이므로 서로 작용하지는 않는다. '물체가 정신을 규정하여 사고하게 할 수 없으며, 정신이 물체를 규정해서 운동하게 하거나 정지하게 하거나 그 밖에 다른 상태에 둘 수도 없다.' 그것은 '정신과 물체는……똑같은 것이다'라는 단순한 이유 때문이다. 세계 전체는 이와 같이 양자의 합일(合一)로 외적인 '물질적' 과정이 있으며, 그것은 반드시 실재적 과정의 한 면 또는 상(相)에 지나지 않는다.

가장 완전한 사고 방식이라면 그것은 우리 자신의 내부에서 볼 수 있는 정신적 과정과—정도의 차이는 있지만—관련이 있는 어떤 내적 과정을 포함하고 있음을 알게 된다. 내적인 '정신적' 과정은 모든 단계에서 반드시 외적인 '물질적' 과정과 대응한다. '관념의 질서 및 연결이란 사물의 질서 및 연결과 동일하다.' '사고하는 실체와 연장을 지닌 실체와는 동일한 것으로, 어떤 때는 이 속성(즉, 相), 어떤 때는 저 속성(즉, 相)을 통해 이해된다.' '어떤 헤브라이인들은 명석하진 않으나 이것을 느꼈던 것처럼 생각된다. 왜냐하면 그들은 신과 신의 지성과 신의 지성에 의해 인식된 사물과는 동일하다고 말했기 때문이다.'

만약 '정신'이 넓은 의미로 신경계통과 그 모든 분지(分枝)와 대응한다고 해석한다면 '신체적' 변화는 반드시 그에 응한 '정신적' 변화를 수반할 것이다. 또는 그 '정신적' 변화와 함께 전체를 형성한다고 하는 편이 정당할 것이다. '마치 사상 및 사물의 관념이 정신 속에서 질서 있게 연결되는 것과 같이 신체의 변상, 또는 사물의 표상은 신체 속에서 질서 있게 연결된다.'

그리고 '정신적으로 지각되지 않은 듯한', 다시 말해서 의식적 또는 무의식적으로 감각되지 않는 것 같은 '어떠한 일도 신체에서는 일어날 수 없다.' 마치 감정은 어떤 전체의 부분이며 순환계통, 호흡계통 및 소화계통에 있어서의 전체의 변화가 감정의 기초인 것처럼, 관념 또한 '신체적' 변화와 함께 어떤 복잡한 유기적 과정의 부분을 이루고 있다. 수학적 사고와 같은 극히 정묘한 활동까지도 이에 대응하는 것을 신체 속에 가지고 있는 것이다.('행동주의심리학자들'은 모든 사고작용에 수반되는 것처럼 보이는 무의식적인 성대의 진동을 기록함으로써 인간의 생각을 탐지하자고 제안하지 않았던가?)

이와 같이 신체와 정신과의 차이를 없애려고 시도하고 나선 스피노자는 계속해서 지성과 의지와의 차이를 정도 문제로 돌린다. 정신 속에는 '능력'이라는 것이 없고, 지성이나 의지라고 불리는 것 같은 분리된 존재도 없다. 하물며 상상력이니 기억이니 하는 것은 없다. 정신은 관념을 처리하는 기관이 아니고 잇따라 일어나고 연결되는 모든 관념 그 자체다. '지성'이란 단순히 관념의 계열에 대한 추상적인, 이른바 속기용 말(言語)에 지나지 않고, '의지'란 행동 내지 의욕의 계열에 대한 추상적인 말에 지나지 않는다. 즉, '지성의 이 관념, 또는 저 관념에 대한 관계와 의지의 이 의욕, 또는 저 의욕에 대한 관계는 돌(石) 일반이 저 돌, 또는 이 돌에 대한 관계와 마찬가지다.'

끝으로 '의지와 지성은 동일하다.' 왜냐하면 의지란 단순히 연상이 많이 있기 때문에—혹은 아마도 경쟁 상대가 될 관념이 없기 때문에—오랫동안 의식 속에 머물러 있다 서서히 행위로 옮겨가려는 관념에 지나지 않기 때문이다. 모든 관념은, 다른 관념에 의하여 과정에 방해를 받지 않는 한 반드시 행동이된다. 관념은 그 자체가 유기적 통일 과정의 맨 처음 단계이며, 외적 행위는 이 과정의 완성인 것이다.

관념이 의식 속에 존속하기를 결정하는 충동적인 힘을 가끔 의지라고 부르는데, 이것은 욕망[6]이라고 불려야 할 것이며 이것이야말로 '인간의 본질 그 자체.' 욕망이란 우리가 의식하고 있는 욕구, 또는 본능이다. 그러나 본능은 반드시 언제나 의식적 욕망이 되어 활동하게 되지는 않는다. 본능의 배후에는 막연한 여러 가지 자기 유지의 노력이 있다. 스피노자는 이것을 인간의—인간 이하의 것까지—모든 활동 속에서 인정한다. 마치 쇼펜하우어가 도처에서 '살려는 의지'를 인정하고, 니체가 '권력에의 의지'를 인정했듯이 철학자들이 일치하지 않는 일은 좀처럼 드물다.

'모든 사물은 될 수 있는 한 자기의 존재를 고집한다.' '모든 사물이 자기의 존재를 고집하려고 하는 노력은 그 사물의 현실적 본질에 불과하다.' 사물이 자기를 고집하는 힘은 그 존재의 핵심이며, 본질이다. 모든 본능은 자연이 개

---

6) 스피노자는 몽유병에서 인정되는 '무의식적인 것'의 힘을 알고 있으며, 또한 이중인격의 현상을 주목하고 있다. (원주)

체를(또는—우리 고독한 독신자는 덧붙이기를 잊고 있으나—종족, 또는 가족을) 유지하기 위해 발달시킨 계획이다. 쾌락과 고통은 본능의 만족, 또는 방해다. 쾌락과 고통은 우리 욕망의 원인이 아니라 결과이다. 우리는 사물이 우리에게 쾌락을 주기 때문에 그것을 소유하려 하는 것이 아니라, 우리가 그것을 원하기 때문에 그것은 우리에게 쾌락을 준다. 그리고 우리는 그것을 원하지 않을 수 없기 때문에 그것을 소유하려 하는 것이다.

따라서 자유로운 의지는 존재하지 않는다. 생의 욕구가 본능을 규정하고, 본능이 욕망을 규정하며, 욕망이 사고와 행위를 규정한다. '정신의 결의는 신체의 상태가 다름에 따라 다른 욕망을 가질 수밖에 없다.' '정신 속에는 절대적인 의지, 또는 자유로운 의지는 존재하지 않는다. 정신은 이런 일, 또는 저런 일을 의지하듯이 어떤 원인에 의하여 결정되고, 이 원인 또한 다른 원인에 의하여 결정되어 무한에 이른다.'

'인간은 자신을 자유롭다고 생각하는데, 그것은 그들이 자기의 의욕이나 욕망은 의식하지만 그 소망이나 욕망으로 이끌어 가는 원인을 알지 못하기 때문이다.' 스피노자는 자유롭다고 생각하는 의지를, 돌이 공간을 날아 갈 때에 그 탄도(彈道)를 자신이 결정하고, 낙하 장소와 시간을 자기가 선택하는 것처럼 생각하는 것에 비교한다.

인간의 행위가 기하학의 법칙과 같이 확고한 법칙에 따르고 있는 이상, 심리학은 기하학적 형식에서 수학적 객관성을 가지고 연구해야 한다는 것이 된다. '나는 인간에 관하여 마치 선, 평면, 그리고 입체를 취급하듯이 쓸 것이다.' '나는 인간의 모든 행동을 비웃지 않고 비탄하지 않으며 저주하지 않고, 다만 이해하려고 애써 왔다. 그리고 이 목적을 위해 나는 격정을…… 인간 본성의 부덕으로는 보지 않고, 무더위·추위·폭풍우·우렛소리 등등이 대기의 본성에 속하는 것처럼 인간의 본성에 속하는 성질이라고 보았다.' 스피노자의 인간 본성에 대한 연구에 프로이트가 "이제껏 도덕철학자들의 어떤 연구도 뛰어넘는 가장 완벽한 것"이라고 그 탁월함을 인정한 까닭도 이러한 공평무사한 태도 때문이다. 텐(Taine)은 베일의 분석을 찬양하는 가장 좋은 방법은 스피노자의 분석과 비교하는 것이라고 했다. 또한 요하네스 뮐러는 본능과 감정이라는 주제에 이르러서는 "생리적 조건을 떠나서 열정 상호 간의 관계를 본다면 독보적으로 탁월성을 지닌 스피노자의 설명을 능가하기란 어렵다.'고 말하고, 이 유명한 생리학자는 흔히 진정한 위인에 수반되는 겸손한 마음으로 스피노자의 《에티카》 3부를 길게 인용한다. 인간 행동의 분석을 통하여 스피노자는 마침내 그의 걸작에 그 제명(題名)을 준 저 여러 문제—즉 윤리학적 제 문제—에 접근하는 것이다.

예지와 도덕

결국 윤리학에는 이상적 성격 및 도덕적 생활에 관한 세 가지의 견해가 있을 뿐이다.

그 첫 번째 체계는 여성적인 여러 가지의 덕을 강조하고 만인을 똑같이 귀하다고 생각하여 악에 항거하고 선에의 회귀로 덕과 사랑을 동일시하며, 정치에서는 무제한의 민주주의로 기울어지는 부처 및 예수의 윤리학이다. 두 번째는 남성적인 여러 덕을 강조하고, 인간의 불평등을 인정하고, 또 격투와 정복과 지배와 모험을 좋아하며, 덕을 힘과 동일시하고 세습적인 귀족정치를 찬양하는 마키아벨리 및 니체의 윤리학이다. 세 번째는 소크라테스 및 플라톤, 아리스토텔레스의 윤리학으로 여성적인 또는 남성적인 여러 덕 중의 어느 한편의 일반적인 적용을 거부한다. 다만 박식하고 원숙한 정신만이 여러 사정에 응해서 언제 사랑이 지배할 것인가, 그리고 언제 힘이 지배할 것인가를 판단할 수 있다고 생각하므로 덕을 예지와 동일시하고, 정치에서는 귀족주의와 민주주의를 여러 면에서 혼합하기를 주장하는 것이다. 스피노자의 윤리학은 분명히 상반하는 철학자들을 무의식중에 화해시키고 조화 있는 통일에 짜 넣어, 근대 사상의 최고의 업적인 도덕학의 체계를 우리에게 주고 있다. 이것이 스피노자의 특색이다.

그는 행복을 행동의 목표를 세우는 데서 시작하여 행복을 매우 단순하게, 쾌락이 있고 고통이 없는 것이라고 정의한다. 그러나 쾌락과 고통은 상대적이지 절대적인 것은 아니다. 또한 그것은 상태가 아니라 이행이다. '쾌락은 인간이 완전성—즉 완성 또는 성취—이 낮은 상태에서 보다 큰 상태로 이행하는 것이다.' '기쁨이란 자기의 힘이 증대되는 일이다.'[7] '슬픔은 인간이 완전성의 큰 상태로부터 보다 적은 상태로 이행하는 것이다. 나는 이행이라고 말한다. 왜냐하면 기쁨은 완전성 그 자체가 아니기 때문이다. 다시 말해서, 만일 인간이 옮겨 가야 할 완전성을 처음부터 가지고 태어났다면 인간은 기쁨의 감정을 갖고 있지 않을 것이다.' 모든 격정은 이행이며, 모든 감정은 완전성과 힘에서 생기며, 그것은 또한 완전성과 힘을 얻으려는 움직임이다.

나는 '감정(정서)이란 신체의 활동력을 증대 또는 감소하는—촉진 또는 저해하는—신체의 변화라고 해석한다.' 격정과 감정은 그 자신에게는 악이나 선이 아니며, 그것이 우리의 힘을 약하게 또는 강하게 만드는 데 따라 악도 되고 선도 되는 것이다. '나는 덕과 힘을 같은 것으로 해석한다.' 덕은 활동의 힘, 능력의 한 형태이다. '사람이 자기의 존재를 보다 많이 유지하고 자기에게 유익한 것을 보다 많이 구할 수 있음에 따라 그의 덕은 더욱 커진다.' 스피노자는 남의 행복을 위해 자기를 희생하는 것을 바라지 않는다. 스피노자는 자연보다도 관대하여 이기주의를 자기 유지라는 최고 본능의 필연적 결과라고 생각한다. '아마 누구든지 보다 큰 선을 기대하지 않는 한, 자기가 생각하는 선을 내버려 두지는 않을 것이다.' 이것은 스피노자에게는 정말로 합리적이라고 생각된다. '이성은 자연에 반대되는 그 무엇도 요구하지 않고, 자기 자신을 사랑하고, 참된 자기의 이익을 구하고, 자기를 보다 큰 완전으로 이끄는 모든 것을 얻으려고 한다. 일반적으로 말하면 각자가 자기의 존재를 가능한 유지하도록 노력하기를 원한다.' 그런 이유로 그는 그의 윤리학을 유토피아적 개혁자들처럼 이타주의와 인간의 성선설 위에 세우지 않고, 또한 냉소적인 보수주의자같이 이기주의와 인간의 성악설 위에도 세우지 않으며, 그가 필연적이고 정당한 에고이즘이라고 믿는 것 위에 세우는 것이다. 인간에게 약해지라고 가르치는 도덕 체계는 무가치한 것이다. '덕의 기초는 자기의 존재를 유지하려는 노력에 불과하며, 행복은 인간이 자기의 존재를 유지할 수 있는 데 있다.'

니체와 같이 스피노자도 그다지 겸손하지 않았다. 겸손이란 야심가의 위선이거나 노예의 비겁이거나 그 어느 쪽이든 힘의 결핍을 의미하며, 스피노자에

---

7) 니체는 말했다. '행복이란 무엇이냐. 힘이 증대되고 저항이 극복되는 감정이다.'《안티크리스트》(원주)

게 모든 덕은 능력과 힘의 형태이다. 따라서 후회는 덕이라기보다는 결함이다. '후회하는 사람은 이중으로 불행하며 이중으로 약하다.' 그러나 그는 겸손을 매도하는 데 니체만큼 시간을 허비하지는 않았다. 그 이유는 '겸손은 매우 어렵기' 때문이다. 키케로가 말했듯이 겸손을 찬양한 책을 쓴 철학자들도 반드시 자기 이름을 표지에 넣는다. '자기를 헐뜯는 사람은 오만한 사람에 가장 가깝다'고 스피노자는 말하고 있다. 스피노자는 겸손은 싫어하지만 근신(勤愼)은 찬미했으며, 행위에 근거를 두지 않는 자부에 반대했다. 오만은 서로의 미혹(迷惑)이다. '오만한 사람은 자신의 장점과 남의 결점만을 이야기한다.' 이러한 사람은 자신의 장점이나 공적을 감탄하는 열등한 사람들 앞에 나서기를 기뻐하고, 끝내는 자기를 가장 잘 칭찬해 주는 사람들의 희생물이 되고 만다. 왜냐하면 '오만한 사람만큼 아첨하는 말에 사로잡히기 쉬운 자는 없기 때문이다.'

여기까지 우리의 온화한 철학자는 약간 스파르타식 윤리학을 제시하고 있으나, 다른 곳에서는 한층 더 평온한 어조를 보인다. 그는 사람들을 흥분케 하며 충돌하게 하는 질투·비난·경멸, 그리고 증오가 얼마나 많은가 하는 데 놀라서, 우리의 사회적 병폐를 구하는 길은 이러한 감정과 그 밖의 유사한 감정을 제거하는 일밖에 없다고 본다. 그는 미움이란 어떻게든 사랑하려고 애를 쓰는 마음이라고 믿었다. 미움은 미움으로 갚는 것보다 사랑함으로써 더 쉽게 극복할 수 있다는 것은 더욱 간단하다. 왜냐하면 미움은 보복당한다는 감정에서 자라나기 때문이다. 그런데 자기가 미워하는 상대에게 사랑받고 있다고 확신한 자는—스피노자는 지나치게 낙천적으로 믿고 있는 것 같으나—사랑은 사랑을 초래하는 경향이 있는 관계상 미움과 사랑과의 감정적 갈등에 고민한다. 그 결과 미움은 무너져 힘을 잃는다. 우리는 이길 자신이 있는 적을 미워하지는 않게 되므로, 미움이라는 것은 자기의 단점과 두려움을 자백하는 것이 된다. '바르지 못한 보복적인 증오로써 복수하려는 자는 비참한 생활을 할 것이다. 그러나 미움을 사랑으로 쫓아버리려는 자는 기쁨과 확신으로 싸운다. 그는 상대가 한 명이든 많은 사람이든 똑같이 대항하며, 거의 행운의 도움을 필요로 하지 않는다. 그에게 정복된 사람들은 기꺼이 그에게 복종한다.' '정신은 무기가 아니라 사랑과 너그러움에 의해서 정복된다.' 이와 같은 말을 썼을 때 스피노자는 갈릴리 언덕 위에 빛나는 빛을 다소 바라보는 것이다.

그러나 그의 윤리학의 본질은 그리스도교적이라기보다는 오히려 그리스적이다. '이해하려는 노력은 덕의 으뜸가는 유일한 기초다.'—이것만큼 명료하고 철저한 소크라테스적인 것은 없다. 왜냐하면 우리는 외부의 여러 원인에 의하여 많은 방법으로 마구 들볶이고 역풍에 교란되는 파도같이 요동하면서도, 자신의 장래나 운명을 알지 못하기 때문이다.

우리는 가장 격정적일 때가 가장 진정한 우리 자신이라고 생각하는데 실제로는 가장 수동적일 때이며, 그때에는 타고난 격렬한 충동과 감정에 사로잡히고 그것에 휩쓸려 경솔하게도 사고 없이는 사태의 일면 밖에 포착할 수 없기 때문에 그 면에만 응하는 반응을 취하게 된다. 격정은 '불충분한 관념'이며, 사고란 어떤 문제의 중요한 모든 면이 적당한 선천적, 또는 후천적 반응을 불러일으킬 때까지 꾸물거리고 있는 반응인 것이다. 다만 그래야만 반응은 가능한 완전해진다. 본능은 추진력으로서는 훌륭하지만 안내인으로서는 위험하다. 왜냐하면 우리가 '본능의 개인주의'라고 부르는 것에 의하여 각 본능은 전체의 행복에는 무관심하게 그 자신의 목적을 성취하려고 하기 때문이다. 이를테면 식탐, 호전벽(好戰癖), 또는 색욕을 억제하지 못하는 데서 얼마나 큰 황폐가 인간에게 일어났었는가. 그리고 마침내 인간은 자기를 이겨낸 본능—다시 말해서 이성—에 결국 따르기 마련이다. '우리가 날마다 사로잡히는 여러 감정은 신체의 어떤 부분이 다른 어느 부분보다도 많이 자극되는 데 관계된다. 그 때문에 감정은 일반적으로 과잉되고, 정신을 단 하나의 대상을 고찰하는 데 붙들어 두어 다른 것을 돌아볼 수 없도록 하는 것이다.' 그러나 '신체의 일부 또는 약간의 부분에만 관계하는 기쁨과 슬픔에서 생기는 욕망은 그 사람 전체의 이익을 돌보지 않는다.' 우리 자신이기 위해서는 우리 자신을 완성하지 않으면 안 된다.

위의 말은 모두 이성과 격정 사이의 낡은 철학적 구별에 따르고 있지만, 스피노자는 소크라테스와 스토아 철학자들에게 극히 중대한 보충을 가하고 있다. 그는 이성 없는 격정이 맹목적이듯, 격정 없는 이성은 죽은 것임을 알고 있다. '감정은 반대의 한층 강력한 감정이 아니면 저지할 수도 제거할 수도 없다.'

격정에 이성을 대립시키는 헛된 일을 하지 않고—이 항쟁에서는 보다 뿌리 깊은 유전적 요소, 즉 격정이 대부분 이기는 것이다—, 그는 이성 없는 격정과 이성에 의하여 정합(整合)되고 사태의 전체를 바라봄으로써 자리를 잡은 격정을 대항시킨다. 사고는 욕망의 열을 잃지 말고 욕망은 사고의 빛을 계속 비춰야 한다. '격정(受動)은 우리가 그것에 대하여 명료하고 분명한 관념을 형성하자마자 격정(수동)임을 그친다.'

그리고 정신은 충분한 관념이 많을수록 격정에 지배된다. '모든 욕망은 불충분한 관념에서 생기는 경우에 격정(수동)이며…… 충분한 관념에서 생길 때에는 덕(德)이다.'[8] 모든 이성적 행동, 다시 말해 사태 전체에 적당한 반응 활동의 모든 것은 덕 있는 행위이며, 결국 이성 없이 덕은 존재하지 않는다.

스피노자의 윤리학은 그의 형이상학에 근원을 둔다. 형이상학에서 이성의 본령은 사태의 혼돈된 변화 속에서 법칙을 발견하는 데 있는 것처럼, 윤리학에서는 욕망의 혼돈된 변화 속에 법칙을 수립하는 데 있다. 형이상학에서 이성의 본령은 영원한 상(相) 아래서 보는 데 있으며, 윤리학에서는 영원한 상 아래서 행위하는 데 있다. 이성은 지식과 행위를 전체의 영원한 배경에 적합시켜 형성한다.

우리는 사고의 도움을 받아 한층 더 넓은 시야를 얻지만, 그것은 사고가 행위의 결과를 의식에 그리는 상상력의 도움을 받기 때문이다. 그러나 먼 앞날의 결과는 만일 이 행위의 반응에서 사고력이 활동할 여지가 없을 정도로 직접적인 때에는 아무 영향도 줄 수 없다. 이성적 행동에 대한 큰 장애는 우리가 상상이라고 부르는 투사된 기억보다도 훨씬 생생한 현재의 감각이다. '정신은 이성의 명령에 따라서 사물을 생각하는 한, 현재와 과거 또는 미래 사물의 관념이든 똑같은 자극을 받는다.' 상상력과 이성에 의하여 우리는 경험을 선견(先見)으로 바꾸고, 미래의 창조자가 되어 과거의 노예에서 해방된다.

이리하여 우리는 인간에게 가능한 유일의 자유를 달성한다. 격정의 수동성

---

8) 이상 두 인용문과 정신분석의 학설과의 유사성에 주의하라. 정신분석이란—욕망은 우리들이 그 정확한 원인을 모르고 있는 한 '플렉스(억압되어 의식하지 못하게 되어 있던 정서적 색조를 가진 여러 관념의 복합)'이며, 따라서 치료의 제일보는 욕망과 그 원인을 환자에게 의식시키는 (욕망과 그 원인에 대해 '충분한 관념'을 형성하는) 시도이다. 〔원주〕

은 '인간의 굴종'이며, 이성의 능동성은 인간의 자유다. 이 자유는 인과의 법칙과 과정에서의 자유가 아니고, 개개의 격정과 충동으로부터의 자유이다. 또한 그것은 격정으로부터의 자유가 아니고, 무질서하고 미완성한 격정으로부터의 자유이다. 다만 인식하는 경우[9]에만 우리는 자유로우며, 초인적이라 함은 사회의 정의나 사회를 쾌적하게 하는 것의 제한으로부터의 자유로운 것이 아니라, '본능의 개인주의'로부터 자유롭다는 것이다. 여러 가지 격정을 이토록 완전하게 하고, 조화를 얻게 함으로써 현자(賢者)의 평정이 생긴다. 그것은 아리스토텔레스가 말하는 영웅의 귀족주의적 자기 만족도 아니며, 더구나 니체의 이상의 존대한 우월도 아니다. 한층 더 우애에 찬 정신의 안정과 평화이다. '이성에 충실한 사람들, 즉 이성의 지도에 따라 자기의 이익을 구하는 사람들은 다른 사람들을 위해 바라지 않는 일은 아무것도 자신을 위해서 바라지 않는다.'[10] 위대하다는 것은 인류의 위에 서서 다른 사람들을 지배하는 것이 아니라, 인식 없는 욕망의 편파와 공허를 극복하여 자기 자신을 지배하는 것이다.

이것은 사람들이 자유의지라고 부르는 것보다도 한층 더 고귀한 자유다. 왜냐하면 의지는 자유가 아니라 '의지'란 처음부터 존재하지 않기 때문이다. 그렇지만 자신은 이미 '자유'가 아니기 때문에 자신의 행동과 자신의 생활형성에 이미 책임이 없다고 생각해서는 안 된다. 분명히 인간의 행위는 기억에 의하여 결정되므로, 사회는 자기 보전을 위해 그 시민을 그들의 희망과 공포를 이용해서 어느 정도의 사회 질서를 지키고 사회적 협동에 노력하도록 가르쳐야 한다. 모든 교육은 결정론을 예상하여, 행동의 결정에 관여한다고 예기되는 많은 금지 명령을 청소년의 아무 거리낌 없는 마음속에 주입시킨다. '비뚤어진 행위의 결과로 일어나는 해악은 필연적이기 때문에 두려워하는 것이다. 우리의 행위가 자유이든 아니든, 우리의 동기는 역시 희망과 공포다. 그러니까 나의 말이 가르침과 명령을 받아들일 여지를 남기지 않았다는 주장은 잘못이다.' 그뿐 아니라 결정론은 보다 좋은 도덕생활을 위해 도움이 된다. 다시 말해

---

9) '의사, 또는 기사를 그가 취급하고 있는 것을 어느 정도로 알고 있는가에 따라 그 사고 및 행위에 있어서 자유이다. 대개 여기서 우리는 자유를 여는 열쇠를 발견한다'(듀이). (원주)

10) '맹세코 나는 모든 사람이 같은 조건에서 그 몫으로 받을 수 없는 것은 어떠한 것도 갖지 않을 것이다.'(휘트먼)(원주)

서 그것은 어떤 사람도 경멸하지 않으며, 깔보지 않고 화내지 않는 것을 가르쳐 주기 때문이다. 인간에게는 '죄는 없다'. 비록 우리는 악한에게 벌을 주기는 하지만, 그것은 미워해서가 아니다. 우리는 그들을 용서한다. 왜냐하면 그들은 자신이 하는 일을 알지 못하기 때문이다.

그중에서도 특히 결정론은 운명의 양면을 조용한 마음으로 예기하고, 그것에 견디도록 우리를 강하게 만들어 준다. 모든 일은 신의 영원한 의지에 따라 필연적으로 일어난다는 것을 우리는 언제나 잊지 않는다. 그뿐 아니라 그것은 우리에게 '신에 대한 지적 사랑'을 가르치고, 이 사랑에 의해 우리는 자연의 법칙을 기꺼이 받아들이고 우리 소망의 충족을 자연법칙의 제한 내에서만 발견할 것이다. 만사를 결정된 것으로 보는 자는 비록 저항은 할지라도 불평을 할리는 없다. 왜냐하면, 그는 '사물을 영원한 상(相) 아래서 지각하고', 자신의 불운은 자연의 조직 전체 속에서는 우연히 아니고, 세계의 영원한 관련과 구조속에 충분한 근거를 갖고 있다는 것을 이해하기 때문이다. 그렇다는 것을 깨달으면 그는 걷잡을 수 없는 격정의 쾌락을 떠나 모든 사물을 영원한 질서와 발전의 부분이라고 보는 관조의 숭고한 고요로 높아져 간다. 그는 '필연'에 직면해서 미소 짓게 되며 '자기의 진가가 지금 인정되건 1천 년 후에 인정되건, 그는 태연히 만족하고 있다(휘트먼).'

그는 신은 자신에게 귀의하는 자들의 사사로운 일에 간섭하는 변덕스러운 인격이 아니라, 우주의 변함없는 영원한 질서라는 옛 지혜를 배운다. 플라톤은 같은 사상을 《국가론》에서 아름답게 말하고 있다. '정신을 참된 존재에 쏟고 있는 자는 아래를 향하여 인간의 영위를 바라보거나, 인간과 다투어 마음을 질투와 적의로 채우게 하거나 할 겨를이 없다. 그의 눈은 끊임없이 확고한 불변의 원리로 향해지고, 그 원리가 상처를 서로 주고받지도 않고, 이성에 따라 질서 정연하게 움직이는 것을 관찰하여 이 원리를 모방하고 될 수 있는 한이 원리에 순응하려고 애쓸 것이다.' '필연적인 것은' 하고, 니체는 말한다. '나에게 불쾌한 마음을 일으키게 하지 않는다. 운명애(運命愛)는 나의 본성의 핵심이다.'[11] 또한 키츠는 《히페리온》에서 이렇게 말한다.

---

11) 《이 사람을 보라》 이것은 니체가 도달한 경지라기보다는 오히려 그의 희망이었다. (원주)

모든 벌거벗은 진실을 견디고,
아주 침착하게 상황을 직시하는 것.
그것이 자주성의 정점이다.

그와 같은 철학은 삶을—죽음조차도—긍정할 것을 가르쳐 준다. '자유인은 죽음에 대하여 전혀 생각하지 않는다. 그리고 그의 지혜는 죽음에 대한 성찰이 아니라 삶에 대한 성찰이다.' 이 철학은 그 넓은 시야에 의하여 우리의 초조한 자아를 진정시키고, 우리의 목적에 설정하지 않으면 안 될 여러 가지 제한에 우리를 만족하게 한다. 그것은 체념과 동양풍의 고지식한 수동성으로 이끌지도 모른다. 그러나 동시에 그것은 모든 지혜와 힘에 반드시 필요한 기초다.

종교와 영생

우리가 본 바와 같이 결국 스피노자의 철학은 그를 추방하여 고독한 사람으로 살게 한 세계까지도 사랑하려는 시도였다. 또한 스피노자는 욥처럼 유대 민족의 전형이 되어, 올바른 인간이 이스라엘 사람과 마찬가지로 박해와 추방과 고독을 왜 겪어야 하느냐고 물었다. 잠시 동안 그도 세계를 비인격적인 불변의 법칙에 따르는 과정으로 보는 데 만족하고 이 견해에 정착하기도 했지만, 결국 그의 본질적인 종교적 영혼은 이미 무언의 과정을 사랑스럽다고까지 할 수 있는 어떤 것으로 돌렸다. 그는 자기 자신의 욕구를 보편적 세계 질서와 융합해 스스로 거의 눈에 띄지도 않는 자연의 일부분이 되려고 애썼다. '최고의 선(善)은 정신이 자연 전체와 함께 형성하고 있는 통일의 인식이다.'《지성개선론》 실제로 우리 개인으로서의 독립이란 것은 어떤 의미에서는 착각이다.

우리는 법칙 및 원인의 큰 흐름 속의 부분이며, 신의 일부다. 또한 우리보다 위대하며, 죽어야 할 우리와 달리 무한한 어떤 존재자의 덧없는 현상형식에 불과하다. 우리의 신체는 민족이라는 신체 속의 세포이고, 우리 민족은 삶이라는 드라마 속의 한 장면이며, 우리의 정신은 영원한 빛의 번쩍임에 불과하다. '우리의 정신은 인식하는 한, 사고의 영원한 양태이며, 이것은 사고의 다른 영원한 양태에 의하여 결정되고, 이것은 또 다른 양태에 의해 결정되어, 무한으로 나간다. 이 모든 양태가 합쳐져서 영원하고 무한한 신의 지성을 구성한다.' 이토록 범신론적으로 개체를 전체에 몰입시킨다는 점에 스피노자의 동양적인 면이 드러나고, '한 사람을 결코 둘이라고 부르지 않는' 오마르나 '그대자신과 만유(萬有) 속에 동일한 하나의 영혼을 인정하라. 그리고 부분을 전체에서 분리하는 미망을 멀리하라'고 한 인도의 옛 시인의 소리가 들린다. 소로는 "나는 월든 호수에 한가롭게 배를 띄우고 있을 때 이따금 삶을 멈추고 존재하기 시작한다"라고 말하기도 했다.

그러한 전체의 한 부분으로서 우리는 죽지 않는다. '인간 정신이 신체와 함께 완전히 파괴된다는 것은 있을 수 없으며, 거기에는 영원한 어떤 것이 남는다.' 이것은 사물을 영원한 상(相) 아래 포착하는 부분으로, 우리가 사물을 이같이 포착할수록 우리의 사고는 그만큼 영원할 것이다.

스피노자는 이 경우 여느 때보다도 애매하여, 그의 말은 해석자들 사이에서 끝없는 논쟁의 대상이 되었음에도 불구하고, 다른 정신엔 다른 표현으로 받아들여진다. 때론 조지 엘리엇의 이른바 '명성에 의한 영생'을 의미한다고 생각하는 사람은 우리의 사상과 생활 속의 가장 이성적이고 아름다운 것은 우리가 죽은 뒤에도 영원한 영향력을 갖고 살아남는다고 한다. 또 때로 스피노자는 인격적 개성의 불사(不死)를 생각한 것처럼 여겨지기도 한다. 어쩌면 너무 빨리 죽음이 그의 앞길에 다가왔기 때문에 인류의 가슴에 영원히 남는다는 희망을 가지고 절실하게 자신을 위로했는지도 모른다. 그럼에도 불구하고 그는 영원과 영속을 어디까지나 구별하고 있다. '사람들의 일반적인 의견을 보면 그들은 자기 정신의 영원성을 의식하고 있으나, 영원성을 지속과 혼동하여 죽은 뒤에도 존속한다고 믿는 표상과 기억에 영속성을 부여하고 있음을 우리는 발견할 것이다.'

그런데 스피노자는 아리스토텔레스와 같이 영생을 말하면서 사람의 기억이 살아남는 것을 부정하고 있다. '정신은 신체가 지속할 때에만 사물을 표상하고 과거를 기억할 수 있다.' 그는 또한 천국의 보상도 믿지 않는다. '덕과 신(神)에 대한 봉사가 최고의 행복과 자유가 아닌 것처럼 덕과 선행을 가장 힘든 일로 보고, 이에 대한 신이 최고의 상을 주리라고 믿는 사람들은 덕의 참된 가치를 잘 모르는 것이다.'

《에티카》의 마지막 정리는 다음과 같다. '최고의 복은 덕의 대가가 아니라 덕 그 자체다.' 아마 같은 방식으로 영생은 명석한 사고에 대한 대가가 아니라 명석한 사고 그 자체이며, 명석한 사고는 과거를 현재로 옮기고 미래로 나아가게 함으로써 시간의 제한과 한계를 극복하며, 이로써 변화와 만화경(萬華鏡) 뒤에 있는 영원한 세계를 전망한다. 이 같은 사고는 불사이다. 모든 진리는 영구불변의 창조물이며, 무한한 시간을 통해서 인간에게 영향을 주는 인간의 영원한 획득물이기 때문이다.

이렇듯 엄하고 희망에 찬 어조로 《에티카》는 끝난다. 이토록 많은 사상을 담고, 사람들로 하여금 다양한 주석서를 쓰게 하고 더욱이 상반되는 해석을 낳아 격렬한 싸움터가 된 책은 매우 드물다. 그 형이상학은 결점이 많고 심리학은 불완전하며, 그 신학은 불충분하고 애매할지도 모른다. 그러나 이 책의 정수(精髓), 다시 말해서 그 정신과 본질에 대해서는 이것을 읽은 사람은 누구나 숭경하는 마음으로 이야기할 것이다. 결론을 말하는 구절에 이 본질적 정신은 꾸밈없는 웅변 속에서 찬란한 광채를 빛내고 있다.

"이상으로 나는 감정에 우월하는 정신력에 대하여, 그리고 정신의 자유에 대하여 보여 주려고 생각한 모든 것을 완료했다. 이것에 의하여 현자는 얼마나 많은 일을 해낼 수 있는가, 그리고 관능적 욕구에만 움직이는 무지한 자보다 얼마나 더 우수한가를 판별한다. 왜냐하면 무지한 사람은 외부의 여러 원인에 아주 쉽게 동요되어 결코 정신의 참다운 만족을 누리지 못한다. 뿐만 아니라 그는 자기 자신과 신과 사물을 거의 의식하지 못하며, 수동적인 생활이 끝나면 존재하지 않는다. 이에 반하여 현자는 현자로 보이는 한 거의 정신적으로 동요되지 않고, 자기 자신과 신과 사물을 어떤 영원한 필연성에 의하여 의식하며, 결코 존재하기를 그치지 않고, 항상 마음의 참다운 만족을 누리고 있다. 여기서 이에 도달하는 방법으로써 내가 제시한 길은 매우 어렵지만 발견할 수는 있다. 다만 그와 같이 좀처럼 발견되지 않는 것은 물론 어려운 것임에 틀림없다. 왜냐하면 만일 구원이 가까이 있어 그다지 애쓰지 않아도 받을 수 있다면 많은 사람들이 그것을 허술히 보아 넘긴다는 일이 어찌 있을 수 있겠는가. 그러나 모든 고귀한 것은 희귀한 것과 마찬가지로 발견하기가 어렵다."

5. 《국가론》

우리의 분석이 남은 것은 《국가론》뿐이다. 《국가론》은 스피노자의 가장 원숙한 시기의 저작으로 그의 요절로 돌연히 중단된 슬픈 단편이다. 이것은 짧지만 사상은 풍부하다. 그러므로 이 고귀한 생명이 성숙하여 넘칠 듯한 힘을 발휘하려 할 순간에 종말을 고함으로써 얼마나 많은 것이 상실되었는지 사람들은 새삼스레 느낄 것이다. 홉스가 전제군주정치를 찬양하고 영국 국민이 그 왕에게 반기를 든 것을—밀턴이 왕을 변호한 것과 같은 격렬한 태도로—공공연하게 비난한 그 시대에, 스피노자는 당시 네덜란드의 자유로운 민주주의적 희망을 표현했다. 그것은 루소의 사상과 프랑스혁명을 절정에 달하게 한 사상적 지침으로서 주요한 원천이 된 정치철학을 정식화했다.

스피노자에 의하면 정치철학은 모두 자연적 질서와 도덕적 질서의 구별, 다시 말해서 조직된 사회가 형성되기 전과 후의 상태 구별에서 나와야 한다는 것이다. 스피노자는 일찍이 인간은 법률도 사회적 조직도 없이 비교적 고립된 상태 속에서 살고 있었다고 상상했다. 거기에는 시비곡직(是非曲直), 정과 부정의 개념은 없고, 힘과 정의는 하나였다고 말한다.

"자연 상태에서 모든 사람이 일치하여 선과 악이라고 부를 수 있는 것은 존재할 수 없다. 자연 상태에 있는 각 사람은 다만 자신의 이익만을 꾀하고, 자기의 뜻과 자신의 이익만을 고려하여 무엇이 좋으냐, 나쁘냐를 결정하고, 어떠한 법률에 의해서도 자기 이외의 다른 사람에게 복종하지 않기 때문이다. 그렇기 때문에 자연 상태에서 죄는 생각할 수 없으며, 다만 국가 상태에서만 생각할 수 있다. 국가 상태에서는 무엇이 좋고 나쁜가 하는 것이 일반의 동의에 의하여 결정되는 것으로써, 각자는 국가에 복종하도록 의무를 갖는다. ……모든 인간이 대부분 그 밑에서 나서 생활하고 있는 자연법과 자연 질서는 원하지 않고, 아무도 할 수 없는 것 이외에는 아무것도 금지하지 않는다. 그리고 싸움과 증오와 배신에도, 요약하면 대체로 충동이 재촉하는 어떠한 일에도 반대하지 않는다."

우리는 여러 국가의 행동을 관찰함으로써 '여러 국민 사이에도 이타주의는 존재하지 않는다(비스마르크)'라는 자연의 법칙, 또는 무법칙성을 어렴풋이 알고 있다. 왜냐하면 일반적으로 승인된 조직과 권위가 존재하는 곳에만 법과 도덕이 존재할 수 있기 때문이다. 그런데 국가의 '권리'는 지금까지 개인의 '권리'가 항상 그래 왔던 것—또한 지금도 가끔 여전하다—처럼 힘이며, 지도적인 국가들은 외교관들의 부주의한 정직함에 의해 아주 적절히 '열강(列强)'이라고 불린다. 생물의 종속 관계도 공통된 조직이었으므로, 그 사이엔 도덕도 법률도 없다. 각 종속은 서로 다른 것에 대해 자신이 하고 싶은 일을 하고, 자기가 할 수 있는 일을 하는 것이다.

그러나 인간 사이에서는 서로의 필요가 도움을 불러일으키므로 힘의 자연적 질서는 법의 도덕적 질서가 된다. '누구나 고립해서는 자신을 지킬 수 없고, 생활 필수품을 얻을 힘도 없으므로 모든 사람은 고립을 두려워한다. 따라서 인간은 본성적으로 사회적 조직으로 향한다.' 위험을 막기 위해서는 '인간이 서로 돕지 않는 한 개인의 힘만으로는 도저히 부족할 것이다.' 그러나 인간이 본능적으로 사회 질서를 지키기 위한 자제심이 있는 것은 아니다. 우선 위험이 서로 타협하게 하고, 이것이 점차 사회적인 여러 본능을 육성하고 강화한다. '인간은 시민으로 태어나는 것이 아니라 발달하여 시민이 되는 것이다.'

대개의 인간은 마음속으로는 법률과 관습에 대한 개인주의적 반역자이다. 많은 사회적 본능은 개인의 여러 본능보다도 뒤에 생기고, 또 그것보다도 약하므로 보강이 필요하다. 인간은 가련하게도 루소의 생각처럼 '나면서부터 선한 것'은 아니다. 그러나 타협을 통해 가족에서라도 동정과 다정함이, 그리고 마침내는 친절함이 생긴다. 우리는 자신과 닮은 것을 좋아한다. '우리는 우리가 사랑해 온 것에 대해 연민을 느낄 뿐만 아니라 우리 자신과 비슷하다고 판단한 것에서도 연민을 느낀다.' 이 일로부터 '감정의 모방'이 생기고 마침내 어느 정도의 양심이 생긴다. 그러나 양심은 선천적이 아니라 후천적인 것이며, 상황에 따라 변화한다. 그것은 개인 의식에 씨족의 도덕적 전승이 퇴적된 것이며, 그것을 이용해서 사회는 자기 자신을 위해 그 적(敵)의 마음속에—개인주의를 본성으로 하는 영혼 속에—맹우(盟友)를 만드는 것이다.

이 발전과 자연 상태에서 행해진 개인의 힘의 법칙은 조직된 사회 안에서 법과 도덕의 힘에 자리를 물려주는 일이 점차 생기게 된다. 힘은 아직 권리이나, 전체의 힘은 개인의 힘을 제한한다. 이론상 개인의 힘을 개인의 권리에만, 다시 말해서 타인의 동등한 자유와 일치하는 한에서 개인의 힘을 행사하는 것에만 제한한다. 개인의 자연적인 힘과 자결권의 일부분은 조직된 공동체에 인도되고, 그 대신 다른 여러 부분의 활동 범위는 확대된다. 이를테면 우리는 분노하여 폭력을 휘두르는 권리를 버리고 다른 사람으로부터 그러한 폭행을 받을 위험을 면한다. 법률은 인간이 격정에 지배되기 때문에 필요하다. 모든 인간이 이성적이면 법률은 필요 없는 것이 된다. 완전한 법률과 개인에 대한 관계는 완전한 이성과 격정에 대한 관계와 같다고도 할 수 있다. 완전한 법률은 전체의 파멸을 피하고 전체의 힘을 증대하기 위해 서로 다투는 힘을 조화 있게 활동시키는 일이 그 본령일 것이다. 마치 이성이 형이상학에서는 모든 사물의 질서의 지각이고 윤리학에선 모든 욕망 사이의 질서 수립이듯, 정치학에서의 이성은 인간 상호간의 질서 수립이다. 완전한 국가는 국민의 힘이 서로 파괴적으로 작용한 때에만 이것을 제한할 것이다. 완전한 국가는 보다 큰 자유를 주지 않는 한 어떠한 자유도 빼앗지 못할 것이다.

"국가의 궁극적 목적은 인간을 지배하는 일도, 공포에 의하여 구속하는 일도 아니며, 오히려 각자가 될 수 있는 대로 안전하게 살 수 있도록, 즉 누구를 막론하고 상처를 주는 일 없이 생존의 자연적 권리를 가장 잘 유지할 수 있도록 개인을 공포에서 해방하는 일이다. 국가의 목적은—나는 거듭 말한다—인간을 이성적인 존재자로부터 이성 없는 짐승이나 기계로 만드는 것이 아니라, 인간의 심신의 기능을 안전하게 수행하도록 하는 일이다. 사람들이 자유로이 이성을 사용하고 그들이 증오와 노여움과 거짓 계책으로 서로 다투거나 서로 공정하지 못한 짓을 하지 않도록 지도하는 일이다. 그렇기 때문에 국가의 목적은 자유다."

자유는 국가의 목표다. 왜냐하면 국가의 과제는 성장의 촉진이며, 성장은 자유를 발견하는 능력에 의하는 것이기 때문이다. 그러나 만약 법률이 성장과 자유를 방해할 때는 어찌할 것인가? 만약 국가가 모든 유기체와 같이 나 자신의 존재를 유지하려고 애쓰고—이것은 보통의 경우 관리가 그 지위를 유지하려고 애쓰는 것을 의미하나—권세를 휘둘러 착취하는 기구로 전락할 때에는 어찌해야겠는가? 스피노자는 대답하기를, 만약 이성에 의한 항의와 논의가 허용되고 평화적 개혁을 보증하는 언론의 자유가 있다면 설사 부정한 법률일지라도 복종하라고 말한다. '나는 그러한 자유에서 가끔 여러 가지 여

의치 않은 일이 일어나는 것을 인정한다. 그러나 어떠한 폐해도 생길 수 없을 만큼 현명한 제도가 일찍이 있었던가?' 자유로운 언론을 억누르는 법률은 모든 법률을 파괴하는 근원이 된다. 왜냐하면 인간은 비평해서는 안 되는 법률을 오래 지키지는 않을 것이기 때문이다.

"정부가 언론의 자유를 축소시키려 할수록 그것은 완강한 저항을 받는다. 더욱이 탐욕스러운 사람들이 아니고…… 훌륭한 교육, 건전한 행동과 덕에 의하여 한층 더 자유로워진 사람들이 반항한다. 일반적으로 인간은 진리라고 믿는 의견이 범죄로 간주되는……것을 무엇보다도 참기 어려운 것으로 생각한다. 그와 같은 경우, 그들은 법률을 싫어하고, 반정부 행동을 부끄럽게 생각하지 않고 오히려 훌륭한 일이라고 생각한다. ……그것을 범(犯)하더라도 이웃에게 해가 되지 않는 법률은 웃음거리다. 그러한 법률은 인간의 충동과 정욕을 억제하기는커녕 오히려 그것을 증대시킨다. 우리는 항상 금지된 것에 반항하고 거부된 것을 그리워한다."

그리고 스피노자는 미국의 올바른 입헌주의자와 같이 다음과 같은 결론을 내린다. '만약 행위만이 형사소추의 근거가 되고 언론의 자유가 허용되어 있다면, 사회를 어지럽히는 행위는 법을 빙자하여 정당화될 수 없을 것이다.'

국가가 정신을 감시하는 일이 적으면 적을수록 그것은 국민에게도 국가로서도 좋은 일이다. 스피노자는 국가의 필요성을 인정하면서도 국가를 신용하지 않는다. 권력이 '부패되지 않은 것'—그것은 로베스피에르의 이름이 아니었을까—을 부패하게 하는 것을 알고 있다. 그리고 그는 국가의 지배권이 인간의 신체 및 행위로부터 영혼이나 사상으로 퍼져가는 것을 태연한 얼굴로 보고 있지는 않다. 그런 식으로 퍼져나가는 것은 성장의 끝이며, 사회적 결합의 죽음일 것이다. 그래서 그는 교육, 특히 대학 교육을 국가에서 관리하는 것은 옳지 않다고 했다. '국비(國費)로 설립된 대학은 인간의 자연적 능력을 개발하기 위해서라기보다는 오히려 그것을 억제하기 위해 설립되었다. 그러나 자유로운 국가에서 희망하는 자는 누구나 자기의 비용과 자기의 책임으로 공공연히 가르칠 수 있다면 기예(技藝) 및 학문은 그로 인하여 가장 잘 발달될 것이다.' 국가에 의하여 관리되는 대학과 사재(私財)로 관리되는 대학과의 사이에 어떻게 중도를 발견하느냐 하는 것은 스피노자가 해결하지 못한 문제이다.

그 당시만 해도 사유재산 문제는 곤란을 예상할 만큼 큰 것이 되어 있지 않았다. 그의 이상은 분명히 일찍이 그리스에서 번영했던 것과 같은 높은 교육, 즉 학교라고 말할 수 있는 공공시설로서가 아니라, 이 도시에서 저 도시로 여행하면서 공적 관리나 사적 관리와는 아무 관계없이 가르치는 자유로운 개인─즉 소피스트들─이 시행하는 교육이었다.

이러한 사항들은 조건으로 한다면 정체(政體) 여하는 대수로운 문제가 아니다. 스피노자는 다만 온화하게 민주정치가 좋다고 말했음에 지나지 않는다. 전래의 정치형태는 어떤 것이나 '각자가……사적 이익보다도 공적 권리 쪽을 선택하도록' 형성될 수 있으나, 이것은 입법자가 할 일이다. 군주정체는 능률은 좋으나 압제적이고 무력적이다.

"경험은 모든 권력을 한 사람의 인간에게 주어 버리고 마는 것이 평화와 화합을 위해 유리하다는 것을 가르치고 있다고 생각된다. 나라치고 터키만큼 오래, 눈에 띌 만한 변화 하나 없이 계속된 나라는 없다. 반대로 민주국가처럼 오래 지속되지 못한 나라도 없으며, 민주국가에 있어서만큼 반란이 일어났던 곳도 없었다. 그럼에도 불구하고 만약 예속, 야만, 그리고 황폐한 상태를 평화라고 부를 수 있다면 인간에게 평화처럼 비참한 것은 없다. 의심할 나위도 없이 어버이와 자식 사이에는 주인과 노예사이에 있는 것보다도 많은, 또한 격렬한 다툼이 있는 것이 보통이지만, 그렇다고 해서 부권을 재산권으로 바꾸고 자식을 단순한 노예로 간주하는 것은 가족 통어(統御)의 기술을 향상시키는 까닭은 아니다. 그렇기 때문에 모든 권력을 한 인간에게 인도하는 것으로 예속은 조장되지만 그러나 평화는 촉진되지 않는다."

여기에 그는 비밀 외교에 대한 다음과 같은 말을 덧붙인다.

"국가 이익이 나라의 일을 비밀에 붙이도록 요구한다고 말하는 것은 절대 권력을 갈망하는 이들이 부르는 노래일 뿐이다. ……그러나 이러한 주장이 공공의 복지라는 가면을 쓰고 위장하면 할수록 그들의 지도를 받는 사람들은 더욱 큰 억압을 받는다. ……폭군의 사악한 비밀이 시민에게 은폐되기보다는 정당한 계획이 적에게 알려지는 것이 더 낫다. 나랏일을 은밀하게 다룰 수 있는 자들은 그들의 권위로 국민을 심하게 억압한다. 그들은 전쟁 중에 적에게 계략을 쓰듯이 평화로울 때 시민에게 음모를 꾸민다."

민주정치는 가장 합리적인 정치형태이다. 민주정치에서는 '각자는 그 행동에 관해서는 권위의 취체(取締)에 따르지만 그 판단과 사고에 관해서는 그것에 따르지 않는다. 모든 사람이 같은 생각을 가지고 있다고 말할 수 없는 이상, 다수의 소리는 법률의 힘을 지니고 있는 것이다.' 이 민주정치의 군사적 기초는 국민이 모두 병역의 의무를 느껴야 하며, 국민은 평소에도 무기를 소지하고 있어야 한다. 또한 국가의 재정적 기초는 조세[12]여야 한다. 민주정치의 결점은 범용한 사람에게 권력을 주게 되는 것인데, 이를 피하기 위해서는 공직을 '훈련된 수완가'에게 한정할 수밖에 없다. 단순한 수의 우월만으로는 지혜를 산출할 수 없으며, 극히 형편없는 영합주의자에게 호의를 갖고 행정권을 주게 될지도 모르는 일이다. '민중의 변덕스러운 마음은 그것을 경험한 사람들을 대부분 절망시키고 만다. 왜냐하면 민중은 오직 감정에 지배되고, 이성에는 지배되지 않기 때문이다.'

그런 이유로 민주정치는 단명한 선동 정치가들의 분열 행진이 되고, 훌륭한 사람들은 자기들보다 열등한 무리에게 비판받고 평가되어야 하는 경쟁 장소에 나가기를 싫어한다. 조만간 유능한 사람들은—그들은 소수였지만—그와 같은 제도에 반기를 든다. '민주정치가 귀족정치로 바뀌고, 귀족정치가 마침내 군주정치로 변하는 것은 이 때문이라고 나는 생각한다.'

민중은 마침내 무질서보다는 전제정치를 택한다. 힘의 평등은 불안정하며, 인간은 태어날 때부터 평등하다. '불평등한 사이에서 평등을 구하는 사람은 부조리를 구하는 것이다.' 민주정치는 여전히 다음 문제를 해결하여야 한다. 즉 통치해 주기를 바라는 사람들을 훈련된 적재(適材) 중에서 찾아내는 자유로운 선거권을 모든 사람에게 한결같이 부여함과 동시에 어떻게 인간의 최대의 활동력을 병력으로써 거두느냐 하는 것이다.

만약 스피노자가 이 저작을 완성할 때까지 살아 있었다면 이 천재는 군대 정치학의 중심 문제에 어떤 빛을 던졌을지도 모른다. 그러나 우리에게 남아 있는 이 논문은 그의 사상 최초의 불완전한 초고에 불과하다. 민주주의에 관한

---

12) '논밭 및 모든 토지, 그리고 만일 가능하다면 주택도 공공의 소유로 하고……매년 사용료를 받고 국민에게 빌려주어야 한다. 이 외에는 평시에는 모든 종류의 과세를 면제하여야 한다.' 《국가론》(원주)

장(章)을 쓰는 동안 그는 죽었다.

6. 스피노자의 영향

'스피노자는 학파를 만들려고 하지 않았으며, 또 만들지도 않았다.' 그러나 그 뒤의 모든 철학에 그의 사상은 스며들어 있다. 그가 죽은 뒤, 그 세대에서는 그의 이름을 싫어하고 꺼렸다. 흄까지도 스피노자의 '괴씸한 가설'이라는 말을 썼으며, 레싱은 '사람들은 스피노자에 대하여 죽은 개만큼 밖에 이야기하지 않았다'고 말한다.

그의 명성을 회복시켜 준 사람은 레싱이었다. 이 위대한 비평가는 1780년 야코비와의 유명한 대화에서, 나는 성년 이후부터 스피노자주의자였으며, '스피노자의 철학 외에 철학은 없다'고 단언하여 야코비를 놀라게 했다. 스피노자에 대한 레싱의 사랑은 모제스 멘델스존[13]과의 우의(友誼)를 강하게 했고, 그 위대한 희곡 《현자 나탄》에서 죽은 철학자(스피노자)와 살아 있는 상인(멘델스존)에게서 얻은 이상적인 유대인의 모습을 묘사했다. 그 몇 년 뒤 헤르더의 《스피노자의 체계에 관한 약간의 대화》는 자유 신학자들의 주의를 《에티카》에 돌리게 했다. 이 학파의 지도자인 슐라이어마허는 '파문당한 성스러운 스피노자'에 관해서 썼는데, 한편 가톨릭 시인 노발리스는 그를 '신에 대한 사람'이라고 불렀다.

이럭저럭하는 동안 야코비는 괴테로 하여금 스피노자에 주목하게 했다. 이 위대한 시인은 ─ 그 자신이 말하는 바에 의하면 ─ 《에티카》를 한 번 읽자 곧 개종하게 되었다. 이것이야말로 괴테의 가슴속에 있던 영혼이 동경하던 철학이었다. 그 뒤 이 철학은 그의 시와 산문에 침투했다. 이 철학에 그는 '우리는 체념해야 한다'라는 가르침, 다시 말해 자연이 부과하는 제한을 받아들이지 않으면 안 된다는 가르침을 발견했던 것이다. 그리고 그가 괴츠나 베르테르의 열광적인 낭만주의에서 후년의 고전적인 차분함으로 높여진 것은 어느 면에서 스피노자라는 조용한 공기를 호흡했기 때문이다.

스피노자를 칸트의 인식론과 결합함으로써 피히테, 셸링 및 헤겔은 저마다

---

13) Moses Mendelssohn(1729~1785). 독일의 유대인 철학자. 레싱의 친구로 칸트와 편지를 교환했다. 작곡가 멘델스존은 이 철학자의 손자이다.

의 범신론¹⁴⁾에 도달했다. '자기 유지의 노력'에서 피히테의 '자아', 쇼펜하우어의 '살려는 의지', 니체의 '권력에의 의지', 베르그송의 '생(生)의 비약'이 나온 것이다. 헤겔은 스피노자의 체계가 너무 생기가 없고 딱딱하게 굳어 있다고 불만을 말했지만, 그는 이 체계에 동적인 요소가 있음을 잊고 법칙으로서의 신이라든가, 그가 '절대적 이성'을 위하여 차용한 장대한 개념밖에는 생각해 내지 못했던 것이다. 그러나 '철학자이기 위해서는 무엇보다도 먼저 스피노자주의자가 되어야 한다'고 말한 것을 보면 헤겔도 상당히 정직했던 셈이다.

영국에서는 스피노자의 영향이 혁명 운동의 바람을 타고 일어났으며, 콜리지나 워즈워스 같은 젊은 반항자들은 'Spy-nosa'에 대하여 이야기 했다(그들을 감시하기 위해 정부에서 파견된 스파이는 'Spy-nosa'를 스파이(自己)의 코를 말하고 있는 것이라고 생각했다.). 그 열성은 'Vnarod(민중 속으로)'의 평온한 시대에 러시아의 인텔리겐치아를 움직인 것과 같았다. 콜리지는 식탁에서 손님들을 앞에 놓고 스피노자주의를 싫증이 날 만큼 이야기했으며, 워즈워스는 그 유명한 시로 이 철학자의 사상을 표현했다.

> 지는 해의 햇빛 속에
> 끝없는 대양(大洋)에, 거친 바람에
> 푸른 하늘과 사람의 마음속에 숨어 있는 것
> 이는 움직이는 영혼이니―이야말로
> 생각하는 모든 것을 움직이고
> 생각할 수 있는 모든 것을 움직인다
> 만물이 있음은 이것에 의해서일 뿐

셸리는 《맵 여왕 *Queen Mab*》의 원본 노트에서 《신학정치론》을 인용하고 이 책을 번역하기 시작했는데 바이런이 서문을 써주기로 약속했었다.

이토록 많은 사람들이 스피노자에게서 영향을 받은 것은, 아마 그의 철학이 많은 해석의 가능성을 허용하고, 읽을 때마다 새로운 가치를 주기 때문이

---

14) 신은 자연의 만물에 내재하고 있다고 풀이하는 학설.

리라. 모든 심원한 말은 읽는 사람들에게 다양한 면을 보여준다. 《전도서》가 지혜에 관해서 말한 것을 스피노자에 대해서도 말할 수 있다.

"최초의 인간은 지혜를 완전하게 알지 못했다. 최후의 인간도 지혜를 뿌리부터 알 수는 없을 것이다. 왜냐하면 지혜는 바닷물보다 풍부하고 깊기 때문이다."

스피노자의 2백 년 제(祭)에서는 헤이그에 그의 동상을 건립하기 위해 자금을 모으게 되었다. 기부금은 문명 세계의 곳곳에서 보내져 왔다. 이처럼 넓은 사랑의 대좌 위에 세워진 기념비는 일찍이 없었다. 1882년의 제막식에 에르네스트 르낭은 다음과 같은 말로 그 기념사를 맺었는데, 그것은 이 장을 맺는말로 적합하다.

"이 온화한 사상가의 동상에 모욕적 언동을 하며 지나가는 자에게 화가 있으라. 그러한 무리는 모든 천한 자와 같이 천하다는 것과, 신성한 것은 이해할 능력이 없다는 것에 의하여 벌을 받게 될 것이다. 이 사람은 이 화강암의 대좌 위에서 모든 사람들에게 자신이 발견한 행복에의 길을 지시해 줄 것이다. 그리고 앞으로 영원토록 이 지점을 지나는 교양 있는 나그네들은 마음속으로 이렇게 생각할 것이다. '아마 여기서, 신의 참다운 모습을 가장 쉽게 볼 수 있을 것이다'라고."

볼테르와 프랑스의 계몽주의

1. 파리·《오이디푸스》

1742년 파리에서 볼테르는 자작극 《메로페》의 연습 중 듀메닐 양의 기분을 비극적 절정에까지 이르도록 지도하고 있었다. 그녀는 그가 요구하는 격정을 표현하려면 "마음속에 악마를 넣어 두지 않으면 안 되겠어요" 하고 한심해했다. 볼테르는 "그렇고 말고. 어떤 예술이든 성공하려면 악마를 지니고 있어야해"라고 말했다. 볼테르의 적과 비평가들도 그 자신이 이러한 요구를 완전히 갖추고 있었음을 인정하고 있다. "그의 몸 안에는 악마가 있었다(Il avait le diable au corps)"고 생트뵈브는 말하고 있으며, 드 메스트르는 그에 대해서 '지옥의 악마가 자기의 힘을 전부 그 손에 맡겼던 사나이'라고 했다.

추하고 호감을 주지 못하며, 허영심이 많은 데다 말이 많고, 외설적이며 절조가 없고, 정직하지 못한 일도 많았던 볼테르는 시대와 환경의 결함을 거의 하나도 빼놓지 않고 갖춘 사람이었다.

그러나 볼테르는 친절하고 동정심이 많고, 정력과 돈을 아까워하지 않으며, 친구를 돕기 위해서는 적을 쳐부술 때와 마찬가지로 힘을 썼다. 그는 펜 끝으로 사람을 찔러 죽일 만한 힘을 가지고 있었으면서도 상대가 화해할 것을 제의해 오면 즉시 무기를 거둬 버리는 매우 모순에 찬 사람이었다.

그러나 선과 악이 뒤섞인 이러한 성질은 모두 제2차적인 것이며, 볼테르의 본질이 아니었다.

놀랍게도 그의 참다운 본질은 정신의 무한한 생산력과 찬란한 광채에 있었다.

그의 저작은 99권이나 되었으며, 저작 내용은 백과사전처럼 단속적이고 대담하게 세계의 모든 일을 편력하지만 어느 장을 펼쳐 보아도 찬란하고 또 유익하다.

'나의 직업은 내 자신이 생각한 것을 말하는 일이다.' 그리고 그가 생각한 것은 항상 말할 가치가 있는 것이었으며, 말한 것은 언제나 비할 데 없이 훌륭했다.

우리가 오늘날 볼테르를 읽지 않는 것은(비록 아나톨 프랑스 같은 사람들이 그의 책을 훑어봄으로써 섬세하고 지혜롭게 되었지만) 그가 우리를 위하여 싸운 신학상의 논쟁이 아직 절실하게 우리의 가슴에 울리지 않기 때문이다.

아마도 우리는 다른 싸움터에 진출해 있어 내세의 지리학보다는 현세의 경제학 쪽에 더 열중해 있을 것이다. 교회의 구속과 미신에 대한 볼테르의 승리가 완전하다는 것은 그 시대에 있던 여러 가지 문제를 전부 죽여 버린 것이다. 또 그의 명성의 대부분은, 유례없이 훌륭한 말솜씨 때문이었다. 그러나 "쓰인 것은 남고 이야기한 것은 사라져 버린다(Scripta manent, verba volant)". 볼테르의 날개 돋친 말도 예외는 아니다. 우리에게 보존되어 있는 것은 정신의 성스러운 불보다도 오히려 육체인 편이 많지만, 그럼에도 불구하고 희미하게나마 시대의 안경을 통해서 이를 볼지라도 이 얼마나 놀라운 정신인가! '분노를 농담으로, 빛을 광채로 바꾸는 극히 순수한 이성', '공기와 불꽃의 인간, 일찍이 다른 어떠한 원자보다도 신비하고 훌륭하며 가장 민감한 원자로 된 인간, 정신의 메커니즘이 이처럼 섬세하고, 정신의 평형이 이처럼 깨지기 쉬운 동시에, 이처럼 확실한 사람도 없다.' 그는 아마도 사상 최대의 지적 에너지가 아니었을까.

분명히 그는 동시대의 누구보다도 격렬하게 활동했으며, 많은 사업을 이룩했다. '일을 하지 않는 것과, 존재하지 않는 것은 결국 같다' '게으른 자를 제외하고는 모든 인간의 선하다'라고 그는 말했다. 볼테르는 시간에 매우 인색했다고 그의 비서는 말했다. '이 세상에서 생을 견디기 위해서는 가능한 한 일에 전력을 기울여야 한다⋯⋯. 나이가 들면 들수록 나는 일의 필요를 느낀다. 일은 오래할수록 대단한 즐거움이 되어 인생의 이상과 희망이 된다.' '만일 자살하고 싶지 않으면 언제나 일을 찾아라.'

그가 끊임없이 일한 것으로 보아, 자살이 끊임없이 볼테르를 유혹하고 있었던 모양이다. '그는 자신이 충분히 활동했기 때문에 시대를 자기의 생명으로 가득 채웠다.' 가장 위대한 세기의 하나(1694~1778)에 산 그는 그 시대의 생명이며, 정수였다. 빅토르 위고는 '볼테르의 이름을 말하는 것은 18세기 전체의

볼테르

특징을 말하는 것이다'라고 볼테르 1백 주년 기념식사에서 말했다. 이탈리아는 르네상스를, 독일은 종교개혁을, 프랑스는 볼테르를 가졌다. 조국에서 볼테르는 르네상스요, 종교개혁이며, 거의 혁명 그 자체였다. 그는 몽테뉴의 방부제와 같은 작용을 하는 회의주의와, 라블레의 건강한 현세적 유머를 계승하고, 루터나 에라스뮈스, 칼뱅이나 녹스나 멜란히톤보다도 더 격렬히 미신이나 타락과 싸워 그들보다도 훨씬 큰 효과를 올렸다. 미라보와 마라, 당통, 로베스피에르가 봉건적 구제도(앙시앵레짐)를 폭파할 화약을 제조하는 일을 도왔다. 라마르틴은 말하고 있다.

"사람을 업적으로 평가한다면 볼테르는 의심할 나위도 없이 근대 유럽 최대의 저술가다. ……천명은 그에게 부패한 시대를 서서히 분해시키기 위해서 83년의 생애를 주었다. 그는 때와 싸울 만한 시간을 가지고 있었으며, 그가 쓰러졌을 때 그는 승리자였다."

그렇다. 어떠한 저술가도 생전에 이토록 큰 영향력을 미친 일은 없다. 쫓겨나고, 투옥되어 쓴 책은 거의 모두 교회나 국가의 앞잡이에 의하여 발행이 금지되었음에도 불구하고, 그는 굉장한 기세로 진리를 위해 길을 헤쳐 나가 마침내 왕과 교황과 황제조차도 그의 뜻에 맞추어 그의 앞에서는 왕좌까지 떨렸고, 세계의 절반은 그가 말하는 한마디 한마디에 귀를 기울였다. 그때는 만사가 파괴자를 부르는 시대였다. "웃는 사자가 반드시 올 것이다" 니체는 이렇게 말했다. 볼테르가 왔고, 그는 "웃으면서 파괴를 자행했다." 볼테르와 루소는, 봉건적 귀족정치에서 경제적 정치적 지배권이 중간 계급으로 전환하는 과정의 2대 함성이었다. 신흥 계급은 현행 법률과 관습을 불편하다고 느끼면, 관습보다 이성, 법률보다 자연에 호소한다. 마치 개인의 마음속에서 반대되는 욕망이 부딪쳐 불꽃을 발하듯이, 부유한 부르주아는 볼테르의 이성주의와 루소의 자연주의를 지지했던 것이다. 대혁명이 일어나기 전에 낡은 풍습과 관습의 힘을 늦추어, 감정이나 사상을 새롭게 해서 마음의 문을 열고 실험과 변혁을 받아들이기 쉽게 할 일이 필요했다. 그렇다고 해서 볼테르와 루소가 혁명의 원인이었다는 것은 아니다. 오히려 그들은 프랑스의 정치적, 사회적 표면 밑에서 끓어오르던 에너지가 낳은 결과이며, 혁명도 그 결과의 일부였다. 그들은 분화산의 열과 불에 동반되는 빛과 광채였다. 철학과 역사의 관계는 이성과 욕망의 관계와 같아서 어느 경우라도 하부의 무의식적 과정이 상부의 의식적 사고를 결정하는 것이다.

그럼에도 불구하고 우리는 철학의 영향을 과장하려는 철학자의 경향을 너무 강하게 막아서는 안 된다. 루이 16세는 사원(寺院)의 감옥에서 볼테르와 루소의 저작을 보고 "이 두 사람이 프랑스를 파괴했다"고 말했다.—'프랑스'는 그의 왕조를 의미했다. '만일 부르봉 가(家)의 사람들이 저작 재료를 통제했더라면 유지할 수 있었을 것이다'라고 나폴레옹은 말했다. 대포의 출현은 봉건제도를 말살했고 잉크는 현대의 사회조직을 파괴할 것이다.' '책은 세계를 지배한다'고 볼테르는 이렇게 썼다. '적어도 글로 쓸 수 있는 말을 가진 국민을 지배한다. 그 밖의 국민은 문제도 되지 않는다.' '교육만큼 사람을 해방시키는 것은 없다.'—그리고 그는 프랑스 해방에 착수했다. '어떤 국민이 일단 생각하기 시작하면 이미 그것을 멈출 수는 없다.' 그리하여 볼테르와 함께 프랑스는 생각하기 시작한 것이다.

볼테르, 즉 프랑수아 마리 아루에는 1694년 파리에서 매우 유복한 공증인과 귀족 출신인 어머니 사이에서 태어났다. 빈틈없고 화를 잘 내는 점은 다분히 아버지를 닮았고, 변덕이 쉽고 기지가 풍부한 점은 어머니를 닮았다. 말하자면 그는 위태롭게 이 세상에 태어났다. 어머니는 그를 낳자 죽고 말았다. 그는 몸집이 작고 몹시 약해서 유모는 이 아이가 단 하루도 살지 못할 거라고 생각했을 정도였다. 그런데도 여든네 살까지 살았으니까 이 유모는 조금 잘못 생각한 셈이지만, 그의 허약한 몸은 어떤 것에도 정복되지 않는 그의 정신을 한평생 병으로 괴롭혔다.

그가 신앙심을 갖게 된 것은 형 아르망을 본받아서였다. 아르망은 경건한 젊은이로 안센파의 이단을 광신하여 자기 신앙을 위해 순교자가 되려고 했다. 한 친구가 참된 용기에 대해 충고하자, 아르망은 "좋네. 자네가 교수형을 당하고 싶지 않거든 적어도 다른 사람의 일은 방해 말게나."라고 말했다. 아버지는 "내게는 바보 자식이 둘 있다. 시적인 아이와 산문적인 아이"라고 말했다. 프랑수아는 자기의 이름을 쓸 수 있게 되자마자 시를 짓기 시작했는데, 매우 현실적인 아버지는 이 아이가 쓸모 있는 사람은 못 될 것이라고 생각했다. 그런데 유명한 매춘부 니농 드 랑클로—아루에 집안이 프랑수아가 태어난 뒤 다시 돌아간 작은 시골도시에 살고 있었다—는 이 소년에게 장차 훌륭하게 될 징조를 보고, 자신이 죽을 때 2천 프랑을 서적 구입비로 남겨 주었다. 그는 책과 기도, 그리고 회의주의를 가르친 어떤 방종한 수도원장을 통해 최초의 교육을 받았다. 그 뒤 예수회 회원들은 그에게 변증법을 가르쳐 주었는데, 그것은 오히려 회의할 도구를 그에게 준 것과 마찬가지여서 아무것도 믿지 않는다는 생각을 심어 주고 말았다. 프랑수아는 논쟁의 명수가 되었다. 다른 남자 아이들이 밖에 나가 놀 때도, 열두 살밖에 안 된 그는 홀로 남아서 교사들과 신학상의 문제를 토론했다. 자립할 때가 되었을 때, 그는 문학으로 출세하겠다고 말하여 아버지를 분개하게 했다. "문학은 사회에 도움이 되려 하지 않고 친척들에게 귀찮은 짐이 되고, 결국은 굶어 죽으려는 놈이 하는 짓이다." 아버지가 커다랗게 말하는 소리에 테이블이 덜컹거리던 것이 눈에 선했으나 그럼에도 불구하고 프랑수아는 문학에 전념했다.

그러나 그는 조용히 공부만을 좋아하는 젊은이는 아니었다. 그는 밤노름을 좋아했다. 더욱이 남의 돈으로, 밤늦게까지 집에 돌아가지 않고 마을의 술꾼이나 서툰 재담꾼들과 어울려 다니며 될 수 있는 대로 계율을 깨뜨리려고 했다. 격분한 아버지는 드디어 그를 칸에 있는 친척에게 보내어 이 젊은이를 거의 감금하시다시피 다스려 달라고 부탁했다. 그러나 그를 감독해야 할 친척들은 그의 기지에 반하여 곧 그가 원하는 대로 하게 해주었다. 감금된 뒤에는—후년과 마찬가지로 그때도—추방이 찾아왔다. 아버지는 그를 프랑스 공사의 수행원으로 헤이그로 보내어 이 분별없는 아들을 엄중히 감독해 줄 것을 의뢰했다. 그런데 프랑수아는, '팽페트(애칭)'라는 아가씨와 사랑에 빠져 숨막힐 듯한 밀회를 계속하여, '나는 반드시 당신을 영원토록 사랑할 것입니다'라고 끝맺는 말의 열렬한 편지를 많이 썼다. 이 사실이 발각되어 그는 집으로 끌려갔다. 집으로 돌아오자 그는 단지 몇 주일 동안 그 연인을 생각했을 뿐이었다.

1715년, 스물한 살이라는 한창 나이에 그는 파리로 떠났는데, 그때는 마침 루이 14세가 서거했을 때였다. 그 뒤를 이어받은 루이는 너무 어려서 프랑스를—프랑스는커녕 파리조차도—통치할 수 없었으므로, 권력은 섭정으로 들어갔다. 그리고 이 군주의 자리가 비어 있는 기간에, 세계의 수도(파리)는 소란의 도시로 변하니 젊은 아루에도 환락으로 날을 보냈다. 그는 곧, 재기가 넘치고 무분별한 젊은이라는 명성을 얻었다. 섭정이 경비 절약을 위해서 왕실의 마구간에 가득 차 있던 말을 절반쯤 팔았을 때, 프랑수아는 궁정에 가득 찬 나귀의 절반을 내쫓는 편이 더 현명한 일이라고 평했다. 마침내 파리에서 소문난 재미있는 일과 악평은 뭐든지 그가 장본인이라고 여기게 되었다. 불운하게도 섭정이 왕위를 빼앗으려 한다는 두 편의 시(詩)도 그가 지은 것으로 되어 버렸다. 섭정은 격노했다. 그리고 어느 날, 우연히 공원에서 이 젊은이와 만났을 때 섭정은 그에게 말했다. "아루에 군, 내가 보증해 두겠는데, 자네가 아직 한 번도 본 적이 없는 걸 보여주겠네." "그렇습니까, 그게 무엇일까요?" "바스티유의 내부일세." 아루에는 그 이튿날, 1717년 4월 16일 실제로 그것을 보게 되었다.

바스티유에 있는 동안 어떠한 이유인지 그는 볼테르라는 필명(筆名)[1]으로 마침내 정말 시인이 되었다. 열한 달의 복역이 아직 끝나기 전에 앙리 드 나바르(후의 앙리 14세)의 이야기인 《앙리아드》라는, 상당히 주목할 만한 긴 서사시를 썼다. 그 후 얼마 되지 않아 섭정은—아마도 죄 없는 무고한 사람을 투옥한 것을 알았던 모양이다—그를 석방하고 연금을 주었다. 그래서 볼테르는 섭정에게 식사를 돌봐 준 데 대해 고맙다고 인사하고, 앞으로 주거에 관해서는 자신이 해결하여도 좋다는 허락을 해달라는 편지를 썼다.

그는 순식간에 껑충 뛰어올라, 감옥에서 무대로 옮겼다. 그의 비극 《오이디푸스》는 1718년에 40일 간을 계속 상연하여, 파리의 기록을 깨뜨려 버렸다. 아들을 꾸짖으려고 왔던 늙은 아버지는 특별석에 앉아 관객이 환호할 때마다 "이런 녀석! 이런 놈 봤나!" 하면서 기쁨을 감추려 했다.

---

1) 칼마일은 그것을 A-r-o-u-e-t l.j. (l.j.-le jeune)의 아나그람(轉綴)으로 생각했다. 그러나 이 이름은 볼테르의 외가 식구 중에도 있었다고 한다. 〔원주〕

이 공연에서 볼테르는 4천 프랑의 수익을 얻었는데, 그는 그것을 문인에게서는 들어 보지 못한 기지로써 차례로 투자했다. 그는 수많은 시련을 겪었으므로 크나큰 수입을 확보할 방법에 숙달했을 뿐만 아니라, 또한 그 수입을 잘 관리하는 수완을 길렀다. '철학을 하기 전에 우선 살아야 한다'는 유명한 금언을 존중했던 것이다. 1729년 그는 입안(立案)이 졸렬한 정부의 복권을 전부 사들여 돈을 잔뜩 벌어 정부를 분개하게 했다. 부호가 됨에 따라 그는 호기롭게 돈을 쓰게 되었으며, 그가 인생의 오후로 접어들었을 때에는 수많은 그의 종자들이 그의 주위를 에워싸고 있었다.

그가 문필력에서는 프랑스인다운 재치와, 금전 문제에서는 거의 유대인적인 수완을 아울러 갖고 있었던 것은 행운이었다. 왜냐하면 다음의 극 《아르테미르》는 평이 나빴기 때문이다. 볼테르는 그 실패를 통절히 느꼈다. 모든 성공 후에 오는 실패의 상처는 한층 더 강하게 느껴지게 되는 법이다. 운명은, 그의 드라마의 실패와 더불어 악성 천연두(天然痘)를 가지고 왔으나, 그는 50리터 가량의 레몬즙과 거의 같은 양의 약을 마시고 나았다. 죽음을 면한 볼테르는, 그의 《앙리아드》가 그를 유명하게 해놓았음을 알았다. 그가 시를 유행시킨 것을 자랑삼은 것도 무리는 아니다. 그는 가는 곳마다 환영받고 대접을 받았다. 상류계급은 갑자기 그를 가리켜 일세의 세련된 사람, 견줄 수 없는 좌담의 명수, 유럽의 가장 고귀한 문화적 전통의 계승자라고 추켜올렸다.

8년 동안, 그는 따뜻한 살롱의 햇볕을 쬐었지만 다시 운명은 그를 외면하게 되었다. 상류계급의 어떤 사람은, 이 젊은이에게는 천재라는 자격 외에는 지위와 명예를 요구할 자격이 없다는 것을 잊을 수가 없었으며, 그가 이러한 우대를 받는 것을 그대로 보고 있을 수가 없었다. 쉴리 공작 저택의 만찬회에서 볼테르가 몇 분 동안 거침없는 웅변으로 기지를 섞어 가며 의견을 말하는 것을 듣자, 슈발리에 드 로앙은 별로 목소리도 낮추지 않고 곁에 있는 사람에게 물었다. "저렇게 커다란 소리로 이야기하는 저 젊은이는 도대체 누군가?" "각하," 볼테르는 재빨리 대답했다. "그는 큰 이름은 없으나 가지고 있는 그 이름으로 존경받는 사나이입니다."

슈발리에에게 대답한다는 것 자체가 이미 무례한 일이었는데, 더구나 슈발리에가 찍 소리도 못하도록 대답한다는 것은 대역죄였다. 슈발리에는 일단의 무뢰한을 고용하여 볼테르를 기습하게 했는데, 이때 이 무리들에게 한마디 주의를 주었다.

"머리는 때리지 마라. 그 머리에서는 아직도 쓸 만한 것이 나올지도 모른다."

이튿날 붕대를 감고 절름거리며 나타난 볼테르는 로앙의 특별석에 가서 결투할 것을 제의하고 집으로 돌아와 온종일 검쓰는 법을 익혔다. 그러나 지체가 높은 슈발리에는 단순히 천재에 지나지 않는 사나이에게 걸려 천국이니 뭐니 하는 곳으로 서둘러서 갈 생각은 없었으므로 경시총감을 하고 있던 사촌에게 자기 몸을 보호해 줄 것을 의뢰했다. 볼테르는 구속되어 다시 옛 집인 바스티유에 갇혀 다시 한번 감옥 안에서 세상을 바라볼 특권이 주어졌다. 그는 영국으로 추방되어 가는 조건으로 곧 풀려났다. 볼테르는 영국으로 떠났으나 도버까지 호송되자, 심한 복수심에 불타 변장을 하고 다시 해협을 건넜다. 그러나 그것이 탄로가 나서 세 번째로 체포될 것을 알게 되자, 그는 다시 배를 타고 이번에는 3년간(1726~1729) 영국에서 머물렀다.

2. 런던·《영국에 대한 편지》

그는 용기를 내어 새로운 언어를 배우려고 했다. 영어로는 plague(질병)가 한 음절이고, ague(학질)가 두 음절인 것을 발견하고 못마땅하여 질병이 영어 절반에 붙고 학질이 나머지 절반에 붙었으면 좋겠다고 생각했다. 그러나 그러는 가운데 영어를 능숙하게 읽을 수 있게 되고, 1년 만에 당시의 일류 영문학에 능통했다. 그는 볼링부로크 경(卿)을 통하여 문인들에게 소개되어 차례로 그들에게—사람을 만나기를 싫어하고, 비꼬인 성격인 부감독 스위프트에게까지도—초대되었다. 그는 자기의 가문을 알리려 하지도 않았으며, 또한 남의 가문을 물으려고도 하지 않았다.

그를 놀라게 한 것은, 볼링부로크, 포프, 애디슨 및 스위프트가 자기가 좋아하여 쓰고 싶은 것은 뭐든지 자유로이 쓰고 있다는 것이다. 영국인은 자기 자신의 의견을 가지고 있었다. 종교를 개혁하고 왕을 교수형에 처하고 다른 나라에서 왕을 데려오고, 유럽의 모든 군주들보다도 강한 의회를 만들었다. 이 나라에는 바스티유는 없었으며, 작위를 가진 연금 수령자나 국왕의 보호를 받으며 놀고먹는 게으름뱅이가 칭호도 없는 적대자를 고소할 아무 이유도 없는데,

심리도 행하지 않고 투옥할 수 있는 '체포장'도 없었다. 이 나라에는 30여 종류의 종파가 있었지만 사제는 한 사람도 없었다. 이 나라에는 그리스도교도와 마찬가지로 행동하여 전 그리스도교계(敎界)를 놀라게 한 모든 종파 중 가장 대담한 퀘이커파가 있었다. 볼테르는 죽을 때까지 그들을 경탄했으며, 그의 저서《철학사전》속에서 한 사람을 통해 이렇게 말하고 있다.

'그대들의 적을 사랑하고 불평을 말하지 말고, 재화에 견디라고 명령하신 우리들의 신은, 붉은 옷을 입고 2피트나 되는 모자를 쓴 살인자들이 두 개의 막대기로 나귀의 가죽을 요란스럽게 두드려, 시민들을 군대에 징집한다고 하여, 우리가 우리 동포의 목을 자르기 위해 바다를 건너는 것을 반드시 원하시지는 않을 것이다.'

영국은 또한 힘찬 정신적 활동에 용솟음치고 있었다. 베이컨의 이름은 아직도 널리 대중에 오르내렸으며, 그의 귀납적 연구법은 모든 영역에서 승리를 거두고 있었다. 홉스(1588~1679)는 르네상스의 회의적 정신과 그 스승(베이컨)의 실천적 정신을 철저하게 만들어 프랑스에서라면 틀림없이 유론(謬論)의 죄몫으로 순교자의 영예를 얻었음에 틀림없을 만큼 완전하고도 명백한 유물론을 세우고 있었다. 로크(1632~1704)는 심리학적 분석의 명저인《인간 오성론(人間悟性論)》(1689)을 영혼에 대해서는 언급조차 하지 않고 썼다. 콜린스, 틴들, 그 밖의 이신론자(理神論者)[2]들은 신의 신앙을 재확인했으나, 동시에 국교의 모든 교리에 회의를 품고 있었다. 그때 마침 뉴턴이 죽었다. 볼테르는 그 장례식에 참석했는데, 이 겸허한 영국인에게 주어진 국민적 영예를 목격한 뒤 받은 강한 인상을 종종 생각하곤 했다. 그는 이렇게 썼다. '얼마 전의 저명인사들 모임에서 누가 가장 훌륭하겠는가? 시저, 알렉산드로스, 테미스토클레스, 크롬웰인지 하며 흔해 빠진 문제가 토론되었다. 누군가가, 물론 그는 뉴턴이라고 대답했다. 사실 그렇다. 왜냐하면 진리의 힘에 의하여 우리의 정신을 지배하는 사람을 존경하고, 우리의 폭력에 의해서 정신을 노예로 하는 무리들을 존경하지 않는 것은 우리의 의무이기 때문이다.' 볼테르는 뉴턴의 저작을 참을성 있게 철저히 읽는 독자가 되어 나중에는 프랑스에서 뉴턴 학설의 중요한

---

2) 신을 세계의 원인이라고 인정은 하지만 창조된 후의 세계는 신의 지배를 떠나서 자기 법칙에 의하여 움직인다고 생각하는 사람들을 이신론자라고 한다.

창도자가 되었다.

볼테르가 영국에서 배울 수 있는 거의 대부분을, 즉 문학·과학·철학을 흡수한 그 빠른 속도에 놀라지 않을 수 없다. 그는 이들 여러 요소를 전부 받아들인 뒤 프랑스 문화와 프랑스 정신의 불에 녹여 프랑스인의 귀중한 기지와 웅변으로 변형시켰다. 그는 자기의 인상을 《영국에 대한 편지》[3] 속에 써놓아 원고째 친구들에게 보여주었다. 그것을 인쇄하지 않은 것은 국왕 직속 검열관의 취향에 맞기에는 '믿을 수 없는 앨비언(영국의 애칭)'을 너무 칭찬했기 때문이다. 이 편지는 영국의 정치적 자유와 정신적 독립을 프랑스의 폭정과 속박에 대조시켜 모든 질문, 모든 의혹에 대한 해답으로, 바스티유를 한 수단으로 쓰고 있는 나태한 귀족정치와 십일조[4]의 세(稅)를 갈취하는 성직자를 탄핵했다. 그리고 영국에서처럼 중류계급이 그 합당한 위치를 국가에서 차지하도록 격려했다. 전혀 아무것도 모르는 사이에, 이 편지는 혁명의 첫 계명(鷄鳴)이 된다.

3. 시레·《로맨스》

그럼에도 불구하고 섭정은 이것이 새벽을 알리는 수탉인 줄도 모르고, 1729년 볼테르에게 귀국 허가장을 주었다. 5년 동안 볼테르는 다시 파리 생활을 하게 되고, 파리 생활의 술은 그 혈관에 흐르고 파리 생활의 활기는 그 붓끝에서 세차게 흘러 나왔다. 그러는 동안에 어떤 악덕 출판자가 《영국에 대한 편지》를 입수하여 볼테르의 허가도 얻지 않고 인쇄하여 널리 팔아, 모든 선량한 프랑스인을 놀라게 했다. 그러나 볼테르도 예외는 아니었다. 파리의 의회는 즉시 '종교와 도덕과 국권의 존중에 반대되는 괘씸한 책'으로서 이것을 공공연하게 소각할 것을 명령했다. 볼테르는 이것 역시 바스티유 행(行)이 분명하다

---

3) 디드로는 《장님에 관한 서한》 때문에 6개월 동안 투옥되었다. 뷔퐁은 지구의 나이에 관한 견해를 공적으로 취소할 것을 강요당했다. 프레데는 프랑스 왕권의 기원에 비판적 연구를 했기 때문에 바스티유에 가게 되었다. 분서는 1778년까지 공식으로 형리의 손으로 계속되었는데, 1815년의 왕정복고가 있은 후, 이 관례는 다시 채용되었다. 1757년 종교를 공격하는, 바꾸어 말해서 전통적 신앙의 교의에 의심을 품는 저술가는 사형에 처해야 한다는 칙령이 내렸다. 〔원주〕

4) 교회나 사제의 비용에 충당하기 위해 수익의 10분의 1을 세금으로 납부하게 했다.

는 것을 알고 철학자답게 행방을 감추고 말았다. 더구나 그는 이 기회를 유부녀와의 사랑의 도피행으로 이용했다.

상대인 샤틀레 후작 부인은 스물여덟 살, 볼테르는 슬프게도 이미 마흔 살이었다. 그녀는 비범한 여성으로 엄격한 모페르튀이, 클레로와 함께 수학을 연구했으며, 뉴턴의 《자연학의 수학적 원리》를 번역하여 여기에 박식한 주석을 붙였다. 그 뒤 곧 프랑스 학술원이 낸 불(火)의 본질에 관한 현상논문을 써서 볼테르보다도 높이 평가받았다. 그녀는 사실 사랑의 도피행을 할 그런 여자는 아니었다. 그러나 남편인 후작은 너무 무미건조했고, 볼테르는 대단히 재미있었다. 그녀는 볼테르를 '어느 모로 보나 사랑스러운 사람'이라고 부르기도 하고, '프랑스에서 가장 아름다운 장식'이라고 부르기도 했다. 그는 그녀의 사랑에 열렬한 찬미로 답하여 그녀를 '위대한 인간으로서 결점은 다만 여자라는 것뿐'이라고 했다. 그녀를 비롯하여 많은 프랑스의 재원들을 직접 만나보고, 그는 남녀의 정신[5]은 원래 평등하게 타고났다는 것을 확신하기에 이른 것이다. 그는 시레에 있는 그녀의 저택을 파리의 험악한 정치적 천후(天候)를 피하는 훌륭한 피난처라고 생각했다. 후작은 그의 연대와 함께 멀리 가 있었는데, 연대는 오래전부터 후작에게 있어 수학으로부터 벗어나는 도피장이 되어 있었다. 그리고 후작은 이 새로운 변화에 반대하지 않았다. 고령에 취미가 없고 로맨스에 몹시 굶주리고 있는 젊은 여성을 억지로 부유한 노인과 결합시키는 인습 결혼이 흔히 행해졌기 때문에 당시의 도덕은 숙녀가 그 가재도구에 연인을 덧붙이기를 용납했다. 특히 그것이 인간의 위선을 적당히 고려하고 행해질 때에는, 그리고 이 숙녀가 단순한 연인, 즉 범인(凡人)을 선택한 것이 아니라 천재(天才)를 선택했다고 했을 때, 세상은 그녀의 행위를 용서했다.

시레의 저택에서 그들은 재미있는 나날만을 보낸 것은 아니었다. 종일 공부와 연구로 시간을 보냈다. 볼테르는 자연과학 연구용의 호화로운 실험실을 세우고, 몇 년 동안 연인끼리 탐구와 발견을 경쟁했다. 그들에게는 손님이 많았는데, 손님들은 9시 저녁 식사 때까지 하루 종일 무엇이든지 하여 지루함을 잊

---

5) 볼테르는 말한다. '신은 남성을 길들이기 위해 여자를 만들었다'(《소박한 사람》)고. 그에 대하여 메레디스는 '여자는 남성에 의해서 교화되는 최후의 것이리라'는 의견이다. 사회학자라면 볼테르의 의견에 찬성할 것이다. 남자는 여자가 길러서 길들인 최후의 가축인 것이다. (원주)

어야 했다. 저녁 만찬이 끝난 뒤에 가끔 아마추어 연극을 상연하기도 하고, 볼테르가 손님들에게 생생한 단편을 읽어 주기도 했다. 곧 시레는 프랑스 정신이 깃들인 파리가 되었다. 귀족이나 부르주아 계급 사람들은 볼테르의 포도주와 기지를 맛보기 위하여, 또한 그의 자작극을 보기 위하여 함께 순례의 길에 오르곤 했다. 볼테르는 자신이 퇴폐하고 찬란한 세계의 중심인 것이 즐거웠다. 그는 무슨 일이든 그다지 진지하게 생각하지 않았으며, 한때는 '웃고 웃기기'를 자기의 목표로 삼았다. 러시아의 여황제 예카테리나는 그를 '환락의 신'이라고 불렀다. '만일 자연이 우리를 다소 경박하게 만들지 않았다면 우리는 매우 비참할 것이다. 대다수의 인간이 목을 매지 않는 것은 그들이 경박하기 때문이다'라고 그는 말했다.

이 무렵, 그는 그 말할 수 없이 유쾌한 로맨스 《자디그》, 《캉디드》, 《미크로메가스》,[6] 《소박한 사람》, 《움직이는 세계》 등을 쓰기 시작했는데, 이것들은 볼테르의 저서 99권 가운데 어느 것보다 한층 더 순수한 정신을 나타내고 있다. 원래 그것들은 로맨스가 아니라 해학에 넘치는, 악한들을 다룬 단편소설로, 주인공들은 인격이 아니라 관념이며, 악한은 미신이고, 사건은 상상이다. 그중에는 《소박한 사람》—소박한 사람이란 초기의 루소와 같은 사람인데—처럼 단순한 단편인 것도 더러 있다. 한 휴런 인디언(북아메리카 인디언의 한 종족)이 귀국하는 탐험가들과 함께 프랑스로 찾아온다. 그가 일으키는 최초의 문제는 어떻게 해서 그를 그리스도교로 개종시키는가 하는 것이다. 한 수도원장이 그에게 《신약성서》를 주자 휴런 인디언은 그것이 매우 마음에 들어 곧 세례뿐만 아니라 할례까지도 받겠다고 한다.

"왜냐하면 내가 받은 이 책에는 할례를 받지 않은 사람은 한 사람도 없지 않습니까. 그러니까 나는 헤브라이의 풍습을 위해 희생해야 합니다. 그것도 빠르면 빠를수록 좋습니다." 겨우 이 문제가 처리되자, 이번에는 고해(告解)하는 일로 말썽을 일으킨다. 그는 복음서 어느 곳에 고해가 명령되어 있느냐고

---

6) 쇼의 명문구 중 가장 유명한 하나는 그 원형을 볼테르의 《철학자 멤논》에서 가지고 있다. 멤논은 이렇게 말하고 있다. '애석하게도 물과 육지로 되어 있는 우리들의 작은 천체는, 각하께서 나에게 그것에 관하여 이야기할 영광을 주신 무수한 인간의 정신병원이라고 생각하니 두려워집니다.' (원주)

묻는다. 그래서 성(聖) 야곱의 편지 중 한 구절, '너희가 죄를 서로 참회하라'라는 구절을 보여준다. 그런데 그는 고해를 마치자 고해대에서 수도원장을 끌어내더니 자기가 그 자리에 앉아 이번에는 당신이 고해할 차례라고 말했다.

"자아, 우리는 서로 고해해야 한다고 했습니다. 나는 당신에게 나의 죄를 이야기했으니, 이번에는 당신이 죄를 고해할 차례입니다. 그때까지 그 자리를 떠나서는 안 됩니다." 그는 성(聖) 이브 양과 사랑에 빠지는데, 그녀는 그가 세례를 받았을 때의 대모였으므로 그녀와 결혼할 수는 없다는 말을 듣게 된다. 그는 하찮은 운명의 장난에 크게 화를 내어 세례를 취소한다고 위협한다. 마침내 그녀와 결혼해도 된다는 허가를 받자 결혼에는 '공증인, 목사, 보증인, 계약서 및 특별 허가서가 절대로 필요하다'는 것을 알게 되고 놀란다.

"……이처럼 여러 가지 조심할 일이 필요한 것을 보니, 당신이라는 사람은 몹시 심술궂은 장난꾸러기군요." 이렇게 해서 이야기는 일련의 사건을 따라 초기 그리스도교와 교회 그리스도교와의 여러 모순이 드러난다. 이 경우, 학자는 공평하지 않고, 철학자는 너그럽지 못한 것을 알아차리고 서운하게 생각하지만, 볼테르는 미신에 대한 싸움을 개시한 것이며, 전쟁에서 우리는 적에게만 공평과 관용을 요구하는 것이다.

《미크로메가스》는 스위프트를 모방했지만 그 우주적인 상상력은 그 본보기《걸리버 여행기》보다 풍부할 것이다. 시리우스 별의 주민이 지구에 찾아온다. 그토록 커다란 별의 주민답게 그의 키는 50만 피트나 된다. 공간을 통해서 오는 도중, 그는 토성(土星)에서 한 명의 신사를 데리고 오는데, 이 신사는 자신의 키가 몇 천 피트밖에 되지 않는 것을 한탄하고 있다. 지중해를 걸어서 횡단할 때, 시리우스 별에서 온 사람은 발꿈치만 젖었을 뿐이다. 그는 동행인 토성인에게 그대들에게는 감각이 몇 개 있느냐고 물었는데, "72개가 있습니다만, 우리는 매일같이 그 수가 적은 것을 한탄하고 있습니다." 이렇게 대답했다. "그대들은 보통 몇 살까지 삽니까?" "유감스럽습니다만 극히 단명합니다. ……우리 천체에서는 1만 5천 년 이상 사는 자는 매우 적답니다. 아시는 바와 같이 우리는 태어나면 그 순간 죽기 시작하는 것이니까, 우리의 존재는 한 점에 불과하며 생존 기간은 한순간에 지나지 않으며 또 우리 천체는 한 원자에 불과합니다. 우리가 조금 배우기 시작하자마자 벌써 죽음이 찾아오기 때문에 경험에 의해서 이익을 얻는 것은 불가능합니다." 바닷속에 선 채 그들은, 어떤 극히 작은 동물이라도 잡아 올리는 것처럼 배 한 척을 주워 올린다. 시리우스인은 그것을 엄지손가락 손톱 위에 올려놓는다. 배에 탄 사람들 사이에 큰 소동이 일어난다. "배에 속해 있는 목사들은 악마를 쫓는 기도를 되풀이하고, 선원들은 입에 담지 못할 욕설로 신을 저주하고, 철학자들은 중력의 법칙인 교란을 설명하기 위해 하나의 체계를 만들어 낸다." 시리우스인은 몸을 굽혀—그것이 사람들에게는 검은 구름처럼 보인다—그들에게 말을 건다.

"오오, 지적 원자들이여, 지고하신 존재자가 그 전지 전능하심을 그대들에게 나타내시니 이 지상에서 그대들의 환희는 의심할 것 없이 맑고 아름다울게 틀림없다. 그대들은 물질에 시달리지도 않고 정신의 번뇌도 없는 생활을 참다운 정신생활의 본질인 향락과 사고의 즐거움 속에서 보낼 것이다. 나는 지금까지의 참된 행복을 어디에서도 발견하지 못했는데, 행복은 바로 그대들에게 있구나."

한 철학자가 대답했다.

"우리는 지나치게 나쁜 일을 할 물질을 충분히 가지고 있습니다. ……이를테면 내가 이렇게 이야기하는 순간에도 우리 인류 가운데 모자를 쓴 10만이나 되는 바보들이 머리에 터번을 두른 다른 인류를 같은 수만큼 살해하고 있다는 것을 알아야 합니다. 적어도 그들은 죽이든가, 살해당하든가 그 어느 쪽을 행하고 있는데, 이것은 태곳적부터 지구 위에 있던 일입니다."

"악당들!" 분개한 시리우스인은 이렇게 외쳤다. "두어 걸음 걸어서 이 가증할 살육의 소굴을 짓밟아 버리겠다."

"그런 수고까지 할 필요는 없습니다." 이렇게 철학자는 대답했다.

"그들은 자기 스스로 자신을 파멸케 하려고 열심이니까요. 앞으로 10년쯤만 지나면 이 불쌍한 사람들은 100분의 1도 살아남지 못할 겁니다. ……그리고 그들을 벌해서는 안 됩니다. 벌하려면 궁전에서 많은 사람들을 죽이라고 명령하고 그 성공을 엄숙히 신께 감사하는, 저 게으름만 피우고 있는 야만인들을 벌해야 합니다."

볼테르가 만년에 지은 《캉디드》와 나란히 《자디그》는 이 이야기들 중에서 가장 훌륭하다. 자디그는 바빌로니아의 철학자로 "아마도 인간으로서는 그 이상 현명할 수 없을 정도로 현명했다. ……그는 모든 시대의 형이상학과 지금까지 알려진 것은 모조리 알고 있었다. 다시 말해서 거의 모르거나 전혀 알지 못했다." "그는 질투에 빠져서 세미라를 사랑하고 있다고 망상했다." 그녀를 약탈자들로부터 보호하다가 자디그는 왼쪽 눈에 부상을 입었다.

"이집트의 명의 헤르메스를 부르러 멤피스에 사자를 보냈다. 헤르메스는 많은 종자를 거느리고 와서 자디그를 진찰하고 이 눈은 가망이 없을 거라고 언명했다. 그뿐만 아니라 실명할 운명의 일시까지 예언했다. '이것이 오른쪽 눈이었다면 고칠 수 있으나 왼쪽 눈의 상처이기 때문에 고칠 수가 없습니다.' 그는 말했다. 온 바빌론은 자디그의 운명을 슬퍼하고 또한 헤르메스의 깊은 지식에 탄복했다. 이틀 뒤, 농양(膿瘍)은 저절로 터져 자디그는 완전히 나았다. 헤르메스는 즉시 그것이 고쳐질 리가 없다는 것을 증명하는 책을 썼다. 자디그는 그걸 읽지 않았다."

책을 읽는 대신 그는 세미라에게로 급히 갔다. 가보니 세미라는 헤르메스의 처음 보고를 듣고 "애꾸는 싫다"고 말하고 다른 사나이와 약혼을 해버렸다. 그래서 자디그는 어느 농사꾼의 여자와 결혼했다. 그리하여 여관(女官) 세미라에게는 없었던 정숙한 덕을 이 여인에게서 발견하려고 했다. 아내의 정절을 확인하기 위해 그는 친구와 짜고 자기는 죽은 체하고 그녀의 사랑을 시험하려는 계획을 세웠다. 그리하여 자디그는 죽은 것으로 되어 관 속에 눕고, 한편 그 친구는 미망인에게 조용히 조의(弔意)를 표하여 문상을 한 다음, 드디어 직접 결혼을 신청했다. 그녀는 잠시 저항했지만 얼마 뒤 절대로 승낙할 수 없다고 말하면서도 승낙했다. 자디그는 관 속에서 일어나 자연의 아름다움에서 위안을 찾기 위해 숲속으로 달아났다.

대단히 슬기로운 사람이 된 그는 왕의 대신으로 기용되어, 왕의 국토에 번영과 정의와 평화를 가져왔다. 그런데 그만 왕비가 그에게 반해 버렸다. 왕은 그것을 알고 '고민하기 시작했다. ……그는 왕비의 구두가 파랑빛이면 자디그의 구두도 파랑빛, 또 왕비의 리본이 노랑빛이면 자디그의 모자도 노랑빛인 것을 알아차렸다.' 그는 그들을 독살하려고 결심한다. 그러나 왕비는 그 계획을 눈치 채고 자디그에게 편지를 보냈다. '도망치십시오. 우리들의 사랑과 우리의 노란 리본을 걸고 간청합니다.' 자디그는 다시 숲속으로 도망쳤다.

"그때 그에게는, 있는 그대로의 현실적인 인간이란 작은 흙 한 덩어리 위에서 서로 물고 뜯는 한 떼의 곤충과 같은 것이라고 생각되었다. 이 실상은 그 자신의 존재가 바빌론의 존재와 마찬가지로 공허하다는 것을 느끼게 하고, 그렇게 느낌으로써 그의 불운은 씻겨지는 듯이 생각되었다. 그의 영혼은 무한계로 나아가 감각의 속박을 벗어 버리고 우주의 불변 질서를 묵상했다. 그러나 그 후 자기 자신으로 돌아와⋯⋯왕비는 아마도 자기 때문에 죽었을 거라고 생각했을 때, 우주는 그의 눈앞에서 사라지고 말았다."

바빌론을 떠난 그는 한 사나이가 여자를 마구 때리는 것을 본다. 그는 도움을 청하는 여자의 외침소리에 그 사나이와 싸우고, 마침내는 자신의 몸을 구하기 위해 일격을 가하다가 상대를 죽인다. 그리고 곧 그 여자 쪽을 보고 물었다. "부인, 다른 볼일은 없으십니까?" "죽어 버려라. 이 악한아! 너는 내 애인을 죽였어. 아아, 내게 네 심장을 갈기갈기 찢을 힘이 있다면!"

자디그는 그 뒤 체포되어 노예가 되었다. 그러나 그는 주군에게 철학을 가르치고 주군의 신임받는 의논 상대가 된다. 그의 권고에 따라 '아내의 순사(殉死)'라는 관습―이 관습에 의해 미망인은 남편과 함께 불에 태워졌다―은 다음과 같은 법률에 의하여 폐지되었다. 다시 말해서 미망인은 순사하기 전에 어느 미남자와 단둘이 한 시간을 지내야 한다는 법률이다. 또, 자디그는 왕 세렌팁에게 사절로 파견되어, 정직한 대신을 얻으려면 후보자들 중 가장 날렵하게 춤추는 자를 선택하면 가장 좋은 사람을 발견할 수 있다고 가르친다. 그리고 댄스홀 현관에 귀중품들을 쉽게 훔칠 수 있도록 잔뜩 늘어놓고, 각 후보자는 감시하는 사람이 없는 그 현관을 혼자서 지나가도록 했다. 그리고 모두 홀에 들어가자, 곧 춤출 것을 명했다. '이처럼 귀찮은 듯이 모두가 마지못해 추는 춤은 본 적이 없었다.' 이렇게 이야기가 차례로 진행되어 가는데, 우리는 이것으로 시레의 밤들을 상상할 수 있다.

4. 포츠담과 프리드리히

볼테르를 찾아올 수 없었던 사람들은 그에게 편지를 써 보냈다. 1736년, 프리드리히와의 편지 왕래가 시작되었는데, 그 무렵 프리드리히는 왕자였으며 아직 대왕은 아니었다. 프리드리히의 최초의 편지는 한 소년이 군주에게 쓴 편지 같았다. 이 편지가 아첨으로 가득 차 있는 것을 보면, 볼테르가—볼테르는 아직 하나도 걸작을 쓰지 않았는데—이미 얻은 명성이 어떠했는지 엿볼 수 있다. 그것은 볼테르를 '프랑스 최대의 위인, 언어에 가장 큰 영광을 준 사람'이라고 했으며, '나는 선생님처럼 뛰어난 업적을 올리신 분과 같은 시대에 태어난 것을 내 생애 최고의 명예로 여기고 있습니다. ……마음을 웃게 하는 것은 누구나가 할 수 있는 일이 아닙니다.' '어떤 쾌락이 정신의 쾌락을 능가할 수 있을까요?'라고 썼다. 프리드리히는 왕이 신하를 대하는 것처럼 도그마(敎義)를 멸시하는 자유사상가였다. 볼테르는 프리드리히가 장차 왕이 되면 계몽주의—합리주의적 문화운동—를 유행시킬 것이고 그렇게 되면 자신은 플라톤이 디오니시우스에게 한 역할을 프리드리히에게 하리라는 희망을 가졌다. 볼테르가 프리드리히의 아첨에 응하여 쓴 아첨의 회답[7]을 프리드리히가 과분하다 하여 볼테르는 다음과 같이 썼다. '아첨의 말에 항의하는 왕자는 오류가 아닌 것에 항의하는 교황과 같이 그 유래를 찾아볼 수 없다'라고. 프리드리히는 그의 저서 《반(反)마키아벨리》를 그에게 한 권 보냈는데, 그 안에서 프리드리히는, 전쟁은 죄악이며, 국왕은 평화를 지킬 의무가 있음을 극히 훌륭하게 말하고 있었다. 볼테르는 이 평화주의자인 왕자에게 기쁨의 눈물을 흘렸다. 하지만 몇 개월 뒤 왕위에 오른 프리드리히는 실레지아로 침입하여 유럽을 유혈의 시대로 몰아넣었다.

1745년, 볼테르가 프랑스 아카데미 회원에 입후보했을 때, 시인(볼테르)은 수학자(샤틀레 부인)와 함께 파리로 갔다. 이 영예를 얻기 위하여, 그는 선량한 가톨릭 신자로 자칭하고 몇몇 유력한 예수회 회원에게 경의를 표했으며, 끊임없이 거짓말을 했다. 회원이 되기 위해 대부분의 사람들이 하듯이 그도 행동했지만 결국 실패했다. 하지만 1년 뒤에는 성공하여 새 회원 환영회 석상에서 취임 연설을 했는데, 이 연설은 프랑스 문학 고전의 하나로 손꼽히고 있다. 그는 잠시 파리에 머무르면서 이 살롱에서 저 살롱으로 뛰어다녔으며, 계속 각본을 썼다. 열여덟 살 때의 《오이디푸스》에서부터 여든세 살 때의 《이렌》까지 그는 계속하여 많은 희곡을 썼는데, 그중 몇 편은 실패한 것도 있지만 대다수는 성

---

7) 교황은, 신앙 및 도덕에 대해서는 오류를 가르치지 않도록 성령의 보호에 의해서 지켜지고 있다는 것.

공했다. 1730년의 《브루투스》는 실패했고, 1732년의 《에리필레》도 실패했다. 그의 친구들은 그에게 희곡을 포기하라고 충고했지만, 같은 해에 볼테르는 《자이르》를 발표했고, 그것은 가장 큰 성공을 거두었다. 《마호메트》는 1741년에, 《메로페》는 1743년에 《세미라미스》가 1748년에 《탕크레드》가 1760년에 잇달아 탄생했다.

이럭저럭하는 동안 비극과 희극이 그 자신의 생활 속에 파고들어왔다. 15년 뒤 샤틀레 부인에 대한 그의 사랑도 점점 식어져, 그들은 말다툼조차 하지 않았다. 1748년, 후작 부인은 생 랑베르라고 젊고 잘생긴 후작을 사랑하게 되었다. 볼테르는 그 사실을 알고 격노했으나 생 랑베르가 용서를 빌자 마음이 누그러져 이 사랑을 축복했다. 그는 바야흐로 인생의 산정에 다다라 멀리 죽음을 바라보기 시작했으므로, 청년이 인기가 있다하여 언짢아할 수는 없었다. '여자란 그런 것이다' 하고 그는 철학자답게 말했다(그런 남자도 있다는 것을 잊고). '나는 리슐리외(샤틀레 후작)를 쫓아냈으나 이번에는 생 랑베르가 나를 쫓아낸다. 그것은 사물의 순서다. 한쪽의 손톱을 밀어낸다. 세상은 그런 것이다.' 그는 제3의 손톱에게 가련한 사행시를 바쳤다.

생 랑베르여, 그대를 위하여
꽃은 피노라.
장미의 가시는 나를 위하여
장미의 꽃은 그대를 위하여

1749년, 샤틀레 부인은 출산 중에 죽었다. 그녀의 남편과 볼테르, 생 랑베르는 임종의 자리에서 만났으나, 한마디 비난도 없이 그들의 공통의 상실을 마주보며 서로 우의(友誼)를 맺었다는 것은 그 시대적 특색을 잘 보여준다.

볼테르는 이 불행을 잊으려고 잠시 《루이 14세의 시대》에 몰두했다. 그러한 그를 낙담 속에서 구해 낸 것은, 프리드리히가 때마침 포츠담 궁전으로 다시 초대해 준 것이었다. 여비 3천 프랑까지 곁들어 초청해 준 초대를 거절할 수는 없었다. 볼테르는 1750년 베를린을 향해 떠났다.

프리드리히의 왕궁 안에 호화로운 거실이 주어지고 그 시대의 가장 유력한 군주와 대등한 대우를 받은 것이 그의 기분을 차분하게 진정시켰다. 처음 얼마 동안의 그의 편지에는 만족한 마음이 가득 차 있었다. 7월 24일의 다르장탈에게 보낸 편지에는 포츠담의 상황을 다음과 같이 적고 있다. '15만의 병사, ……오페라, 희극, 철학, 시, 위엄과 우아, 척탄병(擲彈兵)과 뮤즈의 신들, 나팔과 바이올린, 플라톤의 향연, 사교와 자유―누가 이것을 믿겠는가, 그러나 분명히 사실이다.' 몇 년 전 그는 이렇게 쓴 일이 있었다. '기막힌 일이다! ……재능 있고 질투심 없는 몇 사람의 문인들이 함께 살며―이 무슨 상상이람!―서로 사랑하고, 조용하게 사며, 각자의 예술을 기르며, 그것을 서로 토론하고 서로 계발한다면 그것은 얼마나 즐거운 생활일까. 언젠가 이런 작은 낙원에서 살 것을 나는 마음속에 그리고 있었다.' 포츠담이 그 낙원이었다!

볼테르는 공식 만찬을 피했다. 모자에 깃털장식을 단 장군들에게 에워싸여 있는 것이 견딜 수 없었다. 그는 오히려 프리드리히가 밤늦게 매우 가까운 몇몇 문인들을 초대해 주는 사적 만찬에 시간을 내주었다. 그때 가장 위대한 이 왕자는 시인과 철학도가 되기를 간절히 바랐다. 이 저녁 식사 때는 언제나 프랑스어로 이야기했다. 볼테르는 독일어를 배우려 했으나 마치 숨이 막히는 것 같아 끝내 포기해 버리고, 독일인에게 좀 더 기지가 있고 독일어에 좀 더 자음이 적었으면 좋겠다고 생각했다. 이 저녁 식사 때의 담화를 들은 어떤 사람은 전 세계에서 가장 재미있으며, 가장 잘 쓰인 책보다도 훌륭했다고 말하고 있다. 그들은 모든 것에 대해 이야기했으며, 저마다 생각한 것을 숨김없이 이야기했다. 프리드리히의 기지는 볼테르의 기지와 같이 날카로웠다. 상대의 기분을 상하게 하지 않고 압도하는 멋진 솜씨로 이에 응수할 수 있었던 사람은 볼테르뿐이었다. 볼테르는 기쁨에 넘쳐 "이곳에선 누구나 대담하게 생각하고 자유롭다."라고 말했다. 프리드리히는 '한 손으로 할퀴고 다른 손으로는 어루만진다. ……나는 어떤 것으로도 괴로움을 받지 않는다. 나는 폭풍우가 휘몰아치는 50년을 지나 가까스로 항구를 발견했다. 왕의 보호, 철학자의 담화, 쾌남아의 매력을 한 몸에 지닌 사람이 16년 동안 불운한 나를 위로해 주고 나를 적으로부터 보호해 주었다. 사람이 무엇을 신뢰할 수 있다면 그것은 프러시아 왕의 성격이다.' 그러나……

같은 해 11월에 볼테르는 색슨의 국채에 투자하여 자신의 재정상태를 개선하려고 생각했다. 프리드리히가 그 같은 투자를 금지했음에도 불구하고 국채의 값은 올라, 볼테르는 돈을 벌었다. 그런데 그의 대리인 히르슈는 이 거래를 널리 공개하겠다고 위협하여 그에게서 돈을 빼앗으려고 했다. 볼테르는 '그의 목덜미에 달려들어 그를 때려눕혔다.' 프리드리히는 이 사건을 듣고 격노했다. "내가 그를 필요로 하는 것은 기껏해야 1년가량일 것이다." 그는 라 메트리에게 말했다. "오렌지는 즙을 짜고 나면 껍질을 버리는 법이다." 메트리는—아마도 경쟁 상대들을 쫓아 버리는 데 필사적이었다고 생각되나—이런 사실을 볼테르에게 알리기를 게을리하지 않았다. 만찬회는 계속되었는데, '그러나' 볼테르는 이렇게 쓰고 있다. '오렌지 껍질이 내 꿈에 곧잘 나옵니다. ……첨탑 꼭대기에서 떨어지면서 공중으로 내려오는 것이 좋은 기분인 줄 알고, (이 상태가 계속되면 좋겠다)고 말한 그 사나이가 바로 나였습니다.'

그는 왕과의 파탄을 은근히 바라고 있었다. 프랑스인만이 느끼는 심한 향수병에 사로잡혔던 것이다. 사소하지만, 결정적인 사건이 1752년에 일어났다. 프리드리히는 계몽이라는 직접적인 접촉으로 독일인의 정신을 일깨우기 위해서 대수학자 모페르튀이와 다른 많은 사람들을 프랑스에서 초청했는데, 바로 그 대수학자 모페르튀이가 쾨니히라는, 자기보다도 어린 수학자와 뉴턴의 해석에 관해 논쟁을 했다. 프리드리히는 이 토론에서 모페르튀이 편을 들었고 조심스러움보다는 용기를 더 지니고 있던 볼테르는 쾨니히 쪽에 섰다. 그는 토니 부인에게 써 보냈다. '나는 불운하게도 저술가로서 왕과 반대 진영에 있습니다. 비록 나는 제왕의 지팡이는 가지고 있지 않으나, 펜을 가지고 있습니다.' 이와 거의 같은 무렵에 프리드리히는 그 누이동생에게 다음과 같은 편지를 보냈다. '나의 문인들은 악마의 화신으로, 그들은 아주 쓸모없는 인간들이다. 이들은 사교하는 지혜 이외는 아무런 지혜도 없다. ……정신을 가진 인간들이 때로는 자기들보다 나을 것이 없다는 것을 볼 때 동물들은 위로를 받을 것이다.' 볼테르가 모페르튀이에게 반대하여 그 유명한 《아카키아 박사 비판》을 쓴 것은 바로 이 무렵이었다. 그는 그것을 프리드리히에게 읽어 주었으며 프리드리히는 밤새 그것을 생각하고 웃곤 했지만 출판은 하지 말라고 볼테르에게 부탁했다. 볼테르는 그 의견에 크게 반대하는 것같지 않았다. 그러나 실은 이미 인쇄인의 손에 넘어간 뒤였다. 저자(著)는 자신의 펜이 낳은 자식을 죽일 수는 없었다. 그 책이 세상에 나왔을 때 프리드리히는 몹시 노했다. 볼테르는 그 성난 불길을 피해 도망갔다.

프랑크푸르트에서—이곳은 프리드리히의 관할권 밖에 있는 곳이었음에도 불구하고—그는 뒤쫓아 온 왕의 대리자들에게 붙잡혔는데, 상류사회에 적합하지 않을 뿐 아니라 볼테르 자신의 《처녀》보다 능가할 프리드리히의 시 《팔라디온》을 돌려보내지 않는 한, 여기서 앞으로 더 나가서는 안 된다고 말했다. 그러나 그 굉장한 원고는 도중에 잃어버린 트렁크 속에 들어있어 그것이 나올 때까지 볼테르는 몇 주일 동안 감옥에 갇힐 뻔했다. 그에게 빚을 조금 받을 게 있었던 어떤 책가게 주인은 이때가 좋은 기회라는 듯이 달려와서 계산해 줄 것을 강요했다. 화가 머리끝까지 난 볼테르는 그 책가게 주인의 따귀를 한 대 때렸다. 볼테르의 비서 콜리니는 이 사나이를 위로하여 "자네는 세계에서 가장 위대한 사람 중의 한 사람에게 따귀를 한 대 맞은 셈이야"라고 말했다.

간신히 풀려나 국경을 넘어 프랑스에 들어가려 할 때 추방명령이 내렸다. 쫓기는 늙은 몸은 어디로 가야 할지 몰랐다. 한때는 펜실베이니아로 갈까하고도 생각했다. 그의 절망이야말로 가히 짐작할 수 있다. 그는 1754년 3월 한 달을 양쪽 독재군주의 추적을 당할 위험이 없는, 파리와 베를린이 서로 대치하는, 제네바 부근에서 '마음에 드는 무덤'을 찾으며 지냈다. 마침내 쾌락장이라고 불리는 낡은 저택을 사서 거기에 정착하여 뜰에 꽃나무들을 재배하며 건강을 회복했으나, 점점 생명이 노쇠해 가는 것처럼 생각되었을 때 그의 가장 고귀하고 가장 위대한 저작이 시작되었다.

5. 레 델리스 《풍속시론》

그의 이번 추방의 원인은 무엇이었을까. 그것은 그가 베를린에서 '그의 저작 중 가장 야심적이고, 방대하고, 특징 있고, 또 가장 대담한 저작'을 출판했기 때문이다. '샤를르마뉴로부터 루이 13세에 이르는 여러 국민의 풍속과 정신에 관한 시론'이라는 그 제목부터 상당히 관계가 있었다. 그는 이것을 이미 시레에서 샤틀레 후작 부인을 위해 쓰기 시작했는데, 실은 그녀가 이제까지 써져 온 역사를 비난한 것에 자극되었기 때문이었다.

역사는 '한 권의 낡은 연감(年鑑)이다'라고 그녀는 말했다.

"스웨덴에서 에길이 하퀸의 뒤를 계승했다느니 오스만이 에르투룰의 아들이었다는 것을 알았다 해서 자신의 소유지에서 살고 있는 프랑스 여자와 무슨 관계가 있겠는가. 나는 그리스인이나 로마인의 역사를 즐겁게 읽었다. 그것은 나를 끌어들이는 어떤 광경을 보여주었다. 그러나 나는 지금까지 한 번도 근대 국민의 오랜 역사를 다 읽을 수 없었다. 나는 이러한 역사책에서 혼란 이외의 아무것도 발견할 수 없었다. 아무 연결도, 인과 관계도 없는 수많은 사소한 사건들, 아무 해결도 보지 못했던 수많은 전쟁뿐이다. 사람의 마음을 계몽하지 않고 압도하는 연구는 이제 포기했다."

볼테르도 같은 의견이었다. 그는 그의 '소박한 사람'으로 하여금 말하게 했다. '역사는 범죄와 불행의 묘사에 불과하다'라고. 호레이스 월폴에게 보낸 편지(1768년 7월 15일)에서는 "요크당과 랭커스터당의 역사, 그리고 그 밖의 역사들은 마치 노상 강도의 역사를 읽는 것과 같다."고 말했다. 그러나 그는 샤틀레 후작 부인에게 역사적 철학을 적용시키고, 정치적 사건의 흐름 밑에서 인간 정신의 역사를 더듬는다면 이러한 상황에서 빠져나올 수 있지 않을까 하는 희망을 말했다. '단지 철학자만이 역사를 써야 한다.' 그는 이렇게 말했다. '모든 국민에게 역사는 우화에 의하여 왜곡된다. 그리고 마침내 철학이 인간을 계몽하러 온다. 철학이 무지의 한복판에 도달했을 때, 인간의 정신은 몇 세기 동안의 오류로 눈이 어두워져 도저히 그것을 깨우칠 수 없음을 안다. 철학은 거짓말을 입증하기 위하여 쌓아올린 의례, 사실과 기념물을 발견한다.' '역사란'하고 그는 결론지었다. '결국 우리들이 사자(死者)들에게 적용하는 일련(一連)의 술책에 지나지 않는다.' 우리는 과거를 미래에 대한 우리의 간절한 소망에 적합하도록 바꾸는 것이며, 결국 '역사는 모두 역사에 의하여 증명될 수 있음을 증명하는 것이다.'

그는 사금 채취자처럼 이 '허위의 미시시피 강'(매슈 아널드) 속에서 인류의 참다운 역사를 하나하나 찾아내려고 노력했다. 해마다 그는 예비적 연구, 다시 말해서 《러시아 사(史)》, 《샤를 12세전》, 《루이 14세 시대》 및 《루이 13세 시대》에 몰두했다. 그리고 이들 저작을 통해 인간을 천재로 만들기 위한 저 불굴의 지적 양심을 발달시켰다. 그는 논제에 관한 모든 기록을 자세히 읽고 조사하여 중요한 사건과 관계가 있었던 생존자들에게 수백 통이나 되는 편지를 냈다. 그리고 저서를 출판한 뒤에도 연구를 계속하여 판(版)이 거듭될 때마다 개정했다.

그러나 이 자료 수집은 단순히 예비 작업에 불과했으며, 정말 필요했던 것은 선택과 정리의 새로운 방법이었다. 볼테르로서는 단순히 사실이라는 것만으로는 만족할 수 없었다. 설사 그것이—이것은 극히 드문 일이지만—사실이었다 하더라도, '아무 결과도 생기지 않는 하나의 사건과 역사의 관계는 알맹이 없는 배낭과 군대처럼 방해물인 것이다. 우리는 사태를 크게 보아야 한다. 그 이유는, 인간의 정신은 대단히 작아서 사소한 사건에 압도되기 때문이다.' '사실'은 연대기의 편자(編者)가 손수 수집하여 단어를 찾는 것처럼, 필요에 의해서 발견할 수 있는 일종의 역사 사전 속에 배열해 두어야 한다. 볼테르가 찾은 것은, 유럽의 문명사 전체를 한 올의 실로 짜내는 듯한 통일의 원리였다. 그리고 이 실이 문화의 역사임을 그는 확신하고 있었다. 그는 제왕들의 자유보다 모든 운동, 사회적 세력과 일반 민중을, 국민이 아니라 인류를, 전쟁이 아니라 인간 정신의 전진을 다루기로 결심했다. "전투와 혁명은 가장 작은 계획이다. 기병중대나 보병대대가 이기거나 지기도 하고, 도시가 점령되거나 탈환되기도 하는 것은 역사에서 흔히 있는 일이다. ……예술과 정신의 진보를 제외하면 후세의 주의를 끌 만한 중대한 사건은 어느 시대에도 찾아볼 수 없을 것이다." "나는 전쟁의 역사가 아니라 사회의 역사를 쓰고 싶다. 사람들은 그 가정 안에서 어떤 생활을 하고 그들은 공동으로 어떤 예술을 연마했는가를 확인하고 싶다. ……나의 목적은 인간 정신의 역사이지 하찮은 사실을 자세히 열거하는 것도 아니며, 또 위대한 군주들의 역사를 취급하려는 것도 아니다. ……나는 인간이 어떤 단계를 거쳐 야만의 상태에서 문명의 영역으로 진보해 왔는가를 알려고 생각한다."

이렇게 역사로부터 제왕을 물리치는 것은 민주주의적 반란의 일부분이며, 이 반란은 끝내 제왕을 물러나게 했다. 《풍속 시론》으로써 부르봉 가(家)의 폐위는 시작된 것이다.

이리하여 그는 최초의 역사철학—유럽 정신의 발전 속에 자연적 원인의 흐름을 남기려는 최초의 체계적 시론—을 낳았다. 초자연적 설명을 물리친 결과로 당연히 그와 같은 시도가 일어날 것은 예상할 수 있었다. 즉 역사는 신학이 물러날 때까지 정당한 권리를 얻지 못했다. 버클에 의하면 볼테르의 책은 근대 사학에 기초를 둔 것이다. 기번, 니부어, 버클, 그로트 등은 모두 볼테르로부터 큰 혜택을 입은 후계자들이었다. 볼테르는 이 사학의 원류였으며 그가 처음 개발한 이 영역에서 아직까지 그 누구도 그를 뛰어넘지 못했다.

그러나 어째서 그의 가장 위대한 저작이 추방의 원인이 되었을까? 그것은 이 책이 진리를 말함으로써 모든 사람의 감정을 불안하게 했기 때문이다. 그리스도교가 이교를 신속하게 정복한 것은, 그것이 로마의 정신을 붕괴시켜 야만인들이 로마를 침략하고 쉽게 이주할 수 있는 준비였다. 그 뒤 기번은 한층 발전된 견해를 가지고 있었기 때문에 특히 성직자들의 분노를 샀다. 게다가 유대교와 그리스도교에게 보통 때보다 훨씬 적은 지면을 할애하고, 중국·인도 및 페르시아 등의 여러 종교를 공평하게 썼기 때문에 이것 역시 그들을 더욱 분개시켰다. 이 새로운 관점으로 인해 하나의 거대하고 신기한 세계가 홀연히 나타나, 모든 교의(敎義)는 빛이 바래지고 상대적인 것이 되었고, 끝없이 넓은 동방이 지리학적으로 당연히 받아야 할 균형을 얻어 떠오르고, 유럽은 돌연 스스로가 한 대륙의—그리고 자기 자신의 문화보다도 위대한 한 문화의—실험대가 된 반도에 불과한 것임을 자각했던 것이다. 유럽은 한 유럽인이 이처럼 비애국적인 계시를 설파한 것을 어떻게 용납할 수 있을까? 왕은 자신을 먼저 인간으로 본 후 비로소 프랑스인으로 보는 것을 감행한 이 프랑스인에게 앞으로 두 번 다시 프랑스 땅을 밟게 하여서는 안 된다는 포고령을 내렸다.

6. 페르네 《캉디드》

'쾌락장'은 임시 숙소로서, 볼테르는 이곳을 중심으로 하여 좀 더 영속적인 피난처를 구하러 돌아다녔다. 1758년, 그는 그것을 페르네에서 발견했다. 페르네는 프랑스 국경과 극히 가까운 스위스 영내에 있어서 여기라면 프랑스의 힘이 미칠 염려가 없었고, 더욱이 스위스 정부가 간섭이라도 하면 프랑스로 도망치기에도 가까웠다. 이 마지막 전지(轉地)에서 그의 편력시대는 끝이 나게 된다. 그가 한 곳에 가만히 살지 못하고 방랑한 것은 신경질적이고 불안정한 그의 성격 때문만은 아니었다. 그것은 역시 박해를 받기 때문에 어디에 있어도 불안했던 마음의 반영이기도 했다. 그는 64세가 되어 처음으로 자기의 가정이라고 할 만 한 집을 발견했다. 그가 쓴 이야기 중의 하나 《스카르멘타도 기행 (紀行)》의 끝부분에 거의 작자 자신에게 적용된다고 할 수 있는 다음과 같은 구절이 있다.

"나는 이 지상에 있는 신기하고 아름다운 것은 다 보았으나, 앞으로는 절대로 내 집을 떠나지 않겠다고 결심했다. 나는 아내를 맞아들였으나 얼마 뒤 아내가 나를 속이는 것이 아닌가 하고 의심했다. 그러나 이런 의혹에도 불구하고 나는 여전히 지금이 인생에서 가장 행복한 상태라고 생각했다."

볼테르에게 아내는 없었으나 조카가 한 사람 있었다―그 편이 천재에게는 차라리 나았다. '우리는 그가 파리로 가고 싶다고 말하는 걸 한 번도 못 들었다…… 이 현명한 망명생활이 그의 수명을 연장시켰던 것은 의심할 나위 없다.'

그는 정원에서 자신이 살아있는 동안 열매 맺는 것을 볼 수 있으리라 기대하지 않은 나무를 심으면서 행복하게 지냈다. 한 숭배자가 그가 후세를 위해 한 일을 칭찬하자 볼테르는 "그렇소, 나는 4천 그루의 나무를 심었소."라고 대답했다. 그는 모든 사람에게 친절하게 말했지만, 때로는 더 날카롭게 말할 수밖에 없었다. 어느 날 그를 찾은 손님에게 어디서 왔는지 물었다. "위대한 할러 씨 댁에서 왔습니다." 볼테르가 말했다. "위대한 시인이자 위대한 자연주의자, 위대한 철학자, 거의 세계적인 천재." "선생님, 할러 씨는 당신에 대해 그렇게 말하지 않았는데 그래서 더 당신이 존경스럽군요." "아," 볼테르가 말했다. "아마 우리 둘 다 잘못 알고 있을 겁니다."

이제 페르네는 세계의 정신적 수도가 되었다. 그 무렵의 모든 학자, 모든 계몽군주가 몸소 또는 편지로 그에게 경의를 표했다. 이곳에 회의주의의 성직자, 자유주의의 귀족, 학식 있는 숙녀가 찾아왔다. 기번과 보즈웰이 영국에서 왔다. 달랑베르와 엘베시우스, 그 밖의 계몽주의적 반역자들, 그리고 무수한 사람들이 찾아왔다. 이렇듯 끊임없이 찾아드는 손님들을 접대하기란 볼테르로서도 너무 과도한 비용이 들었다. 그는 비명을 지르며 이건 마치 전 유럽을 위한 호텔 주인 같다고 말했다. 6주일 머물 예정으로 그를 찾아오겠다고 편지를 보낸 어떤 친지에게 볼테르는 이렇게 답장했다. '당신과 돈키호테는 무엇이 다를까요? 돈키호테는 숙소를 저택으로 잘못 알았지만, 당신은 저택을 숙소로 잘못 알고 있습니다.' 그리고 그는 "신이여, 부디 저를 친구들로부터 구원해주

소서. 내 적들은 내가 처치하겠습니다."라고 말했다.

끊임없이 계속되는 접대와 더불어 세상에 다시 없이 많은 훌륭한 편지 왕래가 있었다. 편지는 신분이 다른 여러 사람에게서 왔다. 독일의 어떤 시장은 '신은 존재하는가, 않는가'라고 몰래 묻고 곧 회답을 바란다는 편지를 보냈다. 스웨덴의 구스타프 3세는, '귀하가 가끔 북쪽으로 눈길을 돌려주었다고 생각하는 것만으로도 기쁘게 여기고, 귀하의 관심은 우리나라 사람들에게 전력을 다하라고 하는 가장 강한 자극이 된다'고 써 보냈다. 덴마크의 크리스티안 7세는 즉시 모든 개혁을 단행하지 못한 데 대한 변명을 써 보냈고, 러시아의 예카테리나 2세는 그에게 호화로운 선물과 편지를 자주 보내며, 제일 귀찮은 여자로 생각하지 말아 달라고 부탁했다. 프리드리히까지도, 기분이 상하고 나서 1년이 지나자, 선봉자의 한 사람으로 되돌아가 페르네의 왕과 다시 편지를 주고받기 시작했다.

"귀하는 내게 옳지 못한 짓을 무척 많이 했으나 나는 그런 일들을 모두 용서했을 뿐 아니라 잊어버리려고까지 생각하고 있소. 그러나 만일 귀하가 고귀한 천재에 반해 버린 한 미치광이와 관계가 있었다면, 귀하는 그렇게 쉽게 구출되지는 않았으리라고 생각하오. 좀 더 달콤한 말을 원하오? 좋소. 나는 사실을 두어 가지 말하겠소. 나는 귀하를 이 시대가 낳은 가장 훌륭한 천재라고 생각하오. 나는 귀하의 시를 찬미하고 귀하의 산문을 사랑하오. 귀하 이전의 저술가 중 어느 누구도 이토록 날카로운 재치를 지니고 있지 못했으며, 이토록 확실하고 우아한 취미를 지니지 못했소. 귀하는 이야기를 매우 재미있게 하며, 사람을 재미나게 하는 동시에 교훈도 줄 줄 알고 있소. 귀하는 내가 아는 한 가장 매력적인 존재이며, 귀하가 원할 때는 언제든지 세계 사람들이 자신을 좋아하게 할 능력이 있소. 귀하에게는 사람을 분노하게 할 수 있음과 동시에 귀하를 아는 모든 사람들의 관용을 받을 가치 있는 아름다운 정신이 있소. 요컨대 귀하는 만일 인간이 아니었더라면 완전했을 것이오."

그토록 쾌활하고 손님을 좋아하던 주인이 대표적인 염세주의자가 될 줄 누가 알았겠는가. 젊을 때에는 파리의 살롱에서 흥청거리며, 바스티유 같은 것을 하찮게 생각했고, 항상 인생의 밝은 면을 보아왔다. 이러한 시절에도 그는 라이프니츠가 유행시킨 부자연스러운 낙천관에 반항하고 있었던 것이다. 어떤 열성적인 젊은이가 책을 한 권 출판하여 라이프니츠와 함께 그를 공격하고, 이 세상은 '있을 수 있는 모든 세계 중의 최선의 세계'라고 주장했다. 그러나 이 젊은이에게 볼테르는 다음과 같은 편지를 써 보냈다.

"나에게 반대하여 작은 책을 냈다는 말을 듣고 기쁘게 생각합니다. 나에게 과분한 경의를 표해 주셨으니까요. ……만약 군(君)이 시든 산문이든 존재하는 모든 세계 중 가장 좋은 세계 속에서 어째서 저렇게 많은 사람이 목을 찌르는가 하는 이유를 설명해 주시면 대단히 고맙게 생각하겠습니다. 나는 군의 논증(論證), 군의 시, 그리고 군의 욕설을 기대하지만, 우리는 서로 이 문제에 관해 알지 못한다는 것을 마음속으로부터 확신을 갖고 말합니다. 말하기 죄송하지만 나는……."

박해와 환멸은 인생에 대한 그의 신념을 감소시켰으며, 베를린과 프랑크푸르트에서의 경험은 그의 희망을 무디게 했다. 그러나 그 신념과 희망이 가장 심하게 상처를 받은 것은 1755년 11월 리스본의 끔찍한 지진으로 3만 명의 사람이 죽었다는 뉴스가 전해졌을 때였다. 지진은 만성절(11월 1일, 성도들의 영혼을 제사 지내는 날)에 일어났다. 주위에 있던 모든 교회에 예배자들이 무리 지어 있었다. 죽음은 그 적(敵)들이 빽빽하게 모여 있음을 알고 큰 수확을 거둔 것이다. 볼테르는 충격을 받고 숙연했는데, 프랑스의 성직자들이 이 재난을 리스본 시민에 대한 벌이라고 설명하고 있다는 말을 듣고는 불같이 격노했다. 그는 끓어오르는 분노를 한 편의 열렬한 시에 담아 그 속에서 '신은 재난을 방지할 수 있는데도 방지하지 않든가, 방지하려 해도 방지할 수 없든가, 그 어느 쪽일 것이다'라는 예부터 전해 내려온 딜레마(兩刀論法)를 힘 있게 표현했다. 선과 악은 인간들이 하는 말이지, 우주에 적용시킬 수는 없다. 우리의 비극은, 영원이라는 입장에서 보면 스피노자의 해답에는 만족할 수 없다.

나는 위대한 전체의 하찮은 부분이다.
그렇다, 그러나 모든 동물은 살아야 한다.
똑같이 엄격한 법칙에 의해 태어난 상황의 사물은 모두,
나와 똑같이 괴로워하고 죽어간다.
사나운 매는 겁에 질린 먹이를 덮치고

피에 굶주린 부리로 벌벌 떠는 사지(四肢)를 쫀다.
매에겐 모든 것이 잘된 듯이 보인다.
그런데 곧 독수리가 나타나 매를 찢는다.
그 독수리 또한 사람이 쏜 화살에 찔린다.
먼지투성이 싸움터에 엎드려 넘어진 사람은
그 피를 죽어가는 전우들의 피와 섞으며
또다시 굶주린 새들의 먹이가 된다.
이렇듯 산 사람은 괴로워하고 서로 죽이기 위해 태어나
전 세계는 신음의 소리가 가득 차 있다.
이 무서운 혼란을 보고 그대들은 말한다.
각자의 불행은 전체의 선(善)을 위한 것이라고.
이것이 무슨 신의 은총인가! 그러나 떨리는 소리로 죽게 된 가련한
인간이, 모든 것은 좋다고 외치고 있을 때
벌써 우주는 그것을 배반하고,
그대들의 가슴은 모든 이성의 거만함을 꾸짖는다.
신께선 어떻게 생각하느냐고 물어도 말이 없고
운명의 책은 우리에게 닫혀 있다.
인간은 그것을 탐구할 수 없고,
어디서 와서 어디로 가는지도 모른다.
우리는 진흙 속에서 괴로워 몸부림치고,
죽음에게서 먹혀 죽는 원자(原子)이다. 운명의 웃음거리이다.
그러나 그것을 생각하는 원자다. 멀리까지 미치는 그 시력은
사고에 이끌려 극히 먼 별의 궤도를 쟀다.
이리하여 우리의 존재는 무한자와 융합한다.
더욱이 우리는 자기 자신을 볼 수 없고 자기를 알지 못한다.
자부심과 사악의 무대인 이 세상에는,
행복을 말하는 창백한 어리석은 자들이 가득 차 있다.

언젠가 노래했었다. 좀 더 쾌활하게

세상의 일반적인 쾌락의 언제나 밝은 습관을.
세월은 바뀌고, 늙어서 경험을 쌓아
나 역시 덧없는 인간이다.
짙어가는 어둠 속에서 빛을 찾으며
괴로움을 받지만 불평하지 않으리.

3개월 뒤에 7년 전쟁이 일어났다. 볼테르는 이것을 보고, 캐나다의 '눈으로 덮인 몇 에이커의 땅'을 영국이 획득하느냐, 프랑스가 획득하느냐를 결정하기 위해 전 유럽을 황폐하게 하는 광기의 자살이라고 생각했다. 거기에 리스본의 시(詩)에 대한 루소의 회답이 공포되었다.

루소는 말했다. '인간 자신이 이 재해의 책임을 져야 한다. 만약 우리가 자연에서 살고 도시에서 살지 않았다면 그토록 대규모로 살해되지 않았을 것이다. 만약 우리가 하늘 밑에 살고 집안에서 살지 않았다면, 집은 우리 머리 위에 무너지지는 않았을 것이다.' 볼테르는 이 심원한 변신론(辯神論)이 얻은 인기에 어이가 없었다.

그리고 자신의 이름이, 이런 돈키호테와 같은 사나이 때문에 먼지투성이가 되는 것을 괘씸하게 생각하여, 루소에게 이렇게 응수했다. '인간이 일찍이 휘두른 모든 지적 무기 중에서 가장 무서운 것은 볼테르의 조소다'라고. 1751년 그는 사흘 만에 《캉디드》를 완성했다.

일찍이 페시미즘(염세주의)이 이토록 활발하게 논의된 적은 없었다. 또 이 세상이 슬픔의 세계라는 것을 배우며, 인간이 이토록 마음속으로부터 웃게 된 적도 없다. 그리고 이토록 꾸밈없이 말을 절약하여 이야기가 쓰인 것도 드문 일이다. 전편은 이야기 부분과 대화 부분으로 되어 있고, 묘사로 이야기를 길게 늘이지 않았다. 그리고 그 주제의 진행은 빠르고 자유분방하다. 아나톨 프랑스는 "볼테르의 손끝에서 펜이 달리면서 웃는다"고 말했다. 이 작품은 문학 사상 가장 훌륭한 단편일 것이다.

주인공 캉디드는 베스트팔렌의 툰더 텐 트롱크 남작의 아들이며, 박식한 팡글로스의 제자로, 그 이름이 가리키듯이 정직하고 단순한 젊은이다.

"팡글로스는 형이상학적, 신학적, 우주론적 철학을 가르쳤다. ……그는 말했다. 모든 것은 필연적으로 최선의 목적을 위해 있다는 것이 증명되어 있다. 보라, 코는 안경을 걸기 위해서 만들어져 있다. ……다리는 분명히 양말을 신을 수 있게 만들어져 있다. ……돌은 성벽을 쌓을 수 있도록 만들어졌으며……돼지는 우리에게 그 고기를 1년 내내 먹일 수 있도록 만들어져 있다. 그러므로 모든 것을 좋다고 주장하는 자는 바보다. 그보다도 모든 것은 최선이어야 한다고 해야 할 것이다."

팡글로스가 한바탕 연설을 하는 동안 성(城)은 불가리아군에게 공격되어 캉디드는 잡혀 억지로 군인이 된다.

"그는 우향우, 좌향좌, 탄약 꽂을 대를 당기라, 다시 밀라, 겨누라, 쏘라, 전진하라는 등의 훈련을 받아야 했다. ……어느 한가로운 봄날, 그는 산책이라도 할까 하고, 자기 다리를 자기 마음대로 쓰는 것은 동물의 특권일 뿐 아니라, 또 인간의 특권이라고 굳게 믿고 자꾸 앞으로 걸어 나갔다. 그런데 불과 2리그도 가기 전에, 키가 6피트나 되는 네 명의 병사에게 붙들려 꽁꽁 묶여서 감옥으로 끌려갔다. 그는 연대(聯隊)의 전병사들에게 회초리로 서른여섯 대씩 매를 맞겠는지, 아니면 한꺼번에 열두 발의 연탄(鉛彈)을 머리에 맞겠는지 택하라는 명령을 받았다. 인간의 의지는 자유롭다. 그는 둘 다 싫다고 했으나 허사였다. 그는 하나를 선택해야만 했다. 그래서 '자유'라고 불리는 신의 선물의 힘으로 매를 맞기로 결심했다. 그는 두 사람 째까지는 견디어 냈다."

캉디드는 도망하여 리스본으로 건너간다. 그 배 안에서 팡글로스 교수를 만나게 되는데, 교수는 남작 부처가 살해되고 성이 파괴된 모습을 이렇게 이야기한다.

"이런 것들은 모두" 하고 그는 말을 맺는다. "피할 수 없었던 일이었습니다. 하나하나의 불운이 일반적인 행복을 만들게 되는 것이니까요. 그러니까 불행이 많으면 많을수록 전체의 선(善)은 커지는 것입니다." 그들이 리스본에 도착한 순간 지진이 일어난다. 지진이 가라앉은 뒤, 그들은 서로 저마다 자기의 모험과 고난을 이야기한다. 그것을 듣고 있던 한 늙은 여종이 나리님들의 불행도 내 불행에 비하면 대수롭지 못합니다, 하고 분명히 잘라 말한다.

"나는 몇 번이나 죽으려고 했었는지 모릅니다. 그러나 아직까지 생에 미련이 남아 있습니다. 이 어이없는 약점은 아마도 우리들의 가장 불행한 성질일 것입니다. 언제든지 던져 버릴 수 있는 무거운 짐을 밤낮 짊어지고 다니다니, 이처럼 바보스러운 일이 또 있겠습니까?" 그리고 또 한 사람의 등장인물이 말하고 있듯이 "만사를 곰곰이 잘 생각해 보니 뱃사공의 생활이 오히려 총독의 생활보다 낫습니다만, 그 차이는 매우 적으며, 검토할 가치도 없을 거라고 생각합니다."

캉디드는 종교재판을 피하여 파라과이로 간다. 파라과이에서는 '예수회의 성직자들이 모든 것을 가지고 있고 민중들은 아무것도 가지고 있지 않다. 그것은 이성과 정의의 걸작이었다.' 네덜란드의 식민지에서는 팔도, 다리도 하나밖에 없는 누더기를 걸친 흑인을 만난다. "우리가 사탕수수로 사탕을 만들 때," 노예는 설명한다. "절구에 손가락이 물리면 팔이 잘리고, 달아나려고 하면 다리가 잘립니다. ……그 덕택에 나리님들은 유럽에서 사탕을 먹을 수 있는 겁니다." 캉디드는 아직 사람이 밟아 보지 않은 오지에서 다량의 금을 발견하고 해안으로 되돌아와 배를 얻는다. 이 배로 프랑스로 가려는 것이다. 그런데 선장은 부두에서 철학적 사색에 잠겨 있는 캉디드를 남겨 둔 채 금을 싣고 떠난다. 캉디드는 수중에 조금 남아 있는 돈으로 가까스로 뱃삯을 내고 보르도로 가는 배를 탄다. 배 위에서 그는 마르탱이라는 늙은 현자와 이야기를 시작한다.

"캉디드는 말했다. '인간은 지금처럼 옛날부터 서로 살육을 벌여 왔다고 생각하십니까? 인간은 항상 거짓말쟁이며, 사기꾼이며, 배신자며, 배은망덕하며, 도둑놈이며, 멍텅구리이며, 불량배이며, 탐욕스럽고, 주정뱅이며, 인색하고, 질투를 많이 하고, 야심가이며, 잔인하고 중상을 일삼으며, 도락을 즐기며, 광신자이며, 위선자고, 그리고 바보였다고 생각하십니까?' 마르탱은 말했다. '매는 비둘기를 발견하면 언제나 그것을 먹었다고 생각하십니까?' '물론입니다.' 캉디드는 이렇게 대답했다. '그렇다면,' 마르탱은 말을 계속했다. '독수리는 언제나 같은 성질을 지니고 있는데 인간은 어째서 그 성질을 바꾸었다고 생각하십니까?' '아니!' 캉디드는 말했다. '그야 물론 틀리지요. 왜냐하면 자유의지란…….' 이렇게 토론하며 그들은 보르도에 도착했다."

우리는 캉디드의 그 밖의 다양한 모험—그것은 중세의 신학과 라이프니츠의 낙천주의에 대해 경솔한 논평을 하고 있으나—을 따라갈 수는 없다. 여러 사람들 사이에서 갖가지 재액을 당한 다음, 캉디드는 농민이 되어 터키에 자리를 잡는다. 그리고 이야기는 스승과 제자 사이의 마지막 대화로 끝난다.

"팡글로스는 가끔 캉디드에게 말했다. '모든 세계 중 최선의 세계에서는 사건이 모두 연결되어 있다. 만일 군이 아름다운 성에서 걷어차여지지 않았더라면……만일 종교재판에 걸리지 않았더라면, 온 미국을 돌아다니지 않았더라면……금을 모두 잃어버리지 않았더라면……군은 지금쯤 여기서 이렇게 시트론이나 피스타치오의 열매를 먹고 있지는 않을 것이다.'

'정말 그렇습니다. 어쨌든 우리의 밭이나 갈읍시다.' 캉디드는 이렇게 대답했다."

7. 《백과전서》와 《철학사전》

《캉디드》와 같은 불경스러운 책이 인기를 모았다는 것은, 그 시대의 정신을 어느 정도 짐작할 수 있다. 루이 14세 시대의 궁정문화는 장중한 사제들이 그 안에서 커다란 역할을 하고 있었음에도 불구하고, 교의나 전통에 미소로 대하게 되었다. 종교개혁이 프랑스를 정복하는 데 실패했기 때문에 프랑스인에게는 오류가 없다는 설(說)과 무신론의 사이에 중간 지대가 없었다. 독일 및 영국의 지성이 서서히 종교적 진화의 길로 나아가고 있는 동안, 프랑스의 정신은 위그노(프랑스의 신교도파)를 모조리 학살한 열렬한 신앙에서 단숨에 라 메트리, 엘베시우스, 돌바크, 그리고 디드로가 조상의 종교에 반항한 냉혹한 적의(敵意)로 옮겨진 것이다. 만년의 볼테르가 그 속에서 생활하고 활동한 지적 환경을 잠깐 살펴보기로 하자.

라 메트리(1709~1751)는 군의(軍醫)였는데, 《영혼의 박물학》을 써서, 그 지위를 잃었으며, 《인간 기계론》을 써서 추방되었다. 그는 난(亂)을 프리드리히 대왕의 궁정에서 피했는데 프리드리히 자신은 약간 진보적 사상가로, 파리의 최신 문화를 들여오는 데 힘썼다. 라 메트리는 손가락을 덴 아이와 같이 깜짝 놀라 떨어뜨린 데카르트의 기계론적 사상을 주워서, 대담하게도 전 세계는 하나의 기계이며 사람도 그 예외는 아니라고 발표했다. 영혼은 물질이며, 물질에도 또 영혼이 주어져 있다. 그러나 영혼이나 물질이 무엇으로 만들어져 있는지 양자는 서로 작용하고, 생장과 쇠퇴를 함께 하고 있으므로 양자의 본질적 유사성과 상호 의존성에 의문을 제시할 여지는 없다. 만약 영혼이 순수한 정신이라면 어째서 무슨 일에 열중할 때 신체가 뜨거워지며, 신체에 열이 있을 때 정신작용이 혼란해지는가? 모든 유기체는 그 유기체와 환경과는 상호 작용에 의하여 어떤 원배종(原胚種)에서부터 발달한 것이다. 어째서 동물에게는 지력(知力)이 있고 식물에게는 없느냐, 하는 이유는 동물은 먹을 것을 찾아 움직이지만, 식물은 가만히 찾아오는 것을 섭취하는 데 있다. 인간이 최고의 지력을 가지고 있는 것은 인간이 가장 강한 욕구와 가장 큰 가능성을 가지고 있기 때문이다.

라 메트리는 이런 견해 때문에 추방되었는데, 그와 같은 견해를 그의 저서 《인간에 대하여》의 기초 사상으로 둔 엘베시우스(1715~1771)는 프랑스에서 큰 부호 가운데 한 사람이 되어 높은 지위와 명예를 얻었다. 우리는 라 메트리에게서 무신론적 형이상학을 발견하듯이 엘베시우스에게서 무신론적 윤리학을 발견한다. 모든 행위는 에고이즘, 다시 말해서 자기애(自己愛)에 의하여 명령된다. '영웅이라 할지라도 최대의 쾌락을 연상시키는 감정에 따른다.' '덕이란 망원경을 몸에 지닌 이기심이다.' 양심은 신의 소리가 아니라 경찰에 대한 공포다. 그것은 양친과 교사와 신문이 성장하고 있는 마음에 부어넣는 금지령이며, 흐름의 침전물이다. 도덕은 신학이 아니라 사회학을 기초로 하는 것이어야 한다. 변천하는 사회의 필요가─변함없는 계시나 교의가 아니라─무엇이 선(善)인가를 결정해야만 한다.

이 그룹 중 가장 중요한 인물을 들자면 디드로(1713~84)이다. 그의 사상은 그 자신이 쓴 여러 단편과 돌바크 남작(1723~89)─그 살롱은 디드로 동료들의 중심이었다─의 《자연의 체계》 속에 표현되어 있다. 돌바크는 말하고 있다. '만일 우리가 자연으로 돌아가면 우리는 다음과 같은 것을 발견할 것이다. 즉 무지와 공포가 신들을 창조했으며, 공상, 광신, 또는 기만이 신들을 아름답게 하기도 하고 추하게 했으며, 약한 마음이 신들을 숭배하고, 맹목적인 믿음이 신들을 유지했으며, 습관이 신들을 존경하고, 지배자들이 인간의 맹목을 자기의 이익에 도움이 되게 하기 위해 그 습관을 지지한 것이다.' 신의 신앙은─하고 디드로는 말했다─독재정치에 대한 굴종과 결부되어 있다. 두 가지는 성쇠를 함께 한다. '인간은 최후의 왕이 마지막 성직자의 창자(腸)로 교살

되기 전에는 결코 자유롭지 못할 것이다.' 지구는 천국이 파괴될 때 비로소 정당한 권리를 얻을 수 있을 것이다. 유물론은 세계를 지나치게 단순화[8]하는지도 모른다. 그러나 유물론은 교회에 대한 알맞은 무기이므로 좀 더 좋은 무기가 발견될 때까지는 이것을 이용하지 않으면 안 된다. 그러는 동안 사람은 지식을 보급하고 산업을 장려할 것이며, 산업은 평화를 촉진하고 지식은 새롭고 자연스러운 도덕을 낳을 것이다.

이상은 디드로와 달랑베르가 1752년부터 1772년까지 걸려 책의 형태로 간행한 방대한 《백과전서》에 의해 세상에 널리 퍼진 사상이다. 교회는 처음의 몇 권을 발행 금지했다. 반대가 많아지자 디드로의 동료는 그를 버리고 말았다. 그러나 디드로는 화가 나서 그 분노에 더욱 고무되어 일을 계속했다. "나는 이성에 대한 신학자들의 장광설보다 보기 흉한 것은 없다고 본다. 그들이 말하는 것을 들으면 인간은 소가 외양간에 들어가는 것같이 하지 않으면 그리스도교의 품 안에 들어갈 수 없는 것 같다." 이렇게 그는 말했다. 페인이 말하듯이 당시는 이성의 시대였다. 이런 사람들은 이성이 모든 참다움과 선의 최후의 시금석인 것을 절대로 의심하지 않았다. '이성을 해방하라, 그러면 이성은 몇 세대 안에 유토피아를 건설할 것이다'라고 그들은 말했다. 디드로는 방금 전에 파리에 소개해 준 호색가이며 신경질적인 장 자크 루소(1712~78)가 그 머리에 혹은 가슴에 이성숭배(理性崇拜)에 대한 혁명의 씨를 품고 있는 줄은 꿈에도 몰랐는데, 이 혁명은 임마누엘 칸트의 강한 인상을 주는 난해한 철학으로 무장되어 머지않아 철학의 모든 성채(城砦)를 공략하게 된다.

모든 것에 관심을 가지고 모든 논쟁에 관여했던 볼테르가 한때 백과전서파들의 동료로 맞아들여진 것은 극히 자연스러운 일이었다. 그들은 기꺼이 그를 지도자라고 불렀다. 그리고 그는 그들의 아첨하는 말을 싫어하지 않았다. 물론 그들의 계획에는 조금쯤 전지(剪枝)할 필요가 있는 곳도 있었지만, 그들은 이 웅대한 기획 때문에 몇 가지 항목의 집필을 그에게 요구했더니 선뜻 많은 것을 써 주었으므로 매우 기뻐했다. 이 일을 끝냈을 때, 볼테르는 자신의 백과전서를 만드는 일을 시작하고 그것을 《철학사전》이라고 이름 붙였다. 유례없

---

8) 물질에는 모든 생명이 침투해 있으므로 의식의 통일성을 물질과 운동으로 환원하기는 불가능할 것이다.

이 대담하게 그는 생각나는 제목을 알파벳 순서로 차례차례 다루고, 각 제목 아래 무진장한 그의 지식과 지혜를 쏟아 놓았다. 모든 것에 대하여 쓰고, 늘 제1급짜리만을 만들어 내는 사람을 상상해 보라. 그의 소설들은 별도로 하더라도, 이것은 볼테르의 저작 중 가장 재미있게 읽을 수 있고 가장 이채로운 것으로서 그 항목은 모두 간결, 명석, 기지의 모범이다.

'사람에 따라서는, 한 권의 작은 책을 써도 장황한 자가 있다. 볼테르는 1백 권의 책을 써도 언제나 간결하다.'

이 책에서 볼테르는 그가 철학자임을 증명하고 있다.

그는 베이컨, 데카르트, 로크, 그 밖에 모든 근대인들처럼 회의와(아마도) '타불라 라사(白紙)'를 가지고 시작했다. '나는 언제나 자신의 손으로 음미하기를 주장한 디뒤모스의 성 도마(그리스도의 열두 제자 중의 한 사람)를 수호성자로 삼고 있다.'

그는 피에르 베일이 회의의 방법을 가르쳐 준 것에 감사하고, 모든 체계를 거부하고 '철학 학파의 수령은 누구나 조금 사기꾼 같은 데가 있다'고 생각하고 있다. '깊이 생각하면 할수록 형이상학 체계의 철학자에게 대하는 것은 소설이 부인들을 대하는 것과 같다는 나의 확신은 더욱더 굳어질 뿐이다' '아는 체하는 무리만이 확실하다고 생각하는 것에 불과하다. 우리는 제1원리에 관해서는 아무것도 모른다. 신이나 천사나 성령을 정의하거나, 우리는 어떻게 팔을 마음대로 움직이는지도 모르면서 왜 신이 세계를 만들었는지를 자세히 알려는 것은 터무니없는 망상이다. 회의는 그다지 유쾌한 상태는 아니지만, 확신은 어이없는 상태다.'

그는 '태어나지 않았더라면 좋았을 것이라고 생각한다'는 '선량한 바라문(婆羅門) 교도'의 이야기를 쓰고 있다.

"왜 그렇습니까?' 나는 말했다. '왜냐하면 나는 40년 동안 연구해 왔습니다만, 이제서야 그것은 시간 낭비였다고 생각합니다. ……나는 내가 물질로 만들어졌다는 것을 믿습니다만, 사상을 낳는 것이 무엇이냐 하는 것은 납득되지 않았습니다. 나의 지성이 보행이나 소화 작용처럼 단순한 능력인지 아니면 손으로 물건을 잡는 것처럼 머리로 사물을 생각하는 것인지 조차도 나로선 알 수 없습니다. ……나는 아주 많은 말을 했습니다만, 이야기가 끝난 뒤 나 자신

이 한 말을 생각하고 당황하며 부끄러워하고 있습니다.'

　같은 날 나는 그의 이웃에 살고 있는 어떤 노파와 이야기를 했다. 당신은 자신의 영혼이 어떻게 해서 만들어졌는지 알지 못해서 슬픈 적은 없느냐고 물었다. 노파는 이 질문이 무엇을 뜻하는지조차 알지 못했다. 그녀는 선량한 바라문 교도의 마음을 그토록 괴롭힌 이런 문제들을 삶의 한 순간이라도 생각해 본 일이 없던 것이다. 그 노파는 마음속으로 비시누(힌두교의 주신)의 전생(메타모르포제)을 믿으며, 만일 갠지스강의 성수를 조금이라도 얻어 그것으로 세례를 받을 수 있다면 자신은 모든 여성 중에서 가장 행복한 여자라고 생각했다. 이 불쌍한 인간의 행복에 나는 어이가 없어 철학자에게 되돌아가 말을 걸었다.

　'당신에게서 50야드도 못 되는 거리에 아무것도 생각하지 않고도 만족하게 생활하고 있는 늙은 자동인형이 있는데, 이런 비참한 생각으로 있는 것을 부끄럽다고 생각하지 않습니까?' 그는 이렇게 대답했다. '맞는 말씀입니다. 나도 몇 번이나 자신에게 말해 보았습니다만 만일 노파처럼 무지하다면 나도 행복했겠지요. 그러나 나는 그런 행복은 바라지 않습니다.'

　바라문 교도의 이 대답은 전에 일어난 어떤 일보다도 나에게 큰 감명을 주었다."

　비록 철학이 몽테뉴의 "내가 무엇을 아는가?(Que saisje?)"라는 완전한 회의로 끝난다 하더라도 철학은 인간의 가장 크고 고귀한 모험이다.

　허위의 상상에서 새로운 체계를 계속 엮어 나가는 것보다는 오히려 인식의 새로운 진보에 만족할 것을 배워야 할 것이다.

　'우리는 모든 것을 설명할 수 있는 원칙을 찾아내라고 해서는 안 된다. 오히려 어떤 문제에 대해 정확한 분석을 하고, 겸허하게 그 분석이 어떤 원리에 맞는지 알아내려고 노력하라고 말해야 한다. ……베이컨은 과학이 나아갈 길을 보여주었다. ……하지만 데카르트는 그가 마땅히 했어야 하는 일과 정반대의 일을 했다. 자연을 연구하는 대신, 그는 자연을 신성시하기를 원했다. ……이 최고의 수학자는 오직 철학을 통해 소설을 썼을 뿐이다. ……계산하고, 무게를 재고, 측정하고, 관찰하는 것이 우리의 본분이며 이것이 자연철학이다. 나머지는 거의 다 키메라(그리스 신화 속의 괴물)이다.'

8. 《비행을 분쇄하라》

만약 그때의 사정이 보통이었다면, 아마도 볼테르는 이 절도 있는 회의주의의 철학적 평정에서 결코 후년의 그 힘든 논쟁을 스스로 맡고 나서지는 않았을 것이다. 그가 드나든 귀족사회는 언제나 쾌히 그의 견해에 동의했었음으로 굳이 논쟁 따위를 벌여야 할 이유가 없었다. 성직자들조차도 신앙의 어려움에 대해서 그와 같은 생각을 가졌으며 추기경들도 그를 카프친회[9] 회원으로 만들 수 없을까, 하고 고심했을 정도였다. 그가 불가지론에서 나아가 어떠한 타협도 허용하지 않고, 교회주의의 '비행을 분쇄'하기 위하여 가차 없이 싸운 열렬한 교권 반대론자가 된 까닭은 무엇이었겠는가?

페르네에서 그리 멀지 않은 곳에 프랑스 제7의 도시인 툴루즈가 있다. 볼테르 시대에는 가톨릭의 성직자들은 이곳에서 절대적 권력을 누리고 있었다. 툴루즈시(市)는 프레스코 화법(畵法)으로 낭트 칙령(프로테스탄트에게 신앙의 자유를 보증한 칙령)이 폐지된 것을 기념하고 있었으며 '성(聖) 바르톨로메오의 대학살'의 날을 중대한 제일(祭日)로 정해 의식을 행하고 있었다. 프로테스탄트는 툴루즈에선 변호사, 의사, 약제사, 식료품상, 서적상, 심지어 인쇄업자도 될 수 없었으며, 가톨릭 교도는 프로테스탄트를 하인이나 사무원으로 쓸 수도 없었다. 1748년, 어떤 부인은 프로테스탄트인 산파에게 일을 시켰다는 이유로 3천 프랑의 벌금을 물었다.

그런데 툴루즈에 장 칼라스라는 한 프로테스탄트가 있었는데, 이 사람의 딸은 가톨릭으로 개종했으나 아들이—추측하건대 영업이 신통치 못했기 때문이라고 생각되지만—목매달아 죽은 사건이 일어났다. 툴루즈에서, 자살자는 모두 나체로 거꾸로 서게 하여 허들에 태워 온 시중(市中)을 끌고 돌아다닌 뒤 교수형에 처한다는 법률이 있었다.

아버지는 아들이 그런 욕을 치르지 않게 하기 위해 친척과 친구들에게 자연사라고 증언해 주기를 부탁했다. 그 결과 아버지는 아들이 가톨릭으로 개종하려 하자 아버지가 아들을 막으려다가 살인하고 말았다는 소문이 퍼지기 시작했다. 칼라스는 붙잡혀 고문당했는데, 곧 죽고 말았다(1761년). 몰락한 데다

---

9) 프란시스코 회의 한 분과로, 그 창립 취지는 성 프란시스코의 계율에 따라 청빈한 생활을 하는 데 있었다.

가 박해를 받은 그 유족들은 페르네로 도망쳐 볼테르에게 도움을 청했다. 그는 그들을 자기 집에 머물게 하고 위로했는데, 그들이 말하는 중세의 이야기와 같은 끔찍한 박해에 간담이 서늘해졌다.

비슷한 때(1762년) 엘리자베스 시르방이라는 여자가 죽은 사건이 일어났는데, 이 또한 가톨릭으로 개종을 표명하려고 할 때 우물 속에 밀려 떨어졌다는 소문이었다. 적은 수의 겁 많은 프로테스탄트가 도저히 그런 짓을 할 리가 없음은 당연했으므로 소문은 흐지부지 없어지고 말았다. 1765년, 슈발리에 드 라바레라는 이름의 열여섯 살 난 소년이 그리스도의 십자가 상(像)을 피괴했다는 죄목으로 체포되었다. 고문을 당하자 그는 죄를 자백했다. 그리하여 그는 목이 잘리고 몸은 불 속에 던져졌는데 군중들은 이에 박수갈채를 보냈다. 소년이 가지고 있던 볼테르의 《철학사전》도 그때 함께 태워졌다.

평생 처음으로 볼테르는 거의 진심으로 엄숙한 인간이 되었다. 국가와 교회와 민중에게 한꺼번에 염증이 나버린 달랑베르가, 앞으로는 만사를 조소할 뿐이라고 편지에 써 보냈을 때, 볼테르는 이렇게 대답했다. '지금은 장난하고 있을 때가 아닙니다. 기지는 학살과 조화되지 않습니다. ……이것이 철학의 나라, 쾌락의 나라일까요? 오히려 성 바르톨로메오의 학살의 나라입니다'라고. 이제야말로 볼테르는 드레퓌스 사건 때의 졸라나 아나톨 프랑스와 같은 입장이었다. 이 포학한 부정은 볼테르를 분기시켰다. 그는 단순한 문인이기를 그만두고 행동파 사람이 되었으며, 전투를 위해 철학을 버렸다기보다는 오히려 철학을 변화시켜 무정한 다이너마이트로 만들었다. '이 기간 중 나는 죄를 저지를 때와 같은 자책감도 없었고, 미소를 짓는 일조차 없었다.' 그가 그 유명한 표어(標語) '비행을 분쇄하라'를 채택하여 교회의 나쁜 관습에 대해 프랑스의 정신을 분기시킨 것은 바로 이때였다. 그는 사교관과 사교장을 녹여 버렸으며, 프랑스에 있는 성직자의 권력을 쓰러뜨리고 왕위의 전복을 도와줄 만큼 타오르는 지성의 불로 싸웠다. 그는 자신의 친구와 신봉자들에게 격문(檄文)을 보내어 전투에 소집했다.

"용감한 디드로여, 두려움을 모르는 달랑베르여, 와서 단결하라. ……광신자와 무뢰한을 때려눕혀라. 하찮은 열변, 초라한 궤변, 새빨간 거짓말로 엮인 역사……무수한 부조리를 때려 부수라. 우리는 생각 있는 자를 생각 없는 자에게 복종하게 해서는 안 된다. 그리하면 다음 세대는 그 이성과 자유에 대해 우리에게 감사할 것이다."

바로 이 위기에 볼테르를 매수하려는 노력이 시도되었다. 퐁파두르 후작부인(루이 15세 애인)을 통해서, 그는 교회와 화해하면 그 보수로 추기경의 지위를 주겠노라는 제의를 받았다. 몇 사람의 신통찮은 사교들을 감독할 권한뿐인 지위가, 지적인 세계의 확고한 지배자였던 인물에게 흥미를 일으키게 할 수는 없었을 것이다. 볼테르는 거절했다. 그리고 제2의 카토[10]처럼 자신이 쓰는 편지는 모두 '비행을 분쇄하라'는 말로 맺기 시작했다. 그는 《관용론》을 내놓고, 만일 성직자들이 자신의 설교에 부끄럽지 않은 행동을 하고, 신앙이 서로 다른 것을 받아들인다면 교의의 부조리에 대해서는 참을 것이라고 말했다. 그러나 '복음서에 아무 흔적도 보이지 않는 사소한 일이 그리스도교 역사의 피비린내 나는 싸움의 원인이 되는 것이다.' '나를 향하여 '내가 믿듯이 믿으라. 그렇지 않으면 신은 그대를 영겁의 벌에 처할 것이다'라고 하는 자는 머지않아 '내가 믿듯이 믿으라. 그렇지 않으면 나는 그대를 죽일 것이다'라고 말할 것이다.' '자유롭도록 창조된 인간이 다른 사람에게 자기와 똑같이 생각하기를 강요할 수 있겠는가.' 수도원장 생 피에르[11]가 변호한 것과 같은 영원한 평화는, 사람이 서로의 철학적, 정치적, 그리고 종교적 견해가 서로 다름을 너그럽게 용납하게 되지 않는 한 결코 실현될 수 없을 것이다. 사회적 건전성에의 첫걸음은 너그럽게 용납하지 못하는 생각이 깊이 뿌리박은 그리스도 교회의 권력을 타파하는 것이었다.

《관용론》에 이어, 굉장히 많은 팸플릿, 역사, 교리문답서, 편지, 대화편, 비평, 풍자, 설교, 시, 이야기, 우화, 논평, 그리고 수필이 때로는 볼테르 자신의 이름으로, 때로는 무수한 익명으로 나왔다. 그것은 '일찍이 단 한 사람에 의해서 행해진 가장 놀랄 만한 선전의 뒤범벅'이었다. 철학이 이토록 명석하고 싱싱하

---

10) 카토는 제2 포에니 전쟁 후, 카르타고의 국정을 시찰하고 그 회복력의 왕성함에 두려움을 느끼고, 로마의 안전을 위해 '카르타고를 멸망시키지 않으면 안 된다.'라는 말을 항상 되풀이하며 외쳤다.

11) Saint Pierre(1658~1743). 《영구평화 초안》을 저술했는데, 이 책은 칸트의 유명한 《영구평화론》의 선구가 되었다.

게 표현된 적은 없었다. 볼테르는 그가 쓴 이야기가 철학임을 남들이 알아차리지 못할 만큼 잘 썼다. 그가 자신을 '나는 나의 생각을 꽤 명석하게 표현한다. 나는 깊지 못하기 때문에 투명하게 보이는 시냇물 같은 것이다.'라고 평한 것은 지나친 겸손이다. 그렇기 때문에 그의 글은 많은 사람들에게 읽혔다. 드디어 누구나, 성직자들까지도 그의 팸플릿을 가지고 있었다. 그중 몇 가지는 30만 부나 팔렸다. 그때는 책을 읽는 사람의 수가 지금보다도 훨씬 적었음에도 불구하고, 이런 현상은 문학사상 일찍이 볼 수 없었던 일이었다.

'많이 읽히는 책은 유행에 뒤떨어진 것이다'라고 그는 말했다. 그리고 매달, 매주마다 지치는 일 없이 과감하게 그의 작은 병사들을 세상에 내보내 일흔 살 된 노인의 풍부한 사상과 굉장한 에너지로 세상을 놀라게 했다. 엘베시우스가 말했듯이, 볼테르는 루비콘강을 건너 로마 앞에 섰던 것이다.

그는 성경의 신빙성·확실성에 대한 '고등 비평'부터 시작했다. 볼테르는 자료를 스피노자를 비롯해 영국의 이신론자(理神論者), 벨의 《비판 사전》에서 골랐으며, 스피노자보다는 영국의 이신론자들로부터 더 많은 자료를 얻어냈다. 또한 벨의 사전에서는 가장 많은 자료를 얻었다. 그러나 이 자료들은 그의 손을 통해 얼마나 빛나고 뜨거운 것이 되었던가! 《자파타의 질문》이라는 표제의 팸플릿이 있었다. 자파타는 성직 지망자로, 그는 천진하게 다음과 같은 질문을 한다. "우리가 몇 백 명씩이나 태워 죽인 유대인이 4천 년 동안 신의 선민(選民)[12]이었다는 것을 어떻게 설명해야 할까요?"라고. 뒤를 이어 《구약성서》의 이야기와 연대학(年代學)이 일치하지 않는 것을 폭로하는 질문을 계속한다. "과거에 흔히 있었던 것처럼, 두 개의 종교회의가 서로 저주할 때에 그 어느 쪽이 옳을까요?" 마침내 '대답을 얻을 수 없었던 자파타는 매우 단순하게 신을 가르치기 시작했다. 그는 사람들에게 보상자이고 징벌자(懲罰者)이며, 면죄자인 하나의 아버지를 알려 주었다. 진리를 허위에서 해방하고 종교를 미신으로부터 분리했다. 덕을 가르쳤으며, 또한 몸소 실행했다. 그는 온유하고 친절했으며, 겸손했다. 그리고 1631년, 발라돌리드에서 화형에 처해졌다.'

《철학사전》의 '예언' 항에서 볼테르는 헤브라이의 예언을 예수에게 적용하

---

12) 볼테르는 유대인을 다소 싫어했는데, 그것은 주로 금융업자들과 그다지 좋다고 볼 수 없는 거래가 있었기 때문이다. 〔원주〕

는 것을 반대하여, 유대의 율법학자 이삭의 《신앙의 성채》를 인용하여 빈정거리듯 다음과 같이 말하고 있다.

'이렇게 종교와 자기 자신의 언어에 대해 맹목적인 해설자들은, 교회와 싸우며, 이 예언은 결코 예수 그리스도와 관계 지을 수 없다고 완강히 주장했다' 라고. 당시는 말하려고 하는 바를 정면으로 표현하지 못하는 위험한 시대였으며, 목적에 이르는 최단선은 반드시 직선은 아니었다. 볼테르는 그리스도교의 교의와 의식의 기원을 그리스, 이집트 그리고 인도로 가져가기를 좋아했으며, 그것을 응용한 것이 고대 세계의 그리스도교가 성공한 매우 큰 원인이었다고 믿고 있다. 《종교》의 항목에서는 '의심할 나위 없이 유일하게 참다운 우리 자신의 성스러운 종교로 보아 어느 종교가 가장 비난할 여지가 적을까'라고 교활하게 질문한다. 그리고 당시의 가톨릭교와는 정반대의 신앙과 예배를 계속 서술하는 것이다. '그리스도교는 신성한 것임에 틀림없다.' 그는 이렇게 가장 절제 없는 경구(警句)의 하나로 말하고 있다. '왜냐하면 그리스도교는 악행과 어리석음으로 충만해 있는 것이 사실인데도 1천7백 년이나 계속되어 왔으므로.' 그는 고대의 모든 민족이 거의 비슷한 신화를 가지고 있었음을 제시하고 그것으로 속단하여 신화는 모두 사제가 발명했다고 한다. '최초의 성직자는 최초의 어리석은 자를 만난 최초의 사기꾼이었다.' 그러나 그는 종교 자체에 대한 책임이 아니라 신학에 대한 책임을 성직자에게 지우고 있다. 그토록 격렬한 논쟁과 종교전쟁의 원인이 되었던 것은 신학상의 하찮은 의견 차이 때문이었던 것이다.

"그토록 많은 공포의 원천이었고 불행한 적개심을 불러일으킨 것은 일반 서민들이 아니다. ……제군들의 노동으로 안락의 게으른 날을 보내고, 제군들의 땀과 가난으로 부유하게 된 자들이 자기들의 도당과 노예를 얻으려고 투쟁했다. 그들은 제군들의 주인이 되기 위해 파괴적 광신을 제군들에게 불어 넣었다. 그들은 제군들이 신을 두려워하는 게 아니라 자기들을 두려워하도록 미신으로 인도했다."

위의 일로 볼테르가 전혀 종교를 믿지 않았다고 상상해서는 안 된다. 그는 단호하게 무신론을 거부했기 때문에 백과전서파 중에는 '볼테르는 외고집쟁이며 그는 신을 믿고 있다'고 그를 배반한 사람도 있을 정도였다. 《무지한 철학자》속에서 그는 스피노자식(式)의 범신론을 향하여 추리해 나가는데, 곧 이것은 거의 무신론이라고 꽁무니를 빼고 만다. 그는 디드로에게 다음과 같이 쓰고 있다.

"고백하겠습니다만, 나는 맹인으로 태어났기 때문에 신(神)의 존재를 부정하는 손더슨(영국의 맹인 수학자)의 견해에 결코 찬성하는 사람은 아닙니다. 내 생각이 잘못일지도 모르나 만일 내가 그와 같은 경우였다면, 시력을 대신하는 수많은 대용물을 보내 준 어떤 위대한 예지(叡知)의 존재를 믿었을 것입니다. 또 잘 생각해 보면, 만물 사이에 여러 가지 놀랄 만한 관계가 인정되기 때문에 어떤 무한하고 전능한 것이 존재한다고 생각했을 것입니다. 그 사람이 누구인지, 그리고 그는 무엇 때문에 모든 존재자를 만들었는지 추론하는 것이 주제넘다면, 그가 존재한다는 것을 부정하는 것도 내게는 주제넘은 일이라 생각됩니다. 나는 당신을 만나, 당신이 자기 자신을 그가 만든 것 중의 하나라고 생각하시는지, 아니면 영원한 필연적인 물질에서 불가피하게 출현한 하나의 미분자라고 생각하시는지 이야기하고 싶어 견딜 수 없습니다. 그러나 설사 당신이 무엇이든, 아무튼 내게 당신은 이해할 수 없는 저 큰 전체의 존경하는 일부분입니다."

돌바크에게는 그 저서 《자연의 체계》란 제목에서 그것이 조직적인 신적 이성의 존재를 암시하고 있음을 지적해 주고 있으나, 한편 기적과 기도의 초자연적인 효과는 단연코 부정하고 있다.

"내가 수녀원 문 앞에 있었을 때, 수녀 페슈는 콩피트 수녀에게 이렇게 말했다. '신께서 나를 염려해 주시는 것은 틀림없어요. 내가 나의 참새를 귀여워한다는 것은 당신도 아시겠지요. 만일 내가 참새의 병을 낫게 하기 위하여 아베 마리아를 아홉 번 부르지 않았다면 틀림없이 죽고 말았을 거예요.' ……어떤 형이상학자가 그녀를 보고 말했다. '분명히 아베 마리아처럼 좋은 것은 없지요. 특히 소녀가 파리 교외에서 그것을 라틴어로 제창할 때는 더욱 그래요. 그러나 나는 아무리 귀엽다고 해도 신께서 당신의 참새를 그렇게까지 염려해 주셨다고는 믿어지지 않는군요. 신께는 그 밖에도 하실 일이 많이 있다는 것을 제발 믿어 주셨으면 해요.' ……수녀 페슈는 말했다. '당신의 말씀은 이교도 같은 이야기군요. 나의 고해 신부님이라면…… 선생은 섭리를 믿지 않는군요, 하고 생각하실 겁니다.' 형이상학자는 대답했다. '나는 태양의 빛처럼 만물을 지배하는 법칙을 영원히 결정한 보편적인 섭리는 믿습니다만, 어떤 특수한 섭리가 당신의 참새를 위하여 세계의 운행을 바꾸리라고는 생각하지 않습니다.'"

'운명이라는 국왕 폐하가 모든 것을 결정하는 것이다.' 진정한 기도는 자연법칙의 위반을 요구하는 것이 아니라 자연법칙을 신의 불변의 의지라고 인정하는 데 있다.

또한 볼테르는 자유의지를 부정한다. 그는 영혼에 관해서는 불가지론자이다. '4천 권의 형이상학 책도 영혼이란 무엇인가 하는 것을 가르쳐 주지는 않을 것이다.'

나이 많은 그는 영생을 믿고 싶었으나 그것을 믿기에는 여러 가지 곤란함이 있었다.

"벼룩에게 영생의 영혼이 있다고 생각하는 사람은 아무도 없다. 그렇다면 어째서 코끼리나 원숭이, 또는 나의 시종에게 영혼이 있다고 생각하는가. …… 아이가 어머니 뱃속에서 죽기 바로 전에는 영혼을 받은 순간이었다. 그 아이는 태아로서 부활하는 것일까, 아니면 소년 또는 성인으로 부활하는 것일까. 부활하기 위해서는—다시 동일한 사람이 되기 위해서는 기억이 생생하고 완전하게 현재까지 보존되어야 한다. 왜냐하면 사람에게 동일성을 얻게 하는 것은 그 사람의 기억이기 때문이다. 만일 기억을 잃으면 어떻게 자기가 같은 사람이라고 할 수 있겠는가. ……어째서 사람은 자기들만이 영적인 불사의 원리를 받고 있다고 자부하는가. 아마도 인간의 터무니없는 허영심 때문일 것이다. 만약 공작새가 말을 할 수 있다면, 자신의 영혼은 화려한 꼬리에 깃들여 있다고 단언하며 자랑할 거라고 나는 믿는다."

중년의 이러한 기분 속에서 그는 영생의 신앙이 도덕의 필연적 전제라는 견해까지도 거부한다. 고대의 헤브라이인은 그들이 '선민'이었던 시절에는 그러한 생각은 하지 않았다고 한다. 스피노자는 도덕의 모범이었다.

후년에 그는 생각을 바꾸었다. 신의 존재를 믿는 것은 벌과 보상의 영원성이 따르지 않는 한 그다지 도덕적 가치가 없다고 느끼게 되었다. 아마도 '미천한 사람에게는 상벌을 주는 신'이 필요할 것이다. 벨은, 무신론자의 사회가 존립할 수 있을까, 하는 질문을 제기했다. 볼테르는 대답하기를 '그렇다. 만약 그들이 동시에 철학자이기도 하다면'하고. 그러나 인간은 절대 철학자는 아니다. '만일 여기에 작은 마을이 있다고 하자, 그것이 잘 살기 위해선 종교를 가져야 한다.' '나는 나의 변호사와 나의 재봉사와 나의 아내가 신을 믿기를 바란다'라고 'A·B·C' 중에서 A가 말한다. '그렇게 되면 나는 이렇게까지 도둑을 맞거나 속지 않아도 될 거라 생각한다.' '만약 신이 존재하지 않는다면 신을 만들 필요가 있을 것이다.' '나는 진리보다도 행복과 생명에 더 중점을 두기 시작한다.'—만년의 임마누엘 칸트가 앞장서 계몽주의와 싸우며 한 저 설교를 볼테르가 이미 생각하고 있었다는 것은, 계몽주의 전성기에 있어서 주목할 만하다.

그는 나아가 '산상수훈'의 신학을 받아들여 성도들이 참된 이치를 깨달았을 때의 기쁨의 표현을 능가하는 말로 예수를 찬양한다. 그는 그리스도를 성현 중의 성현으로 묘사하고, 그리스도의 이름으로 범해져 온 수많은 죄악을 슬퍼하고 있다. 마침내 그는 자신의 교회를 지어, '신을 위하여 볼테르, 교회를 세우다'라는 헌사를 새겼다. 그리고 이것은 신에게 바쳐진 유럽에 있는 단 하나의 교회라고 했다. 그는 신에게 장중한 기도를 드리고 《유신론》의 항에서 그 신앙 고백을 분명하게 털어놓고, 그 뒤에도 변하지 않았다.

"유신론자란 만물을 형성하고, 모든 죄악을 벌하는 데 잔혹하지 않고, 모든 덕행에 보상하는 힘과 인자함으로 친절한 지고의 존재자를 굳게 믿는 사람이다. ……유신론자는 이 확신으로 전 세계의 사람들과 일치하므로 서로 싸우는 일 따위에는 가담하지 않는다. 유신론자의 종교는 가장 오래 되고 일반적인 종교다. 왜냐하면 유일신에 대한 소박한 숭배는 세계의 모든 학설보다 앞서 있기 때문이다. 유신론자가 이야기하는 말은, 모든 사람이 이해할 수 있으나, 그들은 서로 이해하지 않는다. 유신론자는 북경에서 카옌(남미의 프랑스령 기아나의 수도)까지 곳곳에 형제를 가지고 모든 성현들을 동지로 삼았다. 그가 믿는 바에 의하면 종교란 난해한 형이상학이 세운 견해도 아니거니와 공허한 구경거리도 아닌, 신의 숭배와 정의다. 선을 행하는 것이 그의 예배이며, 신께 귀의하는 것이 신조다. 마호메트 교도는 그에게 호소한다. '메카의 순례에서 벗어나지 않도록 조심하라!' 성직자는 말한다. '로레트의 노트르담에 참배 여행을 하지 않으면 저주를 받으리라!' 그는 로레트나 메카를 비웃는다. 그러나 가난한 자를 돕고, 학대받는 자를 보호한다."

9. 볼테르와 루소

볼테르는 교회의 횡포에 대한 전쟁에 열중한 나머지 만년에는 정치의 부패와 압박에 대한 싸움에서는 거의 물러나 있었다. '정치는 나에게 맞지 않는다. 나는 언제나 인간을 되도록 평등하게, 보다 훌륭하게 하려고 부족하지만 최선을 다했다.' 그는 정치 철학이 얼마나 복잡한 것인가를 알고 나이가 들어감에 따라 자신을 잃었다. '나는 다락방 구석에서 국가를 통치하는 무리들에게 몹시 염증이 났다.'

'세계를 값싸게 규제하는 이들 입법자들은……자기의 아내를 지배하고, 자신의 집을 다스릴 수도 없으면서 온 세상 사람들을 단속하려고 한다.' 이것을 단순히 판에 박힌 문구로 처리하거나 모든 인간을 어리석은 자와 무뢰한 자로 분류하거나 '우리'라는 두 편으로 나누는 것은 불가능하다. '진리는 당파의 이름을 가지고 있지 않다.' 볼테르는 보브나르그(프랑스의 모럴리스트)에게 '선택은 하지만 배척은 하지 않는 것이 당신과 같은 지위에 있는 사람의 의무입니다'라고 써 보냈다.

그는 부유했기 때문에 보수주의로 기울었지만 그것은 굶주린 자가 변화를 요구하는 것과 같이 충분한 이유가 있었다. 그의 만병통치약은 재산을 늘리는 것이다. 재산은 인격을 주고 자존심을 높인다. '재산이 있다는 의식은 인간의 힘을 갑절로 늘린다. 의심할 여지없이 토지 소유자는 남의 토지보다 조상에게서 물려받은 토지를 더 잘 경작할 것이다.'

그는 정체문제를 열심히 논하지는 않는다. 이론상으로는 공화정체가 좋다고 생각하지만 그 결점도 알고 있다. 공화정체는 내란까지는 일으키지 않더라도 국민적 통일을 깨뜨리는 당파 싸움을 초래한다. 공화정체는 지리적 상황에 보호되었다. 그리고 아직 부(富)로 인해 부패되거나 혼란을 겪지 않은 작은 나라에만 적합하다. 일반적으로 '인간은 자기 자신을 지배하기에도 부족하다.' 공화정체는 기껏해야 과도적 형태에서 머무른다. 그것은 모든 가족의 결합에서 생기는 최초의 사회 형태이다. 아메리카 인디언은 씨족적 공화정체에 의하여 생활하고 있었으며, 아프리카에서도 그런 민주정체를 채택한 곳이 얼

마든지 있었다. 그러나 경제상태의 분화는
평등주의의 정체를 마무리 짓게 한다. 그리
고 그 분화는 발달의 과정에서 생기는 필연
적인 현상이다. 그는 '군주정체와 공화정체
중 어느 쪽이 좋은가'를 묻고 다음과 같이
답하고 있다. '4천 년 동안 이 질문은 끊임
없이 제기되어 왔다. 부자에게 물으면 그들
은 모두 귀족정체를 바란다. 서민에게 물으
면 민주정체를 바란다. 다만 왕들만이 군주
정체를 바란다. 그런데 왜 지구의 거의 모든
지역이 군주에 의해 통치되었는가. 그것은
고양이의 목에 방울을 달 것을 제안한 쥐
들에게 물어야 할 일이다.'

루소

어떤 사람이 그에게 보낸 편지에서, 군주정체야말로 가장 좋은 정체라고 논
했을 때 그는 이렇게 대답한다. '그렇습니다. 다만 마르쿠스 아우렐리우스와
같은 사람이 군주라고 가정한다면 말입니다. 그렇지 않다면 불쌍한 사람들이
한 마리의 사자에게 먹히느냐, 백 마리의 쥐에게 먹히느냐 하는 것이 무슨 차
이가 있겠습니까.'

그는 떠돌아다니는 나그네와도 같이 민족문제에 대해서는 전혀 관심이 없
었다. 그는 애국심이 거의 없었다. 애국심이란 일반적으로—하고 그는 말하고
있다—자기 나라 이외의 모든 나라를 싫어하는 것을 의미한다. 자기 나라의
번영을 바라지만, 절대로 남의 나라의 희생을 바라지 않는 자가 있다면, 그 사
람은 이성적 애국자임과 동시에 세계 시민이다. '선한 유럽인'으로서 그는 프랑
스가 영국과 프러시아와 교전 중이었음에도 불구하고 영국의 문학과 프러시
아의 왕을 찬양했다. 모든 국민이 전쟁을 상습적으로 하는 한—하고 그는 말
한다—어떤 국민이나 대개 비슷하다.

무엇보다도 그 이유는, 그가 전쟁을 증오하기 때문이다. '전쟁은 모든 죄악
중에서 가장 큰 죄악이다. 더욱이 모든 침략자는 자기의 죄악을 정의라고 말
한다.' '사람을 죽이는 것은 금지되어 있다. 그렇기 때문에 살인자가 모두 함께

나팔 소리에 맞추어 살인을 하지 않는 한 벌을 받는다.' 그는 《철학사전》의 '인간' 항 끝부분에 두려운 '인간에 관한 일반적 고찰'을 쓰고 있다.

"인간은 어머니의 배 속에 생존하고 있는 식물적 상태와 유년기의 동물적 상태에서 이성의 성숙을 자각할 때까지 20년이 걸린다. 인간의 구조를 다소나마 발견하는 데도 3천 년이 필요했다. 인간의 정신을 알기 위해선 영원한 시간이 필요하다. 그런데 그러한 인간을 죽이는 데는 눈 깜짝할 사이만으로 충분하다."

그러나 그는 혁명을 구제책으로 생각하지 않았다. 그는 특히 민중을 믿지 않았다. '민중이 이치를 알기 시작하면 만사는 끝이다.' 대다수의 사람은 언제나 너무 바빠서 사정의 변화에 의하여 진리가 오류로 되어 버릴 때까지 진리를 인식하지 못한다. 그들 정신의 역사는 단순히 신화를 교체한 것에 지나지 않는다. '하나의 낡은 오류가 생기면, 정치는 그것을 민중 자신이 말한 것으로 이용한다. 그 뒤에 또 하나의 미신이 나타나서 이 오류를 깨뜨리면 정치는 이 제2의 오류에서도 제1의 오류에서와 마찬가지로 이익을 얻는다.' 게다가 불평등은 사회의 구조 속에 깊이 뿌리박혀 있으므로 인간이 인간인 한, 그리고 인생이 투쟁하는 한 도저히 근절할 수 없다. 인간은 모두가 평등하다고 주장하는 자는 만약 그 평등이 자유·재산의 소유·법의 보호에 대하여 권리의 평등을 의미하는 것이라면 그것은 최대의 진리이다. 그러나 '평등은 이 세상에서 가장 자연스러운 것이며 동시에 가장 공상적이다. 즉, 평등이 권리에만 국한된다면 자연스럽지만, 재산과 권력을 평등하게 하려는 것이라면 부자연스럽다.' '모든 시민이 평등하게 강할 수는 없다. 그러나 그들은 모두 평등하게 자유로울 수는 있다. 영국인이 획득한 것은 바로 이것이다. ……자유롭다는 것은 법률 이외의 어떤 것에도 복종하지 않는다는 것이다.' 이것은 평화적인 혁명을 기대했던 튀르고, 콩도르세, 미라보, 그 밖의 볼테르 추종자들과 같은 자유사상가의 견해이기도 했지만, 그것은 자유보다도 평등을—자유를 희생해서라도 평등을 요구했던—피압박자들을 충분히 만족시킬 수 없었다. 일반 민중의 소리인 루소는 곳곳에서 직면한 계급적 차별에 매우 민감해서 평등을 권리로서 요구했다. 그리고 혁명이 루소의 추종자 마라와 로베스피에르의 수중에 떨어졌을 때, 평등에 차례가 돌아와 자유는 단두대에 걸렸다.

볼테르는 상상력으로 새로운 세계를 창조하려는 인간 입법자의 유토피아에 대해서는 회의적이었다. 사회는 시대의 소산이지 논리학의 삼단논법은 아니다. 과거는 문으로 쫓아내면 창문으로 다시 들어온다. 문제는 어떠한 변화에 의하여 우리들이 그 속에 현실적으로 살고 있는 이 세계의 불행과 부정을 감소시킬 수 있는가를 정확하게 나타내는 일이다. '이성의 역사적인 찬사' 속에서 이성의 딸인 '진리'는 루이 16세의 즉위에 환호성을 올리며 큰 혁신의 기대를 표명했다. "얘야, 너도 잘 알다시피 나도 그렇게 되기를 진정으로 바란단다. 그렇지만 그런 것은 모두 시간과 사색이 필요한 거란다. 실망할 일이 얼마든지 있더라도, 바라던 개선이 조금이라도 이루어지면, 그것으로 나는 언제나 만족이다"라고. 그러나 볼테르도 튀르고가 권력을 잡았을 때는 매우 기뻐하며 '우리는 목까지 황금시대 속에 잠겨 있다!'라고 썼고, 지금에야 자신이 주장해 온 개혁, 즉 배심(陪審), 십일조 세(稅)의 폐지, 빈곤자의 과세 면제 등이 실시되리라 믿었다. 그런데 다음의 유명한 편지를 쓴 것은 바로 그가 아닌가?

"내 눈에 비치는 모든 것은 언젠가 반드시 올 혁명의 씨를 뿌리고 있는 것처럼 생각되지만, 나는 이제 혁명을 내 눈으로 보는 즐거움은 얻을 수 없을 것이다. 프랑스인은 언제나 일에 착수하는 게 늦다. 그러나 마침내 그들도 움직이기 시작했다. 빛은 이웃에서 이웃으로 퍼지게 마련이므로 기회 있는 대로 찬란한 폭발이 일어날 것이다. 그리고 세상에 보기 드문 대소동이 일어날 것이다. 젊은이들에겐 행운이다. 그들은 유쾌하기 이를 데 없는 광경을 직접 보게 될 것이다."

그럼에도 불구하고 그는 자기 주위에 어떤 일이 일어나고 있는가를 충분히 이해하지 못했다. 그리고 이 '찬란한 폭발'이 일어날 때 즈음하여 제네바나 파리에서 감상적인 로맨스와 혁명적인 팸플릿으로 세계를 흥분시키고 있는 저 괴상한 장 자크 루소의 철학을 전 프랑스가 열광하여 받아들이리라곤 꿈에도 생각하지 못했다. 프랑스의 복잡한 정신은 이 두 인물—두 사람은 무척 다름에도 불구하고 매우 프랑스적이다—을 중심으로 둘로 나누어진 것처럼 보였다. 니체는, '즐거운 지식, 가벼운 각운, 기지, 불, 우아, 강한 논리, 존대한 지성, 별들의 무도(舞蹈)'라고 말했지만 분명히 그는 이때 볼테르를 생각하고 있었던 것이다. 루소를 볼테르와 나란히 놓아 보라. 루소는 온통 열과 공상으로 가득 차 있고, 고귀하지만 현실성이 빈약한 몽상가이며, 파스칼과 같이 마음은 머리가 이해할 수 없는 이성을 가지고 있다고 말한 부르주아의 우상이었다.

이 두 인물에서 우리는 다시 저 예부터 내려오는 지성과 본능의 충돌을 볼 수 있다. 볼테르는 항상 이성을 믿었다. '우리는 말과 글로 사람들을 더욱 잘 계몽하고 개선할 수 있다.' 루소는 그다지 이성을 믿지 않았고, 행동을 열망했다. 모험적인 혁명을 두려워하지 않았으며, 동포애의 감정이 남아 있는 소란과 낡은 습관의 폐지로 인해 혼란에 빠진 인간성을 다시 통일할 거라고 믿었다. 법률을 폐지하라, 그러면 인간은 평등과 정의가 지배하는 세계로 들어갈 것이다. 루소가 문명·문학·학문에 반대하여 미개인과 동물에서 볼 수 있는 자연으로 돌아가라고 논한《인간 불평등 기원론》을 보내왔을 때 볼테르는 이렇게 회답했다. '인류의 진보에 반대하는 새로운 저서는 고맙게 받았습니다. ……이만한 기지로 우리를 동물로 만들려고 시도한 사람은 귀하를 빼놓고는 없습니다. 귀하의 저서를 읽으니 네 발로 기어 다니고 싶어집니다만, 나는 그런 습관을 버린 지 벌써 60년이나 되기 때문에 불행히도 그 습관을 다시 시작하기란 불가능한 것처럼 생각됩니다.' 그는 루소가 미개 상태에 대한 열정을《사회계약론》에서 계속 기울이는 것을 보고 유감스럽게 생각했다. 그는 보르도라는 사람에게 이렇게 적어 보냈다. '아아, 원숭이가 인간과 비슷한 것과 같이 장 자크는 철학자와 비슷합니다.' 그에게 루소는 '미쳐 버린 디오게네스의 개'이다. 그럼에도 '나는 당신이 말하는 것을 하나도 동의할 수 없습니다. 그러나 그것을 하는 당신의 권리는 죽을 때까지 옹호할 것입니다'라는 유명한 주의(主義)를 견지하고, 이 책을 태워버린 스위스 당국을 공격했다. 그리고 루소가 많은 적에게서 도망치려 할 때, 볼테르는 쾌락장의 자기 처소로 오라는 따뜻한 편지를 보냈다. 이것이 실현되었다면 볼만했을 것이다.

볼테르는 이런 문명 비방은 모두 아이들의 장난이고, 인간에겐 미개 상태보다 문명 상태가 훨씬 바람직하다고 확신했다. 그는 루소에게, 인간은 원래 맹수였으며, 문명사회란 이 맹수를 쇠사슬로 매어놓은 것, 이 야수성을 온순하게 만드는 것, 그리고 사회적 질서에 이해 정신과 그 기쁨을 발달시킬 수 있음을 의미한다고 했다. 그도 현재의 상태가 나쁘다는 것에는 동의한다. '일하는 자들에게 세금을 납부하게 하라, 자신은 일하지 않으니까 세금을 낼 의무가 없다고 어떤 계급이 말하는 것을 용납하는 정부는 호텐토트(남아프리카의 원주민) 정부와 똑같다.' 파리는 한창 부패하는 중이었지만 그것을 보충할 만한 여러 가지 장점을 지니고 있었다. 《되어가는 대로의 세상》에서 볼테르는 이런 이야기를 쓰고 있다. 천사가 바부크라는 자를 보내어 페르세폴리스(페르시아의 옛 도시)를 파괴해야 할 것인가에 관하여 보고하게 했다. 바부크는 그곳에서 여러 가지 악덕이 행해지고 있는 것을 보고 어이가 없었다. 그러나 잠시 후, 그는 그 도시가 좋아지기 시작했다. 주민들은 기분 내키는 대로 살았으며, 중상하기를 좋아하고 허영에 차 있었으나, 정중하고 상냥했으며, 매우 친절했다. 그는 페르세폴리스가 벌을 받을 것이 두려워졌다. 그리고 보고하는 것조차도 두렵게 여겨졌다. 그러나 다음과 같은 방법으로 보고했다. 그 도시의 가장 훌륭한 주물사(鑄物師)에게서 여러 가지 금속과 흙과 돌—가장 귀중한 것과 가장 하찮은 것—로 조그마한 조상(彫像)을 하나 만들게 하여 그것을 천사에게 가지고 갔다. 그리고 이렇게 말했다. '이 귀여운 조각상이 금과 다이아몬드로 만들어 있지 않았다는 이유로 파괴해야 합니까.' 천사는 페르세폴리스를 파괴할 생각을 버리고, '세상을 되어가는 대로' 내버려 두기로 결심했다. 결국, 미리 인간의 성질을 변화시키지 않고 여러 제도를 바꾸려고 하면 이 변함없는 성질이 머지않아 낡은 제도를 부활시킬 것이라는 예시다.

이것은 옛날부터의 악순환이다. 인간이 제도를 만들고, 제도가 인간을 만든다. 어떤 변화가 이 테두리를 끊을 수 있겠는가? 볼테르와 자유사상가들은, 이성은 인간을 교육하고 변화시킴으로써 서서히 평화로운 가운데 이 테두리를 깨뜨릴 수 있다고 생각했다. 이 테두리는 본능에 의한 격정적 행동이 모든 낡은 제도를 타도하고, 정신의 명령에 따라서 자유, 평등 및 우애가 지배하는 새로운 제도를 세우지 않는 한 깨뜨릴 수 없다고 루소와 급진론자들은 생각했다. 아마도 진리는 둘로 나누어진 두 진영의 사이에 있다. 따라서 본능은 만물을 파괴할 것이 틀림없지만, 이성만은 새로운 것을 세울 수 있다. 분명히 반동의 씨앗은 루소의 급진주의라는 기름진 흙 속에 파묻혀 있다. 그러한 본능과 감정은 결국 먼 과거에 애착을 갖고 있기 때문이며, 과거는 본능과 감정을 만들어 낸다. 과거에 대한 적응 작용의 고정이 본능과 감정이기 때문이다. 혁명의 정화작용(淨化作用) 후에 심정의 욕구는 초자연적 종교와 마찰이 없고 평화스럽고 '좋았던 옛날'을 회상할 것이다. 루소 이후에는 샤토브리앙, 드 스탈, 드 메스트르, 그리고 칸트가 오지 않으면 안 되었다.

10. 대단원

그동안, 늙은 '크게 웃는 철학자'는 페르네의 정원을 가꾸고 있었다. 이것은 '우리가 지상에서 할 수 있는 최상의 일이다'. 그는 오래 살기를 원했다. '나는 사람들을 위해 봉사를 다하기 전에 죽지나 않을까 걱정이다.' 그러나 이 무렵에 그는 그가 맡은 역할을 다하고 있었다. 그의 의협적인 행위에 관한 기록은 수도 없다. '멀고 가까운 곳을 가리지 않고 누구나 볼테르의 도움을 청했다. 사람들은 그의 의견을 듣고 자신이 받은 부당함을 이야기했으며, 그의 펜과 재물의 원조를 간절히 청했다.' 그는 가벼운 죄를 저지른 가난한 사람들을 특히 잘 돌보아 주었다. 그들을 사면해 주고 어떤 올바른 직업을 얻어 주었으며, 그러면서 감독과 조언을 아끼지 않았다. 그의 소지품을 훔친 어떤 젊은 부부가 무릎을 꿇고 용서를 빌었을 때 그는 자기의 무릎을 짚고 상대를 일어나게 하여 아무 거리낌도 없이, '나는 이미 용서했다. 다만 신의 용서를 얻기 위해 그대들은 무릎을 꿇어야 한다'고 가르쳤다. 볼테르다운 일 중 하나는 코르네유의 몹시 가난한 조카딸을 양육하고 교육하고, 지참금까지 마련해 준 일이다. '보잘것없는 나의 선행은 나의 최상의 사업입니다. ……나는 공격을 받으면 악마처럼 싸웁니다. 어떤 사람에게도 굴하지 않습니다. 그러나 원래는 좋은 놈이기 때문에 마지막에는 웃고 맙니다.'

1770년, 친구들의 마련으로 그의 흉상을 만들기 위해 기부금을 모으게 되었다. 부자는 극히 적은 액수밖에 낼 수가 없었다. 몇 천 명이나 되는 사람들이 기부할 영광을 갖기를 원했기 때문이다. 프리드리히 대왕이 얼마 가량을 내면 되겠느냐고 묻자, '은화 한 닢과 폐하의 성함'이라는 대답을 받았다. 볼테르는 프리드리히에게 다른 모든 과학을 일으키기 위해 힘을 다했는데, 이 해골의 상을 세우기 위한 기부에 응모하여, 해부학을 일으키는 일을 축하한다고 했다. 그는 형(型)을 떠서 남길 만한 얼굴이 못 된다는 이유로 이 계획에 반대했다. '당신들은 어디가 얼굴인지 도저히 알 수 없으리라 생각합니다. 눈은 3

인치나 쑥 들어가 버렸고 뺨은 마치 낡은 양피지 같습니다……두어 개 남았던 이마저 빠져 버렸습니다.' 이에 달랑베르는 대답했다. '천재는……항상 그 형제인 천재에게는 쉽게 알 수 있는 용모를 지니고 있는 법입니다.' 그가 귀여워하는 벨레 본느가 그에게 키스했을 때, 그는 '삶이 죽음에 키스한다'고 말했다.

그는 이제 83세 였는데, 죽기 전에 다시 한번 파리 구경을 하고 싶은 열망에 사로잡혔다. 의사들은 그런 힘든 여행은 계획하지 말라고 끈질기게 충고했지만, 그는 대답했다. "설령 내가 어리석은 짓을 할지라도 아무도 나를 막지는 못할 것이다." 그는 오래 살고 많은 일을 했으므로 아마도 자기 마음이 내키는 대로, 오랫동안 추방되어 있던 꽃의 파리에서 죽을 권리가 있다고 생각했던 모양이다. 그래서 그는 매우 지루한 여행길에 올라 프랑스를 횡단했다. 마차가 파리에 도착했을 때 그는 뼈가 거의 으스러지지나 않았나 하고 생각할 정도였다. 도착하자마자 그는 청년 시절의 친구 다르장탈을 찾아가서 말했다. "자네를 만나려고 죽기를 무릅쓰고 왔네."

이튿날 마치 임금처럼 환영하는 3백 명의 방문객이 그의 방으로 밀려들었다. 루이 16세는 그것이 부러워 어쩔 줄 몰랐다. 벤저민 플랭클린도 방문객의 한 사람으로, 볼테르의 축복을 받게 하려고 손자를 데리고 왔다. 노인은 바싹 여윈 손을 젊은이의 머리 위에 올려놓고 '신과 자유'를 위해 몸을 바치라고 했다.

이제 그는 병이 들었으므로 한 사제가 참회를 들어주려고 왔다.

"신부님, 누구의 지시로 오셨습니까?" 볼테르는 물었다.

"신의 지시입니다."

볼테르는 이렇게 말했다. "그래요? 그것 참 고맙습니다. 그런데 신임장은 어떻게 하셨나요?" 사제는 아무 말도 못 한 채 물러갔다. 그 후 볼테르는 참회를 들어주기 바란다며, 또 한 사제인 고티에를 부르러 보냈다. 고티에는 왔으나 볼테르가 가톨릭의 교리를 무조건 믿는다는 고백에 서명하지 않는 한 '죄의 사함'을 거절한다는 뜻을 전했다. 볼테르는 그에 따르지 않고 다음과 같은 성명문을 써서 비서인 바그너에게 주었다.

'나는 신을 숭배하고 친구를 사랑하며, 적을 미워하지 않고 미신을 혐오하면서 죽어간다. 볼테르(서명). 1778년 2월 28일.'

그는 병으로 비틀거렸지만, 마차로 소란스러운 군중 틈을 누비며 학술원으로 옮겨졌다. 군중들은 마차에 매달려 러시아의 에카테리나가 예물로 보낸 값비싼 외투를 찢어 기념품으로 가져가는 광경을 보였다. '그것은 세기의 역사적 사건의 하나였다. 악전고투의 긴 전쟁에서 개선한 어떤 장군도 일찍이 이보다 더한 환호성으로 환영받은 자는 없었다.' 학술원에서 그는 프랑스어 사전의 개정을 제안했다. 젊은 열정을 담아 이야기하고 A부분은 자신이 맡겠다고 제의했다. 폐회에 즈음하여 그는 말했다.

"여러분 나는 알파벳의 이름으로 여러분들께 감사드립니다." 그에 대해 의장 샤르텔룩스는 대답했다.

"우리들은 문자(文字)의 이름으로 귀하께 감사드립니다."

그동안 파리에서는 그의 희곡 《이렌》이 상연되고 있었다. 그는 또 의사의 권고를 듣지 않고 그것을 보러 가겠다고 고집했다. 이 각본은 보잘것없었다. 연극은 보잘것없었지만 사람들은 83세의 노인이 각본을 썼다는 사실에 놀랐다. 그리고 그들이 작가에게 경의를 표하기 위해 거듭하는 갈채 소리로 배우들의 대사는 전혀 들리지 않았다. 극장에 들어온 어떤 외국인은, 정신병원에 잘못 들어온 것이 아닌가 하고 놀라서 밖으로 뛰어나갔다.

그날 밤, 집으로 돌아왔을 때 이 문학계의 노장은 죽음과 거의 타협을 하고 있었다.

그는 이제 완전히 지쳐 있음을 알았다. 그리고 자신에게 자연이 그 이전 누구에게보다도 풍부히 준 놀랄 만한 에너지를 다 써버린 것을 깨달았다. 그는 생명이 자신의 몸에서 달아나는 것을 느꼈을 때 이에 반항했다. 그러나 죽음은 볼테르까지도 때려눕힐 수 있었다. 그의 최후는 1778년 5월 30일에 왔다.

파리에서는 그리스도교식 매장은 거부되었지만, 친구들은 그를 마차 한가운데 의젓하게 앉혀 살아 있는 것처럼 보이게 하고 시체를 감쪽같이 시외로 운반했다. 그들은 규칙은 천재를 위하여 만들어진 것이 아님을 이해하는 셀리에르의 어떤 사제를 찾아, 볼테르의 육체를 성지(聖地)에 묻었다. 1791년, 승리한 혁명군의 국민의회는 루이 16세에게 강요하여 볼테르의 유해를 판테온으로 가져오게 했다. 이 위대한 불꽃의 영구는 10만여 명의 남녀 시민에게 호위되어 파리의 거리를 지나갔는데, 60만 명의 시민들이 길 양쪽을 가득 메우고 있었다. 영구차에는 '그는 인류의 정신에 위대한 자극을 주었다. 그는 우리를 위하여 자유를 준비했다'라는 말이 씌어 있었다. 그의 묘비명은 다만 다음의 세 마디로 족했다. '여기에 볼테르 잠들다(ICI GIT VOLTAIRE).'

칸트와 독일 관념론

1. 칸트로 가는 길

임마누엘 칸트의 철학이 19세기의 사상을 지배한 것처럼 하나의 사상 체계가 시대를 지배한 적은 없었다. 거의 60년간의 그 조용한 발전이 있은 뒤에 쾨니히스베르크의 이 기괴한 스코틀랜드인[1]은 1781년, 그의 저 유명한 《순수이성 비판》으로 세계를 '독단의 꿈'에서 깨게 했다. 이때부터 오늘날까지 '비판 철학'은 유럽의 사상계를 지배하여 왔다. 쇼펜하우어의 철학은 낭만주의의 물결을 타고 잠시 성행했으나, 그 물결은 1848년에는 잠잠해졌다. 1859년 이후는 진화론이 그 이전의 것을 남김없이 모조리 쓸어 버렸다. 그리고 니체의 통쾌한 우상 파괴는 세기가 끝나가면서 철학 무대의 중심으로 등장하게 되었다. 그러나 이것들은 모두 제2차적인 표면상의 움직임에 불과하고, 그 밑에는 칸트주의의 억세고 부단한 조류가 더욱 넓게 또 깊게 흐르고 있었다. 오늘날 칸트주의의 본질적 원리는 성숙한 모든 철학의 공리가 되어 있다. 니체는 칸트의 학설을 이미 증명된 것으로 보고 앞으로 나간다. 쇼펜하우어는 《순수이성 비판》을 '독일어로 쓴 책 중에서 가장 중요한 책'이라 하여 누구나 칸트를 이해하기 전까지는 아직 어린아이에 불과하다고 했다. 스피노자에 대하여 언급한 헤겔의 말[2]을 인용해 보면 한 사람의 철학자가 되기 위해서는 먼저 칸트 학도여야 한다는 것이다.

그러므로 우리는 지금 곧 칸트 학도가 되어야 한다. 그러나 실제로 당장 그럴 수는 없다. 정치학에서처럼 철학에서도 두 점 사이를 잇는 직선은 가장 긴 선이기 때문이다. 칸트에 대해 무엇인가를 알고자 한다면 결국 칸트가 쓴 저서에 의지할 수밖에 없다. 이 철학자는 여호와와 흡사하지만 전혀 다르다. 즉 그

---

1) 칸트의 증조부는 1630년경 스코틀랜드에서 동프로이센으로 이주했다 한다.
2) 헤겔은 "스피노자주의자임은 모든 철학적 사고의 시작이다"라고 말했다.

는 구름을 통해서 말하고 있으나 번갯불이 비치는 것은 아니다. 그는 실례나 구체적인 것을 경시했으며, 그것을 예로 들었다면 '순수이성 비판'은 너무 방대한 것이 되었을 것이라고 머리말에서 말하고 있다(압축했어도 800페이지에 달한다). 이것은 오로지 전문적인 철학자를 위해 집필했고, 그들에게 예해(例解)는 필요 없다고 생각했던 것이다. 그런데 이 책의 원고를 사변—이론적 인식을 위한 논리적 사고—에 숙달된 친구 헤르츠에게 보냈더니 헤르츠는, 계속 읽으면 미칠

칸트

까봐 걱정이 된다고 하며 반쯤 읽고는 도로 보내 왔다. 이러한 철학자에게 우리는 어떻게 접근해 가야 할까.

멀찌감치 떨어진 안전한 거리에서 우회하며 조심스럽게 다가가기로 하자. 우리들의 과제 범위 내에 있는 여러 가지 점에서 차근차근 시작하여 모든 철학 중 가장 난해한 이 철학의 비밀의 보고(寶庫)를 향해서 저 미묘한 중심에의 길을 더듬어 가보기로 하자.

볼테르에서 칸트까지

이 길은 종교적 신앙이 없는 이론이성(理論理性)에서 이론이성이 없는 종교적 신앙으로 통하는 길이다. 볼테르는 계몽주의와 백과사전과 이성의 시대를 뜻한다. 프랜시스 베이컨의 불타는 듯한 열의에 고취되어 전 유럽은—루소를 제외하고—과학과 논리학의 힘으로 마침내 모든 문제를 해결하고, 인간이 '무한히 완성될 수 있다'는 것을 증명하리라고 무조건 믿었다. 콩도르세는 옥중에서 《인간정신 진보의 역사적 고찰》(1793년)을 썼는데, 이것은 지식과 이성에 대한 18세기의 숭고한 신뢰를 토로하고 유토피아를 실현하는 유일한 수단을 일반 교육에서 구한 것이다. 착실한 독일인조차도 그들의 '계몽가', 즉 이성론자 크리스티안 볼프와 믿음직스런 레싱을 소유하고 있었다. 흥분하기 쉬운 혁명시대의 파리 시민들은 이성의 이 신화를 매력 있는 거리의 여인에게서 구현

된 '이성의 여신'의 숭배로 희곡화했다.

스피노자를 통해 이성에 대한 이 같은 신앙은 기하학과 논리학에서 하나의 웅장한 건축을 이룩했던 것이다. 즉 우주는 하나의 수학적 체계로서 일반에게 승인된 여러 공리에서 순수한 연역에 의하여 선천적으로 기술되었다. 홉스에서는 베이컨의 이성주의가 강경한 무신론 및 유물론이 되었다. 다시 '원자와 공허' 외에는 아무것도 존재하지 않게 되었던 것이다. 스피노자에서 디드로까지 이성이 걸어간 길 위에 신앙은 여지없이 짓밟혀 쓰러져 있었다. 낡은 도그마는 차례로 사라지고, 중세적 신앙의 고딕식 사원과 훌륭한 세부 장식과 괴상한 무늬도 사라졌던 것이다. 낡은 신(神)은 부르봉가와 함께 왕위를 잃고, 천국은 한낱 빛이 바랜 창궁(蒼穹)이 되고, 지옥은 다만 감정적 표현에 지나지 않게 되었다.

엘베시우스나 돌바크는 무신론을 프랑스의 살롱에 유행시켜 성직자까지도 그것을 신봉하게 되었다. 그리고 라 메트리는 그것을 독일에—프로이센 왕(프리드리히)의 비호 아래—수출했다. 1784년 레싱이 '나는 스피노자의 신봉자'라고 말하여 야코비를 놀라게 했는데, 이것은 신앙이 땅에 떨어지고 이성이 승리를 거두었다는 하나의 표시였던 것이다.

데이비드 흄은 '계몽주의'의 초자연적 신앙의 공격에 크게 이바지했다. 흄은 이렇게 말한 적이 있다. 이성이 인간에 반대하면 인간이 마침내 이성을 비난할 것이라고. 유럽 어느 곳에서나 볼 수 있는 무수한 교회의 뾰족탑으로 상징된 종교적 신앙과 종교적 희망은 이성의 적의(敵意)를 품은 판결에 자진하여 굴복하기에는 너무나 깊이 사회제도와 인간의 마음에 뿌리를 내리고 있었다. 이렇게 하여 판결을 받은 신앙과 희망이 재판관(이성)의 권한을 문제 삼고, 종교와 같이 이성 그 자체도 심문하라고 요구한 것은 불가피한 일이었다. 수천 년 동안 수백만의 인간이 믿어 온 신앙을 삼단논법으로 파괴하려는 이성은 도대체 무엇일까. 그것은 절대적으로 틀림없는 것일까. 아니면 인간의 다른 기관과 같이 그 작용과 능력에 뚜렷한 한계가 있는 것일까. 이 재판관을 심판할 시기는 마침내 다가와, 예부터 내려오는 모든 희망을 대대적으로 사형에 처한 무자비한 혁명 재판소를 재판하기에 이르렀다. 이성을 비판할 때가 왔던 것이다.

로크에서 칸트까지

이와 같은 비판의 길은 로크, 버클리 및 흄의 저서에 의해 준비되고 있었다. 그런데 그들이 내놓은 결론도 종교에 적의를 품은 듯했다.

존 로크(1632~1704년)는 프랜시스 베이컨의 귀납법적 실험과 방법을 심리학에 적용할 것을 제의했다. 근대 사상사상 최초로, 그의 대저(大著)인 《인간 오성론》에서 이성은 자기 자신에게로 눈을 돌려 철학이 매우 오랫동안 신뢰해 온 도구(이성)를 음미

로크

하기 시작했다. 철학의 이런 내성의 움직임은 리처드슨과 루소가 발달시킨 내성적 소설과 함께 한걸음씩 커졌다. 《클라리사 할로》나 《신 엘로이즈》가 지니는 감상적인 주정적 색채는 철학이 본능과 감정을 지성과 이성 이상으로 중시했다는 것과 상응(相應)한다. 인식은 어떻게 하여 생기는가. 어떤 종류의 선량한 사람들이 생각하듯 우리는 가령 옳고 그름 또는 신의 관념과 같은 생득 관념(生得觀念)—태어날 때부터 모든 경험에 앞서 마음에 내재하는 관념—을 가지고 있는 것일까. 신은 어떤 망원경을 써도 보이지 않으므로, 신의 존재에 대한 신앙은 사라져 버릴지도 모른다고 걱정하는 신학자들은, 그들이 가지고 있는 중심적인 기본관념이 정상적인 영혼에 반드시 내재한다는 것이 증명되면 신앙과 도덕은 강화될 것이 틀림없다고 생각했다. 그러나 로크는 선한 크리스천으로, 나아가서는 그리스도교의 합리성을 지극히 웅변적으로 변호하고 있음에도 불구하고, 그러한 의견에 찬성할 수가 없었다. 그는 지극히 냉정하게 우리의 지식은 모두 경험에서 감각을 통하여 온다. 즉 '먼저 감각 안에 없는 것은 지성 안에도 없다'고 언명했다. 태어났을 때는 마음은 백지, 즉 타블라 라사[3]이고 감각적 경험이 그 위에 잡다한 방법으로 글씨를 쓴다. 그리고 마침내 감각은 기억을 낳고, 기억은 관념을 낳는다. 이것은 결국 다만 물질적 사

---

3) tabula rasa. 닦여진 널빤지라는 원래의 뜻에서 백지 상태의 뜻으로 해석되어 감각적 경험 이전의 마음의 상태를 의미한다.

물만이 우리의 감각에 작용하기 때문에 우리는 물질 이외에는 아무것도 모른다는 말이 되어 아무래도 유물론적 철학을 채택하지 않으면 안 된다는 무서운 결론에 도달하는 것같이 생각된다. 그래서 만일 감각이 사고의 재료라면 물질은 정신의 재료일 것이라는 경솔한 추론을 내렸던 것이다.

결코 그렇지는 않다고, 주교 조지 버클리(1684~1753년)는 말했다. 로크의 이 인식 분석은 오히려 물질은 정신의 형식으로서만 존재한다는 것을 증명하는 것이다. 물질이라느니 하는 것을 우리가 모른다는 것을 증명하는 단순한 방법으로 유물론을 논박하는 것은 훌륭한 착안이었다. 주교는 말했다. '그것은 명백한 일이 아닌가?' 우리의 모든 인식은 감각에서 생겼다고 가르쳐 준 것은 로크가 아닌가. 따라서 어떤 사물의 인식이란 그 사물에 대해 우리들이 갖는 감각이며, 그 감각에서 연유되는 관념이다. '사물'이란 지각, 즉 정돈되고 해석된 여러 감각의 다발에 지나지 않는다. 이렇게 말하면 여러분은 이의를 제기할 것이다. 나의 아침밥은 '지각의 다발' 같은 것보다도 훨씬 실질적이라든가, 망치를 손에 쥐면 또렷이 그것이 물질이라고 느낀다, 등. 그러나 아침밥은 먼저 시각(第一視覺)·후각으로 시작해서 촉각·미각·체내의 만족감·온기로 이어지는 이것들의 집합체이다. 마찬가지로 망치는 빛깔·크기·형체·무게·촉감 등의 다발이다. 망치의 실재성은 그 물질성에 있는 것이 아니라 손 안에서 망치가 일으키는 감각에 있다. 우리에게 만일 오감이 없다면 망치는 우리에게 전혀 존재하지 않을 것이며, 무감각한 엄지손가락을 마구 때려도 조금도 통증을 느끼지 못할 것이다. 망치는 감각, 또는 기억의 다발에 지나지 않는다. 그것은 마음의 어떤 상태이다. 우리가 아는 한 모든 물질은 어떤 정신적 상태이고, 우리가 직접 아는 유일한 실재는 정신이다.─유물에 관해서는 이만 하기로 하자.

그런데 이 아일랜드의 주교는 스코틀랜드의 회의론자를 예기하고 있지 않았다. 데이비드 흄(1711~76)은 26세 때 지극히 이단적인 그의 《인성론》으로 전 그리스도 교계에 충격을 주었는데, 이것은 근대철학의 고전으로서 비범한 저서 중 하나이다.

흄은 말한다. 우리는 정신을, 물질을 아는 것과 같은 방법으로, 즉 지각(지각─내부지각)에 의하여 아는 데 불과하다. 우리는 결코 '정신'이라고 부를 수 있는 어떤 실체를 지각하는 것이 아니라 오직 개개의 관념, 기억, 감정 등을 지각하는 데 지나지 않는다. 정신은 하나의
실체 또는 여러 가지 관념을 소유하는 하나
의 기관이 아니라, 단지 일련의 제 관념에
대한 추상적 명칭에 불과하다. 여러 가지 지
각, 기억 및 감정이 정신이다. 사고 과정의
이면에 '영혼'이라는 것은 아무것도 찾아볼
수 없다. 이리하여 흄은 버클리가 물질을 파
괴한 것과 같이 철저히 정신을 파괴한 것처
럼 보였다. 그 후에는 아무것도 남지 않았고,
철학은 스스로 부른 폐허 속에 서 있었던

흄

것이다.

　그러나 흄은 영혼의 개념을 빼고 정통신앙을 파괴한 것만으로 만족하지 않
고, 법칙의 개념을 해소시킴으로써 과학을 파괴하려고 시도했다. 과학도 철학
과 같이 브루노와 갈릴레오 이래로 자연법칙—인과관계의 필연성—을 중시
하여 왔으며, 스피노자도 대규모적인 형이상학을 이 자랑스러운 개념 위에 구
축했다. 그러나, 하고 흄은 말한다. 우리는 결코 인과관계나 법칙을 지각할 수
없다는 것에 주의하라. 우리는 사건의 연속을 지각할 뿐이고, 이 연속에서 인
과관계나 필연성을 추론하는 것이다. 법칙이란 여러 가지 사건이 종속되는 영
원한 필연적 규범이 아니고, 우리들의 가지가지 경험의 단순한 정신적 총괄이
며 생략적 표현이다. 지금까지 쭉 관찰되어 온 일의 연속이 장래의 경험 속에
서도 변함없이 재현할 것이라는 보장은 아무 데도 없다. '법칙'이란 일의 연속
에서 관찰된 관습이다. 그런데 관습에는 '필연성'은 없다.

　다만 수학적 공식만이 필연성을 가지고 있고, 그것만이 선천적 불변적으로
참(眞)이다. 왜냐하면 수학적 공식이 동의반복(Tautology)이기 때문이다. 다시
말하면 술어가 이미 주어 속에 포함되어 있는 것이다. 3×3과 9는 표현만 다를
뿐 동일하다. 술어는 주어에 무엇도 덧붙여서는 안 된다. 따라서 과학은 수학
과 직접적 실험에만 엄중히 한정돼야 한다. 과학은 확증 없는 '법칙'의 연역을
신용할 수 없다. '우리가 이러한 원칙을 머리에 두고 도서관을 한 바퀴 돌때'라
고 이 기괴한 회의가는 쓰고 있다.

"어떻게 이런 파괴적인 일을 해야 한단 말인가. 예를 들면 한 권의 형이상학 책을 손에 들고 다음과 같이 묻자. '이것은 양이나 수에 관한 어떤 추상적 추리를 포함하고 있는가.' 아니다. '이것은 사실이나 존재에 관한 어떤 실험적 추리를 포함하고 있는가.' 아니다. 그렇다면 이것은 불에 던져 버려라. 왜냐하면 이것은 궤변과 망상 이외에는 아무것도 포함하지 않기 때문이다."

정통 신앙인들의 귀에 이 말이 어떻게 들렸을지 상상해 보라. 여기서 인식론적 전통—지식의 본성, 원천 및 타당성의 연구—은 종교의 지주이기를 그쳤던 것이다. 주교 버클리가 유물론의 줄기를 자른 칼을 비물질적 정신과 영생의 영혼 쪽으로 돌렸던 것이다. 그리고 그 혼란 속에서 과학은 심한 상처를 입었던 것이다. 임마누엘 칸트는 1775년 데이비드 흄의 독일어로 번역된 여러 저서를 읽었을 때, 그는 충격을 받고 스스로 말한 바와 같이(《프롤레고메나》에서) 종교의 본질적 교의와 과학의 기초를 무조건 시인하던 '독단의 꿈'에서 깨어났다. 그것은 전혀 이상할 게 없었다. 과학도 신앙도 다 같이 이 회의론자에게 항복했던 것일까. 양자를 구하기 위해서는 어떤 묘책이 있었을까.

루소에서 칸트로

이성이 유물론의 방향으로 향한다는 '계몽'의 논법에 대하여 버클리는, 물질은 존재하지 않는다는 대답을 시도했다. 그런데 이것은 흄에게도 같은 증거에 의해 정신도 또한 존재하지 않는다는 역습을 받는 결과가 되었다. 이것은 또 하나의 대답, 이성은 최후의 시금석이 아니다, 라는 대답이 가능하게 했다. 어떤 종류의 이론적 단정에는 우리의 존재 전체가 반항하기도 한다. 우리 본성의 욕구를 마침내 우리의 나약하고 믿음성 없는 부분—이성—이, 최근에 이르러 만들어 놓은 데 불과한 논리학의 지시에 따라 억제하지 않으면 안 된다고 생각할 권리가 우리에게는 없다. 우리의 본능이나 감정은 우리가 기하학의 도형처럼 행동하고, 수학적 엄격성을 가지고 사랑하기를 원하는 옹졸한 삼단논법을 얼마나 자주 거부하는 것일까. 혹—특히 도시 생활의 복잡하고 기괴한 것들 속에서는—이성이 좋은 안내인이 될 수 있다는 것은 사실일지도 모르지만, 그렇더라도 인생의 큰 위기·생활태도·신앙의 문제에서 우리는 도표(diagram)에 따르기보다는 차라리 감정에 의지한다. 이성이 종교에 반대한다면 그만큼 이성은 불리한 것이다.

　요컨대 이렇게 말하는 것이 장 자크 루소(1712~78년)의 논법이다. 그는 프랑스에서 계몽주의의 유물론 및 무신론과 싸운 단 한 명의 투사였다. 민감하고 신경질적인 그가 백과사전파들의 줄기찬 이성주의와 야수적이라고도 할 만한 쾌락주의(Hedonism)[4]의 한복판에 던져진 것은 기구한 운명이라 하겠다. 루소는 지병이 있어 몸이 허약했었다는 것과 양친이나 교사들이 냉담하게 대했기 때문에 언제나 마음을 숨기고 조용히 생각에 잠기는 청년이 되었다. 그는 현실의 괴로움에서 도피하여 꿈이라는 온실의 세계에 들어가 삶과 사랑에서 얻지 못했던 승리를 상상력으로 보상받을 수 있었다. 그의 참회록은 지극히 세련된 감상과 둔감한 예절 및 수줍음의 콤플렉스로 조화롭지 못했으며, 이 책 전체를 통해 자신의 도덕적 우월성에 대한 뚜렷한 확신을 보이고 있다.

　1749년, 디종 학술원은 '학문 및 예술의 발달은 풍속을 해치는 요인이 되었는가, 순화하는 요인이 되었는가'라는 문제에 대하여 현상논문을 모집했는데, 루소의 논문이 입상되었다. 그는 문화란 선(善)한 것이기보다 오히려 악한 것이라고 주장했는데, 그것은 자신에게 문화란 벼랑 위의 꽃이었기 때문에 그 무가치를 입증하려고 한 격렬하고 진지한 것이었다. 인쇄술이 유럽에 끼친 무서운 무질서를 생각해 보라. 철학이 흥행하는 곳에는 언제나 국민의 도덕적 건강은 쇠퇴해 있다. '학문을 가진 인간이 나타난 이래로 정직한 인간은 아무 데서도 찾아볼 수 없게 되었다는 것은 철학자 자신들에게서조차 화제가 되지 않았는가.' 지성을 매우 빠르게 발전시키는 것을 단념하고 차라리 인정이나 애정의 훈련을 베푸는 것이 좋을 것이라고 생각한다. 교육은 인간을 선하게 만들지 않는다. 다만 영리하게—그것도 나쁜 쪽으로—만들 따름이다. 본능이나 감정은 이성보다도 신뢰할 수 있다고 그는 말했다.

　그 유명한 소설 《신 엘로이즈》(1761년)에서 루소는 지성에 대한 감성의 우월을 실례를 들어 상세히 설명했다. 감상벽은 귀족 부인과 일부 사나이들 사이에 유행했다. 프랑스는 한 세기동안 문예의 눈물로 지새고, 그 뒤에는 진짜 눈물을 흘리게 되었다. 그리하여 18세기 유럽의 위대한 이성운동은 1789년에서

---

4) 모든 행위의 동기는 쾌락의 추구라는 윤리설.

1848년 동안 낭만적인 감상문학에 길을 양보했다. 이 풍조는 갑자기 종교 감정을 강력하게 부활시켰다. 샤토브리앙의 《그리스도교의 정수(精髓)》(1802년)에 넘치는 법열은 루소가 그 획기적인 교육론 《에밀》(1762년)에 포함시킨 《사보아 대리사제의 신앙 고백》의 반항에 지나지 않았다.

칸트는 《에밀》을 읽었을 때, 이 책을 통독하기 위하여 그의 일과로 삼았던 보리수 그늘 밑의 산책을 잊었다. 무신론의 암흑 속에서 빠져나갈 자신의 길을 찾으며, 이들 초감각적인 면에 관해서는 감정이 이론이성보다 앞선다고 대담하게 단언하는 사람을 발견한 것은, 칸트 생애의 사건이 아닐 수 없었다. 이것이 결국 무신앙에 대한 궁극적 회답이었다. 이로써 종교의 모든 조소자와 의혹자는 추방되었다. 이들 논의의 실마리를 총괄하고 버클리 및 흄의 이념을 루소의 감정과 결합시켜 종교를 이성에서 보호하는 동시에 과학을 회의론에서 수호한다는 것이 임마누엘 칸트의 사명이었다.

그러면 칸트는 어떤 사람이었을까.

2. 칸트

칸트는 1724년 프로이센의 쾨니히스베르크[5]에서 태어났다. 이웃 소읍에서 가정교사를 했던 짧은 기간을 빼면, 먼 나라들에 관한 지리학과 인류학을 즐겨 강의한 이 조용하고 자그마한 교수는 한 번도 고향을 떠나지 않았다. 그가 태어난 집은 가난했고, 그 일가는 그가 태어나기 백 년쯤 전에 스코틀랜드에서 이주해 왔다. 어머니는 경건파(Pietismus), 즉 영국의 메더디스트 교도처럼 종교적 실천과 신앙을 엄숙하게 지킬 것을 주장한 종파의 신도였다. 임마누엘은 아침부터 저녁까지 종교에 젖어 있었기 때문에 장성한 후로는 오히려 그 반동으로 평생 교회에 나가지 않기도 했으나, 한편으로는 최후까지 독일 청교도의 음울한 특징을 잃지 않고 늙어감에 따라 어머니가 그토록 깊이 싫어준 신앙의 핵심을 자기를 위하여, 그리고 세상을 위하여 보존하기를 간절히 원했다.

그러나 프리드리히 대왕이나 볼테르 시대에 자란 젊은이는 시대의 회의적

---

5) 쾨니히스베르크는 세계 제2차대전 때 공습으로 크게 파괴되었으며, 포츠담 협정에 따라 소비에트 연방에 양도되었다. 현재 러시아 칼리닌그라드주의 주도이다.

풍조에 물들지 않을 수 없었다. 칸트는 후에 스스로 논파하려고 힘쓴 그 당사자에게서 깊이—가장 좋아하는 적(敵) 흄에게서 아마도 가장 깊이—영향을 받았다. 우리는 뒤에 이 철학자가 무르익은 보수주의를 이겨내고 그가 쓴 마지막 책이라고 할 만한 《단순한 이성의 한계 내에서의 종교》에서—거의 70세를 바라보는 연령으로—씩씩한 자유주의로 돌아간다는 놀라운 현상을 보게 된다. 만일 그의 연령과 명성이 보호하여 주지 않았다면 그는 이 자유주의 때문에 순교당했음이 틀림없다. 열심히 종교 재건의 글을 집필하는 동안에도 우리는 놀랄 만큼 자주 볼테르를 연상할만한 말투를 그에게서 들을 수 있다. 쇼펜하우어는 '칸트가 프리드리히 대왕 치하에서 자신을 드러내 감히 《순수이성 비판》을 공표한 것은 프리드리히 대왕의 적지 않은 공적이다. 다른 어떤 정부 아래에서도 정부의 봉급을 받는 교수로서는 도저히 그런 대담한 짓을 하지 못했을 것이다. 이미 대왕의 후계자(프리드리히 빌헬름 2세)에 대해서조차 다시는 글을 쓰지 않겠다고 약속하지 않으면 안 되었다'라고 칸트는 말한다. 칸트가 《순수이성 비판》을 프리드리히의 진보적인 사상의 소유자인 문교부 장관 제드리츠에게 바친 것은 이 자유를 고맙게 생각했기 때문이었다.

1755년, 칸트는 그 활동을 쾨니히스베르크 대학의 강사로 시작했다. 15년 동안 그는 이 낮은 지위에 머물러 있었다. 두 번이나 교수 신청이 거부되었으나, 1770년 마침내 논리학 및 형이상학 교수로 임명되었다. 교사로서 다년간의 경험을 쌓은 뒤 그는 교육학 개요를 집필했는데, 여기에는 자기 자신이 한 번도 적용하지 않은 훌륭한 교훈이 많이 들어 있다고 늘 말했다. 그러나 그는 아마 좋은 저술가라기보다는 좋은 교사였을 것이다. 60년간에 걸쳐 그는 학생들의 사랑을 받았다. 실제로 그의 기본 방침 중의 하나는 보통의 능력을 가진 제자를 좀 더 잘 돌보아 준다는 것이었다. 둔재는 도와줄 길이 없고, 천재는 자력으로 해나갈 것이라고 그는 말했다.

그가 새로운 형이상학 체계로 세상을 놀라게 하리라고는 아무도 생각하지 못했다. 사람을 놀라게 하는 일은 소심하고 겸손한 교수로서는 도저히 할 수 없는 나쁜 짓이라고 생각했기 때문이었다. 자신도 그런 일을 하리라고는 생각하지 못했다. 마흔두 살 때 그는 이렇게 썼다. '나는 형이상학의 애인이라는 행운을 얻었으나, 이 연인은 이제까지 별반 호의를 보여주지 않고 있다.' 그는 그 무렵 '형이상학의 끝없는 심연'이라든가, 형이상학은 철학의 난파선이 잔뜩 떠 있는 '해안도 등대도 없는 어두운 대양(大洋)'이라든가 하고 말하고 있다. 그뿐 아니라 형이상학자를 공격하여 '언제나 바람이 심하게 불고 있는' 사고의 높은 탑에서 살고 있는 사람들이라고 말했다. 칸트는 자기 자신이 시대에 유례 없이 형이상학적 폭풍우를 휘몰고 올 운명에 놓여 있다는 것을 예상하지 못했다.

이 조용한 몇 해 동안 그의 관심은 형이상학보다는 차라리 물리학에 있었다. 《천계의 일반 자연지 및 이론》(1755년)은, 라플라스의 성운설과 대단히 흡사한 학설을 제기하여 천체의 운동 및 발달의 역학적 설명을 시도한 것인데, 칸트의 견해에 따르면 유성에는 모두 생물이 서식하고 있었거나, 서식하고 있으리라는 것이었다. 그리고 태양계에서 가장 멀리 떨어졌고 발달 기간도 가장 오래이기 때문에 아마도 이제까지 지구상에 태어난 지적 동물의 어느 종류보다도 고등한 지적 동물이 존재할 것이라고 생각했다. 해마다 강의를 해온 것을 모은 그의 《인류학》은 인류의 동물적 기원의 가능성을 암시하고 있다. 칸트에 의하면 인간이 아직 야수의 지배를 받고 있던 원시시대에 만일 어린애가 태어나서 지금처럼 큰소리로 울었다면 맹수에게 발견되어 잡아 먹혔을 것이므로, 아마도 인류는 처음에는 현재의 문명 상태에 있는 인간과는 전혀 달랐을 거라고 말한다. 그리고 칸트는 어떤 계획을 가지고 다음과 같이 말을 잇고 있다.

"자연은 어떻게, 무슨 원인으로 이런 발달을 가져왔는지 우리는 모른다. 위의 의견은 우리를 먼 미래로 데리고 가서 다음과 같은 상상을 하게 한다. 역사의 제2기에 해당하는 현재의 시기에 이어서 어떤 위대한 자연 혁명이 일어난 뒤 제2기가 시작되는 것이 아닐까. 이 시기에는 원숭이나 침팬지는 보행·촉각·발성 등에 쓰이는 여러 기관을 발달시키고, 지성을 사용하기 위한 중추 기관을 가진 인간과 같은 신체 구조를 만들어 사회적 훈련을 통해 서서히 진보해 갈 것이다."

이렇게 미래에 관련시킨 것은 인간은 사실 동물에서 발달해 왔다는 칸트의 견해의 조심스러운 간접 표현이 아니었을까.

이것은 소박하고 겸손한, 말할 수 없이 소극적인 이 5피트 남짓한 자그마한 칸트의 성장 과정이라고 할 수 있다. 그런데도 그의 머릿속에서는 근대철학에 매우 큰 영향을 끼친 혁명의 씨가 움트고 있었다. 어떤 전기작가는 말한다. '칸트의 생활은 모든 규칙동사 중에서 가장 규칙적인 동사와 같이 질서 정연한 것이었다.'

"기상·차 마시기·집필·강의·식사·산책·이 모든 것에 일정한 시간이 있었다. 임마누엘 칸트가 잿빛 연미복을 입고 손에 작은 등나무 단장을 쥐고 그의 집 문 앞에 모습을 나타내어 지금도 '철학자의 길'이라고 불리는, 보리수가 늘어선 산책길을 천천히 걸어가면, 그때가 꼭 3시 반이라는 것을 이웃사람들은 알 수 있었다. 사계절을 내내 그는 날마다 여덟 번 이 길을 오갔다. 그리고 하늘이 흐리거나 잿빛 구름이 끼어 금방이라도 비가 올 것 같으면 늙은 종 람페가 커다란 우산을 옆에 끼고 조심스럽게 뒤따라가는 것을 볼 수 있었다."

칸트는 허약한 체질이었으므로 엄격한 건강관리를 해야만 했다. 그리고 그것은 의학의 손을 빌리지 않는 편이 안전하다고 생각하고 그것을 실행하여 80세까지 살았다. 70세 때 그는 〈단순한 결의로써 병을 극복하는 정신의 힘에 대하여〉라는 수필을 썼다. 그가 특히 주의하는 것 중 하나는 숨은 코로만 쉬는 거였는데 특히 밖에서는 그랬다. 그리하여 날마다 하는 산책 중에 아무도 말을 거는 것을 허락하지 않았다. 감기에 걸리기보다는 침묵을 지키는 편이 좋았던 것이다. 그는 학문을 응용하여, 양말이 흘러내리지 않게 하기 위하여 양말을 꿰는 끈을 바지 주머니 안에까지 끌어들여 그 끝에 용수철을 단 작은 상자를 주머니에 넣고 다녔다. 또 무엇을 할 때는 미리 주의 깊게 생각하므로 그 결과 평생 독신으로 살게 되었다. 청혼하려고 한 적은 두 번 있었으나 오래도록 생각하는 동안 한 번은 여자가 더 결단력 있는 구혼자와 결혼해버렸고, 또 한 번은 철학자가 결심을 하기 전에 여자가 쾨니히스베르크를 떠나 버렸다. 아마 그도 니체처럼 결혼은 진리의 성실한 추구를 방해한다고 생각한 모양이다. '결혼한 남자는 돈을 위하여 무슨 일이나 한다'고 탈레랑은 늘 말하곤 했다. 칸트는 이미 스물두 살 때, 전능(全能)한 젊은이의 감격으로 다음과 같이 쓴 적이 있다.

"나는 이미 내가 걸어가려는 길을 택했다. 나는 이 길로 갈 것이다. 그리고 아무도 내가 이 길로 걷는 것을 방해하지는 못할 것이다."

이리하여 그는 빈곤과 무명을 견디며 거의 15년 동안 최대의 저작(magnum opus)을 구상하고, 쓰고, 그리고 고쳐 쓰는 일에 몰두했다. 그것을 끝마친 때는 1781년으로, 그때 그의 나이는 이미 57세였다. 이처럼 느리게 성숙한 사람은 없었고, 또 이처럼 철학의 세계를 기습하여 전복시킨 책도 없었다.

3. 《순수이성 비판》

《순수이성 비판》이란 이 책의 제목은 무엇을 의미할까. 비판이란 논평을 말하는 것이 아니라 비평적 분석을 말한다. 칸트는 '순수한 이성'을 공격하는 것은 아니다—단 마지막에 가서 그 한계를 보여주긴 하지만—오히려 그것의 가능성을 증명하고 사물을 그릇되게 하는 감각을 통하여 우리가 받아들이는 '불순한' 인식 위에 그것을 높일 것을 기대하는 것이다. 왜냐하면 칸트에 따르면 '순수' 이성이란 우리의 감각을 통하여 들어오는 것이 아니라 일체의 감각적 경험에서 독립한 인식, 다시 말해서 정신의 내적 본성 및 구조에 의해서 우리가 소유하고 있는 인식을 의미하기 때문이다.

최초로 칸트는 로크 및 영국학파에 대하여 반드시 모든 인식이 감각에서 오는 것이 아니라는 도전장을 던진다. 흄은 영혼도 과학도 존재하지 않으며, 우리의 정신은 이성들의 관념의 연속 및 결합에 지나지 않고 우리들이 말하는 확실성이란 끊임없이 변할 위험이 있는 개연성에 불과하다는 것을 제시했다고 보았다. 이 그릇된 결론은—하고 칸트는 말한다—전제가 잘못되어 있는 결과이다. 흄은, 인식은 모두 '각기 개별의' 감각에서 온다고 가정한다. 감각이 필연성과 영원히 확실한 불변의 연속관계를 줄 수 없다는 것은 자명하다. 마찬가지로 내성의 눈을 가지고 자기의 영혼이 '보인다'고 기대해서는 안 된다. 모든 인식이 감각에서, 아무것도 규칙적으로 행동한다고 우리와 약속하지 않는 독립된 외계에서 오는 한, 인식의 절대적 확실성은 불가능하다는 것을 인정하자. 그러나 만일 우리가 감각적 경험에 의존하지 않는 인식, 즉 그 진리가 우리의 경험에 선험적(先驗的)으로—이미 확실한 인식을 가지고 있다면 그때는 절대적 진리와 절대적 과학은 가능하게 된다. 그렇다면 그와 같은 절대적 인식은 실제로 존재하는 것일까. 이것이 제1《비판》의 문제이다. '나의 물음은 경험의 소재와 도움을 모두 빼놓았을 때 우리는 이성만으로 어느 정도의 것을 성취할 수 있다고 기대해도 좋으냐 하는 것이다.' 《비판》[6]은 상세한 사고의 상세한 생물학, 즉 개념의 기원 및 진화의 연구, 정신의 유전적 구조(遺傳的構造)의 분석이 되는 것이다. 이것은 칸트가 믿는 바에 의하면 형이상학의 총괄적 문제이다. '이 책에서 나는 완전을 나의 큰 목표로 삼았다. 그리고 나는 이 책에서 해결해 내지 못한, 적어도 해결의 열쇠를 주지 못한 형이상학의 과제는 하나도 없다는 것을 감히 말하겠다.' 이와 같은 자부심을 이용하여 자연은 우리를 창조적인 일로 몰고 가는 것이다.

《비판》은 처음부터 문제의 요점을 끌어낸다. '경험은 결코 우리의 오성이 갇혀지는 유일한 영역은 아니다. 경험은 우리에게 거기에 무엇이 있는가를 알려주기는 하지만 그것이 필연적으로 그래야 된다는 것을 말해주지는 않는다. 그렇기 때문에 또한 경험은 우리에게 진정한 보편성을 주지 않으며, 이런 종류의 인식을 한결같이 구하는 이성은 경험에 의해 만족하기보다는 오히려 그것에 자극받게 된다. 그러나 동시에 내적 필연성이라는 성격의 보편적 인식은 경험에서 독립하여 그 자체만으로 명석하고 확실해야만 한다.' 즉 보편적 인식은 비록 우리들의 배후의 경험이 어떻든 참되지 않으면 안 된다. 경험 이전에 선험적으로 참돼야 하는 것이다. '수학은 우리가 경험에서 독립하여 선험적 인식을 얼마나 잘 진행시킬 수 있는가 하는 실례를 제시하고 있다.' 수학적 인식은 필연적이고 확실하지만 앞으로의 경험이 수학적 인식에 위배된다고 생각할 수 없다. 해가 내일은 서쪽에서 뜨지도 모른다거나 장차 석면으로 된 세계에서는 재목은 타지 않을 것이라고 가정해도 좋다. 그러나 2더하기 2가 4가 아니고 5가 된다고는 도저히 생각할 수 없는 것이다. 이러한 진리는 경험 이전에 있어서 참된 것으로서 과거·현재, 또는 미래의 경험에 좌우되지 않는다. 따라서 절대적인 필연적 진리로서 언제까지나 변하리라고 생각할 수 없는 것이다.

그러면 어디서 절대성과 필연성이라는 이 성격이 나오는 것일까. 그것은 경험[7]에서 오는 것이 아니다. 왜냐하면 경험은 장차 그 연속관계를 바꿀지도 모

---

6) 《순수이성 비판》을 제1비판, 《실천이성 비판》을 제2비판, 《판단력 비판》을 제3비판이라고 보통 줄여 부른다.

7) '철저한 경험론'(제임스·듀이 등)은 이 점에서 논쟁에 들어가 흄 및 칸트에 반대하여 다음과 같이 주장한다. '경험은 우리에게 감각은 물론 관계와 연속도 함께 준다.'(원주)

르는 개별적인 감각이나 사건밖에 주지 않기 때문이다. 이 같은 진리는 그 필연성을 우리 정신의 내적 구조에서, 즉 우리들의 정신이 그렇게 밖에는 작용할 수 없는 자연적이고 필연적인 방식에서 끌어내는 것이다. 왜냐하면 인간의 정신은—이것이 결국 칸트의 최대의 논제이지만—경험이나 감각이 그 절대적인, 그리고 변덕스러운 의지를 새겨 놓는 수동적인 밀초(蠟)도 아닐 뿐 아니라 정신의 여러 상태의 계열 내지 집단에 대한 단순한 추상적인 명칭도 아니다. 모든 감각을 틀(鑄型)에 넣어 조정하여 관념을 만드는 능동적인 기관이며, 이 기관은 경험의 혼돈된 다양성에서 사고의 질서 정연한 통일을 구성하는 것이기 때문이다. 그러나 어떤 방식을 거쳐 그렇게 되는 것일까.

선험적 감성론

위의 물음에 대답하려고 하는 노력, 즉 정신의 내적 구조와 사고의 생득적(生得的) 법칙을 연구하려고 하는 노력, 그것이 칸트의 '선험 철학'이다. 왜냐하면 그 대상이 감각적 경험을 초월하기 때문이다. '나는 대상보다는, 차라리 대상에 대한 우리의 선천적 개념과 처음부터 관련된 인식을 모두 선험적이라 부르겠다.'

대상의 선천적 개념이란, 경험을 서로 관련시켜 인식하는 방식이다. 감각이라는 소재가 사상이라는 완성품으로 만들어지는 이 과정에는 두 가지 단계가 있다. 제1단계는 여러 감각에 '감성의 형식', 즉 공간과 시간을 적용하여 이것을 질서 있게 하는 일이고, 제2단계는 이렇게 하여 얻어지는 여러 지각에 '사고의 형식'(범주)을 적용시켜 이것을 질서 있게 하는 것이다. 칸트는 'Aesthetik'라는 말을 감각, 또는 감정을 나타내는 그 본래의 어원적 의미로 사용하여 이 제1단계의 연구를 '선험적 감성론'이라고 부르고, 'Logik'라는 말을 사고의 형식에 대한 학(學)의 의미로 사용하여 제2단계의 연구를 '선험적 논리학'이라고 부른다. 이것들은 논의의 진행에 따라 의미가 밝혀지는 무서운 말로써 이 고개를 넘으면 칸트의 길은 비교적 수월하게 될 것이다.

그런데 감각과 지각이란 대체 어떤 것을 의미할까. 또한 정신은 어떻게 감각을 지각으로 변화시킬까. 감각은 그 자체만으로는 단지 자극의 의식에 지나지 않는다. 우리는 혀로 맛을, 코로 냄새를, 귀로 소리를, 피부로 온도를, 망막으로 빛을, 손가락으로 압력을 느낀다. 그것은 경험의 있는 그대로의 시작이다. 그것은 어린아이들까지 심적 생각을 모색하는 초기 단계에 가지고 있는 것으로 이것은 아직 인식은 아니다. 그러나 이 여러 가지 감각이 공간과 시간 속에서 어떤 대상, 가령 사과의 주위에 늘어서 있다고 하자. 코의 냄새, 혀의 맛, 망막의 빛, 손가락과 손의 압력을 통합하여 이 '사물'의 주위에 모아 보라. 그러면 거기 존재하는 것은 자극의 의식이라기보다 차라리 특수한 대상의 의식일 것이다. 즉 지각이 생긴 것이다. 즉 감각이 인식으로 옮겨간 것이다. 더 나아가 이 변화, 이 집합은 자동적으로 일어난 것일까. 여러 감각들은 저절로 힌군데 모여 질서 있게 배열되어 지각되었을까. 로크와 흄은 그렇다고 말했다. 그러나 칸트는 결코 그렇지 않다고 말한다.

즉 이들 여러 가지 감각은 감각기관을 통하여, 즉 피부·눈·귀·혀에서 뇌로 통하는 무수한 '구심성 신경(求心性神經)'으로 우리에게 느껴지는 것이다. 그 감각들은 뇌라는 방에 몰려들어 저마다 각기 주의를 환기시키려 하므로 매우 혼잡하다. 플라톤이 '감관의 어중이떠중이들'이란 말을 사용한 것도 이상할 것은 없다. 그대로 내버려 두면 그것들은 언제까지나 어중이떠중이일 뿐이다. 그들은 규제되고, 의미와 목적과 힘이 주어지기를 기다리고 있는 무기력하고 혼돈된 '다양'인 것이다. 전선(戰線)의 부채꼴로 펼쳐진 전구(戰區)의 무수한 지점에서 한 사람의 장군에게 보내진 보고는 자기 스스로 이해되고 스스로 명령할 수 있을까. 그렇지 않다. 거기에는 이 어중이떠중이들에 대한 입법자가 존재한다. 감각이라는 이 원자(아톰)를 단지 받아들일 뿐 아니라 이것을 취사(取捨) 결합시켜 의미 있는 것으로 만드는, 지도하고 정합하는 권력자가 존재하는 것이다.

우선 반드시 모든 보고가 받아들여지는 것이 아니라는 점에 주의해 주기 바란다. 무수한 힘이 순간에도 몸에 몰려든다. 자극의 태풍이 신경 말단을 치면 이들 신경 말단들은 아메바처럼 촉수를 뻗쳐 외계의 지식을 얻으려 하지만 그렇다고 환기하는 자극의 전부가 채택되는 것은 아니다. 다만 그때의 인간의 목적에 적합한 지각으로 형성된 감각, 또는 위험을 알리는 긴급하고 중대한 보고를 가져오는 감각만이 선택되는 것이다. 시계가 똑딱 소리를 내고 돌아가도 그 소리를 듣지 못하지만, 만일 여러분들의 목적이 그것을 필요로 하면 곧 그 시계 소리는 여러분의 귀를 울릴 것이다. 아기의 요람 옆에서 잠든 어머니의 귀에는 시끄러운 주위의 소음은 일체 들리지 않는다. 그러나 아기가 몸을 움직이면 당장 주의력을 환기한다. 잠수부가 불쑥 해면으로 떠오르듯이. 목적이 더하기라 하면, 자극 '2와 3'은 5라는 반응을 가져오고, 목적이 곱셈이라면 같은 자극 '2와 3'—같은 청각—은 6이라는 반응을 가져온다. 감각 또는 관념의 연합은 단순히 공간적, 시간적 접근에 의해 일어나는 것도, 경험의 유사·새로움·빈도·강도에 의해 일어나는 것도 아니다. 그것은 무엇보다도 먼저 정신의 목적에 따라 결정된다. 감각과 사고는 하인처럼 우리가 부르기를 기다리고 있으며, 우리가 부르지 않는 한 오지 않는다. 그들의 주인이며 그들을 선택하고 지휘하는 힘이 존재하는 것이다. 감각이나 관념과 아울러 그 밖에 오성(悟性)에도 존재하는 것이다.

이 선택하고 정합하는 힘은—하고 칸트는 생각한다—우선 첫째로 제출된 재료를 분류하는 두 개의 단순한 방법, 즉 공간 감각과 시간 감각을 이용한다. 장군이, 들어오는 여러 보고를 그것들이 발신된 장소와 작성된 시간에 따라 정리하여 그 보고에 대한 어떤 정연한 체계를 찾아내는 것과 같은 오성은 여러 가지 감각을 공간과 시간 속에 배열해 놓고, 이 대상 또는 저 대상 현재 또는 과거의 시간에 귀속시키는 것이다. 공간과 시간을 지각된 것이 아니라 지각의 형식, 감각에 의미를 부여하는 방법이다. 공간과 시간은 지각의 도구이다.

공간과 시간은 선천적이다. 왜냐하면 정돈된 경험은 반드시 둘을 포함하고 또 전제하고 있기 때문이다. 이들의 도움을 받지 않으면 감각은 결코 지각이 될 수 없을 것이다. 또, 우리는 앞으로 뜻하지 않게라도 이들을 포함하지 않은 경험은 생각할 수도 없기 때문이다. 그리고 공간과 시간이 선천적이기 때문에 공간 및 시간의 법칙—그것은 동시에 수학의 법칙이다—은 선천적, 절대적, 필연적이며, 영원한 것이다. 루소는 결코 두 점 사이에서 최단 거리가 아닌 직선을 찾아낼 수 없다는 것은 단순히 개연적일 뿐만 아니라, 확실하다. 적어도 수학은 데이비드 흄의 파괴적 회의론으로 구제된다.

이제까지의 모든 과학도 이와 같이 구제될 수 있을까. 그렇다. 만일 여러 과학의 기초 원리, 즉 어떤 일정한 원인은 항상 일정한 결과를 수반한다는 인과의 법칙이 공간 및 시간과 마찬가지로 오성(悟性) 활동의 내적 본질에 속하여,

장차 어떠한 경험도 이 법칙에 위반되거나 이 법칙을 벗어나거나 하는 것은 불가능하다는 것이 증명될 수 있다고 하면, 과연 인과성 또한 선천적인 것일까. 즉, 모든 사고의 필요불가결한 전제이며, 조건이 될까.

선험적 분석론

이렇게 하여 우리는 감각과 지각의 넓은 광야에서 어둡고 좁은 사고의 방으로 들어간다. 즉, '선험적 감성론'에서 '선험적 분석론'으로 옮겨간다. 우선 최초의 과제는 지각에 의해서 오성으로 이동하기보다는 오히려 오성에 의해서 지각에 인도되는 사고의 여러 요소에 대한 이름짓기와 분석이다. 이들 여러 요소는 대상의 지각적 인식을 관계·연속·법칙의 '개념적' 인식으로 높이는 지렛대이고, 경험을 갈고닦아 과학으로 완성하는 오성의 도구이다. 마치 지각이 여러 감각들을 공간과 시간 속에서 대상의 둘레에 집합시켰듯이 개념 작용은 여러 가지 지각—대상 및 사건—을 인과성, 통일성, 상호 작용, 필연성, 우연성 등의 개념 주위에 배열해 놓는다. 이들을 비롯한 여러 개념, 즉 범주는 사고의 구조를 제시하는 것으로써 지각은 이 구조에 의해 받아들여져서 분류되고 형체를 얻어 질서 정연한 사고의 개념이 된다.

범주는 오성의 진정한 본질이고 성격이며, 오성은 경험을 정합(整合)케 하는 작용이다.

여기서 다시 한번 이 오성의 능동성에 주의해 보라. 오성은 로크와 흄에 있어서는 감관지각의 지시에 따르는 '수동적인 밀초(蠟)'에 불과했다. 아리스토텔레스의 범주의 체계를 떠올려 보라. 사실 이 우주적이라고도 할 만한 정합이 그 자체의 자동적, 무정부주의적인 자발성에 의해 일어났다고 과연 생각할 수 있을까. 우선 인간의 목적에 따라 지적으로 순서 있게 정돈된 도서관의 훌륭한 카드 목록을 상상해 보라. 그리고 이 카드 상자가 뒤죽박죽이 되어 땅바닥에 흩어져 있는 것을 상상해 보라. 흩어진 이 카드들이 뮌히하운젠[8]식으로 저

---

8) Baron von Munchhausen. 하노버 가문 출신의 귀족으로 러시아에 종군했으며, 그 기발한 모험담은 루돌프 에리히 라스페(Rudolf Erich Raspe)의 《허풍선이 남작의 모험 *Baron Munchausen's Narrative of his Marvellous Travels and Campaigns in Russia*》(1785)의 소재가 되어 널리 세상에 알려졌다.

절로 모여져 소리도 없이 다시 상자 속으로 알파벳순의 항목별로 찾아 들어가고, 또 상자는 제각기 선반의 본래 자리로 되돌아가서 마침내 모든 것은 다시 의미와 목적에 따라 질서 정연해진다고 생각할 수 있는가? 어쨌든 이들 회의론자들은 이 무슨 불가사의한 꿈 이야기를 우리에게 들려주는 것일까.

감각이란 무질서한 자극, 지각이란 조직된 감각, 개념이란 조직된 지각, 과학이란 조직된 인식, 지혜란 조작된 생활이다. 뒤의 것일수록 각기 질서와 연관과 통일의 정도가 점점 높아지는 것이다. 이 질서, 이 연관, 이 통일은 어디서 오는 것일까. 그것은 사물 그 자체에서는 오지 않는다. 왜냐하면 사물은 무수한 길을 통하여 일시에 무질서하게 떼를 지어 오는 감각에 의해서만 우리에게 알려지는 것이기 때문이다. 우리의 목적이 비로소 이 귀찮게 조르는 무법한 것들에게 질서와 연관과 통일을 얻게 하여 주는 것이다. 이 거센 바다에 빛을 던져주는 것은 우리들 자신, 즉 우리들의 인격과 우리들의 오성인 것이다. 로크가 '먼저 감각 속에 없었던 것은 오성 속에도 있을 수 없다'라고 한 것은 잘못이었다. 그리고 라이프니츠가 '단, 오성 그 자체를 제외하고는' 아무것도 없다고 덧붙인 것은 옳았다. '개념 없는 지각은 맹목이다'라고 칸트는 말한다. 만일 모든 지각이 자동적으로 맞추어져서 질서 정연한 사상이 되고, 오성이 혼돈에서 질서를 자아내는 능동적 활동이 아니라면 어떻게 동일한 경험이 어떤 인간은 언제까지나 평범한 그대로 내버려 두고, 보다 활동적이고 쉬지 않는 인간에게는 한결 높여진 지혜의 빛이 되어 진리라는 아름다운 논리가 되는 것일까.

세계는 그 질서를 자신이 가지고 있는 것이 아니라, 그 인식에서 세계를 질서 있게 하는 사고에 의해 있다. 사고는 결국 과학과 철학이 되어가는 경험 분류의 제1단계이다. 사고의 법칙은 또 사물의 법칙이기도 하다. 왜냐하면 사고는 이 법칙에 따르고, 사물은 그러한 사고에 의해서만 우리에게 알려지기 때문이다. 사고와 사물은 하나인 관계상 이로부터 나오는—뒤에 헤겔이 말했지만—논리학의 법칙과 자연의 법칙은 동일하며, 논리학과 형이상학은 일치한다고 할 수 있다. 과학의 일반적 원리는 결국 과거·현재 및 미래의 모든 경험 속에 포함된—그리고 그 경험들에 의해 전제되는—사고의 법칙이기 때문에 필연적이다. 과학은 절대적이며, 진리는 영원한 것이다.

선험적 변증론

그럼에도 불구하고 논리학 및 과학의 최고 법칙인 확실성과 절대성은 역설적으로 말하면 제한적이고 상대적이다. 즉 직접 경험할 수 있는 영역으로 제한되어 있으며, 인간 경험의 형식과는 상대적이다. 우리의 분석이 옳다면 우리가 알고 있는 세계는 하나의 구성물, 생산품으로 사물의 자극이 왜냐하면 오성의 형식을 도와서 제작된 작품이라고 말하고 싶기 때문이다(가령 테이블 표면은 감각이 나타내는 것으로는 타원형인데, 우리는 그것을 원형으로 지각한다). 우리의 눈에 보이는 대상은 현상으로, 본래 외적인 그 대상은 우리들의 감각권 안에 들어오기 전에는 아마도 우리에게 보이는 것과는 매우 다를 것이다. 그 본래의 대상이 어떤 구조였는지는 결코 알 수 없다. '물자체(物自體)'는 사고나 추리의 대상(本體)일 수는 있으나 경험의 대상이 될 수는 없다. 만일 경험된다면 감각과 사고를 통과하는 동안 여러 가지로 변할 것이기 때문이다. '감성의 수용성'을 떠난 그 자체의 여러 대상들이 어떤 상태에 있는지는 여전히 우리에게 전혀 알려지지 않는다. 우리는 우리가 그 대상들을 지각하는 방식을 아는 데 불과하다. 그 방식은 우리들 특유의 것으로 모든 인간이 당연히 가지고 있는 것임에는 틀림없지만, 반드시 모든 존재자가 당연히 가지고 있어야 한다고는 할 수 없다. 우리에게 알려진 달(月)은 ― 흄에 의하면 ― 단순한 감각의 다발로서, 우리 오성의 본연적 구조가 감각을 완성시켜 지각으로 만들고 지각을 완성시켜 개념과 관념으로 만듦으로써 통일시킨 것이다(흄은 이것을 보지 못했다). 결국 달은 우리에게 있어서는 우리 자신의 관념[9]에 불과하다는 말이 된다.

그렇지만 칸트가 '물질'이나 외계의 존재를 의심하는 것은 아니다. 따라서 우리는 그것들이 존재한다는 이외에는 그것들에 대해 아무것도 확실하게 알지 못한다는 것이다. 우리의 정밀한 지식은 물질이나 외계의 현상에 관한 지식이며, 우리가 물질이나 외계에 대하여 가지고 있는 감각에 관한 지식이다. 관념론(Idealismus)이란 일반 사람이 생각하듯이 지각하는 주관 이외에는 아무것도 존재하지 않는다는 것을 의미하는 것이 아니라, 모든 대상의 대부분이 우리들의 지각과 오성의 형식에 의하여 만들어진다는 것을 뜻한다. 우리는 관념

---

[9] 존 스튜어트 밀(John Stuart Mill)도 영국 사람답게 실재론적 경향의 사람이었음에도 불구하고 물질은 결국 '영구한 감각 가능성'에 불과하다는 정의를 내리게 되었다. 〔원주〕

으로 변형된 대상을 알게 되지만 관념으로 변형되기 전의 대상은 알지 못한다. 과학은 결국 소박한 것이다. 왜냐하면 순수하게 있는 그대로의 외적 실재를 다루고 있다고 생각하기 때문이다. 그에 비하면 철학은 좀 더 나아가서 과학의 재료가 모두 사물로 되었다기보다는 오히려 감각과 지각과 개념으로 되었다는 것을 이해하고 있다. 쇼펜하우어는 '칸트의 최대 공적은 현상과 물자체(物自體)를 구별한 것이다'라고 말했다.

따라서 무엇이 궁극의 실재인가를 말하려는 과학과 종교의 모든 시도는 단순한 가설에 그쳤다. '오성은 결코 감성의 한계를 넘을 수는 없는 것이다' 이와 같은 초월적 과학은 '이율배반'에 빠지게 되고, 그와 같은 초월적 신학은 '오류추리(誤謬推理)'에 빠지게 된다. 감각과 현상의 범주에서 벗어나 '물자체'라는 불가지(不可知)의 세계로 들어가려고 이성이 시도하는 이 행위의 타당성을 검토하는 것이 '선험적 변증론'의 잔혹한 임무인 것이다.

이율배반이란, 경험을 뛰어넘으려는 학문에서 생겨나는 해결할 수 없는 양도논법(兩刀論法—Dilema)을 말한다. 가령 학문이, 세계가 공간적으로 유한한지 아니면 무한한지를 결정하려 할 때, 사고는 어느 쪽의 가정에도 따르지 않는다. 어떤 제한도 그것을 넘어선 저 쪽에 끝없는 무엇인가가 있다고 생각하지 않을 수 없으나, 무한 자체는 상상할 수 없다. 또 세계는 시간적으로 시작이 있었던 것일까. 우리는 영원을 상상할 수 없으나 동시에 그 이전에도 무엇인가가 존재했다고 느끼는 일 없이는 과거의 어떤 시점도 생각할 수 없다. 또한 과학이 연구하는 원인의 연쇄 시작, 즉 '제1원인'이 있을까. ……있다. 왜냐하면 무한한 연쇄란 생각할 수 없기 때문이다. ……없다. 왜냐하면 원인 없는 제1원이란 것도 또한 생각할 수 없기 때문이다. 사고의 이 막다른 골목에서 빠져나갈 길은 없을까. 있다—라고 칸트는 말한다—우리는 공간·시간 및 인과성은 지각 및 개념 파악의 형식이며, 이 형식은 경험이 짜낸 직물이고 구조이므로 당연히 모든 경험에 포함되어 있다는 것을 잊어서는 안 된다. 이 딜레마는 공간·시간 및 인과성을 지각 작용에서 독립한 외적 사물이라고 가정하는 데서 일어난다. 우리는 결코 공간·시간·인과성에 의해 우리가 해석하지 않는 경험을 가질 수는 없을 것이다. 그러나 만일 우리가 공간·시간·인과성이 사물이 아닌 해석이나 이해의 형식이므로 잊어버린다면 우리는 결코 어떠한 철학도 가질 수 없을 것이다.

'이성적' 신학의 오류 추리에 대해서도 사태는 같다. 이성적 신학이란 이론 이성에 힘입어 영혼은 불후의 실체이며, 의지는 자유로워 일체의 인과법칙을 초월해 있고, 어떤 '필연적 존재자', 즉 신은 일체의 실재로 존재한다고 하는 것을 증명하려는 것이다. '선험적 변증론'은 신학으로 하여금 다음과 같은 것을 떠올리게 한다. 즉, 실체와 인과성 및 필연성은 유한적 범주, 다시 말해서 오성이 감각적 경험에 적용하는 정돈 분류의 양식이고, 이러한 감각적 경험에 나타나는 현상에 대하여서만 확실히 타당한 것임을.

우리는 이 개념들을 본체의 세계—단순히 추리에 의해 구성된 것에 불과한 세계—에 적용할 수는 없다. 종교는 이론 이성으로는 증명할 수 없는 것이다.

이렇게 하여 《제1비판》은 끝난다. 칸트 자신보다도 더 기괴한 스코틀랜드인 데이비드 흄이 냉소를 지으며 이 결과를 바라보고 있는 광경을 상상할 수 있다. 8백 페이지나 되는 이 무시무시한 책은 지루하고 답답한 술어로 거의 인내의 극한까지 사람을 괴롭혔는데, 실제로는 형이상학 일체의 문제를 해결하고 나아가서는 과학의 절대성과 종교의 본질적 진리를 구원하려고 기도했던 것이다. 이 책은 실제로 어떤 것을 달성했을까. 그것은 과학의 소박한 세계를 파괴하고 과학적 연구의 깊이까지는 아닐지라도 적어도 그 넓이를 제한했던 것이다. 즉 확실하게 표현적인 현상 세계로 제한했던 것이다. 만일 그 제한을 넘으면 과학은 우스꽝스러운 '이율배반'에 빠질 수밖에 없게 된다. 이리하여 과학은 '구원'받은 것이다! 이 책의 가장 설득력 있고 날카로운 부분은 신앙의 대상—자유와 불멸의 영혼과 인자한 창조주와—이 이성으로는 결코 증명하지 못한다는 것을 설파한 부분이다. 이리하여 종교는 '구원'을 받은 것이다. 독일의 성직자들은 이 구원에 미친듯이 항의하고, 그들의 개를 임마누엘 칸트라고 부르며 복수했다.

또 하이네가 쾨니히스베르크 출신의 이 자그마한 교수를 저 무서운 로베스피에르와 비교한 것도 이상할 것은 없다. 로베스피에르는 단순히 한 사람의 왕과 수천 명의 프랑스인을 죽인 데 불과하다—그러한 일을 독일은 너그럽게 보아줄 것이다—그러나 칸트는, 하고 하이네는 말했다. 신을 죽이고 신학의 가장 중요한 논거의 뿌리를 파서 쓰러뜨렸던 것이다. '그의 외면생활과 세계를 두려움으로 떨게 한 그의 파괴적 사상은 얼마나 기묘한 대조인가! 만일 쾨니히스베르크 시민이 이 사상의 의의(意義) 전체를 어렴풋이라도 느꼈다면 단지 사람만을 처형하는 형리를 대하는 것보다 훨씬 더 기분 나쁜 공포를 이 사람에게서 느꼈을 것이다. 그러나 선량한 시민들은 그에게서 철학 교수 이외에는 아무것도 보지 못했다. 그리고 그가 정한 시간에 산책하는 것을 보고는 정답게 인사하고 즉시 회중시계를 맞추었던 것이다.'

이것은 희화일까, 아니면 계시일까.

4. 《실천이성 비판》

만일에 종교가 과학과 신학에 그 기초를 둘 수 없다면 어디에 그 기초를 두어야 할까. 그것은 도덕이다. 신학이 기초가 되어서는 너무 불안정하다. 신학은 단념하는 편이 좋다. 아니, 파기하는 편이 좋다. 신앙은 이성의 한계 안에, 또는 영역 안에 머무르지 않으면 안 된다. 그러기 위해선 종교의 도덕적 기초는 절대적이어야 한다. 의심스러운 감각적 경험과 위태로운 추리의 귀결에서 끌어내서는 안 된다. 그것은 오류를 면치 못할 이성—이론이성—의 개입으로 더렵혀져서는 안 되며, 직접 지각과 직관에 의해 내적 자아에서 나온 것이어야 한다. 우리는 보편적이고 필연적인 윤리학, 수학과 같이 절대적이고 확실한 실천적 도덕원리를 찾아내야 한다. (순수이성은 실천적일 수 있다. 다시 말하면 자발적으로 경험적인 것에서는 독립하여 의지를 규정할 수 있다)는 것, 도덕의식은 태어날 때부터 가지고 있는 것이지 경험에서 끌어내진 것이 아니라는 것을 증명해 보여야 할 것이다. 우리가 종교의 기초로서 필요한 도덕적 명령은 절대적 명령, 즉 정언적 명령(定言的命令)[10]이어야 한다. 우리들의 모든 경험 속에서 가장 놀라운 사실은 다른 것이 아닌 우리의 도덕의식, 즉 유혹에 직면하여 이것이 나쁘다든가, 저것이 좋다든가 하는 피할 수 없는 느낌이다. 우리는 유혹에 굴복할지 모른다. 그럼에도 불구하고 이 느낌은 남는다. '아침에는 훌륭한 결심을 하고 저녁에는 어리석은 짓을 한다.'

그러나 우리는 그것이 어리석은 일이라는 것을 깨닫고 다시 결심을 새롭게

---

10) 만일……하면 이러이러해야 할 것이라는 것과 같이 조건부의 명령을 가언적 명령이라고 부르는 데 대해, 무조건 지키지 않으면 안 되는 명령을 정언적 명령이라 이름 붙인다.

한다. 후회의 쓴맛을 주어 새로운 결심을 하게 하는 것은 무엇일까. 그것은 우리들 안에 있는 정언적 명령, 즉 '그대 행위의 격률(格率—주관적 원리)이 그대의 의사에 따라 보편적인 자연법칙이 되도록 행동하라'는 우리들 양심의 무조건적 명령이다. 우리는 모든 사람이 그런 짓을 한다면 사회생활이 불가능하게 되는 행동은 피해야 한다는 것을 추리에 의해서가 아니라 생생한 직감으로 알고 있다. 나는 거짓말을 하여 곤경을 모면하기를 원하는가? '나는 당장 거짓말을 할 수 있지만 거짓말이 보편적인 법칙이 되기를 바라지 않는다. 그도 그럴 것이 이 같은 법칙에 따르면 신뢰란 것은 전혀 있을 수 없기 때문이다.' 즉, 내 안에 있는 의식이 비록 거짓말을 하는 것이 자기의 이익이 될지라도 거짓말을 해서는 안 된다고 느끼는 까닭이다. 사려분별은 가언적(假言的 : 조건적)이고, 그 표어는 '정직하라, 만약에 그것이 가장 좋은 방책이라면'이다. 그러나 우리 가슴속의 도덕법칙은 무조건적이고 절대적이다. 또 어떤 행위가 선(善)인 것은 그것이 선한 결과를 낳거나 그 행위가 현명하기 때문이 아니며, 내재한 의무감, 우리의 개인적 경험에서 오는 것도 아니며, 우리의 과거·현재·미래의 모든 행동이 강제적으로, 즉 선천적으로 규정하는 도덕법칙에 따라 행해졌기 때문이다. 이 세상에 있어서 무제한으로 선한 것은 오직 하나, 선한 의지—자기의 손익에는 상관없이 도덕법칙에 따르는 의사—뿐이다.

그대의 행복을 걱정하지 마라! 그대의 의무를 행하라. '도덕이란 결코 어떻게 하면 행복하게 되는가를 가르치는 것이 아니라 어떻게 하면 행복을 알게 되는가를 가르치는 것이다.' 우리는 남을 위하여 행복을 구하고 자기 자신을 위해서는 완전성을 구해야 할 것이다.—비록 그것이 우리에게 행복을 가져오거나 고통을 가져오게 할지라도 너 자신 안에 완전을, 다른 사람들 안에 행복을 실현시키기 위해서는 '너 자신의 인격에서나 모든 타인의 인격에서 그 인간성을 언제나 동시에 목적으로서 사용하지, 결코 수단으로 사용하지 않도록 행동하라(제2부 서론).' 이것 또한 우리가 즉시 느끼듯이 하나의 정언적 명령이다. 만일 우리가 이와 같은 원리에 따라 살아간다면 우리는 마침내 이성적 존재자의 이상적 공동체를 만들어 낼 수 있을 것이다. 그것을 만들어 내기 위하여 우리는 이미 이와 같은 공동체에 속하고 있는 것처럼 행동하기만 하면 된다. 우리는 불완전한 상태에 완전한 법칙을 적용해야만 한다. 의무를 미(美) 위에 두고 도덕을 행복 위에 두다니, 여러분은 어려운 윤리학이라고 말할 것이다. 그러나 오직 그렇게 함으로써만 우리는 동물이기를 그치고 신이 되기 시작할 수 있다. 한편 주의할 것은 의무를 다하라는 이 절대적 명령은 결국 우리 의지의 자유를 증명한다는 것이다. 만일 우리가 자신을 자유롭다고 생각하지 않는다면 대체 어떻게 의무라는 생각을 가질 수 있겠는가. 이 자유는 이론이성으로는 증명할 수 없다. 그것은 도덕적 선택의 위기에 있어서 직접 그것을 느낌으로써 증명할 수 있다. 우리는 그것이 우리의 내적자아―'순수자아'―의 본질임을 느끼고, 자기 자신의 내부에 경험을 형성하고 목표를 선택하는 정신의 자발적 활동을 느낀다. 우리들의 행위는 일단 우리가 그 행위를 시작하면 일정불변의 법칙에 따르는 것 같이 보이지만, 그러나 그것은 우리가 그 결과를 바로 감관을 통하여 지각하는데 불과하기 때문이다. 감관은 자기가 전하는 일체의 것을 우리들의 오성 자체가 만들어 낸 인과법칙이라는 옷으로 싼다. 그럼에도 불구하고 우리는 경험의 세계를 이행하기 위하여 우리가 만든 여러 법칙의 저편에 또는 그 위에 서 있다. 우리는 각자가 창시하고 창조하는 힘의 중심이다. 우리 모두가 느낄 수 있지만 증명할 수 없기 때문에 우리는 모두 자유롭다.

마찬가지로 우리는―증명할 수는 없으나―스스로 죽지 않음을 느낀다. 인생은, 악인은 반드시 벌을 받고 덕행은 반드시 보답받는다는 대중이 즐기는 저 연극 같은 것이 아님을 우리는 알고 있으며, 이 세상에서는 뱀의 지혜가 비둘기의 온순함보다 더 필요하며, 도둑은 훔치기만 하면 그만이라는 것을 날마다 경험하고 있다. 만일 단순한 세상의 이익과 실용이 덕의 정당성을 증명하는 것이라면 지나치게 선량한 것은 현명하지 못하다는 말이 될 것이다. 우리는 이러한 사실을 다 잘 알고 있으며, 무정하게도 자꾸 그것을 보면서도 여전히 우리는 정의의 명령을 진심으로 들으며 불리할지라도 선(善)은 당연히 행해야 한다고 인식한다. 만일 우리가 마음속에 이 인생은 기나 긴 생명의 일부분에 불과하고, 이 지상의 꿈은 어떤 새로운 탄생―어떤 새로운 각성―의 태아기라고도 할 서막에 불과하다고 느끼는 것이 아니라면, 또 만일 우리가 훗날의 더 긴 생활 속에서 균형을 회복하고, 아낌없이 내놓은 한 잔의 물은 1백배가 되어 돌아오리라고 막연하나마 알고 있지 않다면 어떻게 이 정의의 관념이 남아 있을 수 있겠는가.

　마지막으로 같은 증거에 의하여 신은 존재하는 것이다. 만일 의무 관념이 미래에 있어서는 응보의 신앙을 포함하고 또한 그것을 정당화한다면 '불사(不死)의 요청(기본 요구)은……이 결과에 적절한 원인의 존재를 전제하지 않을 수 없다. 즉 신의 존재를 요청할 수밖에 없다.' 이것은 이성에 의한 증명은 아니다. 행위가 세계에 관여하는 도덕의식은 감성적 현상을 다루기 위해서만 발달된 이론적 논리학보다 우위를 차지해야 할 것이다. 우리의 이성은 물자체(物自體)의 배후에 어떤 공정한 신이 존재한다는 것을 믿음을 우리의 사유에 맡기고, 우리의 도덕의식은 우리에게 그러한 신을 믿을 것을 명령한다. 머리의 논리보다 마음속의 감정이 앞서므로 루소는 옳았다. 가슴은 머리가 결코 이해할 수 없는 그 자신의 이성을 가지고 있기 때문에 파스칼은 옳았다.

5. 종교와 이성

　위의 사실이 진부하고 소심하고 보수적으로 보이는가. 그러나 그렇지 않았다. 반대로 '이성적' 신학을 이렇게 대담하게 부정한 것, 즉 종교를 도덕적 신앙과 희망으로 솔직히 환원시킨 일은 독일의 모든 정교도를 자극하여 반항하게 했다. 성직자의 돌격에 맞서기 위해서는 상상보다 그 이상의 용기가 칸트에게 필요했다.

　칸트가 꽤 용감했다는 것은 60세에 《판단력 비판》을, 69세에 《단순한 이성의 한계 내에서의 종교》를 발간했을 때에 뚜렷이 나타났다. 전자에서 칸트는 《제1비판》 속에서 신의 존재를 증명하기에는 불충분하다고 '거부한' 세계의 계획성의 논의로 되돌아간다. 그는 계획성과 미를 서로 관련짓는 일에서 시작하여 마치 예지의 존재자에 의하여 계획된 것처럼 구조의 균형과 통일을 나타내는 것은 모두 아름답다고 생각한다. 그는 균형 잡힌 구성의 관조(觀照)는 항상 우리에게 무관심한―이해관계가 없는―적의(適意)를 이루는 것, 그리고 '자연미에 대하여, 그 미 자체를 위하여 갖는 관심은 언제나 선량하다는 표시다'라는 것을 간취(看取)하고 있다. 자연에서의 여러 가지 대상은 우리를 몰아 초자연적 계획을 상정치 않을 수 없는 미, 균제 및 통일을 보여주고 있다. 그러나 다른 한편―하고 칸트는 말한다―자연 속에는 아직 낭비와 무질서,

쓸데없는 반복과 증식의 실례가 많이 있다. 자연은 생명을 유지시키지만, 그것에는 얼마나 많은 수난과 죽음의 희생이 포함되어 있을까! 그러므로 외적 계획으로 보이는 것은 신의(神意)의 존재를 증명하는 것은 아니다. 신의라는 것을 휘두르는 신학자들은 그것을 버려야 할 것이고, 그것을 버린 과학자들은 그것을 이용하여야 할 것이다. 이것은 굉장한 단서로서 사람을 무수한 계시로 인도한다. 왜냐하면 확실히 어떤 계획은 존재하지만, 그러나 그것은 내적계획, 즉 전체에 의한 여러 부분의 계획이기 때문이다. 과학이 전체에 대하여 갖는 의식에 의하여 어떤 유기체의 부분을 설명한다면 그것은 한편으로는 발견의 원리, 즉 생명의 기계관적 해석과 균형을 잘 유지하며 양립할 것이다. 생명의 기계관적 해석 또는 발견에는 유효하지만, 그러나 그것만으로는 결코 하나의 풀잎의 성장조차 설명할 수 없다.

종교에 관한 시론은 69세의 노인으로서는 놀랄 만한 저술이다. 아마 칸트의 모든 저서 중에서 가장 대담한 저서일 것이다. 종교는 이론이성의 논리 위에 기초를 둘 것이 아니라 도덕의 의식이라는 실천이성 위에 기초를 두지 않으면 안 되기 때문에 성서나 계시도 그 도덕적 가치에 의해 평가되어야 할 것이나 그 자체가 도덕법칙의 재판관이 될 수는 없다. 교회나 교의(敎義)는 다만 인류의 도덕적 발달을 돕는 한에서만 그 가치를 지니는 데 불과하다. 단순한 신앙고백과 의식이 종교의 시금석인 도덕적 탁월성으로 변하자마자 종교는 사라졌다고 할 것이다. 진정한 교회는 아무리 뿔뿔이 흩어져 있다 할지라도 공통되는 도덕법칙의 숭배에 의해 결합한 사람들의 공동체이다. 이 같은 공동체를 건설하기 위하여 그리스도는 살았으며, 또 생명을 버렸던 것이다. 이 진정한 교회를 그리스도는 바리새인의 교회주의에 대립시켜 지지했으나, 어떤 새로운 교회주의가 이 고귀한 사상을 거의 압도하고 말았던 것이다. '그리스도는 신의 나라를 지상에 접근시켰다. 그러나 사람들은 오해하여 우리들 사이에 신의 나라가 아닌 성직자의 나라를 건설했다.'

신앙고백과 의식은 다시 선한 행위 대신 판을 치며, 인간은 종교에 의해 일체가 되지 않고 무수한 종파로 분열했다. 그리하여 모든 유파의 '경건한 우행(愚行)'이 '천상의 지배자의 호의를 얻는 신성한 봉사'라고 잘못 가르친다. 기적 또한 종교의 진리를 증명할 수는 없다. 왜냐하면 우리는 기적을 보증하는 증명서를 도저히 신용할 수 없을뿐더러 기도에 의해 모든 경험에 들어맞는 자연법칙을 정지시키려 해도 소용없기 때문이다. 끝으로 교회가 반동적인 정부의 억압의 수단으로 바뀔 때, 악행은 극에 달한다.

이 결론이 대담했던 증거는 바로 그 사태가 프로이센에 일어났다는 사실이다. 1786년 프리드리히 대왕이 죽고 프리드리히 빌헬름 2세가 그 뒤를 이었는데, 그는 선왕의 자유주의적 정책에는 프랑스의 비애국적 계몽주의 경향이 있다고 생각했다. 대왕 밑에서 문교부 장관을 지낸 제드리츠는 파면되고 그 지위는 경건(敬虔)을 가장하는 뵐너에게 주어졌다. 뵐너는 대왕이 '음모에 능하고 신용할 수 없는 승려'라고 평한 사람으로, 여가를 연금술과 장미십자결사(薔薇十字結社)[11]의 비법으로 소비했고, 무리하게도 정통 신앙을 부활시키려고 한 새 왕의 정책에 유용하게 쓰일 것이라고 선전하여 권세의 지위에 올라갔다. 1788년, 뵐너는 학교 및 대학에 있는 루터파 프로테스탄티즘의 정통적 형태를 빗나간 교직활동은 모두 금지한다는 법령을 발포했다. 그리고 모든 출판물에 엄중한 검열제를 두어 이단혐의가 있는 교사는 전부 해직하라고 명령했다. 처음에 칸트는 무사했으나, 그것은 확실히 그가 노인이고, 또 어떤 궁중 고문관이 말했듯이 칸트의 저서를 읽는 자는 불과 몇 사람 되지 않고 읽어도 이해하지 못한다는 이유에서였다. 그러나 그의 종교론은 알기 쉬운 것이었다. 그리고 그것은 불타는 듯한 종교적 정열에 넘쳐 있었으므로 새로운 검열법을 통과하기에는 볼테르적 경향이 너무 강했다. 이 논문을 게재하려고 했던 《월간 베를린》지(誌)는 발행정지 처분을 받았다.

여기서 칸트는 만 70세를 바라보는 노인으로서는 믿을 수 없을 정도의 기력과 용기를 가지고 행동했다. 그 논문을 예나의 친구에게 보내어 그들을 통해 그곳 대학 출판부에서 출판하게 했다. 예나는 프로이센의 국외였으며, 그 당시 괴테를 옹호하고 있던 자유주의적인 바이마르공(公) 관할구역 안에 있었던 것이다. 그 결과 칸트는 1794년 다음과 같은 프로이센 왕의 칙명을 내각으로부터 받았다. '폐하는 귀하가 그 철학을 남용하여 성서 및 그리스도교의 여러 중요한 기본 교의를 왜곡·비방하고 있음을 주목하시고 심히 불쾌히 여기신다. 우

---

11) 17·18세기에 유럽(특히 독일)에 있었던 신비주의자의 비밀결사 창시자 크리스천 로젠크로이츠(Christian Rosenkreuz)에 관계된다.

리는 즉시 귀하에게 성실한 변명을 요구하며, 귀하가 장차 그러한 죄의 씨를 뿌리는 일이 없이 스스로 귀하의 의무를 다하고, 폐하의 높으신 뜻을 따르는 방향으로 귀하의 위신과 재능을 사용해 주기를 기대하는 바이다. 만일 계속 반항을 자행할 시는 귀하는 반드시 좋지 않은 조치를 예기치 않으면 안 될 것이다.' 칸트는 어떠한 학자도 종교상의 일에 관하여서는 독립적인 판단을 세워 자기의 의견을 발표할 권리가 있는 것이지만, 그러나 현왕의 치세 중에는 침묵을 지키겠노라고 답변했다. 자신이 당사자가 아니므로 용감해질 수 있는 어떤 전기작가들은 그의 이러한 양보를 비난하기도 했으나, 칸트는 당시 70세였다는 것과 건강이 몹시 쇠퇴하여 도저히 싸울 수 없는 형편이었다는 것, 그리고 그의 사명은 이미 세상에 전해졌다는 사실을 잊어서는 안 된다.

6. 《정치학》 및 《영원한 평화》

만일 칸트가 정치적 이단의 죄를 범하지 않았더라면 프로이센 정부는 칸트의 신학을 관대하게 용서해 주었을지도 모른다. 프리드리히 빌헬름 2세의 즉위 3년 만에 일어난 프랑스혁명은 유럽 각국의 왕위를 뒤흔들었다. 프로이센의 대학교수들이 대부분 합법적 군주정치를 지지하기에 급급했을 때, 이 65세의 칸트는 환희로써 혁명을 맞이했다. 그는 눈물을 글썽이며 친구들에게 말했다. "이제 나는 시몬처럼 말할 수 있습니다. '주님, 내 눈이 주님의 구원을 보았기에 좋은 이제 떠날 수 있사옵니다.'"

1784년, 그는 정치학의 짧은 논문을 〈세계 시민을 이념으로 하는 보편사의 고찰〉이라는 표제 아래 발표했다. 칸트는, 홉스를 놀라게 한 '만인의 만인에 대한 싸움'을, 생명의 숨겨진 가능성을 발전시키려는 자연의 수단으로 보는 데서 시작한다. 싸움은 진보의 불가결한 수반현상(隨伴現象)이다. 만일 인간이 완전히 사교적이라면 인간의 발전은 정체할 것이다. 인류에게 생존과 발달을 계속하게 하려면 개인주의와 경쟁의 혼합이 필요하다. '비사교성이라는 그 성질이 없었다면 인간은 아르카디아의 양치기와도 같은 생활 속에서 완전히 화합하고 만족하고 사랑하지만, 모든 재능은 영원히 싹트지 못하고 죽어버릴 것이다(칸트는 루소의 추종자는 아니었다).'

'그러므로 이 비사교성을, 이 지지 않으려고 경쟁하는 허영심을, 소유와 지배에 대한 그칠 줄 모르는 이 욕망을 자연에게 감사하라! ……인간은 화합을 원한다. 그러나 자연은 인류에게 무엇이 좋은가를 더 잘 알고 있다. 거기서 자연은 인간이 힘의 긴장을 새롭게 하도록, 따라서 자연적 소질을 더 발전시키도록 격려하기 위하여 불화를 원한다.'

그러므로 생존경쟁은 전혀 악한 것은 아니다. 그럼에도 불구하고 인간은 일정한 한계 내에 한정되어 있는 생존경쟁은 규칙·관습 및 법률에 의하여 규제되지 않으면 안 된다는 것을 깨닫게 된다. 여기에 바로 시민 사회의 기원과 발달이 있다. 그런데 '인간을 억지로 시민 사회에 밀어 넣는 그 같은 비사교성은 다시 각 공공단체가 대외관계, 다시 말하면 한 나라가 다른 여러 나라들에게 대하는 관계에서 자유분방한 태도를 취하는 원인이며, 따라서 어떤 국가도 서로 개인을 압박하여 법률에 따르는 시민적 상태로 들어가도록 강요한 저 악을 예기하지 않으면 안 되는 것이다.' 이제야 국가들이 개인과 마찬가지로 야만의 자연 상태에서 벗어나 평화를 지키기 위한 약속을 맺을 때이다. 역사의 의미와 움직임의 본지(本旨)는 투쟁욕과 폭력을 더욱더 강하게 제한하는 데 있으며, 평화의 범위를 부단히 확대하는 데 있다. 인류의 역사는 대체로 자연이 인간에게 심어놓은 모든 소질을 충분히 발달시킬 수 있는 유일한 상태로서의 어떤 내면적인, 또한 이 목적을 위해서는 외면적으로도 완전한 국가조직을 성립시키기 위한 자연의 숨은 계획의 실현이라고 볼 수 있다. 만일 이와 같은 의미의 진보가 존재하지 않는다면 잇따라 일어나는 문명의 영위는 '높은 언덕 위에 둥근 거암(巨岩)을 밀어올리고서' 거의 정상에서 몇 번이고 자꾸 바위를 굴러 떨어뜨리고 마는 시시포스의 헛수고와 같은 것이다. 역사는 그 경우 무한히 출발점으로 되돌아가는 우행에 불과하게 되고, 우리는 '힌두교도처럼 현세는, 지금은 생각해 낼 수 없는 옛날의 죄를 속죄하기 위한 장소'라고 보게 된다.

《영원한 평화를 위해서》[12]라는 에세이(1795년 발표)는 동일한 주제의 당당한 발전이다. 칸트는 이 영원한 평화라는 말이 얼마나 쉽게 웃음거리가 될 수 있는지 알고 있다. 그리고 책 이름 아래 이렇게 쓰고 있다. '이 말은 네덜란드의

---

12) 그때 이 말은 묘지명으로 보통 쓰였는데, 그것을 네덜란드의 여인숙 상호로 상용하여 '영원한 평화의 집'이라 한 것은, 이 말이 당시 네덜란드에서 유행하고 있었음을 가리키고 있다. 또한 묘지를 그려서 이 말을 첨가한 것은 영원한 평화는 죽어야만 얻을 수 있다는 풍자이다.

어느 여인숙 간판에 씌어 있는 여인숙 이름인데 교회의 공동묘지를 그려 풍자했다.' 칸트는 이미 전에 모든 세대가 명백히 탄식했듯이 '우리의 통치자들은 공공 교육 시설을 위해 쓸 돈을 ……현재 조금도 남겨놓고 있지 않다. 왜냐하면 모든 것은 이미 다음 전쟁 비용으로 충당해 버렸기 때문이다'라고 탄식한 일이 있었다. 모든 국민은 상비군이 모두 폐지될 때까지는 실제로 문명의 영역에 인도되지 않을 것이다. '상비군은 다른 여러 국가들을 자극하여 서로 군인의 수를 무제한 늘려 다른 나라를 능가하려 한다. 여기에 사용하는 비용에 의해 평화는 마침내 짧은 전쟁에서보다 한층 더 압박당하게 되므로 상비군 자체가 이 무거운 짐을 면하기 위한 침략전쟁의 원인이 된다.' 왜냐하면 전시에 군대는 적국 영토 내에서, 또 필요하면 자국 내에서 물자의 징발, 숙영(宿營)의 할당 및 약탈에 의해서 자활할 것인데, 이런 짓을 하면서라도 정부 재원으로 먹이는 것보다는 낫기 때문이다.

이 군국주의(Militarism)는 대부분—칸트의 의견으로는—유럽세계가 아메리카·아프리카·아시아로 팽창하고, 그 결과 이들이 새로운 전리품을 에워싸고 서로 싸우게 되었기 때문이다. "'우리 대륙의 문명국, 특히 상업국의 잔인한 행패를 야만인과 비교하면, 남의 국토 및 국민을 찾아가—그들에게는 정복과 같은 것이다—그들이 행한 부정은 우리를 전율케 하는 것이었다. 아메리카·아프리카의 흑인이 사는 지방, 말라카 제도, 희망봉 등등은 발견하면 아무데도 속하지 않은 나라로 취급되었다. 즉 원주민은 무시되었다…….' 그리고 이 일들은 모두 '불법을 밥 먹듯 하면서도 경건이라는 것을 까다롭게 쳐들면서, 정통신앙의 선민으로 생각해 주기를 바라는 열강에 의하여 자행됐던 것이다.'" 쾨니히스베르크의 늙은 여우는 그때는 마음대로 말할 수 있었던 것이다.

칸트는 이 제국주의적 탐욕을 유럽 제국의 과두정치의 결과로 돌렸다. 강탈품은 선발된 소수의 손에 넘어가고, 나누어 가진 뒤에도 상당히 남아 있었다. 만일 민주정치가 확립되어 있고 모든 사람이 정치적 권력에 참여할 수 있었다면, 국제적 강도행위의 강탈품은 대단히 적게 나누어지기 때문에 견딜 수 없는 유혹은 되지 않았을 것이다. 그러므로 '영원한 평화의 조건에서 제1의 정확 조항'은 이렇다. 즉, '모든 국가의 시민적 정체는 공화주의가 되어야 하며, 전쟁은 전 국민의 일반 투표에 의하지 않는 한 절대로 선언되어서는 안 된다.' 스스로 싸우지 않으면 안 될 당사자들이 화전(和戰)의 결정권을 가지고 있으면 역사는 결코 피로써 쓰이지는 않았을 것이다. '그와 반대로 신민(臣民)이 공민이 되어 있지 않은, 즉 공화주의가 아닌 정체에서는 전쟁은 이 세상에서 가장 주저할 필요가 없는 사실에 속한다. 왜냐하면 원수는 국민의 한 사람이 아니라 국가의 소유자로서 전쟁에 의하여 자신을 조금도 괴롭힐 일도 없으며, 식탁, 사냥, 별장, 궁중의 축제 등을 희생할 필요도 없다. 거기서 그는 관광여행을 결정하기라도 하듯 지극히 하찮은 이유에서 전쟁을 결의한다. 전쟁의 명분은 그 정당화를 위해 항상 준비되어 있는 외교단에 손쉽게 맡길 수 있기 때문이다.' 얼마나 어처구니없는 현대적 진리인가!

1795년 반동의 군대에 대한 프랑스혁명의 표면상의 승리는 칸트로 하여금 이제야 온 유럽에 공화국이 나타나 국제 질서가 노예 제도와 착취 없는 평화로운 민주정치에 기초를 두고 이룩될 것을 기대케 했다. 결국 정부의 직책은 개인을 도와 발전시키는 일이지 개인을 이용하여 혹사하는 일은 아니다. '인간은 반드시 그 자신이 절대적 목적으로서 존경되어야지 다른 목적을 위한 단순한 수단으로 이용됨은 특유한 인간 존재의 존엄성을 더럽히는 범죄가 되는 것이다.' 이것 없이는 종교도 위선의 광대놀이가 되는 정언적 명령의 중요한 부분이다. 그러므로 칸트는, 능력의 평등이 아닌 계급의 특권을 전부 부인하고, 세습적 특권을 모두 과거의 폭력으로 얻은 것이라고 규정지었다. 반계몽주의와 반동과 혁명을 진압하려는 유럽의 전군주국 연합의 한복판에서 그는 70세의 고령임에도 불구하고 새로운 질서로, 곳곳에 민주주의와 자유를 확립할 것을 주장했다. 노인이 젊은이의 음성으로 이토록 용감하게 발언한 일은 이전에는 없었다.

그러나 그도 이제는 완전히 지쳐 버렸다. 그는 경기장에서 최선을 다해 잘 싸웠다. 그는 점차 노쇠하여 어린아이처럼 되고 마침내는 정신이상을 보이게 되었다. 차례로 감수성과 정신력이 사라져 갔다. 그리고 1804년 만 79세로 나무에서 떨어지는 낙엽처럼 조용히 자연스럽게 눈을 감았다.

7. 비평과 평가
그런데 논리학·형이상학·심리학·윤리학·정치학으로 이루어진 이 복잡한 건물은 한 세기 철학의 비바람에 시달린 뒤, 오늘날 어떠한 상태로 있을까. 커다란 건물의 대부분은 남아 있게 된다. 그리고 '비판 철학'은 사상사상 영속적 의의를 가지는 사건의 상징이라고 말할 수 있는데, 이것은 기쁜 일이 아닐 수 없다. 그러나 건물의 많은 세부와 외부 구조는 흔들렸다.

첫째로, 공간은 단순한 '감성의 형식'으로서, 지각하는 정신에서는 독립된 객관적 실재성을 갖고 있지 않는 것일까. 그렇다고도 할 수 있고 그렇지 않다고도 할 수 있다. 그렇다고 하는 것은 다음과 같은 이유에서이다. 즉 공간은 지각된 대상으로 채워지지 않을 때는 공허한 개념으로서 어떤 대상은 지각하는 정신에서 다른 대상에 관하여 이러이러한 위치 내지는 거리에 있을 뿐이라는 것을 의미하는 데 불과하기 때문이다. 외부 지각은 공간 내의 대사의 지각 이외에는 있을 수 없으므로 공간은 확실히 '외관(外官)의 필연적 형식'이다. 그러나 또 그렇지 않다고 하는 것은 다음과 같은 이유에서이다. 즉, 지구는 끊임없이 태양 주위를 타원을 그리며 운행한다는 공간적 사실은 의심할 바 없이 오직 정신에 의해서만 확인할 수 있는 것이지만, 그러나 그것은 어떠한 지각으로부터도 독립한 것으로, 깊고 검푸른 바다는 바이런이 '파도여 밀려오라'고 말하기 전에도, 바이런이 죽은 뒤에도 넘실대고 있었던 것이다.

마찬가지로 공간은 비공간적인 여러 감각의 결합에 의한 정신의 '구성물'은 아니다. 우리는 공간을 여러 가지 대상과 여러 가지 점을 동시에 지각함으로써 직접 지각한다. 가령, 한 마리의 곤충이 움직이지 않는 배경 위를 가로질러 가는 것을 볼 때와 같이. 그와 마찬가지로 시간은 선후(先後)의 감각 또는 운동의 척도이므로 주관적이며 고도로 상대적이다. 그러나 시간의 경과가 측정 또는 지각되거나 되지 않거나를 막론하고 나무는 늙고, 시들고, 그리고 썩을 것이다. 칸트는 유물론으로부터의 피난처로 공간[13]의 주관성을 너무도 열심히

---

13) 칸트의 인식론의 강인한 생명력은 예를 들면, 찰스 P 스타인메츠(1865~1923—독일 태생인 미국의 유명한 전기 기술자)와 같은 실제적인 과학자가 그것을 전면적으로 용인하고 있는 데에 나타나 있다. 우리의 감각과 미각은 모두 공간 및 시간에 대한 견해에 제한되어 이 견해에 얽매여 있다. 모든 철학자 중 가장 위대하고도 비판적 철학자 칸트는 공간 및 시간이 경험의 소산임을 부인하고 오히려 공간 및 시간은 범주—우리의 정신이 감각을 덮는 개념—임을 가르쳐 준다. 현대의 물리학은 상대성 이론에서 동일한 결론에 이르렀다. 그 결론에 의하면 절대적 공간이나 절대적 시간은 존재하지 않는다. 공간과 시간은 사물, 또는 사건에 의

증명하려고 했다. 만일 공간이 객관적이고 보편적이라면 신은 공간 속에 존재하지 않으면 안 된다. 따라서 공간적이고 물질적이어야 한다고 논의되는 것을 두려워했던 것이다. 모든 실재는 우선 우리의 감각 및 관념으로서 우리에게 알려져 있다는 것을 보여주는 비판적 관념론에 칸트는 만족했어도 좋았을 것이다. 이 늙은 여우는 씹을 수 있는 것보다 더 많은 것을 물고 늘어졌던 것이다.

그는 또 절대적인 것이라는 신기루를 붙잡으려고 애쓰거나 하지 않고 과학적 진리의 상대성에 만족했어도 좋았을 것 같다. 영국의 피어슨, 독일의 마하, 프랑스의 앙리 푸앵카레의 그와 같은 최근의 연구는 칸트보다는 오히려 흄과 견해가 일치한다. 즉 모든 과학은 가장 엄밀한 수학조차 그 진리는 상대적이라는 의견이다. 과학 자체는 이 문제에 관해서는 별로 구애받지 않는다. 과학은 이미 고도의 개연성으로 만족하고 있으니까. 어쩌면 '필연적' 인식은 결국 필연적이 아닌 것이 아닐까.

칸트의 위대한 사업은—다시 한번 말하지만—외계는 우리에게 다만 감각으로써만 알려진다는 것, 그리고 마음은 속절없는 단순한 타블라라사(tabula rasa), 가만히 먹히기를 기다리고 있는 감각의 먹이가 아니라 경험적 사실이 다가드는 것을 선택하고 개조하는 적극적인 힘이라는 것을 증명한 일이다. 우리는 이 업적에서 그 본질적인 위대함을 그르치는 일 없이 약간의 것을 떼어 낼 수 있다. 우리는 쇼펜하우어와 함께 범주를 12개로 한정하고, 이 범주들은 3조로 나누어 모든 것에 적용하고 모든 것에 적합하도록 늘리거나 줄이거나 방향을 바꾸어 놓고, 무리한 해석을 했다며 웃어버릴 수도 있다. 이 범주들, 즉 사고의 해석 형식은 타고나는 것이며, 감각이나 경험 이전에 이미 존재한다는 것조차도 우리는 문제 삼을 수 있다. 아마 개인에 있어서는 경험 이전에 존재할 것이다. 그리고 또 이들 범주는 비록 개인이 태어난 뒤에 얻은 것이라 할지라도 사고의 형(型), 즉 지각작용과 개념작용의 습관으로써 자동적으로 자기 자신을 정합하는 감각에 의하여 서서히 생겨난 것이다. 즉 처음에는 무질서하게, 다음에는 정리형식의 일종의 자연선택으로 인하여 질서 있고 유효하고 뚜

―――――――――
하여 채워지는 때에만 존재한다. 즉, 공간과 시간은 지각의 형식이다.

렷한 형체를 가지고 나타난 지각에 의해서 서서히 산출될 것이다. 감각을 지각으로, 지각을 관념으로 분류하고 해석하는 것은 기억이지만, 기억은 태어난 뒤에 얻는 것이다. 칸트가 타고난다고 한 정신의 통일성 '통각(統覺)의 선험적 통일성'은 후천적으로 얻어진 것이다. 그러나 반드시 모든 사람이 얻는 것은 아니다. 그것은 얻을 수도 있고, 잃을 수도 있기 때문이다. 예를 들면 건망증이나 정신분열, 또는 정신착란증 등의 경우와 같이 개념은 획득물이지 수여물(授與物)은 아니다.

19세기는 칸트의 윤리학, 즉 타고나는 절대적 도덕관의 학설과는, 좀 더 정확하게 말하면 거의 교섭을 갖지 않았다. 진화의 철학은, 의무감은 개인에 있어서의 사회적 침전물이며 양심의 만족은 후천적인 것이다—사회적 행동인의 막연한 경향은 본유적이지만—라는 것을 강제로 쳐들고 나왔다. 도덕적 자아, 즉 사회적 인간은 신의 손에서 불가사의하게도 태어난 '특수한 창조물'이 아니라 느린 진화에 의한 새로운 소산이다. 도덕은 절대적인 것이 아니다. 그것은 집단생활을 유지하기 위해 많거나 적거나 간에 우연적으로 발달해 온 집단의 특성과 환경으로 인하여 변화된 행동의 규칙이다. 가령 적에게 포위된 사람들은 개인주의에 철저한 것을 부도덕하다고 생각하겠지만, 싱싱한 부(富)와 고립과 안전을 보장받고 있는 국민은 그것을 용서하고, 천연자원을 개발하여 국민성을 형성하는 필요한 요소로 간주할 것이다. 어떠한 행위도 칸트가 생각하듯이 그 자체가 선(善)한 것은 아니다.

청년시절의 경건주의와 무한한 의무를 다하면서 좀처럼 쾌락에 접한 일이 없었던 엄격한 생활이 그에게 도덕적 경향을 주었다. 그는 마침내 의무를 위한 의무를 부르짖기에 이르렀고, 그 결과 자기도 모르는 사이에 프로이센의 절대주의의 수중에 빠져 들어갔다. 이와 같은 의무를 행복과 대립시키는 데에 엄격한 스코틀랜드의 칼뱅주의다운 점이 있다. 칸트는 볼테르가 몽테뉴와 에피쿠로스적 르네상스를 계승했던 것처럼 루터와 스토아주의적 종교개혁을 계승했다. 그는 엘베시우스나 돌바크가 그 무모한 시대의 생활을 정식화한 이기주의와 쾌락주의(Hedonism)에 대해 단호히 반대했다. 마치 루터가 지중해 연안의 이탈리아의 사치와 방종에 반항한 것처럼. 그러나 칸트 윤리학의 절대주의에 대한 1세기 동안의 반동을 거쳐 우리는 다시 도시의 관능주의와 부도덕과 민주주의적 양심이나 귀족주의적 염치로 인하여 억제되지 않은 철면피한 개인주의의 혼돈 속에 있다. 아마도 무너져 가고 있는 문명이 의무를 외치는 칸트의 목소리를 기쁨으로 맞아들인 날은 머지않아 올 것이다.

칸트 철학의 놀랄 만한 점은 《제1비판》에 의해서 마치 파괴된 것처럼 보이는 신(神), 자유 및 불사(不死)라고 하는 종교적 이념의 《제2비판》에서의 힘찬 부활이다. "칸트의 작품은," 니체의 비판적인 친구 파울 레는 말한다. "마치 시골 장터에 온 것처럼 느껴진다. 당신이 원하는 것은 무엇이든지 그로부터 살 수 있다. 의지의 자유, 의지의 속박, 관념론, 관념론에 대한 반박, 무신론, 신한 주님 등등." 마술사가 아무것도 없는 모자 속에서 물건을 꺼내듯이 칸트는 의무의 개념에서 놀랍게도 신과 불사와 자유를 끌어냈다. 쇼펜하우어도 불사를 보상의 요구에서 이끌어 내는 것을 공격한다. '처음에는 행복에 대하여 존대하게 처신하고 있는 칸트의 덕(德)도 끝내는 술값을 받으려고 손을 내민다.' 이 위대한 염세주의자(쇼펜하우어)는 칸트는 실제로 회의론자로 자기는 신앙을 버렸으나 공중도덕에 미치는 결과를 두려워하여 민중의 신앙을 파괴하기를 주저한 것이라고 믿고 있다.

'칸트는 사변적 신학의 근거가 없다는 것을 폭로하지만, 그와 상반하여 통속적 신학에는 손을 대지 않았을 뿐 아니라 오히려 그것을 도덕적 감정에 바탕을 둔 신앙이라 하여 고귀한 모습으로 만들어 내놓는다. 이 신앙을 나중에 사이비 철학자들이 신의 의식이라느니, 신의 지적 직관이라느니 하며 여러 가지로 왜곡시켰으나 칸트는 오히려 존경받아 오던 예부터의 오류를 버렸다. 그 일의 위험을 깨달았을 때 파멸이 몸에 닥치지 않도록, 또 닥쳐오더라도 그것에서 벗어날 여유를 얻을 수 있도록, 약간의 버팀목을 해놓으려고 생각한 것에 불과하다.'

이러한 이유로 하이네 또한 물론 고의적인 희화(戲畵)지만 이렇게 쓰고 있다. 칸트는 종교를 파괴해 놓은 후, 늙은 종 람페를 데리고 산책을 나갔으나 갑자기 늙은 종의 눈에 눈물이 가득 괴어 있는 것을 알았다. '그때 임마누엘 칸트는 불쌍히 생각하여 자기는 대철학자일 뿐만 아니라 선량한 인간이라는 것을 그에게 보여준다. 그리하여 반은 친절하게, 반은 익살맞게 다음과 같이 말한다. '람페 할아범은 신을 가지고 있을 게 틀림없네. 그렇지 않으면 이 가엾은 인간이 행복할 리가 없다고 실천이성이 말하고 있군. 실천이성이 신의 존재를 보증한다고 하면 보증하는 것도 좋겠지. 어차피 나는 아무 쪽이라도 좋으니까.'

만일 이 해석이 옳다고 하면 우리는 《제2비판》을 '선험적 무감각론'이라고 불러야 한다.

그러나 칸트의 내면생활의 이 대담한(하이네에 의한) 재구성을 너무 진지하게 다룰 필요는 없다. 《단순한 이성의 한계 내에서의 종교》에 넘치는 정열은 의혹의 눈을 돌리기에는 너무도 깊은 성실성을 보여주고 있으며, 종교의 기초를 신학에서 도덕으로, 신앙 고백에서 행위로 옮기려 하는 시도는 깊은 종교적인 정신에서 나왔음을 알 것이다. '실제로' 하고 그는 1766년 모제스 멘델스존에게 말하고 있다.

'내가 여러 가지 것을 지극히 확고한 신념을 가지고 생각하고 있다는 것은 내 스스로 크게 만족하는 바이지만 그것을 말할 용기가 없습니다. 그러나 나는 결코 내가 생각하지 않는 것을 말하는 일은 없을 것입니다.' 《순수이성 비판》과 같은 길고 어려운 논문은 당연히 여러 가지 해석이 따르게 마련이지만 이 책의 최초 서술의 하나로, 《순수이성 비판》이 세상에 나온 몇 해 뒤에 라인홀트가 쓴 글은 이미 우리가 오늘날 말할 수 있는 것을 모두 말하고 있다. 즉 《순수이성 비판》은 독단론자로부터는 일체 지식의 확실성을 뒤엎는 회의론자의 음모라고 지적받고, 회의론자로부터는 종래의 여러 체계의 폐허 위에 하나의 새로운 독단론을 세우려는 오만한 월권(越權)이라고 규탄받고, 초자연주의자로부터는 종교의 역사적 기초를 배제하고 자연주의를 논쟁도 없이 수립하려고 치밀하게 꾸며진 술책이라고 힐난받고, 자연주의자로부터는 빈사 상태에 이른 신앙철학에 대한 하나의 새로운 지주(支柱)라는 평을 받고, 유물론자로부터는 물질의 실재성에 대한 관념론적 반박이라는 평을 받고, 유심론자로부터는 모든 실재를 경험의 영역이라는 이름 아래 감추어진 사물체계에만 한정시키려고 하는 무례한 수작이라고 힐난당했다.

사실 이 책의 훌륭한 가치는 이와 같은 모든 관점을 정당하게 평가했다는 점에 있으며, 머리가 예민한 칸트는 이 관점들을 실제로 유화(宥和)하고 융합해 철학사상, 전에 없었던 복잡한 진리의 통일을 이룬 것이다.

칸트의 영향에 대하여 말하면, 19세기의 철학사상은 온통 그의 사상을 축(軸)으로 하여 회전했다. 칸트 이후 독일 전체가 형이상학을 이야기하기 시작했다. 실러와 괴테는 칸트를 연구했으며, 베토벤은 인생의 두 가지 경이에 대하여 서술한 칸트의 말 중 '내 머리 위에는 별이 총총 빛나는 하늘, 내 가슴에는 도덕법칙'이라는 저 유명한 말을 감탄하면서 인용했다. 그리고 피히테·셸링·헤겔 및 쇼펜하우어는 꼬리를 물고 쾨니히

피히테

스베르크의 노철학자의 관념론을 뒷받침으로 한 위대한 사상 체계를 산출했다. 독일 형이상학의 이 한창 시대에 장 파울 리히터는 '신은 프랑스인에게는 육지를, 영국인에게는 바다를, 그리고 독일인에게는 공중의 제국을 주셨다'고 썼다. 칸트의 이성비판과 감정의 거양(擧揚)은 쇼펜하우어와 니체의 주의주의(主意主義)와 베르그송의 직관주의, 윌리엄 제임스의 실용주의를 준비했다. 칸트가 사고의 법칙과 실재의 법칙을 동일시한 것으로써 헤겔은 일체를 포함하는 철학의 체계를 세웠으며, 칸트의 알 수 없는 '물자체(物自體)'라는 사상은 스펜서에게 스펜서 자신이 인정한 것보다도 깊은 영향을 주었다.

칼라일이 난해한 까닭은 대부분 괴테나 칸트의 난해한 사상—그것은 갖가지 종교와 철학이 마찬가지의 영원한 진리의 탈바꿈에 지나지 않는다는—을 우화로 설명하려는 데 있다. 캐어드, 그린, 월리스, 왓슨, 브래들리를 비롯한 그 밖의 많은 영국인들이 제1비판에서 영감을 얻었다. 심지어 대단히 혁신적인 니체조차도 칸트의 정적(靜的) 윤리학을 흥분해 비난하면서도 '쾨니히스베르크의 위대한 중국인(니체는 칸트의 윤리 철학을 유가의 도덕철학적인 면에 빗대어 칸트를 '쾨니히스베르크의 중국인'이라고 표현했다)'으로부터 그의 인식론을 받아들였다. 여러 가지로 개혁된 칸트의 관념론과 여러 가지로 수정된 '계몽'의 유물론의 1세기 동안에 걸친 싸움에서 승리는 칸트에게 있는 것같이 생각된다. 위대한 유물론자인 엘베시우스조차도 이렇게 역설적으로 쓰고 있다.

'만일 이렇게 말하는 것이 허용된다면, 인간은 물질의 창조자이다'라고. 철

학은 두 번 다시 옛날의 단순한 시대처럼 소박한 대로 있을 수 없을 것이다. 칸트가 있기 때문에, 그 뒤 철학은 한층 깊게 변하지 않을 수 없었다.

8. 헤겔에 대하여

바로 최근까지 철학사가들은 칸트 직후의 후계자들—피히테·셸링·헤겔—에 대하여 베이컨·데카르트에서 볼테르·흄에 이르기까지 근대 사상에서 칸트의 선배들에게 준 것과 같은 정도의 명예와 지면을 할애하는 것이 관례였다. 그러나 오늘날 우리의 견해는 조금 달라져, 쇼펜하우어가 교수의 지위를 다투다가 패한 상대(헤겔)에게 퍼부은 독설을 우리는 유쾌하게 느낀다. 쇼펜하우어는 말했다.

'칸트를 읽음으로써 독자는 난해한 것이 반드시 무의미하지는 않다는 것을 깨닫는다.' 피히테와 셸링은 이것을 이용하여 화려한 형이상학의 거미줄을 쳤다. '그러나 전혀 당치도 않는 것을 상 위에 올려놓고 무의미한 잠꼬대를 늘어놓는다는 것은 예전에는 정신과 병원에서나 볼 수 있었던 뻔뻔스러운 면이 마침내 헤겔에게 나타나 지금까지 보지 못했던 가장 염치없는 보편적 신비화의 도구가 되었다. 그리하여 그 결과 후대 사람의 눈에는 터무니없는 이야기처럼 보일 것이고, 독일적 우행의 한 기념비로서 남을 것이 틀림없다.' 이것은 공정한 판단일까.

게오르크 빌헬름 프리드리히 헤겔은 1770년 슈투트가르트에서 태어났다. 아버지는 뷔르템베르크 공국(公國)의 대장성 사무원이었다. 독일은 직분에 따라 관리가 각기 유능했던 덕택으로 세계에서도 도시행정이 가장 잘 시행되었던 나라였는데, 그러한 독일 관리의 인내심과 질서 있는 습관 속에서 헤겔은 자랐다. 이 젊은이는 근면한 학생으로서 자신이 읽은 중요한 책은 모두 철저히 분석하고 마음에 드는 긴 문구는 적어 놓았다. 헤겔은 말한다.

'진정한 교양은 단호한 자제에서 시작해야 한다. 피타고라스학파의 교육방식에서도 학생은 수업기의 처음 5년간은 잠자코 순종할 것을 명령받지 않았던가.'

그리스 문학 연구로 인하여 헤겔은 아티카 문화에 감격했는데, 이 열광은 그 뒤에도 언제까지나 남아서, 다른 것에 대한 감격이 모두 엷어졌을 때에도 남아 있었다. '그리스라는 이름을 들으면—' 그는 이렇게 썼다. '……교양 있는 독일인은 고향을 생각하게 된다. 유럽인은 그 종교를 그리스보다 한층 먼 곳[東方]에서 얻고 있다. ……그러나 여기, 유럽에 현재 있는 것, 학문과 예술, 즉 거의 우리의 정신생활을 만족시키고 향상시키며 아름답게 하는 것은 그 모두가 직접, 또는 간접으로 그리스에서 얻고 있다.' 한때 그는 그리스도교보다도 그리스인의 종교를 숭상하고 《예수전(傳)》을 써

헤겔

서 슈트라우스와 르낭의 견해를 앞지르기도 했다. 즉 예수를 마리아와 요셉의 아들이라고 해석하고 기적적 요소를 무시했다. 그러나 뒤에는 이 견해를 버렸다.

정치학에서도 그는 뒷날 '현상의 신성화'[14]에서는 도저히 상상할 수 없는 반항 정신을 나타냈다. 튀빙겐의 신학생이었을 때 그는 셸링[15]과 더불어 프랑스 혁명을 변호하고, 어느 날 아침 일찍 시장이 서는 광장으로 '자유의 나무'를 심으러 갔다.

헤겔은 젤만에게 보낸 편지에 다음과 같이 썼다.

'프랑스 국민은 혁명의 혜택을 받아, 인간 정신에는 어린이의 구두처럼 작아져 생명 없는 족쇄가 되어 그들을 괴롭힌—다른 여러 국민을 아직도 괴롭히고 있는—여러 가지 제도로부터 해방되었다.' '젊다는 것이 바로 행복 그 자체였던' 그 희망에 찬 시기에, 그는 피히테와 같이 일종의 귀족주의적 사회주의에 추파를 던지며 유럽 전토에 퍼진 낭만주의의 조류에 기운차게 몸을 던졌다.

1793년 그는 튀빙겐 대학을 졸업했는데, 그때 받은 수료증서에는, 재능 있는 인격자로서 신학과 문헌학(文獻學)에는 정통하나 철학의 능력은 없다고 적혀 있었다. 그때 그는 가난해서 베른이나 프랑크푸르트에서 가정교사를 하며 생

---

14) '이성적인 것은 현실적이고, 현실적인 것은 이성적이다'라고 하는 유명한 말에 나타난 사상을 상기해야 한다.
15) 두 사람은 튀빙겐 대학의 동급생이었다.

활비를 벌어야 했다. 그것은 그의 준비기간이었다. 유럽이 국가주의 전쟁에 뒤범벅이 되어 있을 동안 헤겔은 긴장 속에서 성장했다. 마침내 아버지가 죽자 (1796년) 헤겔은 약 6천 마르크의 유산을 상속받았는데, 이것으로 부자가 되었다고 생각한 그는 가정교사직을 그만두었다. 그는 친구 셸링에게 어디서 살았으면 좋겠느냐는 상담 편지를 써 보내고 검소한 식사와 많은 책과 '좋은 맥주'가 있는 곳은 없느냐고 물었다. 셸링은 바이마르 공(公)이 관할하고 있는 대학 도시 예나를 권했다. 그 무렵 예나에서는 실러가 역사를 가르치고 있었고, 티크·노발리스 및 슐레겔 형제가 낭만주의를 부르짖고 있었다. 그리고 피히테와 셸링이 각기 그들의 철학을 펼치고 있었다. 헤겔은 예나에 1801년에 도착하여 1803년에는 그곳 대학의 교수가 되었다.

1806년 나폴레옹이 프로이센을 무찌르고 이 작은 학문의 도시가 혼란과 공포 속에 빠졌을 때에도 그는 거기 머물러 있었다. 프랑스군 병정이 그의 집에 침입해 왔을 때 그는 철학자답게 그의 첫 작품 《정신현상학》의 원고만 끼고 달아났다.

한때 그는 생활이 매우 어려워 괴테가 크네벨[16]에게 급한 대로 약간의 돈을 꾸어 주면 어떠냐고 부탁을 해주었을 정도였다. 헤겔은 크네벨에게 몹시 불쾌한 투로 편지를 썼다.

'나는 경험에 의해서, 먼저 먹을 것과 입을 것을 구하라. 그리하면 하늘나라는 너희들의 것이 되리라는 성경 말씀이 진실임을 확인하고 이것을 나의 지표로 삼아왔다.'

한동안 그는 밤베르크에서 신문을 편집했고, 1812년엔 뉘른베르크에서 김나지움의 교장이 되었다. 이 지위에 오르면서 그는 행정적인 일을 냉정하게 처리해야 했다. 아마도 이 때문에 낭만주의의 열정은 식어버리고 나폴레옹이나 괴테와 같이 그도 낭만주의 시대에서 고전주의의 잔재를 남겼던것 같다. 또 뉘른베르크에서 그는 《논리학》(1812~16년)을 썼는데, 그 난해성 때문에 전 독일을 매료시켰고, 그 덕택으로 그는 하이델베르크에서 철학교수 자리를 얻었다. 하이델베르크에서는 엄청난 부피의 《철학적 제학집성(哲學的諸學集成)》

---

16) K.L.V. Knebel은 시인. 괴테를 바이말 공에게 접근시킨 사람.

(1817년)을 썼고, 이것이 계기가 되어 1818년 베를린 대학에 초빙되었다. 이때부터 헤겔은 생을 마칠 때까지, 괴테가 문학 세계를 지배하고 베토벤이 음악의 나라를 지배한 것과 같이 철학의 세계를 지배했다. 그의 생일은 괴테의 생일 다음 날이었으므로, 독일은 해마다 그들을 위하여 이틀 동안 계속 축제를 벌였다.

일찍이 어떤 프랑스인은 헤겔에게 그의 철학을 한 문장으로 표현해 줄 것을 요청해 온 일이 있었는데, 그는 한쪽 다리로 서 있는 동안에 그리스도교를 정의해 달라는 청을 받은 수도사가 간단히 '네 이웃을 네 몸과 같이 사랑하라'고 대답한 것처럼 잘 되지는 않았다. 헤겔은 그보다도 열 권의 책으로 대답하겠다고 말했다. 그리하여 그 열 권의 책이 쓰이고 출판되어 전 세계 사람들이 책에 대하여 이야기하고 있을 때, 그는 '나를 이해하는 자는 한 사람밖에 없다. 그런데 그 한 사람조차도 정말로 나를 이해하고 있지는 않다'[17]고 탄식했다.

그의 저서의 대부분은 아리스토텔레스의 경우와 같이 강의 노트로 되어 있다. 또한 더욱 난처하게도 학생들이 필기한 강의 노트로 되어 있다. 《윤리학》과 《정신현상학》만이 자신이 쓴 것인데, 이것들은 문장이 추상적이고 간결하다는 점, 술어가 세상의 것이라 생각되지 않을 정도로 독창적이라는 점, 모든 진술을 제한적 종속절로 지나치게 마구 수식하려고 한 점 등으로 문장이 애매해진 지극히 난해한 걸작이다. 헤겔은 자신의 저술은 '철학을 독일어로 말하는 것을 가르치려는 시도'라고 진술했는데, 그 점에서 그는 성공했다.

《논리학》은 추리방법의 분석이 아니라 추리에 사용되는 개념의 분석이다. 이 개념들을 헤겔은 칸트가 든 범주, 즉 양·질·관계 등이라고 생각한다. 우리들의 모든 사고에 늘 쓰이는 이 기본개념을 세밀히 분석하는 일, 그것이 철학의 기초이다. 이들 개념 중에서도 가장 기본적인 것은 관계의 개념이다. 모든 표상은 관계의 집단으로, 우리가 어떤 것을 생각한다는 것은 그것을 어떤 다른 것에 관계시켜 그것의 유사점과 차이점을 인식함으로써만 가능하다. 어떠한 종류의 관계도 없는 표상은 공허다. 즉 '순수한 유(有, Sein)와 무(無, Nicht)는

---

17) 당연히 예기되었던 바와 같이 가차 없는 비평가들은 이 얘기의 진실성을 의심하고 있다.

동일하다'는 의미는 이것이다. 관계도 질서도 전혀 없는 '유'는 존재하지 않으며, 그것은 아무 의미도 없다. 이 명제는 계속 끝낼 줄 모르는 끝없는 경구(警句)를 낳았다. 그리고 이 명제는 헤겔 사상의 연구에 대한 장애물인 동시에 매력이기도 하다.

모든 관계 중 가장 보편적인 관계는 대조, 또는 반대의 관계다. 사고 또는 사물의 어떠한 상태도—세계에서의 어떠한 표상, 어떠한 국면도—싫든 좋든 반드시 그 반대를 낳고, 이것과 합일(合一)하여 보다 높은, 또는 보다 복잡한 하나의 전체가 된다. 이 '변증법적 운동'은 헤겔이 쓴 모든 것을 포함하고 있다. 그것은 물론 이미 엠페도클레스가 암시하고, '반대의 인식은 동일하다'고 쓴 아리스토텔레스의 '중용(中庸)'에 구체화된 낡은 사상이다. 진리는—전자와 같이—대립하는 여러 요소의 유기적 통일이다. 보수주의와 급진주의와의 진리는 자유주의—조심스러운 손에 의하여 열린 정신과 조심스러운 정신에 인도된 벌린 손과—에 있다. 중대한 문제에 관하여 견해를 수립한다는 것은 극단과 극단과의 사이의 동요를 작게 만드는 일이다. 논쟁 문제에서 '진리는 중간에 있다.' 진화의 운동은 여러 대립의 연속적 발전이고, 여러 대립의 합동과 조화다. 셸링은 옳았다. 모든 사물의 기초에 여러 대립의 동일성이 존재한다. 피히테는 옳았다. 정립, 반정립 및 총합이 모든 발전과 모든 실재의 방식이며, 비밀이다.

즉 다만 사상만이 이 '변증법적운동'에 따라 함께 발전하고 전개하는 것이 아니라 사실 또한 그렇다. 주어진 상황은 반드시 어떤 모순을 포함하고 있으며, 발전은 그 모순을 조정하여 통일로써 해결하지 않으면 안 된다. 이처럼 의심할 여지없이 우리의 현재 사회조직은 자기 부식적인 모순을 내포하고 있다. 경제적으로 청년기에 있고 자원이 완전히 개발되어 있지 않은 시대에는 필요했던 활기에 찬 개인주의도 후세에는 협동조합적 국가 형태에의 노력을 불러일으킨다. 그리고 미래는 현재의 현실을 체험하는 것도, 꿈 이상을 체험하는 것도 아니고, 보다 높은 생활형식을 낳기 위하여 양자의 일부가 모이는 어떤 총합을 체험할 것이다. 그리고 이 한층 높은 단계는 다시 분열하여 많은 모순을 일으키고, 조직도 복잡성도 통일성도 다시 한층 더 높은 수준으로 올라갈 것이다. 그러므로 사고의 움직임은 사물의 움직임과 같은 것으로 그 어느 쪽에도 일(一)에서 다(多)를 통하여 '통일 있는 다(多)'로 향하는 변증법적 발전이 있다. 사고와 존재는 동일한 법칙에 따르는 것이다. 그리고 논리학과 형이상학은 같다.

정신은 이 변증법적 과정과 차이의 통일을 아는 데 없어서는 안 될 기관이다. 정신의 활동과 철학의 과제와는 동일하지 않은 것 속에 있는 통일을 발견하는 것이고, 윤리학의 과제는 성격과 행위를 통일하는 것이고, 정치학의 과제는 개인을 국가로 통일하는 데 있다. 종교의 과제는 모든 대립을 통일로 돌리는 절대자 곧 물질과 정신, 주관과 객관, 선과 악이 하나로 되어 있는 시고한 존재자에 도달하고 깨닫는 데 있다. 신이란 만물이 그 안에서 움직이고 그 안에서 그 존재와 의미를 가지는 관계의 체계이다. 인간에 있어서 절대자는 자기의식을 얻어 절대적 관념이 된다. 절대적 관념이란 다시 말해서 자기 자신을 절대자의 부분으로 자각하여 개인적 제한 및 목적을 넘어서 보편적인 쟁투 밑바닥에서 만물의 숨은 조화를 포착하는 사상이다. '이성은 우주의 실체이다. ……우주의 계획은 그 모두가 이성적이다.'

그렇지만 투쟁과 사악은 단순한 소극적 상상이라고 할 수는 없다. 그것은 충분히 현실적이기 때문이다. 그러나 지혜의 먼 안목으로 보면 성취와 선으로 가는 단계다. 투쟁은 성장의 법칙인 것이다. 성격은 이 세상의 풍파와 압박 속에서 형성되고, 인간은 강제·책임·고뇌를 통해서 충분히 성숙한다. 고통까지도 이성적인 데가 있다. 고통은 생명의 증거와 재건의 극복자이다. 격정 또한 이성적인 것 속에 그 위치를 가지고 있다. '이 세상에 있는 어떠한 위업도 격정 없이 달성되지 않았다.' 나폴레옹 같은 사람의 이기적 야심까지도 모르는 사이에 여러 국민의 발전에 기여하고 있는 것이다. 생명은 행복을 위해서가 아니라 공적을 위하여 창조되고 있다. '세계사는 행복의 무대가 아니다. 행복의 시기는 세계사에 있어서 백지이다.' 왜냐하면 그것은 조화의 시기(대립이 결여된 시대)인 것이며, 이 지루한 만족은 인간에게 바람직한 것이 아니다. 역사는 청년의 수줍음과 서투름이 장년의 대범과 질서로 옮겨 가듯이 현실의 여러 모순이 성장에 의하여 해결되어 가는 시기에서만 이루어진다. 역사는 변증법적 운동이며 거의 혁명의 연쇄라고도 할 수 있는 것으로, 이 혁명 속에서 모든 국민과 천재는 차례로 절대자의 앞잡이가 되는 것이다. 위대한 사람들은 미래의 아버지라기보다 차라리 미래를 받아내는 산파이며, 그들의 사업의 어머니는 시대정신이다. 천재라 할지라도 다른 자와 마찬가지로 쌓아올려진 많은 돌 위에, 또 하나의 돌을 더 올려놓는 데 불과한 것이지만 어떻든 그의 돌은 다행스럽게도 마지막에 놓이는 것으로, 그가 그 돌을 놓을 때 뼈대는 이미 다 세워져 있는 것이다. 이러한 개인들은 자기들이 전개해 가고 있는 보편적 관념을 인식하고 있지 않았다. ……그러나 그들은 시대가 요구하는 가장 적합한 기회를 통찰하고 있었던 것이다. 이것이야말로 그들의 시대와 그들의 세계의 진리, 시기의 태내에 이미 형성되었던, 말하자면 장차 다가올 종속이다.

이 같은 역사 철학은 혁명적 결론을 낳는 것처럼 보인다. 변증법적 과정은 변화를 기본원리로 한다. 어떠한 상태도 영원하지는 않다. 사물의 모든 단계에는 '대립의 투쟁'만이 해결할 수 있는 모순이 있다. 따라서 정치학의 가장 심오한 법칙은 자유―변화에의 탄탄대로―이고, 역사란 자유의 성장, 국가란 조직화된 자유이며, 또는 자유이어야 한다. 한편 '현실적인 것은 이성적이다'라는 학설에는 보수적인 색채가 있다. 어떠한 상황도 소멸할 운명에 처해 있으나 모두가 각기 필연적 발전 단계이므로 어느 것에나 신성한 존립의 권리가 있으며, '존재하는 것은 모두 정당하다'라는 것은 어떤 의미에서는 잔혹할 만큼 진리이다. 그리고 통일이 발전의 목표인 것처럼 질서는 자유의 제1조건이다.

노년에 헤겔의 철학이 은근히 품고 있는 급진성(急進性)보다 오히려 보수성으로 기울어진 것은 너무도 많은 시대정신의 변화에 싫증을 느낀 이유도 조금 있다. 1830년의 혁명 뒤, 그는 다음과 같이 쓰고 있다. '40년에 걸친 전쟁과 한없는 혼란이 마침내 끝나고, 평화롭고 만족한 시기가 시작됨을 보는 것은 나이 먹은 사람으로서는 기쁘다.' 그것은 반드시 성장의 변증법으로서 투쟁의 철학자가 만족의 옹호자가 되기를 요구한 것이 아니라 육십의 나이에 이르면 평화를 요구할 권리가 있기 때문이다.

그럼에도 불구하고 헤겔 사고의 여러 가지 모순은 평화를 받아들이기에는 너무나 깊어 다음 시대에 제자들은 변증법적 숙명에 의해 '헤겔 우파'와 '헤겔 좌파'로 분열했다. 바이세나 소(小) 피히테(피히테의 아들)는, 현실적인 것은 이성적이라는 이론을 섭리 교양의 철학적 표현으로 보고, 절대 복종의 정치학을 위한 변명이라고 보았다. 포이어바흐·몰레스홋·바우어 및 마르크스는 헤겔의 청년시절의 회의론과 '고등비판'[18]으로 돌아가 역사 철학을 발전시키고, 헤겔적 필연서에 의하여 '불가피한 사회주의'를 낳는 계급투쟁의 이론을 세웠다. 시대정신에 의하여 역사를 규정하는 절대자 대신으로 마르크스는 대중운동과 경제력을 사물의 세계에 일어나는 것이든, 사고의 세계에서 일어나는 것이든 모든 중대한 변화의 기초적 원인이라고 간주했다. 제국의 교수 헤겔이 사회주의의 알을 부화시켰던 것이다.

이 노철학자는 과격론자를 몽상자라고 비난하고 조심스럽게 그 초기의 여러 논문을 감추어 버렸다. 그는 프로이센 정부와 결탁하고 프로이센 정부를 절대자 최후의 계시라 하여 축복하고, 관학(官學)의 혜택을 크게 입었다. 그를 적대시하는 사람들은 그를 '어용 철학자'라고 불렀다. 그는 자기의 체계를 세계의 자연법의 일부로 보기 시작했으나, 그 자신의 변증법이 자기의 사상도 영원한 것이 아니라 결국은 소멸할 것이라고 선고했던 것을 잊어버렸던 것이다. '철학이 1830년경의 베를린에서 만큼 자주적으로 언론을 폈던 때는 일찍이 없었고, 철학의 당당한 위신이 1830년경의 베를린에서만큼 완전히 승인되고 확보된 적은 일찍이 없었다.'

그러나 헤겔은 행복한 이삼 년 사이에 갑자기 늙었다. 그는 소설에 등장하는 천재들 못지않게 방심하는 일이 종종 있었다. 한 번은 구두 한 짝이 진흙에 빠진 것도 모르고 그대로 강당으로 들어간 적도 있었다. 1831년, 베를린에 콜레라가 만연했을 때, 그의 약해진 몸은 감염되어 쓰러진 지 단 하루 만에 돌연 조용히 영면(永眠)했다. 1년 동안에, 나폴레옹과 베토벤과 헤겔이 태어난 것과 같이, 독일은 1827년에서 1832년에 걸쳐 괴테와 헤겔과 베토벤을 잃었다. 그들은 한 시기의 종말에 서 있었던, 독일의 가장 위대한 시대가 낳은 최후의 훌륭한 인물들이었다.

---

18) 과학적 및 역사적 연구법에 의한 성서 연구를 말함.

쇼펜하우어

1. 시대

19세기 전기에 영국의 바이런·프랑스의 드 뮈세·독일의 하이네·이탈리아의 레오파르디·러시아의 푸시킨과 레르몬토프와 같은 염세 시인, 슈베르트·슈만·쇼팽 및 후년의 베토벤—자신을 낙천주의자라고 믿으려 한 염세주의자—과 같은 염세 작곡가, 그중에서도 특히 심각한 염세 철학자 아르투어 쇼펜하우어, 이들이 출현한 까닭은 무엇일까.

위대한 비애의 선집, 《의지와 표상으로의 세계》는 1818년에 세상에 나왔다. 신성동맹(神聖同盟)의 시대였다. 워털루 전투의 먼지는 가라앉고 혁명도 사라졌던 때였다. 따라서 '혁명의 아들'도 먼 바다 저쪽의 바위섬에서 시들어져 가고 있었다. 쇼펜하우어의 '의지의 신화'는 자그마한 코르시카 인 '의지'의 처절한 출현에 반쯤 원인이 있었으며, 그의 인생에 대한 절망의 한 부분은 세인트헬레나의 먼 거리에 기인한 것이었다.

'의지'는 마침내 패하고, 검은 죽음만이 모든 전쟁의 최후 승리자였다. 부르봉 가(家)는 다시 일어났고, 봉건귀족들은 소유지의 권리를 요구하며 돌아왔다. 그리고 러시아의 알렉산더 1세의 평화적 이상주의는 뜻하지 않게 진보를 억제하기 위한 동맹을 만들어 놓았던 것이다. 위대했던 시대는 지나가 버렸다. '나는 이처럼 철저히 끝나 버린 세계 속에서 내가 지금 젊지 않다는 것을 신에게 감사한다'고 괴테는 말했다.

유럽 전체는 완전히 지쳐 쓰러져 있었다. 몇 백만의 건강한 사람들이 죽고, 몇 백만 에이커나 되는 토지가 황폐한 채로 버려져 있었다. 대륙의 어느 곳에서나 생활은 전쟁으로 소모된 저 문명을 위한 경제적 여력을 서서히 회복시키기 위하여 다시 처음부터 출발하지 않으면 안 되었다. 쇼펜하우어는 1804년 프랑스나 오스트리아를 여행하면서 마을들의 무질서함과 불결함, 농촌의 극심한 궁핍, 거리의 불안과 참상을 보고 크게 충격을 받았다.

나폴레옹군과 반(反) 나폴레옹군은 그들이 통과하는 나라의 모든 국민의 얼굴에 파괴의 상흔을 남겨 놓았다. 모스크바는 잿더미가 되어 버렸다. 이 전쟁의 자랑스러운 승리자 영국에서까지도 농부는 보리 가격의 하락으로 인해 궁핍했으며, 산업 노동자들은 발생기 때의 통제 없는 공장제도의 모든 공포를 겪고 있었다. 해고는 실업을 증대시켰다. '나는 아버지가 이렇게 말한 것을 들은 일이 있다'고 칼라일은 쓰고 있다. "귀리가 1스톤(14파운드)에 10실링으로 떨어졌을 때 노동자들은 한 사람씩 따로 헤어져 몰래 냇가로 가서 서로 자기의 어려운 처지를 숨기려고 점심밥 대신 냇물을 마시고 있는 것을 보았다."

생활이 이토록 무의미하게 혹은 처참하게 보인 적은 이제까지 한 번도 없었다.

그렇다, 혁명은 죽었던 것이다. 혁명과 더불어 유럽의 정신도 생기를 잃은 것처럼 보였다. 그 마술로 신들의 황혼을 기대하게 한 유토피아라는 새로운 천국은, 젊은이의 눈으로만 볼 수 있는 막연한 미래 속으로 사라져 버렸다. 나이를 먹은 사람들은 그 매력에 너무 오래도록 빠져있었기 때문에 이제는 사람의 희망을 우롱하는 것이라 하여 얼굴을 돌려 버렸다. 다만 젊은이만이 미래에 살 수 있고 노인만이 과거에 살 수 있는 것이다. 대다수의 사람이 살아야 했던 현재는 폐허였다. 얼마나 많은 영웅과 신자들이 혁명을 위해 싸웠던가? 유럽 각지 청년의 마음은 새로운 공화국을 향하여 우러러보며 얼마나 그 밝은 빛과 희망 속에 살아왔던가! 그리하여 어느 날, 마침내 베토벤은 혁명의 아들임을 포기하고 반동의 양자가 된 사나이(나폴레옹)에게 바친 《영웅 교향곡》의 헌사를 찢어 버렸다. 이런 경우까지 합쳐 얼마나 많은 사람들이 그래도 큰 희망 때문에 싸우고 초조한 불안 속에서도 마지막까지 그 신앙을 버리지 않았던가. 이리하여 피폐한 프랑스 왕위에 아무것도 배우지 못하고 아무것도 잊어버리지 않은 부르봉 가(家)의 한 사람이 앉았다. 이것이 인류 역사의 이제까지 미처 몰랐던, 위대한 희망과 노력의 한 세대의 영광스런 대단원이었다. 이 비극은 웃음에 쓴 눈물이 감도는 사람들에게 차라리 비극이었다!

가난한 사람들은 이 환멸과 고뇌의 나날을 종교적 희망을 가지고 스스로 위로받고 있었지만, 상류층의 대부분은 그 신앙을 잃어버리고 내세에 있을 궁극적인 정의와 미(美) 속에서 이 염증 나는 해악은 사라질 것이라는 희망적인 환상을 지니지 못한 채 황폐한 세상을 바라보고만 있었다. 실제로 또 1818년 경의 지구와 같이 비참하고 가엾은 유성이 전지전능하신 신의 손에 지배되고 있다고 믿는 것은 여간 곤란한 일이 아니었다. 메피스토펠레스는 쾌재를 외치고 파우스트는 절망에 빠져 있었다. 볼테르는 선풍을 일으키고, 쇼펜하우어는 결과를 거두어들일 운명이었다.

악의 문제가 이처럼 뚜렷하게 철학과 종교에 제시된 일은 드물었다. 볼로뉴에서 모스크바 및 이집트까지 모든 전몰자의 무덤은 차갑게 빛나는 별을 향하여 무언의 질문들을 던지고 있었다.

'오오, 주님이여 앞으로 얼마 동안입니까? 그리고 무엇 때문에?' 거의 전 세계에 미친 참화는 이성과 무신앙의 시대에 가해진 정의의 신의 복수였을까. 그것은 죄를 뉘우치는 지성에게, 신앙·희망·자애라는 옛 덕 앞에 무릎 꿇으라는 경고였을까. 그렇다고 생각한 것은 슐레겔과 노발리스, 샤토브리앙, 드 뮈세, 사우디, 워즈워스다. 그리고 그들은 탕아가 기꺼이 다시 집으로 돌아오듯이 옛 신앙으로 돌아갔다. 그러나 더 가혹한 답변을 한 사람도 몇 있었다. 유럽의 혼돈은 우주 혼돈의 반영에 지나지 않으며 결국 신의 도리도 천국에 대한 희망도 존재하지 않는다. 신은—만일 신이 있다면—맹목적이며, 악은 지구 표면을 덮고 있다. 이것이 바이런, 하이네, 레트몬포프, 레오파르디 및 우리의 철학자의 대답이었다.

2. 인물

쇼펜하우어는 1788년 2월 22일에 단치히에서 태어났다. 아버지는 상인으로 그 능력과 독립심, 성급한 성격, 자유 애호가로 널리 알려져 있었다. 아르투어가 다섯 살이 되었을 때, 아버지는 단치히에서 함부르크로 이주했다. 그것은 단치히가 1793년 폴란드에 합방되어 자유를 잃어버렸기 때문이다. 따라서 아들인 쇼펜하우어는 한창 상업 활동이 눈부실 때 자라났는데, 아버지가 강제로 떠맡긴 상인생활을 곧 버렸지만 그 기질은 그의 생활에서 어떤 조잡성, 정신에서 현실주의 경향 및 인간과 세상을 아는 지식으로 남아 있었다. 또 그 기질은 그가 몹시 경멸한 서재 철학자, 또는 강단 철학자와 전혀 다른 철학자로 그를 만들었다. 아버지는 1805년에 죽었지만 아무래도 자살인 것 같다. 그의 친할머니는 그 전에 미쳐서 죽었다. 쇼펜하우어는 이렇게 말했다.

쇼펜하우어

"성격 즉 의지는 아버지에게 물려받았고, 지성은 어머니에게 물려받았다."

어머니는 지성이 있었지만—어머니는 인기 있는 소설가였다—동시에 성격이 과격하고 신경질적이었다. 산문적인 남편과의 생활이 불행했기 때문이었는지 남편이 죽자 자유연애를 했고, 그런 생활에 알맞은 바이마르로 옮겨갔다. 아르투어 쇼펜하우어는 햄릿이 어머니의 재혼을 반대한 것처럼 이에 반대했다. 어머니와의 싸움으로 그는 철학에 흥미를 더하게 한, 여성에 관한 그 반쪽의 진리를 대부분 배웠다. 그녀가 아들에게 보낸 편지 중의 하나를 보면 두 사람 사이의 사정을 잘 알 수 있다.

"너는 고약한 성격의 아이라서 너와 함께 살기는 여간 어렵지 않으리라 생각한다. 네 좋은 성질은 너의 그 거만한 마음 때문에 모두 흐려지고 세상에서 쓸모없이 돼버렸다. 그것은 네가 오직 남의 흉만 들추려는 버릇을 버리지 못하기 때문이다."

결국 두 사람은 서로 떨어져 살기로 합의했고, 그는 다만 그녀의 '면회일'에만 찾아가서 다른 손님들 중의 한 사람으로 어머니를 만나기로 했다. 이렇게 하여 그들은 가족일 때처럼 서로 미워하지 않고 남과 같이 예절 바르게 대할 수 있었다. 괴테는 쇼펜하우어 부인이 초대할 때, 크리스티아네를 동반하여도 좋다는 것을 허락했으므로 그녀를 좋아했다. 그러나 괴테는 그녀에게 당신 아들은 아주 유명한 사람이 될 것이라고 말했기 때문에 난처하게 되어 버렸다. 이 어머니는 한 가족 중에 천재가 둘이 있다는 말 같은 것은 들은 적이 없다는 것이었다. 마침내 논쟁은 최고도에 달하여 어머니는 아들과 말 상대자—괴테—를 층계에서 밀어 떨어뜨렸다. 이때 우리의 철학자는, 당신은 나 때문에 후세에 그 이름이 알려질 것이라고 극언했다. 쇼펜하우어는 그 뒤로 곧 바이마르로 떠났으며, 그의 어머니는 그뒤 24년 동안이나 더 살았지만 모자(母子)는 한 번도 서로 만나지 않았다. 같은 1788년생(生)인 바이런도 어머니와의 사이가 쇼펜하우어의 경우와 비슷했던 모양이다. 이 사람들은 이처럼 비슷한 환경만으로도 염세주의자가 될 운명에 놓여 있었다. 어머니의 사랑을 몰랐던—그보다 더욱 곤란한 일은 어머니의 미움을 받았던 것이다—사나이가 이 세상을 좋게 볼 리가 없었던 것이다.

이동안 쇼펜하우어는 김나지움과 대학의 전 과정을 마쳤다. 그리고 학교에서 가르쳤던 것 이상으로 많은 것을 배웠다. 그는 연애와 세상을 증오했는데, 그런 결과는 성격과 철학에 영향을 미쳤다. 그는 음울해지고 냉소적으로 변했으며, 의심이 많아져서 공포와 불길한 망상에 사로잡혔다. 파이프 상자에 자물쇠를 채우고, 이발할 때는 절대로 목 근처를 건드리지 못하게 했다. 또 잘 때는 권총에 탄환을 넣어 침대 옆에 놓아두었다.—짐작컨대 밤에 도둑이 들어왔을 때의 방비책인 모양이었다. 그는 소음을 몹시 싫어했다. '나는 오랫동안 다음과 같은 의견을 품어 왔었다'라고 그는 쓰고 있다. '마음을 어지럽히지 않는 소음의 양(量)은 그 사람의 정신능력에 반비례한다. 그러므로 그 양은 정신능력의 척도라고 볼 수 있다.'

그는 자기의 위대성이 인정되지 않는 일에 대하여 거의 편집병(偏執病, Paranoiac)이라고 할 만한 행동을 했다. 성공과 명성을 놓쳐 버렸기 때문에 그의 눈은 내면으로 향하여 자기 자신의 마음을 괴롭혔던 것이다.

그에겐 어머니가 없었고, 아내가 없었고, 자식도 가정도 없었고, 조국도 없었다. '그는 철저히 혼자였으며, 진정으로 마음을 주는 친구라고는 단 한 사람도 없었다. 이 경우 한 사람이 있다는 것과 한 사람도 없다는 것 사이에는 무한이 가로놓여 있는 것이다.'

1813년, 나폴레옹으로부터의 해방전쟁에 대한 피히테의 열광에 동조하여 그는 지원병이 될 생각을 하고 실제로 무기 일체를 사놓았으나, 어떻게 사려분별이 생겨 '나폴레옹은 결국 약한 인간이 느끼는, 그러나 무리하게라도 감추지 않으면 안 될 자기주장욕과 생명욕을 집중적으로 그리고 자유분방하게 나타낸 것이다'라고 논했다. 그는 전장에 나가는 대신 시골로 가서 철학박사 학위 논문을 썼다.

박사 논문 《충족 이유율(充足理由律)의 네 가지 근원에 대하여》(1813년)를 쓴 뒤, 쇼펜하우어는 시간과 힘을 쏟아 그의 걸작이 된 《의지와 표상으로서의 세계》에 전심했다. 그는 그 원고를 '크게 자찬하며' 출판사에 보냈다. 이것은— 하고 그는 말했다—'모든 낡은 관념들의 단순한 재생이 아니라 독창적 사상으로서 지극히 일관된 체계로 명석하여 알기 쉽고, 또 상당히 유려한' 이 저서는 '앞으로 다른 무수한 책들이 쓰일 원천이 되고 유인(誘因)이 될 것이다.' 이것은 정말 어처구니없는 자만심이기도 했지만 정말이기도 했다. 몇 년 뒤의 일이지만 쇼펜하우어는 철학의 주요한 문제들을 해결했다고 확신하면서 인장이 찍힌 반지에 스핑크스가 깊은 못에 몸을 던지는 조각을 새기려고 마음먹었다. 스핑크스는 자기의 수수께끼가 풀리면 깊은 못에 몸을 던지겠노라고 약속했기 때문이다.

그럼에도 불구하고 이 책은 조금도 세상 사람의 주의를 끌지 못했다. 세상은 자기들의 빈궁과 피폐에 대하여 쓴 글을 읽기에는 너무도 가난했고 지쳐 있었다. 출판된 지 16년 뒤, 쇼펜하우어는 인쇄한 부수의 대부분이 휴지 값으로 팔렸다는 통지를 받았다. 그는 《인생의 지혜》에서 명성에 대해 말했는데, 자기의 걸작을 넌지시 드러내며 리히텐베르크[1]의 말을 두 가지 인용하고 있다. '이러한 저술은 거울과 같은 것으로 당나귀가 들여다보는데 천사가 비쳐지리라고 기대해서는 안 된다', '머리와 책이 서로 의견이 대립되었을 때 공허한 소리를 내는 것은 언제나 책 쪽일 것인가?'

쇼펜하우어는 허영심을 손상당한 사람처럼 다음과 같이 말을 이어간다.

"사람이 후세에 속해 있으면 있을수록, 다시 말하여 인류 일반에 속해 있으면 있을수록 그 사람은 그 사람이 속해 있는 시대와는 아무 연관이 없다. 왜냐하면 그 사람이 낳아 놓는 것은 특히 그 시대를 위해서 바쳐진 것이 아니라, 즉 시대 자체에 소속된 것이 아니라, 시대라는 것이 인류의 일부분인 경우에만 이 시대에 소속하고 있는 것이다. 따라서 실제로 또 거기에는 시대의 빛깔은 칠해져 있지 않았기 때문이다." 이때 그는 우화 속의 여우처럼 웅변적이 된다. '청중이 박수를 보낼 때, 그들 대다수가 귀머거리라는 것을, 한두 사람이

---

1) George Chistoph Lichtenberg(1742~1799). 독일의 물리학자인 동시에 문인.

박수를 치는 모습을 보고 자신의 결점을 숨기고 있다는 것을 알고도 음악가는 자랑스러울까? 더욱이 이 음악가는 박수를 가장 처음 친 한두 사람이 누구보다 졸렬한 연주자에게 가장 요란한 박수갈채를 보내기 위해 뇌물을 제공받았다는 사실을 알면 뭐라고 말할까?' 어떤 사람의 경우 자부심은 명성을 얻지 못한 것에 대한 보상이 되고 또 어떤 사람에게 자부심은 너무 쉬운 타협으로 끝난다.

쇼펜하우어는 몸과 마음을 이 책에 완전히 바쳤으므로, 그 뒤의 작품들은 모두 그 책의 단순한 주석에 지나지 않았다. 그는 자기 자신의 율법의 해설자가 되고, 자기 자신의 애가(哀歌)의 해석자가 되었다. 1836년에 그는 《자연의 의지에 관한 에세이》라는 논문을 발표했고, 이 논문은 훗날 이 논문의 확대판이라고 할 수 있는 《의지와 표상의로서의 세계》로 대다수 흡수되었다. 1841년에는 《윤리학의 두 근본 문제》, 1851년에는 《파레르가와 파랄리포메나 (Parerga et Parali pomena)》—글자 그대로 하면 《소품과 단편집》이지만 영어로는 《에세이》로 번역되었다.—가 나왔다. 후자는 그의 저작 중에서도 가장 재미있게 읽을 수 있는 지혜와 기지가 넘친 것인데도, 여기에 대한 보수는 그가 출판사에서 받은 10부의 증정본뿐이었다. 이런 사정 아래에서 낙천주의자가 되기란 곤란할 것이다.

단 하나의 사건만이 바이마르에서 퇴거한 뒤의 고독한 연구생활의 단조로움을 깨뜨렸다. 그는 전부터 자신의 철학을 독일의 어느 큰 대학에서 강의할 기회를 바라고 있었는데, 1822년에 기회가 찾아왔다. 객원 강사로서 베를린 대학에 초청되었던 것이다. 그는 신중히 생각한 끝에 그 당시 세력이 당당했던 헤겔의 강의 시간에 맞춰 자기의 강의 시간을 선정했다. 학생들만은 자기와 헤겔을 후세의 눈으로 보아줄 것이라고 쇼펜하우어는 생각했던 것이다. 그러나 학생들은 그렇게 먼 앞날을 예견하지 못했다. 쇼펜하우어가 정신을 차려 보니 자기가 빈자리를 향하여 강의하고 있는 것을 알았다. 그는 사직하고 헤겔에게 맹렬한 욕설을 퍼부음으로써 분풀이를 했지만, 그 욕설은 그의 걸작 《의지와 표상으로서의 세계》 이후의 모든 출판들을 망쳐 버렸다. 1831년, 베를린에 콜레라가 발생하여 헤겔도 쇼펜하우어도 베를린을 피해 갔다. 그런데 헤겔은 너무 빨리 베를린으로 돌아왔기 때문에 병에 전염되어 하루 만에 죽어

버렸다. 쇼펜하우어는 프랑크푸르트까지 피해 가 그곳에서 72세까지 살았다.

사려 깊은 염세주의자답게 그는 낙천주의자들이 빠지기 쉬운 과오, 즉 펜으로 생계를 이으려는 생각을 하지 않았다. 그는 아버지의 회사의 주(株)를 상속받아 거기에서 생기는 수입으로 조촐하게 살았다. 그는 철학자에게는 어울리지 않게 머리를 써서 돈을 투자했다. 주주였던 어느 회사가 파산했을 때 다른 채권자들은 70퍼센트의 지불에 동의했으나 쇼펜하우어는 전액지불을 주장하여 이길 수 있었다. 그는 하숙집에 방 두 개를 빌리는 것이 고작이었으나 그곳에서 그의 여생을 30년 동안 한 마리의 개와 함께 살았다. 그는 이 귀여운 삽살개에게 아트만(眞我)이라는 이름을 붙였는데, 거리의 장난꾸러기들은 이 삽살개를 '작은 쇼펜하우어'라고 불렀다. 저녁은 언제나 '영국 집'에서 먹었지만, 그는 식사를 시작하기 전에 반드시 금화 한 닢을 테이블 가장자리에 놓았다가 식사가 끝나면 다시 주머니에 집어넣었다. 마침내 분개한 종업원은— 그는 팁을 주려는 줄 알았다—이 의례적인 버릇은 무엇을 뜻하느냐고 물었다. 쇼펜하우어는 대답했다. 여기에 오는 영국 장교들이 식사를 하며 경마나 여자나 개의 이야기가 아닌 다른 이야기를 하면 당장 이 금화를 자선함에 넣으려고 말없는 내기를 하고 있었다고.

대학은 그와 그의 저술을 무시했다. 마치 철학상의 진보는 모두가 아카데미의 담 밖에서 이루어진다는 그의 주장을 밝히기라도 하듯이. 니체는 말했다. "쇼펜하우어가 자기들과 닮지 않았다는 일처럼 독일 철학자들을 불쾌하게 하는 일은 없었다." 쇼펜하우어는 적잖은 인내를 배우고 있었지만 시기는 늦을지라도 자기가 인정받을 때가 반드시 온다고 확신하고 있었다. 그리고 마침내 때는 오고야 말았다. 중류계급의 사람들, 즉 변호사나 의사나 상인들은 그가 말하는 것이 단순히 형이상학적인 공상을 잘난 체하며 말하는 헛소리가 아니라, 현실생활의 여러 현상에 대해서 알기 쉬운 개념을 깨워 주는 철학자라는 것을 인정했다.

1848년, 이상과 노력에 대한 환멸을 맛본 유럽은 1815년의 절망을 표현한 이 철학자를 거의 환호의 아우성으로 맞아들였다. 과학의 신학에 대한 공격, 빈곤과 전쟁에 대한 사회주의적 탄핵, 생존경쟁의 생물학적 강조 이런 모든 요소들이 서로 도와서 쇼펜하우어의 명성은 마침내 높아졌다.

그는 자기의 인기를 즐기기에 그리 나이가 많지 않았다. 자기에 관한 기사가 나오면 열심히 읽었으며, 자기를 논평한 인쇄물이 눈에 띄는 것은 무엇이건 다 보내 달라고 친구들에게 부탁했다. 그리고 배송료는 다 자기가 치렀다. 1845년 바그너는 쇼펜하우어의 음악 철학을 찬양하면서 《니벨룽겐의 반지》를 한 부 보냈다. 이와 같은 상황에서 이 위대한 염세주의자는 그 노년에 낙천주의자가 되었다고도 말할 수 있다. 식후엔 열심히 플루트를 불며 시간이 청춘의 불을 꺼준 데 대하여 감사했다. 전 세계에서 사람들이 찾아와 면회를 신청했다. 1858년, 그의 70회 생일에는 축사가 여러 지방, 모든 대륙에서 속속 몰려들었다.

이 변화가 너무 빨리 찾아왔다고는 말할 수 없다. 그는 그로부터 2년밖에 더 살지 못했던 것이다. 1860년 9월 21일, 그는 혼자서 아침 식사를 시작했는데, 퍽 건강이 좋아 보였다. 그러나 한 시간 뒤에 하숙집 안주인은 그가 조용히 테이블을 향한 채 죽은 것을 발견했다.

3. 표상으로서의 세계

《의지와 표상으로서의 세계》를 펼치면 바로 독자를 사로잡는 것은 문체이다. 여기에는 칸트식 용어의 중국식 난해함도, 헤겔식 혼미함도, 스피노자식 기하학도 없다. 모두가 명쾌하고 정연하며, 모두가 의지로서의, 따라서 투쟁으로서의, 그리고 고통으로서의 세계라는 근본사상에 한결같이 집중하고 있다. 이 얼마나 꾸밈없는 정직함이며, 얼마나 명쾌한 발랄함이며, 얼마나 완고한 솔직함인가? 그의 선배들은 너무나 극단적이어서 실제 세계를 구체적으로 설명하지 못하는 이론을 펼쳤으나 쇼펜하우어는 사업가의 아들답게 구체적인 사례와 응용을 보여주고 있으며 심지어 유머까지 넘친다. 칸트 이후로 철학에 유머를 곁들인 것은 놀라운 혁신이었다.

그런데 왜 이 책은 알려지지 않았을까. 그 이유는 대부분이 책을 선전해 주어야 할 사람들, 즉 대학교수들이 이 책을 공격했기 때문이었다. 1818년의 헤겔은 독일 철학의 독재자였다. 그럼에도 불구하고 쇼펜하우어는 지체 없이 헤겔을 맹렬히 공격했다. 제2판의 서문에 그는 다음과 같이 쓰고 있다.

"철학이 한편에서는 국가의 수단으로, 다른 한편에서는 생계의 수단으로 한

심스럽게도 남용되는 시대만큼 추악한 철학의 시대는 없다. ……'우선 생활하고 그다음에 철학한다'라는 원칙에는 하등 이의를 말할 바 없다. 그들은 철학에 그들의 처자까지 매달고 있는 것이다. ……'나를 먹여주는 사람은 칭찬해 주어야 한다'는 규칙은 항상 어떤 우스갯소리의 모호한 각주 속에 파묻히는 것이 좋다. 극작가의 대사에 자신의 발언을 덧붙이는 것으로 악명 높은 '배우 운젤마임'은 베를린 극장에서 즉흥 연기를 금지당했다. 이윽고 그는 말을 타고 무대에 등장해야 했다. 그들이 입장하자마자, 말은 공공장소에 어울리지 않는 심각한 행위를 저질렀다. 관객들이 웃기 시작하자 운젤만은 말을 심하게 나무랐다.─'이 녀석아, 우리가 즉흥적으로 연기하는 것은 금지되어 있다는 것을 모르느냐?' 그렇다. 철학으로 돈을 버는 것을 고대인들은 소피스트들의 특징으로 여겼다. ……돈으로 얻을 수 있는 것은 평범한 것뿐이다. ……우리 동시대인은 20년 동안이나 헤겔과 같은 저 정신적인 캘리밴[2]을 최대의 철학자라고 떠들어 댔으나 그것은 직접 본 내가 그와 같은 동시대인의 갈채를 바라는 일은 있을 수 없다. ……차라리 진리는 언제나 오직 소수의 사람들의 것에 지나지 않을 것이다. 그러므로 비범한 사고방식으로 음미할 소수의 사람이 나타나 주기를 침착하고 겸손하게 기다려야 한다. ……그러나 인생은 짧고 진리는 멀리 오래 사는 것이다. 우리는 진리를 이야기하지 않으려는가."

이 마지막 말은 고상한 투이지만 어딘가 좀 허세를 부린 듯한 느낌이 있다. 쇼펜하우어만큼 세상의 칭찬을 열망한 사람도 없었기 때문이다. 만일 헤겔을 나쁘게 말하지 않았더라면 그것은 좀 더 고귀했을 것이다. 세상의 승인을 겸손하게 기다리자는 데 대해 쇼펜하우어는 이렇게 말한다.

"나는 칸트에서 나에게 이르기까지의 사이에 철학상 무슨 일이 이루어졌다고 인정할 수는 없다. 나는 이 사상─세계는 의지라는─은 철학의 이름 아래 오랫동안 탐구해 오던 사상이라고 생각한다. 그러므로 그것을 발견하는 일은 역사적 교양이 있는 사람들의 눈으로 볼 때 현자의 돌[3]을 발견하는 것과 마찬가지로 불가능한 일로 간주된다. 나는 오직 한 가지 사상을 전하려는 데 불과하다. 그러나 나의 모든 노력에도 불구하고 나는 이 책 전체보다 더 간단

2) 셰익스피어의 《템페스트》에 나오는 반짐승의 괴인.
3) 중세의 연금술사가 발견하려고 한, 비금속을 귀금속으로 바꿀 수 있다고 믿었던 이상한 돌.

하게 그것을 전하는 방법을 찾아내지 못했다. ……이 책을 두 번 읽어 주기 바란다. 단 첫 번째는 많은 인내를 가지고 읽어야 한다. 겸손은 이것뿐이다!"

쇼펜하우어의 주저(主著)의 마지막 말에서 겸손 같은 것은 전혀 느낄 수 없다. '세계는 나의 표상(관념)이다'로 시작될 정도다. 피히테가 같은 주장을 했을 때, 형이상학에 익숙한 독일인들조차도 '여기에 대해 피히테의 부인은 뭐라고 할까' 자문했었다. 그러나 쇼펜하우어에게는 아내가 없었다. 그가 뜻하는 것은 아마 단순한 것으로 외계는 우리의 감각과 표상을 통하여 우리에게 알려지지 않는다는 칸트의 입장에 처음부터 서려고 했던 것이다. 여기에 이어 관념론의 설명이 있지만 이 설명은 대단히 명석하고 인상 깊긴 해도 이 책 중에서는 가장 독창성이 적은 부분으로 맨 처음에 놓기보다는 끝에 놓는 편이 좋으리라고 생각된다. 세상은 쇼펜하우어를 발견하는 데 한 세대나 걸렸다. 그것은 그가 처음에 되도록 나쁜 인상을 주어서 자기 자신의 사상을 2백 페이지나 되는 낡은 관념론의 벽장 속에 감춰 놓았기 때문이다.

제1편의 가장 중요한 부분은 유물론에 대한 공격이다. 물질은 정신에 의해서만 알려질 수 있는데, 어떻게 우리는 정신을 물질이라고 부를 수 있는가.

"직관적 표상을 가지고 지금까지 유물론을 따라와 그 정점에 도달하면 우리는 갑자기 올림푸스의 신들이 참다못해 와아, 하고 웃음을 터뜨리는 것을 보게 되리라. 즉 우리는 꿈에서 깨어난 것처럼 유물론이 고심하여 도달한 최후의 결과인 인식작용은 유물론의 최초의 출발점이었던 물질 그 자체가 이미 필수조건으로 전제되어 있고, 우리는 유물론과 더불어 물질을 사고한다고 여겼으나 실은 물질을 표상하는 주관, 물질을 보는 눈, 물질에 접촉하는 손, 물질을 인식하는 오성(悟性)을 사고하고 있는 데 지나지 않았다는 것을 돌연 깨닫게 될 것이기 때문이다. 이리하여 뜻하지 않게 터무니없는 '선결 문제 요구의 허위'가 탄로되었다. 왜냐하면 갑자기 마지막 고리(環)가 사실은 최초의 출발점이고, 연쇄는 둥근 고리였으며 유물론자는 말을 타고 강을 건너면서 말의 다리를 허공으로 끌어올린 채 자신은 갈기를 붙잡고 간 뮌히하우젠 남작과 같다는 것을 알게 되었기 때문이다. ……19세기 중엽인 지금 독창적이라고 여기는 무지 때문에 다시 거론되는 조잡한 유물론은, 어리석게도 먼저 생명력을 부정해 놓고도 생명의 현상을 물리적인 힘이나 화학적인 힘으로 설명하려고 하면서, 이러한 힘들을 다시 물질의 기계적 작용으로 설명하려고 한다. ……
아무리 단순한 화합물이라도 기계적으로 설명할 수 없을 텐데, 더구나 빛·열·
전기의 성질은 결코 기계적으로는 설명할 수 없다고 믿는다. 이들 성질은 항상
동력학적 설명밖에 허락하지 않게 될 것이다."

처음에 물질을 음미하고 다음에 사고의 음미로 나아가 형이상학의 수수께
끼를 풀면 실재의 신비스러운 본질을 발견할 수 없다. 우리가 직접 가까이 인
식하는 것부터, 즉 우리 자신에서부터 시작해야 한다.

"우리는 결코 외부로부터 사물의 본질에 도달할 수 없다. 설령 아무리 탐구
한다 하여도 우리는 고작 심상이나 명칭밖엔 얻을 수 없다. 그것은 마치 입구
를 찾아 성곽 주위를 돌아다니다가 결국 그 정면을 스케치해 놓는 사람과도
같다."

우리는 안으로 들어가자. 만약 우리들 자신이 정신의 궁극적 본성을 규명할
수 있다면 우리는 아마도 외계의 문을 여는 열쇠를 쥐게 될 것이다.

4. 의지로서의 세계
살려고 하는 의지

거의 예외 없이 철학자들은 정신의 본질을 사고와 의식으로 보았다. 그들에
게 있어 인간은 인식하는 동물, 이성적 동물이었다.

"이 예부터의 근본적 오류는 이 엄청난 프로톤 제1의 허위(proton pseudos)[4]가
무엇보다도 먼저 제거되지 않으면 안 된다. 의식은 우리들 정신의 단순한 표면
일 뿐이며, 우리는 그 내면의 일에 대하여서는—지구의 내면에 대해서와 같
이—아무것도 모르며 다만 겉껍질만을 아는 데 불과하다."

의식적 오성 아래는 의식적 또는 무의식적인 의지, 격렬하고 집요한 생명력,
자발적 능동성, 부단한 욕구의 의지가 가로놓여 있다. 지성은 때로 의지를 지
휘하는 것처럼 보일지 모르지만 실은 안내인으로서 주인을 안내하는 데 불과
하다. 우리는 욕구할 만한 이유를 찾아내면 어떤 것을 욕구하는 것이 아니라
어떤 것을 욕구하기 때문에 그 욕구의 이유를 발견하는 것이다. 우리는 자기

---

4) 쇼펜하우어는 '욕망은 인간의 참된 본질이다'라고 강조한 스피노자의 말을 잊고 있다. 피히테
도 의지를 강조하고 있다.

의 욕구를 숨기기 위해서 철학이나 신학을 애써 만들어 냈다. 그러므로 쇼펜하우어는 인간을 '형이상학적 동물'이라고 부른다. 인간 이외의 동물은 형이상학 없이 욕구하기 때문이다.

"우리가 남과 다투고 있다 하자. 여러 이유와 설명을 들어 상대를 설득하려고 애쓰는 데도 결국 상대방에게는 이해하려는 의지가 없을 때, 문제는 상대방의 의지에 있다는 것을 발견하는 것처럼 화나는 일은 없다."

논리학 무용론이다. 즉, 이제까지 아무도 사람을 논리학으로 설득한 일은 없으며, 논리학자들까지도 논리학을 수입원으로 삼는 데 지나지 않는다. 사람을 설득하려면 그 사람 자신의 이해관계, 욕망, 의지에 호소해야 한다. 우리는 자기의 승리를 얼마나 오랫동안 기억하고 패배를 얼마나 빨리 잊는가를 주목하는 것이 좋다. 일반적으로 지성은 교활한 사람의 경우처럼 위험에 의해서 발달하고, 범죄인의 경우처럼 궁핍으로 발달한다. 그러나 언제나 지성은 욕망에 예속하고 욕망의 앞잡이인 것처럼 보여 지성이 의지를 대신하려고 하면 혼란이 일어난다. 오직 반성에 의해서만 행동하는 사람만큼 과오를 범하기 쉬운 사람은 없다.

음식물과 배우자와 자식을 얻으려고 하는 인간의 격렬한 노력을 생각해 보자. 이것이 반성이 시키는 짓이겠는가. 분명히 그렇지는 않다. 원인은 살려고 하는, 더욱이 충분히 살려는 반의식적인 의지이다. 그들은 자기들이 인식한 것에 인도되는 것처럼 생각하지만 사실은 그들이 내부에서 느낀 것, 즉 본성—본성의 작용은 대부분 무의식적이다—에 의하여 충동을 일으키는 것이다. 지성은 외무장관에 지나지 않는다.

"자연은 개인의 의지에 필요하도록 지성을 만들어 냈다. 그러므로 지성은 다만 사물이 의지의 동기가 될 수 있는 한에서만 사물을 인식하도록 마련된 것으로서 사물의 근본을 규명하거나 사물의 참(眞)존재를 이해하도록 짜여 있지 않은 것이다."

"의지는 정신에서 유일한 영구불변의 요소다. 의식에 통일을 주고 의식의 모든 표상과 사사에 기초 저음으로 수반함으로써 그러한 표상과 사상을 한데 묶어내는 의지인 것이다."

성격은 의지에 있는 것이지 지성에 있는 것이 아니다. 성격 또한 놓인 목적과 취해진 태도와의 지속성이며, 목적을 두고 태도를 취하는 것은 의지이다. 여론이 머리보다도 '가슴'을 더 좋아하는 것은 옳은 일이다. 여론은 '선한 의지'가 명석한 정신보다 깊고 신뢰할 만하다는 것을 알고 있다(그 이유는, 여론은 이 사실을 논리적으로 생각해 낸 것이 아니기 때문이다). 여론이 어떤 인간을 '약삭빠르다'라든가 '아는 체한다'든가 '교활하다'고 부를 때 그것에는 미심쩍게 생각하는 마음과 혐오하는 마음이 은근히 포함되어 있다. "빛나는 정신은 감탄을 얻지만 결코 애정을 얻지 못한다." 그리고 "모든 종교는 뛰어난 의지나 마음에 대한 보상을 약속하지만, 머리나 이해 능력의 우수성에 보상은 약속하지 않는다."

신체조차도 의지의 산물이다. 혈액은 우리들이 막연히 생명이라고 부르는 의지에 떠밀려 태아의 체내에 도랑을 파 혈관을 만든다. 이 도랑이 깊고 둘레가 막힘으로써 동맥과 정맥이 된다. 인식하려고 하는 의지는 마치 잡으려는 의지가 손을 형성하고, 먹으려는 의지가 소화기관을 발달시키는 것처럼 뇌를 만든다. 사실 이러한 의지와 육체의 형식으로 이뤄진 한 쌍은 요컨대 동일한 과정이며, 실재의 두 가지 면(面)에 지나지 않는다. 이 관계는 감정에 의해서 가장 세밀하게 관찰할 수 있지만 감정에서는 감정의 작용과 신체의 변화와는 하나의 복합적 통일을 이루고 있다.

"의지의 움직임은 신체의 움직임과는 인과의 끈으로 결합된다. 객관적으로 인식된 두 개의 다른 상태가 아니라, 즉 원인과 결과의 관계에 있는 것이 아니라, 그것은 동일한 것으로서 다만 서로 다른 방식으로 주어져 있는데 불과하다. 즉 하나는 완전히 직접적으로 주어지고 하나는 직관 속에 주어져있는 것이다. ……신체의 움직임은 객관화된 의지의 움직임인 것이다. ……이 사실은 신체의 모든 움직임에도 적용된다. ……그렇기 때문에 신체의 모든 부분은 의지의 표현인 모든 중요한 욕망에 대응할 것이며, 그러한 욕망들의 가시적 표현일 것이다. 치아, 목구멍, 내장은 객관화된 굶주림이며, 생식기관은 객관화된 성욕이다. ……인간의 신체 일반이 인간의 의지 일반에 대응하듯이 개인의 신체 구조는 개인적으로 변화된 의지, 즉 개인의 성격에 대응한다."

지성은 지치는 일이 있지만 의지는 결코 지치는 일이 없다. 지성은 수면을 필요로 하지만 의지는 수면 중에도 활동한다. 피로는 고통과 같이 그 자리를 뇌 속에 가지고 있으며, 대뇌와 결부되어 있지 않는 근육—심근과 같이—은 결코 지치지 않는다. 수면 중에 뇌는 영양을 취하지만, 의지는 결코 영양을 필요로 하지 않는다. 수면이 두뇌 노동자들에게 가장 필요한 이유가 여기 있다 (그러나 이런 이유 때문에 지나치게 수면 시간을 연장해서는 안 된다. 그럴 경우 수면의 강도는 떨어지고 단지 시간 낭비가 될 뿐이다). 잠자는 동안 인간의 생활은 식물적 단계로 내려가 '의지는 외부의 침해를 받지 않고 뇌의 활동과 가장 중대한 유기적 기능인 인식작용의 긴장에 의해서 그 힘이 줄어 없어지는 일없이 본래의 본질적 성질대로 움직인다. ⋯⋯그렇기 때문에 수면 중에는 의지의 힘이 전부 유기체의 유지와 개선에 돌려지고 있다. 따라서 병의 치유 및 모든 병의 위기의 호전은 수면 중에 일어난다.'

부르다흐가 수면은 본래의 상태라고 선언한 것은 옳다. 태아는 거의 끊임없이 잠자고 있으며, 어린이도 대부분 잠으로 보낸다. 인생은 '수면과의 싸움이다. 최초에는 우리가 자리를 잡지만 결국은 수면이 그것을 빼앗는다. 수면은 낮에 써버린 생명을 새로 회복시켜 유지하기 위해 미리 빌려 쓰는 적은 양의 죽음이다.' 수면은 우리의 영원한 적이다. 우리가 깨어 있을 때조차도 수면은 우리를 약간은 지배한다. '도대체 머리에 무엇을 기대할 수 있는가. 가장 총명한 머리일지라도 밤마다 지극히 기묘하고 무의미한 꿈의 수라장이 되고, 깨어난 후에 또다시 그 묵상을 다루지 않으면 안 되는 것이다.'

그렇기 때문에 의지는 인간의 본질이다. 그런데 만일 의지가 모든 형태에서의 생명, 다시 말하면 무생물에 있어서까지도 그 본질이라고 한다면 어떻게 될 것인가. 만일에 의지가 오랫동안 찾아 헤매었는데, 그 발전이 이미 오래전에 절망시되었던 '물자체'라면, 즉 만물의 궁극의 내적 실재이고 만물의 신비스런 본질이라고 한다면 어떻게 될 것인가.

그러면 외계를 의지의 견지에서 해석해 보기로 하자. 그리고 즉시 근본을 규명해 보자. 다른 사람들은 의지는 힘의 한 형식이라고 했지만 우리는 반대로 힘은 의지의 한 형식이라고 말한다. 인과성이란 무엇인가라는 흄의 물음에 대해서 우리는 의지라고 대답한다. 의지는 우리들 자신에게 가장 일반적인 원인처럼 사물에서도 그렇다. 이렇게 원인을 의지로 해석하지 않는 한, 인과란 여전히 그 의미를 전혀 모르는 신비로운 주문에 지나지 않는다. 의지라는 이 비결 없이는 우리는 '힘'이다, '인력(引力)'이다, '친화력'이다 하는 단순한 숨은 질(質)[5]에 쫓기는 길밖엔 없다. 우리는 이 힘이 무엇인지는 모르지만 그런대로 의지란 무엇인가라는 것은 적어도 그것보다는 명료하게 안다. 그리하여 척력(斥力)과 인력, 결합과 분해, 자기(磁氣)와 전기, 중력과 결정 작용은 의지라고 하자. 괴테가 연인끼리의 어쩔 수 없는 인력을 die Wahlverwandschaften(친화력)[6]이라고 불러 소설의 표제로 삼은 것은 이 사상을 표현한 것이다. 애인끼리 서로 끄는 힘과 유성(遊星)끼리 서로 끄는 힘은 동일하다.

식물의 생활도 그렇다. 생활형식이 낮으면 낮을수록 지성의 역할은 적어지지만 의지는 다르다.

"우리 내면에서는 인식의 빛으로 목적을 추구하지만 여기서는 그러나……맹목적으로, 우둔하게, 일면적으로, 또 불변의 방법으로 목적을 지향하는 것은 무엇이나 의지라고 불러야 한다. ……무의식이란 만물의 근원적인 자연 상태이다. 따라서 그것은 또한 존재자의 특수한 씨(인간)에서 의식이 존재자의 최고 개화(開花)로 산출되는 지반이기도 하다. 그 같은 관계로 이 경우에도 무의식은 여전히 중요한 비중을 차지하는 것이다. 그러므로 대부분의 존재자에게는 의식은 없지만 그런대로 그들은 본성, 다시 말하면 의지의 법칙에 따라서 움직인다. 식물에는 겨우 아주 약한 의식의 유사물이 있는 데 지나지 않고, 하등동물로 내려갈수록 희미한 의식의 빛이 있을 뿐이다. 그러나 의식이 동물의 모든 계열(系列)을 통해 인간과 이성으로까지 상승한 다음에도 의식의 출발점이었던 식물의 무의식이 여전히 그 기초에 있으므로 그것은 수면의 필요성으로 인정된다."

아리스토텔레스가 옳았다. 식물과 행성, 동물과 인간에게는 모든 형태를 만드는 힘이 있다. "일반적으로 동물의 본능은 자연의 그 나머지 목적론에 대한 최상의 해설이다. 왜냐하면 본능은 목적개념에 따른 행동과 비슷한 한 행동이지만 전혀 목적개념을 갖고 있지 않다. 마찬가지로 자연의 형식은 목적개념에 따른 형성과 흡사하지만 그것에 전혀 목적개념은 없다."

동물의 놀라운 기계적 기능은 의지가 얼마나 지성보다도 우세한가를 보여

---

5) qualitas occulta. 종래의 지식으로는 설명할 수 없는 사물의 성질을 말한다. 스콜라 철학의 용어.
6) 정확하게 옮긴다면 선택적 친화력.

주고 있다. 전 유럽을 끌려 다니며 무수한 다리를 건넌 어느 코끼리는 어떤 낡은 다리를—많은 말과 사람들이 그 위를 건너가는 것을 보았음에도 불구하고—건너가기를 거부했다. 강아지는 테이블에서 뛰어내리기를 두려워한다. 강아지는 떨어진 뒤의 결과를 추리로써 예견하는 것이 아니라—왜냐하면 이 강아지는 떨어진 경험이 없으므로—본능에 의해 예견하는 것이다. 오랑우탄은 찾아낸 불에 몸을 녹이긴 하지만, 그 불을 꺼뜨리지 않으려고 노력하지는 않는다. 그러고 보니 확실히 이러한 행위는 본능이지 성찰의 결과는 아니다. 그것은 지성의 표현이 아니라 의지의 표현이다. 이 의지는 물론 살고자 하는 의지, 특히 가장 적극적으로 살고자 하는 의지이다.

생명은 살아 있는 만물에게는 얼마나 소중한 것인가! 또한 조용한 인내심을 가지고 때가 오기를 얼마나 기다리는 것일까!

"몇천 년간의 오랫동안 직류 전기는 구리와 아연 속에서 쉬고 있었으며, 그 구리와 아연은 은의 옆자리에 조용하게 누워 있었다. 그런데 이 셋이 필요조건에 의해 서로 접촉하자마자 은은 마침내 불꽃이 되어 타오르는 것이다. 유기계에서까지도 바싹 마른 종자가 3천 년이라는 오랜 세월 동안 그 힘을 가수상태(假睡狀態)로 지니다가 때가 되어 알맞은 상태가 되면 식물로서 생장하는 것을 본다."

석회석에서 살아있는 두꺼비를 발견한 사실은 동물의 생명조차도 몇 천 년이나 보존할 수 있다는 결론을 낳는다. 의지는 살고자 하는 의지이고, 이 의지의 영원한 적은 죽음이다. 의지는 어쩌면 죽음조차도 극복할 수 있는 것이 아닐까.

생식의지

의지는 생식의 책략과 수난에 의하여 죽음을 물리칠 수 있다. 모든 정상적인 유기체는 자라나면 서둘러 생식이라는 임무 때문에 몸을 희생한다. 수정이 끝나면 즉시 상대에게 먹혀 버리는 거미라든가 결코 볼 가망이 없는 자손을 위해 목숨을 바쳐 먹이를 모으는 말벌에서부터, 아이들을 먹이고 입히고 교육시키기 위해 몸을 소진하며 자칫 파멸에 이르는 인간에 이르기까지 모두가 다 그렇다. 생식은 모든 유기체의 궁극 목적이며, 가장 강한 본능이다. 그도 그럴 것이 의지는 오직 생식에 의하여만 죽음을 극복할 수 있는 까닭이다. 그래서 죽음의 극복을 확실히 하기 위해 낳으려고 하는 의지는 인식과 사고의 관리를 거의 완전히 초월하고 있다. 때로는 철학자들조차도 자식을 갖고 있다.

"의지는 여기서는 ……인식 없는 자연에서와 마찬가지로 인식에 좌우되지 않고 나타나 맹목적으로 움직인다. ……이것으로써 생식기는 의지의 본래의 초점이고, 따라서 의식의 대표자인 뇌와는 정반대 극(極)이다. ……생식기는 생명을 유지하는 시간에 무한한 생을 보증하는 원리이다. 그렇기 때문에 생식기는 그리스인들 사이에서는 팔루스(phallus)로 숭배되고, 인도인들 사이에서는 링감(lingam)[7]의 형태로 숭배되었다. ……헤시오도스와 파르메니데스는 에로스를 만물이 산출되는 원초의 것, 창조자, 원리라는 아주 뜻 깊은 말을 했다. 양성(兩性)의 관계는 사실 모든 행위나 행동의 보이지 않는 중심점이며, 그렇게도 베일에 싸여 있음에도 곳곳에 얼굴을 내놓는다. 그것은 전쟁의 원인과 평화의 목적, 엄숙한 것의 기초이며 농담의 목표이고, 한없는 기지의 원천이며 모든 풍자의 열쇠이고, 모든 신비스런 암시의 의미이다……. 우리는 이런 관계가 세계의 참되고 세습적인 군주로서 충만한 힘을 지니고 매 순간 대대로 왕좌에 앉아 있는 것을 본다. 왕좌에서 경멸 어린 시선으로 내려다보면서 이러한 관계를 속박하거나 억제하거나 적어도 제한하고, 가능하면 은폐하고, 심지어 이러한 관계를 삶의 부차적인 관심사로만 나타나도록 지배하려는 온갖 준비를 비웃고 있다."

'사랑의 형이상학'은 아버지의 어머니에 대한 종속, 어버이의 자식에 대한 종속, 개(個)의 종(種)에 대한 종속을 주로 논한다. 성적 인력의 법칙이란 우선 배우자의 선택은 무의식적이긴 하지만, 자식을 낳는 데 서로가 적합하다는 것으로써 대개는 결정된다는 데에 있다.

"사람은 누구나 자기의 결함이 자손에게 유전되지 않도록 그것을 보완하여 줄 배우자를 고른다. ……신체가 허약한 남자는 몸이 튼튼한 여자를 구할 것이다. ……누구든 자기 자신에게는 없는 장점을, 아니 그뿐 아니라 자기 자신과는 반대되는 단점조차도 타인에게서 발견하고 그것을 아름답다고 생각할

---

7) Phallus, Lingam 둘 다 남근상을 의미한다.

것이다. 두 개의 개체—즉 남녀—의 신체구조는 종(種)의 정형을 되도록 재현하기 위해 한쪽이 다른 한쪽을 특별히 잘 보충하도록 되어 있으므로 서로 찾게 되어 있는 것도 이치에 맞는다. ……우리는 지극히 열심히 여자의 모든 부분을 자세히 관찰하고……비평적 면밀성으로써 좋게 생각하기 시작한 여자를 유심히 본다. ……이 경우 개체는 이유도 모르고 보다 높은 것의 명령에 따라 행동한다. ……모든 개체는 남자든 여자든 아이를 낳기에 가장 적합한 시기에서 멀어짐에 따라 이성을 끌어당기는 힘을 잃어버린다. ……아름다움이 없는 젊음에는 여전히 그 힘이 있으나 젊음이 없는 미(美)에는 힘이 없다. ……사랑에 빠졌을 때에는 반드시 ……일정한 구조를 가진 개체를 낳는 일이 유일한 목표가 되어 있다는 것은 무엇보다도 먼저 사랑의 교환이 아니라 소유가 중요한 일이라는 것으로 증명할 수 있다."

그럼에도 연애결혼만큼 불행한 결합은 없다. 결혼의 목적은 종(種)의 영속에 있지 개체의 쾌락에 있는 것은 아니기 때문이다. '연애로 결혼하는 자는 비애 속에 살지 않으면 안 된다.' 스페인의 속담이다. 결혼문제를 다룬 문학의 대부분은 결혼을 종족 보존을 위한 준비로 보지 않고 반려자를 구하는 일로 보기 때문에 우스꽝스러워지고 만다. 자연은 어버이들이 '앞으로의 영원한 행복'이냐, 아니면 생식의 목적이 달성된 그날만의 행복이냐를 걱정하고 있는 것처럼 생각되지 않는다. 양쪽 배우자의 어버이들에 의해 정해진 결혼이 연애결혼보다 더 행복할 때가 있다. 어버이의 뜻을 물리치고 연애결혼을 하는 여자는 어떤 의미에서 칭찬해야 한다. 왜냐하면 '그녀는 가장 소중한 것을 스스로 선택한 것이며, 자연의—좀 더 정확하게는 종의—정신에 맞게 행동했지만, 어버이 쪽은 개인적 이기주의의 정신에서 권했기 때문이다. 따라서 연애는 최상의 우생학이다.'

연애는 본질적으로 행해지는 속임수이기 때문에 결혼은 연애의 쇠퇴이며 반드시 환멸을 일으킨다. 철학자만이 결혼 생활에서 행복할 수 있지만 철학자는 결혼하지 않는다.

"정열이란 종에서만 가치 있는 것을 개체에서도 가치 있다고 생각하게 하는 망상에 기인한 것이기 때문에, 종의 목적이 달성되면 속임수는 소멸된다. 개체는 종의 속임수에 넘어갔다는 것을 발견한다. 만일 페트라르카의 정열이 충족

되었더라면 그의 노래는 침묵했을 것이 틀림없다."

종을 존속하는 방편으로 개체가 종에 종속하는 것은 한편 개체의 생명력이 분명히 생식세포의 상태에 좌우된다는 것에 나타난다.

"성적 충동은 나무에서 양분을 얻는 동시에 나무의 양분이 되기도 하는 잎처럼 개체의 생명이 싹트는 나무—즉 종—의 내적 생명이라고 볼 수 있다. 이 충동이 이렇게 강하게 우리들 본성의 저 뿌리 깊은 곳에서 나오고 있는 이유이다. 개체를 거세하는 것이란 개체라는 싹을 종(種)이라는 나무에서 잘라내어서 그것을 말라죽게 내버려두는 일이다. 그러므로 거세된 개체는 심신 모두가 그 힘을 잃어버린다. 종의 임무, 즉 동물의 개체에서 수정은 반드시 온 힘을 순간적으로 써서 없애고 쇠약해지며 대개의 곤충은 그대로 죽는다. 그러므로 켈수스[8]는 '정자의 방출은 생명의 일부의 방출이다'라고 말했던 것이다. 인간의 경우 생식력의 소멸은 개인이 죽음에 가까워져 간다는 징후이다. 지나친 생식력의 사용은 어느 나이에서나 수명을 줄이지만, 반대로 이 점에서의 절제는 모든 힘을, 특히 근육의 힘을 증대시킨다. 이 절제는 그리스 운동가들의 훈련 방법의 하나였다. 이와 같은 절제는 곤충의 수명을 다음해 봄까지도 연장시킨다.—위와 같은 일은 요컨대 개체의 생명은 종의 생명에서 빌려온 것에 불과하다는 사실을 암시하고 있다. ……생식은 생활과정의 정점인지라 이점에 달한 뒤에 최초의 개체 생명은 급속히 또는 서서히 쇠퇴하지만, 한편 새로운 개체가 자연에 대해서 종의 유지를 보증하며 같은 현상을 되풀이한다. ……죽음과 생식과의 교체는 종의 '맥박'이다. ……죽음과 종과의 관계는 수면과 개체의 관계와 같다. ……이것이 시간상의 영생이다. ……세계 전체는 이 모든 현상과 함께 한 개의 불가분한 의지의 객관성이며, 개개의 음성에 대하여 갖는 하모니를 다른 모든 관념에 대해 가지고 있는 관념이다. ……에커만의《괴테와의 대화》에서 괴테는 이렇게 말한다. "우리의 정신은 완전히 파괴할 수 없는 자연의 본질이고 정신 활동은 영원히 계속된다. 정신은 인간의 눈에는 저물어가는 것처럼 보이지만, 실제로는 결코 지지 않고 끊임없이 비추는 태양과 같다."

---

8) Aulus Cornelius Celsus(기원전 30~기원후 45). 로마의 저술가, 수사학·철학·농학 등에 관해서 썼는데, 특히 의학에 관한 것은 유명하다.

우리는 공간과 시간 사이에서만 단독의 존재인 것처럼 보이며, 공간과 시간은 생명을 서로 다른 유기체로 하여 각기 다른 시간의 장소에 출현시키는 '개체화의 원리'이다. 그것은 '마야의 베일'(모든 사물이 하나임을 덮어 가리는 환영)이다. 실제로는 다만 종이 있고 생명이 있고 의지가 있을 뿐이다. '개체는 단순히 현상이고 물자체는 아니라는 것을 명심'하고, '질료의 부단한 변화 속에 형상의 확고 불변함'을 보는 일이 철학의 진수인 것이다. '역사의 표어는 Eadem, sed aliter(본질은 같으나 양식은 다르다)이어야 한다.' 변화하면 할수록 사실은 동일하다.

"인간도 사물도 단지 꿈에 불과한 것이라고 아직 한 번도 생각해 보지 않은 사람은 철학적 재능이 없는 사람이다. ……진정한 역사 철학은 무한한 변화와 그 복잡다단함에도 불구하고 우리의 앞에 있는 것은 자기 동일적인 불변의 존재인 것이고, 그것이 어제도 오늘도, 그리고 영원히 같은 목적을 추구하고 있다는 것을 통찰하는 데 있다. 따라서 역사 철학자는 모든 사건 속에 동일성을…… 인식하고, 특수 사정, 즉 풍속·습관·관습은 아무리 다를지라도 곳곳에서 동일한 인간성을 보아야 한다. ……헤로도토스를 읽었다는 것은 철학적 관점에서 보면 이미 충분히 역사를 배웠다는 것을 뜻한다. ……한마디로 자연의 진정한 상징은 원이다. 원은 회귀의 도식이기 때문이다."

역사 전체는 찬란한 시대를 준비하는 불완전한 과정이고, 우리 자신은 그 과정의 정상이라고 믿지만 이 진보의 관념은 단순한 망상, 또는 어리석은 견해에 지나지 않는다.

"일반적으로 현자는 어느 시대에나 항상 같은 말을 해왔으며, 어느 시대에나 대부분을 차지하는 어석은 자들은 항상 현자의 말과는 반대로 해왔다. 그러므로 앞으로도 이런 일이 계속될 것이다. 볼테르는 말했다. 이 세상은 우리가 떠날 때도 우리가 왔을 때와 마찬가지로 어리석고 사악할 것이라고."

이와 같은 빛을 통하여 보면 우리에게는 피할 수 없는 현실이라는 무서운 결정론적 관념이 새로 생기게 된다. '스피노자는, 만일 공중에 던져진 돌에도 의식이 있다면 스스로의 자유의지로 날고 있다고 생각할 것이라고 말한다(그의 서한 62). 나는 다만 돌의 생각은 옳다고 덧붙일 뿐이다. 돌을 던진 힘과 돌 자체의 관계는 동기와 나의 관계이며, 돌의 경우에 응집력·중력·강성(剛性)이라고 간주되는 것은 돌의 내적 본질로 본다면 내 안의 의지라고 인정하는 것과 같은 것인데, 만일 돌에도 인식이 있다면 돌도 또한 그것을 의지라고 인정할 것이다.'

그러나 돌이든 철학자든 의지는 '자유'가 아니지만 전체로서의 의지는 자유다. 왜냐하면 전체로서의 의지 외에 그것을 제한할 수 있는 의지는 존재하지 않기 때문이다. 그러나 보편적 의지의 모든 부분, 모든 종(種), 모든 유기체, 모든 기관(器官)은 전체에 의하여 결정되어 있으므로 따져 물을 수는 없다.

"사람은 모두가 자기는 선천적(先天的)으로 개개의 행동에서조차 자유라고 생각하고, 언제, 어느 때라도 다른 생활을 시작할 수 있다고 생각한다(타인이 되는 것을 뜻함). 그러나 사람은 후천적으로, 즉 경험에 의하여 자기가 자유가 아니라 필연에 의해 지배되고 있으며, 아무리 반성하고 결심하여도 자기의 행위를 고칠 수 없으며, 생애의 시작부터 끝까지 자기 스스로가 좋지 않다고 생각하는 성격을 계속 지니며, 말하자면 할당받은 역할을 최후까지 해내지 않으면 안 된다는 것을 깨닫고 놀라는 것이다."

5. 악으로서의 세계

그러나 세계가 의지라면 세계는 고통의 세계일 것이다.

왜냐하면 첫째, 의지 자체가 욕망이며, 의지는 항상 가질 수 없는 것을 가지려 하기 때문이다. 어떤 충족된 소망은 채워지지 못한 소망의 10분의 1에 지나지 않는다. 욕망은 무한하고 실현은 한정되어 있다.

"그것은 거지에게 던져진 동냥거리와 비슷한 것으로 그의 고통을 내일까지 연장시키기 위해 오늘의 목숨을 이어가게 하는 데 불과하다. ……우리의 의식이 우리의 의지에 의해서 실현되는 한, 우리의 소망과 충격에 쫓겨 끊임없는 기대와 불안한 감정에서 움직이는 한, 우리가 의욕에 복종하고 있는 한 우리에게는 결코 영속적인 행복도 평안도 주어지지 않는다."

그리고 현실은 결코 사람의 마음을 진정시켜 주지 않는다. 이상에서 실현만큼 치명적인 것은 없다. '만족은 행복보다도 불행을 낳는 일이 많다. 왜냐하면 만족의 요구는 흔히 그 사람의 개인적 행복과 그것을 뒤엎어 버릴 만큼 강하게 충돌하기 때문이다.' 모든 개체는 그 안에 분열적 모순을 지니고 있다. 즉 만족된 욕망은 새로운 욕망을 낳고 그것이 충족되면 또다시 새로운 욕망이 생긴다. 이렇게 하여 무한에까지 이른다. "요컨대 이것은 의지는 자기 자신 이외에는 아무것도 존재하지 않으며, 더구나 자기는 굶주린 의지이므로 스스로 자기를 먹고 살아가지 않으면 안 된다는 것에서 나온다."

모든 개인에게 필수적인 고통의 정도는 그의 본성에 의해 단번에 결정된다. 우리를 괴롭히던 커다란 근심이 다행스럽게도 마음속에서 사라지자마자 또 다른 근심이 생기는 것으로 알 수 있다. …… 다른 근심은 그 재료가 이미 존재했으므로 마음의 여력이 없어서 불안으로 의식화하지 못했던 것이다. …… 그러나 이제는 여지가 생겼으므로 준비된 그것이 나타나 왕좌를 차지한다.

또 한편 인생은 악이다. 왜냐하면 고통이 인생의 기초적 자극이고 실상이며, 쾌락이란 단지 소극적인 고통의 정지에 불과하기 때문이다. 아리스토텔레스는 옳았다. '현자는 쾌락을 구하지 않고, 근심과 고통으로부터의 자유를 구한다' 말했으니.

"모든 만족, 즉 보통 행복이라고 부르는 것은 본질적으로는 원래 소극적인 것에 불과하다. ……우리는 우리가 현실로 소유하고 있는 재물이나 이익을 정말로 알지 못하고 또 존중도 하지 않으며, 단순히 당연한 일로밖에 생각하지 않는다. 왜냐하면 그것들은 우리를 다만 소극적으로, 다시 말해서 고통을 억제하는 것으로 기쁘게 해주는 데 불과하기 때문이다. 그것을 잃은 뒤에 비로소 우리는 그 가치를 느끼게 된다. 결핍·부자유·고뇌 등은 적극적인 것으로서 직접 우리에게 느껴지는 것이기 때문이다. ……고통이 많든 적든 언제나 쾌락과 연관되어 있다는 것이 사실이 아니라면 견유학파들은 어찌하여 온갖 형태의 쾌락을 거부했을까? 완벽함은 선함의 적이라는 프랑스 속담에도 똑같은 진리가 담겨 있다."

인생은 악이다. 왜냐하면 '곤궁과 고뇌가 그치자마자 홀연 권태가 다가와서 인간은 필연적으로 심심풀이를 필요로 하는 것'이지만 그것은 또다시 고통을 생기게 하기 때문이다. 설사 사회주의의 유토피아가 실현되었다 해도 무수한 악은 의연히 남아 있을 것이다. 왜냐하면 그러한 악의 어떤 것은 가령 투쟁과 같이 생의 본질에 속하기 때문이다. 그러나 만일 모든 악이 제거되고 투쟁이 모두 그쳤다면 권태는 고통과 마찬가지로 견딜 수 없는 것이 될 것이다. 이 같은 관계로 인생은 시계추처럼 고통과 권태 사이를 좌우로 왔다 갔다 한다. ……인간이 모든 고통과 번뇌를 지옥으로 옮겨 놓았기 때문에 천국의 손에는 권태 이외에는 아무것도 남아 있지 않았다. 우리들은 성공하면 할수록 권태를 느낀다.

삶은 악이다. 유기체는 고등하게 될수록 고통이 커지기 때문이다. 인식의 발달은 아무런 해결을 가져오지 못한다.

"그 이유는 의지의 현상이 완전하게 됨에 따라 고통 또한 더욱 뚜렷해지기 때문이다. 식물에는 아직 감성이 없다. 따라서 고통은 없다. 어떤 종류의 대단히 적은 고통은 최하등 동물, 즉 적충류나 방사충류에도 있다. 곤충류조차도 느끼고 괴로워하는 능력은 제한되어 있다. 척추동물의 완전한 신경 계통과 함께 고통은 심해지고, 고통이 심해질수록 지력이 발달된다. 이리하여 지식이 판명되고 의식이 높아지는 데 비례하여 고뇌 또한 늘어가서 인간에 있어선 최고도에 달한다. 그리고 인간에 있어서도 다시 분명한 인식에 의해 지적으로 되면 될수록 고뇌는 늘어난다. 천재는 가장 많이 고뇌한다."

그렇기 때문에 지식을 쌓는 자는 근심이 늘어난다(《전도서》1장 18절). 기억과 선견조차도 인간의 불행을 더하게 한다. 우리들의 고뇌는 대부분 회상이나 예상에 있으며, 고통 자체는 짧기 때문이다. 죽음 자체보다도 죽음을 생각하는 것이 고통의 원인이 아닌가!

마지막으로, 더욱이 생(生)은 싸움이기 때문에 재앙이다. 자연의 곳곳에서 우리는 투쟁·경쟁·충돌 및 승리와 패배의 자멸적인 교체를 본다. 모든 종(種)은 다른 종과 '물질·공간·시간'을 두고 다툰다.

"어린 히드라(Hydra)는 늙은 히드라에 기생하며 자라다가 그것으로부터 분리해 나오지만, 늙은 히드라에게 빌붙어 있을 동안에도 이미 던져 준 먹이를 다투어 서로 뺏으려고 한다. 이런 종류의 가장 처참한 실례는 오스트레일리아의 불덕개미에게서 볼 수 있다. 즉 그 개미를 두 동강으로 자르면 머리와 꼬리 부분의 전투가 시작된다. 머리는 그 이빨로 꼬리 부분을 공격하고, 꼬리부분은 머리를 찔러 용감하게 싸운다. 전투는 반시간이나 계속되다가 양쪽 다 죽든가 아니면 다른 개미에게 끌려간다. 이런 경우는 매번 일어난다. ……융그한(독일의 탐험가)은 자바에서 어떤 평원이 온통 해골로 덮여 있는 것을 보고 그것을 옛 싸움터라고 생각했다. 그러나 그것은 실상 큰 바다거북의 해골이었다고 전해진다. 거북은 산란하기 위하여 바다에서 올라왔다가 들개의 습격을 받았던 것이다. 들개들은 힘을 합하여 바다거북을 넘어뜨리고 복부 껍질을 찢고서 안의 살을 뜯어먹은 것이다. 그런데 그 경우처럼 호랑이가 개들을 급습하는 일이 가끔 있다. ……즉 이런 일을 위해서 바다거북은 태어난 것이다. ……따라서 살려는 의지는 모두가 자기 자신을 먹고 살고 있는 것이며 여러 가지 형태로 자기 자신의 영양이 되고 있는 것이지만, 결국 인류는 다른 일체의 것을 압도하는 관계상 자연을 자기가 사용하기 위한 제품으로 보게 된다. 그리고 그 인류도 ……자기 자신 안에 무서울 정도로 뚜렷이 그 싸움, 즉 의지의 자기 분열을 나타내고 '인간은 인간에 대해 이렇다'라는 것을 발견하게 된다."

인생의 전경은 바라다보기에는 너무도 고통스럽다. 인생은 우리가 그것을 잘 모르고 있을 때만 살 수 있다.

"만일 우리가 사람의 생명에 끊임없이 위협받고 있는 저 무서운 고통이나 고뇌를 보게 된다면 사람들은 공포로 몸을 떨 것이다. 그리고 우둔한 낙천가를 데리고 병원이나 야전병원이나 외과 수술실, 감옥이나 고문실, 노예실, 전장이나 사형 집행장으로 안내하여, 냉정한 호기심의 눈으로 바라보고 있는 동안에는 별것도 아닌 모든 비참한 일들의 어두운 골방문을 열어 보이고, 마지막으로 우골리노의 아사탑(餓死塔─단테의 《신곡》 연옥 편 참조)이라도 엿보게 해주면 아무리 둔한 사나이라도 끝내는 이 '모든 가능한 세계 가운데 최선의 세계'가 어떤 것인가를 이해하게 될 것이다. 도대체 단테는 지옥의 재료를 우리의 현실 세계가 아닌 어디서 가져왔을까. 더구나 그것은 실로 그럴듯한 지옥이다. 그러나 다른 한편 천국과 그 즐거움을 묘사할 때는 극복하기 어려운 곤란에 부딪쳤다. 우리들의 세계에서는 그 재료를 전혀 제공해 주지 않기 때문이다. ……어떠한 서사시도, 또 극시(劇詩)도 행복을 얻기 위한 격투·노력·싸움을 그리는 수밖에는 없으며, 결코 영속적이고 또 완성된 행복 그 자체를 그려내지는 못한다. 이러한 문학들은 그 주인공을 많은 곤란과 위험을 거쳐 목적지로 이끌고 가지만, 그 목표에 도달하자마자 급히 막을 내린다. 왜냐하면 그 주인공이 행복을 발견할 것으로 꿈꾸던 눈부신 목표는 그를 우롱한 것에 불과하고, 목표를 달성한 뒤에도 무엇 하나 전보다 더 좋은 것은 없었다는 것을 그리는 것밖에는 아무것도 그릴 것이 없기 때문이다."

우리는 결혼하여도 불행하고 결혼하지 않아도 불행하다. 우리는 몸을 녹이기 위해 떼 지어 모여 있는 고슴도치와 같은 것으로, 너무 빽빽이 모여 있으면 마음이 거북하여 좋지 않고 그렇다고 서로 떨어져 있으면 비참하다. 모든 것이 야릇하게 되어 있는 것이다. '모든 개인의 생활을 전체적으로 살펴 가장 중요한 특징을 찾아보면 그 본래는 언제나 비극이다. 그러나 세부에 들어가 보면 그것은 언제나 희극의 성격을 지니고 있다.' 다음과 같은 일을 생각하여 보라.

"다섯 살 때 방적공장에 들어가 매일 그곳에 걸터앉아 처음에는 열 시간, 다음에는 열두 시간, 마지막에는 열네 시간 동안 똑같은 기계적인 노동을 한다는 것은, 호흡한다는 만족을 비싼 값으로 사들이는 것과 마찬가지다. 그러나 이것이 몇 백만 인간의 운명이며 다른 더 많은 사람들도 비슷한 운명을 가지고 있다. ……또 한편 지구의 단단한 지각(地殼) 밑에는 자연의 거대한 힘이 깃들어 있고, 어떤 우연으로 그것이 자유롭게 활동을 시작하면 지각과 그 위에 살고 있는 모든 것을 파괴한다. 이런 일은 지구상에 적어도 세 번은 이미 일어났으며 아마 앞으로는 더 자주 일어날 것이다. 리스본의 지진, 아이티의 지진, 폼페이의 매몰은 무엇이 일어날 것이라는 암시에 불과하다."

이상 모든 것으로 미루어 보아 '낙천관은 말할 수 없는 인류의 고통에 대한 통렬한 조롱인 것이다.' 그리고 '체계적으로 평범하게 낙천주의를 전개한' 라이프니츠의 《신정론》은 훗날 위대한 볼테르의 불멸의 《캉디드》에게 기회를 주었다는 점 말고는 공적을 인정할 수 없다. 이 책으로 인해 라이프니츠가 자주 반복했던 세상의 악에 대한 구차한 변명, 때로는 악이 선을 가져다준다는 변명은 확실히 예상치 못한 확증을 얻은 셈이다. 간단히 말하면 '삶의 일반적인 본성은 다음과 같은 확신을 불러일으키는 것을 목표로 하고 있음을 알 수 있다. 즉 무엇 하나 우리의 노력·행동 및 격투에 상응하는 것은 없다. 모든 재물은 헛되고 세계는 곳곳에서 파산한다. 인생은 지출을 보상하지 않는 장사라는 확신이다.'

행복하기 위해서는 청년처럼 무지하지 않으면 안 된다. 청년은 욕망하고 노력하는 것을 즐거움으로 생각하고 있다. 청년은 부단한 욕망의 혐오와 그 실현의 헛됨을 아직 발견하지 못했다. 청년은 패배가 불가피하다는 것을 아직 모르기 때문이다.

"청년이 쾌활하고 발랄한 것은 아직 인생의 산을 오르고 있을 때에는 산 저쪽 기슭에 누워 있는 죽음이 보이지 않기 때문이다. ……노년이 되면, 지나가는 하루하루가 교수대로 끌려가는 사형수의 한 발 한 발과 비슷한 느낌을 불러일으킨다. ……인생이 얼마나 짧은 것인가를 알기 위해 사람은 오래 살았던 것이다. ……생명력에 대해서는 36세까지는 이자로 살아가는 사람들과 비교할 수 있다. 오늘 소비되는 것은 내일 다시 되돌아온다. 그러나 36세 이후에는 자기 자본에 손을 대는 자본가와 비슷하다. ……그렇기 때문에 나이를 먹어감에 따라 소유에 대한 애착이 느는 것이다. ……청년시절은 인생의 가장 행복한 시기이기는커녕…… 플라톤이 《국가론》 첫머리에서 논평한 대로 늙음은 이제까지 우리를 끊임없이 불안하게 만들던 성욕에서 마침내 벗어났다는 의미에서 행복하다, 라고 말한 것은 옳다. ……그렇긴 하지만 한편 성욕이 사라져 버리면 생명의 참된 핵심은 소모돼 버리고 다만 빈 껍질만을 남기는 것이라고도 할 수 있다. ……그뿐 아니라 다른 관점에서 말하면, 처음에는 인간이 출연하고 나중에는 인간의 의상을 입은 자동인형이 끝날 때까지 연기하는 희극과도 같은 것이라고 말할 수도 있다."

마지막으로 우리는 죽음과 만난다. 바로, 경험이 정돈된 지혜가 되기 시작한 때에 뇌와 육체는 쇠퇴하기 시작한다. '모든 것은 다만 한 순간 제자리걸음을 하고, 그리고 갑자기 죽음으로 달음질한다.' 죽음이 그 시기를 기다리는 것은 고양이가 쥐를 가지고 놀듯이 우리를 희롱하는 데 지나지 않는다. '우리들의 걸음은 끊임없이 저지당하고 있는 넘어짐에 지나지 않듯 우리들 육체의 삶은 끊임없이 저지당하고 있는 죽음, 조금씩 앞으로 연장되고 있는 죽음에 불과하다는 것은 확실하다.'

'동방의 전제군주의 호화로운 장식품이나 생활비품 중에는 독이 든 값비싼 병도 볼 수 있다.' 동방의 철학은 죽음의 편재(遍在)를 이해하고 그 연구자들에게는 개인의 생존이 한순간이라는 것을 깨닫는 데서 생기는 저 평온한 표정과 유유한 태도를 볼 수 있다. 죽음의 공포는 철학의 시초이고 종교의 궁극적 원인이다. 보통 사람들은 죽음과 화해할 수 없다. 그리하여 무수한 철학과 신학을 엮어 낸다. 불사의 신앙이 널리 이뤄지고 있다는 것은 죽음에 대한 공포와 불안의 증거다.

신학이 죽음의 불안으로부터의 피난처인 것처럼 정신병은 고통으로부터의 피난처이다. 광기는 괴로움의 기억을 피하는 수단으로 일어난다. 그것은 의식의 끈을 끊어버리는 구원이다. 우리는 어떤 종류의 경험 또는 공포를 망각에 의해서만 극복할 수 있다.

우리는 우리의 이익을 강력하게 해치거나 자존심을 상하게 하거나 우리의 소원을 방해하는 것들을 얼마나 내키지 않게 생각하는가? 이러한 것들을 지성을 통해 신중하고 진지하게 검토하기로 결심하는 것은 얼마나 어려운 일인가. 의지에 저항하는 것을 지성으로 검토하는 것을 반대하는 의지의 저항은 광기를 불러오는 원인이 된다. ……어떤 인식을 받아들이는 데 의지와 저항, 반항이 인식작용을 완전히 가로막으면 어떤 요소나 환경은 의지가 직시할 수 없기 때문에 지성을 완전히 억압하게 된다. 이렇게 생긴 틈은 필연적인 관련 때문에 임의로 채워지고 그리하여 광기가 나타난다. 지성은 의지를 기쁘게 해주는 본성을 포기했기 때문에 인간은 이제 존재하지 않는 것을 상상한다. 그러나 이렇게 발생한 광기는 견딜 수 없는 고통의, 망각의 강이 된다. 광기는 고통받는 본성, 곧 의지의 마지막 치료법이다.

마지막 피난처는 자살이다. 불가사의한 이야기지만 마침내는 그것에서 사고와 상상이 본능을 이겨내는 것이다. 디오게네스는 호흡하기를 거부함으로써 목숨을 끊었다고 한다.—살려는 의지에 대한 이 승리, 그리고 이 승리는 개체적이고 개별적인 것에 불과할 뿐 의지는 종(種) 속에 존속한다. 생은 자살을 비웃고 죽음에 미소 짓는다. 자발적인 죽음이 하나 있을 때마다 무수한 비자발적인 탄생이 있다.

"자살, 즉 개별적인 한 현상의 자의적 파괴는 실로 헛되고 어리석은 행위다. 왜냐하면 물자체—종이나 생명이나 의지 일반—는 아무런 영향도 받지 않고 의연히 존재하기 때문이다. 마치 현재 무지개를 지탱하고 있는 하나하나의 물방울을 아무리 빨리 바꾼다 해도 무지개 자체는 여전히 거기 있는 것과 같다."

비참과 투쟁은 개체의 죽음 뒤에도 계속되며 의지가 인간을 지배하는 한 계속될 것임에 틀림없다. 의지가 인식과 지성에 완전히 굴복해 버리지 않는 한 인생의 재앙에 대한 승리는 있을 수 없다.

6. 인생의 지혜
철학

우선 물질적 재물에 대한 욕망의 어리석음을 생각하라. 어리석은 사람들은 부(富)를 얻을 수만 있으면 의지는 완전히 만족시킬 수 있다고 생각하며, 재산가는 모든 욕망을 실현할 수 있는 사람이라고 생각한다.

"인간의 소망은 주로 돈에 있으며, 인간은 무엇보다도 돈을 중히 여긴다고 하여 자주 비난을 받는다. 그러나 지칠 줄 모르는 프로테우스(변신을 자유롭게 하는 해신)처럼 우리들의 너무나 변덕스러운 소망과 모든 욕구의 순간적인 대상으로서 언제나 모습을 변하게 할 마음이 있는 것—즉 돈—을 사랑한다는 것은 자연스럽기는커녕 오히려 피하고 싶은 일이다. 다시 말해서 돈 이외의 재보(財寶)는 모두가 오직 하나의 소망, 하나의 욕구를 충족시킬 수 있는 데 불과하다. ……오직 금전만은 무조건 좋은 것이다. 왜냐하면 그것은……욕구 일반의 추상적 만족이기 때문이다."

그럼에도 불구하고 부의 획득에 바쳐지는 인생은 만일 우리가 부를 기쁨으로 바꾸는 법을 터득하고 있지 못하다면 무익하다. 그리고 이 일은 교양과 지혜를 필요로 하는 기술이다. 관능적 추구의 연속은 결코 사람을 오래 만족시키지 못한다. 사람은 인생의 목적 및 그 목적을 달성시키기에 필요한 수단이나 기술을 터득하고 있지 않으면 안 된다. '자기 자신 그 자체가 자신의 소유물보다 훨씬 더 많이 자기 자신의 행복에 이바지한다는 것이 확실한 일임에도 불구하고 사람들은 정신의 수양을 쌓는 것보다는 부를 획득하는 일에 천 배나 더 힘을 쓰고 있다.' '정신적 욕구가 없는' 인간은 '속물'이라고 불리며, 속물은 자신의 여가를 어떻게 해야 할지 모른다—한가하면서 마음이 고요기기는 어렵다(difficilis in otio quies). 그는 욕심 많게 이리저리 새로운 감각을 찾아 헤매며 결국 할일 없는 부자나 분별없는 난봉쟁이에 가해지는 천벌, 즉 권태에 정복당한다.

부가 아니라 지혜가 옳다. '인간은 의욕의 격렬하고 어두운 반영—그 초점은 성기라는 극으로 표현된다—인 동시에 순수한 인식작용의 영원한, 그리고 자유롭고 명랑한 주체—그 초점은 뇌라고 하는 극으로 표현된다—이다.' 이 상한 이야기지만 인식은 의지에서 태어났음에도 불구하고 의지를 지배할 수 있다. 인식의 독립 가능성은 지성이 욕망의 명령에 가끔 응하는 냉담한 응대에 우선 나타난다.

"때로 지성은 의지에 복종하기를 거부한다. 예를 들면 우리가 어떤 일에 주의를 집중하려고 애써도 그렇게 되지 않을 때나 어떤 일을 기억에서 되살리려고 하여도 그것이 되지 않을 때와 같은 경우다. 이와 같은 경우 지성에 대한 의지의 분노는 양자의 관계와 양자의 차이를 대단히 잘 알게 해 준다. 그뿐 아니라 의지의 노여움에 화가 난 지성은 요구받은 것을 자주 몇 시간 후에, 또는 그 이튿날 아침이 되어서야 느닷없이, 그리고 엉뚱하게 열심히 내놓는 것이다."

이 불완전한 추종으로부터 지성은 지배로 옮길 수 있다.

"미리 깊이 생각한 뒤에 사람은 자기에게 가장 중대한 일, 흔히 몹시 두려운 일을 태연히 일어나게 내버려 두거나 스스로 해결한다. 즉 자살·사형·결투·생명의 위험을 수반하는 여러 모험, 그 밖에 인간의 동물적 본성 그 자체가 반항하는 일 등이다. 그런 경우, 어느 정도 이성의 동물적 본성에 견뎌내는가를 볼 수 있다."

의지를 제지하는 이성의 이러한 힘은 소중하게 발전되고 욕망은 인식에 의하여 더욱이 일체를 그 선행상태의 필연적 결과로서 인식하는 결정론의 철학에 의하여 완화, 또는 진정된다.

"우리를 괴롭히는 일들의 대부분은 만일 우리가 정말 철저히 그 원인을 이해하고 거기에서 필연성과 참다운 성질을 인식했다면 우리를 괴롭힐 수 없을 것이다. ……왜냐하면 고삐나 재갈과 사나운 말과의 관계는 인간에 있어서 의지와 지성과의 관계이기 때문이다."

'내적, 외적 필연성을 갖고 가장 철저하게 화해하는 것은 오직 명석한 인식뿐이다.' 우리가 자기의 격정에 대하여 아는 것이 많으면 많을수록 격정이 우리를 지배하는 일은 적어지고 '자제만큼 우리를 외적 강제에서 지켜주는 것은 없다.' '만물을 종속시키고 싶다면, 당신 자신을 이성에 종속시켜라.' 모든 불가사의 중 가장 알 수 없는 것은 세계의 정복자가 아니라 자기 자신의 정복자이다.

이와 같이 철학은 의지를 순화한다. 그러나 철학이란 경험과 사고로 해석해야 하며 단순한 독서나 수동적 공부로 알아서는 안 된다.

"다른 사람의 사상이 끊임없이 흘러들어온다는 것은 우리들 자신의 사상을 제한하고 억압할 것임에 틀림없다. ……대부분 학자의 독서벽은 자기의 머리가 비어 있기 때문에 일종의 진공(眞空―fuga vacui)의 흡입력이며, 두뇌의 공허는 그만 남의 사상을 빨아들여 버린다. ……어떤 논제에 대하여 스스로 사색하기 전에 남의 것을 읽는 것은 위험하다. 책을 읽는다는 것은 남이 자기를 대신하여 생각하는 것으로서 우리는 단순히 남의 정신적 과정을 반복하는 데 불과하다. ……그런 이유로 하루의 대부분을 독서로 소비하는 사람은…… 서서히 스스로 생각하는 힘을 잃어버리게 된다. ……자기의 경험은 일종의 본문이고, 성찰과 지식은 그 주석(註釋)이라고 볼 수 있다. 경험이 적고 성찰과 지식이 많은 것은 각 페이지에 본문은 두어 줄 뿐인데, 주석은 마흔 줄이나 되는 책과 같다."

그리하여 첫째 권고는 책보다 생활이 먼저이고, 둘째 권고는 주석보다 본문이 먼저라는 것이다. 해설자와 비평가의 것보다는 창작자의 것을 읽어야한다. '철학사상은 오직 그 사상을 만든 사람에게서만 받아들일 수 있다. 그러므로 철학에 관심을 갖는 사람은 철학의 불멸의 스승을 그 스승들의 저서(著書)라는 조용한 성소(聖所)에서 찾아야 한다.' 천재(天才)의 한 권의 책은 천 권의 주석서에 해당하는 것이니까.

이러한 제한을 둔 뒤라면 교양의 추구는 책을 통해서라도 가치가 있다. 우리들의 행복은 우리가 주머니 속에 가지고 있는 것보다는 머릿속에 가지고 있는 것에 달려 있기 때문이다. 명성도 허무맹랑한 것이다. '인간의 참된 행복의 거처로서 남의 머리는 참으로 한심한 장소이다.'

한 인간이 다른 인간에게 해줄 수 있는 것은 한계가 있다. 결국, 모든 인간은 홀로 서 있으며 중요한 것은 홀로 서 있는 사람이 어떤 인간인가 하는 것이다. ……우리가 자신으로부터 얻는 행복은 주변에서 얻는 행복보다 더 크다. ……인간이 살아가는 세계는 주로 그가 그것을 바라보는 방식에 의해 만들어진다. ……인간에게 존재하거나 일어나는 일들은 오직 인간의 의식 속에서만 존재하고, 또 그에게만 일어나는 일이므로, 인간에게 가장 본질적인 것은 그의 의식의 구성이다. 그러므로 아리스토텔레스의 "행복은 자족을 뜻한다."는 말은 진리이다.

끝없는 의욕의 해로움에서 벗어나는 길은 인생을 지적으로 바라보며 동서고금의 위인의 업적과 친해지는 일이다. 애정으로 받아들여주는 이런 사람들을 위해서만 이들 위인들은 살아왔던 것이다. 이기적이지 않은 지성은 의지계의 과오나 어리석음 위에 향내처럼 피어오른다. 대개의 인간은 결코 사물을 욕망의 대상으로 바라보는 것에서 벗어나지 못한다. 그렇기 때문에 비참한 것이다. 그런데 사물을 순수하게 지성의 대상으로 바라보는 일은 자유를 향한 비상이다.

"무슨 외적 원인, 또는 내적 기분이 우리를 돌연 의욕의 끝없는 흐름 속에서 끌어내어 인식을 의지의 고역에서 구출해 내면 주의는 이미 의욕의 동기로 향해지지 않고 사물을 의지와의 관계에서부터 떠나 이해한다. 즉 사물을 이해관계 없이 주관을 떠나 순수하게 객관적으로 고찰한다. 즉 사물은 표상〔관념〕일 뿐 동기가 아니라는 뜻에서 완전히 사물에 몸을 내맡기고 고찰한다. 그러나 앞에서 말한 의욕의 길을 더듬고 있어서는 아무리 구해본다 해도 늘 도망쳐 버리는 평정이 저절로 찾아오는 것이며, 이 평정이 우리로서는 충분히 행복한 것이다. 그것은 에피쿠로스가 최고선이라 부르고 신들의 상태라 하여 칭송한 고통 없는 상태이다. 왜냐하면 우리는 이러한 순간에야말로 가련한 의지의 충동으로부터 모면하고 있는 것이며, 의욕의 복역 중에는 안식일을 축하하는 것이며 익시온의 수레바퀴⁹⁾는 정지하고 있기 때문이다."

천재

천재란 의지 없는 인식의 최고 형식이다. 생(生)의 최저 형식은 모두 의지로 되어 있으며, 그것에 인식은 없다. 보통 일반 사람들의 경우 대부분은 의지이고 인식은 적은 부분이지만, 천재는 대부분이 인식이고 의지는 적은 부분이다.

---

9) 익시온은 그 배은망덕 때문에 제우스의 노여움을 사서 양손을 묶인 채 영원히 회전하는 수레바퀴에 결박되었다.

이것은 생식활동에서 지적 활동으로의, 힘의 어떤 종류의 변화를 의미한다. '천재의 근본 조건은 생식력에 대한 지적 감수성이 특이하게 뛰어나다는 데에 있다.' 그러므로 천재와 여자와는 적대관계에 있으며, 여자는 생식의 화신으로 살려고 하는, 생명을 낳으려는 의지에 지성을 복종시키기 위해 싸우는 것이다. '여자는 뛰어난 재능을 가질 수는 있으나 천재일 수는 없다.' 여자는 항상 주관적이기 때문이다. 여자는 모든 것을 자기와 관련짓고 전부를 개인적 목적에 대한 수단이라고 본다. 한편,

"천재란 가장 완전한 객관성, 다시 말해서 정신의 객관적 방향임에 틀림없다. ……따라서 천재란…… 자기의 관심, 의욕, 목적을 전혀 안중에 두지 않고 자기의 몸을 잠시 완전히 포기하고 순수한 인식주관, 청명한 세계의 눈이 되는 능력이 있다. 그러므로 천재의 표정에는 의지에 대한 지성의 결정적인 우위가 나타나며 반대로 평범한 사람들의 표정에는 의지의 우월성이 드러나 있어서 우리는 지성이 오직 의지의 충동에 의해서만 개인적 이익을 동기로 삼아 활동한다는 것을 알 수 있다."

의지로부터 해방된 지성은 대상을 있는 그대로 볼 수 있다. '천재는 우리에게 맑은 거울을 보여주지만 그 거울 속에는 모든 본질적인 것이나 의의 있는 것이 한데 뭉쳐져서 지극히 밝은 빛에 비치므로 우연적인 것이나 이질적인 것은 제외되어 있다.' 사고는 햇빛이 구름을 통하듯 격정을 뚫고서 사물의 핵심을 비쳐 준다. 그것은 개별적인 것이나 특수한 것 속에 '플라톤적인 이데아' 또는 그것을 형상화시키는 보편적 본질을 포착한다. 마치 화가가 자기가 그린 인물에서 단순히 개인적인 성격이나 얼굴의 특징을 볼 뿐 아니라, 어떤 종류의 보편적인 성질이나 개체를 단순히 자기표현의 상징이나 방법으로 하는 데 불과한 영원한 실재를 보는 것처럼, 즉 천재의 비밀은 객관적인 것, 본질적인 것, 보편적인 것을 똑똑히 공평하게 가려내는 데 있다.

천재는 개인으로서 평범한 데가 없기 때문에 의욕적, 실제적, 개인적 활동의 세계에 적응하기 어렵다. 천재는 아주 먼 곳을 보기 때문에 가까운 것이 보이지 않으며, 얼뜨고 '괴짜'다. 별에 정신이 팔려 우물에 빠지기도 한다. 천재가 비사교적인 것도 조금은 그 때문이다. 천재는 근본적인 것, 보편적인 것, 영원한 것들을 생각하는데, 다른 사람들은 일시적인 것, 특수적인 것, 직접적인 것

을 생각한다. 천재의 정신과 이들의 정신에는 공통적인 바탕이 없어 결코 서로 만나는 일이 없다. '대체로 사람은 정신적으로 가난하고 일반적으로 비속할수록 사교적이다.' 천재는 어딘가 다른 곳에서 만족을 찾아내므로 늘 자기 이외의 외부 것에 의존하며 살아가는 사람들처럼 사교를 필요로 하지 않는다. '모든 아름다운 것에의 향수(享受), 예술이 주는 위안, 예술가로 하여금 인생의 노고를 잊게 하는 그 열중은 ……의식이 뚜렷해짐에 따라 늘어가는 고뇌나 질을 달리하는 종속 속에서 느끼는 황량한 고독을 보상한다.'

그러나 그 결과 천재는 고립을 강요당하고 때로는 광기를 강요받는다. 극단적으로 예민한 감수성은 상상력이나 직감 외에 필연적으로 고통을 가져오며 고독이나 적응성의 결여와 더불어 정신을 현실에 이어주는 줄을 단절시킨다. 아리스토텔레스는 옳았다. '철학·정치학·시, 또는 예술에 뛰어난 사람들은 모두 우울한 성격이었던 것 같다.' 광인과 천재가 종이 한 장 차이라는 것은 '루소·바이런·알피에리 등과 같이 비상한 천재적인 사람들의 전기(傳記)로도 입증된다.' '정신병원을 자주 방문한 나는 그 천재성이 정신이상을 통해서 번득이는, 틀림없이 위대한 소질을 가진 환자들을 보았다.'

더구나 이러한 반 미치광이들, 즉 천재는 인류의 진정한 귀족이다. '지성에 관해 말하면 그 본성은 지극히 귀족적이다. 지성이 여기에 설치한 차별은 어느 나라에서 출생·문벌·부귀·계급에 의하여 이뤄지는 차별보다도 중대하다.' 자연은 천재성을 오로지 몇몇의 사람에게 부여하지만, 그것은 이러한 기질이 특수하고 직접적인 것으로의 정신집중을 필요로 하기 때문에 정상적인 생활의 추구에서는 방해가 되기 때문이다. '자연은 학자조차도 땅을 일구기를 바란다. 사실상 철학 교수도 이 기준에 따라 평가해야 하며, 이럴 때에만 그들의 업적은 공정한 기대에 부응할 것이다.'

예술

이와 같이 인식을 의지의 예속에서 구출해 내는 일, 개인의 자아와 그 물질적 관심을 잊어버리는 일, 그리고 정신을 진리의 무의지적 관조로 높이는 일, 이것이 예술의 임무이다. 과학의 대상은 많은 특수를 포함하는 보편이고, 예술의 대상은 보편을 포함하는 특수다. '초상화조차—빙켈만이 말한 것처럼—개인의 이상이어야 한다.' 동물을 그릴 때 특성을 가장 잘 나타낸 것이 가장 아름답다고 하는데, 그것은 종(種)을 가장 잘 표현했기 때문이다. 따라서 예술작품은 그려진 대상이 소속하는 그룹의 '플라톤적 이데아', 즉 보편이 나타나 있으면 있을수록 성공한다. 그러므로 한 인간의 초상은 사진 같은 박진감을 노리는 것이 아니라, 하나의 용모를 통하여 되도록 인간의 어떤 본질적인 또는 보편적인 성질 표현을 노려야 한다. 예술은 과학보다 위대하다. 과학은 애써 모은 재료 수집과 신중한 논증에 의거하여 진척되지만, 예술은 직관이나 직감에 의해 일시에 그 목표를 달성하기 때문이다. 과학은 재능으로 할 수 있으나 예술에는 천재성이 필요하다.

자연의 아름다움을 즐기려면 시나 회화같이 개인의 의지를 섞지 않고 대상을 관조해야 한다. 예술가에게 라인강은 황홀한 전망의 연속이며 그 경치의 아름다움은 감각과 상상력을 일깨우지만, 자신의 일만을 생각하는 나그네에게는 '라인강의 둑을 단지 하나의 가로줄로, 그 위에 걸려 있는 다리는 단지 이 가로줄을 가로지르는 또 하나의 선(線)으로'밖에 보이지 않을 것이다. 예술가는 개인적인 이해관계에서 벗어나 있으므로, 예술적 이해에서는 '해가 지는 것을 감옥에서 보거나 궁전에서 보거나 마찬가지다.' '지나간 옛날이나 멀리 떨어져 있는 것 위에 불가사의한 매력을 던지고, 그것을 더욱 아름답게 하는 빛으로 덧보여 주는 것은 의지를 떠난 관조의 숭고함이다.'

우리에게 적대하는 대상마저도 우리가 그것을 의지의 흥분도 없고 직접적인 위험도 없이 관조할 때는 숭고하게 된다. 마찬가지로 비극은 우리를 개인적 의지의 투쟁에서 해방시키고 우리의 고통을 보다 넓은 관점으로 보게 함으로써 미적 가치를 얻을 수 있게 한다. 예술은 변화하기 쉬운 개체적인 것의 그 안쪽에 영원하고 보편적인 것을 보여주는 일로써 인생의 재앙을 완화시킨다. 스피노자는 옳았다. '정신은 만물을 그 영원한 상(相) 아래에서 보는 한에서만 영원을 분류(分有)한다.'

우리를 의지의 투쟁에서 초월하게 하는 예술의 힘은 무엇보다도 음악에 있다. '음악은 다른 예술과 달리 이데아의 모방', 곧 사물의 본질의 모방이 아니라 '의지 그 자체의 모방'이다. 음악은 우리에게 영원히 움직이고, 노력하고, 방황하는 의지를 보여주며, 마침내 언제나 새로운 노력을 위해 자신에게로 되돌아가는 의지를 보여준다. '이것이 음악의 효과가 다른 예술보다 더 강력하고 통찰력 있는 이유이다. 음악은 본질을 드러내지만 다른 예술은 그림자만을 보여줄 뿐이기 때문이다.' 또한 음악은 다른 관념의 매개 없이 우리의 감정에 직접적인 영향을 미치기 때문에 다른 예술과 다르다. 음악은 지성보다 더 미묘한 것을 말한다. 음악과 리듬의 관계는 조형예술에서 균형과의 관계와 같다. 따라서 음악과 건축은 대조적이다. 괴테가 말했듯이 건축은 응고된 음악이며, 균형은 정지된 리듬이다.

종교

예술은 의지를 그늘 속에 숨기고 영원하고 보편적인 것을 관조하는 일이라고 말한 예술론이 그의 종교론이기도 했다는 사실은 쇼펜하우어가 원숙기에 들어갔음을 보이기 시작한 것이다. 청년시절에 그는 종교 훈련을 조금 받았으나 기질상 당시의 교회 조직을 존중할 마음이 일어나지는 않았다. 그는 신학자를 경멸했다. '신학자들의 최후 수단(ultima ratio)으로, 우리는 수많은 국민 사이에서 화형을 본다'고 했으며, 종교를 '민간 형이상학'이라고 평했다. 그러나 나중에는 어떤 종류의 종교적 실천 및 교리에 깊은 의의를 인정하기 시작했다. '오늘날 초자연주의자와 합리주의자 사이에 끝없이 이어지는 논쟁의 원인은 그들이 모든 종교의 비유적 성격을 알지 못하는 데 있다.' 가령 그리스도교는 깊은 염세철학인 것이다. '원죄―의지의 긍정―와 구제―의지의 부정―의 교의는 그리스도교의 핵심을 이루는 위대한 진리다.' 단식은 행복이 아니라 환멸을―아니면 더한층 큰 욕망을―초래하는 모든 욕망을 약화시키기 위한 뛰어난 방법이다. 그리스도교가 우선 유대교를, 이어서 그리스 및 로마의 이교(異敎)를 극복할 수 있었던 힘은 오직 염세관에 있다. 즉 유대교도 이교도와 같이 낙천적인데, 그리스도교는 우리의 상태가 매우 처참한 동시에 죄로 가득차 있다고 고백한다. 유대교나 이교는 종교를 지상의 성공을 원조받기 위해 천상(天上)의 힘에게 보내는 뇌물이라고 생각했으나, 그리스도교는 종교를 지상의 무익한 행복을 탐색하는 일을 중지시키는 것이라고 생각했다. 현세의 안락과 권력의 한복판에서 그리스도교는 성자의 이상, 즉 투쟁을 거부하고 개인의 의지를 완전히 극복하는 '그리스도 안의 우인(愚人)'의 이상을 내걸었던 것이다.

불교는 그리스도교보다 심원하다. 불교는 의지를 끊어버리는 것이야말로 종교 그 자체라 하고, 열반(涅槃—Nivanna)이야말로 현실을 발전시키는 목표라고 설파하기 때문이다. 인도 인이 유럽의 사상가들보다 더 심원했다. 그들의 세계 해석은 내면적이고 직감적이었지, 외면적이거나 지적인 것은 아니었기 때문이다. 지성은 일체를 분해하고, 직감은 일체를 모은다. 인도인은 '아(我)'를 망상으로, 개체는 단순한 현상에 불과하다고 보았으며, 유일한 실재는 '무한한 하나'이고 그는 '그대(汝)'라고 깨달았던 것이다. '자신이 접촉하는 모든 것에 관하여……이렇게 말할 수 있는 자'—우리는 모두 동일한 유기체의 지체이고 의지라고 하는 큰 바다의 작은 물결이라고 깨달을 만한 맑은 눈과 마음을 가진 자—는 '모든 덕과 지복을 확신하고 해탈의 외줄기 길을 걷고 있는 것이다.'

쇼펜하우어는 동양에서 그리스도교가 불교를 대체할 것이라 생각하지 않았다. '그것은 마치 우리가 절벽에 총을 쏘는 것과 같다' 오히려 인도 철학이 유럽으로 흘러들어오고 유럽인들의 지식과 사상에 깊은 변화를 일으킬 것이다. '산스크리트문학의 영향력은 15세기 그리스 문학의 부활만큼이나 깊게 스며들 것이다.'

그러므로 궁극의 지혜는 열반, 즉 자기의 욕망이나 의지를 최소한으로 줄이는 일이다. 세계의 의지는 우리의 의지보다 강하다. 지금 곧 그것에 따르지 않으려는가. '의지의 흥분이 적으면 적을수록 고통은 적다.' '모든 이성보다 한결 높은 저 평화, 심정의 저 오롯한 평정, 저 깊은 안식, 움직이지 않는 확신과 맑음—라파엘이나 코레조가 그린 것 같은 얼굴에는 그것이 나타나 있다—은 완전하고 확실한 복음이다. 그곳에는 다만 인식만이 남아 있고, 의지는 사라지고 없기 때문이다.'

7. 죽음의 지혜

그런데 무엇인가가 그 위에 또 필요하다. 열반에 의하여 개인은 무의지의 평화에 도달하고 해탈하지만 개인의 죽은 뒤는 어떻게 되겠는가. 생은 개인의 죽음을 비웃으며 그 본인의 자손, 또는 다른 사람들의 자손 속에 계속 살아간다. 비록 개인의 작은 생명의 흐름은 끊어질지라도 세대가 바뀔 때마다 넓고 깊어져 가는 다른 무수한 흐름이 있다. '인간'은 어떻게 해야 구원받을 수 있는 것일까. 개인뿐만 아니라 인류에게도 열반은 있는 것일까.

분명히 의지의 최종적이고 철저한 단 하나의 극복은 생명의 원천, 즉 낳으려는 의지를 끊는 것이다. '생식 충동의 만족은 원래가 부당한 일이다. 왜냐하면 그것은 살려는 의지의 가장 강한 긍정이기 때문이다.' 태어난 아이들은 무슨 죄를 지었기에 태어나지 않으면 안 되었을까.

"그런데 인생의 혼잡을 잘 살펴보면 누구나 곤궁과 재앙으로 심신이 고달프며, 한없는 욕망을 채우고 여러 가지 고통을 미리 막기 위해 온 힘을 다한다. 더구나 한낱 눈 깜짝할 사이의 이 괴로운 생존의 지속 이외에는 아무것도 기대하기를 허락받지 못하는 형편이다. 그런데도 그 사이 이 혼잡의 한가운데에서 연인끼리의 눈이 서로 정답게 마주보는 것을 본다. 그런데도 왜 저처럼 은근히 조심스럽게 남의 눈을 피하여 그러는 것일까. 만일 그렇게 하지 않으면 연인들은 머지않아 끝을 볼 모든 곤궁과 고통을 영속시키려는 배신자가 되기 때문이다. ……여기에 생식과정에 대한 수치심의 깊은 근본이 있다."

이 경우 죄는 여자에게 있다. 인식이 무의지에 도달했을 때, 여자의 생각 없는 매력이 남자를 유혹하여 다시 생식으로 달려가게 하는 것이다. 청년은 이 매력이 얼마나 짧고 덧없는 것인가를 간파할 만한 분별이 없으며, 그 분별이 생겼을 때는 이미 늦었다.

"젊은 처녀에 관하여서는, 연극에서 쓰는 말을 빌리자면 자연은 충격효과라고 불리는 것을 노린 것이다. 자연은 처녀들의 그 남은 생애 전부와 맞바꾸기 위해 고작 이삼 년 동안 넘쳐흐르는 미(美)와 매력, 그리고 풍만함을 주었던 것인데, 그것은 그 이삼 년 동안 남자의 상상력을 사로잡아 남자를 열중하게 함으로써 처녀를 한평생 무슨 형태로든 어엿이 돌보아 주자고 생각하게 하기 위해서였다. 만일에 남자가 이성적으로만 생각한다면 이렇게 하는 데 아무런 확실한 보증이 있다고는 생각하지 못할 것이다. 따라서 자연은 이 경우 늘 상투적인 절약을 한다. ……즉 암캐미가 교미 후에는 군더더기가 되어 버리는— 그뿐 아니라 부화(孵化)라는 일에는 위험하기까지 한—날개를 잃어버리듯, 여자는 대개 아이를 둘 셋 만 낳으면 그 미(美)를 잃어버린다— 실상 이것은 같은 이유에서일 것이다."

젊은 남자는 '오늘날 제군을 감동시켜 짤막한 연가(戀歌)나 소네트를 지어 내게 하는 상대가, 18년쯤 일찍 태어났더라면 거의 그대들의 단 한 번의 눈길 조차도 끌지 못했을 것'이라는 것을 깊이 생각해야 한다. 결국 남자가 여자보 다 육체는 훨씬 아름다우므로.

"작고 어깨가 좁으며, 엉덩이가 크고 다리가 짧은 인종을 '아름다운 성(fair sex)'이라고 부르는 것은 성적 충동으로 머리가 몽롱해진 사나이만이 할 수 있 다. 여자의 미(美)는 완전히 이 충동 속에 젖어 있기 때문이다. 여성을 아름다 운 성이라고 부르기보다 아름답지 않은 성이라고 부르는 편이 옳다. 음악에도 시에도 미술에도 그녀들은 사실 아무런 감수성도 가지고 있지 못하다. 그녀들 이 그런 감수성이 있다고 하거나 있는 체하거나 하는 것은 남의 환심을 사기 위한 알량한 속셈에서 나온 가식이다. ……그녀들은 무슨 일에나 순수하게 객 관적인 관심을 쏟을 수 없다. ……여성 전체에서 가장 머리가 뛰어난 여자일지 라도 예술에서 참으로 위대하고 독창적인 업적을 단 하나도 만들지 못했으며, 다른 어느 영역에서도 영원한 가치를 가진 작품을 하나도 세상에 남기지 못 했다."

여성 숭배는 그리스도교와 독일인의 감성벽이 만들어 낸 산물이다. 그리고 다른 한편 감정·본능·의지를 지성 위로 높여 놓은 낭만주의 운동이 그 원인 이기도 하다. 동양인은 부인의 열등성을 잘 인식하고, 또 솔직히 그것을 승인 하고 있다. '법률이 여자에게 남자와의 동등권을 허용했을 때, 법률은 여자에 게도 남자와 같은 이성을 주었어야 했다.' 결혼제도에서도 아시아는 일부다처 의 풍습을 정상적이며 합법적인 것으로 인정하고 있다. 물론 그것은 우리들 사이에서도 널리 실행되고 있지만, 그것은 무화과나무의 잎으로 가려지고 있 다. '도대체 어디에 진정한 일부일처주의자가 있는가.'—또 부인의 재산권을 인 정하다니 이 무슨 부조리인가! '혹 예외는 있지만 모든 여자는 낭비벽이 있다.' 왜냐하면 여자는 다만 현재에만 살고 있으며, 바깥 운동이란 물건 사는 일뿐 이기 때문이다. '돈을 버는 일은 남자의 일이고 그것을 소비하는 일은 자기들 의 일이라고 여자들은 생각한다.' 이것이 여자들의 분업(分業) 개념이다. '그러 므로 내 의견은 이렇다. 여자들에게는 결코 중대한 일을 맡겨서는 안 된다. 아 버지도 좋고 남편도 좋고 아들도 좋다. 항상 남자의 감독을 받게 하여야 한다.

동인도(東印度)에서 그렇게 하고 있는 것처럼. 따라서 여자에게는 재산을 관리할 능력이 없으므로 무조건 재산 소유권을 주어서는 안 된다.' '정치가 일반으로 부패의 극에 달하여 마침내 프랑스혁명으로 줄달음질 친 원인은 아마도 루이 13세의 궁정에서 부인들의 사치와 낭비에 있었을 것이다.'

따라서 우리는 여자와 관계가 없을수록 좋다. 여자는 '필요악'조차도 못 된다. 인생은 여자가 없으면 더욱 안전하고 순조롭게 되어간다. 남자는 여자의 미(美)에 숨어 있는 함정을 알아차려야 하며, 그렇게 하면 생식이라는 어리석은 희극은 끝날 것이다. 지력(知力)의 발달은 생식에의 의지를 약화시키든가 꺾든가 하여 마침내는 인류의 절멸이라는 목적을 달성할 것이다. 들뜬 의지의 광기 같은 비극의, 이토록 적절한 대단원은 사라지리라. 지금 패배와 죽음 위에 내려진 막이 왜 다시 올라가 새로운 생, 새로운 투쟁, 새로운 패배를 보이지 않으면 안 되는 것일까. 언제까지 우리는 이 '쓸데없는 소동', 쓰라린 결과를 부르는 데 불과한 이 무한한 고통에 이끌려가야만 하는 것일까.

언제 우리는 '의지'의 눈앞에 도전장을 내던지며, 인생이 감미롭다는 것은 거짓말이고 죽음이야말로 가장 고마운 것이라고 의지에게 가르쳐 줄 용기를 떨쳐 일으킬 것인가.

8. 비평

이러한 철학에 대한 자연스런 답변은 시대와 사람과의 의학적 진단이다.

이것은 알렉산드로스 시대 이후의 그리스에서, 시저 시대 이후의 로마에서 동양의 신앙과 생활태도가 범람했던 현상과 비슷한 것이라는 점을 새삼 깨닫지 않을 수 없다. 자연의 외적 의지를 인간의 의지보다 훨씬 강력하다고 보고, 자진하여 체념과 절망의 교의(敎義)를 취하는 것은 동방의 두드러진 특징이다. 그리스의 멸망이 헬라스[10]의 뺨에 스토아주의의 창백과 에피쿠로스주의의 자취를 남긴 것처럼 나폴레옹 전쟁의 분란은 유럽의 영혼에 서글픈 피로를 느끼게 했으며, 쇼펜하우어의 철학은 이 피로의 목소리였다. 유럽은 1815년에 무서운 두통을 앓았다.

---

10) 그리스인은 스스로의 머물러 사는 땅을 헬라스(hallas)라고 불렀다. 그것을 그레시아(Graecia)라고 부른 것은 로마인이다.

인격 진단의 단서인 인간의 행복은 외부 사정에 의하기보다는 오히려 인간의 본질에 좌우된다고 쇼펜하우어는 인정하고 있다. 염세관은 염세주의자의 기소장이다. 병적 체질과 노이로제적 정신, 공허한 여가와 침울한 권태의 생활을 가정한다면, 쇼펜하우어 철학의 정확한 생리적 전제가 떠오른다. 염세주의자이기 위해서는 여가가 있어야 한다. 바쁜 생활은 언제나 심신을 건강하게 한다. 쇼펜하우어는 알맞은 목표와 견실한 생활에서 오는 밝음을 찬미했지만, 그러나 그런 말을 자기의 경험에 비추어 말할 수 없었을 것이다. 정말 한가한 중에서 마음 편안하기는 어렵다(Difficilis in otio quies). 그는 한가한 날을 보낼 만큼 돈이 있었으며, 부단한 한가함이 끊임없는 일보다도 견디기 어렵다는 것을 알고 있었다. 철학자들이 우울해지는 경향은 앉아서 일한다는 부자연성에 기인하는 것으로서, 너무 자주 인생에 공격을 퍼붓는 것은 배설(排泄)의 기술이 상실되었다는 증거이다.

열반은 한가한 인간의 이성이다. 너무도 많은 것을 원하며 하나의 정열에 전부를 내걸음으로써 일을 시작하고, 실패하게 되면 무슨 일에도 열의가 없는, 견딜 수 없는 권태 속에서 여생을 보내는 차일드 헤럴드[11]나 르네[12] 같은 자의 이상이다. 지성이 의지의 하인이라면 우리에게 철학으로 알려진 쇼펜하우어의 특수한 지적 소산은 병적이며 나태한 의지의 가면이고, 자기변명일 수 있는 일이다. 또 여자나 남자에 관한 쇼펜하우어의 젊었을 때의 경험이 스탈당이나 플로베르나 니체의 경우와 같이 그를 지나치게 병적으로 의심이 많게 만들었다는 것도 틀림없는 사실이다. 그는 비관적이고 고독하게 되었다. '급할 때의 친구란 좀처럼 없는 것일까'라고 그는 쓰고 있다. '없기는커녕! 친구가 됐다고 생각하자마자 벌써 급한 때가 되어 돈을 좀 꾸어 달라고 한다.' '그대의 적에게 알리고 싶지 않은 일은 그대의 친구에게도 말하지 마라.' 그는 조용하고 단조로운 은자의 생활을 권한다. 그는 사회를 두려워하고 사교의 가치와 기쁨에 대한 감각이 없다. 그러나 행복이라는 것은 서로 나누어 갖지 않으면 죽어 버린다.

물론 염세관에는 상당한 이기주의가 포함되어 있다. 세상이 충분하게 친절

---

11) 바이런의 《차일드 헤럴드의 편력》의 주인공.
12) 샤토브리앙의 《르네》의 주인공.

을 베풀어 주지 않기 때문에 철학으로 세상을 경멸하는 것이다. 그러나 이것은 스피노자의 가르침을 잊어버린 것이다. 스피노자의 가르침에 따르면 우리들의 도덕적 비난 및 시인(是認)의 언사는 단지 인간의 판단에 지나지 않으므로 그것을 전체로서의 우주에 적용시키면 대개 들어맞지 않는다. 아마도 생존에 대한 혐오는 자기 자신에 대한 혐오를 은연중 가리는 것에 불과할 것이다. 즉 잘못하여 생활을 그르쳐 버렸으므로, 변명할 혀를 갖고 있지 않은 환경과 세상에 그 책임을 전가시키는 것이다. 원숙한 사람은 인생의 자연적 제한에 따르며 '섭리'가 자기에게 특별히 호의를 베풀거라 생각지 않고, 인생이라는 것을 승부하는 데 속임수의 주사위를 구하지 않는다. 칼라일의 말처럼 태양은 우리의 담배에 불을 붙여 주지 않는다. 따라서 태양을 욕할 이유는 없다. 그리고 만약에 우리가 태양의 힘을 빌릴 만한 재주가 있으면 태양도 우리의 담배에 불을 붙여 줄 것이다. 이 광대한, 인간에 대해 중립을 지키고 있는 우주도 만일 우리가 우주의 움직임을 돕기 위해 우리들 자신의 빛을 우주 속에 몰고 들어간다면 우주 또한 유쾌한 장소라는 것을 깨달을지도 모른다. 실상 세계는 우리의 편을 드는 것도 적대시하는 것도 아니다. 그것은 우리 손 안에 있는 단순한 원료로써 우리가 어떠한 사람인가에 따라 천국도 되고 지옥도 될 수 있다.

쇼펜하우어나 그와 동시대 사람들의 염세관은 대부분 그 원인이 그들의 낭만적인 태도와 기대에 있었다. 청년들은 세계에 너무나 많은 것을 기대했다. 염세관은 낙천관에 육박하는 것이다. 마치 1815년이 1789년[13] 자기의 대가를 치르지 않으면 안 되었던 것처럼. 감정, 본능, 의지의 낭만적인 고양(高揚)과 해방, 지성, 자제, 질서에 대한 낭만적인 경멸은 당연한 응보를 가져왔다. 왜냐하면 호레이스 월폴[14]이 말했듯이 '세계는 생각하는 사람에게는 희극이지만 느끼는 사람에게는 비극'이기 때문이다. '주정적(主精的) 낭만주의만큼 우울의 원인이 된 운동은 없었다. ……낭만주의자는 자기가 품는 행복의 이상이 결국 사실상의 불행을 초래한다는 것을 발견해도 그 책임을 이상(理想)에게 지우지

---

13) 1789년은 프랑스혁명이 일어난 해. 1815년은 나폴레옹이 다시 천하를 잡았지만 동맹군이 그를 워털루에서 무찌르고 파리를 점령한 해.
14) Horace Walpole(1717~1797). 영국의 정치가이며 문인.

는 않는다. 차라리 단순하게 세계는 자기와 같이 민감하게 생긴 자에게는 어울리지 않는다고 억측해 버린다.' 도대체 변덕스러운 우주가 어떻게 하여 변덕스러운 정신을 만족시킬 수 있겠는가.

나폴레옹의 즉위나 루소의 이성 탄핵—및 칸트의 이성 비판—의 광경, 자기의 격렬한 기품과 여러 가지 경험, 그것들이 한데 어울려 쇼펜하우어에게 의지의 우위와 궁극성을 확신시켰다. 그의 염세관은 인생의 고통에 몸으로써 부딪친 슬픈 체험에서 생긴 것이지만, 워털루와 세인트헬레나도 염세관을 발달시키는 데 힘이 되었을 것이다. 그는 역사상 가장 강력한 개인 의지가 오만하게 그의 대륙에 호령하는 것을 보았지만, 이 오만한 의지조차 태어나면 반드시 죽는 곤충의 의지와 마찬가지로 그 파멸은 틀림없고 보기 딱한 것이다. 전혀 싸우지 않는 것보다는 싸워서 진편이 낫다는 마음은 쇼펜하우어에게는 없었다. 그는 보다 남성적이고 억센 헤겔처럼 전쟁이 영광스럽거나, 바람직한 것이라고 느끼지 않았다. 그는 전쟁의 한복판에서 평화를 동경하면서 살았던 것이다. 가는 곳마다 전쟁을 보았지만 투쟁의 뒤에서 이웃들의 서로 돕는 친절, 어린아이들이나 젊은이들의 들뜬 기쁨, 쾌활한 아가씨들의 춤, 어버이나 연인들의 헌신, 말없는 흙의 혜택과 다시 돌아온 봄 등은 보지 못했다.

충족되지 않은 욕망은 다른 여러 가지 욕망을 낳는다면 어떻게 될까. 우리는 결코 만족하지 않겠지만 만족하는 편이 좋을 것이다. 행복에 대하여 옛 지혜는 가르친다. '행복은 소유와 포만이 아니라 성취에 있다.' 건강한 사람은 행복을 구하는 것보다 자기의 능력을 드러낼 기회를 구하려고 애쓴다. 만일 이 자유와 힘 때문에 고통이라는 벌금을 물어야 한다면, 그는 기꺼이 벌금을 낸다. 그 벌금은 조금도 큰 대가는 아니다. 우리는 비행기나 새와도 같이 비상하기 위하여 저항을 필요로 하고 힘을 강하게 하고, 성장을 촉진시키기 위해 장애물을 필요로 하는 것이다. 비극 없는 인생은 인간답지 않다고도 할 수 있다.

'지식을 쌓는 자는 근심이 늘어난다'(전도서 1장 18절)는 말이나 고도로 발달한 생물이 가장 많이 괴로워한다는 것은 정말일까. 그렇다. 더욱이 인식의 발달은 고통뿐 아니라 기쁨도 더하고, 발달된 정신에는 지극히 강한 고통과 함께 지극히 미묘한 쾌락이 예약되어 있다는 것도 사실이다. 볼테르가 농부 아내의 행복한 무지보다도 바라문 교도의 '불행한' 지혜를 택하겠다고 한 것은 옳은 말로써, 우리는 설령 고통이라는 희생을 치르더라도 인생을 강하게, 또 깊이 경험하고 싶은 것이며 설령 환멸이라는 희생을 치러서라도 인생의 가장 깊은 비밀을 헤치고 들어가고 싶은 것이다. 베르길리우스는 모든 쾌락을 맛보고 황제의 총애까지 받는 영화를 누린 사람이지만, 결국 '지성의 기쁨 이외의 모든 것에 싫증이 났던' 것이다. 감각이 이미 만족을 주지 않게 되었을 때, 성숙한 정신만이 이해할 수 있는 저 예술가·시인·철학자들과의 교우 관계를—애는 썼지만—이미 맺고 있었다는 것은 그런대로 고마운 일이다. 지혜는 불협화음의 하모니 속에 들어감으로써 더욱 깊어지는 쌉싸름한 즐거움이다.

쾌락은 소극적일까. 크게 상처를 입고 세상과 단절하고 있는 영혼이 아니라면 인생에 대하여 이렇게도 뿌리 깊은 모독의 말을 토하지는 않는다. 쾌락이란 우리의 모든 본능이 기쁘게 응하지 않고 뒤로 물러서는 경우를 별도로 하더라도 어떻게 쾌락을 소극적이라고 할 수 있겠는가. 도피의 안락, 복종의 안전, 고독의 정적을 즐기는 일은 물론 소극적인 일이다. 왜냐하면 우리를 움직여 이 같은 쾌락으로 달리게 하는 모든 본능—도피나 불안의 여러 형식—은 본질적으로 소극적이기 때문이다.

그러나 소극적 모든 본능, 즉 획득과 소유, 투쟁과 지배, 활동과 유희, 사교와 사랑의 모든 본능이 활동할 즈음 생기는 쾌락에 대해서도 그렇게 말할 수 있을까.

웃음의 즐거움, 아이들의 장난, 짝을 부르는 새의 노래, 수탉의 울음소리, 그리고 예술 창조의 황홀함은 소극적일까. 생(生) 그 자체는 적극적인 힘이며, 생의 정상적인 움직임은 반드시 그 어떤 기쁨을 가지고 있다.

물론 죽음이 두렵다는 것은 당연한 사실이다. 죽음의 공포 대부분은 정상적인 생활을 했을 때는 사라진다. 올바르게 죽기 위해서는 올바르게 살지 않으면 안 된다. 불사(不死)라는 것은 우리에게 즐거운 것일까. 그것은 인간에 있어 생각할 수 있는 가장 무거운 형벌이며, 무한한 생을 부여받은 '영원한 유대인'의 운명을 누가 부러워하겠는가. 생이 감미로우니까 죽음이 두려운 것이지, 생이 감미롭지 않다면 왜 죽음이 두렵겠는가. 우리는 나폴레옹과 더불어 죽음을 두려워하는 자는 모두 마음속으로 무신론자라고까지 말할 필요는 없다. 그러나 70세까지 산 사람은 이미 염세주의자가 아니라고 말해도 괜찮다. 괴테는 서른 살을 넘으면 아무도 염세주의자가 아니라고 말했다. 스무 살 이전도 대부분이 염세주의자는 아니다. 염세관은 자의식이 많고 자존심이 강한 청년기의 사치품이다. 청년기는 가족 공동체의 따뜻한 품에서 개인주의적 경쟁과 끝없는 이욕의 차가운 분위기 속에 들어가 어머니의 가슴을 사모하는 시기이며, 세계라는 풍차의 화근(禍根)에—돈키호테처럼—미친 듯이 덤벼들어 슬프게도 유토피아와 이상의 껍질을 해마다 벗어 버리는 시기이다. 그러나 스무 살 이전에는 육체의 기쁨이 있고, 서른 살 이후에는 정신의 기쁨이 있다. 스무 살 이전에는 보호와 안전의 향유가 있고, 서른 살 이후에는 자신의 가정과 자식의 기쁨이 있다.

생애의 대부분을 하숙집에서 지낸 사람이 어떻게 염세에서 헤어날 수 있었을까. 단 하나의 자식을 어둠 속에 사생아로 매장한 사람이? 쇼펜하우어의 불행의 가장 깊은 이유는 정상적인 생활의 거부, 여자와 결혼과 자식의 거부였다. 그는 어버이가 된다는 것은 모든 악 중 최대의 악으로 보았다. 건전한 사람에게는 그것이 인생 최대의 만족을 의미하는데, 그는 연애가 사람의 눈을 피하는 것은 종족을 보존하는 일 자체가 부끄럽기 때문이라고 생각했으니, 그런 유아독존격인 부조리가 또 어디 있겠는가. 그는 연애에서 개체가 종족 때문에 희생되는 것만을 봤을 뿐 본능이 그 희생에 보답하는 환희 및 존재의 모든 시(詩)에 영감을 부여한 커다란 환희를 보지 못하고 있다. 여성을 단지 극성스런 인간이나 죄 많은 존재로밖에 알지 못하고, 다른 형(型)의 여자는 없다고 생각했다. 그는 아내를 부양하려는 남자를 바보로 취급하지만 아무래도 그런 사나이들이 불행한 독신의 열렬한 사도보다 더 불행할 까닭은 없다. 그리고 발자크가 말한 것처럼, 악덕을 기르는 것은 가족을 부양하는 것과 같이 비싸게 먹힌다. 그는 여자의 아름다움을 경멸한다. 마치 그런 것은 없어도 된다는 듯이, 즉 인생의 색채나 향기라 하여 반드시 소중하게 다뤄야 한다는 그런 미(美)의 종류가 있는 것처럼. 단 하나의 불운 때문에 그는 얼마나 엄청난 여성 증오를 불행한 영혼 속에 불타게 했던 것일까.

이 주목할 만한 흥미 있는 철학에는 중대하다기보다는 차라리 전문적인 난점이 아직 몇 가지 있다. 살려는 의지가 유일하게 실재하는 힘인 이 세계에서 어찌 자살이라는 일이 일어날 수 있을까. 의지의 하인으로 태어나서 양육된 지성이 대체 어떻게 독립성과 객관성을 가질 수 있을까. 천재는 의지와 분리된 인식에 있는 것인지, 아니면 천재는 추진력으로 무한한 의지력을―개인의 야심이나 자부심조차도 포함한 그것을―가지고 있는 것인지. 광기는 일반적으로 천재와 결부되어 있는 것인가. 아니면 다만 천재의 '낭만적' 특성과 맺어지고 있는 것일까(바이런·셸리·포우·하이네·스윈번·스트린드베리·도스토옙스키 등). 그리고 천재의 '고전적'인, 보다 심오한 타입은 뜻밖에 건전하지 않았을까(소크라테스·플라톤·스피노자·베이컨·뉴턴·볼테르·괴테·다윈·휘트먼 등). 만일 지성과 철학의 본래 임무가 의지의 부인에 있는 것이 아니라 모든 욕망을 조정하여 통일 있고 조화로운 하나의 의지가 되도록 하는 데 있다면 어떨까. 만일 의지, 그 자체가 이 같은 조정의 통일적 소산 이외에는 신비한 추상에 불과하고 '힘'의 개념과 같이 애매한 것이라 한다면 어떨까.

그럼에도 불구하고 그의 철학 속에는 노골적으로 정직성이 들어 있다. 정직성과 비교해 보면 대부분의 낙천주의적 신앙 고백은 졸음이 올 것 같은 위선을 보인다. 스피노자와 같이 선악이란 주관적 개념이며 인간의 선입견이라고 말하는 것도 상관없는 일이겠지만, 그래도 우리는 이 세계를 어떤 공평무사한 관점에서가 아닌 인간 현실의 고뇌와 곤궁의 관점에서 가치 판단할 것을 강요받는다. 쇼펜하우어가 별 수 없이 철학을 악이라는 억센 현실에 직면시키고, 사고의 눈앞에 고통의 경감(輕減)이라는 인간적인 과제를 부과시킨 것은 상당히 잘한 일이었다. 그의 시대 이후, 철학에서 이론을 주무르고 따지는 형이상학의 비현실적인 분위기 속에서 살아가기란 어렵게 된다. 그리고 사상가들은, 행위와 관계없는 사고는 불건전한 상태라는 것을 깨닫기 시작한다.

결국, 쇼펜하우어는 심리학자들의 눈을 뜨게 하여 본능의 미묘한 심층과 곳곳에서 작용하고 있는 그 힘을 보여주었던 것이다. 주지주의(主知主義)―인간은 선택된 목적을 이성적으로 실현시키기 위한 수단을 의식적으로 조정하는, 무엇보다도 우선 사고하는 동물이라고 보는 견해―는 루소의 비판으로 인하여 병을 얻고 칸트의 출현과 함께 병상에 눕고, 쇼펜하우어를 통하여 죽었다. 내성적 분석의 2세기를 거쳐 철학은 사고의 배후에 욕망을 발견하고, 지성의 배후에서 본능을 찾아냈다. 마치 물리학이 유물론의 1세기를 거쳐 물질의 배후에서 에너지를 보았던 것처럼. 우리들 비밀의 가슴속을 폭로하여 욕망이야말로 모든 철학의 공리임을 제시하고, 사고를 물적 사건의 단순한 추상적 계산이라고 해석하는 것이 아니라, 행위와 욕망의 변화무쌍한 도구로 해석하는 길을 열어준 것이 쇼펜하우어다.

마지막으로 과장된 말일지는 모르지만 쇼펜하우어는, 한편 천재의 필요성과 예술의 가치를 우리에게 가르쳐 주었다. 그는 최고의 선은 미(美)이고 최고의 기쁨은 미의 창조, 또는 애욕에 있다고 보았다.

그는 괴테나 칼라일과 더불어 헤겔이나 마르크스나 버클리가 인간의 역사에서 근본적 추진력으로서의 천재를 배제하려고 한 시도에 대한 항의에 참가했다. 위대한 사람들이 다 죽어 버리고 만 것처럼 보이던 시대에 그는 다시 한 번 인심을 고귀하게 하는 영웅 숭배를 강조했다. 그리하여 그는 모든 결점에도 불구하고 그 위인들의 이름에 또 하나의 이름을 스스로 덧붙일 수 있었던 것이다.

스펜서의 불가지론

1. 콩트와 다윈

'미래의 모든 형이상학을 위한 서론'이라고 일컫는 칸트철학은 전통적인 사변적(思辨的) 방법에 대하여 치명적인 일격을 가한다는 악의에서 나왔지만, 그것은 반대로 모든 형이상학에 타격을 가하는 결과가 되었다. 형이상학은 사상의 역사를 통하여 실재의 궁극적 본성을 발견하려는 시도였으나, 이제 사람은 극히 존경할 만한 권위에 입각하여 실재는 경험하지 못한다는 것, 그것은 사고할 수는 있으나 인식할 수는 없는 '본체(Noumenon)'라는 것, 그리고 아무리 정교한 인간의 지성이라 하더라도 결코 현상을 넘어설 수 없으며, 결코 '마야의 베일'을 찢어 버릴 수도 없다는 것을 알았기 때문이다.

피히테, 헤겔, 셸링은 옛 수수께끼를 풀어 자아다, 이데아다, 의지다 하며 여러 가지로 형이상학적 낭비를 했지만 남은 것은 결국 제로(零)였다. 그리고 1803년대까지는 우주는 그 비밀을 잘 지켰다고 일반에게 인식되었다. 한 세대에 걸친 절대자에 대한 도취의 반동으로써 정신은 어떠한 종류의 형이상학도 거부할 것을 맹세했던 것이다.

프랑스인은—몽테뉴 이래—회의주의를 전적으로 지향해 왔기 때문에 '실재주의' 운동의 창시자가 프랑스인에게서 나온 것은 당연한 일이다.

오귀스트 콩트 또는 그의 부모님이 부른 대로 이시도르 오귀스트 마리 프랑수아 크사비에 콩트는 1798년 몽페리에에서 태어났다. 청년시절의 우상은 벤저민 프랭클린이었는데, 그는 프랭클린을 현대의 소크라테스라고 불렀다.

'아시다시피 그는 25세 때 어떻게 하면 완전히 지혜를 얻을 수 있을까 하는 계획을 세워 놓고, 실제로 그 계획을 실현시켰습니다. 나는 아직 스무 살도 안 되었지만 감히 그와 똑같은 일을 계획했던 것입니다.'

콩트는 위대한 몽상가 생 시몽의 비서로서 첫 출발을 했다. 생 시몽은 그에게 튀르고나 콩도르세의 개혁의지와, 사회현실은 물리현상과 마찬가지로 결국 법칙과 과학에 환원되리라는 사상, 철학의 주요 과제는 인류의 도덕적·정치적 개선이어야 한다는 사상을 전했던 것이다. 그런데 세상을 개혁하려는 자가 대개 그렇게 느끼듯이 콩트도 자기 자신의 집을 다스리는 것이 어지간히 어렵다는 것을 깨닫게 되었다. 불행한 2년간의 결혼 생활 후 1827년, 그는 정신적 좌절의 괴로움에 못 이겨 센강에 투신자살을 기도했다. 그러므로 우리는 어느 의미에서 그를 구해 준 자로부터 《실증철학강의(實證哲學講義)》(1830~42년) 6권과 《실증정치학 체계(實證政治學體系)》 4권의 혜택을 받고 있는 셈이기도 하다.

이것은 그 규모와 인내 면에서 볼 때 근대에는 스펜서의 《종합철학》을 제외하고는 비교할 것이 없는 계획이었다. 그는 과학을 그 주제의 단순성과 일반성의 감소에 따라 분류하여 수학·천문학·물리학·화학·생물학·사회학의 계열을 세우고, 이것들은 제각기 선행하는 모든 과학의 성과 위에 그 기초를 두고 있다고 말했다. 따라서 사회학은 모든 과학의 절정이며, 다른 여러 과학은 사회에 대한 과학에 광명을 던질 수 있는 한 존재 이유를 가지고 있다는 것이다. 정밀한 인식이라는 의미에서 과학은 앞서 말한 순서대로 주제를 차례로 옮겨 갔던 것이다. 그리고 사회생활이라는 복잡한 현상이 과학적 방법을 따르는 마지막이 된 것은 당연한 일이었다. 사고의 모든 분야에서 정신사가(精神史家)로서의 그가 '3단계의 법칙'을 간파할 수 있었던 것은 무리는 아니다. 즉 최초에 모든 주제는 신학적 방법으로 파악되고, 모든 문제는 어떤 성스러운 것의 의지에 의하여 설명되었다. 예를 들면 별은 신이거나, 신의 전차라고 생각되기도 했다. 그리고 동일한 주제는 형이상학적 단계에 도달하여 형이상학적 추상물에 의하여 설명되었다.

예를 들면 원(圓)은 가장 완전한 도형이기 때문에 별은 원을 그리며 운행한다고 일컬어져 왔다. 마지막으로, 주제는 정밀한 관찰, 가설 및 실험에 의하여 실증적 과학에 넘겨지고, 현상은 자연적 인과의 법칙성에 의해 설명되었다. '신의 의지'는 플라톤의 '이데아'나 헤겔의 '절대적 이데아' 같은 종잡을 수 없는 실재에 양보하고, 이런 실재는 다시 과학의 모든 법칙에 양보한다. 형이상학은 발전이 정지된 상태인 것이다. 콩트는 말했다.

"이러한 유치한 것은 버릴 때가 왔다. 철학은 과학과 다른 것이 아니다. 철학이란 인간 생활을 개선할 목적으로 모든 과학을 조정하는 것이다."

콩트

이 실증주의는 분명히 어떤 종류의 독단적인 것이지만 그것은 다분히 환멸과 고독을 맛본 철학자를 반영하는 것이었다. 1845년, 클로틸드 드 보오 부인―남편은 수감되어 있었다―이 콩트의 마음을 사로잡았을 때, 그녀에 대한 애정은 그의 사상조차도 따뜻하게 만들었다. 그 영향으로 그는 감정을 개혁의 힘으로써 지성보다 우위에 두게 되었다. 그리고 세계는 새로운 종교, 즉 인간성을 드높여 의식적 숭배의 대상으로 함으로써 인간 본성의 미약한 애타심을 기르고 강화하는 것을 그 과제로 하는 새로운 종교에 의해서만 구할 수 있다고 단언하기에 이르렀다. 콩트는 노년을 '인간성의 종교'를 위하여 사제직, 성사 예배 및 교리 등 복잡한 조직을 고안하는 데 보냈다. 또 그는 새로운 달력을 시도했는데, 그 안에서는 이교의 신들과 중세 성자들의 이름이 인간 진보에 공헌한 영웅들의 이름과 바꿔져 있었다.

실증주의 운동은 산업과 상업의 세계에서 그 정신을 취하여 사실을 어떤 존경심을 가지고 우러러본 영국인의 사고방식과 잘 일치했다. 베이컨의 전통은 사고를 사물로, 정신을 물질로 향하게 한 것이었다. 홉스의 유물론, 로크의 감각론, 흄의 회의론, 벤담의 공리주의는 여러 실제 생활을 주제로 한 온갖 변주곡이었다. 이러한 가정적인 교향악에서 아일랜드인인 버클리만이 불협화음이었다. 헤겔은 영국인이 물리·화학적 장비를 '철학의 도구'라고 부르며 존중하는 풍습을 비웃었지만, 콩트와 스펜서처럼 철학을 모든 과학 성과의 일반화라고 규정한 사람들은 이것을 자연스럽게 생각했다. 그런 이유로 실증주의 운동은 그 출생지보다 영국에서 많은 지지자를 얻었다. 지지자들은 관대한 리트레만큼 열렬하지는 않았지만 존 스튜어트 밀과 프레데릭 해리슨이 평생 동안 콩트 철학에 충실하게 한 영국인의 기질에는 어울렸다. 그러나 영국인의 조심성은 콩트의 의식적 종교를 멀리했다.

그동안에 어떤 사소한 과학에서 생겨난 산업혁명이 이번에는 반대로 과학을 자극하게 되었다. 뉴턴과 허셜은 영국에 행운을 가져다주었고, 보일과 데이비는 화학의 보고(寶庫)를 열어 놓았으며, 패러데이는 미래의 세계를 전기화하게 만들 여러 가지 발견을 하고 있었으며, 럼퍼드와 줄은 힘의 변환성 및 등가성과 에너지의 항존(恒存)을 증명해 가고 있었다. 여러 과학은 바야흐로 착잡하게 뒤얽히게 되어 곤혹한 세계는 종합을 환영하지 않을 수가 없었던 것이다. 그러나 허버트 스펜서의 청년시절에, 영국을 움직인 이러한 모든 정신적 영향 속에서 가장 유력했던 것은 특히 생물학의 발달과 진화론이었다. 이 분야의 과학발전을 위한 국제적 협력은 모범적이어서, 칸트는 인간이 원숭이에서부터 진화하는 가능성을 논했고, 괴테는《식물의 변태》라는 책을 썼으며 이래즈머스 다윈과 라마르크는 '종(種)은 단순한 형태에서 사용 및 사용할 수 없는 결과의 유전에 의하여 진화했다'는 이론을 제기했다. 그리고 마침내 1830년 생틸레르는 진화의 문제에 관한 저 유명한 토론[1]—그것은 제2의《에르나니》,[2] 즉 불변의 세계에의 불변의 법칙과 질서라는 고전적 관념에 대한 제2의 반항인 것처럼 생각되었지만—그 토론에서 퀴비에를 거의 완전히 패배시켜 전 유럽을 진동시킴으로써 늙은 괴테를 기쁘게 했다.

1850년대에는, 진화라는 관념이 일반적으로 퍼져 있었다. 스펜서는 다윈보다 앞서《진화의 가설》(1852년) 및《심리학의 원리》(1855년)에서 진화 사상을 기술했다. 1858년에 다윈과 월레스는 그 유명한 논문을 '린네 협회'에서 낭독했다. 그리고 1859, 구(舊) 세계는—신심 깊은 사교들의 의견에 의하면—《종의 기원》의 출판과 함께 산산조각이 나고 말았다. 이 책을 보면, 고등(高等)한 종(種)은 하등의 종에서 진화했다는, 막연하기만 한 관념이 아니라 '생존경쟁에서의 자연선택, 또는 우량종의 보존에 의한 진화'의 현실적 경과에 관한 이

---

1) 전 지구 표면의 천변지이에 의해서 기존의 생물은 사멸하고 새로운 종이 그것과 바뀌어 출현했다고 말하는 퀴비에의 천변지이설에 대해 생틸레르는, 생물은 '유일한 형'에서 변화·생성한 것이라고 말하고, 그 변화 원인을 환경변화에서 구했다.

2) Hernani. 빅토르 위고가 1830년에 발표한 운문 비극. 에스파냐 귀족의 딸 도나솔과 산적의 우두머리 에르나니와의 비극적 사랑을 그린 5막짜리 낭만파 희곡으로, 고전주의에 대한 낭만파의 승리를 결정적으로 한 것.

론이 상세하고도 풍부하게 실증되어 있다. 10년 동안은 누구나 다 진화라는 말을 입에 담았다. 스펜서를 이 물결의 선두에 올려놓은 것은, 진화의 개념을 모든 연구 영역에 적응케 하려고 생각한 밝은 정신과 거의 모든 지식을 자기 이론에 적응케 한 그 폭넓은 정신이었다. 17세기에 수학이 철학을 지배하여 데카르트·홉스·스피노자·라이프니츠·파스칼을 세상에 내보낸 것처럼, 또 심리학의 버클리·흄·콩디야크·칸트의 철학을 지도한 것처럼 19세기에는 생물학이, 셸링·쇼펜하우어·스펜서·니체·베르그송의 철학적 사고의 배경을 이루었다.

이러한 모든 경우에서 획기적인 착상은 많든 적든 간에 세상에 알려지지 않은 사람들이 오래전에 각각 단편적으로 말한 것이지만, 오늘날 이러한 착상에는 그것을 정리하고 명확하게 한 사람들의 이름이 붙여졌다. 아메리고 베스푸치가 지도를 그렸기 때문에 신세계(미국)가 그 이름을 따서 불려졌듯이 허버트 스펜서는 다윈 시대의 베스푸치이며, 또한 어느 정도 이 시대의 콜럼버스이기도 했다.

2. 스펜서의 발전

그는 1820년, 더비에서 태어났다. 양친의 선조 계열도 모두, 비국교도(非國教徒)[3] 내지는 국교 반대자였다. 친할머니는 존 웨슬리(메더디스트 교회의 창시자)의 열성적인 신봉자였으며, 백부 토마스는—영국 국교회의 성직자였음에도 불구하고—교회 내부에 웨슬리의 운동을 도입했다. 그는 결코 음악회나 연극에는 가지 않았지만 정치 개혁 운동에는 자진하여 참가했다. 이러한 이단적인 경향은 부친 대(代)에 이르러서는 더욱 심해져서 허버트 스펜서의 완고한 개인주의는 그 절정에 달했다. 부친은 어떤 일을 설명할 때도 결코 초자연적인 것을 꺼내지 않았다. 어떤 사람은 이 부친에 대해 그는 '어떤 신앙이나 종교도 가지고 있지 않았다' 말한다. 그러나 과학에 대한 관심이 있었기 때문에 종합기하학(綜合幾何學)에 관한 저서가 있다. 정치적인 일로는 아들과 마찬가지로 개인주의자여서 '어떤 신분의 사람에게도 결코 모자를 벗으려고 하지 않았다.' '어머니가 던진 질문을 모르면 아버지는 입을 다문 채 질문의 뜻을 묻지도 않

---

3) 윌리엄 3세의 '명예혁명' 이후 신앙의 자유가 확립된 뒤, 국교회에 소속하지 않는 자를 Non conformists라고 불렀다.

고 대답하지 않기가 일쑤였다. 부친은 이런 방침을 쓸데없는 것이지만 평생 동안 밀고 나갔다. 그 결과는 조금도 나을 것이 없었다.'

부친은 백부나 조부와 마찬가지로 사립학교 교사였다. 그럼에도 불구하고 세기의 가장 저명한 영국의 철학자가 될 운명에 놓여 있었던 이 아들은 40세가 될 때까지 교육을 받지 않았다. 허버트는 게으름뱅이였으며, 부친 또한 무관심한 아버지였다. 13세가 되었을 때 마침내 엄격하기로 이름난 백부 밑에서 공부하기 위해 힐턴으로 보내졌다. 그러나 허버트는 곧 거기에서 달아나 더비의 부모 곁으로 터벅터벅 걸어서 돌아왔다. 첫날에는 48마일, 이틀째는 47마일, 그리고 사흘째는 20마일을 걸었던 것이다. 약간의 빵과 맥주만 가지고, 그럼에도 불구하고 이삼 주일 뒤에는 다시 힐턴으로 되돌아가 이번에는 3년 동안이나 머물렀다. 그것은 그가 받은 유일한 정규 교육이었다. 그러나 나중에 그는 힐턴에서 대체 무엇을 배웠는지를 말할 수가 없었다. 역사도, 자연과학도, 일반 문학도 배우지 않았다. 그는 유별난 긍지를 가지고 이렇게 말하고 있다.

'소년시절에도 청년시절에도 영어 학습은 단 한 번도 받지 않았으며, 오늘날까지 문장론의 정식 지식은 전혀 없다는 것은 알아주어야 할 사실이다. 왜냐하면 이런 사실의 결과는 일반적으로 널리 받아들여지는 가정과 모순되기 때문이다.' 40세 때 《일리아드》를 읽으려고 했으나 '여섯 권 정도 읽고 나자 이제 그 이상 읽는 것은 신물이 났으며, 끝까지 읽느니 차라리 큰돈을 버리는 것이 낫다고 생각했다.'

그는 끝까지 책을 읽은 적이 한 번도 없었다. 좋아하는 분야마저도 그는 체계적인 지식을 쌓지 못했다. 계속 손가락을 데어 가면서 폭발하는 화학 실험을 하기도 하고, 학교나 집 주위에서 곤충을 잡으면서 제멋대로 곤충학 연구를 했다. 또 후년에는 토목기사로 활동하면서 지층과 화석(化石)에 관한 것을 어느 정도 배우기도 했다.

나머지는 닥치는 대로 지식을 주워 모은 데 지나지 않았다. 30세가 될 때까지는 철학에 대한 것은 생각조차 해본 일이 없었다. 그 뒤 루이스를 읽고, 칸트 편을 읽으려고 했으나 무엇보다도 칸트가 공간 및 시간을 객관적으로 보기보다는 오히려 감관지각의 형식으로 간주한 것을 알고 '칸트는 바보 같은 녀석'이라고 판단하여 책을 내던지고 말았다.
비서가 알려 준 바에 의하면, 스펜서는 그
의 최초의 책 《사회정학(社會靜學)》을 썼을
때는 '조나단 다이먼드가 쓴 낡은—지금은
잊혀지고 있다—책밖에는 어떤 윤리학도
읽은 일이 없었다.' 그는 흄·만셀·리드를 읽
고 《심리학》을 썼으며, 카펜터의 《비교생리
학》만 읽고도—《종의 기원》을 읽지 않고—
《생물학》을 썼으며, 콩트와 타일러를 읽지
않고도 《사회학》을 썼다. 그는 칸트도 읽지
않았고, 밀도 읽지 않았으며, 시지윅 이외
에는 어떤 윤리학자의 책도 읽지 않고 《윤

스펜서

리학》을 썼던 것이다. 존 스튜어트 밀이 받은 엄격하고도 가차 없는 교육과 얼
마나 대조적인가.

그렇다면 그의 수많은 의견을 지탱하고 있는 저 무수한 사실은 어디에서
찾아낸 것일까?

대부분은 독서에 의해서보다는 오히려 직접적 관찰을 통해 '익혀 얻은 것'이
었다. '그의 호기심은' 언제나 눈을 뜨고 있었다. 그리고 끊임없이 이야기 상대
의 주의를 오직 자기 눈으로만 보아 온 어떤 주목할만한 현상으로 돌렸다.

애서니엄 클럽[4]에서 그는 헉슬리나 그 밖의 여러 친구들로부터 전문적 지
식을 거의 마지막 한 방울까지 흡수했으며, 또 이 클럽에서 여러 정기 간행물
을 읽었다. 그 옛날 더비의 철학회(哲學會)를 위하여 부친이 받아 보던 여러 가
지 잡지를 통독했을 때처럼—이용할 수 있는 모든 사실에 살쾡이처럼 눈을
번뜩이면서—앞으로는 자기가 하고 싶은 일을 하려고 생각했다.

그 뒤 모든 일의 중추가 된 진화의 개념을 발견하기에 이르자 그의 두뇌는
중요한 재료를 끌어들이는 자석이 되었으며, 그의 사고에서 유례없는 질서감
은 이 재료를 입수하는 대로 거의 자동적으로 분류했다.

---

4) 런던에 있는 학자와 문인들이 많이 모이는 클럽

무산자와 실업가들이 즐겨 그의 이야기를 들었던 것도 이상할 것은 없다. 그들은 스펜서에게서 자기들과 비슷한 사람을 발견했던 것이다. 즉, 그는 서적 학문에는 정통하지 못하여 이른바 교양에는 물들지 않았고, 더욱이 일하면서 생활 자체에 대하여 배우는 자로서의 자연적이고 실제적 지식을 갖추고 있는 사람이었다. 스펜서는 노동에 의하여 생계를 유지하고 있었으며, 그 직업은 그의 사고의 실제적 경향을 더욱 두드러지게 했기 때문이다.

그는 철도 선로나 교량의 측량사, 감독자 및 설계자였다. 즉, 흔히 쓰는 말로 말한다면 기사였다.

그는 기회가 있을 때마다 계속해서 발명을 시도했다. 그 발명은 모두 실패했지만, 그는 《자서전》 속에서 그 발명들을 응석 부리는 자식에 대한 아버지와 같은 자애로운 심정으로 회고하고 있다. 그는 추억의 붓을 들면서 식탁용 소금 그릇, 물주전자, 촛불 끄는 도구, 환자용 의자, 그 밖의 여러 가지를 떠올리고 있다. 우리가 청년시절에 흔히 하듯이 그 또한 새로운 식이법을 고안하여 한때 채식주의자가 되었지만, 같은 동료의 한 사람이 빈혈증을 일으키고, 자기 자신도 체력이 떨어지는 것을 느끼자 그만두었다. '채식주의자였던 때 쓴 것은 힘이 빠져 있었으므로 모두 고쳐 쓰지 않으면 안 되겠다고 생각했다.' 그는 그 무렵 자진하여 무엇이든지 할 각오였다. 뉴질랜드에 이주하려고 생각했지만 그는 그때 젊은 나라는 철학자를 필요로 하지 않는다는 것을 잊고 있었다. 이주를 좋다고 생각하는 이유와 나쁘다고 생각하는 이유를 비교표로 만들어 그 이유들의 가치를 숫자로 표시한 것은 그의 특징을 잘 드러낸다. 총계를 내보니, 영국에 머무르는 편이 1백 10점, 이주하는 편이 3백 점이 됐지만 그는 그곳에 머물기로 했다.

그의 성격에는 여러 가지 단점이 있었다. 단호한 현실주의와 실제적 감각이 있는 대신에 시적 정신과 예술적 취미는 없었다. 그가 쓴 20권의 저서 중에서 단 한 번 시(詩)에 대해 언급한 것은 스펜서가 '과학적 예언을 매일 시로 만드는 일'에 대하여 말했다는 어느 식자공의 이야기뿐이다.

그는 참으로 끈기 있는 사람이었으나, 그 반면 또 매우 고집이 세고 완고했다. 자기가 세운 가설(假說)을 증명하기 위해서는 우주 전체를 내다볼 수도 있었지만, 남의 입장을 이해하지는 못했다. 그에게는 비국교도의 자기중심적인 버릇이 있었기 때문에 자기 자신의 위대함을 자부심 없이는 지탱할 수 없었던 것이다. 그에겐 개척자 특유의 여러 가지 제한이 있었다. 즉 용감한 솔직성과 강렬한 독창력에 따르기 마련인 독단적 편협이 그것으로, 모든 아부를 엄격히 물리치고, 명예를 부여하려는 정부의 제의를 거절하면서 40년이란 오랜 세월 동안 혼자 칩거하며—늘 건강이 좋지 않았음에도 불구하고—연구에 몰입했다. 그런데도 출입이 허락된 어느 골상학자(骨相學者)는 그를 가리켜 "자존심이 무척 강하다"고 평했다.

학교 선생의 아들이며 손자였던 그는 자기 저서 중에서 채찍을 휘두르며 교훈적인 내용을 기술했다. '나는 한 번도 어찌해야 좋을지 모를 만큼 난처해 한 일은 없었다'고 말하고 있다. 고독한 독신 생활 때문에 그는 인간적인 따뜻한 면이 좀 모자랐던 것 같다. 하기야 정의감을 느낀다는 점에서는 인정이 많았고, 그는 위대한 영국인 조지 엘리엇(19세기의 영국 소설가)와 어떤 관계를 맺었지만, 그녀는 그의 마음에 들기에는 너무나 이지적이었다. 그에게는 유머가 없었고, 그 문체에는 미묘한 뉘앙스라는 것이 없었다. 매우 좋아하는 당구에 지게 되면 상대가 이런 장난에 전문가가 될 정도로 많은 시간을 소비한 것을 비난하곤 했다. 그는 생활을 분석하고 기술하는 데 바빠서 자기 생활을 할 여유가 없었다.

나이아가라 폭포를 보고 그는 일기에 간단히 이렇게 적어 두기도 했다. '미리 얘기한 그대로였다'라고. 그런데도 그는 극히 평범한 사건을 아주 자세히 기술[5]하고 있다. 예를 들면 언젠가 꼭 한 번 남에게 추잡한 욕설을 퍼부었을 때의 일을 적어 놓은 것이다. 그는 위기에 봉착한 일도 없었고, 열렬한 사랑을 느낀 일도 없었다. 그에겐 친하게 지낸 사람이 몇 명 있었지만 그것을 그는 거의 수학적으로 기술하고 있다. 미지근한 우정의 곡선을 그려 놓았을 뿐, 거기에는 사람의 마음을 앙양시키는 열정적인 필치는 조금도 찾아볼 수 없다. 어느 친구가 젊은 여자 속기사에게 아무래도 이야기를 잘 하지 못하겠다고 말하자, 스펜서는 자신은 아무렇지도 않다고 대답했다. 비서 콜리어는 이렇게 말한다. "냉정해 보이는 얇은 입술은 관능욕이 전혀 없다는 것을 나타내고 있으

---

5) 틴들은 일찍이, 스펜서에 대해 이렇게 말했다. 그가 가끔 진심으로 남을 욕했다면 지금보다 훨씬 좋은 인간이라고. (원주)

며, 밝은 눈은 감정의 깊이가 없다는 것을 드러내고 있다." 그의 문체가 단조롭고 평면적인 이유를 여기서 찾을 수 있다. 그의 문장은 결코 흥분하지 않으므로 감탄부가 필요 없다. 낭만적인 세기에 그는 교훈적인 조각처럼 엄숙하고 쌀쌀한 모습으로 서 있다.

스펜서는 뛰어나게 논리적인 정신을 가지고 있으며, 선천적인 것과 후천적인 것을 기사(棋士)처럼 정확하게 진두(陳頭)에 배열해 놓았다. 그는 복잡한 여러 대상의, 근대 역사가 가리킬 수 있는 가장 명석한 해설자로서 곤란한 문제를 명석한 말로 논했기 때문에 전 세계는 한 세대 동안 철학에 대해 높은 관심을 가졌다. '나는 비범한 설명 능력—논거와 추리와 결론을 명석하게 논리정연하게 설명할 수 있는 능력—을 가지고 있다는 평가를 받았다'라고 그는 스스로 말한다. 그는 개괄적 일반화를 즐겨하여 논증보다는 오히려 가설에 의하여 독자의 흥미를 끌었다. 그는 순전히 조정과 종합을 주장하는 사람이며, 칼라일이 그러한 경향이 없다 해서 경시했다. 질서에 대한 사랑은 스펜서의 유일한 열정이 되었으며, 빛나는 개괄(일반화)은 그의 마음을 지배했다. 세계는 이러한 정신을, 즉 무한한 사실에 뚜렷이 깊은 의미를 줄 수 있는 사상가를 찾고 있었다. 그리고 스펜서가 시대를 위하여 행한 봉사는 여러 가지 결함이 있었기 때문에 더욱 그를 인간답게 만들어 주고 있기도 하다. 스펜서를 여기에서 상당히 노골적으로 묘사한 것은 위대한 사람이란 결점을 알게 되면 더욱 우리에게 친근하게 느껴지고, 너무 빛나도록 완전하면 어쩐지 수상하게 여겨져서 좋아질 수가 없기 때문이다.

'지금까지 나의 삶을 잡탕이라고 평한다면 그것은 옳은 말이다.' 40세의 스펜서는 이렇게 쓰고 있다. 철학자의 발전과정이 이렇게 무계획한 동요를 보인 것은 드문 일이다. '이 무렵—23세 때—나의 관심은 시계 조립에 향했었다.' 그런데 점차로 그는 자기의 활동 영역을 발견하여 그것을 농민처럼 충직하게 개척해 나갔다. 1842년경, 일찍이 그는 비국교도를 위해—그가 선택한 수단에 주의해 보라—'정부의 적당한 활동 범위'에 관한 약간의 편지를 썼는데, 그것은 이미 후년의 '무간섭주의의 철학'을 새싹 형태로 내포하고 있었다. 6년 뒤, 그는 기사로서의 직업을 버리고 잡지 《에코노미스트》를 편집했다. 30세 때, 그가 조나단 다이먼드의 《도덕원리론》을 혹평했을 때, 부친이 그런 주제로 그만한 책을 써보라고 말했기 때문에, 그는 《사회정학(社會靜學)》을 썼던 것이다. 이 책은 조금밖에 팔리지 않았으나, 이것으로 잡지사와 가까워질 수 있었다.

1852년, 《인구론》[6]이라는 에세이에서 그는 생존경쟁은 적자생존이라는 결과가 된다고 말하고, 이러한 역사적 성구(成句)를 만들어 냈다. 같은 해 《진화의 가설》에 관한 에세이를 써서 옛 종(種)의 서서한 변이에 따라 새로운 종이 발생한다는 것은 이제까지 한 번도 관찰된 일이 없다는 상투적 반론을 반박했다. 1855년, 그는 그 제2의 저서 《심리학의 원리》에서 정신석 진화의 자취를 더듬어 보려고도 기도했다. 이어서 1857년, 《진보, 그 법칙과 원인》이라는 에세이가 나왔는데, 이것은 모든 생명 형태는 동질적 기원에서 이질적 발전으로 향한다는 폰 베어(19세기 독일의 동물학자)의 생각을 취하여 이것을 역사와 진보의 일반원리로 발전시켰다. 요컨대 스펜서는 그의 시대정신과 더불어 자라나서는 보편적 진화론의 철학자가 되었다.

1858년에는 이제까지 쓴 논문을 모아 출판하기 위해 다시 읽어 본 다음, 자신이 지금까지 말해 온 주장에 일관된 통일성이 있다는 것을 깨달았다. 진화의 이론은 생물학은 물론 다른 모든 과학에 적용할 수 있다는 생각, 즉 단순히 생물의 종(種)이나 유(類)뿐 아니라 유성과 지층, 사회사와 정치사, 윤리학 및 모든 미적 제개념(美的諸概念)까지 설명할 수 있다는 생각이 갑자기 햇빛이 비쳐 오듯이 그의 마음속에 떠올랐다. 하나의 저작을 기초로 하여 나아가서는 성운(星雲)에서 인간으로, 그리고 야만인에서 셰익스피어로 진행하는 물질 및 정신의 진화를 밝히려는 생각이 불타올랐다. 그러나 40세라는 나이를 생각할 때 불현듯 절망을 느꼈다. 이 나이에, 병약한 한 인간이 어떻게 죽을 때까지 인간 지식의 전 분야를 답파(踏破)할 수 있겠는가. 이미 3년 전에 완전히 건강을 잃고, 18개월 동안 아무것도 하지 못한 채 정신과 용기마저 좌절되어, 목적도 희망도 없이 여기저기 옮겨 다니고 있던 참이었다. 내부에 숨어 있는 힘을 자각했기 때문에 몸의 허약은 더욱 괴로웠다. 두 번 다시 완전히 건강해질 수 없고, 앞으로는 한 시간의 정신노동도 견딜 수 없다는 것을 알고 있었

6) 19세기 사상에 미친 맬서스 영향의 수많은 실례 중 하나.

다. 스스로 선택한 일에 이토록 불리한 조건을 지니고 있었던 사람은 없었으며, 인생의 황혼기에 이토록 큰일을 선택한 사람도 없을 것이다.

그는 가난했다. 생계를 유지하는 데 별로 마음을 쓰지 않았기 때문이다. "나는 성공하려고는 생각하지 않는다." 그는 말했다. "나는 성공이 노력의 대가가 될 수 있다고는 생각하지 않는다." 백부의 유산 2천 5백 달러가 들어오자 《이코노미스트》의 편집을 시작했으나 나태했기 때문에 이 유산은 얼마 뒤다 쓰고 말았다. 그래서 생각해 낸 것이 계획 중인 저서의 예약금을 미리 받아 그날그날을 꾸려나가면 예전대로 근근이 살수 있다는 것이었다. 그는 줄거리를 써서 헉슬리, 루이스, 그 밖의 친구들에게 보였다. 그들은 이 내용 설명서를 돋보이게 할 만한 저명한 예약자들—킹슬리, 라이엘, 후커, 틴들, 버클, 프루드, 벤, 허셜 등—의 명단 작성을 책임져 주었다. 1860년에 출판한 이 내용 설명서로 인해 유럽에서 4백 40명, 미국에서 2백 명의 예약 신청을 받았다. 이것으로 수입 총액은 연 1천 5백 달러가 되는 셈이었다. 스펜서는 만족했다. 그리고 열심히 일을 시작했다.

그러나 1862년, 《제1원리》가 출판된 뒤 다수의 예약자가 그 계약을 취소하고 말았다. 그것은 과학과 종교의 조정을 시도하여 주교와 학자를 모두 분노하게 한 저 악명 높은 《제1부》 때문이었다. 조정자의 역할은 어렵다. 《제1원리》와 《종의 기원》과는 일대 논쟁의 중심이 되었고, 이 싸움에 헉슬리는 다윈 설(說)과 불가지론(不可知論)의 군세를 위한 총지휘관 역할을 맡았다. 한때 진화론자는 신분이 높은 사람들에 의해 심하게 배척되기도 했다. 진화론자는 극악무도한 자들로 비난받았으며, 그들을 공공연하게 모욕하는 것이 당연할 정도였다. 스펜서의 예약자들은 배본할 때마다 줄어들어, 이미 받은 책값도 지불하지 않는 자가 많이 나왔으나, 스펜서는 발행할 때마다 생기는 결손을 자기가 부담하면서 가능한 한 간행을 계속했지만, 마침내 자금도 용기도 다 떨어져서, 그는 남아 있는 예약자들에게 더 이상 저작을 계속할 수 없다는 성명서를 발표했다.

그때 그에게 용기를 북돋아 준 역사적 사건이 하나 일어났다. 《제1원리》가 나오기 전까지 영국의 철학을 지배하고 있던 최대의 적수는 이제야 진화론의 철학자와 대체되어야 한다는 것을 깨닫고, 1868년 2월 4일 스펜서에게 다음과 같은 편지를 보내왔다.

"삼가 아룁니다. 지난주에 이곳에 도착해 보니《생물학》의 12월 배본의 분책(分冊)이 와 있었습니다만, 거기에 첨부된 성명서를 읽고 본인이 얼마나 애석하게 생각했는지는 이루 말할 수 없습니다. ……본인은 귀하가 계속해서 다음 책을 쓰시도록, 그리고 출판사에 손해를 끼치지 않도록 본인이 보증해 드릴 것을 제안하는 바입니다. 이 제안을 개인적인 은혜라고 생각하지 마시기를 바랍니다. ……만일 사실이 그렇다 하더라도 역시 본인은 이 제안을 허락해 주시도록 희망하는 바입니다. 그러나 이것은 결코 은혜가 아닙니다. 이것은 귀하가 건강까지 희생하며 노력하신 중요한 공공의 목적을 위해 협력하겠다는 단순한 제안일 뿐입니다."

—J.S. 밀

스펜서는 정중하게 거절했다. 그러나 밀은 친구들을 분주히 찾아다니며 그 중의 몇 명을 설득하여 각자에게 2백 50부씩 예약시켰다. 스펜서는 이것도 사양하여 받아들이지 않았다. 그러자 갑자기 유맨스 교수(미국의 과학 평론가)로부터 한 통의 편지가 도착했는데, 그 내용은 미국의 스펜서 숭배자들이 철학자의 명의로 공채 7천 달러를 사둔 것이 있어 그 이자나 배당금은 당연히 귀하의 몫이므로 그것을 보낸다는 것이었다. 이번에는 스펜서도 동의했다. 보내준 그 마음들이 그를 감격시켰다. 다시 일을 시작하여 40년간 부단히 노력한 결과, 마침내 그의《종합철학》전권이 무사히 인쇄에 돌려졌다. 병과 무수한 장애에 대한 정신과 의지의 승리는 인간기록에서 밝은 장면 가운데 하나다.

3.《제1원리》
알 수 없는 것
스펜서는 이 책의 첫머리에서 말한다. '나쁜 일 속에 친절한 영혼이 존재할 뿐 아니라, 일반적으로 오류 속에 진리의 정신이 존재한다는 것을 우리는 너무 자주 잊어버리고 있다.' 그래서 그는 여러 가지 신앙의 제각기 다른 형태 밑에서 인간의 영혼을 지배하는 뿌리 깊은 힘을 종교에 부여해 온 그 진리의 핵심을 발견하기 위해 종교적 관념을 음미할 것을 계획했다.

그가 바로 찾아낸 것은, 우주의 근원에 대한 여러 가지 이론은 우리를 불가해 속으로 몰아넣는다는 것이었다. 무신론자는 세계를 원인도 시작도 없는 그 자체로서 존립한다고 생각하려 하지만, 우리는 시작도 원인도 없는 것을 상상할 수는 없다. 유신론을 주장하는 신학자는 단지 곤란을 일보 후퇴시키기 위해서도 '신이 세계를 창조했다', '그 신은 누가 창조했는가' 등의 순진한 질문에 답변할 필요가 있다. 궁극의 종교적 관념은 모두 논리적으로는 알 수 없다.

궁극적인 과학적 관념 또한 모두 합리적 이해를 초월하고 있음은 마찬가지다. 물질이란 무엇인가. 우리는 물질을 원자로 환원시키지만, 전에 분자를 분할한 것과 같이 이 원자도 반드시 분할하지 않으면 안 된다고 생각한다. 물질은 무한히 분할할 수 있다고는 생각되지 않으며, 물질의 분할가능성에는 한도가 있다고도 생각할 수 없는 딜레마에 빠지게 된다. 공간과 시간의 분할가능성도 마찬가지이며, 양자는 모두 비합리적 관념이다. 운동은 물질이 시간과 공간적으로 그 위치를 변경하는 것을 의미하므로 삼중의 불가해에 싸여 있다. 물질을 철저히 분석하면 우리는 결국 힘 이외의 아무것도 발견하지 못한다. 즉, 우리의 감각 기관에 강하게 느껴지는 힘이거나 우리의 운동기관에 저항하는 힘이지만, 이 힘이 무엇이라는 것을 누가 말할 수 있을 것인가. 물리학에서 심리학으로 전환하면 우리는 정신이나 의식과 마주치게 된다. 여기에는 전보다도 더 큰 수수께끼가 있다.

"궁극적인 과학적 관념은……모두가 이해할 수 없는 실재의 개념이다. 과학자는 인간 정신이 위대한 것임을 아는 것과 동시에 미소한 것임을 알게 된다. 즉, 경험의 범위 안에 들어오는 모든 것을 처리할 수 있음을 아는 동시에 그 밖에 있는 것을 처리할 힘이 없다는 것을 알게 된다. 과학자는 다른 어떠한 대상도 그 궁극의 본성은 인식할 수 없다는 것을 누구보다도 더 확실히 인식하고 있다." 단 하나의 정직한 철학은 헉슬리의 말을 빌리자면, 불가지론이다.

이러한 모든 불가해에 공통된 이유는 인식의 상대성이다. 그런데도 불구하고, 상대적이며 현상적인 것은 그 이름과 본성에 따라 상대적이며 현상적인 것을 초월한 어떤 것, 즉 궁극적이며 절대적인 것을 예상하고 있다. '우리의 사고를 주의해 보면 현상의 배후에 어떤 실재가 존재한다는 의식을 탈피한다는 것이 얼마나 어려운 것인가 하는 것, 그리고 그것이 불가능하기 때문에 이러한 실재에 대한 우리 불멸의 신앙이 생긴다는 것이 판명된다.' 그러나 이 실재가 무엇인가는 우리로서는 알 수 없다.

이런 관점에서 본다면 과학과 종교와의 조정(調停)은 이미 그렇게 어려운 것은 아니다. 일반적으로 '진리는 상반되는 의견 조정에 있다.' 과학은 그 '법칙'이 오직 현상과 상대적인 것밖에는 적용할 수 없다는 것을 인식해야 될 것이며, 종교는 신학이 어떠한 개념 구성도 문제 삼지 않는 신앙을 위하여 신화를 합리화시키는 것임을 인식하지 않으면 안 된다. 정신과 물질은 어느 것이나 상대적 현상이며, 그 본성은 영구히 알 수 없는 궁극적 원인의 2중적 결과이다. 이 '헤아릴 수 없는 힘'의 승인이 모든 종교에 있어서의 진리의 핵심이며, 모든 철학의 시작이다.

진화

철학은 알 수 없는 것을 지적해 놓은 다음, 그 알 수 없는 것에 굴복하고 그 얼굴을 알 수 있는 쪽으로 돌린다. 형이상학은 망상이다. 철학 고유의 영역과 임무는 과학의 모든 성과를 총괄하고 통일함에 있다. '가장 낮은 단계의 인식은 통일이 없는 인식이다. 과학은 부분적으로 통일된 인식이며, 철학은 완전히 통일된 인식이다.' 이렇게 완전히 통일하기 위해서는 일체의 경험을 포괄하고, 일체 인식의 본질적 특징을 기술하는 저 포괄적인 보편적 원리가 필요하지만, 그와 같은 원리가 있는가.

우리는 어쩌면 물리학 최고의 일반적인 모든 법칙을 통일시킴으로써 이러한 원리에 접근할 수 있을지도 모른다. 여기에서 일반적인 모든 법칙이라는 것은 물질의 불멸, 에너지의 항존(恒存), 운동의 연속, 모든 힘 사이의 관계의 불변성—다시 말하자면 자연 법칙의 불가침성—, 힘—정신적 및 물질적 힘까지도—의 가변성과 등가성 및 운동의 율동성이다. 이 마지막 법칙은 보통 인정되지 않지만, 지적해 둘 필요는 있다. 자연은 모두 율동적이니까.

이러한 모든 '수 있는 법칙'은 힘의 영속성이라는 궁극의 법칙으로 환원할 수 있다. 그러나 이 원리에는 정적이며 활발하지 못한 데가 있으며, 생명의 비밀마저 풍기지 않는다. 실재의 동적원리란 무엇인가. 만물의 생성과 소멸의 정식은 무엇인가. 그것은 진화와 분해[7]이어야 한다. 어떠한 대상도 그 역사 전체는 지각할 수 없는 것 속에서 나타나 지각할 수 없는 것 속으로 사라져 간다는 것을 내포하고 있지 않으면 안 되기 때문이다.

이와 같이 하여 스펜서는 우리들에게 저 유명한 진화의 정식을 부연한 것이지만, 그것은 유럽의 지성을 소스라치도록 놀라게 하여, 그것을 해설하는 데 10권의 서적과 40년간의 노력을 필요로 했다. '진화란 물질의 통합과 이에 따르는 운동의 방상(放散)이다. 통합하는 동안 물질은 부정을, 연관 없는 동질성에서 일정한 연관 있는 이질성으로 바꾸고, 보류된 운동은 어떤 병행적 변형을 받아들인다.' 이 명제는 무슨 뜻일까.

유성의 성운으로부터의 발생, 지표에서의 바다와 산의 형성, 식물에 의한 화학적 모든 원소의 동화작용과 이성에 의한 유기화합물의 동화작용, 태아에서의 심장의 발달과 출생 후 골격의 합성. 감각과 기억이 합일되어 인식이나 사상이 되고, 인식과 사상이 합일되어 과학이나 철학이 있는 것, 가족이 발달하여 씨족·부족·도시·국가를 이루고, 국제 동맹이나 '세계 연방'이 되는 것, 이런 것이 모두 물질의 통합이다. 즉, 서로 흩어져 있는 부분이 집결하여 단괴(團塊)·집단 및 전체가 되는 것을 말한다. 이러한 통합은 필연적으로 모든 부분에 운동 감소가 따른다. 국가 권력의 증대가 개인 자유를 축소시키듯이. 그러나 통합은 그와 동시에 모든 부분에 상호 의존이나 연관을 받아서 전체의 생활을 촉진시키는 보호조직을 부여한다. 이 과정은 또한 형태 및 기능의 보다 큰 한계를 초래한다. 성운(星雲)은 일정한 형태가 없는 몽롱한 것이었음에도 불구하고, 이 성운에서 모든 유성의 규칙적인 타원형의 궤도, 산맥의 뚜렷한 윤곽, 유기체와 그 모든 기관과의 특수한 형태와 특성, 생리적 현상물이나 정치적 조건에서의 기능의 분업과 전문화 등등이 나타난다.

이 통합화하는 전체의 모든 부분은 그 본성과 기능이 단순히 한정될 뿐만 아니라 다양해지고 이질적으로 된다. 태고의 성운은 동질적인, 즉 똑같은 모양의 여러 부분으로 형성되어 있었다. 그러나 곧 분화하여 가스 상태, 액체 및 고체가 되었다. 지구는 이쪽은 초원이 되어 파랗게 되고, 저쪽은 산꼭대기

---

7) 스펜서의 진화란 '통합'의 나아감을 의미하므로 진화의 반대는 분해라는 것이 된다.

가 되어 흰 눈이 덮이거나 큰 바다가 되어 푸르기도 하다. 진화하는 생명은 비교적 동질적인 원형질에서 영양·생식·운동·감각의 여러 기관을 창조한다. 단순한 원시어는 점점 다양해져 가는 방언으로 모든 대륙을 완전히 뒤엎어 버린다. 단 하나의 과학이 다수의 과학을 낳고, 한 국민의 민속은 무수한 문예의 형식을 취하여 꽃을 피운다. 개성은 발달하여 성격은 독자적으로 되고, 모든 인종과 민족은 특수한 정신을 발휘한다. 통합과 이질성, 즉 모든 부분이 모여 점점 큰 전체가 되고, 모든 부분이 분화하여 점점 다양한 형식을 취하는 것, 이것이 진화의 초점이다. 확산에서 통합 및 통일로, 동질적 단순성에서 이질적 복잡성으로 변화하는 것(예컨대 1600~1900년경의 미국)은 진화의 밀물을 타고 있는 것이며, 통합에서 확산, 복잡에서 단순으로 되돌아오는 것(예컨대 200~600년경의 유럽)은 분해의 썰물에 떠 있는 것이다.

스펜서는 이 총괄적 정식(總括的定式)에 조금도 만족하지 않고, 이 정식이 기계적 모든 힘의 자연적 작용에서 필연적으로 발생하는 것임을 증명하려고 했다. 첫째로 '동질적인 것의 불안정성'이 있다. 즉 동질적인 모든 부분은 외부적 힘의 영향을 모두 일률적으로 받는 것이 아니기 때문에 언제까지나 같은 모양대로 있을 수 없다. 예를 들면, 바깥쪽에 있는 부분은 전시(戰時)의 연안 도시와 같이 다른 부분보다 일찍 공격을 받게 되며, 일의 차이점은 동질적인 사람들을 여러 가지 직업의 화신으로 만들어 낸다. 둘째로 '결과의 배화(排貨)'라는 것이 있다. 단 하나의 원인이 놀랄 만큼 다양한 결과를 낳아, 세계 분화를 조장하는 일이 종종 있다. 예를 들면, 마리앙투아네트가 자기도 모르게 중얼거린 소홀한 한마디라든가, 엠스 발(發) 전보[8]의 자구를 수정한다든가, 살라미스 해전(海戰)에 불어 닥친 바람[9]이라든가 하는 것은 아마도 역사에 무한한 역할을 연출하고 있을 것이다. 셋째로 '분리'의 법칙이 있는데, 이에 의하면 비교적 동질적인 전체의 여러 부분이 분리되어 다른 지역으로 쫓겨 가면 환경이

---

8) 온천지 엠스(Erms)에서 정양 중인 프로이센 왕은 나폴레옹 3세의 사절 베네데토의 요구를 거부하고, 그 취지를 비스마르크에서 전보로 보고했던 바, 비스마르크는 베네데토가 엠스에서 왕을 협박한 것같이 그 전보의 내용을 고쳐 이를 신문지상에 발표했다. 이것은 독일인 전체를 분격해 하여 보불 전쟁을 개시하기 위한 절호의 조건을 만들었다.

9) 아테네 함대가 살라미스에서 페르시아 함대를 격파했을 때 분 바람.

다르기 때문에 다른 것이 되어 버린다. 예를 들면, 같은 영국인이, 거주지의 특성에 따라 미국인이나 캐나다인 또는 오스트레일리아인이 되는 것처럼 말이다. 이러한 여러 가지 방법을 이용하여 자연의 모든 힘은 진화하는 세계의 다양성을 형성한다.

그러나 마지막에, 필연적으로 '균형 상태'가 온다. 운동은 모두 저항을 받고 있기 때문에, 곧 정지할 것임에 틀림없다.—리드미컬한 진동은 반드시—외부로부터 다시 진동시키지 않는 한—진동수와 진폭을 잃어간다. 유성은 옛날보다 작은 궤도를 돌고 있으며, 앞으로는 더욱 작은 궤도를 돌게 될 것이다. 태양도 수세기 후에는 열이나 밝기가 줄어들 것이다. 썰물과 밀물의 마찰은 지구의 자전을 완만하게 할 것이다. 이 지구는 지금이야말로 무한한 운동에 맥박치고, 소란하고, 번화하게 발생하는 생명의 무수한 형태를 마음껏 만들어 내고 있으나 언젠가는 궤도를 운행하는 속도도, 모든 부분의 움직임도 완만하게 될 것이다. 혈액은 메마른 혈관을 더욱 차갑고 느리게 흐를 것이다. 우리는 이미 서두르지 않게 되고, 멸망해 가는 민족과 같이 천국을 휴식면에서 생각하고, 생명면에서는 생각하지 않게 될 것이다. 우리는 열반을 꿈꾸게 될 것이다. 서서히 그러나 점점 더 빠르게 균형은 분해—진화의 불행한 에필로그—될 것이다. 사회는 붕괴하며 집단 이주가 일어나고, 도시는 어두운 배후지(背後地)의 농민생활에 흡수된다. 어떠한 정부도 느슨해진 여러 부분을 죌 만한 힘이 없으며, 사회 질서의 기억마저 없어질 것이다. 그리고 개인에 있어서도 통합은 분리에 굴복하고, 삶을 뜻하는 몽롱한 무질서로 옮겨가게 될 것이다. 지구는 혼란한 멸망의 무대가 되고, 어떻게 할 도리가 없는 에너지 저하라는 비참한 드라마가 연출될 것이다. 지구 자체가 본래의 먼지와 성운으로 해체될 것이다. 그러면 진화와 분해의 순환은 끝날 것이다. 새로운 순환은 시작되고, 그것은 무한히 되풀이되지만, 이것은 영원한 대단원이 될 것이다. '너는 죽는 다는 것을 기억하라(Memento mori)'라고 삶의 얼굴에 씌어 있으며, 모든 탄생은 쇠망과 죽음의 서곡이다.

《제1원리》는 고전적이라고도 할 수 있는 평정함을 가지고 유성·생명 및 인간의 성장과 소멸, 진화와 분해를 묘사한 웅대한 드라마다. 그러나 이 드라마는 비극이며, 이 비극의 가장 적절한 결론은 햄릿의 "뒤는 모른다(The rest is silence)"는 대사다. 신앙의 희망에서 자라난 선남선녀가 삶의 어림셈을 몹시 싫어한 것이 조금도 이상할 것은 없다. 우리는 죽지 않으면 안 된다는 것을 알고 있으나 죽음의 일은 죽음에 맡기는 수밖에 없으므로 우리는 삶의 일을 생각하는 편이 좋다. 스펜서는 인간의 노력은 허무한 것이라는 쇼펜하우어와 같은 생각을 가지고 있다. 승리를 얻은 인생행로의 마지막에, 인생은 살 만한 가치가 없다는 심정을 밝혔다. 그도 먼 앞날만 바라볼 뿐 눈앞의 조촐한 생활의 즐거움을 모르는 '철학자의 병폐'에 물들어 있었던 것이다.

그는 사람들이 신과 천국으로 끝맺지 않고 균형과 해체로 끝나는 철학을 즐기지 않을 것이라는 것을 잘 알고 있었다. 그러므로 그는 1부를 마무리 하면서 예외적인 웅변의 목소리로, 열의를 다해 자신이 본 어두운 진실을 말하는 권리를 변호했다.

스스로 최고의 진리라고 생각하는 것이 지나치게 시대를 앞선 것은 아닐까 해서 말하기를 망설이는 사람은, 자신의 행동을 객관적인 관점에서 바라보고 기운을 내야 한다. 의견은 외부의 환경에 성격을 적응시키는 힘이며, 그의 견해는 정당하게 이 힘의 일부를 형성하며 다른 단위와 함께 사회 변화를 일으키는 일반적인 힘을 구성하는 힘의 단위임을 기억해야 한다. 그는 결과에 얽매이지 않고 자신의 가장 깊은 신념을 적절하게 발표할 수 있음을 깨달을 것이다. 그가 어떤 원칙에는 공감하면서 다른 원리에는 혐오감을 느끼는 것은 우연한 일이 아니다. 모든 역량과 열망, 신념을 갖고 사고하는 그는 우연한 존재가 아니라 시대의 산물이다. 그는 과거의 후손이지만 동시에 미래의 부모이기도 하다. 그의 생각은 그로부터 태어난 아이들과 같아서 부주의하게 죽여서는 안 된다. 다른 모든 사람들과 마찬가지로 그는 자신을 미지의 원인을 작용시키는 무수한 힘 중의 하나로 생각하는 것이 마땅하다. 때문에 미지의 원인이 그에게 어떤 믿음을 만들어 내면, 그는 그 신념을 고백하고 행동할 권리가 있다. 그러므로 지혜로운 사람은 자기 안의 신념을 우연한 것으로 여기지 않을 것이다. 그렇게 함으로써 결과가 어떻든 그는 세계에서 자신의 역할을 제대로 수행한다는 것을 알기 때문이다. 또한 그가 목표한 변화를 일으키면 더없이 좋지만 그렇지 않다 하더라도 좋다는 것을─물론 아주 좋지는 않지만─알기 때문이다.

4. 생물학
생의 진화

《종합철학》의 제2권 및 제3권은 1872년에 《생물학의 원리》라는 제목으로 출판되었다. 이것은 전문가의 분야로 들어가는 철학자의 당연한 한계를 드러내지만, 생물학적 사실의 넓은 범위에 새로운 통일을 부여하여 이해를 쉽게 한 저 투철한 개괄로써 세부의 오류를 보충했다.

스펜서는 '삶이란 내적 관계에 대한 부단한 적응이다'라는 유명한 정의에서 시작한다. 삶의 완전성은 이 적응의 완전성 여하에 달렸으며, 삶은 이 적응이 완전할 때 완전해진다. 이 적응은 단순히 수동적인 적응은 아니다. 생명의 특색은 예를 들면 동물이 타격을 피하기 위하여 몸을 움츠리거나, 인간이 음식물을 데우기 위하여 불을 피우는 것처럼 외적 관계의 변화를 예상하여 내적 관계를 적응시키는 것이다. 이 정의의 결점은 유기체의 환경에 미치는 형성력을 무시하는 경향에만 있을 뿐 아니라, 유기체에 미리 앞을 내다보게 하여 내부를 조절하게 하는─이것이 생활력의 특징이지만─그런 일을 시키는 매우 정묘한 능력의 본성을 설명할 수 없는 점에 있다. 개정판에 첨가된 한 장(章)에서 스펜서는 '생명에서 힘의 역동적 요소'를 검토하여, 자신의 정의는 진실로 생명의 본성을 나타내는 것이 아니었다는 것을 인정한다.

스펜서는 개체의 생명은 외적 관계에 대한 내적 관계의 적응을 보듯이 종(種)의 생명에도 환경의 모든 조건에 대한 생식력의 현저한 적응을 인정한다. 번식은 원래 영향을 섭취하는 표면을 그것에 의하여 자라나는 몸에 새로이 적응시킴으로써 생겨난다. 분열·발아·포자 형성 및 유성 생식은 몸의 표면에 대한 비율이 감소하고, 영양의 균형이 회복되는 것을 공통으로 하고 있다. 그러므로 개개의 유기체가 어느 정도 선을 넘어 성장하는 것은 위험한 일이며, 대개 성장은 어느 시기가 지나면 멈추고 생식을 시작한다.

대체로 성장은 에너지의 소멸률에 반비례하고, 번식률은 성장률에 반비례한다. '암놈인 망아지에게 무턱대고 새끼를 낳게 하면 이 암말은 본래의 크기

만큼 크지 않는다는 것은 사육자들에게는 잘 알려져 있다. ……반대의 사실은 거세된 동물—예컨대 거세하여 살을 찌운 수탉, 특히 거세된 고양이—은 그렇게 불구가 되지 않은 동류들보다 커지는 일이 흔하다.'

번식률은 개체의 발달과 능력이 향상될수록 낮아지는 경향이 있다. '유기체가 저급하기 때문에 외적 위험과 싸울 능력이 적을 경우에는, 당연한 결과인 죽음을 보상하기 위해선 번식력이 커야만 한다. 그렇지 않으면 종족은 죽어 없어져 버릴 것이다. 그와 반대로 고도의 천부적 자질로 말미암아 자기 유지의 능력이 다분히 있을 경우에는 번식력이 낮아져야만 한다.' 그렇지 않으면 증가의 비율이 식량의 공급을 상회할지도 모른다. 따라서 일반적으로 개체화와 발생, 또는 개체의 발달과 번식력 사이에는 대립이 있는 것이다. 이 법칙은 개체보다는 속(屬)이나 종(種)에 잘 적용되며, 종 또는 속이 고도로 발달할수록 출생률은 낮아질 것이다. 그러나 이 법칙은 대체로 개체에게도 적용할 수 있다. 예를 들면 지적 발달은 번식력에 적의를 품고 있는 것처럼 보인다. 철학자들은 어버이가 되기를 제일 회피하는 인종으로 유명하지만, 다른 한편 여성은 어머니가 되면 보통은 지적 활동력이 감퇴한다. 그리고 아마도 여성의 청년기가 짧은 것도 일찍부터 생식의 희생이 되기 때문인 것 같다.

이와 같이 출생률은 대개 종족 보존의 필요에 적응함에도 불구하고, 적응은 결코 완전한 것은 아니며, 인구증가는 생활수단의 증가를 능가한다는 맬서스의 일반 원칙은 옳다.

"처음부터 인구의 이 압력은 진보의 직접 원인이었다. 그것은 인류 최초의 확장을 초래하여 인간으로 하여금 부득이 약탈의 관습을 포기하고 농업에 전념하지 않을 수 없게 했다. 그것은 지구 표면의 개간을 초래하여 인간으로 하여금 부득이 사회생활에 들어가게 하여……사회 감정을 발달시켰다. 그것은 생산 방법의 진보 개량을 촉진하여 인간의 기술과 지능을 높였다."

그것은 생존경쟁의 중요한 원인이며, 이 생존경쟁에 의하여 적자(適者)는 살아남게 되고, 종속의 수준은 높아진다.

적자 존속이라는 것이 주로 자발적인 편리한 변이(變異)에 의한 것인지, 아니면 이어가는 세대에 의하여 거듭 획득된 모든 특성, 또는 모든 능력의 부분적 유전에 의한 것인지, 이에대한 문제는 스펜서가 독단적 태도는 취하지 않았다. 그는 다윈의 학설을 자진하여 받아들였지만, 그러나 거기에는 설명할수 없는 여러 가지 사실이 있으며, 그러나 사실은 라마르크의 견해를 일부 변경하여 채택하지 않으면 안 될 것 같은 생각이 들었다. 그는 바이스만과의 논쟁에서 실로 활발하게 라마르크를 변호하고, 다윈설의 어떤 종의 결합을 지적했다. 그 당시 스펜서는 유일하게 라마르크의 편을 들었다. 오늘날, 신(新) 라마르크주의자 속에 이전의 다윈주의자가 끼어 있다는 사실이나, 현대 영국의 생물학자 중 가장 위대한 사람이 현재의 발생학자들의 견해를 총괄하여 진화에 대한 다윈의 '특수적'이론[10] —물론 일반적 이론은 아니지만— 은 포기하지 않으면 안 된다고 말하고 있는 것에 대해 언급한다는 것은 다소 흥미 있는 일이다.

5. 심리학
정신의 진화

《심리학의 원리》 2권(1873년)은 스펜서 사상의 연쇄에서 가장 약한 고리(環)였다. 일찍이(1855년) 이 주제에 대하여 1권의 책을 쓴 일이 있는 그는 젊은 열의를 가지고 유물론과 결정론을 변호했는데, 연령과 사색이 그것을 수정하여 온화한 필치로 만들고, 열심히—그러나 별로 알기 쉽지는 않다—분석하여 그것을 수백 페이지로 늘렸다. 이 책에서 스펜서는 다른 어느 책보다도 이론은 더욱 풍부하나 증명은 부족한 것 같다.

여기서 스펜서는 세포 간 결합 조직에서 신경이 발생한다는 이론, 후천적 성격의 반사와 전달이 복합하여 본능이 생긴다는 이론, 종족의 경험에서 정신의 범주가 발생한다는 이론, 변형된 실재론과 사실적인 심리학의 명확한 미덕보다는 형이상학의 모든 난해한 힘을 과시하는 그 밖의 다양한 이론을 전개한다. 이 책에서 우리는 현실적인 영국을 떠나 칸트에게로 되돌아간다.

동시에 우리에게 강한 인상을 주는 것은 이 책에서 심리학의 역사상 처음으로 명확한 진화론적입장을 취하여 발생적 설명을 시도하고 있다는 점이다. 즉 극히 복잡한 사고를 신경의 매우 단순한 작용까지, 그리고 마지막에는 물

---

10) '미국 과학 진흥회'에서의 윌리암 베이트슨 경의 강연(1921년 12월 28일). 1922년 1월 20일 《Science》에 인쇄되었음. [원주]

질의 운동까지 설명을 시도하고 있다. 이 시도가 실패로 끝났다는 것은 분명하지만, 도대체 누가 이러한 계획을 성공할 수 있었겠는가. 스펜서는 의식이 진화해 온 과정을 밝히려는 커다란 계획을 세웠다. 그러나 이 경우 의식의 진화를 말하기 위해 곳곳에서 의식을 전제하지 않을 수 없었다. 그는 오직 한 줄기 진화의 발걸음이 성운으로부터 정신에 계속되었다고 주장했다. 그러나 결국 물질은 정신에 의해서만 알려질 수 있다고 고백한다. 아마도 이 두 권 중에서 가장 중요한 부분은 유물론적 철학을 포기하는 여러 구절일 것이다.

"분자의 진동은 의식 속에서 신경의 충격과 함께 표상되고 양자가 동일하게 인증될 수 있는가, 우리는 아무리 노력하더라도 양자를 서로 같은 것이라고 말할 수 없다. 감각 단위와 운동 단위 사이에 어떤 공통점도 없다는 것은 양자를 대조하면 특히 분명해진다. 이리하여 내려지는 의식의 직접적 판단은 분석적으로 옳다는 것을 증명할 수 있다. ……왜냐하면 진동하는 분자라는 관념이 많은 감각 단위에서 이루어지고 있다는 것을 인증할 수 있기 때문이다(다시 말하면 우리의 물질에 대한 지식은 정신적 제단위—감각·기억상 및 관념—로 구성되고 있다). ……정신현상을 물리현상으로 바꾸느냐, 물리현상을 정신현상으로 바꾸느냐의 그 어느 쪽인가를 선택하라고 강요당한다면 후자를 선택하는 편이 보다 옳을 것이다."

그럼에도 정신의 진화가 있다. 곧 단순한 것에서 복잡한 것으로, 즉 반사 작용에서 무의식적 행동과 본능을 넘고, 기억과 상상력을 거쳐 지성과 이성에 도달하는 반응양식의 발전이 존재한다. 이 1400쪽의 생리학적, 심리학적 분석을 읽고도 정신을 잃지 않는 독자가 있다면 그는 생명의 연속성과 정신의 연속성에 대한 압도적인 감각이 생길 것이다. 그는 영화에서처럼 신경의 형성, 반사 작용과 본능의 발달, 상충하는 충동의 충돌을 통한 의식과 사상의 형성을 보게 될 것이다. '지능이란 뚜렷이 하나의 등급을 이루고 있는 것도 아니고, 실제로 독립된 능력으로 이루어져 있지도 않으며, 그 최고 발현은 오히려 매우 단순한 요소로부터 눈에 띄지 않을 정도의 여러 단계를 거쳐 생겨난 복잡한 결과다.'

본능과 이성 사이에 간격은 없다. 양자는 다같이 내적 관계와 외적 관계의 적응에 지나지 않으며, 본능 대상은 비교적 틀에 박힌 단순한 것이지만, 이성

대상은 항상 비교적 신기하고 복잡하다는 의미에서 양자간에 정도의 차이가 있는 데 불과하다. 이성적 행동이란 어떤 상황에 의하여 환기된 다른 여러 가지 본능적 반응과, 싸워 이긴 하나의 본능적 반응에 지나지 않는다. '숙려(熟慮)'란 대항하는 충동과 충동의 사투(死鬪)에 지나지 않는다. 근본적으로 이성과 본능 정신과 생명은 같다.

의지는 능동적인 충동의 완화에 주는 추상적인 용어이며, 의지는 방해받지 않는 생각이 행동으로 자연스럽게 흐르는 것이다. 생각은 행동의 첫 단계이며, 행동은 생각의 마지막 단계이다. 마찬가지로, 감정은 본능적인 행동의 첫 번째 단계이며, 감정의 표현은 완료된 반응에 대한 유용한 전주곡이다. 분노했을 때 이를 악무는 것은 적에게 난폭하게 굴고 싶다는 것—이는 그렇게 시작한 일의 자연스러운 종결이다—을 뜻한다. 칸트가 선험적이라고 생각했던 공간과 시간에 대한 인식이나 양과 원인에 대한 개념과 같은 '사고의 형태'는 단지 본능적인 사고방식 일뿐이다. 본능은 종족에 의해 획득되지만 개인에게 고유한 습관이기 때문에 이러한 범주는 진화 과정에서 서서히 습득한 정신적 습관이며 이것은 이제 우리의 지적 유산의 일부이다. 이 모든 오래된 심리학의 수수께끼들은 '끊임없이 축적한 변화의 유산'으로 설명할 수 있다. 물론 이 모든 공들여 쓴 책을 의심스럽고 어쩌면 허망하게 만드는 것은 바로 이 만연한 가정일 뿐이다.

6. 사회학

사회의 진화

스펜서의 사회학[11]에 관한 세상의 평판은 전혀 다르다. 출판하는 데 20년 이상 걸린 이 방대한 세 권의 저서는 스펜서의 걸작이다. 즉 그의 전문적인 영역에 관계되므로, 암시적인 개괄과 정치 철학에 있어서 그의 가장 뛰어난 면을 나타내고 있다. 첫 작품 《사회정학》에서 《사회학의 원리》의 맨 마지막 권에 이르기까지, 거의 반세기에 걸쳐 그의 관심은 주로 경제와 정치의 여러 문제로 향했으며, 그는 그 저서를 플라톤처럼 도덕적·정치적 정의에 관한 논의로 시

---

11) 《윤리학의 원리》 스펜서의 비평가가 이 구절을 읽었다면, 스펜서는 사회학을 과대평가했다고 비난하지는 않았을 것이다.

작하고 끝맺고 있다. 사회학을 위하여 그만큼 많은 일을 한 사람은 없다. 사회학의 창시자이며, 사회학이라는 명칭의 고안자인 콩트까지도 스펜서에게는 미치지 못하고 있다.

통속적 서론의 저서 《사회학연구》(1873년)에서 스펜서는 이 새로운 과학의 승인과 발전을 위해서 매우 힘을 기울이고 있다. 만일 결정론이 심리학에서 옳은 것이라면, 사회 현상에서는 원인과 결과의 합법칙성이 존재할 것이다. 그리고 인간과 사회와의 철저한 연구자는 리비우스(로마의 역사가)의 단순한 연대기적 역사에도, 칼라일의 전기적(傳奇的) 역사에도 만족하지 않고, 인간의 역사 속에 사실적인 황야를 과학이라는 지도로 변경시키는 일반적 발전방식, 인과적 연속, 사태를 해명하는 상호관계를 탐구할 것이다. 전기(傳記)의 인간학에 대한 것은 역사의 사회학에 대한 것과 같다. 물론 사회학이 과학의 이름에 알맞게 되기까지는 아직도 사회연구가 극복해야 할 많은 장애가 있다. 이 젊은 학문은 개인적·교육적·신학적·경제적·정치적·국민적·종교적인 무수한 선입관과 무지한 자의 무엇이든 알고 있다는 듯한 조급한 생각에 시달리고 있다. '한 프랑스인이 영국에 3주 동안 머물면서 영국에 관한 글을 쓰겠노라 제안했으나 3개월이 지나도 준비가 되지 못했다는 것을 알고, 3년이 지난 후에는 영국에 대해 아무것도 모른다는 결론을 내렸다는 이야기가 있다.' 이런 사람이야말로 사회학 연구를 시작할 준비가 된 것이다. 사람들은 물리학·화학·생물학의 전문가가 되기 위해서는 한평생 연구해야 한다는 각오를 하게 되지만, 사회나 정치에 관한 분야에서는 식료품 상점의 점원이 전문가로서 모두 제각기 해결책을 알고 있으므로 그것을 사람들이 들어 주기를 바라고 있다.

이 경우 스펜서 자신의 준비는 지적 성실의 모범이었다. 그는 비서를 세 사람이나 두어 자료를 모으게 하고, 중요한 국민의 가정·교회·직업·정치·경제상의 관례에 관한 사실을 병행란에 분류하여 기입시켰다. 이러한 자료를 그는 자비를 들여 방대한 8권의 책으로 엮어 출판했지만, 자기가 내린 결론을 다른 연구자들이 확인하거나 수정할 수 있도록 할 작정이었다. 이러한 7년간의 준비를 거쳐 1876년에 《사회학의 원리》 제1권이 세상에 나왔으며, 1896년에 겨우 마지막 권(제3권)이 출판할 단계가 되었다. 스펜서의 다른 저서는 그 모두가 고서 수집가마저도 찾기 힘들게 되었으나 이 세 권의 책은 앞으로도 모든 사회

연구자에게 풍부한 수익을 제공하게 될 것이다.

그럼에도 불구하고 이 책의 원래 구상은 성급한 일반화(즉 개괄)라는 스펜서 습성의 전형이다. 그가 믿는 바에 의하면, 사회는 하나의 유기체로서 개인의 경우와 같이 영양·순환·조정·생식기관[12]을 가지고 있다. 개인에게 의식은 국한되어 있으며, 사회에서는 각 부분이 각기 자기의 의식과 자기의 의지를 지니고 있다. 그러나 정부 권력의 집중화는 이 구별의 의의를 희박하게 하는 경향이 있다.

"사회적 유기체는 다음과 같은 본질적인 점에서 개체적 유기체와 비슷하다. 즉 사회적 유기체도 성장한다는 것, 성장하는 동안 점점 복잡해진다는 것, 복잡성이 더해지면 모든 부분의 상호 의존도가 높아진다는 것, 그 생명은 그 구성부분의 생명에 비하여 대단히 길다는 것, ……어느 경우에나 통합이 진행되면 될수록 이질성이 증대한다는 것 등의 점에서 비슷하다."

그러므로 사회의 발달은 진화의 정식을 자유롭게 실현한다. 즉, 정치 단위가 가족에서 국가 및 국제연맹에까지 성장하여 커지고, 경제 단위가 소규모적인 가내공업에서 트러스트나 카르텔에까지 증대되고, 인구 단위가 마을에서 읍이나 도시에까지 팽창하는 등의 일은 분명히 통합 과정을 나타내는 것이며, 분업, 직업 수의 증가, 도시와 지방, 국민과 국민과의 경제적 상호의존 증대는 연관과 분화의 발달을 충분히 예시한다.

이질적인 것의 통합이라는 동일한 원칙은 종교나 정치에서 과학이나 예술에 이르기까지 사회적 현상의 모든 영역에 적용된다. 종교가 최초에는 많은 신들과 정령(精靈)의 숭배였다는 것은 많건 적건 간에 모든 민족에게 마찬가지였으며, 종교의 발전은 어느 중심적인 전능한 신이 다른 모든 신들을 밑에 거느리고 그들 신들에게 특수한 역할을—계급 조직을 만들어—부여한다는 식의 신의 개념을 통하여 이루어진다. 최초의 신들은 대개 꿈이나 유령의 암시에서 생겨났다. '스피릿'이라는 말은 유령이나 신들에도 똑같이 적용되었으며, 또 적용된다. 산울림은 유령이나 생령(生靈)의 목소리이며, 물건에 비치는 그림자는 그 모습이라 했다. 그래서 바수토인(남아프리카)은 악어가 자기의 그림자

---

12) 야생 생식을 식민지 개발과 비교하고 유성생식을 여러 종족간의 잡혼과 비교하라.

를 잡아먹지나 않을까 두려워하여 절대로 냇가를 걸으려 하지 않는다. 신은 처음에는 '부단히 존재하는 유령'이었다. 지상 생활에서 권력을 가지고 있던 사람들은 그 권력을 유령이 된 뒤에도 보존한다고 믿고 있어서 탄나인(남태평양 바누아투의 섬) 사이에서는 신이라는 말은 문자 그대로 죽은 자를 뜻한다. 이러한 위험한 유령은 무마하지 않으면 안 되었기 때문에 장례식 풍속이 예배식이 되었으며, 지상의 지도자에게 아첨하는 수단은 모두 기도의 의식이나 신들의 위무(慰撫)에 적용되었다. 그리스도 교회의 소득이 원래는 신들에게 보내는 선물이었다는 것은 마치 국가의 세입이 통령(統領)에 대한 선물에서 비롯된 것과 마찬가지이다. 왕에 대한 충성의 맹세는 신의 제단에 엎드려 기도하는 형태가 되었다. 죽은 왕을 신으로 생각한다는 것은 군주를 생전에 신으로 받들던 로마인을 보면 확실히 알 수 있다. 이러한 조상 숭배는 모든 종교에 그 기원이 있는 것처럼 생각한다. 이 풍습의 힘은 세례를 받지 않은 조상들과 천국에서 만날 수 있겠느냐는 물음에 만족할 만한 대답을 얻을 수 없다는 이유로 세례를 거부한 추장(酋長)의 이야기에 의해 명백해진다.

종교는 대개 원시인 생활의 중심이었다. 그들의 생존은 불안하고 초라한 것이었기 때문에 그들의 영혼은 눈에 보이는 현실세계보다도 내세(來世)의 희망으로 살았다. 초자연적인 종교는 어느 정도 '군사형 사회'의 수반현상이며, 산업이 전쟁에 대체되자마자 사고(思考)는 죽음에서 삶으로 향하고, 삶의 숭배의 오솔길을 나와 창의와 자유의 넓은 길로 뛰어든다. 사실 서양사회의 역사에 일어난 가장 근본적인 변화는 군사 중심의 제도에서 점차 산업 중심의 제도로 변화한 일이다. 국가 학자들은 언제나 사회를 그 통치 형태에 따라 군주제·귀족제·민주제로 분류하지만, 이것은 표면적인 구별이다. 큰 분할선은 군사형의 사회와 산업형의 사회로 나누는 것이며, 전쟁에 의해 사는 국민과 노동에 의해 사는 국민과를 나누는 것이다.

군국주의 국가의 중심은 언제나 정부이며, 이러한 국가는 거의 언제나 군주제이다. 이런 국가가 가르치는 협동은 군대적·강제적이어서 군신(軍神)을 숭배하는 관헌주의적 종교를 장려하여 엄중한 계급차별과 계급도덕을 발달시켜 가정에서 남자의 천부적 절대주의를 지지한다. 호전적인 사회에서 사망률은 높기 때문에 이러한 종류의 사회에서는 일부다처제가 되기 쉬워 여자의 지위는 낮아지는 경향이 많다. 대개의 나라는 최초에는 군사형이었다. 그 이유는 전쟁이 중앙집권을 강화하여 일체의 이해관계를 국가의 이해관계에 종속시키게 하기 때문이다. 그러므로 '역사는 대개 《모든 국민의 뉴게이트 감옥역보(監獄歷報)》[13]와 같으며' 강탈·배반·살인·국민적 자살의 기록이다. 식인종의 풍습은 원시사회의 오점이었으나, 어떤 현대 사회에는 식사회(食社會)가 이루어져서 인민 전체를 노예로 만들어 잡아먹어 버린다. 전쟁이 추방되고 극복될 때까지 문명은 파국에 낀 불안한 막간의 만담인 것이다. '고도한 사회상태의 가능성은 전적으로 전쟁의 소멸에 달려 있다.'

이러한 완성이 시작되리라는 기대는 인간 마음의 쇄신에 달려 있다기보다는—인간은 환경을 만드는 것이기 때문에—오히려 산업적 사회의 발달에 달려 있다.

산업은 민주주의와 평화를 촉진한다. 생활이 전쟁에 지배되지 않게 되자마자 경제적 발전의 중심이 무수히 생겨나 권력은 집단 구성원 대부분에게 분배된다. 생산은 창의가 자유롭게 활동하는 곳에서만 왕성해질 수 있기 때문에 산업화된 사회는 권위·교계조직(敎階組織) 및 계급제도의 전통을 폐지한다. 이러한 전통은 군사 국가에서 성행되며, 이러한 전통 아래 군사 국가는 번영한다. 군인이라는 직업은 이미 높은 명성이 사라지고, 애국심은 다른 모든 나라를 증오한다기보다 자기 나라를 사랑하는 것이 된다. 자국의 평화가 번영의 첫째 필수 조건이 되고, 자본이 국제적으로 되어 무수한 자본이 투자되면 국제평화도 또한 필요해진다. 대외전쟁이 줄어들면 국내의 야만행위도 줄어들어, 남자의 수명도 여자의 수명과 거의 같아지는 관계로 일부다처제가 일부일처제로 바뀌어 부인의 지위는 향상되고, '여성해방'도 머지않아 절로 이루어질 것이다. 미신적 종교는 지상에서 인간생활을 개선하고, 성격을 고귀하게 만드는 것을 노력의 안목으로 하는 자유로운 신조에 길을 양보한다. 기술의 메커니즘은 인간에게 우주의 메커니즘을 가르치고, 불변하는 인과(因果)라는 개념을 가르친다. 그리고 자칫하면 초자연적 설명으로 달아나 버리는 방식은 버리고 자연적 원인을 정밀하게 탐구하게 된다. 역사는 전쟁하는 왕들보다는 오

---

13) 뉴게이트 감옥이란 런던의 옛 시가에 있던 유명한 감옥으로서, 그 역보란 이 감옥 중죄인의 경력을 기록한 것이다.

히려 노동하는 민중을 연구하기 시작하고, 개인에 대한 단순한 기록에서 벗어나 위대한 발명과 새로운 이상의 역사로 바뀌어진다. 정부의 권력은 적어지지만 국내 생산단체의 권력이 증대된다. 거기에는 '신분관계에서 계약관계로' 복종의 평등에서 창의의 자유로, 강제적 협동에서 자발적 협동으로의 변천이 있다. 군사형의 사회와 산업형 사회와의 대조는 '개인은 국가의 이익을 위하여 존재한다는 신앙이 국가는 개인의 이익을 위하여 존재한다는 신앙으로 역전하는 데에서 나타난다.'

스펜서는 영국에서의 제국주의적 군국주의의 성장에 적극석으로 항의하면서 영국을 산업사회에 접근하는 유형으로, 프랑스와 독일은 군국주의 국가의 사례로 선택했다.

"때때로 신문은 독일과 프랑스의 군사 발전 경쟁을 상기시킨다. 어느 쪽이든 이빨과 발톱을 날카롭게 하는 데 대부분의 에너지를 소비한다. 한쪽의 증가는 다른 한쪽의 증가를 촉발시킨다. 최근 프랑스 외무부 장관은 튀니스, 통킹, 콩고, 마다가스카르를 언급하면서 다른 국가들과 정치적 번영을 위해 경쟁할 필요성을 강조하고 약소민족이 소유한 영토를 강제로 차지함으로써 '프랑스는 지난 수세기 동안 여러 가지 고귀한 모험을 통해 누려왔던 영광의 일부를 되찾았다'고 주장했다. ……여기에서 우리는 독일에서와 마찬가지로 프랑스에서도 각 시민이 공동체에 의해 유지되면서도 공동체를 위해 일해야 한다는— 사회 재조직의 계획이 왜 그토록 폭넓은 지지를 받고 있는지 그 이유를 알 수 있으며 프랑스인들 사이에서, 생시몽, 푸리에, 프루동, 카베, 루이 블랑, 피에르 르루 등이 언론과 행동을 통해 공산주의적 노동과 생활을 실현하려 했는지 알 수 있다. ……타인에 의한 소유권의 범위가 프랑스와 독일보다 좁았던 영국에서는 군사적 형태와 시민적 형태 모두에서 사회주의가 전제하는 타인에 의한 소유권에 대한 감정과 사상이 좀 더 느리게 진전되었다는 것을 관찰하면 우리는 대조를 통해 앞서 말한 사실을 확인할 수 있다."

스펜서는 사회주의는 군사적인 봉건제 국가 형태의 자손이어서, 산업과 자연스럽게 결합되는 것은 아니라고 믿고 있다. 군국주의와 마찬가지로 사회주의에서도 중앙집권의 발달, 정치권력의 확대, 기업정신의 쇠퇴 및 개인의 종속이 있다. '비스마르크 공이 국가 사회주의에 대한 기호를 나타내는 것은 당연한 일이다.' '조직은 완성하자마자 강화한다는 것은 모든 조직의 통칙인 것이다.' 산업에서 사회주의는 동물의 강직해진 본능기구와 같다고 말할 수 있으며, 개미나 벌과 같은 인간의 공동체를 창조하여 현재보다 훨씬 단조롭고 무미한 노예제도를 만들어 낼 것이다.

"사회주의의 필연적 결과인 강제 조정 아래서는…… 개인적 이익을 추구한 통제자들은…… 전 노동자의 일치단결된 저항을 받는 일도 없고, 그들의 권력은 협정된 조건 이외에는 노동 거부에 의하여 방해를 받지 않기 때문에 증대하고, 나뭇가지처럼 뻗쳐 나가고 견고해져서 마침내는 저지할 수 없게 될 것이다…… 관료정치에 의한 노동자의 통제로부터 관료 정치 그 자체를 뒤돌아보고, 관료정치를 어떻게 통제할 수 있겠느냐고 물어보아도 만족할 만한 답은 없다. ……이러한 사정 아래서는 새로운 귀족정치가 일어날 것이고, 이것을 유지하기 위하여 민중은 고생하지 않으면 안 될 것이다. 그리고 그것이 견고해지면 과거의 어떤 귀족정치보다도 훨씬 큰 권력을 휘두르게 될 것이다."

경제관계는 정치관계와 달라 훨씬 복잡하기 때문에 사람은 노예화하는 관료정치가 아니면 경제를 통제할 수 없을 것이다. 국가의 간섭은 항상 복잡한 경제적 상황의 일부를 소홀히 하는 관계로 지금까지 언제나 실패해 왔다. 중세의 영국의 임금 통제법이나, 혁명 당시 프랑스의 가격 통제법을 생각하라. 경제관계는 공급과 수요라는 '불완전하지만' 자동적인 조정에 맡겨져야 한다. 사회는 사회가 가장 필요로 하는 것에 가장 높은 대가를 치를 것이다. 또 어떤 층의 사람들이, 또는 어떤 종류의 직무가 큰 보수를 받는 것은 그들의 일이 특별한 위험, 또는 노고를 수반하고 있기 때문이다. 현재와 같은 구조를 가진 인간은 강제적 평등에는 견딜 수 없을 것이다. 자동적으로 변경된 환경이 자동적으로 인간의 성격을 변경시켜 버릴 때까지는 인위적 변화를 노리는 입법은 점성술과 같이 쓸데없을 것이다.

스펜서는 임금 노동자계급에 의해 통치된 세계를 불쾌하게 생각했다. 그는 런던의 《타임스》라는 보수적인 신문을 통하여 노동조합 지도자들을 알았고 그들은 스펜서의 마음에 들지 않았다. 그는 그 목적을 달성한다면 몰라도 대개의 경우 그렇지 않은 한 무익하다는 것을 지적했다. 만일 전 노동자가 차례차례 파업을 일으켜 이긴다면, 물가는 임금상승에 따라 오르고, 사태는 파업

이전과 똑같은 상태가 되기 때문이다. '우리는 머지않아 지금까지 고용계급이 가한 부정이 피고용 계급이 가한 부정과 같다는 것을 알게 될 것이다.'

그럼에도 불구하고 스펜서의 결론은 무턱대고 보수적인 것은 아니었다. 그는 자기를 에워싼 사회조직의 혼란과 잔인함을 잘 알고 있었으며, 누가 보아도 명백한 열의를 가지고 이것에 대처할 수 있는 방법을 찾아내려고 했다. 그래서 그는 마침내 협동조합 운동에 동의하여 이 운동을 헨리 메인 경(영국의 법학자, 사회학자)이 경제사의 본질로 삼은 '신분관계에서 계약관계로'라는, 변화의 결정이라고 보았다.

"사회의 수준이 높아질수록 노동의 통제는 강제에서 벗어난다. 여기에 우리는 협동노동과 모순되지 않는 강제가 최소한도까지 축소된 형태를 발견하게 되며, 각 성원은 각각 자기의 행동에 관해서는 자기 자신이 주인이며, 다만 성원의 대다수에 의해 세워진─질서를 유지하기 위해 필요한─규칙에 따를 뿐이다. 군국주의의 강제적 협력에서 산업주의의 자발적 협력으로의 변화가 여기에서 완료되고 있다."

산업이 민주주의적인 조직을 이토록 유효하게 만들 수 있을 만큼 인간이 정직하고 유능한지를 그는 의심하지만, 자신만만하게 이것을 시도할 것을 권하고 있다. 또 그는 산업이 절대적인 지배자에게 지휘되지 않고 인간이 쓸데없는 물건의 생산을 강요당하지 않는 시대를 예견하고 있다.

"개인은 국가의 이익을 위하여 존재한다는 신앙이, 국가는 개인의 이익을 위하여 존재한다는 신앙으로 역전된다는 것에서 군국형과 산업형의 차이가 드러난다. 이와 같이 산업형과, 아무래도 산업형에서 진화해 온다고 생각되는 형과의 차이는, 생활은 노동을 위해서 있다는 신앙이, 노동은 생활을 위해있다는 신앙으로 역전됨으로써 드러난다."

7. 윤리론
도덕의 진화
이 경제 재건의 문제는 스펜서에게는 대단히 중요하다고 생각되기 때문에 그는 이 문제에 《윤리학의 원리》(1893년)의 가장 큰 부분을 할애하고 있다.─ '내 과제의 이 최후의 부분에 대해서 ……여기에 선행되는 모든 부분을 나는

단순한 보조 수단으로 간주한다.'

스펜서는 빅토리아 왕조 중기의 도덕적 엄격 그 자체를 몸에 지닌 사람이었기 때문에, 전래의 신앙과 결부된 낡은 도덕률에 대치할 만한 새롭고 자연스러운 윤리를 발견한다는 문제에는 특히 활발한 관심을 기울이고 있었다. '도덕적 행동의 이른바 초자연적인 것에 의한 시인(是認)은 거부된다면 그만이다. 초자연적 시인에 못지않게 정당한, 그리고 그보다 훨씬 넓은 영역에 타당하는 자연적 시인이 존재한다.'

새로운 도덕은 생물학 위에 수립되어야 한다. '유기적인 진화 학설의 채택은 어떤 유(流)의 도덕적 여러 개념을 제약한다.' 헉슬리는 1893년 옥스퍼드에서의 로매니스(영국의 생물학자) 기념강연에서, 생물학을 윤리학의 입문으로 간주할 수는 없다(테니슨의 이른바), '이빨과 손톱이 피투성이가 된 자연'은 정의와 사랑보다도 잔인함과 교활을 높게 평가한다고 주장했지만, 스펜서는 자연선택과 생존경쟁의 시험에 통과할 수 없는 도덕률은 처음부터 입에 붙은 말일 뿐, 아무짝에도 쓸모없다고 생각했다. 행위는 다른 모든 것과 마찬가지로 생활의 목적에 잘 적응하느냐 하지 않느냐에 따라 선(善)이나 악으로 불릴 것이다. '최선의 행동은 생명을 가장 길게, 폭넓게, 그리고 완전하게 하는 데 필요하다.'

혹은 진화론적으로 말하여 행위가 개체, 또는 집단을 여러 목적 한가운데서 보다 통합적이고 보다 연관적으로 한다면 그것은 도덕적이다. 도덕이란 예술과 마찬가지로 다양한 것을 통일하는 창조이며, 최고의 인간 유형은 생명의 가장 포괄적인 다양성·복잡성·완전성을 유효하게 안으로 합일하고 있는 것이다.

이것은 좀 막연한 정의이지만 적응의 특수한 필요조건만큼, 따라서 '선' 관념의 특수한 내용만큼 곳에 따라 때에 따라 변하는 것은 없기 때문이다. 어떤 종류의 행동형식은 자연선택이 종(種)을 보존하고, 생명을 고양하는 이러한 활동에 결부된 '유쾌한 감각'에 의하여 좋다고 인상지어진─즉, 내용의 가장 풍부한 생활에 가장 알맞다고 인상지어진─것은 틀림없다. 현대생활의 복잡성은 예외의 수를 증가시켰는데도 불구하고 쾌감을 역시 생물학적으로 유용한 활동을 나타내며 고통은 생물학적으로 위험한 활동을 나타내고 있다. 그럼에도 불구하고 우리는 이 원리가 적용되는 넓은 범위 내에 매우 여러 가지의—분명히 서로 받아들여지지 않는—'선의 개념'을 발견한다. 서양의 도덕률이 어딘가 다른 곳에서 부도덕이라고 간주되지 않았던 것은 거의 없다. 단지 일부다처제뿐만 아니라 자살, 동포 살해, 심지어 부모 살해까지도 어떤 민족 사이에서는 도덕적으로 시인을 받고 있다.

피지 제도(諸島)의 추장 아내들은 남편이 죽은 뒤 교살당하는 것을 신성한 의무로 생각한다. 윌리엄스에게 구출된 어느 여자는 '밤사이에 달아나 강을 헤엄쳐 건너서 자기 동료들이 있는 곳을 찾아가, 마음이 약해졌을 때 마지못해 죽지 않기로 동의한 희생 행위를 지금 당상 실행하겠다'고 고집을 부렸으며, 월크스는 다른 한 여자의 일을 보고하면서, 이 여자는 구조자인 나에게 '욕설을 퍼부었고, 그 뒤에도 줄곧 나에게 굉장한 증오를 보였다'고 말하고 있다. 리빙스턴은 잠비지 강변에 사는 마콜로로족(族)의 여자들에 대하여 이렇게 말하고 있다. 그녀들은 일부일처라는 말을 듣고 완전히 놀라고 있었다. 아내를 한 사람밖에 거느리지 않는 것을 '훌륭한' 일이라고 생각하지 않는다고. 리드에 의하면 적도(赤道)아프리카에서도 그러하여 '남자가 결혼한 다음 그 아내가 남편이 또 한 사람의 아내를 거느릴 여유가 있다고 생각하면 또 한 번 결혼식을 올리라고 남편을 조르며, 남편이 거기에 응하지 않으면 노랭이!라고 부른다'고 한다.

이러한 사실은 물론 무엇이 옳고, 무엇이 옳지 않은가를 양심에게 가르치는 타고난 도덕 감각이 있다는 신앙과 충돌한다. 그러나 대체로 쾌감이 선한 행위와 고통이 악한 행위와 결부되어 있다는 것은 역시 이런 생각에 어느 정도의 진리가 있다는 것을 암시하는 것으로써, 인류에 의해 획득된 어떤 유의 도덕개념이 유전에 의하여 개인에게 전해진다는 것은 흔히 있을 수 있는 일이다.

여기에서 스펜서는 직각주의자와 공리주의자를 조정하기 위하여 그의 독특한 정식(定式)을 사용하여 또다시 획득형질(獲得形質)의 유전에서 논거를 구하고 있다.

그러나 타고난 도덕 감각은, 만일 그것이 존재한다면 오늘날 곤경에 놓인 것만은 확실하다. 이토록 도덕개념이 혼란된 일은 일찍이 없었기 때문이다. 우리가 현실생활에서 적용하는 모든 원리는 교회와 책에서 말하는 모든 개념과 다분히 모순되고 있음은 잘 알려진 사실이다. 유럽과 미국의 윤리는 표면상으론 평화주의적 그리스도교이지만, 현실적 윤리는 약탈을 일삼는 게르만인—
유럽의 거의 모든 영토의 지배자 층은 게르만인 중에서 나와 있지만—의 군
대도덕인 것이다. 가톨릭 국가인 프랑스와 프로테스탄트 국가인 독일에서 결
투 관행은 게르만 민족 본래 관습의 끈질긴 유물이다. 우리 도덕주의자들은
후대의 일부일처제의 그리스와 인도의 도덕주의자들이 반(半)난혼시대에 유행
했던 신들의 행위를 설명하느라 열심히 노력했던 것처럼 이러한 모순을 변명
하기에 바쁘다.

　어느 나라가 그 국민을 그리스도교적 도덕에 기초를 두고 교육하느냐, 게르
만적 도덕에 기초를 두고 교육하느냐 하는 것은 산업이 그 나라의 주요 관심
사이냐, 전쟁이 주요 관심사이냐에 달려 있다. 군사형의 사회는 어떤 유의 모
든 덕을 찬양하고, 다른 사람들이라면 범죄라고 부를지도 모르는 일을 관대
하게 보아 넘기고 만다. 침략, 강탈, 배반은 전쟁으로 그런 일에 익숙해진 사
람들 사이에서는 산업과 평화에 의해 정직과 불침략의 가치를 알게 된 사람
들 사이에서와 같이 평화가 상호부조의 이익을 가져온다는 것을 확실하게 가
르쳐 주는 곳에서 더욱 발달한다. 군사형 사회의 애국적 성원(成員)은 용감
이나 대담성을 남자 최고의 덕, 여자 최고의 덕으로 간주할 것이다.[14] 카이저
는 신을 독일 군대의 지도자로 생각하고 신성한 예배에 참석함으로써 결투를
강조했다. 북아메리카 인디언들은 '활과 화살, 전투용 곤봉과 창을 인간의 가
장 고귀한 일'이라고 생각했다. 그들은 농업과 육체노동을 하찮은 것으로 여겼
다. ……최근에야—국가 복지가 점점 더 뛰어난 생산력에 의존하게 된 최근
에야—고도의 정신적 능력에 의존하게 되었기 때문에 비군사적인 직업이 존
경받게 되었다.

　그러나 전쟁은 대규모의 '살인'에 불과하며, '살인'과 같은 계열에 두고 '살인'
과 마찬가지로 분명하게 비난하지 말아야 할 이유는 없다. '정의의 감정과 관
념은 국가끼리의 외적 갈등이 줄어들고, 국민 상호 간의 내적 조화와 협동이
늘어나는 것보다 빨리 발달할 수는 없다' 이 조화는 어떻게 하면 촉진될 것인
가. 우리가 보아온 대로 그것은 통계에 의한다기보다는 오히려 자유에 의하여

---

14) 이것에 관해서는 니체의 철학을 참고하라.

손쉽게 초래시킬 수 있다. 정의의 정식(定式)은 다음과 같아야 한다. 즉, '사람은 모두가 타인의 평등한 자유를 침범하지 않는다는 조건으로 자기가 원하는 것을 할 자유가 있다.' 이 정식은 권위·통제·복종을 찬양하는 전쟁을 미워하고, 평화로운 산업을 좋아한다. 최대한의 자극에 절대적인 기회균등을 부여하기 때문이다. 그것은 그리스도교의 도덕론과 일치한다. 모든 사람을 신성하다고 보고, 모든 사람을 공격으로부터 해방시키기 때문이다. 그리고 그것은 최후의 심판자, 즉 자연선택의 동의를 얻고 있다. 지상의 자원을 만인에게 균등한 조건으로 개방하여 각 개인이 그 능력과 성적에 따라 번영하는 것을 허용하기 때문이다.

이 정식은 언뜻 무자비한 원리처럼 보일는지도 모른다. 그리고 많은 사람은 여기에 대해 국민 전체에 적용할 수 있는 원리로써 각자가 그 능력과 성적에 따른 것이 아니라 그 필요에 따른 것을 받을 수 있는 가족적 원리를 세우게 될 것이다. 그러나 이러한 원리에 의하여 통치되는 사회는 머지않아 지상에서 사라져 버릴 것이다.

'미숙한 단계에서 받는 혜택은 소유 능력과 반비례하지 않을 수 없다. 가족 내에서는 공적이 가치로 측정된다면, 주로 최소의 가치 밖에 갖지 못하는 것을 공적으로 여길 것이다. 반대로 성숙한 단계에 도달하면 이익은 가치에 따라 달라질 것이다. 생활 조건에 대한 적합성으로 가치가 측정되기 때문이다. 적합하지 않은 것은 부적합하기 때문에 나쁜 결과를 초래하고 적합한 것은 적합하기 때문에 이익이 된다. 이것은 종이 보존되려면 준수해야 하는 두 가지 법칙이다. 어린이들 사이에서 이익이 능력에 따라 비례한다면, 그 종은 즉시 소멸할 것이다. 성인 사이에서 이익이 비능률에 따라 배당된다면 그 종은 몇 세대 만에 부패해 사라질 것이다. ……정부와 국민을 부모와 자식 사이에 비유하는 것을 정당화하는 유일한 사실은 이러한 유추에 만족하는 자들의 유치함뿐이다.'

자유와 진화는 스펜서의 애정을 받을 순위를 다툰 끝에, 결국 자유가 이긴다. 스펜서의 의견에 의하면 전쟁이 감소되는 것과 함께 개인에 대한 국가의 관리는 그것을 정당화할 이유를 잃는다. 영원한 평화의 상태에서 국가는 그 권한을 제한당하여, 제퍼슨(미국의 제3대 대통령)이 세운 제한 안에 틀어박혀,

다만 만인의 평등한 자유가 침해되는 것을 방어하기 위해서만 활동한다. 그러한 정의 실현은 피해자의 빈곤도 가해자의 처벌을 방해하는 것이 아님을 가해자에게 알리기 위하여 무비용으로 이행되어야 할 것이며, 국가의 모든 지출은 과세가 눈에 띄지 않기 때문에 국민이 정부의 낭비를 간과하지 않도록 직접과세에 의하여 지불되어야 한다. 그러나 '국가는 정의의 유지를 넘어서는 어떤 일을 계획해도 그것은 틀림없이 정의를 손상시키는 것이 된다.'

그럴 경우 국가는 능력에는 보상을, 무능에는 형벌이라는 자연스러운 할당—여기에 기인하여 집단의 생존과 향상이 있지만—에서 열등한 개인을 보호한다는 결과가 되기 때문이다.

정의의 원리는 만일 토지와 토지의 개량을 분리하여 생각할 수 있다면, 토지의 공유를 요구하는 결과가 된다. 첫 작품 《사회정학》에서 스펜서는 경제적 기회를 만인에 대하여 균등하게 주기 위해 토지의 국유화를 주장했으나 나중에는 그 주장을 철회했다. 토지를 사유하고 있고, 그 토지에 쏟아 넣은 노동의 결과를 자기의 후손에게 남겨줄 희망이 있는 가족에 의해서만 토지는 경영된다는 것이 처음의 주장을 철회한 이유였다. 사유재산권, 이것은 정의의 법칙에 직접적으로 나와 있다. 어떤 사람이라도 자기가 절약한 것을 보유할 자유는 평등하게 가지고 있기 때문이다. 유산 상속권은 그렇게 확실한 것은 아니다. 그러나 '유증(遺贈)하는 권리는 소유권에 포함된다. 그렇지 않다면 소유권은 완전한 것이 아니기 때문이다.' 상업은 개인끼리와 마찬가지로 국가 간에도 자유스러워야 하며, 정의의 법칙은 단순히 부족 내의 규정이 아니라 국제관계의 침범할 수 없는 행동의 원리여야 한다.

즉, 진정한 '인권'이란 대체로 생활의 권리, 자유의 권리 및 만인과 평등한 조건 아래 행복을 추구하는 권리이다. 이러한 경제적 권리에 비교하면 정치상의 권리는 보잘것없는 비현실적인 것이다. 경제생활이 자유롭지 못한 곳에서는 정치형태의 변경 따위는 아무짝에도 쓸모없으며, 자유방임주의적 군주정치가 사회주의적 민주정치보다 훨씬 낫다.

정치적 권리는 망상이며, 오직 경제적 권리만이 중대한 것이기 때문에 여성이 선거권 획득을 위하여 그만큼 많은 시간을 희생하는 것은 잘못된 생각이다. 스펜서는 믿음직스럽지 못한 자를 도우려고 하는 모성 본능이 여성들에게 온정주의적인 국가를 좋아하게 만들지는 않을까 하고 걱정하고 있다. 이 점에 관해서는 그의 머리에 약간의 혼란이 있다. 그는 정치적 권리는 하잘 것 없는 것이라고 주장하면서도, 동시에 여성이 정치적 권리를 가져서는 안 된다는 것은 극히 중대한 일이라고 주장한다. 또 전쟁을 공공연히 비난하면서 여성은 전투에 생명을 걸지 않기 때문에 투표권을 가져서는 안 된다고 주장하는 따위는 여자의 출산 고통에서 태어난 남자의 논의로서는 부끄러운 것이다. 스펜서는 여자들은 지나치게 이타적(利他的)일지도 모른다는 이유로 두려워하면서도 그의 저서는 산업과 평화는 이타주의를 발달시켜 이기주의와 균형을 유지하고, 그렇게 하여 철학적 무정부주의의 자발적 질서를 전개할 것이라고 통찰함으로써 그의 이론은 절정에 달한다.

이기주의와 이타주의[15]의 알력은 개인과 가족, 사회층 및 종족과의 알력에서 생긴다. 생각건대 이기주의는 여전히 우세할 것이나, 그것은 다분히 바람직하다고까지 말할 수 있다. 만일 누구나 모두 자기 자신의 이해보다도 타인의 이해를 생각한다면 우리는 정중하게 사양하는 도가니 속에 휩쓸려들고 말 것이다. 그리고 그때는 대개 '사회적 사정에 의하여 규정된 한도 내에서 개인적 행복을 추구한다는 것이 최대의 일반적 행복을 달성하는 제1조건'이라곤 하더라도 우리가 기대할 수 있는 동정의 범위를 넓게 확대하여 이타적 경향을 크게 발달시키는 일이다.

지금도 이미 부모에게 부과되는 희생은 즐겨 실행되고 있다.

"자식이 없는 자가 자식을 원하여 이따금 양자를 삼는다는 사실은 어떤 종류의 이기적 만족을 얻기 위해 얼마나 이타적 활동이 필요한가를 나타낸다. 애국심이 강하다는 것은 자기의 직접적 이해관계보다도 다수의 이해를 절대 소중하게 생각한다는 사실에 대한 또 하나의 실례이다. 사회생활은 세대를 거듭할수록 상호부조의 경향을 더해 간다. 끊임없는 사회적 훈련은 인간의 본성을 단련시켜 마침내는 동정의 즐거움을 자발적으로 추구하여 가능한 한 전반에게 유리하도록 유의시킬 것이다."

사회적 행동을 강요한 시대의 유물인 의무감은 그렇게 되면 소멸할 것이다.

---

15) 스펜서는 이 어휘와 사상경향의 일부를 많든 적든 간에 무의식적으로 콩트에게서 물려받고 있다.

이타적 행위는 사회적 효용의 덕택으로 자연선택에 의하여 본능이 되었기 때문에 모든 본능활동과 같이 강요되는 일 없이 유쾌한 감정으로 이루어지게 될 것이다. 인간사회의 자연적 진화는 우리를 끊임없이 완전한 국가로 접근시킨다.

8. 비평

현명한 독자는 이 간단한 분석[16]을 통하여 논증의 난점에 유의했을 것이므로, 결함이 있는 곳을 각기 따로 지적하는 것으로 만족할 것이다. 부정적 비판이라는 것은 항상 불쾌한 것이고, 위대한 업적에 대해서는 특히 그렇다. 그러나 때로는 스펜서가 종합을 어떻게 처리했는가를 고찰하는 것도 우리 과제의 일부이다.

《제1원리》

사람이 걸려 넘어지는 첫째 장애는 물론 '알 수 없는 것'이다. 우리는 인간의 인식에는 제한이 있다는 것을 진심으로 인정해도 좋다. 우리의 존재의 대해(大海)—이 대해에 생겼다가 사라지는 파도가 다름 아닌 우리들이다—의 깊이를 도저히 잴 수 없다. 그러나 우리는 이 대상에 관하여 독단적인 단정을 내려서는 안 된다. 왜냐하면 논리적으로 까다롭게 말하자면, 어느 것을 알 수 없다고 하는 단언은 이미 어느 것에 대하여 무엇인가 알고 있는 것을 전제하는 것이다. 실제로 스펜서는 이 열 권의 책의 모든 곳에서 '알 수 없는 것에 대한 놀랄 만한 지식'을 과시하고 있다. 헤겔이 말하듯이, 이성을 추론에 의해 제한하려는 것은 물에 들어가지 않고 헤엄치려는 것과 마찬가지이다. '불가해'에 관한 지나치게 면밀한 이러한 모든 논리가 오늘날 우리에게는 매우 인연이 먼 것으로 생각되며, 논의하는 것만이 산 보람이었던 대학 2학년 무렵을 얼마나

---

16) 이 분석은 물론 불완전하다. 지면이 부족하므로(나는 태만을 은폐하는 이 구실을 곧잘 비웃었으나, 여기서는 하는 수 없이 이 말을 사용한다) 《교육》, 《에세이》 및 《사회학 원리》의 방대한 구절을 논할 수가 없다. 스펜서의 교육은 너무나도 잘 알려져 있으므로 오늘날 우리는 문학과 예술보다 과학을 강조한 스펜서의 의기양양한 주장을 얼마간 제한하지 않으면 안 된다고 생각한다. 에세이 중 가장 훌륭한 것은 문체, 웃음 및 음악에 관한 것이다. 휴 엘리엇(Hugh Elliot)의 《허버트 스펜서 *Herbert Spencer*》는 훌륭한 해설이다.

간절히 회상하게 하는가! 그리고 그렇게 따지자면 조종자가 없는 기계도 제1원인과 마찬가지로 거의 불가해하다. 특히 제1원인이라는 것을 전 세계의 모든 원인이나 힘의 총화라는 의미로 해석할 때는 더욱 그렇다. 기계 세계에서 살아온 스펜서는 기계관을 당연한 것으로 생각했다. 마치 인정사정없는 개인주의적 경쟁의 시대에 살아온 다윈이 다만 생존경쟁에만 주목하고 있었듯이.

우리는 저 무서운 진화의 정의에 대해 무엇이라고 말해야 할까. 그것은 무엇을 설명하고 있는 것일까. '최초에 단순한 것이 있었다. 그리고 거기에서 복잡한 것이 진화해 왔다. 운운하는 것은 어떤 자연의 설명이 아니나.'

스펜서는 단편을 주워 모은 것이지 설명하고 있는 것은 아니라고 베르그송은 말한다. 결국 자신이 깨달은 것처럼 그는 세계의 생명 요소를 간과했던 것이다. 비평가들은 분명히 스펜서와 진화 정의에 초조감을 느꼈다. 정의에 사용되고 있는 라틴어식 영어는 라틴어의 연구를 공공연히 비난하고 좋은 문체란 이해의 노력이 가장 적게 드는 문체라고 말한 사람이었다는 점에서요, 특히 남의 눈을 끌게 된다. 그러나 스펜서도 한 발 양보할 것이 있다. 그는 의심할 여지없이 짧은 말 속에 전 존재의 흐름을 집중시켜야 할 필요 때문에 직접적인 명쾌함을 희생시키고 있다.

그러나 사실인즉 그는 자기의 정의를 좀 지나치게 사랑하고 있다. 그는 그것을 특별히 훌륭하고 맛있는 것처럼 혀 위에 올려놓고 맛보며 언제까지나 풀었다가 조립하고, 다시 풀었다가 조립한다. 이 정의의 약점은 '이질적인 것의 불안정성'이라는 가정에 있다. 과연 동질적 부분으로 된 전체는 이질적 부분으로 된 전체보다 변화를 받기 쉬운 것일까? 이질적인 것은 더 복잡하기 때문에 동질적으로 단일한 것보다는 아마 불안정할 것이다.

인류학과 정치학에서는 이류혼교(異類混交)가 불안정을 조장하는 것이나, 이민의 집단이 국민적 유형에 융합되면 사회(국가)를 강하게 한다는 것은 명백한 사실이다. 타르드(프랑스의 사회학자)는 문명은 상호모방의 몇 세대를 경과하는 동안 집단 성원 간에 유사성이 증대하는 데서 생긴다고 생각한다. 이런 경우 진화 운동은 동질성 방향으로의 전진이라고 해석한다. 고딕 건축은 분명히 그리스 건축보다도 복잡하지만 그렇다고 반드시 보다 높은 예술적 발전은 아닌 것이다.

스펜서는 시대가 빠른 만큼 구조도 그만큼 단순할 것이라는 속단에 너무 빠져들었고, 원형질의 복잡성과 원시인의 지능을 너무 낮게 판단하기도 했다. 마지막에 이 정의는 오늘날 대다수 사람들이 반드시 진화라는 관념을 연상하게 하는 조항, 즉 자연선택을 말하지 않았다. 아마도 틀림없겠지만 역사를 생존경쟁 및 적자생존[17]이라고 기술하는 편이 관련과 무관련, 동질성과 이질성, 분야와 통합이라는 정식(定式)보다도 해명하는 점이 많지 않을까 생각된다.

'나는 구체적인 인간성의 관찰이 서툴다. 추상적인 것에 너무 지나치게 빠져들었기 때문에'라고 스펜서는 말한다.

이것은 위험할 만큼 솔직하다. 물론 스펜서의 방법은 지나치게 연역적이고, 또 선천적이어서 베이컨의 이상, 즉 과학적 사고의 사실적 절차와는 너무 달랐다. 그의 비서(콜리어)는 말한다. '모든 논제를 위하여 선천적 논거와 후천적 논거, 연역적 논거와 귀납적 논거를 전개하는 무진장의 능력을 지니고 있었다.' 그래서 선천적인 논거가 다분히 다른 모든 논거보다도 강했던 것이다. 스펜서는 과학자와 같이 관찰하는 일에서 출발하여 과학자처럼 가설을 세우는 데로 진행해 갔으나 다음에는 과학자와는 달리 실험이나 공평무사한 관찰로 향하지 않고 자설(自說)에 유리하게 선택하여 축적한 사실에 호소했다. 그에게는 '부정적 사례'에 대한 직관이 전혀 없었다.

다윈의 순서와 비교해 보라. 다윈은 스스로의 이론에 불리한 사실이 부딪치면 서둘러 그것을 기록했다. 불리한 사실은 유리한 사실보다 잊어버리기 쉽다는 것을 알고 있었기 때문이다.

생물학과 심리학

'진보'에 대한 에세이 각주에서 스펜서는 정직하게 자신의 진화 사상은 획득형질의 유전이라는 라마르크 학설에 기초를 두고 있는 것으로써, 사실은 자연선택성을 그 근본이념으로 하는 다윈의 견해보다 앞선 것은 아니라고 고백하고 있다. 그렇다면 그는 다윈주의 철학자라기보다는 오히려 라마르크주의 철학자이다. 《종의 기원》이 세상에 나왔을 때, 그는 거의 40세가 되어 있었다. 40

---

17) 여기에서 적자라고 하는 것은 가장 잘 적응된 유기체, 사회, 도덕, 언어, 관념, 철학을 말하는 것이다.

세가 되면 인간의 머리는 굳어져서 변하지 않는 법이다.

발달과 동시에 번식력은 감소된다는 원리가 미개민족에 비하여 유럽 문명 제국의 출생률이 높다는 사실에 맞지 않는 것과 같은 비교적 적은 난점을 제쳐 놓고라도, 그의 생물학적 이론의 주요한 결점은 그가 전적으로 라마르크에 의거하고 있는 것과 역동적인 생명개념을 발견하지 못한 점이다. 그는 생명은 '물리화학적 개념으로 파악할 수는 없다'고 고백하지만, '이 고백은 그의 진화의 정식(定式), 생명의 정의 및 종합철학의 연관성에 치명적'이다.

생명의 비밀은 유기체의 거의 수동적인 환경의 적응에서 구하기보다는 외적 관계를 내적 관계에 적응시키는 정신 능력에서 구해야 했다. 스펜서 전제에 의하면 완전한 적응은 죽음과도 같다.

심리학에 관한 서적들은 사실의 보고보다도 오히려 이론의 정식(定式)을 포함하고 있다. 우리가 이미 알고 있는 점을 명쾌하게 말해야 할 것을 도리어 모호하게 하는, 거의 야만적이라고 하고 싶을 정도로 복잡한 술어로 바꾸어 표현하고 있다. 독자는 정식과 정의며 신경조직에 대한 심리적인 여러 사실의 의심스러운 환원에 지치게 됨으로써 마음이란 원시의 성운에서 점점 기계적으로 진화하여 온 신경 과정의 주관적 수반현상(隨伴現象)이라고 주장하고 있다. 그러나 어떻게 하여 이 주관적 수반현상이 신경의 메커니즘에 대한 부가물로서 존재하는지를 그는 말하고 있지 않다. 그리고 이것이야말로 모든 심리학에서 가장 중요한 문제다.

사회학과 윤리학

스펜서 사회학은 훌륭하지만, 2천 페이지에 달하는 내용에는 공격의 여지가 많다. 진화와 진보는 동의어라는, 스펜서의 평소 가정이 일관되고 있으나, 진화가 곤충이나 세균에게 인간과의 무자비한 싸움에서 최후의 승리를 줄 것이라는 것은 충분히 있을 수 있는 일이다. 산업형의 국가가 거기에 선행하던 '군사형'의 봉건제도보다도 평화적, 또는 도덕적이라는 것은 그리 자명한 사실은 아니다. 아테네의 극히 파괴적인 몇 차례의 전쟁은 아테네의 봉건영주들이 상업 부르주아지에게 권력을 양도한 훨씬 후에야 비로소 일어났던 것이며, 근대 유럽 제국은 산업형이거나 아니거나를 불문하고 전쟁을 하는 것처럼 생각된다. 산업적 제국주의는 토지에 굶주린 모든 왕조와 마찬가지로 군국주의적일 수 있다. 현대의 가장 군국주의적인 국가는 세계 2대 산업국의 하나였다. 또한 독일의 급속한 산업적 발전은 운수 및 무역에 대한 어떤 종류의 국가통제에 의하여 저해(沮害)되기보다는 오히려 촉진된 것처럼 생각된다. 사회주의는 분명히 군국주의의 소산이 아니라 산업주의의 소산이다. 스펜서는 국토가비교적 고립하고 있는 것이 영국(유럽에 있어서)을 평화주의자가 되게 하고, 상업 및 산업상의 우월이 영국을 자유무역의 독실한 신자가 되게 한 그 당시에이것을 썼던 것이다. 자유무역론은 상업 및 산업상의 우월이 없으면 얼마나쉽게 사라져 버리는가, 또한 평화주의는 독일의 벨기에 강습(强襲―제1차 대전때)이 영국의 고립을 위협하자마자, 얼마나 쉽게 사라졌는가를 볼 때까지, 만일 그가 살아 있었다면 반드시 충격을 받았을 것이 틀림없다. 스펜서가 산업제도의 장점을 과장한 것은 말할 것도 없고, 국가가 간섭하여 그것을 완화할때까지 영국에서 성행된 잔혹한 착취에 그는 거의 맹인이었다. 그가 '현세기중엽, 특히 영국에서' 대체로 볼 수 있었던 것은 '이 전보다도 큰 개인의 자유'였다. 니체가 산업주의가 싫어진 반동으로 이번에는 군인 생활의 이점을 과장한 것도 조금도 이상할 것은 없다.

만일 스펜서의 논리가 그 감정보다도 강했다면 사회적 유기체의 유비(類比)는 그를 국가사회주의로 몰아넣었을 것이 틀림없다. 국가사회주의는 자유방임주의의 사회보다도 훨씬 높은 수준의 이질적인 것의 통합이기 때문이다. 자기자신의 학설 척도에 따라서 부득이 스펜서는 독일을 최고도로 진화한 근대국가로서 찬양했을 것이다. 그는 이 취지에 응하려고 노력하여, 이질성은 부분의 자유를 절제하고, 부분의 자유는 정부의 간섭이 최소한 작용할 것을 요구한다고 논하고 있지만, 그러나 이것은 '긴밀하게 연관된 이질성'에 관하여 우리가 들은 것과는 전혀 다른 이야기이다. 인간의 육체에 있어 통합과 진화는 하나하나의 부분에 자유를 별로 허락하고 있지 않다. 스펜서는 대답하기를, 사회의 경우 부분만이 의식을 가지고 있으나 육체에 있어서 의식은 다만 전체에속한다고 말한다. 그러나 사회적 의식―집단의 이해관계와 과정의 의식―은개인적 의식이 개인에 있어서 집중화되어 있는 것과 같이 사회에 있어서 집중화되어 있으므로, 우리 가운데 몇몇만이 '국가의식'을 가지고 있다. 스펜서는 우리가 군대식의 국가사회주의로 빠지는 것을 막는데 큰 도움을 주었지만, 그것은 스스로의 논리의 일관성을 희생함으로써만 가능했다.

그리고 이 일은 개인주의의 과장에 의해서만 이루어졌다. 우리는 스펜서가 두 개의 시대에 놓여 있었다는 것을 잊어서는 안 된다. 그의 정치학적 사고는 자유방임 시대의 애덤 스미스의 영향을 받아 연마되었지만, 그의 후반기는 영국이 국가통제에 의하여 산업제도의 폐해를 바로잡으려고 열중하고 있던 시기였다. 그는 조금도 싫증을 내지 않고 국가간섭 반대론을 되풀이하여, 국가회계에 의한 교육이니, 정부가 부정한 재정가로부터 시민을 보호하는 일이니 하는 것에 반대했다. 어느 때는 전쟁지도까지 민간의 일이지 국가의 일이 아니라고 주장했다. 그는 H. G. 웰스의 말처럼 '공적 무책(公的無策)을 국가의 품위 있는 정책으로 하는' 것을 원했다. 그는 정부의 시설을 신용하지 않은 나머지 원고를 우편국에 맡기지 않고 자신이 인쇄소로 가지고 갔다. 그는 강렬한 개성을 가진 사람이었으므로 자기에게 간섭하지 말아 달라고 시끄럽게 요구했고, 새로운 법령이 공포될 때마다 그것이 그에게는 개인의 자유 침해인 것처럼 생각되었다. 그는 벤저민 키드(영국의 사회학자)의 이론을 이해할 수 없었다. 키드에 의하면 자연선택은 계급경쟁이나 국제경쟁에서 더욱 많은 집단에 나타나고, 개인에게 나타나는 일은 점점 적어질 것이므로, 가족 원리—강한 자는 약한 자를 도와야 한다—를 확대하여 적용하는 것은 집단의 통일과 힘을 유지하기 위해 꼭 있어야 한다는 것이다. 국가는 그 시민을 반사회적인 물리적인 힘에서 보호해야 한다고 했는데, 왜 시민은 반사회적 경제적인 힘에서 보호하는 것은 거절해야 한다고 하는지는 스펜서가 미처 깨닫지 못했던 문제이다. 그는 정부나 시민의 관계를 부모와 자식의 관계에 비교하는 것을 유치하다고 경멸했지만, 그러나 진정한 동등성은 서로 도와주는 형제간 관계인 것이다. 그의 정치학은 그의 생물학보다도 더욱 다윈주의적이었다.

그러나 비평은 이제 충분하다. 다시 스펜서의 인간성으로 돌아가 좀 더 투철한 안목으로 그의 저작의 위대한 점을 살펴보자.

9. 결론

《제1원리》는 스펜서를 순식간에 당대 가장 저명한 철학자로 만들었다. 그것은 곧 유럽의 거의 모든 언어로, 심지어는 러시아어로까지 번역이 되었지만, 러시아에서는 정부의 고발에 대항하여 이것을 좌절시키지 않으면 안 되었다. 그는 일반적으로 시대정신의 철학적 해설자로 인정되어 그 영향력은 곳곳에서 유럽 사상에 침투했을 뿐 아니라, 강력하게 문학 및 예술의 리얼리즘 운동을 움직이게 했다. 1869년, 그는 《제1원리》가 옥스퍼드 대학에서 교과서로 채용된 것을 알고 놀랐다. 더욱 놀란 것은 그의 저서가 1870년 이후 수익을 올리기 시작하여 재정상의 걱정이 없어진 것이다. 숭배자들이 대단한 선물을 보내주는 일도 있었지만 그는 언제나 되돌려 보냈다. 러시아 황제 알렉산더 2세가 런던을 방문하여 더비 경에게 영국의 저명한 학자들을 만나고 싶다고 말했을 때, 더비는 스펜서와 헉슬리와 틴들 등을 초대했다. 다른 사람들은 초대에 응했지만 스펜서는 거절했다. 그는 몇몇의 벗들과 사귀어 가까이 지낼 뿐이었다. '어떤 사람도 스스로가 쓴 책만큼 훌륭하지 않다'고 그는 썼다. '정신활동 최상의 소산은 그 사람이 쓴 책이다. 책 속에서 그 사람의 정신적 산물은 일상의 대화 속에 섞이는 많은 열등한 덩어리들을 떨어 버리고 나타난다.' 기어코 면담을 간청하여 물러서지 않는 자가 있으면 그는 두 귀를 막아 놓고 그들의 이야기에 조용히 귀를 기울였다.

이상한 이야기지만 그의 명성은 찾아왔을 때와 마찬가지로 갑자기 사라져 버렸다. 그는 명성의 절정이 지나가 버릴 때까지 살아남아 만년에 자신의 장광설이 '온정주의적' 입법을 저지하는 데 얼마나 무력했는가를 보고 슬퍼했다. 그는 거의 모든 계급의 사람들 사이에서 인기를 잃었다. 자기의 영역을 침해당한 전문 과학자는 그의 공헌을 무시하고 오류를 강조하며 건성으로 칭찬함으로써 그를 헐뜯었으며, 신조를 달리한 모든 주교들이 일치하여 그를 영겁의 벌에 떨어뜨렸다. 그의 비전론(非戰論)이 마음에 들었던 노동당원들도 그가 사회주의나 노동조합 정책에 관하여 생각을 말했을 때는 성이나 얼굴을 돌렸으며, 한편으로는 사회주의에 관한 그의 생각이 마음에 들었던 보수당원들은 불가지론 때문에 그를 꺼렸다. '나는 어떤 토리 당원보다도 보수적이며, 어떤 급진파보다도 급진적이다.' 그는 조심스럽게 말했다. 지나치게 솔직한 점을 어떻게 할 도리가 없었던 그는 모든 일에 솔직한 말을 해버려 모든 그룹의 감정을 상하게 했다. 노동자는 고용주의 희생이 되고 있다고 동정하고서는 노동자도 그 위치를 바꾸면 똑같이 횡포해질 것이라고 덧붙였으며, 여자는 남자의 희생이라고 동정해 놓고서는 여자가 남자를 조종할 수 있다면 그때는 남자는 여자의 희생이라고 덧붙이는 것을 잊지 않았다. 그는 오직 홀로 늙어갔다.

나이를 먹을수록 항론(抗論)은 점잖아지고 의견은 온건해졌다. 그는 늘 영국의 왕을 장식품이라고 비웃었지만, 지금은 국민으로부터 왕을 빼앗는 것은 어린애에게서 인형을 빼앗는 것과 마찬가지로 잘못이라고 말하기도 했다. 종교도 그와 같아서 예로부터 내려오는 신앙은 은혜를 베풀어 사람에게 용기를 주는 힘이라고 생각되고 있는데, 그것을 휘젓는 것은 분별없고 가혹한 짓이라고 생각했다. 종교적 신앙과 정치운동은 지적공격의 손이 닿지 않는 곳에 있어야 할 필요와 충동에서 비롯한다는 것을 비로소 깨닫기 시작했다. 그리고 자기가 세상에 준 방대한 양의 저서에 세상 사람들이 별로 유의하지 않으면서 자기들 갈 길을 나아가고 있는 것을 체념의 눈으로 바라보았다. 있는 힘을 다해 살아온 날들을 뒤돌아보자 그는 좀 더 단순한 삶의 기쁨을 구하지 않고 문학적 명성을 구한 자기를 어리석었다고 생각했다. 1903년, 세상을 떠날 때 그는 자기가 한 일은 허사였다고 생각하게 되었다.

오늘날 우리는 물론 그렇지 않다는 것을 알고 있다. 명성이 쇠퇴한 것은 실증주의에 대한 영국의 헤겔학파 반동 때문이었고, 자유주의 부활은 다시 그를 그 세기 사물과의 새로운 접촉을 부여하여 철학을 현실주의로 이끌어 갔지만, 이 현실주의를 옆에 두고 바라보면 독일철학은 가냘프고 창백하게 보일 뿐더러 신경질적일 만큼 추상적으로 보였다. 그는 그의 시대를 요약했지만, 그것은 단테 이후 일찍이 누구에 의해서도 이루어지지 못했을 정도의 것이어서, 거대한 지식의 영역을 훌륭하게 정합(整合)한 경과는 비평가들도 그 위업 앞에 부끄러움을 느끼고 당연히 침묵하지 않을 수 없을 것이다. 우리는 오늘날 높은 경지에 도달하고 있지만, 이것은 그의 분투가 우리를 위하여 쟁취해 준 덕택이다. 우리는 그가 목마를 태워 준 덕택으로 그보다 더 높은 곳에 있는 것처럼 생각하는 것이다. 언젠가 그에게 반대한 자가 찌른 상처의 아픔이 잊힐 때 우리는 그에 대하여 더한층 올바른 평가를 내리게 될 것이다.

프리드리히 니체

1. 니체의 계보

니체는 다윈의 아들이었고, 비스마르크의 동생이었다.

그가 영국의 진화론과 독일의 국가주의자들을 비웃었다는 사실은 대수로운 일이 아니다. 자신이 가장 많이 영향을 받은 사람들을 공공연히 비난하는 것은 빈번히 있었던 일이었고, 그것은 자기의 빚을 숨기는 무의식적인 수단이었다.

스펜서 도덕철학은 진화론의 필연적 결과는 아니었다. 만일 인생이 생존경쟁에서 이기는 사람이 살아남는 것이라면, 강하다는 것이 최고의 덕이며 약하다는 것은 유일한 결점이다. 살아남는 것, 싸움에 이기는 것은 선이고, 지는 것이나 실패하는 것은 악이다. 단지 영국의 다윈주의자들이 빅토리아 시대 중기에 가졌던 소심함과, 프랑스의 실증주의자나 독일의 사회주의자들의 부르주아적 체면만이 피하기 어려운 이런 귀결을 감출 수 있었다. 이러한 사람들은 대담하게도 기독교 신학을 부인했으나, 시종일관 논리적으로 이 신학에서 생긴 도덕적 관념, 즉 겸허·친절·이타의 존경을 거부할 용기는 없었다. 그들은 영국 국교 교도나 가톨릭교도나 루터 교도이기는 포기했지만 기독교도이기를 그만둔 것은 아니다.―이렇게 프리드리히 니체는 주장했다.

"볼테르에서 오귀스트 콩트에 이르는 프랑스의 자유사상가들을 은근히 고무한 것은 기독교적 이상의 뒤를 따르는 것이 아니라, 될 수 있으면 그것을 능가하고 싶다는 것이었다. 그리고 콩트는 '타인을 위하여 산다'는 유명한 도덕식을 가지고, 실제로 기도회를 초기독교화한 것이다. 독일의 지반(地盤)에서는 쇼펜하우어가, 영국의 지반에서는 존 스튜어트 밀이 행위 원리로서의 공감, 동정 및 이타 학설에 가장 큰 명성을 부여했다. ……사회주의적 체계는 모두 부지불식간에……이러한 학설을 공통 지반으로 하여 이루어졌던 것이다."

다윈은 무의식적으로 백과전서파의 일을 완성했다. 백과전서파 학자들은 근대 도덕의 신학적 기초를 제거했으나, 도덕성 자체는 건드리거나 손상시키지도 않고, 기적처럼 공중에 띄워 놓고 있었다. 이 기만의 찌꺼기를 깨끗이 치우기 위해서는 생물학이 숨을 조금만 뿜어내는 것으로 충분했다. 사물을 명확하게 생각했던 사람들은, 이윽고 가장 심오한 혜안을 가진 모든 시대의 사람들이 알고 있던 것을 이해했다. 즉, 인생이라고 불리는 이 전투에서 우리에게 필요한 것은 친절이 아니라 힘,

니체

겸손이 아니라 긍지, 이타심이 아니라 확고한 지성이라는 것, 평등과 민주주의는 도태의 본질에 반대된다는 것, 민중이 아니라 천재가 진화의 목표이며, '정의'가 아니라 권력이 모든 싸움과 운명의 심판자라는 것을 알았던 것이다.─프리드리히 니체에게는 이와 같이 생각되었다.

만일 이런 것이 모두 사실이라면 비스마르크만큼 훌륭하고 중요한 인물은 없을 것이다. 인생의 현실을 통하여 '국가와 국가 사이에 이타주의가 존재하지 않는' 현대의 계쟁문제(係爭問題)는 다수의 의견이나 말꾸밈에 의해서가 아니라 피와 무기(鐵)에 의해 결정된다고 노골적으로 말한 것은 이 사람이었다. 기만과 민주주의와 '이상'으로 부패된 유럽에 비스마르크는 얼마나 청신한 바람을 몰고 왔던 것인가, 불과 이삼 개월 만에 퇴폐한 오스트리아에 자기 지도권을 승인케 하고, 나폴레옹 전설에 아직도 취해 있던 프랑스를 항복시켰다. 그리고 또 단시일 안에, 저 독일 연방의 그토록 약소했던 여러 공국(公國)의 주권자와 모든 세력을 연합시켜 그야말로 권력도덕의 상징인 강력한 제국을 이룩하지 않았던가, 이 새로운 독일의 군사 및 산업상의 증강되는 화력은 그 대변자를 필요로 했으며, 전쟁에 의한 심판은 전쟁을 정당화시킬 철학을 필요로 했고, 기독교로는 전쟁을 정당화하지 못했으나 다윈설로는 가능했다. 좀 뻔뻔하기만 하면 되는 일이었다.

니체에게는 이 뻔뻔스러움이 있었다. 그래서 그는 자신의 소리를 낼 수 있었던 것이다.

2. 청년시대

그렇지만, 니체의 아버지는 목사였다. 양친의 가계(家系)는 모두 대대로 성직자였고, 그 자신도 마지막까지 설교자였다. 그는 기독교를 공격했지만, 그것은 자기 속에 기독교의 도덕적 정신을 다분히 간직하고 있었기 때문이다. 그의 철학은 온순과 친절과 평화를 사랑하는 성향을 맹렬히 부정함으로써 조정하려는 일종의 시도였다.

그는 1844년 10월 15일, 프로이센의 뢰켄에서 태어났다. 그날은 마침 국왕 프리드리히 빌헬름 4세의 탄생일이었다. 가정교사로서 왕실의 사람들을 몇 명 가르친 일이 있는 아버지는 운명의 이 애국적 일치를 기뻐하며 아들에게 왕의 이름을 따서 지었다.

아버지는 일찍 죽었기 때문에 그는 집안의 신앙심 깊은 부인들의 희생물이 되었다. 이 부인들은 니체를 너무 귀여워한 나머지 거의 여성적이라 할 만큼 섬세하고 감수성이 예민한 아이로 만들어 버렸다. 그는 새집을 헐어 버리거나, 과수원을 못 쓰게 하거나, 병정놀이를 하거나, 거짓말을 하는 악동들을 싫어했다. 학교 친구들은 그를 '꼬마 목사'라고 불렀고, 그들 중 한 사람은 '교회 안의 예수'라 평했다. 그는 혼자서 성경을 읽거나 남에게 차분하게 들려주어 눈물을 글썽이게 하는 것이 특별한 기쁨이었다. 그러나 그의 속에는 강한 인내의 정신과 높은 자존심이 잠재하고 있었다. 학교 친구들이 무티우스 스케볼라[1] 이야기의 진실성을 의심했을 때, 그는 한 묶음의 성냥을 손바닥에 올려놓고 거기에 불을 붙여 다 타버릴 때까지 그 손을 꼼짝하지 않았다. 이것은 상징적인 일화로서 그는 한평생 자신을 단련하여 이상적인 남성으로 만들기 위한 육체적·정신적인 수단을 탐구했던 것이다. '내가 아닌 것이야말로 나에게 신이며, 덕이다.'

---

1) 전설에 의하면 Mutius scaevola는 로마를 포위 공격한 에투루리아 왕 포르센나를 죽이려다가 붙잡혀 오른손이 제단의 불로 태워졌으나, 그 때 그의 태연자약한 태도와, 로마에는 그와 같은 용감한 자들이 3백 명이나 있다는 데에 놀라 포르센나는 로마 공격을 포기했다고 한다.

18세 때, 그는 조상의 신앙을 잃고, 남은 생애 동안 새로운 신을 찾았다. 그리고 그는 그것을 초인에게서 찾아냈다. 후년에 그는 이 변화가 쉽게 일어났다고 말했으나 그에게 있었던 자기기만 성향을 감안한다면 그리 믿을 만한 말은 못된다. 그는 주사위를 한번 던지는 데 모든 것을 걸고 패한 남자처럼 냉소적으로 변했다. 종교는 그야말로 그의 생명의 정수였으므로 이제 생활은 공허하고 무의미한 것처럼 생각되었다. 그는 갑자기 본과 라이프치히에서 학우들과 함께 방탕한 생활을 했으며, 남자면 누구나 다 하는 술과 담배를 억제해 온 결벽까지도 버렸다. 그러나 곧 술, 담배, 여자에 염증이 나서 반동석으로 자기 나라와 시대의 '얼큰히 취한 기분'을 몹시 경멸하기에 이르렀다. 맥주를 마시고 담배를 피우는 것은 명료한 이해력과 냉정한 사고력을 방해한다고 생각했다.

이 무렵, 즉 1865년 그는 쇼펜하우어의 《의지와 표상으로서의 세계》를 발견하고, 이것이야말로 '세계·인생·자기의 마음을 놀랄 만큼 훌륭하게 비추어 주는 거울'이라고 생각했다. 그는 이 책을 하숙으로 가지고 돌아가서 한 자 한 자 파고들 듯이 읽었다. '그것은 쇼펜하우어가 직접 내게 이야기해 주는 것처럼 생각되었다. 나는 이 사람의 신념을 느꼈고, 눈앞에서 그 사람을 보는 듯이 생각되었다. 한 줄 한 줄이 모두 포기·부정·체념을 부르짖고 있었다.' 쇼펜하우어 철학의 어두운 빛은 영원히 니체 사상에 그림자를 남겼다. 단지 스피노자와 괴테만이 그를 쇼펜하우어로부터 구할 수 있을 것이다. 그는 침착과 운명애를 설교했으나 결코 그것을 실행한 것은 아니다. 현자의 평정과 균형 있는 정신의 침착성은 결코 그의 것이 아니었다.

23세 때 그는 징병되었다. 그는 근시에다 과부의 외아들이었으므로 병역이 면제되기를 바랐으나 군에서는 입대를 요구했다. 그러나 그는 말에서 떨어져 가슴근육을 다쳤으므로 징집 하사관은 할 수 없이 이 '먹이'를 놓아 주었다. 그 상처는 끝까지 완전히 낫지 않았다. 군대 경험은 짧았기 때문에 군인에 대해서는 입대 당시와 거의 같은 정도의 많은 망상을 품은 채 군대를 떠났다. 명령과 복종, 인내와 훈련의 엄격한 스파르타식 생활은 이미 니체 자신이 이상을 실현할 필요가 없었기 때문에 상상력을 끌어들였다. 그리고 군인이 되기에는 건강이 허락지 않았으므로 군인을 숭배하기에 이르렀다.

군대생활로부터 그는 정반대의 생활, 즉 언어학자라는 학문생활로 옮겼다. 군인이 되지 않고 철학박사가 되었던 것이다. 25세 때 바젤 대학의 고전어학 교수로 임명되어 그것과는 좀 거리감이 있는 비스마르크의 철혈정책(鐵血政策)을 찬미했다. 그는 앉아서 하는 이 비영웅적인 직업에 종사하게 되었을 때, 묘한 회한을 느꼈다. 의사와 같은 실제적이고 활동적인 직업에 종사했더라면 좋았을 것이라고 생각하는 동시에, 한편으로는 음악에 끌려 있었다. 그는 실제로 어엿한 피아니스트가 되어 소나타를 몇 곡이나 썼다. '만일 음악이 없다면 인생은 나에게는 오류이다'라고 그는 브라네스에게 보낸 편지에서 말했다.

바젤에서 그리 멀지 않은 트립셴에 그 무렵 음악의 거장 바그너가 어느 유부녀와 살고 있었다. 1869년, 니체는 크리스마스를 함께 보내자는 초대를 받았다. 위대한 작곡가에 매혹된 니체는 그리스극으로 시작되어 니벨룽겐의 반지로 끝나는 최초의 책을 쓰기 시작했다. 바그너는 현대의 아이스킬로스라고 세상을 설득할 예정이었다. 그는 광분하는 뜬세상 사람들에서 멀리 떠나 조용히 그것을 쓰기 위해 알프스 산중으로 들어갔다. 거기에 있는 동안 1870년, 독일과 프랑스 사이에 전쟁이 일어났다는 정보가 전해졌다.

그는 주저했다. 그리스 정신과 시가·희극·철학·음악의 모든 뮤즈의 신들이 축복의 손을 그에게 얹어 주고 있었기 때문이다. 그러나 그는 조국이 부르는 소리를 뿌리칠 수 없었다.—여기에도 시(詩)는 있었던 것이다. '여기에'라고 그는 썼다.

"너는 국가를 가지고 있다. 국가의 탄생은 수치스러운 일이며, 대부분의 사람들에게 그것은 결코 마르지 않는 고생의 샘이며, 끊임없이 위험이 일어나 그들을 태워 버리는 불꽃이다. 그럼에도 불구하고 그것이 부를 때 우리는 자신을 잊고, 그 피비린내 나는 호소를 들을 때 민중은 고무되어, 용기를 떨치며 사기가 드높아져 영웅적 행위에 나서게 된다."

전선으로 향하던 도중, 그는 프랑크푸르트에서 한 무리의 기병이 말발굽 소리도 드높게 마을을 통과하는 것을 보았다. 그때 그 자리에서, 라고 그는 말하고 있다. 환상, 또는 직관(直覺)을 느끼고, 이 직관에서 그의 모든 철학이 발전했던 것이다. '처음으로 나는⋯⋯살려고 하는 극한 최고 의지는, 생존경쟁이라는 보잘것없는 말로 표현되는 것이 아니고, 싸우려는 의지, 권력에의 의지, 압도하려는 의지로써 표현되는 것이라고 생각했다.' 시력이 약하기 때문에 전선에 나갈 자격이 없어 그는 간호병으로 만족해야 했다. 그는 무서운 것은 많이 보았으나 전장의 비참한 현실을 직접 알지는 못했고, 그의 겁 많은 영혼은 그것을 경험하지 못했기 때문에 더욱 강렬하게 상상력을 구사하여 이상화한 것이다. 그의 감수성은 너무 예민하여 간호하던 중 피를 보면 기분이 나빠졌다. 그는 병이 들어 패잔의 몸으로 집으로 돌아왔다. 이때부터 그는 셸리의 신경과 칼라일의 위(胃)를 갖게 되었다. 소녀의 혼이 무사의 갑옷을 입고 있었던 것이다.

3. 니체와 바그너

1872년 초에 니체는 처음으로, 그리고 유일하게 완성한 책을 내놓았다. 즉 《음악의 정신에서 비극의 탄생》이다.[2]

여태껏 철학자가 이토록 서정적으로 말한 것은 없었다. 그는 그리스 예술이 숭배한 두 신(神)에 대하여 말했다. 첫째는 디오니소스(혹은 바쿠스)로, 술과 환락의 신, 고양하는 생명의 신, 환희하는 행동의 신, 황홀한 감동과 영감의 신, 본능과 모험의 신, 고통을 두려워하지 않는 신, 노래와 음악과 무용과 비극의 신이었다. 둘째는 아폴론, 즉 평화와 한가와 평정의 신, 미적 감각의 지적 관조의 신, 논리적 질서와 철학적 평정의 신, 회화와 조각과 서사시의 신이었다. 매우 고귀한 그리스 예술은 이 두 개의 이상, 즉 디오니소스의 끊임없는 남성적인 힘과 아폴론의 조용한 여성적인 아름다움의 결합이었다. 극에 있어서 디오니소스는 합창가무단에, 아폴론은 대화에 영감을 준 것으로, 합창가무단은 디오니소스의 종자 사티로스(반인반수의 숲의 신)의 의상을 걸친 사람들의 행렬에서 직접 발달한 것. 대화는 뒤에 첨가된 것으로써 감정적 체험을 반성하여 설명하는 것이었다.

그리스극의 가장 뿌리 깊은 특징은 예술에 의한 염세관의 디오니소스적 극복에 있었다. 그리스인은 그들을 노래한 근대의 서사시에서 볼 수 있는 것처럼 쾌활하고 낙천적인 민족은 아니었다. 그들은 인생의 괴로움과 비극적인 짧음

---

2) 바그너가 같은 때에 《극으로부터의 음악의 발전에 관해서》라는 논문을 쓴 것이 뒤에 그들이 절교하게 된 원인이 되었다. 〔원주〕

도 마음속 깊이 알고 있었다. 미다스(프리기아의 왕)가 실레노스(사티로스의 동량)에게 인생 최고의 행복은 무엇이냐고 물었을 때, 실레노스는 대답했다.

"가련하고 덧없는 순간적인 종족이여, 우연과 고통의 자식들이여, 왜 너희들은 듣지 않는 게 좋을 것들을 억지로 내게 말하게 하느냐. 가장 좋은 것은 세상에 태어나지 않는 것 즉 무(無)의 상태이지만, 이것은 너희들이 원해도 얻을 수 없는 일이다. 다음으로 좋은 것은 빨리 죽는 일이다." 분명히 이런 사람들은 쇼펜하우어와 인도 사람에게서 별로 배울 것이 없었다. 그러나 그리스 사람은 슬픈 환멸을 예술의 광휘로써 극복했다. 즉 그들 자신의 고통에서 극이라는 스펙터클을 만들고 '오직 미적 현상으로써만', 즉 예술적 고찰 또는 재현으로써만 '현존재와 세계는 옳다고 인정되는 것처럼 여겨진다'고 생각했던 것이다. '숭고한 두려운 것의 예술적 제어이다.' 염세관은 퇴락의 표시이며, 낙천관은 천박의 표시이다. '비극적 낙천관'은 고통의 희생을 치러서라도 경험의 깊이와 넓이를 찾고, 투쟁이 생명 법칙인 것을 기뻐하는 강자의 심정이다. 비극자체가 그리스 사람은 염세주의자가 아니었음을 입증하고 있다. 아이스킬로스 비극과 소크라테스 이전의 철학을 낳은 시대는 '그리스의 영광된 날들'이었다.

'소크라테스―이론적 인간의 전형―는 그리스인의 성격에 이완된 징후이며, 옛날의 마라톤적 완강한 육체와 정신의 유능성에 점점 더 위축을 가져다주는 나쁜 계몽자였다.' 비판적 철학이 소크라테스 이전 철학자들의 철학시로, 과학이 예술로, 이성이 본능으로, 변증이 변기(辨技)로 되었고, 희곡가에서 논리학자가 되었고, 격정의 적이 되었고, 시인의 추방자가 되었고, '기독교 이전의 기독교'가 되었고, 인식론자가 되었다. 델포이의 아폴론 신전에 '너 자신을 알라(gnothi seauton)' 및 '무슨 일이든 정도를 넘지 마라(meden agan)'는 냉정한 지혜의 말이 새겨져 있었으나, 그것은 소크라테스와 플라톤에 의하여 이성이야말로 유일의 덕이라고 오해되었고, 아리스토텔레스는 사람을 무기력하게 하는 중용의 가르침을 만들었다. 민족은 청년기에 신화와 시를 낳고, 퇴락기에 철학과 논리학을 낳는다. 그리스는 청년기에 호메로스와 아이스킬로스를 낳았고, 퇴락기에 에우리피데스를 낳았다. 에우리피데스는 희곡가로 전향한 논리학자, 신화와 상징을 파괴하는 합리주의자, 남성적 시대의 비극적 낙천관을 파괴한 다감한 사람, 디오니소스의 합창가무단을 한 무리의 빛나는 아폴론적 변증가 및 웅변가와 바꾼 소크라테스의 친구이다.

델포이의 아폴론 신탁이 소크라테스를 그리스 제일의 현자라고 부르고, 에우리피데스를 그다음이라고 한 것이 이상할 것은 없으며, '아리스토파네스의 틀림없는 본능이……소크라테스와 에우리피데스를 증오의 감정으로 휩싸서, 그들에게서 타락한 문화의 징후를 찾아냈다'는 것도 이상할 것은 없다. 과연 그들은 자설(自說)을 고치기는 했다. 에우리피데스 최후의 극《바커스의 무녀들》은 디오니소스에게 항복한 그의 자살 서곡이었고, 옥중의 소크라테스는 마음을 가볍게 하기 위하여 디오니소스의 음악을 연주했다. '아마도—이렇게 그는 자문하지 않을 수 없으리라—내가 이해할 수 없는 것이 곧 비합리적이라는 것은 잘못된 것이 아닐까. 논리학자가 한 사람도 없이 추방된 지혜의 나라가 존재하는 것이나 아닐까.

예술은 과학의 필연적인 상관자이며, 또한 보조자이기도 한 것은 아닐까.' 그러나 그것은 너무 늦었다. 논리학자나 합리주의는 일을 하지 않을 수 없었다. 그리고 그리스의 희곡은 그리스인의 성격과 더불어 퇴폐했던 것이다. '놀라운 일은 일어나고 말았다. 시인과 철학자들이 자기의 잘못을 깨달았을 때는 이미 그들의 경향이 승리를 거둔 다음이었다.' 그들과 함께 영웅들의 시대와 디오니소스의 예술은 끝났던 것이다.

그러나 디오니소스 시대가 아마도 다시 돌아오지나 않을까. 칸트가 결정적으로 이론적 이성과 이론적 인간을 괴멸시킨 것은 아닐까. 그래서 쇼펜하우어는 다시 본능의 깊이와 사고의 비극을 우리에게 가르쳐준 것은 아닐까. 그리하여 리하르트 바그너는, 신화와 상징을 회복하고, 음악과 희곡을 디오니소스적 황홀 속에 다시 통일하는 제2의 아이스킬로스는 아닐까. '독일 정신의 디오니소스적 뿌리에서, 소크라테스적 문화의 모든 근본조건과는 어떤 공통점도 없는, 한 세력이 나타난 것이다. ……즉 그것은 바흐에서 베토벤으로, 베토벤에서 바그너로 힘찬 걸음을 계속하고 있는 독일 음악이다.' 독일 정신은 너무도 오랫동안 이탈리아와 프랑스의 아폴론적 예술을 수동적으로 반영해 왔다. 독일 사람은 자기 자신의 본능이 이런 퇴폐한 문화보다도 건전하다는 것을 이해해야 한다. 종교에서와 같이 음악에서도 개혁을 하여 루터의 야성적인 힘을 다시 예술과 생활 속에 기울여야 한다. 그렇게 하면 독일 민족은 전쟁의 고통에서 제2의 영웅시대가 일어나며, 음악의 정신에서 새로운 비극이 생겨나지 말라는 법도 없을 것이다.

1872년 니체는 바젤로 돌아왔다. 몸은 여전히 허약했지만 정신은 야심에 불타서 강의의 고역에 힘이 소모되는 것을 싫어했다. 1871년 보불전쟁(普佛戰爭)의 승리는 독일의 혼에 어떤 분별없는 자만을 가져다주었는데, 그것만큼 정신적 성장에 해로운 것은 없다. 니체는 희롱하기 좋아하는 성질 때문에 어떠한 우상도 그대로 간과할 수가 없었다. 그는 이 둔한 자기만족(우상숭배)을, 당시 가장 존경받고 있던 대표적인 인물 다비트 프리드리히 슈트라우스(David Friedrich Stauss)를 공격하는 것으로써 논란하려고 결심했다. '결투로써 사회에 나서라. 이것은 스탕달의 충고였다.'

교묘하게 이름 지어진 《반시대적 고찰》의 제3편 〈교육자로서의 쇼펜하우어〉에서 그는 공격의 화살을 광신적 배외주의(排外主義)의 대학으로 돌렸다. '쓸모없는 국가의 어용 철학자들만큼 천성의 위대한 철학자들의 발전을 방해하는 것은 없다는 것을 경험은 가르쳐 주고 있다.' 어떠한 국가도 플라톤이나 쇼펜하우어와 같은 사람들을 감히 지원하려고는 하지 않을 것이다. 국가는 항상 그들을 두려워하기 때문이다. 그는 〈우리나라 교육제도의 장래〉에서 공격을 되풀이하고 〈역사의 이익과 폐해〉에서 독일의 지성이 보잘것없는 옛 학식에 얽매여 있는 것을 비웃었다. 이미 이런 논문에서 그의 독특한 의견이 두 가지 표현되었다. 즉 도덕도 신학과 마찬가지로 진화론적 개념의 도움을 빌려 재건되지 않으면 안 된다는 것이 그 하나이고, 또 하나는 인생의 목적은 '개인으로 보면 가장 가치가 적은 형(型)에 속하는 다수자의 개선'이 아니라 '천재의 산출', 즉 우수한 인물의 발전과 육성이라는 것이었다.

이런 논문 중에서 가장 열렬한 것은 〈바이로이트의 리하르트 바그너〉(《반시대적 고찰》제4편)라고 이름 붙여졌다. 그것은 바그너를 '일찍 이 두려움이라는 것을 모르는' 지크프리트에 비유하여, 모든 예술을 처음으로 하나의 위대한 미적 종합으로 융합했기 때문에 위대하고 유일한 예술의 창시자로서 찬미했다. 그는 전 독일을 향하여 앞으로 다가올 바그너 축제극의 대대적인 의의를 이해하도록 호소했다. 바이로이트는 '우리들에게는 싸움터로 떠나는 날 아침의 성찬을 의미한다.' 이것은 젊은 숭배의 소리이며, 바그너에게 훗날 '초인(超人)'의 개념을 부여한, 그 남성적인 결단과 용기를 본, 거의 여성적이라고도 할 수 있는 섬세한 정신의 소리였다. 그러나 숭배자는 또한 철학자이기도 했으므로, 귀족적인 정신에는 불쾌한 어떤 종류의 존대한 이기주의가 있음을 알아차렸다. 그는 1876년 바그너가 프랑스 사람에게 가한 공격을 참을 수 없었다 (파리는 《탄호이저》에게 호의를 베풀지 않았던 것이다.). 그리고 바그너가 브람스에게 품고 있는 질투에 놀랐다. 이 찬양하는 논문에서조차 그 중심 주제는 바그너에게 불리했다. '세계는 너무나 오랫동안 동양화되었으므로 이제 사람들을 그리스화를 열망하고 있다.' 그런데 이때 니체는 이미 바그너가 반(半)유대인이라는 것을 알고 있었다.

마침내 1876년 바이로이트 음악제가 열렸다. 바그너의 오페라는 매일밤 전막(全幕)이 상연되어 '바그너 숭배자'—황제와 왕자, 소공자와 유한계급들—가 많이 몰려들어서 가난한 열애자들을 밀어젖혔다. 돌연 니체는 바그너에게 얼마나 게이어[3]다운 데가 있으며, 《니벨룽겐의 반지》가 얼마나 많이 무대 효과의 도움을 받고 있는 가를, 그리고 음악에 점잖게 결여되어 있는 곡조 '메로스'가 얼마나 극에 잘 옮겨져 있는가를 알게 되었다. 바그너의 머리에는 심포니로 전개되는 극, 즉 가곡에서 발달한 형식이 머리에 떠올랐지만, 오페라라는 성질의 다른 매력이 억지로 그를 다른 방향으로 끌고 갔던 것이다. 니체는 그 방향으로 갈 수는 없었다. 극적인 것과 오페라적인 것을 매우 싫어했기 때문이다. '여기에 있으면 정신이 이상해진다'고 그는 썼다. '나는 이 긴 예술의 밤들이 무섭다. ……나는 완전히 진저리가 났다.'

이리하여 그는 온 세상이 바그너를 최고 승리자로 축하하고 찬양하고 있을 때, 바그너에게 한마디 인사도 없이 달아나 버렸다. 여기에서 가장 용감한 정신의 하나를 정복해 버린 낭만주의, 이상주의적 허위, 인간적 무른 양심에 있는 여성적 기질과 미숙한 광상곡(狂想曲), 이 모든 소리가 싫어졌기 때문이다. 후일, 먼 소렌토(나폴리 만 연안의 피서지)에서 바그너와 마주쳤지만, 바그너는 여기에서 승리의 휴식을 취하면서 집필 중인 신작 오페라 《파르지팔》의 일로

---

3) 니체는 유대인 배우 Ludwig Geyer를 바그너의 아버지로 생각했다. 〔원주〕

머리가 꽉 차 있었다. 이 오페라는 동정과 비육체적 사랑이라는 그리스도교 정신을 찬미하여 '순수한 우자(愚者)', [4] '그리스도에서의 우인(愚人)'에 의해 구원받는 세계를 그릴 예정이었다. 니체는 얼굴을 돌리고 한마디 말도 하지 않았다. 그리고 그 뒤 바그너와는 한 번도 말을 하지 않았다. '나는 자기에 대한 성실과 결부되어 있지 않는 어떤 위대함도 인정할 수 없다. 이런 것을 발견하자마자 인간의 성공 따위는 나에게는 전혀 무가치하게 되어 버렸다.'《바그너의 경우》에서 그는 신경질적으로 과격하게 바그너에게 까닭 없는 화풀이를 하고 있다.

"바그너는 모든 허무주의적인―불교적인―본능에 아첨하여 그것에 음악의 옷을 입힌다. 그는 모든 기독교 정신, 즉 데카당스(퇴폐파)의 모든 종교적 표현 형식에 아첨하고 있다. ……나약하고 절망적인 낭만주의자 리하르트 바그너는 갑자기 십자가 앞에 쓰러져 버렸다. 그때 이 무서운 광경을 보고 동정하며 슬퍼한 독일 사람은 없었단 말인가. 그를 위해 슬퍼하는 자는 나 혼자란 말인가. ……더구나 나는 가장 타락한 바그너 숭배자의 한 사람이었다. ……그렇다! 나도 바그너와 같은 이 시대의 아들이다. 즉 데카당인 것이다. 그러나 나는 그것을 이해하고 있었고, 거기에 저항한 것만이 다른 점이다."

니체는 자기가 생각하고 있는 이상으로 '아폴론적'이었다. 즉, 정묘(精妙)·우미(優美)·섬세함의 애호자였지 야성적인 디오니소스적 활력의 애호자도, 술과 노래와 사랑의 정감을 사랑하는 사람도 아니었다. 니체는 다분히 플라톤과 같은 데가 있어서, 예술은 인간에게 엄격이라는 것을 잊어버리게 하지나 않을까, 염려했다. 자신이 다감했기 때문에 누구나 모두 자기처럼 금방이라도 그리스도교를 실천에 옮기게 되지나 않을까, 하고 생각했던 것이다. 이 마음 착한 교수에게 어울리는 싸움은 아직 일어나지 않았던 것이다. 더욱이 마음이 조용할 때는 바그너도 자기처럼 옳았던 것이다. 파르지팔(Parsifal)의 부드러움은 지크프리트(Siegfried)의 힘과 마찬가지로 필요한 것이다. 그리고 이러한 대립은 어떤 광대무변한 조화 속에 융화되어, 다산(多産)적인 창조적 통일을 이룬다는 것을 알고 있었다. 기꺼이 그는 귀중하고 유익한 인생 경험을 준 사람―바그

---

4) Persifal은 아라비어어로 '정하고 우둔한 자'란 뜻. 기독교적 이상의 화신.

너—에게 자기를 무언중에 결부시킨 그 '별 사이에 새겨진' 우정을 생각해 냈다. 만년에 머리가 돌아 있었을 때에도 정신이 난 어느 순간엔 죽은 지 오래된 바그너의 초상을 올려다보고 그는 조용히 말했다. '나는 이 사람을 매우 좋아했다'라고.

4. 차라투스트라의 노래

그를 버린 것처럼 생각되던 예술에서 그는 과학—과학의 냉랭한 아폴론적 공기가 트립셴이나 바이로이트의 왕성한 디오니소스적 방일(放逸)의 탁함에서 그의 혼을 맑게 하여 주었지만—과 '인간에게 어떠한 폭군도 침입할 수 없는 피난처를 제공하는' 철학 속에 숨어들었다. 마치 스피노자처럼 격정을 연구함으로써 진정되기를 바랐던 것이다. 우리에게는 '감정의 화학'이 결핍되어 있다고 그는 말했다. 그래서 그 뒤의 저서 《인간적인, 너무나 인간적인》(1878~1880년)에서는 심리학자가 되어 외과 의사처럼 가차 없이 미묘한 모든 감정과 마음속에 품고 있는 신앙을 분석하여 그것을 대담하게—반동의 절정에 있었는데도 불구하고—악명 높은 볼테르에게 바쳤다. 그는 1부를 바그너에게 보내고, 답례로 《파르지팔》의 총보(總譜)를 얻었다. 편지 왕래는 이것이 마지막이 되었다.

그리고 그는 1879년, 바야흐로 장년의 절정기에 있었음에도 불구하고 육체도 정신도 쇠퇴하여 빈사상태에 빠졌다. 그는 두려워하지 않고 죽을 준비를 했다. "약속해 다오." 누이동생에게 말했다. "내가 죽거든 친구들만 관 주위에 서도록 해줘. 쓸데없는 사람들은 안 돼. 이미 무저항 상태가 되어 있을 때 관 옆에서 목사니 뭐니 하는 것들이 거짓말을 지껄이게 두지 말고 나를 한 사람의 정직한 이교도로서 무덤에 들어가게 해 다오." 그러나 그는 회복이 되어 이 영웅적인 장례식은 연기되었다. 병으로 인해 건강과 태양, 생명과 웃음과 춤, 카르멘의 '남방의 음악'에 대한 사랑이 생기고, 죽음과의 투쟁에서 생긴 강한 의지, 인생의 젊음과 괴로운 고통 속에서 인생의 달콤함을 느끼는 '긍정'이 생기고, 자연의 한계와 인간의 운명을 감수한 스피노자를 본받으려는 갸륵한 노력도 생겼다. '인간의 위대성을 나타내는 나의 정식(定式)은 운명애(Amor fati)다. ……필연적인 것을 단지 참고 견딜 뿐만 아니라……사랑하는 것이다.' 그러나 슬프게도 그렇게 말하기는 쉬워도 행하기는 어려운 것이다.

그다음 책의 제목 《서광(曙光)》(1881년)과 《즐거운 지식》(1882년)이 회복의 기쁨을 반영하고 있다. 거기에는 그 뒤의 책들보다도 어조가 부드럽고 온건하다. 그제야 비로소 그는 만 1년 동안 조용한 나날을 대학에서 주는 연금으로 얌전히 살았다. 긍지 높은 철학자도 마음이 약해져서 그는 갑자기 여성을 그리워하게 되었다. 그러나 루 살로메는 그의 사랑에 응하지 않았다. 니체의 눈은 그녀의 마음을 즐겁게 해주기에는 너무나 날카롭고 깊었던 것이다. 파울 레는 덜 위험했고, 파겔로 박사는 니체에게 뮈세의 역할을 했다. 니체는 절망하여 달아나 버렸다. 도중 여자에 대한 경구를 여러 가지 지어내면서. 사실 그는 소박하고, 감격하기 쉽고, 낭만적이고, 우직할 만큼 상냥했다. 이 상냥한 천성에 대한 그의 투쟁이 바로 괴로운 환멸과 회복할 수 없는 마음의 상처를 가져다 준 그 미덕을 몰아내려는 노력이었다.

그는 이제 아무래도 자기가 만족할 만한 고독을 찾아낼 수가 없었다. '인간과 더불어 살아가기는 어렵다. 침묵은 곤란하기 때문에' 이탈리아에서 그는 알프스의 고원 상(上) 엥가딘의 실스 마리아로 갔다.—남자도 여자도 사랑하지 않고 인간을 초극하게 되기를 빌며 그리고 그 쓸쓸한 고원에서 그의 최고작의 영감이 떠올랐다.

나는 앉아서 기다렸노라.
—기다려도 오지 않는 것을 기다리면서.
선악의 저편에 때로는 광명을
때로는 그늘을 즐기면서.
지난날은 오직 호수와 한낮과 끝없는 시간뿐.
그때 돌연히, 벗이여, 하나는 둘이 되어
차라투스트라 내 곁을 지나가도다.

이제야말로 그의 혼은 '기쁨에 넘쳐흘렀다.' 그는 새로운 스승 '조로아스터'를, 새로운 신 '초인'을, 그리고 새로운 종교 '영겁 회귀(永劫回歸)'를 발견한 것이다. 이제야말로 그는 노래하지 않으면 안 되었다. 불타오르는 영감을 받아 철학은 시가 되었다. '나는 하나의 가곡을 부를 수 있을 것이다. 나는 그것을 부르길 원한다. 비록 빈집에 홀로 있어, 듣는 것은 오직 내 귀뿐일지라도.'(이 얼마나 고독의 여운이 깃든 문장인가!) '너, 위대한 별이여! 만일 네가 비추어야 할 것이 없다면 너의 행복이란 대체 무엇이겠느냐. ……보라, 나는 너무나 많은 꿀을 모은 꿀벌과 같이 나의 지혜에 포만하여 있다. 바야흐로 거기에 뻗쳐지는 손길이 필요하다.' 그리하여 그는 《차라투스트라는 이렇게 말했다》(1883년)를 썼던 것이다. 그리고 '리하르트 바그너가 베니스에서 죽은 신성한 시각'을 탈고했다. 그것은 《파르지팔》에 대한 그의 훌륭한 대답이었지만, 그러나 《파르지팔》의 저자는 이미 죽은 다음이었다.

그것은 그의 걸작이었다. 그도 그것을 알고 있었다. '이 작품은 완전히 독자적 지위를 차지하고 있다'고 그는 나중에 썼다. 그러나 니체는 그것을 출판하는 데 퍽 애를 먹었다. 제1부의 인쇄는 늦어졌다. 왜냐하면 그것을 맡은 출판업자가 찬송가집 50만 부의 주문을 받기도 했고, 유대인을 배척하는 작은 책자의 출판을 대대적으로 준비 중이어서, 남는 인쇄기가 없었기 때문이었다. 그리고 그 출판업자는 마지막 제4부의 인쇄는 전혀 수지가 맞지 않는다는 이유로 거절해 왔다. 그 때문에 저자는 그 출판 비용을 자비로 충당해야만 했다. 팔린 것은 40부였고, 7부는 기증본. 수령증을 준 사람은 한 사람뿐이었고, 아무도 칭찬해 주지 않았다. 니체처럼 이렇게 고독한 사람도 결코 없었을 것이다.

차라투스트라는 30세 때—페르시아의 원형 조로아스터와 마찬가지로— 명상에 잠겨 있던 산에서 내려와 군중에게 설교를 하지만, 군중은 그에게 등을 돌리고서 줄타기 광대놀이를 보고 있다. 그 광대가 떨어져 죽는다. 차라투스트라는 시체를 어깨에 메고 가버린다. '너는 위험을 너의 직업으로 삼았다. 그것을 가상히 여겨 손수 너를 묻어 주마'하고 차라투스트라는 말한다. '위험을 무릅쓰고 살아가라'고 그는 설교한다. '너희들의 도시를 베수비어스 화산 근처에 건설하라. 너희들의 배를 사람들이 아직도 가보지 못한 바다로 내보내라. 전쟁의 상태에서 살아가라.'

그리고 '신을 믿어서는 안 된다는 것을 잊지 마라.' 차라투스트라는 산에서 내려와 늙은 은자 한 사람을 만난다. 은자는 신에 대하여 그에게 말을 건다. (그러나 혼자 남았을 때 차라투스트라는 이렇게 마음속으로 말했다. '도대체 이런 일이 있을 수 있을까. 이 늙은 성자(聖者)는 숲 속에 살기 때문에 신이 죽었다는 것을 아직 전혀 듣지 못한 것이다'라고) 물론 신은 죽었다. 모든 신은 죽은 것이다.

"왜냐하면 옛 신들—고대 그리스의 신들—은 오래전에 생을 마쳤다. 참으로 그것은 신들의 좋은, 즐거운 최후였다!

신들은 죽음의 황혼 속을 저회(低徊)하지는 않았다. 그것은 허구[5]이다. 오히려 신들은 옛날에 웃으며 죽었다.

그것은 어떤 신—기독교의 신—이 스스로 가장 신을 모멸하는 말, 즉 '신은 오직 하나일 뿐이다! 나 이외에 다른 신을 섬기지 마라!'고, 말했을 때 일어났던 것이다. 나이 많은 분노의 신, 질투의 신이 이렇게 말할 정도로 자기를 잊었다.

그리고 그때, 모든 신들은 그 자리에서 웃어대며 외쳤다. '신들은 있다. 그러나 유일의 신은 없다. 이것이야말로 틀림없는 신성이 아닌가?'

귀가 있는 자는 들으라!

차라투스트라는 이렇게 말했다."

얼마나 통쾌한 무신론인가! '신들은 존재하지 않는다'고 말하는 것이야말로 신성의 본질이 아닌가? '만일 신들이 존재한다면 도대체 창조할 그 무엇이 있겠는가? ……만일 신들이 존재한다면 어떻게 하여 우리는 자기가 신이 아니라는 것을 견딜 수 있겠는가? 그렇기 때문에 신들은 존재하지 않는다.' '나보다 더 신을 모멸하는 자는 누구냐? 내 그자의 가르침을 받으리라…….' '나 너희들에게 간절히 바라노니, 나의 형제들이여, 끝까지 대지에 충실하라. 그리고 너희들에게 초지상적(超地上的)인 희망을 설교하는 자의 말을 믿지 마라! 그들은 스스로 알게 모르게, 독을 먹이는 자들이다.' 많은 과거의 반역자들도 결국은 인생에 필요한 마취제인 이 달콤한 독으로 돌아온다. '고인(高人)들'은 차라투스트라의 동굴에 모여 그의 교의를 사람들에게 설교할 준비를 한다. 차라투스트라는 잠시 그들 곁을 떠난다. 그리고 돌아와 보니 그들은 '세계를 자

---

5) 바그너의 작품 《신들의 황혼》에 빗대어 한 말. [원주]

기 모습 그대로, 즉 매우 미련하게 창조한' 당나귀에게 향을 바치고 있었던 것이다. 이것은 별로 이로운 말은 아니지만, 그러나 그다음의 원문은 이렇게 말한다.

"선악에서 창조자가 되지 않을 수 없는 자야말로 먼저 파괴자가 아니면 안 된다. 그리고 모든 가치를 부숴버려야 한다.

최고의 선에는 최고의 악이 필요하다. 이러한 선은 곧 창조적인 선이다.

자아, 이것을 말해 보자. 너희들 현명한 사람들이여, 비록 말하는 것은 나쁠지라도 잠자코 있는 것은 더욱 나쁘다. 말하지 않는 진리는 모두 독으로 바뀐다.

우리 진리에 부딪혀 부서지려고 하는 것은 모두 부서져 버리는 것이 좋다! 또한 많은 집들이 세워져야 한다.

차라투스트라는 이렇게 말했다."

이것은 불경일까. 그러나 차라투스트라는 '이제는 아무도 공경할 줄 모른다'고 한탄하고, 자기 자신을 '신을 믿지 않는 자 중 가장 경건한 자'라고 불렀다. 그는 신앙을 동경하여 '나와 같이 큰 혐오에 괴로워하는 자, 그들에게 옛 신은 죽고 새로운 신은 강보에 싸여 요람 속에 누워 있다.' 그러한 모든 자를 불쌍히 여긴다. 그리고 그는 새로운 신의 이름을 선포한다.

"모든 신들은 죽었다. 이제 우리는 초인이 살기를 원한다. ……

나는 너희들에게 초인을 가르친다. 인간은 초극되어야 할 어떤 것이다. 인간을 초극하기 위하여 너희들은 무엇을 했느냐?……

인간이 위대한 이유는 인간이 다리(橋)이지 목적은 아니라는 데 있다. 인간이 사랑스러운 까닭은 인간이 과도(過度)이며, 몰락이라는 데 있다.

나는 몰락밖에는 살아가는 방법을 모르는 사람들을 사랑한다. 그들은 초극해 가는 자들이기 때문이다.

나는 위대한 모멸자를 사랑한다. 그들은 위대한 숭경자(崇敬者)이며, 피안을 동경하여 날아가는 화살이기 때문이다.

나는 몰락하여 희생이 되는 이유를 성신(星辰)의 저쪽에서 구하지 않고, 대지를 언젠가는 초인이 태어나는 대지가 되게 하기 위하여, 자신을 대지에 바치는 사람들을 사랑한다……

이제야말로 인간이 스스로 표적을 세울 때다. 이제야말로 인간이 그 지고한 희망의 씨를 심을 때다……

나에게 말하라. 나의 형제들아, 만일 인류에게 아직 표적이 없다면, 인류 그 자체도 아직 존재하지 않는 것이 아닐까?……

이웃 사람의 사랑보다 더 높은 것은, 가장 먼 자에게 보내는 사랑이다.”

니체는 독자가 모두 자기를 초인이라고 생각할 것이라고 예측한 모양인지 초인은 아직 태어나지 않았다고 고백함으로써 그렇게 생각하는 것을 예방하고 있다. 우리는 단지 초인의 선구(先驅), 초인의 밭에 지나지 않는다. ‘무엇이든지 네 능력 이상을 탐내지 마라. ……네 능력을 지나쳐서 유덕(有德)한 일은 없으리라. 그리고 확신에 반대되는 일을 자신에게 요구하지 마라.’ 그 초인만이 알고 있을 행복은 우리를 위한 것이 아니다. 우리의 목표는 일이다. ‘나는 행복을 너무 오랫동안 원했다. 나는 나의 사업을 원한다.’

니체는 신을 자기 자신의 모습을 본 따 창조한 것에 만족하고 있지는 않다. 그를 불멸로 하지 않으면 안 되는 것이다. 초인의 뒤에는 ‘영겁회귀’가 찾아온다. 만물은 몇 번이든 무한히 세부에 이르기까지 조금도 다름없이 옛날처럼 돌아온다. 니체마저도 돌아오고, 이 피와 쇠의 독일(비스마르크 시대), 남루한 옷에 재를 뒤집어쓰고 참회하는 독일(제1차 대전 이후), 무지에서 《차라투스트라……》에 이르기까지 인간정신의 모든 노작(勞作)도 반드시 돌아올 것이다. 이것은 무서운 교의이며, 인생을 긍정하고 승인하는 궁극적인 가장 용감한 형식이다. 그런데 왜 그것은 있을 수 없는 일일까. 사실의 가능한 결합은 끝이 있지만 시간은 무한하다. 언젠가는 반드시 물질과 생명은 과거 그대로의 형식으로 되돌아오게 될 것이다. 그리고 이 숙명적 반복에서 역사는 그 구부러진 길을 또다시 반복할 것이 틀림없다. 결정론이란 우리를 이런 난처한 처지에 몰아넣는 것이다. 차라투스트라가 이 마지막 교훈을 말하는 것을 두려워하여 주저한 것은 이상한 일이 아니다. 그리고 마침내 은밀한 하나의 소리가 들려왔다. ‘차라투스트라여, 너는 무엇을 하느냐, 너의 할 말을 하라, 그리고 깨끗하게 부서져 버려라!’

5. 영웅윤리

'차라투스트라……'는 니체에게 복음서가 되어, 그 뒤의 책은 모두 그것의 주석서에 지나지 않았다. 유럽은 그의 시를 이해하지 못하더라도 아마 그의 산문은 이해할 것이다. 예언자의 노래 뒤에는 철학자의 논리가 온다. 가령 철학자 자신은 논리를 믿지 않는다 하더라도 그것이 어떻단 말인가. 논리는 진리의 증거는 아니더라도 사리를 명석하게 하는 도구이기는 한 것이다.

니체는 이제 전보다 더 고독했다. 《차라투스트라……》는 친구들에게 마저 좀 이상하다고 생각되었으니까. 《비극의 탄생》을 칭찬한 바젤 대학의 동료인 오버베크나 부르크하르트와 같은 학자들은 훌륭한 고전어학자를 잃은 것을 슬퍼했을 뿐, 시인의 탄생을 축하하지는 않았다. 니체의 여동생(철학자에게 여동생은 아내의 훌륭한 대역이라는 그의 견해를 거의 정당화했던)은 갑자기 그를 떠나 니체가 경멸하는 반유대인주의자 중 한 명과 결혼했고 공산주의적 식민지를 찾아 파라과이로 떠났다. 그녀는 창백하고 연약한 오빠에게 건강을 위해 함께 가자고 했지만, 니체는 육체의 건강보다 정신의 생명을 더 소중히 여겼다. 그는 투쟁이 있는 곳에 머무르고 싶었다. 그에게 유럽은 '문화의 박물관'으로서 필요했다. 그는 시간도 장소도 일정하지 않은 생활을 보내며, 스위스·베네치아·제네바·니스·토리노를 전전하며 살았다. 그는 성 마르코의 사자상 주위에 모여드는 비둘기 틈에서 글쓰기를 좋아했고, '성 마르코 광장은 나의 멋진 작업실'이라고 불렀다. 그러나 그는 햇볕을 쬐지 말라는 햄릿의 충고를 따라야 했다. 병든 눈에는 나쁘기 때문이다. 그는 음산하고 불기 없는 지붕 밑 다락방에 틀어박혀 덧문을 닫아걸고 일을 했다. 시력이 약해져 갔기 때문에 그 후로는 책을 쓰지 않고 잠언(箴言)만을 썼다.

그는 이 단편들을 모아 《선악의 피안》(1886년), 《도덕의 계보》(1887년)라는 제목을 달고, 이 책들이 낡은 도덕을 파괴하고 초인의 도덕을 위해 길을 열어줄 것을 기대했다. 독일어에는 나쁘다는 말이 두 개가 있다. 슐레흐트(schlecht)와 뵈제(böse)이다. 슐레흐트는 상류 계급에 의하여 하층 계급에 적용되어, 보통의 일반적이라는 의미였으나, 뒤에 질 낮은, 무가치한, 나쁜이라는 뜻을 의미하게 되었다. 뵈제는 하층계급에 의하여 상류계급에 적용되어 보통이 아닌, 불규칙적인, 어림할 수 없는 위험한, 유해한, 잔혹한이라는 의미였다. 나폴레옹은 뵈제였다. 단순한 많은 사람들은 이례적인 개인을 파괴력으로 생각하고 두려워했다. '위인은 세상의 불행이다'라는 중국의 속담이 있다. 마찬가지로 구트(gut), 즉 좋다는 말에도 슐레흐트와 뵈제에 대응하는 두 개의 뜻이 있다. 하나는 귀족에 의하여 쓰인 것으로써 강한, 용감한, 전투적인, 신과 같은(gut는 Gott에서 나왔다)이라는 뜻이며, 또 하나는 평민들에게 쓰인 것으로써 친한, 화목한, 무례한, 친절한이라는 뜻이었다.

여기에 인간 행동의 상반되는 두 개의 평가, 바꾸어 말하면 두 개의 윤리적 입장 및 척도가 있다. 즉 군주도덕과 가축도덕이다. 전자는 고전적인 고대에 있어서, 특히 로마인 사이에서 일반적으로 인정된 기준이었다. 신분이 낮은 로마인에게마저 비르투에(virtue ; 덕)는 비르투스(virtus ; 남자다움·용기·모험심·호용)를 의미했다. 그러나 아시아에서, 특히 유대인으로부터 그 정치적 예속 시대에 색다른 표준이 나왔다. 예속은 겸손을 낳으며, 무력하기 때문에 이타주의가 생긴다.—이타주의는 조력의 애원이다. 이 가축도덕 밑에서 위험과 힘의 사랑은 안전과 평화의 사랑에 길을 양보하고, 강력에는 교활로, 공공연한 복수에는 비밀의 복수로, 엄격에는 연민으로, 독창에는 모방으로, 명예에 대한 긍지는 양심의 가책으로 바뀌었다. 명예는 이교적이고, 로마적이고, 봉건적이고, 귀족주의적이며, 양심은 유대적이고, 기독교적이고, 부르주아적이고, 민주주의적이다. 예속계급의 견해를 거의 세계적이라고 할 수도 있는 윤리로 만든 것은 아모스로부터 예수에 이르는 예언자들의 웅변이었다. '세상'과 '육체'는 악의 동의어가 되고, 빈곤은 덕의 시금석이 되었다.

이 평가 방법은 예수에 의하여 절정에 이르렀다. 예수에 의해 모든 인간은 동등한 가치와 권리를 얻었다. 예수의 가르침에서 민주주의·공리주의·사회주의가 생겼다. 진보는 이 서민철학의 말, 전진적 평등화와 속악화(俗惡化)의 말, 퇴폐와 퇴락하는 생활의 말로 정의되었다. 타락 마지막 단계는 연민과 자기희생의 지나침, 범죄자에 대한 감상적 위로, '절제'의 불능이다. 동정은 능동적이며 정당하지만, 연민은 상대의 마음을 마비시키는 정신적 사치이며, 불치의 병신과 무능력자·불구자·악한·못된 병에 걸린 자 및 씻을 수 없는 죄를 범한 자에 대한 감정의 낭비이다. 연민에는 어떤 종류의 무례와 뻔뻔스러움이 따르며, '환자 문병'은 주위 사람의 무력함을 보고 느끼는 우월감을 즐기는 일이다.

이러한 '도덕'의 배후에는 권력에 대한 은근한 생각이 숨어 있다. 사랑 그 자체는 소유의 욕구에 지나지 않으며, 구애는 투쟁이며 교합은 정복이다. 돈 호세는 카르멘이 남의 소유가 되는 것을 막기 위하여 카르멘을 죽인다. 그들은 사랑은 자기의 존재를 잊는 것이라고 생각한다. 번번이 자기 이익에 반(反)하면서까지 남의 이익을 바란다는 이유로. 하지만 그 대신 그들은 남을 소유할 작정인 것이다. '……사랑은 모든 감정 속에서 가장 이기적[6]이다. 따라서 상처를 입었을 때는 가장 관대하지 못하다.' 진리애 속에서마저 진리를 소유하려는 욕망, 대개는 최초의 소유자가 되려는 욕망, 즉 아직 손도 대지 않은 진리를 발견하려는 욕망이 움직이고 있다. 겸손은 권리에 대한 의지의 보호색이다.

권력을 구하는 이 열정에 대하여 이성과 도덕은 너무 무력하다. 그것들은 열정이 손에 쥐는 무기이며, 열정이 가지고 노는 꼭두각시에 불과하다. '철학체계는 빛나는 신기루이다.' 우리에게 보이는 것은 오랫동안 탐구해 온 진리가 아니라 자기 욕망의 반영이다.

이러한 잠재적 욕망, 권력에 대한 의지의 맥박이 우리의 사고를 규정한다. '우리들의 활동은 대부분 무의식이다. 따라서 감각되지 않는다. ……의식적인 사고는……극히 부분적이다.' 왜냐하면 본능은 권력에 대한 의지에 의해 혼란되지 않는 직접 작용이며, 본능은 지금까지 발견된 모든 종류의 지능 중에서도 가장 지적인 것이기 때문이다. 사실 의식의 역할은 너무나 과대평가되었다. '의식은 제2차적인 것, 거의 어떻게 되어도 좋은 것, 불필요한 것으로써 아마도 소멸되어 완전한 자동작용에 자리를 양보할 운명에 있다'고 볼 수 있다.

강자는 그 욕망을 이성의 소매 밑에 감추려는 일이 거의 없다. 그들의 단순한 논법은 '나는 원한다'는 것이다. 군주 정신의 물러남 없는 힘에는 욕망 그 자체가 정당한 것으로 인정되므로, 양심·연민 또는 후회가 들어설 여지가 없

---

6) 《바그너의 경우》의 이 맨 마지막의 인용은 뱅자맹 콩스탕의 말. 그러나 니체는 사랑에 대해 더 평온하게 말하고도 있다. '남자의 여자에 대한 갑작스러운 격정은 어디서 오는가. 각별히 육욕에서만 오는 것은 아니다. 그러나 남자가 연약함과 무력함과 거만함이 하나의 존재자 안에서 함께 있는 것을 보면 영혼이 넘쳐흐르려고 할 때와 같은 느낌이 들어, 그 순간 감성적이 됨과 동시에 화가 나게 된다. 즉 그때 큰 사랑의 샘은 솟아나는 것이다'(《인간적인 너무나 인간적인》). 그리고 그는 프랑스 어에서 다음을 인용하고 있다. '진정한 사랑은 영혼이 육체를 포옹한다.' (원주)

다. 그러나 근래 유대교적―기독교적―민주주의적 입장이 널리 알려졌기 때문에, 강자마저도 자기의 힘과 건강을 부끄럽게 생각하고 '이성'을 찾기 시작했다. 귀족주의적인 모든 덕과 평가는 죽어가고 있다. '유럽은 새로운 불교의 위협을 받고 있다.' 쇼펜하우어와 바그너조차도 연민이 넘치는 불교도가 되었다. '도덕은 오늘날, 유럽에서는 군중 도덕이다.' 강자는 이제 자기의 힘을 자유롭게 휘두를 수 없고, 될 수 있는 대로 약자처럼 해야 한다. '선이란 우리의 힘이 미치지 않는 모든 것을 하지 않는 것이다.' '쾨니히스베르크의 위대한 중국인 칸트'는 인간을 결코 수단으로써 사용해서는 안 된다고 가르치지 않았는가.

그 결과 강자의 모든 본능·수렵·투쟁·정복·지배는 출구가 없기 때문에 속으로 들어가 자기 가책이 되어, 금욕과 '떳떳하지 못한 양심'을 낳는다.

"밖으로 방출되지 않는 본능은 모두 안으로 향한다. 나는 이것을 인간의 내면화[7]라고 부르며, 이와 함께 영혼이라는 것이 처음으로 인간에게 생장되기 시작한다."

타락의 정식(定式)은 군중에게 어울리는 여러 가지 덕이 지도자들에게 감염되어 그들을 평범한 인간으로 저하시킨다는 것이다. '도덕을 강제로 우선 계급 앞에 굴복시켜야 하고, "어떤 사람에게 정당한 것은 다른 사람에게도 정당하다"는 것이 부도덕한 일이라는 것을 서로 이해할 수 있을 때까지, 도덕의 주제넘은 행동을 도덕의 양심에 호소하지 않으면 안 된다.' 임무가 다르면 성질도 달라야 한다. 강자의 '악덕'은 약자의 '미덕'과 마찬가지로 사회에 필요하다. 가혹·포학·위험·전쟁은 친절이나 평화와 마찬가지로 가치 있는 것이며, 위대한 인간은 위엄·폭력·무자비가 필요한 시대에만 출현한다. 인간의 가장 선한 점은 강한 의지와 격정력과 지속성이다. 격정 없는 인간은 무력하여 아무것도 할 수 없다. 탐욕·질투·증오마저도 투쟁과 도태의 과정에서는 불가결의 계기이다. 선에 대한 악의 관계는 유전에 대한 변화의 관계, 관습에 대한 혁신이나 실험의 관계처럼 선례(先例)나 '질서'에 대한 거의 범죄라고도 할 수 있는 위반 없이는 발전할 수 없다. 만일 악이 좋은 것이 아니라면 벌써 소멸되었을 것

---

7) 《도덕의 계보》, 《선악의 피안》이나 《서광》 속에서는 아들러 및 프로이트의 정신분석 학설의 주요점(예를 들면 꿈의 해석, 노이로제적 성격, 과잉대상 등)이 발견될 것이다. 《권력에의 의지》와 《선악의 피안》은 또한 실용주의의 꽤 완전한 선구가 되는 것을 띠고 있다.

이다.

우리는 지나치게 선하지 않도록 주의해야 한다. '인간은 보다 선해지는 동시에 보다 악해지지 않으면 안 된다.'

니체에게는 세상에서 많은 악과 잔혹을 발견하는 것이 위안이다. 그는 잔인함이 태고의 인간에게 최대의 즐거움과 쾌락이었다고 잔혹의 범위를 사디즘적으로 넓혀 상상하는 것을 즐겼고, 비극과 어떤 숭고한 것에서 느끼는 기쁨은 세련된 잔혹의 대용품이라고 믿었다. '인간은 가장 잔혹한 동물이다'라고 차라투스트라는 말한다. '비극, 투우, 책형을 가만히 바라보고 있을 때 인간은 다른 어느 때보다도 행복을 느꼈다. ……그래서 지옥을 발명했을 때 지상에서 지옥은 인간의 천국이었다.' 비로소 그는 압제자들이 저승에서 받는 영원한 형벌을 생각하고 고통을 참을 수 있었던 것이다.

최고의 윤리는 생물학적이다. 우리는 사물을 그 생명 가치에 따라 판정해야 하기 때문에 생물학적으로 '모든 가치를 전도(顚倒)'할 필요가 있다.

인간과 집단, 또는 종족의 진정한 시금석은 에너지·능력·권력이다. 19세기가 모든 높은 덕을 저렇게 파괴하지 않았다면 신체적인 것을 특히 중시한다는 점에서 우리는 이 세기에 조금은 어울릴 수 있다. 마음은 유기체의 기능이다. 뇌의 피가 한 방울이라도 많거나 적으면 프로메테우스[8]가 독수리에게 괴로움을 당한 이상의 괴로움을 인간에게 가할 수 있다. 음식물이 다르면 정신적 결과도 다르게 된다. 쌀은 불교의 성립에 큰 도움이 되었으며, 독일의 형이상학은 맥주의 결과이다. 따라서 철학은 상승하는 생명의 표현과 강조인 경우에는 참된 것이며, 하강하는 생명의 경우에는 거짓이다. 퇴폐자는 '인생은 아무 가치도 없다'고 하지만, 오히려 '나는 아무 가치도 없다'고 하는 것이 옳을 것이다. 인생에서의 모든 영웅적 가치가 허물어져 가고, 민주주의—바꾸어 말하면 모든 위인에 대한 신앙의 결여—가 새로운 사람들을 파멸시키고 있는데, 인생인들 무슨 살 가치가 있겠는가.

"유럽인은, 자기들만이 유일하게 허용된 종류의 인간인 것처럼 뽐내면서 자

---

8) 그리스 신화에 나오는 반신의 거인. 진흙으로 인간을 만들고, 하늘에서 불을 훔쳐 인간에게 준 것이 제우스의 노여움을 사게 되어 벌로써 쇠사슬로 코카서스의 큰 바위 끝에 묶어 놓고 매일같이 독수리로 하여금 간장을 쪼게 했다.

기들을 온화하고, 화협적이고, 군중에게 유용한 것으로 되어 있는 모든 성질, 즉 공공심·친절·양보·근면·절도·겸손·관대·동정을 참으로 인간적인 덕으로써 찬미한다. 그러나 지금은 지도자나 선도자가 있어야 한다고 생각할 때에는 무리 짓는 영리한 인간들을 모아 사령관 대리로 삼으려는 시도가 잇따라 일어나고 있다. 예를 들면 모든 대의제도는 이것이 그 기원이다. 그럼에도 불구하고 군거동물, 즉 유럽인에게는 절대적 명령자의 출현은 은총이며, 견딜 수 없게 된 중압으로부터의 구원이다. 나폴레옹의 출현이 가져온 영향은 이것에 대하여 최후의 큰 증거를 주었다.—나폴레옹이 역사에 미친 영향은 이 세기 전체가, 그 가장 귀중한 인간과 순간에서 달성한 한층 높은 행복의 역사라고도 말할 수 있다.”

6. 초인

도덕성이 친절에 있는 것이 아니라 힘에 있는 것과 같이 노력의 목표도 역시 만인의 향상이 아니라 좀 더 우수하고, 강한 개인의 발전에 있어야 한다. '인류가 아니라 초인이 곧 목표이다.' 분별 있는 현인이 생각하는 최후는 항상 인류의 개선이겠지만 인류는 개선되지 않을 뿐 아니라 애당초 존재하지도 않는다. 왜냐하면 그것은 추상물이기 때문에, 존재하는 것은 개인의 큰 개미집에 지나지 않는다. 전체의 모양은 오히려 거대한 실험실과 비슷하다. 어느 시대나 성공하는 실험은 있지만 대부분은 실패한다. 그리고 모든 실험의 목적은 집단의 행복이 아니라 전형의 진보에 있다. 사회는 보다 훌륭한 전형이 나타나지 않는다면 망하는 편이 낫다. 사회는 개인의 힘을 강하게 하고 개성을 높이는 도구이기 때문에 집단은 그 자체만으로는 어떤 목적도 될 수 없다. '만일 모든 개인(즉 인류)이 기계의 운전을 중단시키지 않기 위해서만 필요하다면 그 기계는 무엇을 위한 것인가. 그 자체가 목적인 기계(사회조직), 그것은 인간 희극(umana commedia)이다.'

처음에 니체는 새로운 종족의 산출을 기대하는 것처럼 말했으나 나중에는 평범한 민중의 수렁 속에서 고생 끝에 기어 나와 그 존재를 자연선택의 우연에 맡기기보다는 계획적인 훈육과 신중한 양성에 의한 탁월한 개인으로, 초인을 생각하게 되었다. 생물학적 과정은 독자적 개체에는 불리한 작용을 하고, 자연은 자연의 가장 아름다운 산물을 가장 잔혹하게 취급하여, 오히려 평범함을 사랑하고 또 보호한다. 자연 속에는 유형, 즉 민중의 수준으로 향하는 끊임없는 복귀가 있으며, 다수자에 의한 최우수자의 지배가 주기적으로 일어난다. 초인은 인위도태(人爲淘汰), 즉 우생학에 의한 배려와 사람을 고상하게 만드는 교육에 의해서만 그 생명을 유지할 수 있다.

결국 수준 높은 개인을 연애 때문에 결혼시키고, 영웅을 하녀와, 천재를 침모와 결혼시킨다는 것은 얼마나 어리석은 일인가! 쇼펜하우어는 틀렸다. 연애는 우생학에 의한 것이 아니다. 사랑에 빠졌을 때 남자는 전 생애에 영향을 미칠 만한 결심을 해서는 안 된다. 사랑을 하는 사람이 현명하기란 매우 드물다. 우리는 애인끼리의 서약을 무효라고 선언해야 하며, 연애 중엔 결혼을 법률로 금지시켜야 한다. 최우수자는 최우수자와 결혼해야 하며, 연애는 어중이떠중이들에게 맡겨야 한다. 결혼의 목적은 단순히 생식뿐만 아니라 발전이어야 한다.

"그대는 젊으며, 결혼과 자식을 원하고 있다. 그러나 그대에게 묻노니, 그대는 감히 자식을 원할 자격이 있는가. 그대는 승리자이며, 초인이며, 관능의 명령자이며, 모든 덕의 지배자인가. 그렇지 않으면 소원의 형식을 빌려 말하는 것은 짐승인가, 필요─생리적 요구─인가, 고독인가. 그렇지 않으면 자기 자신에 대한 불만인가. 나는 그대의 승리와 자유가 자식에게 동경되기를 바란다. 그대는 자신의 승리와 해방을 위한 산 기념비를 세워야 한다. 그대는 자신을 초월하여 스스로를 건설해야 한다. 그러자면 우선 그대는 육체와 영혼에서 스스로를 바르게 건설해야 한다. 그대는 단순히 자신을 생식하는 데만 머물러 있을 것이 아니라, 스스로를 생식하여 향상시키지 않으면 안 된다. 어버이보다 훌륭한 한 사람을 창조하려는 두 사람의 의지를 나는 혼인이라고 부른다. 이러한 의지를 의지하는 자로서 두 사람이 서로 존경하는 것을 나는 혼인이라고 부른다."

태생이 좋지 않으면 고귀해질 수가 없다. 정신만으로는 고귀해지지 않는다. 오히려 정신은 정신을 고귀하게 하는 것을 필요로 한다. 대체 무엇이 필요한가. 피…… 나는 여기에서 '폰'이라는 귀족의 칭호나 《고타 귀족연감》을 말하고 있는 것은 아니다. 이런 것은 바보 같은 자들을 위한 삽입구다. 그러나 좋은 가문과 우생학적 양육이 주어진다면 초인의 처방에 있어서 그다음의 요인은 엄격한 훈련이며, 훈련에 즈음해서는 칭찬받을 가치조차 없는 당연한 일로써 지적 완성이 강요되어 즐거움은 적고 책임은 많으며, 육체는 묵묵히 견디는 것을 배우고, 의지는 복종하고 명령하는 것을 배운다. 자유의지론자의 헛소리는 집어치워야 한다! 방종과 '자유'에 의하여 육체와 정신을 약화시켜서는 안 된다! 더구나 이 훈련에 의하여 사람은 진심으로 웃는 것을 배운다. 철학자들은 웃는 능력에 따라 등급을 지어야 한다. '가장 높은 산에 오르는 자는 모든 비극을 비웃는다'고 하기 때문이다. 그리고 초인의 이 교육에는 전혀 도학(道學)의 티가 없다. 의지의 고행은 있으나 육체를 죄악시하는 것은 없다. '사랑스러운 처녀들이여! 춤을 그치지 마라, 놀이를 방해하는 자—아름다운 종아리를 가진 너희 처녀들의 적—가 저주하는 눈초리로 너희들에게 다가온 것은 아니다.' 초인이라고 하더라도 아름다운 종아리는 싫지 않을 것이다.

이와 같이 태어나고 또 양육된 인간은 선악의 피안에 있으며, 만일 목적이 필요하다면 악한 짓도 주저하지 않을 것이다. 그는 선하다고 하기보다 오히려 두려움을 모르는 자라고 해도 좋다. '무엇이 선인가. ……용감한 것이 선이다.' '무엇이 선인가. 대체로 인간에 있어서의 권력을 향한 감정, 권력에의 의지, 권력 그 자체를 고양시키는 것은 모두 그렇다. 무엇이 악인가. 대체로 악하기 때문에 생기는 것은 모두 그렇다.' 모름지기 위험과 전투를 사랑하는 것이 초인의 주된 특징일 것이다. 단, 이 위험과 투쟁이 목적을 가지고 있다고 가정하고, 초인은 안전제일을 원하지 않고 행복은 대중에게 맡길 것이다. '차라투스트라는 먼 여행을 하는 사람을 좋아하고, 위험 없는 인생을 사는 사람을 싫어 한다.' 그러므로 전쟁은 모두 선이다. 현대의 전쟁의 원인은 천박하고 보잘것없는 것이지만 '선한 전쟁은 어떠한 원인이라도 신성하게 한다.' 혁명마저도 선이다. 물론 혁명 자체가 그렇지는 않다. 왜냐하면 민중의 지배만큼 큰 불행은 없을 것이므로. 혁명이 선이라는 것은 투쟁의 시대가 개인에게 충분한 자극과 기회를 주어 개인의 숨은 위대성을 표면에 드러나게 하기 때문이다. 이러한 혼동에서 반짝이는 별은 생기고, 프랑스혁명의 동란과 우행(愚行) 속에서 나폴레옹은 생겼고, 르네상스의 폭력과 무질서 속에서 유럽이 지금까지 거의 몰랐던, 그리고 이제는 더 감당할 수 없을 것 같은 강렬한 개성이 나타나는 것이다.

에너지·지성·금지—이런 것들이 초인을 만들지만, 그것들은 조화되어야 한다. 격정은 욕망의 혼돈을 인격의 힘으로 만드는 어떤 위대한 목적에 의해 선택되어 통일될 때에만 위력이 될 수 있기 때문이다. '정원사가 되지 못하고 오직 자신이 식물의 토양에 지나지 못하는 사상가는 불행할지어다!' 자기의 충동을 쫓아가는 자는 누구냐. 약자다. 약자에게는 금지하는 힘이 결여되어 있다. 아니다, 라고 할 만한 용기가 없다. 약자는 불협화자이며, 데카당스다. 자기 자신을 단련하는 것, 이것만이 최고의 일인 것이다. '평범한 군중의 일원이 되지 않기를 원하는 사람은 자신에 대하여 관대하지 말아야 한다. 타인에 대하여, 더구나 자기 자신에 대하여 엄격할 수 있을 정도의 목적을 가지는 것—친구를 배반하는 일을 제외하고는 거의 어떤 일이라도 못할 것이 없다고 생각할 정도의 목적을 가지는 것—이것이 고귀의 면허장이며, 초인의 최고의 특징이다.'

이러한 인간을 우리 노력의 목표와 보수로써, 앞에서 바라봄으로써만 우리는 인생을 사랑하고 드높일 수 있다. '우리 모두가 그것을 위하여 서로 사랑할 수 있는 목적을 가져야 한다.' 위대해지려는가, 그렇지 않으면 위대한 자의 하인이 되고 도구가 되려는가? 수백만의 유럽인들이 보나파르트의 목적을 위하여 만세를 외치면서 기꺼이 전사한 것은 얼마나 장관이었나! 아마도 우리들 중의 사물을 판단할 수 있는 자는, 자기 자신은 될 수 없는 자(즉 초인)의 예언자는 될 수 있으므로, 그의 오는 길을 준비해 줄 수는 있다. 우리는 어디에 살거나, 어느 때에 살거나 이 목적을 위해서는 설령 아무리 떨어져 있을지라도 공통으로 일할 수가 있다. 차라투스트라는 이러한 숨은 조력자—즉 초인의 이러한 애인들—의 소리를 들을 수만 있다면, 고뇌 속에서도 노래를 멈추지 않을 것이다. '그대들, 오늘 고독을 느끼는 자, 그대들, 격절(隔絶)된 자여, 그대들은 언젠가 하나의 백성이 될 수 있을 것이다. 자기 자신을 선출한 그대들 속에서 하나의 선민은 태어나고, 그 선민 속에서 초인은 태어나리라.'

7. 데카당스

따라서 초인에의 길은 귀족주의를 통과해야 한다. 민주주의, 즉 '머리수를 세는 것에 열중하는 편집광'은 너무 늦기 전에 근절해야 한다. 그 제1보는 고등한 인간의 경우에만 한하여, 말하자면 기독교의 파괴이다. 그리스도의 승리가 민주주의의 출발이었다. '제1대째의 기독교인은 최저의 본능에서 모든 특권자에게 반항하는 반역자였다. 그는 항상 〈평등의 권리〉를 위하여 살았고, 또한 싸웠다.' 현대라면 시베리아에 보내졌을 것이 틀림없다. 너희들 중에서 가장 위대한 자를 '너희들의 종으로 삼아라.'—이것은 모든 정치적 지혜의 전도이며, 모든 상식의 전도이다. 우리는 복음서를 읽을 때 러시아 소설의 분위기를 느낄 수 있다. 그것들은 일종의 도스토옙스키의 표절이다. 오직 하층민들 사이에서만, 오직 통치자가 타락하여 다스리기를 중단한 시대에만 민주주의 관념은 정착할 수 있다. '네로와 카라칼라가 왕좌에 앉았을 때, 최하의 인간이 가장 높은 곳에 있는 인간보다 더 가치 있다는 역설이 생겼다.'

기독교의 유럽 정복이 고대 귀족주의의 종언(終焉)이었듯이 게르만의 무사 귀족에 의한 유럽의 침략은 옛날의 남성적인 모든 덕을 부활시켜 근대 귀족주의의 뿌리를 심었다. 이런 사람들은 '도덕'의 무거운 짐을 지고 있지 않았다. '그들은 모든 사회적 강제로부터의 자유를 즐긴다. ……그들은 잇따른 무서운 살인·방화·능욕·고문을 학생이 엉뚱한 소란을 피우는 정도의 기분으로 거침없이 해치우고, 환성을 지르며 기뻐하는 괴물처럼, 야수의 양심과 같은 천진난만한 상태로 돌아간다.' 이런 무리들이 독일·스칸디나비아·프랑스·영국·이탈리아·러시아의 지배계급이 되었다.

"금발의 맹수 무리, 군사조직과 조직할 수 있는 힘을 갖고 있어서 수적으로 훨씬 우월한 주민들에게도 파렴치하게 그들의 무서운 발을 내미는 정복자와 주인 계급…… 이 짐승의 무리가 지상에 국가를 설립했다. 국가는 계약으로부터 시작되었다고 하는 몽상은 사라졌다고 나는 생각한다. 명령을 내리는 자, 타고나길 주인인 자, 행동과 품행이 난폭한자—그들에게 계약이 무슨 상관이란 말인가."

이 훌륭한 통치자의 가계는 부패했다. 첫째는 가톨릭에 의한 여성적 모든 덕의 찬미에 의하여, 둘째는 종교개혁의 청교도 및 하층민적 이상에 의하여, 셋째는 낮은 신분과의 잡혼에 의하여, 가톨릭교가 점점 성숙하여 르네상스의 귀족주의적인 무도덕적 문화로 되고 있던 바로 그때, 종교개혁이 유대교적 엄숙과 장엄을 부활시켜 가톨릭 사상을 눌러 버렸다. '사람들은 르네상스가 무엇이었나를 결국 이해한 것일까, 이해하려는 것일까. 그것은 〈기독교적 가치의 전도〉였다. 반대가치, 고귀한 가치에 승리를 얻게 하려고 모든 본능과 모든 천재를 동원하여 기획된 시도였다.'

프로테스탄티즘과 맥주가 독일정신을 둔하게 하더니 이제 또 바그너의 오페라가 이것에 가담한다. 그 결과 '지금의 프로이센은……문화에서 극히 위험한 세력의 하나이다.' '그래서 독일 사람이 한 명 곁에 있기만 해도 나는 소화가 안 된다.' '기번(《로마쇠망사》의 저자)이 말한 바와 같이 하나의 세계가 몰락하는 데는 오직 시간이, 그것도 훨씬 많은 시간이 필요하다면……독일에서 그릇된 개념이 무너지는 데는 오직 시간이, 그것도 훨씬 더 많은 시간이 필요하다.' 독일이 나폴레옹을 타도했을 때 받은 문화의 피해는 루터가 교회를 타도했을 때와 마찬가지였다. 그때부터 독일은 괴테나 쇼펜하우어나 베토벤을 제쳐놓고서 '애국자들'을 숭배하기 시작했다. '모든 것에 으뜸가는 독일 (Deutschland über alles)—이것이 아무래도 독일 철학의 마지막이 아니었을까 나는 생각한다.' 그러나 독일인에게는 천성적인 성실성과 깊이가 있어서, 그것이 독일인이 유럽을 구할 수 있을지도 모른다고 기대해 보는 이유이다. 독일인은 남성적인 모든 덕을 프랑스인이나 영국인보다도 많이 가지고 있으며, 견인불발 (堅忍不拔)하고, 끈기 있고 근면하다.—독일인이 학식이 풍부하고, 과학에 탁월하고, 군사 훈련에 뛰어난 이유이다. 유럽 전체가 독일 군대 때문에 애를 태우는 것은 유쾌하다. 독일인의 조직력이 러시아에 잠재해 있는 물적, 인적 자원과 협력할 수만 있다면 위대한 정치시대가 시작될 것임에 틀림없다. 우리는 '지상'에 지배권을 장악하기 위하여 독일 민족과 슬라브 민족의 공생을 필요로 한다. 그리고 또 가장 유능한 재정가인 유대인을 절대 필요로 한다. '……우리는 러시아와 무조건 제휴할 필요가 있다.' 포위되느냐, 교살되느냐의 둘 중에 하나밖에 없다.

독일의 고민은 정신이 둔한 점인데, 그것은 성격이 견실한 데 대한 보상이다. 또 독일에는 유감스럽게도 프랑스인을 유럽에서 가장 세련되고, 명민한 국민으로 만든 오랜 문화 전통이 결여되어 있다. '몽테뉴, 라 로슈푸코……보브나르그, 샹포르를 읽을 때, 우리는 다른 나라 저자의 것을 읽을 때보다도 고대에 접근한다.' 볼테르는 '정신의 대영주이며, 텐은 현존하는 사가(史家)의 제일인자'이다. 플로베르·부르제·아나톨 프랑스 등과 같은 후기의 프랑스 작가마저 사고와 언어의 명석함은 다른 유럽인을 훨씬 능가한다. — 이 프랑스인들의 놀라운 명철과 정치(精緻)! 취미·감정 및 예의범절의 유럽적 고귀성은 프랑스인이 만든 것이다. 그러나 프랑스라 하더라도 16, 17세기의 프랑스 이야기가 되고 보면 혁명은 귀족을 멸망케 함으로써 문화의 매개물과 온상을 파괴했기 때문에 오늘날 프랑스인은 몸은 여위고 얼굴은 창백하며, 옛 모습이 없어졌다. 그럼에도 불구하고 프랑스인은 아직도 약간의 미질(美質)을 소유하고 있으므로 프랑스에서 '심리학이나 예술가의 모든 문제는 독일과는 비교도 안 될 만큼 섬세하게, 또한 철저하게 고찰된다. ……독일이 강국으로서 등장하는 순간에 프랑스는 문화국으로서 다른 중요성을 획득했다.'

러시아는 유럽의 '금발의 야수'이다. 국민은 '완고한 무저항의 숙명관을 가지고 있으며, 그 숙명관에 의해 지금까지도 러시아인은 생명의 처리에서 우리 서구인에 비해 유리한 입장에 있다.' 러시아는 '의회라는 우열한 것'이 없는 강력한 정부를 가지고 있다. 의지의 힘이 러시아에서는 오래 축적되어 왔기 때문에 그것이 지금이라도 방출되려는 것이다. 러시아가 유럽의 지배자가 되는 날이 오더라도 별로 뜻밖은 아닐 것이다. 그러나 전적으로 이탈리아인은 현존하는 모든 국민들 중에서 가장 훌륭하고 가장 활발한 국민이다. 아무리 신분이 낮은 이탈리아인이라도 남자다운 태도와 귀족적인 긍지를 가지고 있다. '베네치아의 가난한 곤돌라의 사공은 여전히 베를린의 진짜 추밀고문관(樞密顧問官)보다도 풍채가 좋다. 그리고 실제로 인물도 우수하다.'

가장 나쁜 것은 영국인으로, 그들이 프랑스인을 민주주의의 망상으로 부패시켰다. 상인·기독교도·암소·여자·영국인 및 그 밖의 민주주의자들은 모두 같은 일당이다. 영국의 공리주의(功利主義)와 속물근성은 유럽 문화의 밑바닥에 있다. 약삭빠른 경쟁의 나라에서만 인생을 단순한 생존경쟁이라고 볼 수 있었다. 소매상인과 선주(船主)의 수가 귀족주의를 압도할 만큼 증가한 나라에서만 민주주의는 생겨날 수 있었다. 민주주의는 영국이 오늘날의 세계에 보낸 해악을 품은 선물이다. 유럽을 영국으로부터, 영국을 민주주의로부터 구출할 자는 누구이겠는가.

8. 귀족주의

민주주의란 자연적인 흐름에 맡겨 둔다는 의미로 유기체의 각 부분이 좋아하는 일을 하도록 내버려 두는 것이다. 그것은 긴밀한 연관과 상호의존의 소멸, 자유와 혼돈과의 추태를 의미하며, 평범함의 숭배와 우수를 증오하는 것을 의미한다. 그것은 위대한 인물의 출현을 불가능하게 한다. 그도 그럴 것이, 어떻게 위대한 인물이 선거의 불명예와 체면 손상에 태연할 수 있겠는가. 어떤 위대한 기회가 있다는 것인가. '이리가 개들에게 미움을 받는 것처럼 민중에게 미움을 받는 자, 그것은 자유로운 정신, 구속의 적, 비예배자이다.' 어떻게 초인이 이러한 토양 위에 번영할 수 있겠는가. 또 국민 중의 가장 위대한 사람들이 등용되지 않고, 원기 없고 알려지지도 않은 하잘 것 없는 국민이 어떻게 위대해질 수 있겠는가. 이러한 사회는 그 성격을 잃고, 모방은 위에서 아래로 수직으로 행해지지 않고 좌우에서 횡적으로 이루어지며—고인(高人)이 아니라 다수자가 이상이 되고 모범이 된다. 각자가 모두 다른 누군가와 비슷하게 되고, 양성(兩性)마저 접근하여 남자는 여자가 되고 여자는 남자가 된다.

그러므로 여성운동은 민주주의와 기독교의 자연스러운 결과이다. '여기에는 남자가 매우 적다. 그러므로 부녀자들이 남성화한다. 완전히 남성인자만이 부녀자 중의 여성을 구제하기 때문이다.' '전형적인 노처녀' 입센은 '해방된' 여자를 창조했다. 여자는 남자의 늑골로 창조된 것일까. '내 늑골의 빈약함이야말로 이상하도다!' 이렇게 남자는 말한다. 여자는 '해방'에 의해 권력과 위신을 잃었던 것이다. 여자들은 부르봉 가(家)에서 향수(享受)했던 지위를 지금 어디에 가지고 있는 것일까. 남녀의 평등이란 불가능하다. 남녀 간의 싸움은 영원하기 때문이다. 여기에는 승리 없는 평화란 없다—평화는 양자의 어느 쪽이 지배자로 인정되었을 때에야 찾아온다. 여자에게 평등을 인정하는 것은 위험하다. 여자는 그것을 기뻐하지 않고, 오히려 진정한 남자라면 기꺼이 남자에게 복종할 것이기 때문이다. 무엇보다도 먼저 여자의 완성과 행복은 어머니가 되는 데 있다. '여자에 있어서 모든 것은 하나의 수수께끼이다. 그리고 모든 것은 하나의 해결을 가지고 있다. 즉 임신이다.' '남자는 여자에게 수단이다. 목적은 항상 자식이다. 그러나 여자는 남자에게 무엇일까. ……가장 위험한 장난감이다.' '남자는 전쟁을 위하여, 그리고 여자는 전사의 휴양을 위하여 교육되어야 한다. 그 외는 모두 어리석은 짓이다.' 그럼에도 불구하고 '완전한 여성은 완전한 남성보다도 한층 높은 인간의 전형이다. 즉 훨씬 희귀한 것이다.' 부인에게는 아무리 상냥해도 좋다.

부부관계의 긴장, 그 대부분의 원인이 여자는 충족되지만 남자는 속박되어 공허하게 되는 데 있다. 남자가 여자에게 구혼할 때, 남자는 여자에게 세계 전체를 주겠다고 말한다. 그리고 여자가 남자와 결혼하면 남자는 실제로 그렇게 한다. 아이가 태어나자마자 남자는 세계를 잊어야 한다. 사랑의 이타주의는 가정의 이기주의가 된다. 성실과 혁신욕(革新欲)은 독신생활의 사치다. '최고의 철학적 사상에 관하여 말하자면 결혼한 남자는 모두 의심스러운 것이다. …… 존재 전체를 평가하는 것을 자기의 과제로 선택한 자가 가족의 시중, 즉 처자의 부양, 안전 및 사회적 지위의 획득을 인수하는 것은 어이없는 일로 생각된다.' 그런 이유로 해서 자기 아이가 태어났을 때 죽어 버린 철학자가 적지 않다. '바람은 열쇠구멍을 뚫고 나가면서 말했다. "오라!" 문은 교활하게도 활짝 열리면서 말했다. "가라!" 그러나 나는 내 자식들의 사랑에 얽매여 누워 있었다.'

페미니즘과 함께 사회주의와 무정부주의가 찾아온다. 이것들은 모두 민주주의와 같은 부류의 자식들이다. 정치적 권력의 평등이 정당하다면 왜 경제적 권력의 평등은 정당하지 않은가. 도대체 왜 지도자는 존재해야 하는가. '세상에는 생명에 관한 나의 교의를 설교하면서 또 동시에 평등을 논하는 자가 있다. ……나는 이런 평등의 설교자들과 혼동되고 싶지 않다. 왜냐하면 정의는 나를 향해 "인간은 평등하지 않다"고 말하기 때문이다.' '우리는 무엇이나 공동으로 소유하려고는 생각하지 않는다.' '그대들, 평등의 설교자들이여, 무력한 폭군적 착란이 이렇게 그대들의 내부에서 평등을 원하며 외치는 것이다.' 자연은 평등을 싫어하고, 개체와 강(綱)과 종(種)의 분화를 좋아한다. 사회주의는 생물학에 반(反)하고 있다. 진화의 과정은 우성한 것에 의한 속(屬)·종(種)·강(綱) 또는 개체의 이용이라는 것을 포함하고 있기 때문이다. 모든 생명은 착취이며, 결국 다른 생명으로 내 몸을 부양하는 것이다. 큰 고기는 작은 고기를 잡아먹는다. 이것이 실정이다. 사회주의는 질투이다. '그들은 우리가 가지고 있는 것을 탐낸다'고는 해도 사회주의는 다루기 쉬운 운동인지라, 그것을 통제하려면 주인과 노예 사이의 문을 가끔 열어 줌으로써 불평하는 지도자들을 천국에 넣어 주기만 하면 된다. 두려운 것은 지도자들이 아니라 훨씬 낮은 곳에 있는 무리인데, 그들은 자기들의 무능력과 게으름의 자연적인 결과인 종속을 혁명[9]에 의하여 벗어날 수 있다고 생각하고 있다. 그러나 노예도 반항하여 일어설 때엔 고귀하다.

어쨌든 노예는 그 현대의 주인, 즉 부르주아보다도 고귀하다. 부호가 그렇게 숭배와 선망의 대상이 된다는 것은 19세기 문화가 열등한 증거이지만, 동시에 실업가들도 노예, 일상적인 직무의 꼭두각시, 다망(多忙)의 희생자다. 그들에게는 새로운 것을 생각할 여유가 없으므로 그들에게 사고는 금기이며, 지성의 기쁨 따위는 전혀 모른다. 그렇기 때문에 그들이 끊임없이 조급하게 '행복'을 찾아다녀도 그들의 큰 저택은 결코 가정은 아니며, 속되고 무취미한 사치에 젖어 가격표를 붙인 원화(原畵)를 화랑에 진열해도 그들의 관능적 오락은 마음을 청신하게 하거나 고무하기보다는 오히려 둔하게 만들어 버린다.

'이 한심한 자들을 보라! 그들은 부를 획득하고 부와 함께 점점 빈곤해진다.' 그들은 귀족주의를 제한하는 일을 떠맡아, 그로 말미암아 정신의 왕국에 접근할 수 없다. 이런 무리에게 부는 쓸모없다. 그들은 부를 훌륭하게 사용하여 학문·예술을, 식견을 가지고 보호함으로써 부에 품위를 부여할 수 없기 때문이다. '오직 지성을 가진 자만이 재산을 가져야 한다.' 그 밖의 무리들은 재산 자체를 목적으로 생각하여 염치없게도 그것을 더욱더 추구한다.—보라, '현재 모든 국민들의 광기를, 그들은 모든 것을 제쳐놓고 가능한 한 많이 생산하여 부자가 되길 원하고 있다. 결국 그들은 맹수가 되어 서로 틈을 노리고, 무엇인가를 빼앗는다.—그리고 그들을 이웃이라고 부른다. ……그들은 온갖 쓰레기에서 사소한 이득이라도 주우려고 한다.' '요컨대 지금까지도 상인 도덕은 모두 해적 도덕(海賊道德)의 교묘한 개량에 지나지 않는다.—될 수 있는 대로 싸게 사서 비싸게 파는 것이다.' 이런 해적 도덕의 무리는 자유롭게 방임하려고 시끄럽게 요구한다.—이런 무리들이야말로 감독·관리가 필요하다. 상당한 수

---

9) 《선악의 피안》, 《권력에의 의지》, 《서광》 참조. 니체는 어떤 혁명—이것에 비하면 파리코뮌 같은 것은 마치 가벼운 소화불량 정도로밖에 생각할 수 없는, 그러한 혁명을 예언했다. 이 귀족주의적인 말을 썼을 때, 그는 침침하고 더러운 다락방에서 1년에 약 4천 마르크로 생활했으며, 그 돈의 대부분도 저작의 출판에 지출되었다. [원주]

준의 사회주의라도 위험하기는 하나 이런 경우에는 적절하다고 말할 수 있다. '큰 자력을 축적하기에 편리한 운수업과 무역업의 모든 부분, 특히 금융업은 개인 및 사설 회사의 손에서 몰수해야 하며, 너무 많이 소유하는 자는 무소유자와 마찬가지로 공안을 해치는 자라고 간주해야 한다.'

부르주아보다 높고, 귀족보다 낮은 것은 군인이다. 영광에 도취하여 기꺼이 전장에서 죽어가는 병사를 잘 다루는 장군은, 자기의 수익 기관에서 사람을 마구 부리는 고용주보다 훨씬 고귀하다. 전쟁에 나가기 위하여 가벼운 기분으로 공장을 떠나는 사람들을 관찰해 보면 알 것이다. 나폴레옹은 도살자가 아니라 은인이었다. 그는 사람들에게 군인의 명예를 주어 죽게 한 것이지 경제적 파멸을 위하여 죽음에 이르게 한 것은 아니다. 사람들은 앞으로 또 1백만 개의 칼라 단추를 만든다는 견디기 어려운 단순함보다도 전투의 위험 쪽을 좋아했기 때문에 나폴레옹의 죽음의 깃발 아래로 떼 지어 몰려들었던 것이다. 전쟁이야말로 약해지고, 걱정이 없고, 천해진 모든 국민을 위한 훌륭한 약제인 것이다. 그것은 평화 속에서 썩어 버리는 모든 본능을 흥분시킨다. 전쟁과 병역의 의무는 민주주의에 의한 연약함에 필요한 해독제이다. 전쟁과 정복의 본능을 철저하게 거부하는 사회는 몰락해 가는 것이다. 민주주의와 소매상인에 의한 통치의 시기는 몰락하는 것이다. 즉 민주주의와 소매상인에 의한 통치의 시기는 무르익어 있다. 그럼에도 불구하고 근대 전쟁의 원인은 조금도 고귀하지 않으며, 왕위 계승전쟁과 종교전쟁이 상업상의 분쟁을 총의 도움으로 해결하는 것보다는 조금은 훌륭했다. '50년 내에 이 바벨탑과 같은 모든 정부(유럽의 민주정치)는 세계 시장을 다투는 일대 전쟁 속에서 서로 충돌할 것이다.' 그러나 아마 그런 광기 속에서 유럽의 통일은 이루어지겠지만, 이 목적을 위해서라면 경제전쟁도 과히 지나친 대가라고는 할 수 없다. 오직 유럽을 통하는 데 있어서만 유럽을 구제할 수 있는 더한층 높은 귀족정치는 발달할 수 있기 때문이다.

정치학의 과제는 실업가가 통치자가 되는 것을 방지하는 데 있다. 실업가는 안목이 좁고 교활하여, 태어나면서부터 정치가가 되도록 훈련된 귀족처럼 선견지명도 없을뿐더러 넓은 시야도 없기 때문이다. 뛰어난 자에게는 통치하는 신성한 권력, 즉 뛰어난 능력의 권력이 있으며, 평범한 자에게는 나름의 위치가 있으나, 후자의 위치는 왕좌 위에는 없다. 평범한 자는 그 위치에 있음으로써 행복한 것이며, 그 모든 덕성은 지도자의 덕성이나 마찬가지로 사회에 필요하다. 평범 그 자체를 경멸하는 것은 보다 깊은 정신에는 절대로 있을 수 없는 일이다. 근면·절약·규율·절제·강한 확신, 이런 모든 덕성에 의하여 평범한 인간은 완전하게 되지만, 그러나 단순히 도구로써 완전해지는 데 지나지 않는다. '높은 문화는 하나의 피라미드. 그것은 넓은 지반 위에서만 서 있을 수 있으며, 무엇보다도 강하고 건전하게 구축된 범용을 전제로 한다.' 언제, 어느 곳에서나 지도자와 추종자는 있으며, 대다수는 한층 높은 사람들의 정신적 지도 아래 반드시 일하지 않으면 안 된다고 생각하고, 또 일함으로써 행복해진다.

'생명 있는 자들을 발견할 때마다 나는 복종에 대해 말하는 것을 들었다. 모든 생명 있는 자들은 복종한다. 그리고 다음이 두 번째다. 자기 자신에게 복종할 수 없는 자는 명령을 받는다. 이것이 생명 있는 자의 특징이다. 그러나 내가 들은 것 중 다음이 세 번째인데, 명령하는 것이 복종보다 더 어렵다. 명령하는 자는 모든 복종하는 이들의 짐을 짊어지고 이 짐이 그를 쉽게 짓밟기 때문만은 아니다. 내 생각에 모든 명령에는 노력과 모험이 따른다. 대체로 생명 있는 자가 명령을 내릴 때마다 그들은 위험을 무릅쓴다.'

거기서 이상적 사회는 세 개의 계급으로 나누어진다. 즉 생산자(농업자·무산자·실업가), 공무원, 통치자이다. 후자는 통치는 하지만 정부 관리로서 직무를 수행하지 않는다. 정치의 실무는 천한 직무이기 때문이다. 통치자는 공무원이기보다는 철인 정치가이다. 그들의 권력은 공금과 군대의 감독에 그 기초를 둔다. 그러나 그들 자신은 재정가라기보다는 병사와 같은 생활을 한다. 그들은 플라톤이 말하는 수호자이다. 플라톤은 옳았다. 즉 최고의 인간은 철학자이다. 그들은 용기와 힘이 있는 사람인 동시에 교양 있는 우아한 사람이므로 학자와 장군을 겸하고 있으며, 예의와 기지를 갖추고 있다. '이러한 사람들은 도덕, 존경, 습관·감사, 다시 그 위에 상호 감시, 동류 간의 질투에 의하여 엄격하게 그 본분을 지키지만, 또 다른 한편 동지끼리의 태도에서는 동정심·자제·배려·자존심·우정이라는 면에 여러 가지 궁리를 집중하게 될 것이다.'

이 귀족주의는 카스트 제도(계급제도)인데, 그들의 권력은 세습적일까. 대체로는 그렇지만 때때로 새로운 피를 넣을 기회는 있다. 그러나 이것은 영국의 귀족주의 관습이지만, 부유한 속물과의 결혼만큼 귀족주의를 더럽히고 약하게 만드는 것은 없다. 이러한 잡혼이, 일찍이 이 세상에서 볼 수 있었던 가장 위대한 통치기관, 귀족주의 로마 원로원을 몰락시켰다. '출생의 우연'이란 있을 수 없으며, 모든 출생은 자연이 혼인에 내리는 판결이기 때문에 완전한 인간은 오랜 세대에 걸친 선발과 준비를 거쳐 비로소 태어난다. '어떤 사람이 이렇게 존재하는 데 대해서는 그 선조들이 비용을 지불했던 것이다.'

이상이 민주주의에는 너무 귀에 거슬리게 들릴까. 그러나 '이 철학에 견딜 수 없는 인종은 몰락의 운명에 있으며, 그것을 최대의 축복이라고 보는 인종은 세계의 지배자가 될 운명에 있다.' 다만 그러한 귀족주의만이 유럽을 한 나라가 되게 하여 이 아둔한 국가주의—좁은 조국주의—를 종식시킬 수 있는 꿈과 용기를 가질 수 있다. 나폴레옹·괴테·베토벤·쇼펜하우어·스탕달·하이네와 같은 '선량한 유럽인'이 되지 않으려는가. 오히려 너무 오랫동안 우리는 하나의 전체 속의 조각과 파편이 되려 했다. 애국적 편견과 좁은 지연의 분위기 속에서 어떻게 위대한 문화가 성장할 수 있겠는가.

인색한 정치의 시대는 지나가고 위대한 정치를 해야 할 시대는 다가왔다. 언제 새로운 인종이 출현하며, 언제 새로운 지도자가 출현할 것인가. 언제 하나의 유럽은 태어날 것인가.

"너희들, 내 아이들에 대하여서 들은 적이 없느냐. ……말하라, 내 농장에 대하여, 내 행복의 섬들에 대하여, 내 새로운 아름다운 종속에 대하여, ……그것들을 위하여 나는 부(富)해졌고, 그것들을 위했기 때문에 나는 가난해졌노라. 그런데 내가 주지 않았던 것이 무엇이 있었는가. 이 아이들을, 이 살아 있는 농장을 나의 의지와 나의 최고의 희망인 이 생명의 나무—이 한 가지를 얻기 위하여 내가 주지 않은 게 무엇이겠는가."

9. 비평

이것은 하나의 아름다운 시다. 아마 이것은 철학이 아니라 시일 것이다. 우리도 알고 있듯이, 여기에는 부조리한 여러 일과 자기 자신을 설득하고 고치려는 지나친 시도가 있었다. 그러나 우리는 그가 한 줄 한 줄마다 괴로워하고 있는 것을 보았고, 그에게 반대하고 싶을 때라도 그를 사랑하지 않을 수 없었다.

사람에게는 감상과 망상에 지쳐서, 의혹과 부정의 씁쓸한 맛을 즐길 때가 있지만, 그럴 때 니체는 우리에게 한 모금의 청량제 역할을 한다. 초만원인 교회에서 긴 예배가 끝난 뒤, 넓은 곳에 나와 신선한 바람을 쐬는 것과 같은 기분이 든다. '나의 저술의 공기를 마실 줄 아는 사람은 그것이 높은 산의 공기이며, 강한 공기라는 것을 알고 있다. 사람은 이 공기에 적합하도록 만들어져야 한다. 그렇지 않으면 그것 때문에 감기가 들 위험이 많다.' 이 신맛을 유아용의 밀크로 착각해서는 안 된다. 그리고 또 그의 문체는 얼마나 멋진 문체인가! '언젠가 사람들은 말할 것이다. 하이네와 나는 독일어로 쓰는 단연 일류의 예술가였다. 단순한 독일인이 독일어로 만들어 낸 모든 것과는 말로 표현할 수 없을 정도의 차이가 있다'라고. 그리고 그것은 대체로 사실이다. '나의 문체는 춤추고 있다'고 그는 말한다. 문장 하나하나가 창과 같고, 문체는 유연하고 발랄하고 간결하여, 평범한 눈에는 너무도 날렵하고 눈부신 검사(劍士)의 문체이다. 그리고 되풀이하여 읽어 보면 이 눈부신 문체의 일부는 과장을 위한 것이고, 재미는 있으나 결국은 노이로제에 의한 자기 중심벽 때문이며, 일반적으로 승인된 견해의 너무 손쉬운 역전, 모든 미덕의 비웃음과 모든 악덕의 찬미 때문인 것을 알 수 있다. 우리는 그가 대학 2학년생처럼 기이한 논리로 사람들을 놀라게 하는 것을 즐기고 있음을 발견할 수 있다. 그리고 도덕을 편중(偏重)하지만 않는다면 이것은 실로 재미있다고 단정할 수 있다.

이러한 독단적 주장, 한정도 없는 개괄, 예언자를 닮은 반복, 자기 자신에 대해서와 마찬가지로 타인에 대한 모순, 그것을 보면 하나의 정신의 평형을 잃고 광기 직전에서 방황하고 있음을 알 수 있다. 마침내 이 종횡 무진한 재기가 우리에게 싫증을 느끼게 하여 우리의 신경을 몹시 피로하게 만들어 버린다. 마치 육체에 가해지는 채찍과 대화에 되풀이되는 큰 소리의 강조처럼. 이 유창한 능변에는 일종의 게르만적 거짓이 있으며, 예술의 첫째 원칙인 억제나, 니체가 프랑스어에서 발견하여 그렇게도 감탄했던 그 균형·조화·논쟁의 품위는 전혀 없다. 그럼에도 불구하고 이 문체는 힘에 넘쳐 있어 우리는 그 문체에 깃들어 있는 열정과 주장의 반복에 압도된다. 니체는 증명하는 것이 아니라 고지(告知)하고 계시한다. 논리보다도 상상력으로 우리를 설복하여 우리에게 단순히 철학을 제시하는 것도 아니고, 시를 제시하는 것도 아닌 새로운 신앙, 새로운 희망, 새로운 종교를 제시한다.

그의 사고는 그의 문체와 같이 그가 낭만주의 운동의 아들이라는 것을 보여주고 있다. '철학자가 자기 자신에 대하여 구하는 처음이자 마지막인 것은 무엇이냐' 그는 묻는다. 그것은 '자기 속의 그 시대를 초극하는 것, 무시대적으로 되는 것'이다. 그러나 이것은 완성에의 권고로서, 그는 이 권고를 지키기보다 오히려 깨뜨렸다. 그는 시대정신의 세례를 철저하게 받았다. 그는 어떻게 하여 칸트의 주관주의—쇼펜하우어가 솔직하게 말하고 있는 것처럼, '세계는 나의 표상이다'라는 것—가 피히테의 '절대 자아'를 낳고, 이것이 슈티르너의 단면적 개인주의를 낳았으며, 이것이 또 초인의 무도덕주의를 낳았는가를 이해하지 못했다. 초인이란 단순히 쇼펜하우어의 '천재'나 칼라일의 '영웅', 바그너의 '지크프리트'는 아니다. 오히려 쉴러의 칼 모르(《군도》의 주인공)나 괴테의 괴츠(《괴츠 폰베를리힝겐》의 주인공)와 같은 모습이다. 니체는 젊은 괴테로부터 초인(Übermensch)이라는 말뿐 아니라, 실은 그 이상의 것을 얻었으며, 훗날의 괴테의 올림푸스산 같은 침착성을 매우 부러운 듯이 비웃었다. 그의 편지는 낭만적인 정감과 감상에 충만되어 있다. 하이네에서 '나는 죽는다'는 말이 나오는 것과 거의 동등한 빈도로 니체의 편지에는 '나는 고민한다'는 말이 나온다. 그는 자기 자신을 '신비적인, 거의 메나데(디오니소스의 무녀)적인 혼'이라고 불렀으며, 《비극의 탄생》을 '어느 낭만주의자의 고백'이라고 말하고 있다. '나는 낭만주의자가 아닌 것 치고는 너무 지나치게 음악가적인 것을 두려워한다'고 그는 브라네스(덴마크의 문예사가)에게 써 보내고 있다. '저자는 자기의 저서가 말을 하기 시작하면 입을 다물어야 한다.' 그러나 니체는 결코 자신을 숨기지 않고 책의 도처에서 거침없이 제1인칭으로 말한다. 그가 사고에 대해서는 본능을, 사회에 대해서는 개인을, '아폴론적'인 것에 대해서는 '디오니소스적'인 것—바꾸어 말하면 고전형에 대해서는 낭만형—을 강조하는 것은 그의 탄생일이나 죽은 날과 마찬가지로 분명히 그의 시대를 말하는 것이다. 니체와 그 시대 철학과의 관계는 바그너와 그 시대 음악과의 관계와 같아서 니체는 낭만주의 운동의 절정이며, 낭만주의 사조의 고조였던 것이다. 그는 쇼펜하우어의 '의지'와 '천재'를 모든 사회적 속박에서 해방하고 찬양했다. 마치 바그너가 베토벤의 열정 소나타나 교향곡 제5번 및 제9번의 고전적 구속을 벗어나려고 한 격정을 해방하고 찬양했던 것처럼 그는 루소의 계도에 있는 마지막 큰 가지(枝)였다.

그러나 니체와 함께 걸어온 길로 되돌아가 우리가 불만을 말하고 몇 번이나 그의 말을 중단시키려고 생각한 점 몇 가지를 효과는 없겠지만 이야기해 보기로 하자. 니체는 현명했기 때문에 얼마나 많은 부조리가 《비극의 탄생》의 독창력에 기여했는가를 후년에는 충분히 깨닫고 있었다. 빌라모비츠 뮐렌도르프와 같은 학자들은 언어학·문헌학의 입장에서 이 책을 한 번의 웃음거리로 여겼다. 바그너를 아이스킬로스에서 인용하려는 시도는 젊은 귀의자(歸依者)가 압제적인 신에게 바친 자기희생이었다. 종교 개혁은 '디오니소스적'이었다. 다른 말로 말하면 조잡하고, 무도덕하고, 얼큰히 취한 기분이었으나 르네상스는 그것과는 전혀 반대였다. 바꾸어 말하자면 조용하고 자제적(自制的)이고, 절도 있고, '아폴론적'이었다고 대체 누가 생각이나 했겠는가. 소크라테스적 문화가 '오페라의 문화'였다고 누가 감히 상상이나 했겠는가. 소크라테스에 대한 공격은 논리적 사고에 대한 바그너파(派)의 경멸이며, 디오니소스의 찬미는 앉아서 글 쓰는 사람의 행동 숭배이며―그렇기 때문에 또한 나폴레옹을 신화하는 것이다―, 수줍은 독신자는 남자다운 술에 취한 기쁨에 대한 은근한 선망을 갖고 있다.

니체가 소크라테스 이전의 시대를 그리스의 평온한 시대로 간주한 것은 대체로 옳은 일이며, 펠레폰네소스 전쟁이 페리클레스 시대 문화의 경제적·정치적 기초를 파낸 것은 의심할 바가 없다. 그렇긴 하지만 소크라테스에게서 파괴적 비판만을 보고―니체 자신의 활동이 주로 파괴적 비판이 아닌 것도 아닌데―철학에 의하기보다는 오히려 전쟁과 부패와 부도덕에 의하여 파멸에 처해 있던 사태에 대한 구제의 업적을 보지 않는 것은 좀 이상한 일이었다. 다만 역설의 해설만이 헤라클레이토스의 애매한 독단적 단편을 플라톤의 원숙한 지혜와 발달한 예술보다도 높이 평가할 수 있었다. 니체는 플라톤을 공공연히 비난하지만, 그것은 어떤 사람이라도 채무자의 눈에는 영웅으로 보이지 않기 때문이다. 그러나 니체의 철학은 트라시마코스나 칼리클레스의 윤리학과 플라톤의 정치학 이외의 무엇이겠는가. 그만한 고전 어학의 지식이 있으면서 니체는 그리스인의 정신의 실상으로는 파고들어가지 못하고, 어떤 일이든 지나치지 말고 자기 자신을 앎으로써 '델포이 신전의 제명(題名)과 위대한 사상가들이 가르친 대로' 격정과 욕망의 불을 끄지 않으면 안 된다. 아폴론은 디오니소스를 제한해야 한다는 가르침을 조금도 배우지 않았다. 가끔 니체는 이교도라고 불리었지만, 이교도는 아니었다. 페리클레스와 같은 그리스적 이교도 또는 괴테와 같은 독일적 이교도가 아니었다. 그에게는 이 사람들을 위대하게 만든 정신의 균형과 자제가 결여되어 있었다. '나는 모든 문화의 조건인 평정을 인간에게 회복시켜 줄 것이다'라고 그는 말했다. 그러나 유감스럽지만 어찌 사람은 가지지 않는 것을 줄 수 있겠는가.

니체의 저서 중에서 《차라투스트라는 이렇게 말했다》는 가장 비판받지 않았다. 애매한 것이 그 이유의 하나이며, 또 하나는 뛰어난 공적이 모든 '흠잡으려는 노력'을 위축시키기 때문이다. 영겁회귀의 관념은 '디오니소스적'인 니체와 마찬가지로 '아폴론적'인 스펜서에게도 있었지만, 영생의 신앙을 회복하려는 불건전한 공상이며, 기분 나쁜 마지막 노력이라는 인상을 준다. 비평가들은 모두, 대담한 이기주의적인 설법(차라투스트라는, 자아를 건전하고 성스러운 것, 그리고 이기를 깨끗한 것이라고 선언하고 있다.—슈티르너의 명백한 반향이다)과 초인을 위하여 준비하고 봉사하는 이타주의와 자기희생을 바라는 것 사이에서서 모순을 보았다. 그러나 이 철학을 읽고 누가 자기 자신을 봉사자나 초인으로 편입시키지 않을 자가 있겠는가.

《선악의 피안》과 《도덕의 계보》의 윤리학설은 재미있지만 과장돼 있다. 우리는 인간에게 바라기를 자기 자신에 대하여 좀 더 용감하라, 좀 더 엄격하라고 말해야 할 필요성은 인정한다.—그리고 거의 모든 도덕철학이 그것을 요구해 왔다. 그러나 사람들에게 좀 더 잔혹해져라, '좀 더 악하게' 되라고 말해야 할 절박한 이유는 없다.—아무리 생각해도 이것은 쓸데없는 짓이 아니겠는가. 또 도덕은 강자를 속박하기 위하여 약자가 이용하는 무기라고 한탄할 필요도 별로 없다. 강자는 도덕에 의하여 별로 큰 감명을 받는 것도 아니며, 오히려 도덕을 잘 이용하고 있다. 도덕률은 대개 밑에서보다도 위에서 강요되며, 민중은 위의 흉내를 내어 칭찬하거나 비난한다. 때로는 겸손을 학대하는 것도 좋다. 저 선량한 백발의 시인이 말한 것처럼, '우리는 퍽 오랫동안 탄원과 절을 해왔기' 때문이다. 그러나 현대인에게 이 성질이 넘친다고는 생각하지 않는다. 이

점에서 니체는 스스로 철학에 크게 필요하다고 한 역사적 감각이 결여되어 있었다. 만일 그렇지 않다면 그는 온량겸양(溫良謙讓)의 가르침을 그 야만인의—니체가 자양과 위안을 구하여 항상 돌아간 그 문화(즉 그리스 문화)를 그리스도 기원 최초의 1천 년간에 거의 파괴해 버린 그 야만인의—거친 호전적 성질에 필요한 해독제라고 보았을 것이다. 분명히 권력과 행동의 이 과도한 강조는 열기에 넘친 혼돈한 시대의 반향이다. 보편적이라고 일컬어지는 '권력에의 의지'는 도저히 인도인의 무위적정(無爲寂靜)이나 중국인의 유유한 침착성이나 중세 농민들의 단조롭고 만족에 찬 일상생활과는 일치하지 않는다. 권력은 우리들 중의 어떤 사람들의 우상이긴 하지만, 그러나 대다수의 사람은 오히려 안전과 평화를 열망하고 있다.

　모든 독자가 느꼈겠지만, 니체는 일반적으로 사회적 여러 본능의 지위와 가치를 지나치고 있다. 왜냐하면 자기중심의 개인주의적인 충동을 철학에 의해 강화시켜야 한다고 생각했기 때문이다. 유럽 전체가 이기적인 전쟁의 수렁 속에서 그가 그토록 찬양했던 문화적 관습과 획득물—그것은 불안하게도 협동 작업, 사회적 교환, 자기억제에 바탕을 두고 있었다—을 잊어버렸을 때 니체의 시선은 대체 어디를 보고 있었는지 이상하게 생각하지 않을 수 없다. 기독교의 본질적 과제는 극단적인 온량한 이상을 가르침으로써 인생 본래의 야만성을 부드럽게 하는 것이며, 인간은 그 본래의 이기주의로부터 쫓겨나서 기독교적 도덕에 지나치게 기울지 않을까, 염려하는 사상가들은 모두 자기 주위를 둘러보면 된다. 반드시 아, 다행이다, 하고 안심할 것이다.

　병과 신경질 때문에 고독해지고, 인간의 게으름과 범용에 맞서서 싸우지 않을 수 없던 니체는, 위대한 덕은 모두 고립되어 있는 자의 덕이라고 생각하게 되었다. 쇼펜하우어가 개체를 종속에 몰입시켜 버린 그 반동으로써 그는 개인을 사회적 구속에서 무제한으로 해방시키려고 했다. 사랑을 구하다 실패한 그는 철학자에게는 있을 수 없는, 남자로서는 부자연스럽도록 과격하게 여자에게 맞섰다. 아버지가 될 기회를 놓쳤고, 친구까지도 잃었기 때문에 그는 인생의 가장 아름다운 순간이 지배와 전쟁보다도 상호관계와 우애에서 생긴다는 것을 몰랐다. 그의 생활은 길지도 넓지도 못했기 때문에 자기 반쪽의 진리를 원숙하게 하여 지혜로 만들 수 없었다. 만일 좀 더 오래 살았더라면 아마

자기의 혼돈된 그 견해를 조화된 철학으로 만들 수 있었을 것이다. 그가 예수를 가리킨, 다음 말은 자신에게 더욱 맞는 말이었다. '그는 너무도 빨리 죽었다. 만일 그가 좀 더 원숙한 연령까지 살아 있었더라면 그는 그 가르침을 철회했을 것이다! 그는 철회하기에 충분한 고귀한 인간이었다.' 그러나 죽음은 다른 계획을 세웠던 것이다.

정치학에 대한 그의 선견은 윤리학보다는 건전하다. 귀족정치는 이상적인 통치형태이다. '오오, 너, 친절한 하늘이여! 어떤 국민 중에도……가장 적절한 자, 가장 현명하고, 가장 용감하고, 가장 선량한 자가 있다. 그것을 발견하여 우리를 다스리는 왕으로 삼을 수 있다면 만사는 정말 나무랄 데가 없을 것이다. ……어떤 방법으로 그런 사람을 발견하느냐? 하늘이 불쌍히 여겨 그 방법을 우리에게 가르쳐 주면 어떨까. 우리는 간절히 그를 필요로 하기 때문에.' 그러나 누가 그 적임자인가. 최적임자는 어떤 가족 중에서만 나는 것일까. 세습적 귀족정치가 아니면 안 되는 것일까. 그러나 세습적 귀족정치를 이미 우리는 경험하지 않았는가. 그것은 당파정치, 무책임한 계급의식, 사회의 정체를 초래했다. 대개 귀족정치는 중류계급과의 잡혼에 의해 파괴될 때마다 구제되었다. 그렇지 않고서야 어떻게 영국의 귀족정치가 유지되었겠는가. 동족교배는 다분히 퇴화를 초래하는 것이 아닐까. 분명히 이런 복잡한 문제에는 많은 측면이 있지만 니체는 과감하게 이런 문제에 '예' 또는 '아니다'[10]를 던졌다. 비록 귀족들의 행동이 아무리 세계주의적이더라도 세습적 귀족정치는 세계합일을 좋아하지 않고, 결국 좁은 국가주의 정책으로 기울어진다. 만일 국가주의를 포기한다면 세습적 귀족정치는 그 권력의 주된 원천—대외관계의 조종—을 잃어버리기 때문이다. 그리고 아마도 세계국가는 니체가 생각했던 만큼 문화의 도움이 되지는 않을 것이다. 대중의 움직임은 완만하다. 그리고 독일은 제각기 독립된 궁정이 있어서 서로 예술의 보호·장려에 전력을 다하던 '단순한 지리학적 표현'이었던 시대가, 통일·제국·팽창의 시대보다도 문화를 위해 다분히 많은 일을 했던 것이다. 괴테를 소중히 여기고, 바그너를 구출한 것은 황제가 아니었다.

---

10) 니체는 어떤 지면에서 말하고 있다. 청년시대에는, 나는 예스나 노우를 세계에 던졌으나 이제 이러한 연령이 되어 그것을 후회하지 않을 수 없다고. (원주)

위대한 문화의 모든 시기가 세습적 귀족정치 시대였다는 것은 일반의 오해이다. 뿐만 아니라 페리클레스와 메디치 가(家)의 사람들 또는 엘리자베스나, 낭만주의 시대의 전성 시기는 신흥 부르주아지의 부(富)에 의하여 길러졌던 것이며, 문학과 예술의 독창성은 귀족에 의해서가 아니라 중류계급의 자제에 의해, 산파의 아들 소크라테스나 변호사의 아들 볼테르나 백정의 아들 셰익스피어에 의해 이루어졌다. 창조적인 문화를 고무하는 것은 활동과 변화의 시대, 새롭고 활기 있는 계급이 일어나 권력과 긍지를 가져오는 시대이다. 그것은 정치도 마찬가지여서, 귀족 출신이 아닌 천재에게 정치적 수완을 인정하지 않는다는 것은 자살적 행위라 해도 좋을 것이다. '재능 있는 자에게 길이 열려 있는 것', 이것이 좋으리라는 것은 정한 이치이다. 그리고 천재는 매우 기이한 환경에서 태어나는 것이 상례이다. 가능한 한 좋은 사람들이 우리를 통치해야 한다. 귀족정치는 태생이 좋아서가 아니라, 능력이 있기 때문에 권력에의 특권을 가진 사람들의 융통성 있는 단체일 때만 훌륭한 것이다. 그것은 만인에게 문호를 개방하여 균등한 기회를 주는 민주주의에 바탕을 두고 끊임없이 선택되고 양성되는 귀족정치이다.

이러한 연역, 만일 그것이 꼭 이루어져야 한다면 무엇이 남겠는가. 이것은 비평가들을 매우 난처하게 하는 질문이다. 니체가 체면을 중시하는 모든 사람들로부터 반박 당했지만, 그럼에도 불구하고 그는 의연히 근대 사상의 이정표이며 독일 산문의 정상이다. 미래는 과거를 '니체 이전'과 '니체 이후'로 나눌 것이라고 스스로 예언한 것은 좀 지나친 느낌이 든다. 그러나 그는 몇 세기 동안에 걸쳐서 당연한 일로 간주되어 온 여러 가지 제도나 견해에 대하여 비판적으로 재음미하는 데 성공했다. 즉, 그리스의 희곡과 철학에 새로운 전망을 열어 놓았으며, 바그너의 음악에서 처음으로 낭만주의적 퇴폐의 움을 드러나게 했다. 또 우리 인간 본성을 외과의사의 메스처럼 날카롭게, 그리고 아마 건강에 도움이 되는 방법으로 분석했으며, 도덕의 어떤 숨은 뿌리를 드러냈으며, (근대사상가들 중 누구도 그것을 하지 않았지만) '이제까지의 윤리학[11]의 영역에서는 실질적으로 알려져 있지 않았던 하나의 가치', 즉 '귀족주의'를 도입했다. 짐

---

11) 물론 니체 윤리학의 가장 본질적인 점은 플라톤·마키아벨리·홉스·라로슈푸코, 그리고 또 발자크의 《고리오 영감》의 보트랭에서 발견할 수 있지만. 〔원주〕

멜 또한 다윈 학설이 내포하는 윤리적 의미에 관하여 정직하게 생각하도록 만들었으며, 19세기 문학의 가장 위대한 산문시를 썼다. 그리고—이것은 특히 중요한 일이지만—인간은 초극하지 않으면 안 될 어떤 것으로 파악했다. 그의 말투는 통렬했지만 동시에 거기에는 매우 귀중한 성실성이 따르고 있었다. 그리고 그의 사상은 번갯불이나 질풍처럼 근대정신의 구름을 꿰뚫어, 근대정신의 거미줄을 날려 버렸다. 유럽 철학의 공기는 이제는 보다 맑고 보다 신선하지만, 그것은 니체와 같은 사람이 일찍이 글을 남겨 주었기 때문이다.[12]

10. 끝맺음

'자기 자신을 넘어서 창조하기를 바라며, 그런 후에 몰락해 가는 자를 나는 사랑한다'고 차라투스트라는 말했다.

의심할 나위도 없이 예민한 니체의 사고는 그를 너무도 빨리 소모시켰다. 시대에 대한 싸움은 그의 정신의 균형을 잃게 만들었다. '자기 시대의 도덕체계와 싸우는 것은 항상 두려운 일이다. 그것은 반드시 복수를 당할 것이다. ……안에서도 밖에서도.' 임종이 가까워짐에 따라 니체의 저작은 더욱 날카로워져서 사상뿐만 아니라 바그너·그리스도 등 개인까지도 공격했다. 그는 '지혜의 성장은 쓴 맛이 감소됨에 따라 정확하게 측정할 수 있다'고 말했지만, 이 것을 자신의 펜에 확신시킬 수 없었다. 정신이 쇠퇴하자 웃음까지도 노이로제가 되었다. '난 인간이 왜 웃는지를 가장 잘 알고 있다. 왜냐하면 인간만이 웃지 않고는 견딜 수 없을 만큼 심각하게 괴로워하기 때문이다.' 이 감상은 명백하게 그의 마음을 부식하고 있는 독소가 무엇인지를 보여준다. 병과, 실명 위기의 눈은 그의 생리적 측면이 붕괴되어 가는 것이었다. 서서히 편집병성의 과대망상과 추적망상이 나타나기 시작했다. 그는 자기 저서 하나를 텐에게 증정하고, 이 대평론가에게 자기 스스로 이것은 일찍이 쓰인 것 중에 가장 논란 만한 책이라고 보증했다. 그리고 그 마지막 저서 《이 사람을 보라》는 우리가 이미 본 것과 같은 광적인 자기 예찬의 말로 가득 채워 갔다. '이 사람을 보

---

12) 니체가 현대문학에 미친 큰 영향은 아르치바셰프·스트린드베리·프시비셰프스키·하우프트만·데멜·함순 및 단눈치오가 쓴 문학 등이며, 사람들에게 준 영향은 지적할 필요가 없을 것이다. [원주]

라!'—아아, 우리는 너무도 잘 이 사람을 보는 것이다.

만일 좀 더 그가 사람들에게 자기의 진가를 인정받았더라면 아마 이 대상성(代償性)의 이기주의는 예방되어, 그에게 좀 더 바르고 건전하게 사물을 볼수 있게 했을 것이다. 그러나 그 진가를 인정받기에는 때가 너무 늦었다. 텐은 다른 사람들이 모두 그를 무시하거나 욕을 퍼붓고 있을 때 그에게 찬양의 말을 보내는 것을 아끼지 않았다. 브라네스는 편지를 써서, 나는 코펜하겐의 대학에서 당신의 '귀족주의적 급진론'에 대해서 강의를 하고 있다고 전했다. 스트린드베리는 역시 편지로, 나는 당신의 사상을 주제로 희곡을 쓰려한다고 전해왔다. 그러나 무엇보다 특기할 것은, 익명의 한 숭배자가 1천 5백 마르크의 수표를 보내온 일일 것이다. 그러나 이러한 희망의 빛이 보였을 때는 이미 니체의 눈과 정신이 거의 밝음을 잃고 모든 희망을 버린 뒤였다. '나 자신의 때가 아직 오지 않았다. 두서너 가지는 죽은 뒤에 나타날 것이다'라고 그는 썼다.

마지막 일격은 1889년 1월, 토리노에서 졸도의 형태로 찾아왔다. 그는 비틀거리면서 무턱대고 자기의 지붕밑 방으로 돌아가 광적인 편지를 썼다. 코지만바그너(바그너 부인)에게는 '아리아드네여, 나 그대를 사랑합니다'라는 짧은 말을, 브라네스에게는 '십자가에 매달린 자'라고 서명하여 비교적 긴 편지를, 그리고 부르크하르트와 오버베크에게는 제각기 기괴한 편지를 썼다. 오버베크가 놀라서 곧 달려왔을 때, 니체는 팔꿈치로 피아노를 치면서 디오니소스의 황홀경 속에서 노래를 부르며 외치고 있었다.

니체는 처음에 정신병원으로 옮겨졌지만 곧 그의 늙은 어머니가 데리고 가서 자애로운 간호를 했다. 얼마나 가슴 아픈 광경인가! 이 경건한 부인은 아들이 자기가 소중하게 생각하는 모든 것—신에게까지—을 배반하고 떠난 충격에 아픈 마음을 참아오다가 더 사랑스러운 그 아들을 이제는 '슬퍼하는 성모'처럼 팔에 안았던 것이다. 이 어머니도 1897년에 죽고, 니체는 바이마르에 살고 있는 누이동생에게 맡겨졌다. 바이마르에는 클라머가 만든 그의 흉상이 있었는데, 그것은 이미 쇠잔하여 자신을 어떻게 할 수도 없이 다만 묵묵히 따를 뿐인, 한때는 완강했던 정신의 슬픈 기념비였다. 그렇지만 반드시 니체가 불행하다고는 할 수 없다. 건강했을 때는 전혀 얻을 수 없었던 평화와 안정이 이제는 그의 것이 되었다. 자연이 그를 미치게 한 것은 자연의 자비였다. 그는 언젠가 누이동생이 자기를 보고 울고 있는 것을 보았지만 그 눈물 이해할 수 없었다. 그는 물었다. "리스베드, 왜 우느냐? 우리는 행복하지 않느냐?"

어느 날, 그녀가 책에 대한 이야기를 하고 있는 것이 들렸다.

그러자 그의 창백한 얼굴이 갑자기 밝아졌다. 그는 기쁨에 넘친 어조로 말했다. "아! 나도 좋은 책을 몇 권인가 썼었지."―그리고 맑은 정신의 순간은 지나가 버렸다.

니체는 1900년에 죽었다.

자기의 천재성 때문에 이토록 높은 대가를 치른 사람도 없을 것이다.

현대 유럽의 철학자들

1. 앙리 베르그송
유물론에 대한 반항

근대철학의 역사는 물리학과 심리학의 싸움이라는 관점에서 기록될 수 있다. 사고는 그 대상으로부터 시작하여 결국은 시종일관 자신의 신비한 실재(實在)를 물질적 현상과 기계적 법칙의 범위 안으로 끌어들이든지, 아니면 자신으로부터 시작하여 논리의 일목요연한 필연성에 의하여 만물을 정신의 형식과 소산으로 간주하기 때문이다. 근대 과학의 발전에 따라 물리학 및 역학의 우위와 수요를 증가시킨 산업과 물리학의 상호자극은 사고에 유물론적 방향을 부여하고 가장 성공한 과학은 철학의 본보기가 되었다. '철학은 자아에서 시작하여 그다음 비로소 외계로 향해야 된다'고 데카르트가 강력 주장했음에도 불구하고, 서유럽의 산업화는 사고를 사고 자체의 세계에서 내쫓아서 물질적인 방향으로 향하게 했다.

스펜서의 체계는 기계론적 관점의 마지막 표현이었다. 그는 '다원주의 철학자'라고 불렸지만 사실은 산업주의의 반영이며 대표자였다는 것이 옳을 것이다. 그는 우리의 잣대로 보면 우스운 영광과 장점으로 산업을 찬양했고 그의 견해는 생물학적 관점이라기보다는 물질운동에 몰두한 기계공의 관점이었다. 그의 철학이 빠르게 쇠퇴한 대부분의 원인은 최근 사상의 물리학적 견지를 생물학적 견지로 바꾸어 놓은 데 있으며, 세계의 본질과 비밀을 물체의 불활동으로 보는 것보다는 생명의 활동으로 보는 경향이 많아졌기 때문이다. 사실, 우리 시대는 물질 자체가 거의 생명을 모방하고 있다. 전기, 자력, 전자에 관한 연구는 물리학에 생명주의적 활력을 불어 넣었다. 이것은 얼마쯤 영국 사상의 의식적인 야심이었는데, 이보다는 오히려 생명주의적 물리학과 영적인 문제에 접근하고 있다. 쇼펜하우어는 생명의 개념을 힘의 개념보다 한층 더 근본적이고 포괄적인 가능성을 강조한 최초의 근대 사상가였지만, 현대에 이 사상을 선택하고 그 성실과 말솜씨로 회의적인 사람들조차도 이 사상으로 전향시킨 것은 베르그송이다.

베르그송은 1859년, 파리에서 프랑스인과 유대인 부모 사이에서 태어났다. 그는 지식욕이 왕성하여 학생시절에는 모든 현상에 응모하여 상을 받았다. 그는 처음 수학과 물리학을 전공하여 근대 과학의 전통에 대하여 경의를 표했지만, 그의 분석 능력은 마침내 그를 모든 과학의 배후에 잠재한 형이상학적 문제로 향하게 하여 그는 자연히 철학으로 방향을 돌리게 되었다. 1878년 고등사범학교에 입학했고, 졸업 후 크레르몽 페랑의 리세(국립 고등학교) 철학교사로 임명되었다. 여기서 1888년, 그의 최초의 주저(主著)《시간과 자유의지 : 의식이 직접 자료에 대한 소론》을 썼다. 그로부터 8년이 지나 겨우 제2의 (가장 해석이 어려운) 저서《물질과 기억 : 육체와 정신의 관계에 대한 소론》이 나왔다. 1898년, 고등사범학교의 교수가 되었고, 1900년 콜레주 드 프랑스의 교수가 되어, 1941년에 죽을 때까지 계속 그 자리에 있었다. 1907년 걸작《창조적 진화》에 의하여 국제적 명성을 얻음으로써 그는 갑자기 철학계에서 가장 인기 있는 사람이 되었다. 그리고 1914년, 아카데미 프랑세즈 회원으로 뽑혔다.

유물론의 골리앗을 죽일 운명인 다윗, 베르그송이 청년 시절에는 스펜서 신봉자였다는 것은 주목할 일이지만, 지식이 너무 많으면 회의주의에 빠지기 쉽고, 나이가 젊은 신봉자는 대개 배신자가 되기 쉽다. 젊었을 때의 죄인이 늙어서 성자가 되듯이 말이다. 베르그송은 스펜서를 연구할수록 유물론적 기계관에 대하여 류머티즘을 앓고 있는 세 개의 관절부, 즉 물질과 생명, 육체와 정신, 결정론과 자유의지와의 관계를 더욱 강렬하게 의식하게 되었다. 파스퇴르를 끈질기게 연구한 결과, 자연발생(생명 없는 물질로부터의 생명 발생)은 믿을 것이 못 된다는 것을 알았다. 그리고 다년간에 걸친 이론과 수많은 실험을 거쳐도 유물론자들은 생명의 기원에 대한 문제 해결에는 한 발자국도 접근하지 못했다. 분명히 사고는 두뇌와 관련되어 있음에도 불구하고 어떻게 결부되어 있는가는 종전과 같이 명확하지 않았다. 만약 정신이 물질이고 모든 정신작용이 신경상태의 기계적인 결과현상이라면 의식은 대체 무엇 때문에 있는 것일까. 또 어째서 두뇌의 물질적 메커니즘은 뇌과정(腦過程)이라는 열(熱)에서 생긴 얼핏 쓸데없이 보이는 이 불길을 끄지 못하는가. 마지막으로 과연 결정론은 자유의지보다 이해하기 쉬운 것일까. 만약 현재의 순간이 결의에 찬 창조적 자유를 내포하지 않고, 기계적으로 그 이전의 순간적 물질과 운동으로 규정되어 있다면, 그 순간은 또 그 이전의 순간……하는 식이 되어, 결국 우리들은 뒤에 있는 온갖 일의 모든 원인으로 태고의 성운(星雲)에까지 올라가야 되며 이 성운을 셰익스피어 희곡의 각 행의

베르그송

원인으로 보거나 셰익스피어 정신의 모든 고뇌의 원인으로 보게 된다. 따라서 햄릿이나 오셀로, 맥베스나 리어왕의 음울한 웅변의 한마디도 까마득한 하늘 저편에서 먼 옛날 지질시대에 이미 그 전설적인 성운의 형태와 내용에 의해서 미리 결정되어 있는 셈이 된다. 얼마나 무리한 신앙의 강요인가! 이 회의적인 세대에 이러한 이론을 믿으려면 어떠한 신앙의 훈련이 필요하겠는가! 이 기괴한 숙명적 신화의 비극을 구상한다는 이 성운에 비하면 《구약》이나 《신약》의 신비나 기적은 믿을 수 있다. 반항이 일어날 만한 사정은 충분했으며, 베르그송이 그만큼 빨리 명성을 높인 것은 회의주의자들이 모두 경건하게 믿고 있는 것을 감히 의심할 용기가 베르그송에게 있었기 때문이다.

정신과 두뇌

우리는 공간적 개념으로 사물을 생각하기 때문에 유물론으로 기울어지는 자연적 경향이 있으며, 우리는 모두 기하학자라고 베르그송은 말한다. 그런데 시간은 공간과 마찬가지로 기초적이며 틀림없이 생명의 본질을, 어쩌면 모든 실재의 본질을 내포하고 있다. 우리가 이해해야 할 것은, 시간은 축적·성장·지속이라는 점이다. '지속이란 과거가 미래를 갉아먹고 살이 쪄서 나아가는 연속적 진전이다.' 그것은 '과거는 그 전체가 현재 속에 연장되어 활동을 지속한다'는 것을 뜻한다. '의심할 여지도 없이 우리들은 우리들의 과거 어느 작은 부분만을 가지고 사고한다. 그러나 우리는 과거 전체를 가지고……욕망하고 뜻

하고 행동한다.' 시간이 쌓여 있는 이상, 미래는 결코 과거와 같을 수 없다. 왜냐하면 한 발짝마다 새로운 축적이 생기므로 '한 순간도 단순히 새로운 것이 아니고 아직 예견하지 못한 어떤 것이다. ······변화는 우리의 상상보다 훨씬 근본적이어서' 기계관적 과학 목표인 만물의, 기하학적 예언은 단순히 주지주의적 환상에 불과하다. 적어도 '의식적 존재자에게 존재란 변화하는 것이며, 변화란 성숙하는 것이며, 성숙이란 스스로를 무한하게 형성시키는 것이다.' 만약 이 일을 모든 것에 대하여 말할 수 있다면 어떨까. 아마도 모든 사상(事象)은 시간과 지속, 생성과 변화일 것이다.

우리 자신에게 기억은 지속의 운반차요 시간의 심부름꾼이며, 기억에 의하여 우리의 과거는 대개 적극적으로 보존되므로 모든 면에 있어서 다수의 양자택일이 일어난다. 삶은 목표, 유전적 성질 및 기억이 풍부해짐에 따라 자유스러운 선택의 영역이 넓어져, 여러 반응방법이 가능해지고 마침내 의식이 생긴다. 의식이란 반응의 예행연습이다. '의식은 생물의 선택 능력에 비례하는 것으로 생각된다. 의식은 행동을 둘러싼 가능력(可能力)으로 범위를 비쳐 준다. 의식은 하고 있는 일과 할 수 있는 일의 간격을 막는다.' 그것은 소용없는 부속품이 아니라 둘 중 하나의 반응이 피할 수 없는 선택을 앞에 놓고 그려지며, 실험되는 발랄한 상상의 무대인 것이다. '실제로 살아 있는 것은 행동의 중심이다. 살아 있는 것은 세계에서 일어나는 일의 줄거리를 표현한다. 바꿔 말해서 어느 정도의 가능적 행위를 표현한다.' 인간은 수동적으로 적응하는 기계가 아니고 나아갈 곳을 바로 보는 힘의 초점이요, 창조적 진화의 중심이다. 자유의지는 의식의 필연적 결과이다. 우리가 자유롭다는 것은 단지 자기가 하고 있는 것을 알고 있다는 것을 뜻하는데 불과하다.

"기억의 첫째 역할은 현재의 지각에 유사했던 과거의 여러 지각을 불러일으키고 그들 지각에 앞선 것과 뒤따르는 것을 떠올려 가장 적절한 결정을 생각나게 하는 일이다. 그러나 그것이 전부는 아니다. 어느 유일한 직관 속에서 지속의 복합적 순간을 포착케 함으로써 기억은 우리를 사물의 흐름에서, 즉 필연성의 리듬으로부터 해방한다. 기억이 이러한 순간을 보다 많이 한곳으로 집중시킬수록 기억이 우리에게 주는, 물질을 지배하는 힘은 크다. 그러므로 어떤 생물이 갖고 있는 기억력은 우선 물건이 물건에게 작용하는 능력을 재는 척도로 생각된다."

만약 결정론자의 말이 옳고, 모든 행위는 선행하는 모든 힘의 자동적인 기계적 결과라고 한다면 동기는 윤활유를 친 것처럼 거침없이 편안한 행동이 될 것이다. 그런데 오히려 반대의 선택은 어려워서 몹시 힘이 든다. 그것은 결의를 요구하고, 충동·습관·타성과 같은 정신적 중력에 인격의 힘을 반항시키게 된다. 선택은 창조적 활동이며 창조적 활동은 힘들다. 그러므로 인간은 우거지상을 하고 있으며, '편안히 자족하는' 동물들의 선택이 없는 기계적인 생활을 힘없이 부러워한다. 그러나 당신 밑의 개가 공자님과 같은 태평스러운 모습을 하고 있다 하여 그것이 철학적 평정, 즉 깊은 연못의 조용한 수면은 아니다. 그것은 본능적 확신이며 선택할 필요도 없으며 선택할 수도 없는 동물의 평온이다. '동물에게 발명은 습관이라는 주제의 변주곡(變奏曲)에 지나지 않는다. 동물은 종(種)의 습성 속에 갇혀 있으면서 그들의 습성을 자기 자신이 주동적으로 확대할 수 있는 것은 확실하지만, 동물이 자동작용을 벗어나는 것은 새로운 자동 작용을 만들어 내기 위하여 필요한 짧은 시간뿐이다. 감방의 문이 열렸는가 하면 곧 다시 닫히는 것은 늘어진 쇠사슬을 잡아당김으로써 그것을 연장시킬 수 있다는 것뿐이다. 인간의 경우에는 의식이 이 쇠사슬을 끊어버린다. 단지 인간의 경우에만, 의식은 스스로를 자유롭게 하는 것이다.'[1]

따라서 정신과 두뇌는 같지 않다. 의식은 두뇌에 의존하고 두뇌와 같이 멸망한다. 그것은 못에 걸어 놓은 옷이 못과 함께 떨어지는 것과 같은데 옷은 못의 '부대현상', 즉 단순한 못의 장식적 원형질의 외층(原形質의 外層)이라는 증명은 되지 못한다. 의식과 두뇌도 이와 같다. 두뇌는 형상[2](이미지)과 반응 형식(패턴)의 시스템이며, 의식은 형상의 부활과 반응의 선택이다.

---

1) 이것은 베르그송의 유추로써 논증을 대신하는 안이함과 동물과 인간 사이의 거리를 과대시하는 경향을 보여주는 한 예이다. 철학은 아첨하는 것이 아닐 것이다. 제롬 크와냐르(Jerome Coignard 아나톨 프랑스 소설의 주인공)는 보다 현명하여서 '인권선언은 인간과 고릴라 사이에 명확하고도 의심스러운 차별을 지었다는 이유로, 그것에 서명하기를 거부했을 정도이다'. 〔원주〕

2) 관념론자가 말하는 형상은 실재가 너무 부족하고, 실재론자가 말하는 사물은 실재가 너무 많으므로, 베르그송은 그 중간을 표현하기 위해서 image라는 말을 사용한다. 즉 베르그송에 의하면 존재하는 것은 모두 이미지이다.

"우리에게 의식은 두뇌와 직접 연결되어 있다. 그래서 뇌가 없는 생물은 의식이 없다고 흔히 말한다. 그러나 이러한 논법의 잘못을 발견하는 것은 쉽다. 그렇게 말한다면 우리의 소화는 직접 위와 연결되어 있으므로 위가 있는 생물만이 소화 작용을 할 수 있다고 해야 할 것이다. 그러나 이것은 전혀 옳지 않다. 소화시키기 위해 반드시 위가 필요한 것은 아니기 때문이다. 뿐만 아니라 어떤 특수한 기관을 구비하고 있을 필요조차 없다. 아메바는 거의 분화되지 않은 원형질 덩어리인데도 소화 작용을 한다. 그 진상은 유기체가 복잡하게 되고 완전하게 됨에 따라 분업이 일어나는 것이며, 특수한 기관이 특수한 기능에 배치되는 관계상 소화기능도 위로, 좀 더 자세히 말하면 소화 장치에 국소화(局所化)되어, 소화 장치는 이 유일한 기능에 한정되어 있으므로 더욱 잘 작용하게 된다. 마찬가지로 인간에게 의식은 분명히 두뇌에 연결되어 있지만, 그렇다고 결코 두뇌는 의식에 있어 없어서는 안 된다고 말할 수 없다. 동물의 계열은 밑으로 내려갈수록 신경 중추가 단순화되어 서로 떨어지고, 마침내는 아주 소실되어 거의 아무런 분화도 없는 막연한 덩어리가 되어 버린다. 그래서 만약 의식이 생물의 최고 단계에 있어 매우 복잡한 신경 중추에 연결되어 있다고 하면 우리들은 오히려 다음과 같이 생각해야 될 것이다. 즉 의식은 생물의 최저단계에 이르기까지 신경계통에 수반된다. 그리고 마침내는 신경 물질이 아직 분화하지 않은 원형질 속에 몰입할 때에도 의식성은 몽롱하기는 하지만―혹은 혼돈스럽지만―존재하는 것이지 전혀 없어지는 것은 아니다, 라고. 다시 말해서 이론적으론 살아 있는 생물에는 모두 의식이 있어야 한다. 원리상으로 의식은 생명과 동일한 넓이를 가지고 있으니까."

그럼에도 불구하고 우리는 왜 정신과 사고에 대한 일을 물질이나 두뇌의 개념으로 생각하는 것처럼 느낄까. 그것은 우리 정신의 '지성'이라 불리는 부분이 그 본질상 유물론적이기 때문이다. 그것은 진화 과정에서 물질적·공간적 대상을 이해하고 처리하기 위하여 발달된 것이며, 이 영역에서 지성은 그 개념과 '법칙, 그리고 또 숙명론적인―예언이 가능한―규칙성'이 골고루 지배한다는 관념을 얻게 된다. '좁은 뜻으로서의 우리 지성이 목적하는 바는 신체를 완전히 환경에 적응토록 처리하고, 외계 사물의 상호 관계를 표상하는 일, 즉 물질을 사고하는 데 있다.' 지성은 고정된 것들 사이에 있는 것이 편안하며, 생성하는 모든 것을 존재[3]와, 상태의 연속이라고 봄으로써 사물을 결합하고 눈에 보이지 않는 노끈, 즉 사물의 참된 생명인 지속의 흐름을 지나쳐 버린다.

영화를 구경해 보라. 우리의 피로한 눈에, 그것은 살아 움직이는 것같이 보인다. 틀림없이 영화에서 과학과 기계장치는 생명의 연속성을 포착했지만, 또 반대로 과학과 지성이 한계를 나타내는 것도 다름 아닌 영화이다. 움직이는 화면은 움직이는 것도 아니요, 운동하는 그림도 아니다. 그것은 빠른 속도로 찍은 사진, 즉 순간촬영의 연속에 불과하다. 연속이 매우 빨라서 영사막 위에 비치면 관객은 연속성의 착각을 일으키며, 그 착각을 스스로 즐기고 있는 것이다. 소년시절에 권투선수의 움직임을 환등기로 보고 똑같은 착각을 즐겼듯이. 그러나 어쨌든 착각은 역시 착각이며, 영화 필름은 분명히 무엇이든지 영원히 응결된 것처럼 정지하고 있는 그림의 연속이다.

'활동' 사진의 카메라가 움직이는 사상의 흐름을 정지된 모습으로 나누듯이 인간의 지성은 상태의 연속을 포착하지만, 그것들을 엮어서 움직일 수 있는 연속성을 잃는다. 우리는 물질을 볼 수 있지만 에너지는 보지 못한다. 우리는 물질이 무엇인가를 알고 있다고 생각하지만 원자핵에 에너지가 발견되자 갑자기 당황하여 우리의 모든 범주는 흩어져 버린다. '물론 보다 엄밀하기 위해서 수학적 과정으로부터 운동에 대한 사고를 모두 없앨 수는 있다. 그러나 그럼에도 불구하고 도형의 발생에 운동을 도입한 것이 근대수학의 기원이었다.' 19세기에서 수학의 거의 모든 진보는 전래의 공간 기하학에 시간과 운동의 개념을 더함으로써 이루어졌다. 현대과학 전체를 일관하여 마하, 피어슨, 앙리 포앙카레에게서 보듯이, '정밀' 과학은 사상의 생명보다는 사상의 습성을 더욱 잘 포착하는 근사법이 아닐까 생각된다.

그러나 물리학적 개념을 사고 영역에 적용하라는 주장 때문에 만약 우리들이 결정론·기계론·유물론의 막다른 골목에 들어선다면 그것은 우리들 자신의 잘못이다. 조금만 반성한다면 물리학적 개념이 정신의 세계에서는 얼마나 타당성이 없는가를 알 수 있다. 우리들이 1마일을 생각해 내는 것은 반마일을 생각해 내는 것과 똑같이 쉬운 일이며, 사고의 일순간은 전 세계를 일주할 수

---

3) 니체는 존재를 생성 때문에 고생하는 사람들이 생각해 낸 허구라고 불렀다. 〔원주〕

도 있다. 그러므로 우리들의 관념을 공간 속에 움직이는 물질적 미립자라느니, 그 비행과 활동 범위에 공간적 제한이 있는 물질적 미립자라는 따위로 애써 생각해도 소용없다. 생명은 이들 고정된 개념의 손아귀를 쉽사리 벗어나 버린다. 생명은 공간의 문제이기보다는 오히려 시간의 문제이기 때문이다. 그것은 상태가 아니라 변화이며, 양(量)이 아니라 질이며, 물질과 운동과의 단순한 재분배가 아니라 끊임없이 자유로이 움직이는 창조이다.

그렇다면 우리는 사고나 지성에 의하지 않는다면 어떻게 생명의 흐름과 본질을 포착할 수 있을까. 과연 지성이 전부이고 그 외에는 아무것도 존재하지 않는 것일까. 잠시 사고를 중지하고 무엇보다도 우리가 잘 아는 내적 사상을, 즉 우리 자신만을 오로지 주시하자. 그러면 무엇이 보이는가. 그것은 물질이 아니고 정신, 공간이 아니고 시간, 수동성이 아니고 능동성, 기계작용이 아니고 자유로운 선택이다. 우리는 생명을 정묘하고 일관된 흐름에서 인정하는 것이지 '상태', 즉 활력이 없는 잘려나간 부분에서 인정하는 것은 아니다. 동물학자가 죽은 개구리 발을 살피거나 프레파라트(현미경 관찰용의 표본)를 들여다보면서 자기는 생을 연구하는 생물학자라고 생각하는 것과 같을 뿐이다. 어떤 사물에 대한 직접적인 지각, 즉 단적인 안정된 직시는 직관이며, 전혀 신비적인 과정이 아닌 인간 정신으로 가능한 가장 직접적인 고찰이다. 스피노자는 옳았다. 즉 반성적 사고는 결코 인식의 최고형식은 아니다. 그것은 물론 전해 듣는 것보다는 훨씬 나을지 모르지만, 사물 자체를 직접 지각하는 데 비하면 얼마나 박약한 일인가! '참다운 경험론은 원문 그 자체에 가능한 한 접근하여 그 생명을 깊이 살피고, 일종의 정신적 청진에 의하여 그 영혼이 고동하고 있는 것을 느끼려고 마음먹은 것이다.' 우리는 생명의 흐름을 '청취하는' 직접적인 지각에 의해 정신의 현존재를 느끼고, 번거로운 지성에 의해 사고하는 뇌에서 분자의 무도라는 견해에 도달한다. 이 경우 직관이 생명의 핵심을 보다 깊이 포착한다는 것을 의심할 수 있을까.

이것은 루소가 생각한 것처럼 사고는 질병이라든가, 지성은 똑똑한 시민이라면 누구나 절교할 배신자라는 것을 뜻하지 않는다. 지성은 물질적인 공간의 세계를 다루어 생명과 정신의 물질적인 양상 또는 공간적 표현을 포착한다는 정규적인 직분을 가지며, 직관은 생명과 정신을 외적 구체화가 아니라 내적 존재에서 직접 느끼는 것에 국한된다. '나는 결코 『어떤 다른 것으로 지성을 대신한다』라든가 본능을 지성보다도 위에 놓는 일이 필요하다고 주장하는 것은 아니다. 다만 단순히 수학 및 물리학의 영역을 떠나 생명 및 의식의 영역으로 들어가면 순수한 지성을 넘어서고 본능과 같은 생명충동 — 정확히 말해서 본능은 이것과는 전혀 다른 것이지만 — 에 근본이 있는, 어떤 종류의 생명감각에 의지해야만 한다는 것을 나타내려 했을 뿐이다. 또 지성을 지성에 의하여 반박하는 일을 시도하려는 것도 아니고, 다만 단순히 지성만이 언어를 갖기 때문에 지성의 언어를 이용한다는 것에 불과하다. 우리가 사용하는 말은 다만 상징적인 의미에서만 심리적이고, 그 기원이 기원인 만큼 아무래도 물질적인 것을 암시하는 경향이 있으나 이는 어쩔 수 없는 일이다. spirit(정신)은 breath(호흡)의 뜻이며, thinking(사고)은 thing(물질)을 암시한다. 그럼에도 불구하고 이들 단어는 영혼이 자기를 표현하는 데 사용하지 않을 수 없는 조잡한 수단이다.' '인간들은 말할 것이다. 우리는 우리의 지성을 초월할 수 없다. 우리는 의식의 다른 모든 형식도 우리의 지성을 사용하고 우리의 지성을 통하여 보기 때문'이다. 심지어 내관이나 직관이라고 말하는 것까지 유물론적 비유이다. 그리고 먼저의 주장은 '만약 우리의 개념적이고 논리적인 사고의 주변에 자욱한 연기가 남아 있지 않다면 정당할지 모르지만, 거기에는 연기가 남아 있고 그 연기는 우리가 지성이라고 이름 붙이는 밝은 핵을 형성하는 재료와 동일한 재료로 되어 있다.' 새로운 심리학은 지성과는 비교가 안 되는 광대한 정신적 영역이 우리 속에 있음을 나타내고 있다. '무의식적인 것의 성스러운 심저(深底)를 탐구하고 의식의 저층을 파헤치는 일, 그것은 새로운 세기에 주요한 심리학의 과제가 될 것이다. 거기에는 놀라울 만한 여러 가지 발견이 심리학을 기다리고 있다는 것을 나는 의심치 않는다.'

창조적 진화

이 새로운 관점에서 진화는 다윈이나 스펜서가 기술한 투쟁과 파괴의 맹목적이고 황량한 기계관과는 전혀 다른 것으로 나타난다. 우리는 진화에서 지속을, 살아 있는 힘의 축적을, 생명과 정신의 발명력을, '절대적으로 새로운 것의 끊임없는 전개'를 본다. 제닝스(미국의 동물학자)나 모파(프랑스의 동물학자)와 같은 최근의 전문 연구가들이 어째서 원생동물의 행동에 대한 기계론적 학설을 부인하는지, 또 현대 세포학계의 원로 E. B. 월슨 교수가 세포에 관한 저서에서 '세포 연구는 전체적으로 보아 딴 것이 아니라 생명의 최저형태를 무기계(無機界)로부터 나누는 거대한 간격을 좁히기는커녕 오히려 넓히는 것이다'라고 어째서 말한 것인지 우리는 그 이유를 이해할 준비가 되어 있다. 생물학계 곳곳에서 다윈에 대한 반역의 소리가 들리고 있는 것이다.

다윈주의란, 아마도 새로운 기관과 기능, 새로운 유기체와 종의 발생은 유리한 변이의 자연선택에 의한 것임을 뜻한다고 해도 좋다. 그런데 이 견해는 반세기도 못 되는 동안에 여러 가지 고장으로 일찍부터 좀이 슬기 시작했다. 이학설은 본능이 생기는 이유를 어떻게 설명할까. 획득형질의 유전적 집적이라고 생각하면 편리하겠지만, 전문가의 의견은 우리가 이 길로 가는 것을 막고있다. 언젠가는 가게 될지도 모르지만, 만약 선천적인 힘이나 성질만이 전해진다면 모든 본능은 그의 처음 출현 때 이미 현재와 같이 천성적으로 강했을 것이다. 말하자면 본능은 성인이 되어 태어나며, 행동의 준비를 갖추고 태어난셈이다. 만약 그렇지 않다면 본능은 생존경쟁에 있어 본능의 소유자에게 유리했을 리가 없다. 맨 처음 출현했을 때는 약했었다고 하면, 후천적으로 얻은힘—그것은 일반적인 가설에 의하면 유전이 안 되지만—에 의하여 유전될만한 가치를 얻었다고 할 수밖에 없다. 그렇다면 새로운 것의 시작은 모두 기적이다.

그리고 처음의 모든 본능과 같이 모든 변이도 사정은 같다. 어떻게 하여 변화는 처음의 형식이 도태의 동기를 만들 수 있었는지 알 수 없다. 눈〔目〕과 같이 복잡한 기관의 곤란은 인간의 용기를 저하시킨다. 눈은 완전한 형태를 갖추고 충분한 작용력을 가지고 갑자기 출현했는지, 아니면 일련의 '돌연'변이에서 시작하여 그들 돌연변이가 그 돌연보다도 더한층 돌연한 방법으로 보존되어 이것이 눈을 만들어 냈는지 그 어느 한쪽이다. 변이 및 도태의 맹목적 과정에 의하여 복잡한 생식능력이 있는 동물이 기계적으로 만들어진다는 이론은그 한 단계 한 단계가 우리에게는 동화처럼 기적 같은 이야기지만, 동화처럼아름답지는 않다.

그러나 결정적인 곤란은 넓게 나눠지는 진화 경로에서 색다른 수단에 의해 비슷한 결과가 나타난다는 점이다. 예를 들어 식물 및 동물의 유성생식의 발생을 생각하여 보라. 이 경우 여러 가지 진화 경로가 있지만, 식물과 동물 모두 복잡한 '돌연'이 나타난다. 혹은 두 가지의 아주 다른 동물의 종류, 예를 들어 연체동물과 척추동물의 시각기관을 비교하여 보라. '만약 그들의 변이가 돌연적이었다면 어째서 동일하고 무수하게 작은 변이가 두 가지의 다른 진화 경로상에 동일한 순서로 일어날 수 있었을까? 그리고 더욱 주목할 만한 것은,

"자연이—때로는 서로 인접한 종에서—전혀 다른 배형성(胚形成) 과정에 의하여 동일한 결과에 도달하는 일이다. ……척추동물의 망막은 배(胚)의 미발달뇌 팽창에 의하여 만들어진다. ……반대로 연체동물의 망막은 외배엽(外胚葉)[4]으로부터 직접 나온다. ……영원(蠑芫)의 수정체를 절제하면 수정체는 홍채(虹彩)에 의하여 재생된다. 그런데 절제한 원래의 수정체는 외배엽으로부터 형성되어 있는데, 홍채는 중배엽에서 나온 것이다. 그뿐만 아니라 살라만드라 마쿠라타(도롱뇽의 일종)에서는 수정체를 절제하고 홍채를 남기면 수정체의 재생이 홍채 상층부에 생긴다. 그런데 홍채의 이 상층부 자체를 제거하면 재생은 남아 있는 영역 중 내층(內層), 또는 망막 층에서 일어난다. 이와 같이 장소도 다르고 구성도 달라서, 보통 때는 서로 다른 기능을 하는 부분이 같은 일을 하고, 필요하다면 기계장치의 같은 부품을 만들 수도 있다."

이와 마찬가지로 건망증이나 실어증에서 '잃어버린' 기억과 기능도 재생된, 혹은 대용된 조직 속에서 재현된다. 확실히 우리들은 여기에서 진화는 물질적 제 부분에서 자기가 자기를 어떻게 할 수 없는 기계작용 이상의 그 무엇을 포함하고 있다는 압도적인 증거를 가지고 있는 셈이다. 생명은 기계장치 이상의 것으로서, 성장할 수 있고 자기를 회복할 수 있고 환경을 어느 정도까지 마음대로 만들 수 있는 힘이다. 그렇다고 해서 이들의 기적을 결의하는 무슨 외적인 계획이 존재한다는 것은 아니다. 만약 그런 것이 존재한다면 그것은 전도된 기계관, 즉 인도(印度)적인 사고를 우울하게도 인도의 더위 탓으로 돌리는 것과 마찬가지로, 인간의 독창력과 창조적 진화를 파괴하는 숙명론과 같다. '우리는 기계관과 목적관을 모두 극복해야 한다. 두 견해의 근본은 인간정신이

---

4) 생장하는 배(胚)의 여러 기관은 조직의 세 층 중 하나, 또는 둘에서 형성된다. 세 개의 층이란 외층 즉 외배엽, 중층 즉 중배엽, 내층 즉 내배엽이다. (원주)

인간의 일을 깊이 생각하면서 스스로 갖게 된 관점에 불과하기 때문이다.'

우리는 처음에 만물이 움직이는 것은, 말하자면 인간적인 어떤 의지가 만물을 우주 유희도구로 썼기 때문이라고 믿고 있었다. 이어서 우리는 우주 자체를 한 개의 기계로 간주했지만, 그것은 우리들 성격이나 철학도 기계관의 시대에 지배되어 있었기 때문이다. 사물에는 계획이 있지만, 그러나 그 계획이란 사물 속에 있는 것이지 사물 밖에 있는 것이 아니다. 엔텔러키(entelechy),[5] 즉 일체의 각 부분을 전체의 기능과 목적에 의하여 내적으로 규정하는 작용이다.

생명이란 노력하는 것, 위로 밖으로 끊임없이 밀고 나가는 것, '끊임없이 만들어 내는 우주 충돌'이다. 그것은 습성의 반대이며, 우연의 반대이다. 생명의 자기강제인 성장에는 하나의 방향이 있기 때문이다.

그런데 물질이라는 저층의 역류, 즉 이완과 휴지와 죽음으로 향하는 것의 습성과 그 적수(물질)의 저항과 싸워야 하며, 생명은 생식에 의하여 승리하지만 생명은 자기의 본거지를 하나씩 차례로 내어 맡겨 결국은 개인의 육체를 하나씩 저조와 쇠멸에 맡김으로써만 승리한다. 서 있는 것조차도 물질과 그 '제 법칙'에 대한 승리이지만, 식물과 같이 꼼짝하지 않은 채 기다리지 않고 스스로 나아가 찾는다는 것은 긴장과 피로를 이기고 순간마다 얻는 승리이다. 그리고 의식은 허락되자마자 본능·습관·수면의 편안한 자동작용으로 끼어든다.

처음에는 생명도 물질과 거의 마찬가지로 저조하게 정지적 형태를 취하고 있다. 마치 생활 충동이 너무 약하여 운동이라는 모험을 감히 시도하지 않는 것처럼 말이다. 그리고 진화가 있는 대로(大路)에서 생명은 움직이지 않고 가만히 장소에 있는 것을 목표로 한 것이다. 밑으로 숙이는 백합꽃도 하늘 높이 치솟는 떡갈나무도 '안전'한 신의 제단이다.

그러나 생명은 집안에만 가만히 있는 식물의 생존에 만족하지 않고 안전을 떠나서 자유로, 껍질·비늘·가시, 그 밖의 답답한 보호수단을 버리고 편한—그러나 위험한—날짐승의 자유로 나아갔다. '그런 차례대로 그리스 중장갑차병은 로마 군단병에 의하여 교체되고, 갑옷을 입은 기병은 자유롭게 뛰어다니

---

5) 엔텔러키란 아리스토텔레스로부터 시작되는 철학 용어로 어떤 사물의 발전을 규정하는 내재적 본성 및 힘을 말한다.

는 보병에서 자리를 양보해야 했다. 그리고 대체로 생명의 진화도 인간 사회의 발달이나 개인의 운명과 같아서 최대 성공은 최대 위험을 떠맡은 자들에게 주어졌다.' 인간도 신체에 새로운 기관을 발생시키는 것을 그만두고, 대신 도구나 무기를 만들게 됐다. 그리고 마스토돈(코끼리와 비슷한 전(前) 세계의 큰 포유동물)이나 큰나무늘보(빙하기에 남미에서 살았던 큰짐승)처럼 거대한 요새 같은 장비를 몸에 지니고 다니지 않고 용도가 없을 때는 따로 치워 놓는다. 마스토돈이나 큰나무늘보는 그 중장비 때문에 지구의 제패에 실패한 것이다. 생명은 스스로의 도구에 의하여 도움받을 때도 있으나 방해받을 때도 있다.

기관처럼 본능도 마찬가지이다. 본능은 정신의 도구로써 육체와 굳게 결합된 영속적 기관이 모두 그렇듯이 본능도 그것을 필요로 한 환경이 사라지면 무거운 짐이 된다. 본능은 완성된 것으로 나타나서 틀에 박힌 먼저로부터의 똑같은 국면에는 절대—대개는 처음부터 끝까지—반응하지만, 본능은 유기체를 변화에 적응시키지 못하고, 인간은 본능만으로 현대생활의 변화무쌍한 복잡성에 유연하게 대처하지 못한다. 본능은 안전의 운반자이지만 지성은 모험을 좋아하는 자유 기관이다. 본능은 기계와 같은 맹목적 온순성을 몸에 지닌 생명이다.

살아 있는 것이 물질이나 기계와 같이 행동할 때라든가, 어릿광대가 함부로 엎어지며 있지도 않은 기둥을 붙잡을 때라든가, 애인이 얼어붙은 도로에서 미끄러져 넘어지는 것을 보고 웃음이 나오는 것을 참으며 '괜찮아?' 하고 물어볼 때의 우리는 보통 웃는 것이지만 이것은 얼마나 의미심장한 일인가. 스피노자가 거의 신성(神性)과 혼동한 그 기하학적 생명은 실은 웃음과 눈물의 씨앗이다. 인간의 철학이 인간은 기계로서 묘사하는 따위의 일은 우스운 일이며, 창피한 일이다.

생명은 진화에서 세 가지 방향을 가졌다. 첫째로 생명은 식물의 거의 물질적이라고 할 수 있는 활동 정지상태에 빠져, 여기서 종종 나태한 안전을 찾고 수천 년 동안 비겁하게 살아남는다. 둘째, 생명에 있어 정신의 노력은 개미와 벌의 경우처럼 여러 가지 본능이 굳어졌다. 그러나 척추동물의 경우 생명은 자유를 구하여 이미 이루어진 모든 본능을 집어던지고 대담하게도 끝없는 사고의 모험을 향해 나아갔다. 본능은 여전히 현실을 통찰하고 세계의 본질을 포착하는 가장 깊이 있는 양식이지만, 지성은 더욱 강하게 대담해지고 그 목표는 더욱 포괄적으로 된다. 생명은 결국 지성 쪽으로 관심을 기울여 희망을 의탁한 것이다.

모든 개체와 모든 종(種)을 실험대로 하는 이 끊임없는 창조적 생명이야말로 우리가 신이라고 이름 짓는 것을 뜻하며, 신과 생명은 하나이다. 그러나 이 신은 유한이지 전능은 아니다. 즉 물질에 의해 제한되고 있으며, 물질의 타성을 애써 한 발 한 발 극복하는 것이다. 또 이 신은 전지(全知)가 아니며, 서서히 인식과 의식에게 '더욱 밝은 빛'[6]을 구하기 위하여 탐색한다. '이렇게 정의가 내려진 신은 아무것도 완성된 것을 가지고 있지 않다. 신은 부단한 생명·행위·자유이다.' 이렇게 해석하면 창조는 신비가 아니다. 우리는 '자유롭게 행동할 때' 우리의 행위를 의식적으로 선택하고, 우리의 생활을 위하여 계획을 세울 때 '우리는 자신 속에서 창조를 경험한다.' 우리의 싸움과 고뇌, 대망과 패배, 지금보다 좋아지고 강해지려는 소망은 우리 안에 있는 '생명의 도약력(Elan vital)'—즉 우리를 성장시키고 방황하는 유성을 무한한 창조의 무대로 만드는 그 생명의 충격과 박진—의 소리이며, 흐름이다.

생명은 언젠가는 그의 숙적, 즉 물질을 정복하고 죽음까지 면할 수 있게 될는지도 알 수 없다. 우리의 정신을 우리 희망에까지도 열어놓는 것이 어떨까.[7] 시간만 충분하다면 생명에 있어 불가능한 일은 아무것도 없다. 불과 천 년 동안에 생명과 정신이 유럽과 미국의 삼림을 어떻게 해놓았는가를 생각해 보라. 그러면 생명의 창조력에 제한을 가하려는 것이 얼마나 어리석은 짓인가를 알게 될 것이다. 동물은 식물을 발판으로 하고, 인간은 동물을 의지하고 있다. 그리고 인류 전체는 공간적으로 또는 시간적으로 우리의 전후좌우를 질주하는 거대한 군대이며, 이 군대는 압도적인 돌격으로 모든 저항을 격파하고 매우 격렬한 방해를 물리쳐 마침내는 죽음까지도 극복할 수 있을 것이다.

---

6) "Mehr Licht!(더욱 밝은 빛)"은 괴테가 임종 때 한 말.
7) 베르그송은 정신감응(텔레파시)에는 저항하지 않을 수 없는 증거가 있다고 믿고 있다. 그는 에우사피아 팔라디노를 연구하여 그 성실함을 확인한 연구자들 중 한 사람이었다. 1913년, 그는 심령연구회의 회장에 임명되었다. 〔원주〕

비평

베르그송은 말했다. '철학에서 논박 때문에 시간을 소모하는 것은 시간의 손실이다. 많은 사상가가 서로 공격을 일삼았지만 지금 무엇이 남아 있는가. 아무것도 없다. 혹시 남아 있더라도 매우 보잘것없는 것임이 틀림없다. 무게 있게 영속되는 것도 여러 사람이 발견한 조금의 실증적 진리뿐이다. 진리의 진술은 잘못된 견해를 자연적으로 배제할 수 있기 때문에 일부러 논박을 펴는 수고를 하지 않아도 그것이 가장 좋은 논박이 된다.' 이것은 지혜 그 자체라 하겠다. 어떤 철학은 '논증'하거나 '논박'할 때 우리는 단순히 또 하나의 철학을 내세우는데 불과하며, 앞의 생각과 같이 경험과 희망의 오류를 벗어나지 못하는 합성에 불과하게 된다. 그런데 갑자기 죽음이 산 밑으로 보이기 시작하면 우리는 산 저쪽에 또 하나의 희망을 보려고 한다. 철학은 연령의 작용이다. 그럼에도 불구하고……베르그송을 읽고 처음 놀라는 것은 문체이다. 프랑스어를 틀리게 쓴다는 것은 다른 언어를 틀리게 쓰는 것보다 어렵다. 프랑스어는 애매한 것을 허용치 않으며, 진리는 허구보다 명석하기 때문이다. 베르그송의 것이 때때로 알기 힘든 까닭은 거기에 비유·유추(아날로지) 및 예해(例解)가 풍부히 사용됐기 때문이며, 그에게는 은유[8]에 대한 유대인적이라고도 할 수 있는 열정이 있으며, 때로는 끈기 있는 논증 대신에 교묘한 직유[9]로 끝마치는 경향이 있다. 우리는 이 비유를 만든 사람을 경계해야 한다. 마치 우리가 보석상이나 토지 중개인에게 마음을 안 놓듯이 말이다. 그러나 그럼에도 불구하고 우리는 《창조적 진화》가 현세기 유일한 철학적 걸작인 것을 감사하는 마음으로 인정한다.[10]

베르그송은 지성비판을 직각의 결정보다도 오히려 더 넓은 이성에 기초하는 것이 현명하지 않을까 하고 생각한다. 내성적 직관도 외부감각과 같이 오

---

8) 낙타는 '사막의 배'라고 하듯이 어떤 사물의 속성을 구체적 사물로 표상하는 비유.

9) 번개같이 빠르다고 하듯이 비교사를 써서 표현하는 비유.

10) 쇼펜하우어 경우와 같이 베르그송의 경우도 독자는 모든 개설서를 물리치고 철학자 자신의 주요 저서를 독파함이 좋다. Wildon Carr의 해설은 숭배의 도가 지나치고 Hugh Elliott의 것은 욕설의 도가 지나치다. 양자를 서로 감하고 나면 남는 것은 혼란이다. 《형이상학 입문》은 형이상학에 대해 더 이상 기대할 수 없을 만큼 간명하며, 《웃음》은 일방적이기는 하나 재미있는 바가 많다. 〔원주〕

류를 벗어나지 못한다. 둘 다 실제 경험에 비추어 음미하고 고쳐져야 하며, 그 결과가 우리의 행동을 지도하고 촉진시키는 경우에서만 우리는 그 둘을 신뢰할 수 있다. 베르그송이 지성은 보이는 관념의 흐름이며, '관념'이란 기억이 '사상(思想)의 흐름'으로부터 선출하는 것에 불과하여, 정신적 흐름은 지각의 연속성과 생명의 유동성을 충분히 반영한다.

이 달변적인 도전장이 주지주의의 지나친 진행을 저지하게 되었음은 매우 좋은 일이었지만, 사고를 대신하여 직관을 끌어내는 것은 청년의 공상을 아이들의 옛날이야기로 수정하는 것과 같은 몹시 어리석은 이야기였다. 우리의 오류는 뒤로 돌아서가 아니라 앞으로 향하여 바로잡아야 한다. 세계는 지성 과잉으로 고민하고 있다는 말을 하려면 광인의 용기가 필요할 것이다. 사고에 대한 낭만주의적 항의는 루소와 샤토브리앙에서부터 베르그송, 니체, 제임스에 이르기까지 착착 행하여진 것이다. 우리는 만약 직관이라는 우상 앞에 또다시 불을 밝히라는 명령만 없다면 이성의 여신을 그의 신좌(神座)에서 끌어내리는 것에 동의한다. 인간은 생존을 본능에 의하고, 진보를 지성에 의하는 것이다.

베르그송에게서 가장 뛰어난 것은 유물론적 기계관에 대한 그의 공격이다. 실험실 학자들은 자기들이 사용하는 범주에 조금 지나치게 자신을 가져 우주 전체를 한 개의 시험관 속에 집어넣으려고 생각했다. 유물론은 명사에만 적용될 문법과 비슷하다. 그러나 현실은 언어와 마찬가지로 물질뿐 아니라 활동을, 명사뿐 아니라 동사를, 물질뿐 아니라 생명과 운동을 포함하고 있다. 단순한 분자적 기억과 같다면 과중한 부담이 과해진 강철의 '피로'와 마찬가지로 이해할 수 있겠지만, 분자적 예견, 분자적 계획, 분자적 이상이라는 것은 어떤가?—만약 베르그송이 이들 새로운 교의(敎義 : 도그마)에 회의적 태도로서 접했다면 그는 이렇게까지 건설적이 아니었을지도 모르지만, 동시에 또 이렇게까지 이론의 표면에 서지도 않았을 것이다. 그의 회의는 그 자신의 체계가 형태를 갖추자마자 없어진다. 그에게 다음과 같은 질문을 한다는 것은 생각도 못할 것이다. 즉 '물질'이란 무엇이냐, 물질은 우리가 생각하고 있던 만큼 자동력이 없는 것이 아닌가. 만약 생명이 물질의 마음을 안다면 물질은 생명의 적이 아니고 자진하여 생명을 섬기는 종이 될 것이 아닌가 하고 말이다. 베르그송은 세계와 정신, 물질과 마음, 물질과 생명을 새로 적대 관계에 있는 것으로 간주하고 있지만, 물질과 물체와 '세계'는 지성과 의지에 의하여 형식이 부여되는 것을 기다리고 있는 단순한 재료이다. 그리고 이것들도 생명의 형식이나 정신의 목표인지 아닌지는 누구도 단언 못한다. 헤라클레이토스라면 분명 여기에도 신들이 있다고 말했을 것이다.

베르그송의 다윈주의 비판은 물론 자신의 생기설(生氣說, 바이탈리즘)에 근거한다. 그는 라마르크가 세운 프랑스 전통을 이어받아 충동과 욕망을 진화의 적극적인 힘으로 본다. 그의 생기발랄한 기질은 진화를 물질의 기계적 통합과 운동의 분해에 의하여 구성된 과정이라고 해석하는 스펜서식의 해석을 계승한 것이다. 생명이란 창조적인 힘, 즉 다른 것이 아니라 자기의 욕망을 고집함으로써 기관을 형성해 나아가는 힘이다.

우리는 베르그송이 생물학적 준비에 철저했던 일, 즉 유행 과학(생물학)이 10년의 시험 기간 중 자기에게 맡겼던 문헌이나 잡지에 그가 정통했던 점에 감탄하지 않을 수 없다. 그는 그 지식을 조심성 있게 내놓았을 뿐 결코 잘난 체한 점이 없다(이 잘난 체하는 점이 스펜서의 저작을 답답한 것으로 만들었지만). 대체로 그의 다윈 비판은 충분한 효과를 나타냈다. 진화론의 특히 다윈주의적인 곳은 지금은 일반적으로 파기되고 있다.[11]

많은 점에서 다윈 시대에 대한 베르그송의 관계는 볼테르에 대한 칸트의 관계와 똑같다. 칸트는 베이컨 및 데카르트와 같이 시작하여 디드로 및 흄의 회의론이 종국에 이른 곳의 비종교적인, 그리고 부분적으로는 무신론적인 주지주의의 큰 물결을 밀어제치려고 노력했다. 그리고 그 노력은 선험적인 영역과 문제의 영역에서 지성은 종국적인 것이 아니라는 방향을 취했다. 그런데 다윈은 무의식적으로, 스펜서는 의식적으로, 볼테르와 그 이상으로 볼테르적인 그의 추종자들이 고래(古來)의 신앙에 퍼부었던 공격을 새로이 반복할 것으로서, 칸트나 쇼펜하우어 이전에 그 기반을 상실하고 있던 기계적 유물론이

---

11) 그렇다고는 하나 베르그송의 학설이 반드시 모두 완벽하다는 것은 아니다. 다른 진화론 과정에서 비슷한 현상—이를테면 성별이나 시력 같은 것—이 나타나는 것은 환경의 유사성의 필요성에서 생기는 것인지도 모르며, 다위니즘의 많은 난점은 만일 앞으로의 연구가 잇따르는 세대에 의해 거듭 획득된 여러 형질은 일부분 유전한다고 하는 다윈의 신념을 옳다고 하는 데에 성공만 하게 된다면 해결되게 된다. (원주)

현세기 초엽에 그 옛날의 세력을 회복했던 것이다. 베르그송은 그것을 공격했다. 그것도 칸트식으로 인식비판이나 물질은 마음을 통해서만 알려진다는 관념론적인 주장에 의해서가 아니라 쇼펜하우어의 규범에 따라 주관적 세계는 물론이요 객관적 세계에서도 활동원리, 생명의 불가사의와 신비를 보다 좋게 이해시키는 능동적인 엔텔러키를 구하는 것에 의하여 공격 했다. 아직까지 생기설을 이와 같이 힘차게 주장한 일은 없었으며, 이만큼 매력 있는 의상을 입었던 적도 없다.

베르그송은 일찍이 그 인기를 넓혔지만, 그것은 그가 인간의 가슴속에 영원히 솟아나오는 희망을 변호했기 때문이다. 철학을 존경하면서 영생과 신성을 믿을 수 있다고 알았을 때, 사람들은 기뻐하기도 하고 감사하기도 했다. 그리하여 베르그송의 강의실은 마음속 깊은 곳의 소망이 이러한 학문적 웅변에 의하여 지지되는 것을 기쁘게 생각하는 아름다운 여인들의 집합소가 되었다. 어중이떠중이라는 말은 좀 이상하지만 그녀들 가운데 열렬한 생디칼리스트(무정부주의적인 노동조합 지상주의를 신봉하는 사람)들이 섞여 있어, 그들은 베르그송의 주지주의 비판을 '사고보다 행동'이라는 그들의 복음을 변호하는 것으로 생각했다. 그러나 이 급격한 인기는 대가를 요구했다. 베르그송 신봉자들의 모순된 성질은 그들을 분열시켜, 베르그송도 살아서 자기 명성의 매장식에 참석한 스펜서와 그 운명을 같이한 일도 없었다곤 할 수 없다.

그럼에도 불구하고 베르그송의 철학에 대한 현대의 공헌은 가장 귀하다. 그는 사물의 우연성은 포착하기 힘들며, 정신에는 물질을 다시 만들어 내는 능동성이 있음을 역설했는데, 우리는 그러한 주장이 필요했다. 왜냐하면 우리는 세계를 미리 순서가 정해진 쇼라고 간주하고, 거기에서 우리의 창의란 자기기만이며, 우리의 노력이 신들의 짓궂은 장난이라고 생각하려는 무렵이었던 것이다. 베르그송 이후, 우리는 세계를 우리 자신의 창조적 무대이며 재료라고 보게 되었다. 베르그송이 나오기 전에 우리는 죽은 기계의 톱니바퀴나 수레바퀴였지만 지금은—만약 우리들이 원한다면—창조의 드라마 속에서 스스로 자기의 역할을 써넣을 수 있다.

2. 베네데토 크로체

인간

베르그송에서 크로체로 옮기는 것은 불가능하다. 그들의 진로에는 유사점이 거의 없기 때문이다. 베르그송은 마음에 그려 보는 환상을 인간을 기만할만큼 명쾌하게 표현하는 신비주의자이며, 크로체는 애매모호한 것에 대해 거의 독일적인 천부적 재질을 갖춘 회의주의자이다. 베르그송은 종교적 기질의 사람이면서도 철저한 진화론자인 것처럼 말했고, 크로체는 교권 반대론자이면서도 미국의 헤겔 학도와 같은 글을 썼다. 베르그송은 스피노자와 라마르크의 전통을 이어받은 프랑스의 유대인이고 크로체는 스콜라 철학과 아름다움에 대한 헌신을 제외하고는 그의 종교로부터 어떤 것도 물려받지 않은 이탈리아의 가톨릭 신자이다.

100년간의 철학에 이탈리아가 비교적 부진했던 것은 낡은 신학을 버린 사상가들까지도 스콜라적인 태도와 방법을 보전했던 일이 원인의 일부분일 것이다(더 큰 원인은 말할 것도 없이 상업과 부가 북방으로 이동한 일이다). 이탈리아는 르네상스를 경험했지만 종교 개혁은 경험하지 못한 나라라고 할 수 있다. 이탈리아는 아름다움을 위해서는 자기를 희생하겠지만 진리에 대하여 생각할 때는 필라테스[12]와 같이 회의적이다. 아마도 이탈리아인은 우리같은 다른 나라 사람보다 현명하여 진리는 단순한 가상이지만, 아름다움은—아무리 주관적이라 하여도—현실의 소유물이며 실재라고 인정할 것이다. 르네상스의 예술가들은(사보나롤라 목소리의 메아리와 같은 화필을 지녔던 침울하고 거의 개신교적인 미켈란젤로를 제외하고는) 결코 윤리학이나 신학에 대하여 골치를 썩지 않았다. 교회가 그들의 천재를 인정하고 그들이 청구하는 계산서에 지불만 해 주면 그것으로 만족했다. 이탈리아에서 교양 있는 사람은 교회를 번거롭게 하지 않는다는 것이 불문율이었다. 온 세계 사람들을 카노사에 순례시키고 모든 나라로부터 훌륭한 공물을 거둬들여 이탈리아를 세계의 미술관으로 만들어 준 교회에 대하여 이탈리아인들이 어떻게 냉정한 태도를 할 수 있겠는가.

---

12) 필라테스(빌라도)는 유대의 총독, 예수를 심문했을 때 예수가 진리에 관하여 증명하기 위해 세상에 왔다고 대답한 데 대해 진리란 무엇이냐고 말했다. 그리고 마침내 예수에게 사형을 선고했다. 〈요한복음〉 18장 39절 참조.

그래서 이탈리아는 오래된 신앙에 충실했고 철학에서는 아퀴나스의 《신학대전》에 만족했다. 잠바티스타 비코가 나타나서 다시 이탈리아인들의 마음을 흔들었지만 비코가 사라지자 철학은 그와 함께 죽어버린 것 같았다. 로스미니는 한동안 반항하는 듯 보였으나 그는 굴복했다. 이탈리아 전역에서 사람들은 갈수록 더 신앙이 깊어졌고 교회에 점점 더 충성하게 되었다.

베네데토 크로체는 예외였다. 그는 1866년, 아퀼라 지방의 작은 거리에서 부유하고 보수적인 가톨릭 가정의 외아들로 태어났다. 그리고 그는 가톨릭 신학의 철저한 훈련을 받은 결과, 정신의 평형을 되찾기 위해서 무신론자가 되었다. 종교개혁이 없었던 나라들에는 정통 신앙과 절대적 무신앙의 사이에 중간역은 존재하지 않는다.

베네데토는 처음에 경건한 기분에서 종교의 모든 면을 연구해야 한다고 주장했으나 결국은 종교 철학 및 인간학에 도달하여 무의식중에 그의 연구는 그의 종교를 대신하게 되었다.

1883년, 그의 생활에는 보통 같으면 인간의 마음을 다시 신앙으로 끌어들일 만한 무자비한 타격이 가해졌다. 지진이 크로체 집안이 머물고 있던 카사미촐라테르메라는 작은 마을을 휩쓸어, 베네데토는 부모와 하나뿐인 누이동생을 잃었다. 그 자신도 여러 군데 뼈가 부러져 폐허 위에 누워 있었다. 건강을 회복하기까지 이삼 년이 걸렸지만, 그의 생활과 활동에는 조금도 정신의 좌절이 보이지 않았다.

회복기의 조용한 생활은 그의 마음에 학문에 대한 취미를 불러일으켰으며, 나아가 그것에 박차를 가했다. 그는 큰 재난 뒤에 남은 적은 재산으로 이탈리아에서 가장 훌륭한 도서관을 만들었다.

그는 빈곤이라든가 교수직과 같은 통상적인 벌금을 지불하지 않고 철학자가 되었다. '지혜도 몸을 보호한다'라는 《전도서》의 주의 깊은 권고를 실현한 것이다.

그는 한평생 학자였으며, 학문과 여가를 사랑했다. 그가 정치에 휩쓸려 교육부 장관으로 기용된 것은 정치가뿐인 내각에 철학적 위엄을 더하기 위해서였겠지만, 이것은 그의 주장에 어긋나는 일이었다. 그는 이탈리아 상원(원로원)의원으로 선출되었는데, 이탈리아에서 상원의원은 종신관이 통례이므로 크로체는—고대 로마에서는 이례(異例)가 아니지만 현대에서는 오히려 유일무이의—상원의원인 동시에 철학자가 될 수 있다는 선례를 제시한 셈이다. 그러나 그는 그의 정치를 진지하게 받아들이지 않았다. 주로 국제적으로 유명한 잡지인 《라 크리타》의 편집인으로 시간을 보내면서 이 잡지를 통해 조반니 젠틸레와 함께 사상계와 순수문학을 상세히 비평했다.

크로체

1914년, 전쟁이 일어났을 때 크로체는 단순한 경제적 알력 문제가 유럽정신의 성장을 방해하여도 할 수 없다는 사상에 분격하여 이 전쟁을 자살광의 짓이라고 비난했다. 그리고 이탈리아가 마지못해 연합국에 가담했을 때도 여전히 초연했기 때문에 그는 버트런드 러셀이 영국에서, 또 로맹 롤랑이 프랑스에서 인기가 없었던 것과 같이 이탈리아에서 인기가 없었다. 그러나 지금 이탈리아는 그를 용서하여 이 나라의 청년들은 모두 편견 없는 선배 철학자, 또는 친구로서 그를 우러러 본다. 그는 그들에게 대학과 같이 중요한 인물이 되었다. G. 나톨리가 말했듯이 "베네데토 크로체의 체계는 현대 사상에서 가장 높은 정복으로 남아 있다."라는 평가를 받게 된 것도 이상한 일이 아니다. 이 영향의 비밀을 이제부터 탐구하여 보자.

신화의 철학

그의 첫 책 《사적(史的) 유물론과 칼 마르크스의 경제학》은 원형은 그다지 연관성이 긴밀하지 못한 논문집(1895~1900년)이었다. 그는 로마 대학에서 스승 안토니오 라브리올라로부터 강한 자극을 받아 그 지도 아래 마르크스의 《자본론》의 미궁 속으로 뛰어들었다. '마르크시즘의 문헌을 접하고 잠시 동안 열심히 독일 및 이탈리아의 사회주의에 관한 간행물을 모조리 읽은 결과 나의 전 존재는 동요되었고, 내 안에 비로소 정치적 열정이 눈떴으며, 그것이 나에게 새로움을 추구하는 이상한 경향을 초래했다. 나는 젊지도 않은 나이에 사랑에 빠져 자기의 내면에서 새로운 정열의 불가사의한 작용을 느낀 인간과 같았다.' 그러나 사회개혁이라는 특별한 술도 그를 충분히 취하게는 못했다. 그는 마침내 인간의 정치적 우행(愚行)과 타협하여 또 다시 철학의 제단에 굴복했다.

이 모험의 한 성과는 '효용'의 개념을 진·선·미와 동격으로 높인 일이다. 그렇지만 그는 경제관계의 사항에 마르크스, 엥겔스의 체계가 귀의한 것과 같은 최고의 중요성을 인정한 것은 아니다. 그는 이 사람들을 찬양했지만 그것은 그 이론이—불완전했다고는 하지만—사람들의 주의를 이전에는 과소평가하여 거의 간과했던 사실의 세계에 향하게 했기 때문이다. 그러나 그는 경제학적 역사 해석의 절대주의를 산업적 환경의 힘에 놀라서 항복한 것이라고 비난한다. 또 성인들에게 적합한 철학은 물론 과학적 방법으로 유물론을 인정하는 것조차 거부했다. 정신이 그에게는 제1의 궁극적 실재였던 것이다. 그리고 자기의 사상체계를 기술했을 때, 그는 그것을—거의 도전적으로—'정신의 철학'이라고 불렀다.

그것은, 즉 크로체는 관념론자로서 헤겔 이후의 철학을 인정하지 않고 모든 실재는 관념이라고 생각했기 때문이다. 우리는 우리의 감각과 사상에서 형태를 갖춘 것 이외에는 인식하지 않는다. 그러므로 모든 철학은 논리학으로 환원하며, 진리란 우리들 제 관념의 완전한 관계이다. 아마도 크로체는 이 결론에 좀 지나치게 빠져들었던 모양이다. 논리적이지 않았다면 그는 별로 취할 점이 없다. 물론 그가 철학을 구체적 우주의 탐구라고 부르고 과학을 추상적 우주의 탐구라고 부른 것은 진리를 꿰뚫은 것이지만, 곳곳에서 크로체의 구체적 우주가 보편적인 것은 독자의 불행이다. 그는 결국 스콜라철학 전통의 후예이고 주제와 독자 모두를 기진맥진하게 만드는 난해한 구별과 분류를 즐긴다. 그는 쉽게 논리적인 견강부회로 빠지고 결론을 내리기보다는 논박을 더 잘한다. 니체가 이탈리아적 독일인이듯이 크로체는 독일적 이탈리아인이다.

3부작 《정신의 철학》 제1부의 제목 〈순수 개념의 학문으로서의 논리학〉(1905년)만큼 독일적, 혹은 헤겔적인 것은 없을 것이다. 크로체는 모든 개념이 가능한 한 순수하기를 요구하는데, 이것은 가능한 한 이데올로기적(비현실적)·추상적·비실천적인 것을 뜻하는 것으로 생각한다. 여기에는 철학의 안개 속에서 윌리엄 제임스를 등불로 만든 명료성에 대한 정열이나 실용적 내용은 전혀 없다. 크로체는 관념을 실천적 결과에 환원해 정의하지 않고, 오히려 실용적인 사항을 관념·관계·범주로 환원하기를 좋아한다. 만약 그의 책에서 추상적이고 전문적인 표현을 모두 뺀다면 그의 책은 그렇게까지 무겁지 않을 것이다.

크로체의 '순수 개념'은, 이를테면 양과 질, 진화 및 기타 모든 실재에 적용될 수 있는 보통 개념으로, 그는 이 개념들을 요술 수단으로 쓰기 시작한다. 이것은 마치 헤겔 정신의 재현인 것 같다. 그리고 난해하다는 점에서 스승(헤겔)과 경쟁하려는 듯이 이 모든 것을 '논리학'이라고 부르면서, 크로체는 자기가 형이상학을 경멸하는 사람이지 형이상학에 오염된 사람은 아니라고 생각한다. 그의 관념론은 어느 면에서 미묘한 신앙에 대한 냉정한 태도를 보인다. 그는 종교를 부인하기 때문이다. 의지의 자유는 믿으나 영혼의 불사는 믿지 않으며, 아름다움과 문화생활의 숭배가 그에게는 종교 대용이다. '원시민족의 종교는 그들의 지적 세습재산의 전부였다. 우리들의 지적 세습재산은 우리의 종교이다. ……우리는 종교를 인간의 이론 활동·예술·비평 및 철학과 나란히 보존하고 싶다고 생각하는 사람들이 종교를 어떻게 이용할지 알 수 없다. …… 철학은 종교로부터 모든 존재 이유를 빼앗는다. ……정신의 학문으로서 철학은, 종교를 하나의 현상, 하나의 덧없는 역사적 사실, 초극할 수 있는 하나의 심적 상태라고 간주한다.' 로마가 이 말들을 모나리자의 미소를 가지고 듣지 않는다면 이상하다.

이것은 철학의 이상한 현상으로 자연주의적인 동시에 유심론적이고, 불가지론적(不可知論的)인 동시에 비결정론적이며, 실천적인 동시에 관념론적이고, 경제학적인 동시에 미학적이다. 과연 크로체의 관심은 생활의 실용면보다는 오히려 이론면에 치우쳐 있지만, 그가 논한 모든 제목을 보면 그가 자신의 스콜라적인 경향을 극복하려고 정직하게 노력했음을 알 수 있다. 그는 대저(大著)《실천의 철학》을 썼는데, 일부는 다른 이름으로 된 별도의 논리학이며, 다른 일부는 고래의 자유 의지에 관한 문제의 형이상학적 논의이다. 또《역사 서술의 이론과 역사》에서 그는 역사를 움직이는 힘을 철학으로 보고, 역사가를 자연과 인간에 대해 이론적·추상적이 아닌 현상의 흐름과 원인의 활동범위 속에서 서술하는 사람으로 보는 흥미로운 해석을 했다. 크로체는 비코를 사랑하여, 역사는 철학자가 써야 한다는 옛 이탈리아인의 소원을 마음속으로 지지하고 있었다. 그가 믿는 바에 따르면 완전히 과학적인 역사의 연구라고 하는 우상은 현미경적 지식을 낳고, 이 지식으로 하여 역사가는 너무 많은 것을 알게 되어 진리를 잃어버린다. 과학적 역사가들이 트로이는 존재하지 않았다고 입증한 다음에 슐리만이 하나가 아니라 일곱 개의 트로이를 발굴한 것처럼 흠만 찾아내는 역사가들은 과거에 대한 우리의 무지를 과시할 뿐이라고 그는 생각한다.

"연구로 바쁘게 지내던 젊었을 때, 어느 친구가 한 말을 나는 생각한다. 이 친구는 문헌상의 지식을 조금밖에 알지 못하고 있었는데, 나는 그에게 매우 비판적인, 아니 혹평적인 고대 로마사를 빌려준 일이 있다. 그는 그것을 읽고 나서 나에게 '나는 내가 가장 박식한 문헌학자라는 자랑스러운 확신을 얻었다. 그들은 뼈를 깎는 것 같은 노력 끝에 자기들은 무지하다는 결론에 도달하고 있지만, 나는 전혀 아무 노력도 하지 않고 단지 자연이 인심 좋게 선물한 것처럼 아무것도 모르기 때문이지'라고 말하면서 책을 돌려주었다."

크로체는 실제로 과거를 찾아내기가 곤란함을 인정하고, 역사란 '많은 거짓 가운데 가장 진실 같은 것을 골라내는 기술'이라는 루소의 정의를 인용한다. 그는 헤겔·마르크스·버클과 같이 선입관으로 결론을 내리는 3단 논법에 과거를 집어넣는 이론가를 동정하지 않는다. 역사에는 미리 정해진 계획 같은 것은 존재하지 않는다. 역사를 쓰는 철학가는 우주의 계획을 뒤쫓을 것이 아니라, 원인과 결과 그리고 그 관계를 발견하는 일에 헌신해야 한다. 그리고 또 역사를 쓰는 철학자는 현대에 의의가 있고, 현대를 계발하는 과거만이 가치가 있다는 것을 잊어서는 안 된다. 만약 역사가들이 역사를 자연의 묵시(默示)로 하여 인간의 거울로서 서술한다면, 역사는 마침내 나폴레옹이 이름 붙였듯이 '유일한 진리의 철학 및 심리학'이 될 것이다.

미(美)란 무엇인가

크로체는 역사 및 문학 연구로부터 철학으로 들어갔으므로 그 철학적 관심이 문예비평 및 미학의 모든 문제에 강하게 수식된 것은 자연스러운 일이었다. 그의 가장 중요한 저서는 《미학》(1902년)이다. 그는 형이상학이나 과학보다는 예술을 좋아했는데, 과학은 효용을 주지만 예술은 아름다움을 주기 때문이다. 과학은 우리를 개별적이고 현실적인 것으로부터 더욱 수학적인 추상의 세계로 이끌다 마침내—아인슈타인의 경우와 같이—실천적으로는 중요하지도 않은 중대한 결론을 내린다. 그러나 예술은 우리를 직접 특수한 인물과 독특한 사실, 즉 구체적 개별 형태로 직관되는 철학적 보편으로 이끌어 간다. '인식에는 두 가지 형식이 있다. 즉 직관적 인식과 논리적 인식, 상상력에 의해 얻어지는 인식과 지성에 의해 얻어지는 인식, 개별적 인식과 보편적 인식 및 개체의 인식과 개체 간의 인식이다. 인식은 심상이나 개념의 소산이다.' 그러므로 예술의 근원은 심상을 형성하는 힘에 있다. '예술은 오로지 상상력에 지배된다. 심상은 상상력의 유일한 재산이다. 예술은 대상을 구별하지 않고, 대상을 확실하게 현실적이니 비현실적이니 하지 않고, 대상을 규정하지도 정의하지도 않고 느낌으로써 표현한다. 그 밖에 다른 것은 없다.' 상상은 사고에 앞서며, 사고는 불가결하기 때문에 정신의 예술적 활동, 즉 심상 형성의 활동은 논리적 활동, 즉 개념 형성 활동의 전제이다. 인간은 상상력을 작용시키자마자 예술가이며, 개념적으로 사고하기 훨씬 전부터 이미 예술가이다.

위대한 예술가들은 이 문제를 이렇게 이해했다. 미켈란젤로는 "사람은 손이 아니라 머리로 그린다"라고 말했고 레오나르도는 "고귀한 천재의 정신은 그들이 가장 외적인 일을 덜 할 때 발명에서 가장 능동적이다"라고 말했다. 다 빈치가 〈최후의 만찬〉을 그릴 때, 손도 대지 않은 캔버스 앞에 며칠 동안 꼼짝 않고 앉아 있어서 이 작업을 지시했던 수도원장을 몹시 불쾌하게 만들었다는 이야기는 누구나 알고 있다. 그리고 그는 자신도 모르는 사이에 신사를 유다의 모델로 이용해서 언제 일을 시작하느냐고 끈질기게 추궁하는 수도원장에게 복수했다.

미적 활동의 본질은 바라는 대상을 표현할 완전한 상을 눈앞에 뚜렷하게 상상하려는 예술가의 집요한 노력에 있다. 즉 신비적인 통찰(인사이드)이 아니고 완전한 시각(視覺 : 사이드), 남김 없는 지각, 충분한 표상력을 전제하는 어떤 종류의 직관에 있다. 예술의 불가사의는 사상의 외적 표현이 아닌 사상을 잉태하는 데 있다. 외적 표현 따위는 기계적인 기교 문제, 손재주 문제에 불과하다.

"우리가 말을 내면적으로 지배할 때, 우리의 정신 속에서 모습이나 형태를 똑똑하게 볼 때, 어떤 음악의 테마를 찾았을 때, 표현은 태어남과 동시에 완성되어, 이미 표현은 그 이상 아무것도 필요로 하지 않는다. 그러므로 우리가 입을 벌려 말하거나 노래할 때……그것은 우리가 이미 내면에서 말한 것을 큰소리로 말하는 것이며, 이미 내면에서 노래한 것을 큰 소리로 노래하는 것이다. 우리의 손가락이 피아노 건반을 누르고 연필이나 끌을 쥐었을 때, 이러한 행위는 유의행위(有意行爲)이며—즉 실제적 행동이며, 미적 활동은 아니다—우리가 이미 내면에서 간결하고 신속하게 실행한 것을 큰 동작으로 창작하고 있는 것이다."

이것은 아름다움의 정의를 묻는 곤란한 질문에 대답하는 데 도움이 될까. 여기에 대한 의견은 사람마다 달라서 아름다움을 사랑하는 사람은 모두 자기를 절대 권위자로 본다. 크로체는 아름다움이란 지각된 사물의 본질을 포착한 어느 형상—혹은 일련의 형상—의 정신적 형성이라고 대답한다. 또 한편 아름다움은 내적 형상이 구체화되어 있는 외적 형식보다는 오히려 내적 형상 자체에 속한다. 우리는 우리 자신과 셰익스피어의 차이는 주로 외적 표현의 기교 차이이며, 우리도 언어로 표현하기에는 너무나 깊은 사상을 가지고 있다고 생각한다. 그러나 이것은 분별없는 망상이다. 차이는 형상을 외적으로 표현하는 능력에 있는 것이 아니라 대상을 표현하는 형상을 내면적으로 형성하는 힘에 있다.

창조라기보다는 오히려 관상이라고 할 저 미적 감각조차도 그 본질은 내적 표현이다. 예술작품을 이해, 또는 감상하는 정도는 그려진 진실을 직접적인 직관에 의하여 포착하는 능력, 즉 감명 깊은 형상을 자기 스스로 홀로 형성하는 능력에 좌우된다. 아름다움을 창조하는 예술가와 아름다움을 수용하는 감상자 둘 다에게 미적 비밀은 뜻 깊은 형상이다. 아름다움이란 완전한 표현이며, 불완전한 진(眞)의 표현이란 없기 때문에 우리는 먼 옛날부터 제기된 질문에 대해 아름다움이란 표현이라고 매우 간단하게 대답할 수 있다.

비평

이상은 모두 알고 있는 사실이어서 특별히 가르침을 받는 곳은 없다. 《정신의 철학》에는 정신이 결여되어 있어 거의 동감을 가지고 서술하는 일을 단념시키며,《실천의 철학》은 실천적이 아니고 살아 있는 현실과의 접촉이 결여되어 있다.《역사 서술의 이론과 역사》는 역사와 철학과의 결합을 제안함으로써 진리의 한쪽 발을 붙잡고 있지만, 역사는 분석적이 아니고 총합에 의해서만 철학이 될 수 있다는 것을 깨닫지 못함으로써 다른 한쪽 발을 붙잡지 못한다. 분열되어 여러 개로 흐트러진 역사(경제·정치·과학·철학·종교·문학·예술과 같이 고립된 것처럼 생각되는 사람의 모든 활동에 대한 역사)가 아니라 결혼이 이루어진 역사라고 부를 수 있는 역사를 할 것이며, 사람의 짧은 삶에서도 할 수 있는 어느 일정 시기 동안 인간 생활의 모든 면을 그 상호연관, 유사한 환경조건에 대한 그 공통의 반응 및 여러 가지 상호작용에 관하여 연구하는 역사, 그러한 역사를 할 것이다. 이러한 역사라면 시대의 완전한 묘사, 사람의 복잡성의 영상이어서 철학자도 그것을 적는 데 이의는 없을 것이다.

'미학'에 대하여는 다른 사람들에게 판단을 받으라. 적어도 하나의 학구가 이해할 그런 것이 아니다. 사람은 어떻게 모습을 갖추자마자 예술가일 수 있을까. 형상을 정신에 깃들이는 것만이 예술의 본질이며 외적 표현은 아닌 걸까. 우리는 일찍이 우리의 말보다도 아름다운 사상이나, 감정을 가진 일은 없을까. 예술가 정신에서 내적 형상이 어떤 것인지, 우리가 감탄하는 작품이 예술가의 관념을 실현하고 있는지 없는지, 우리는 어디서 그것을 알아야 될까. 우리는 로댕의《창부》를 그것이 완전한 구상—비록 비천하고 애처로운 대상의 구상이라 해도—을 표현한 풍부한 구체화라는 이유 이외에 무슨 이유로 아름답다고 부르는 것일까. 아리스토텔레스는 현실적으로 우리가 거부감을 느끼는 사물이라도 우리는 그것의 충실한 모사를 보는 것을 기뻐한다고 말했다. 관념을 훌륭하게 구체화한 예술을 존경하지 않으면서 어째서 우리는 그것을 기뻐하는 것일까.

아름다움이란 무엇인가를 말해 주는 이들 철학자를 예술가들이 어떻게 생각하고 있는지를 알면 재미있을 것이다. 아마도 어리둥절하게 될 것이다. 현존하는 가장 위대한 예술가는 이 질문에 대한 대답을 포기했다. 그는 이렇게 썼다. '어떤 것이 왜 아름다우냐 하는 것을 우리는 결코 정확하게는 모를 것이라고 나는 믿는다'고, 그러나 이와 같이 원숙한 지혜는 우리가 통상 너무도 늦게 배우는 하나의 가르침을 보여주고 있다. '아직까지 누구도 나에게 올바른 길을 제시하지 못했다. ……내 스스로의 아름다움에 대한 감각을 따르고 있다. 도대체 누가 자기보다도 더 나은 안내인을 발견했다고 마음 놓고 주장할 수 있을까. ……아름다움과 진리 그 어느 쪽을 선택해야 한다면 나는 서슴없이 아름다움을 선택할 것이다. ……아름다움을 제외하고 세계에 진리란 존재하지 않는다.' 선택할 필요는 없다고 믿고 희망을 갖자. 아마도 언젠가는 우리의 영혼이, 매우 어두운 진리에조차 아름다움이 빛나고 있는 것을 볼 수 있을 만큼 충분히 강하고 맑은 것이 될 것이다.

3. 버트런드 러셀

논리학자

우리 세대의 유럽 사상가 중에서 가장 젊고 남성적인 사상가를 마지막까지 아껴 두었다.

1914년, 버트런드 러셀이 컬럼비아 대학에서 강연했을 때 그 논제는 인식론이었는데, 그는 그 인식론과 같이 야위고 핼쑥한 얼굴에다 빈사상태의 모습인지라 정말 당장이라도 쓰러질 것처럼 생각되었다. 마침 세계대전이 발발한 때여서, 섬세하고 평화를 사랑하는 이 철학자는 가장 문명화된 대륙이 붕괴하여 야만의 상태로 돌아가는 것을 보고 그 충격으로 고민하고 있었다. 그가 '우리의 외계인식'이라는 현세와 거리가 먼 논제에 대하여 이야기하는 것은, 그역시 그것이 현세와 인연이 없는 것을 알면서도 이와 같이 비참한 현실에서 가능한 한 멀리 있고 싶다는 생각일거라고 사람들은 상상했다. 그로부터 10년, 다시 그의 얼굴을 보았을 때 그는 이미 52세가 되었지만, 아직 원기가 있고 쾌활하며 기골이 늠름한 것을 본 사람들은 기뻐했다. 그 10년 동안 그의 모든 희망을 버리고 모든 친분관계를 허물고, 일찍이 그를 보호하던 귀족생활의 기반을 모두 끊어버렸음에도 불구하고 그는 그렇게 건강했던 것이다.

그는 영국과 세계적으로 가장 오래되고 유명한 가문 중 하나인 러셀 가의 사람으로, 이 가문에서는 여러 세대에 걸쳐 영국 정치가가 나왔다. 할아버지 존 러셀 경은 자유당의 대재상(大宰相)으로 자유무역, 자유로운 보통교육, 유대인의 해방, 모든 분야에서의 자유를 위하여 불굴의 투쟁을 계속했다. 아버지 러셀 자작은 자유사상가로서 조상 대대의 서양 신학을 가지고 자식에게 과도한 부담을 주지 않았다. 버트런드는 러셀가의 추정 상속인이었지만 세습제를 부인하고 긍지를 가지고 자활하고 있었다. 케임브리지 대학이 그의 평화주의 때문에 그를 퇴직시켰을 때 그는 세계를 그의 대학으로 삼고 여행하는 소피스트[13](일찍이 영예로운 칭호였던 이 말의 원래 뜻에 있어서)가 되었지만 세계는 즐겨 그를 지지했다.

러셀

버트런드 러셀이라는 사람은 두 명이었다. 한 사람은 전쟁(제1차 대전) 중에 죽었지만 그 대신에 태어났다고 할 다른 한 사람은 수학적 논리학자로서, 잿더미 속에서(불사조와도 같이) 태어난 거의 신비주의적이라고 할 수 있는 공산주의자였다. 아마도 그에게는 처음부터 미묘한 신비주의적 경향이 있어, 그것이 처음에는 산더미같이 많은 대수식으로 나타났고, 다음에는 왜곡되어 철학이라기보다는 오히려 종교의 특징을 띤 사회주의로 나타났다. 그의 책 가운데 그 특징이 가장 두드러지게 나타나는 것은 《신비주의와 논리학》이며, 이것은 신비주의의 비논리성을 철저하게 공격하고 과학적 방법은 찬미하고 있지만, 그 찬미 방법은 '논리학의 신비주의'를 연상할 정도이다.

그가 논리학의 힘을 강조하고 수학을 신격화한 것은 아마 과잉대상이었을 것이다. 1914년에 그는 냉혈한으로서, 일시적으로 생기를 갖게 된 추상 개념, 걸어다니는 수학 공식이라는 인상을 주었다. 그가 말하기를, 베르그송이 지성을 영화의 필름에 비교하고 있는 것을 읽기까지는 한 번도 영화를 본 일이 없었는데, 그 뒤 이것도 철학 공부라 생각하고 한 차례 영화를 보러 갔다고 한

---

13) 소피스트는 지식인이라는 뜻으로 고대 그리스 때 도시에서 도시로 지식과 학문을 가르치며 돌아다니던 학자에 대한 존칭이었는데, 뒷날(플라톤 이래) 궤변가라는 악명이 되어 지금에 이르렀다.

다. 베르그송의 시간과 운동에 대한 발랄한 감각(센스)도, 만물은 생명의 약진력에 의하여 살고 있다는 그의 감정도 러셀에게는 아무런 인상도 주지 못했다. 그것은 그에게는 아름다운 시와 같이 여겨졌을 뿐, 그 이외에는 아무것도 아닌 것처럼 생각되었다. 그가 보기에 자신에게는 수학 이외의 다른 신은 없었다. 그는 고전을 좋아하지 않았다. 그는 마치 스펜서나 되는 듯이 열정적으로 과학 교육의 강화를 주장했다. 세계가 불행한 이유는—하고 그는 생각했다—주로 신비주의, 즉 허용될 수 없는 사고의 애매성 때문이며, 그러므로 첫 번째 도덕 법칙은 정확한 사고여야 한다. '내가—또는 다른 인간이—허위를 믿을 정도면 세계가 몰락하는 편이 낫다. ……이것은 세계의 쓰레기를 그 불길로 태워 버리는 사고의 종교이다.'

명석(明哲)에의 정열에 이끌려 러셀이 수학으로 달린 것은 피할 수 없는 일이며, 이 귀족적인 학문의 냉정한 정밀도에 마치 피가 끓는 듯한 정열을 느꼈을 것이다. '수학, 올바르게 고찰하면 단지 진리뿐만 아니라 더할 수 없이 높은 아름다움도 가지고 있다. 이 조각과 같이 냉철하고 엄격한 아름다움은 우리의 약한 본성 어느 부분에 호소하지도 않으며, 회화나 음악의 화려한 장식도 하지 않으며, 또 숭고할 만큼 순수하고 최고 예술에서만 볼 수 있는 완벽이 있다.' 그가 믿는 바에 의하면 수학의 진보는 19세기의 가장 뛰어난 현상이며, 특히 '수학적 무한을 둘러싼 기왕의 여러 가지 난문의 해결은 아마도 우리 시대에서 자랑할 수 있는 최대의 업적'일 것이다. 불과 1세기 동안에 2천 년간이나 수학의 성채를 지켜온 낡은 기하학은 거의 전부가 파괴되었으며, 유클리드의 텍스트—세계 최고의 교과서—는 드디어 바뀌었다.

아마도 현대수학의 혁신은 대부분 공리의 부정이 근원일 것이며, 러셀은 '자명(自明)한 진리'를 의심하고 자명한 사실을 증명하라고 주장하는 사람들을 환영할 것이다. 그는 '평행선은 어디에선가 교차될지도 모른다'고 말하는 사람이 있는 것을 기뻐했다. 짝수는 수 전체로 보아 그 절반인데, 수 전체와 같은 수의 짝수가 존재한다. 모든 수의 배수는 모두 짝수이기 때문이다. 이런 수수께끼를 내놓고 순진한 독자들을 놀라게 하는 것을 그는 좋아한다. 실제로 이것은 수학적 무한이라고 하는, 아직까지 정의를 내리지 못한 가장 아픈 급소이다. 즉 수학적 무한은 전체와 똑같은 많은 요소, 또는 세목을 포함한 여러 부분으로 이루어지는 어느 전체이다. 독자는 만약 용기가 있으면 러셀의 이 지시(힌트)[14]를 따라가 보라.

러셀을 수학으로 끌어당기는 것은, 역시 수학의 완강한 비인격성과 객관성이다. 그리고 단지 여기에만 영원한 진리와 절대적 인식이 있고, 이들 선천적 정리야말로 플라톤의 '이데아', 스피노자의 '영원의 질서', 세계의 실체이다. 철학은 수학과 마찬가지로 정밀함과 그 타당성을 경험 이전에 유지하는 명제만을 진술함으로써 수학과 같이 완전하게 된다는 것을 목적으로 하여야 한다. '철학적 명제는 ……선천적이라야 한다'라고 이 색다른 실증주의자는 말하고 있다. 그러한 명제는 사물에서가 아니라 관계에서, 그것도 보편적 관계에 걸리며, 특수한 '사실'이나 사건에는 관계가 없을 것이다. 비록 시계에서 모든 특수한 것이 변화해도 이들 명제는 여전히 참될 것이다. 예를 들어 '모든 A가 B이며 X가 A면 X는 B다'의 명제는 비록 A가 무엇이든 역시 참이다. 이 명제는 소크라테스는 죽는다는 문제에 관한 옛 3단 논법을 보편적인 선천적 형식으로 환원하며, 비록 소크라테스라는 사람이, 또는 어떠한 사람도 일찍이 생존하지 않았다고 하여도 참이다. 플라톤이나 스피노자는 옳았다. '보편적인 것의 세계는 존재의 세계라고도 말할 수 있다. 존재의 세계는 불변이고 엄밀하고 정확하며, 수학자·논리학자·형이상학 체계의 건설자, 그리고 완전성을 생명 이상으로 사랑하는 모든 사람들에게 있어 매우 유쾌한 것이다.' 철학으로부터 제거하여 철학을—그 범위를 충분히 넓게 잡아 모조리—수학 속에 밀어 넣

---

14) 그러나 러셀의 수학서를 전문가가 아닌 사람에게 권하려는 것은 아니다. 《수리철학시설》은, 책머리는 얼핏 보아 이해하기 쉬운 것 같으나 곧 독자에게 수학의 전문가에게밖에 충족시킬 수 없는 요구를 부과한다. 《철학의 여러 문제》라는 조그만 책도 대중들에게 맞게끔 하려 한 것이었는데, 인식론 때문에 불필요하게 어려워져 있다. 더 부피가 많은 《신비주의와 논리학》 쪽이 훨씬 명석하고 안정감이 있다. 《라이프니츠의 철학》은 제한된 지면임에도 불구하고 대 사상가의 아주 훌륭한 해설서이다. 《정신의 분화》과 《물질의 분석》이라는 쌍생아 같은 책은 도저히 그 큰 표제에 따르지는 못한다. 그러나 심리학이나 물리학의 최근 어떤 상황에 통하게 해준다. 전후—제1차 대전 후—의 저서는 읽기가 쉬우며, 점차 환멸로 돌아가고 있는 이상주의를 품고 있는 사람들은 당연한 혼란 때문에 고민하고 있지만, 흥미 깊은 것이라 시간을 들여 읽을 가치가 있다. 《왜 인간은 싸우는가》는 지금까지 평화주의를 변호한 논문집 중 가장 훌륭하다. 《자유에의 길》은 디오게네스로 거슬러 올라가는 사회철학—러셀은 그것을 콜럼부스와 같은 감격으로써 발견하고 있다—의 간절한 개관이다. 〔원주〕

는 일, 이것이 현대의 피타고라스의 야심이었다.

"사람들은 어떻게 하면 추리를 대수의 경우와 같이 기호화할 수 있을까를 발견했으므로 연역은 수학적 법칙에 의하여 행할 수 있다. ……순수 수학은 여러 명제가 어느 사항에 대하여 참이라 하면 다른 여러 명제도 이 사항에 대하여 똑같이 참이라는 주장에서 오로지 성립되어 있다. 제1의 명제가 정말로 참인지 아닌지를 논하지 않고, 참이라고 하는 해당 대상이 무엇인가를 말하지 않는 것이 그 본질이다. ……그러므로 수학은 우리가 무엇에 대하여 논하고 있는가 하는 것도, 우리가 말하는 것이 참이냐 아니냐 하는 것도 우리가 전혀 알 수 없는 학과라고 정의할 수 있다."

그리고 아마도 이 기술(실례지만 서술을 돌연 중단한다)은 수리철학(數理哲學)에 대하여도 과히 어긋나지는 않을 것이다. 수리철학은 그것을 좋아하는 사람들에게는 훌륭한 유희이다. 버트런드 러셀은 이와 같은 학문적 공상을 몇 권 써 모은 뒤에 돌연 지구의 표면에 내려서서 전쟁이나 정치, 또는 사회주의며 혁명에 대하여 매우 열심히 논하기 시작했지만, 그때 《수학의 원리》 속에 층층이 쌓여 있는 빈틈없는 모든 공식을 한 번도 사용하지 않았다는 것은 주목할 만하다. 더구나 그것을 어느 누구도 사용하지 않았다. 유용하기 위해서 사고는 사물에 관계하여야 되고 한 발짝마다 사물과의 접촉을 유지하여야 된다. 추상은 총괄로서 유용하지만 논증의 수단으로는 경험과 해설을 필요로 한다. 우리는 여기에서 스콜라주의의 위험에 빠지는 것이며, 이 위험에 비하면 중세 철학의 거대한 《신학대전》 같은 것도 오히려 실천적 사고의 모범이라고 할 정도이다.

이러한 출발점부터 버트런드 러셀이 불가지론자(不可知論者)가 되는 것은 거의 운명적이었다. 그는 그리스도교 속에서 수학으로 나타낼 수 없는 많은 것을 발견했으므로, 그리스도교를—그 도덕률은 별도로 치고—완전히 포기했다. 그는 그리스도교를 인정하지 않는 자를 박해하고 그리스도교를 해롭게 생각하는 자를 투옥하는 문명을 경멸해서 말했다. 이런 모순에 찬 세계에서 그는 신을 발견할 수 없는 것이다. 오히려 유머러스한 메피스토펠레스만이 예외적인 마술을 부리는 기분으로 신을 만들어냈을 것이라고 말한다. 그는 세상의 종말관에서는 스펜서를 따르고 웅변으로 스토아적 체험을 설명하면서 모든 개인과 모든 종의 궁극적인 패배를 물리친다. 우리는 진화와 진보에 대하여 이야기하지만, 진보란 자기 본위로 말하는 방법이며, 진화란 분해와 죽음으로 끝나게 되는 일의 그 무도덕적 순환의 반쪽에 불과하다. '유기적 생명은 원생동물부터 철학자까지 점차 발달했다고 말하지만 이 발달은 틀림없이 진보라고 우리는 확신한다. 유감이지만 이 확신을 우리에게 안겨 주는 것은 철학자이지 원생동물은 아니다.' '자유인'은 아이들과 같은 희망이나 의인관에 의한 신들에게 마음 놓을 수는 없다. 결국 자기도 죽을 것이라는 사실과 만물은 죽지 않으면 안 된다는 것을 알고 있어도 자유인은 용기를 잃어서는 안 된다. 자유인은 그럼에도 불구하고 싸움을 포기하지 않을 것이다. 이기지는 못하지만 그는 적어도 싸움을 누릴 수가 있는 바 이것은 자기 자신의 패배를 예시하는 인식에 의해 자신을 파멸시킬 맹목적인 힘보다 우월하기 때문이다. 그는 이 외적인 힘, 그 맹목적인 지속성에 의하여 그를 정복하고, 그가 고생하여 이룩한 모든 가정을, 그리고 모든 문명을 파괴하는 이 잔인한 힘을 숭배하는 것이 아니라, 패배에 직면하여도 여전히 싸움으로써 상하기 쉬우나 적어도 수세기 동안 유지되는 회화나 조각의 아름다움을 낳고 지금은 폐허가 되어 있는 지난날의 장엄한 파르테논을 건설한 저 내적인 창조력을 숭배할 것이다. 이러한 것이 버트런드 러셀의 제1차 세계대전 전의 철학이었다.

개혁자 러셀

그리고 그때부터 전쟁이 터졌다. 오랫동안 논리학·수학·인식론의 중압에 파묻혀서 침묵하던 버트런드 러셀은 갑자기 불길처럼 타올라, 세계는 이 비쩍 마른 빈혈환자 같은 대학 교수가 대단한 용기의 소유자이며 인간성에 대한 뜨거운 사랑을 가진 사람임을 알고 감탄했다. 수식(數式)의 세계에서 나온 이 학자는 자국의 가장 명성 높은 정치가들에게 쉴 새 없이 논쟁을 걸어서 대학 교수 자리를 쫓겨나고, 제2의 갈릴레이와 같이 런던의 좁은 한구석에 격리되었을 때에도 그것을 그치지 않았다. 그의 지혜에 의문을 가진 사람도, 그가 진지한 것은 인정했다. 그러나 그들은 러셀의 이 놀라운 변화에 당황하여 한때는 매우 비영국적인 불관용(不寬容)을 보였다. 논쟁을 건 우리의 평화주의자는 대단한 명문 출신인데도 불구하고 사회에서 매장되었을뿐더러 전쟁의 소용돌이 속에서 그의 존재는 조국의 배반자로서 공공연히 위협과 비난을 받았다.

이 반역의 배후에는 피비린내 나는 투쟁 그 자체에 대한 단순한 혐오가 잠재하고 있다. 육체를 탈피하여 정신적이 되려고 노력한 버트런드 러셀은 실은 감정의 형성물이었으며, 제국의 이해관계 같은 것은, 죽기 위하여 자랑스럽게 자기 눈앞에 진군해 나간 젊은이들의 생명 값이 될 수 없다고 생각했다. 그는 이러한 대학살의 원인을 색출하는 일에 착수하여 사회주의야말로 그 생성근원을 찾아낼 뿐 아니라, 그 유일한 치료법을 제시하는 경제적·정치적 분석이라고 생각했다.

재산이란 모두 그 기원은 폭력행위와 절도였다는 것이 그의 의견이다. 킴벌리의 다이아몬드 광이나 랜드의 금광(모두 남아프리카)에서는 세계의 면전에서 강탈로써 재산을 이전시키는 것이 행하여졌다. '토지의 사유에서는 어떠한 종류의 이익도 공동체에 생기지 않는다. 다만 인간이 이성적이라면 토지 사유는 내일부터 정지할 것이며, 그리고 현재의 소유자에게는 보상으로서 정당한 연금을 지급한다고 알려야 한다.'(이상의 논지는 러셀이 만년에 소련 체제 중 이것이 얼마나 그릇된 환상이었던가를 깨달았다.)

사유재산을 국가가 보호하고, 재산의 원인인 강탈을 법률이 인정하고, 무기나 전쟁으로 강행하는 이상, 국가는 하나의 커다란 재악(災惡)이다. 따라서 국가의 대부분의 기능을 협동조합이나 기업조합이 인수하는 것이 바람직하다. 인격과 개성은 우리 사회로 인해 짓눌려 기계제품과도 같이 서로 닮은 것이 될 것이며, 더 큰 안전과 질서 있는 오늘의 생활만이 우리를 국가와 화해시킬 수 있다.

자유는 가장 좋은 선이며, 자유 없이 인격은 있을 수 없다. 생활과 지식은 오늘날 매우 복잡해졌으므로 다만 자유 토의에 의해서만 우리는 오류와 편견 사이에서 진리인 그 포괄적인 관점에의 길을 찾아낼 수 있다. 사람들은—교사들까지도—제각기 다른 의견을 주장하여도 상관없다. 이렇게 정반대의 견해로부터 소신의 이성적 상대성은 생기는 것이며, 사람들은 그렇게 쉽사리 무기(武器)에 호소하지는 않을 것이다. 증오와 전쟁은 주로 고정된 사상이나 독단적인 신앙으로부터 나온다. 사상과 언론의 자유는 시원한 바람처럼 '현대'

정신의 노이로제와 미신을 날려버릴 것이다.

　우리는 자신이 생각하고 있는 것만큼 교육이 충분하지 못하기 때문에 일반 교양이라고 하는 일대 실험을 우리의 사고와 공공생활에 깊이 영향을 미칠 만한 시간이 아직 없었던 것이다. 우리는 시설을 갖추고 있는 중이지만, 그러나 그 방법과 기술은 아직도 원시적이다. 교육이란 확정된 지식을 어느 정도 전달하는 것이라고 생각하고 있지만, 교육은 오히려 과학적·정신의 발달이라야 한다. 지력 없는 인간의 현저한 특징은 의견이 경솔한 것과 그 의견을 절대시하는 점이다. 과학자는 믿는 일이 더디고 주제 없는 많은 말을 하지 않는다. 교육에 과학 및 과학적 방법을 비교적 넓게 사용하고 있다는 것은 눈앞에 증거가 있는 것만을 믿으며, 사실을 의심하며 항상 직접 확인하는 그 지적 양심을 측량하는 척도라 할 수 있다. 이러한 방법으로 교육은 우리 병폐의 커다란 해결책이라는 것을 알 수 있다. 그리하여 재빨리 우리 손자의 시대에는, 새로운 시대가 출현하기 전에 이미 존재하고 있어야 할 새로운 남녀가 형성될 것이다. '우리 성격의 본능적 부분은 순응성이 풍부하다. 그것은 신조, 물질 및 사회적 사정과 제도에 의해 변할 수 있다.' 이를테면 이런 일은 충분히 생각할 수 있다. 즉 교육은 르네상스 시대와 같이 예술이 부(富) 이상으로 찬미되도록 사람들의 의견을 형성할 수 있으며, 또 교육은 '모든 창조적인 것을 촉진하여 소유의 주위로 모여드는 충동과 욕망을 감소시킨다'는 결의에 의하여 지도할 수 있을 것이다. 이것이 '성장의 원리'이며, 이 원리 계통이 새로운 자연적 도덕의 두 개의 주요한 계율이 될 것이다. 첫째는 '존경의 원리'로 '개인 및 공동체의 생명은 될 수 있는 한 촉진시킬 것'이라는 것이며, 둘째는 '관용의 원리'로 '개인, 또는 공동체의 성장은 될 수 있는 한 다른 개인, 또는 공동체를 희생시킴이 없이 영위할 것'이라는 것이다.

　만약 훌륭한 학교, 또는 대학 조직이 적절하게 발달하고 그에 적합한 교사진이 구성되어, 인간의 성격을 개조하는 방향으로 현명하게 지도한다면 인간이 하지 못할 일은 하나도 없다. 이것이 경제적 욕심과 국제적 잔인성을 벗어나는 길이지, 폭력혁명이나 지상(紙上)의 입법은 아니다. 인간이 다른 모든 생명형태를 지배하게 된 것은 인간이 성장을 위하여 오랜 시간을 소비했기 때문이다. 여기서 더 오랜 시간을 소비하여 그 시간을 좀 더 현명하게 사용한다면 인간은 필경 자기 자신을 지배하고, 자기를 개조할 수 있게 될 것이다. 우리의 학교는 유토피아를 향해 문을 열어주는 주문이 될 것이다.

맺는말

이것은 매우 낙천적인 편이다. 절망에 서서 그릇되는 것보다는 희망에 서서 그릇되는 것이 낫긴 하지만, 러셀은 그의 사회철학에 형이상학과 종교에 대한 태도로서 단호하게 억제했던 신비주의와 감정을 주입했다. 그의 경제설과 정치설에는 수학이나 논리학에서 그를 만족시켰던 모든 가정(諸假定)에 대한 엄격한 음미나 모든 공리(諸公理)에 대한 회의를 거론하지 않았다. 그의 선천성에 대한 열정, '무엇보다도 귀중한 완전성에 대한 사랑은 여기서 그에게 훌륭한 상태를 상상시키고 있다.' 즉 인생의 모든 문제가 실제상의 처리에 소용되는 것보다는 오히려 산문적인 세계로부터의 시적 해방에 소용되는 상태를, 예를 들어 예술이 부(富)보다도 높이 존경되는 사회를 생각하는 것은 즐거운 일임에 틀림없다. 그러나 모든 국민이 '집단적 자연선택'의 흐름 속에서 예술적 능력보다는 오히려 경제적 능력에 따라서 성쇠하는 이상 예술적 능력이 아니고 경제적 능력이—그 존속가치에 응하여—보다 많은 갈채와 보수를 획득한다. 예술은 부에서 성장하는 꽃에 불과하며, 결코 부를 대신할 수는 없다. 메디치 가는 미켈란젤로보다도 먼저였던 것이다.

그러나 러셀의 이 멋진 환상에 굳이 결함을 찾아낼 필요는 없다. 그 자신의 경험이 그에 대한 가장 엄격한 비판이었기 때문이다. 러시아에서 그는 사회주의적 사회를 건설하려는 노력을 직접 보았다. 그리고 이 실험이 부딪쳤던 여러 가지 곤란은 자기 자신의 복음에 대한 러셀의 신앙을 거의 파괴시켰다. 러시아 정부가 그에게는 자유철학의 공리라고 생각되었던 그 정도의 민주주의조차 실행치 못함을 발견하고 실망했다. 그리고 언론과 출판의 자유의 억압과 모든 선전 수단의 철저한 독점과 조직적 사용에 화가 나서 러시아 인민의 문맹을 오히려 기뻐했다. 왜냐하면 읽을 능력이 있다면 신문이 정부에 매수되어 있는 이 시대에서는 진실을 아는 일을 방해하기 때문이다. 그는 토지의 국유화—지상에서의 일은 별도로 치고—가 사유를 양보하지 않을 수 없게 만든 것을 보고 놀랐다. 그리고 인간은 현재로는 자기의 토지를 자기가 개량한 그대로 자식들에게 물려줄 가망이 없는 한 그것을 애써 성실하게 경작하지 않는다는 것을 알기 시작했다. '러시아는 커다란 프랑스, 즉 대자작농가가 되어가는 것 같다. 옛 봉건제도는 사라졌다.' 그는 극적 혁명과 모든 희생, 온갖 영웅주의에도 불구하고 러시아는 1789년에 머물러 있는 데 지나지 않다는 것을 깨닫기 시작했다.

중국에서 1년간 가르쳤을 때가 아마도 훨씬 편안했을 것이다. 중국은 러시아보다 기계화가 뒤떨어진 데다 속도도 느려서 조용히 앉아 사색할 수 있었으며, 생활을 하나하나 분석하고 있는 동안 생활은 정지하고 있었다. 인간의 이 대해(大海)속에서 새로운 전망이 이 철학자에게 열려 유럽은 보다 큰 대륙과 보다 낡은─그리고 분명 보다 깊이 있는─문화와의 위족(僞足; 원생동물의 그것과 같이)에 불과함을 깨달았다. 그의 이론과 연역은 모두 이 제 국민 중의 마스토돈(즉 중국을 말함)을 앞에 놓고 겸손한 상대성으로 융합되었다. 그가 다음과 같이 기술한 것을 보면 그의 체계가 완화된 것을 알 수 있다.

"나는 생각해왔던 것만큼 백인이 중요하지 않다는 것을 깨닫게 되었다. 가령 유럽과 미국이 전쟁으로 전멸이 되더라도 그것은 반드시 인류의 멸망은 아닐 것이다. 뿐만 아니라 문명의 종말조차도 아닐 것이다. 여전히 상당수의 중국인이 남아 있다. 그리고 여러 가지 점에서 중국은 내가 지금까지 본 나라 중에서 가장 큰 나라다. 그것은 단순히 숫자상이나 문화상의 최대국일뿐 아니라 지적으로도 최대국으로 생각된다. 이와 같이 마음이 넓고, 현실주의적이고, 자진하여 있는 그대로를 바라볼 뿐 그것을 구부려 특수한 형(型)에 넣지 않으려는 문명을 나는 아직 다른 곳에서 본 일이 없다."

영국으로부터 미국·러시아·인도, 그리고 거기서 중국으로 건너가서도 자기의 사회철학을 그대로 변경시키지 않는 것은 좀 곤란한 일이었다. 세계를 돌아보고 버트런드 러셀은, 세계는 자기의 정식(定式)에 들어맞기에는 너무도 넓고, 자기가 바라는 쪽으로 재빨리 가까이하기에는 너무 크고 또한 무겁다는 것을 확신하게 되었다. 인간의 욕망은 각양각색이다. 지금은 그도 시간의 경과와 다채로운 생활에 의하여 원숙하게 된─몸에 붙어 있는 해가 되는 나쁜 것을 더욱 많이 알아차리면서도 사회적 변화의 어려움을 올바로 알게 된 경지에까지 도달한─'나이가 지긋한 지혜로운 인간'이 되어 있다. 지극히 심원한 형이상학과 지극히 정묘한 수학에 숙달하여 있고, 더욱이 항상 단순하게—다만 성실한 사람에게만 주어지는 명석(明晳)으로—말하는 매우 매력 있는 사람이며, 동정심을 갖고 살필 줄 아는 인류에 대한 거의 신비주의적이라고 할 사랑으로 충만한 사람이다. 아첨꾼이 아닌 틀림없는 학자이고 신사이며, 예수를 말하는 크리스천보다도 훌륭한 크리스천이다. 다행히도 그는 아직 젊고 원기에 차 있어서 생명의 불은 아직도 훨훨 타고 있다. 다음의 10년간, 그가 환멸에서 제기하여 지혜에 도달함으로써 '철학자의 존자(尊者)들' 가운데 최고들 축에 그 이름을 남기게 될지 누가 알겠는가?

현대 미국의 철학자들

서론

누구나 알고 있듯이 두 개의 미국[1]이 있는데, 그 하나는 유럽직이다. 유럽적 미국은 주로 동부의 여러 주로 구성되었으며, 그곳에서 옛 주민은 외래의 귀족주의를 존경의 눈으로 쳐다보지만 새로운 이주자들은 일종의 향수를 가지고 고국의 문화와 전통을 회상한다. 이 유럽적 미국에서는 냉정하고 기품 있는 앵글로색슨의 정신과, 보다 새로운 국민의 현실적 정신 사이에 많은 갈등이 있다. 영국적인 생각과 풍습은 주위에 넘치고 있는 이 대륙의 여러 문화 앞에 결국은 굴복할 것이 틀림없지만, 현재는 영국적인 것이 미국 동부의 문학을—비록 그 도덕은 아니지만—지배하고 있다. 대서양 여러 주의 예술 및 취미의 표준은 영국적이며, 문학적 유산도 영국적이며, 철학도—우리들에게 철학할 여가가 있을 경우—영국적 사고의 선상에 있다. 이 새로운 영국이 워싱턴·어빙·에머슨·포우를 낳았으며, 미국 최초의 철학자 조너선 에드워즈가 책을 쓴 곳도 이 새로운 영국이다. 그리고 색다른 외국 태생의 인물로서 미국의 최근 사상가인 조지 산타야나를 붙들고 그 정신을 변조시킨 것도 이 새로운 영국이었다. 산타야나는 단지 지리적 관계에서만 미국의 철학자일 뿐이기 때문이다. 그는 스페인 태생의 유럽인으로서 아무것도 모르는 어린 시절 미국으

---

1) 산타야나 자신이 말하고 있는 두 개의 미국에 대한 다음의 분석을 참조하라. "미국은 단순히 오래된 마음을 가진 젊은 나라가 아니다. 그것은 두 개의 마음—하나는 조상의 신앙과 규범의 풍습, 또 하나는 젊은 세대의 본능·행동 및 발견의 현상인데—을 가진 나라이다. 보다 높은 모든 정신적 사항, 즉 종교·문학·도덕·감정 등에서는 유전된 정신이 우세하여, 버나드 쇼가 미국은 백 년은 뒤떨어졌다고 인정할 정도이다. 사실 미국 정신의 절반이 육지에 올라갔다고는 하지 않았을지라도 잔잔한 날씨를 만나 뱃길을 멈추고 조용히 바다 위에 떠 있었는데, 다른 반은 그 앞에서 발명·산업 및 사회조직에서 나이아가라의 급류를 쏜살같이 흘러내리고 있었던 것이다. 이 관계는 미국의 건축에서 상징적으로 표현되고 있음을 찾아볼 수 있다.— 미국적 의지는 마천루에 깃들고, 미국적 지성은 식민지 양식의 대저택에 깃들고 있다. 〔원주〕"

로 와서 나이를 먹고—낙원으로 돌아가는 기분으로—유럽으로 돌아갔지만, 그가 미국에서 보낸 세월은 낙원으로 돌아가기 위한 견습기간이었다. 산타야나는 낡은 미국의 '기품 있는 전통'에 젖어 있었다.

또 하나의 미국은 미국적 미국이다. 그것은 양키(뉴잉글랜드 사람)라든가, 후저(인디애나주의 주민)라든가, 카우보이라고 하는, 유럽이 아닌 이 땅에 뿌리박은 사람들로 이루어졌고, 그 생활양식·사상·이상은 토박이이며, 그 정신은 보스턴·뉴욕·필라델피아·리치먼드 등의 자랑인 기품 있는 가정이나, 남부와 동부 유럽인의 변덕스런 열정에도 손상되지 않았다. 그들은 남자나 여자나 원시적인 환경과 작업에 단련되어 튼튼해진 신체와 곧고 순진한 마음을 가졌다. 이것이 링컨·소로우·휘트먼·마크 트웨인을 낳은 미국이다. 그것은 'horse sense(조잡하지만 실용적인 상식)'의 미국, '실제인'의 미국, '완고한 실업가'의 미국이며, 이 미국이 윌리엄 제임스에게 깊은 인상을 준 결과, 그는 미국의 철학적 해설가가 되었지만 동생 헨리는 영국인 이상으로 영국적이 되었다. 그리고 이 미국이 존 듀이를 낳은 것이다.

연대상의 순서를 무시하고 우리는 먼저 산타야나를 연구하겠지만, 그 까닭은 그가 비교적 위대한 철학자들 중에서 가장 나이가 어림에도 불구하고 예전부터 내려 온 외국학파를 대표하기 때문이며, 사상의 정묘함과 문체의 향기로움이 꽃을 내간 다음에 방 안에 남아 있는 향기와도 같기 때문이다. 이 나라에는 아마도 또다시 산타야나와 같은 사람은 나오지 않을 것이다. 왜냐하면 이후로는 미국의 철학을 쓰는 것은 미국으로서이지 유럽으로서는 아닐 것이기 때문이다.

1. 조지 산타야나

생애

산타야나는 1863년 마드리드에서 태어났다. 그러나 1872년에 미국으로 건너가, 1912년까지 머물렀다. 하버드 대학에서 학위를 받은 뒤 그곳에서 27세부터 50세까지 교편을 잡았다.

제자 중 한 사람은 다음과 같이 그를 묘사한다.

"교실에서의 그를 기억하는 사람은, 그가 진실하고 온순하며 내향적이었다는 것이 생각날 것이다.

르네상스의 화가가 그린 사도 요한과 같
은 그의 얼굴은, 공상적인 눈을 가지고 있으
며, 고대 이집트의 신관과 같은, 반은 익살스
러우며 반은 만족스러운 듯한 미소를 머금
고 있었다.

그의 풍부한 음성은 예배당의 설교처럼
거침없이 잘 조화된 억양으로 흘러나왔다.
그의 미문은 시와 같이 짜임새 있고 완전했
으며, 예언과 같은 무게를 가지고 있었다.

산타야나

아무튼 그는 청강생들을 대신하여 말했지 청강생들을 향하여 말하는 것은
아니었다. 이렇게 함으로써 그는 학생들의 본성을 밑바닥에서부터 흔들어 놓
아 그들의 마음을 설레게 했다.

신비롭고 위덕 있는 신탁과도 같이 그만큼 그는 멀리서도 사람을 끌어당기
는 힘이 있었다. 사람들을 움직이게 하면서 스스로는 움직이지 않는 것이었다.

그는 자기가 선택한 나라에 완전히 만족하지는 않았다. 넓은 학식으로 유연
할 뿐만 아니라 시인의 영혼과 같이 다감한 그의 영혼은 미국 도시 생활의 시
끄러움에 못 견뎌 본능적으로 보스턴에서 은거하게 되었다. 마치 가능한 한
유럽 가까이 가려는 듯이. 그리고 보스턴에서 다시 케임브리지와 하버드로 옮
겼으며, 제임스나 로이스보다는 플라톤이나 아리스토텔레스를 좋아하는 조용
한 생활로 들어갔다. 그는 동료들의 인기에 약간 신랄한 미소를 지었고 군중
과 언론으로부터 떨어져 지냈다. 그러나 그는 미국 대학 중 가장 훌륭한 철학
학교에서 안식처를 찾은 것이 자신의 행운임을 알았다. '그것은 이성(理性)의
삶에서 구름이 조금 끼었지만 밝고 신선한 아침이었다.'

그의 최초의 철학논문은 《미의 감각》(1896년)이며, 5년 뒤에는 단편적이지
만 좀 더 알기 쉬운 《시와 종교의 해석》을 써냈다. 그로부터 7년 동안은 사랑
하는 사람을 섬기는 야곱과도 같이 묵묵히 공부를 하며, 다만 때때로 몇 편
의 시를 발표했을 뿐이다. 그는 주저(主著) 《이성의 삶》을 준비하고 있었다. 이
다섯 권의 책(《상식에서의 우리》, 《사회에서의 이성》, 《종교에서의 이성》, 《예술에서의

이성》 및 《과학에서의 이성》)은 곧 산타야나의 명성을 높여 주었다. 그의 뛰어난 소질이 그에게 결여된 대중성을 보완했던 것이다. 이 책에는 스페인 최고 귀족의 영혼이 에머슨의 고귀한 심정과 결합해 있고, 지중해적인 귀족주의가 뉴잉글랜드적 개인주의와 미묘하게 융합되어 있으며, 무엇보다도 우선 시대정신부터 도저히 침범할 수 없는, 철저하게 해방된 영혼이 자신감 있는 의젓한 눈으로 우리의 초라한 모든 체계를 고찰하고 있으며, 우리의 낡은 몽상을 매우 냉철한 추리와 아름다운 산문으로써 깨닫게 하는 옛날 알렉산드리아에서 온 이교의 학자와 같이 말하고 있다. 플라톤 이래로 철학이 이와 같이 아름답게 진술된 일은 거의 없다. 이 책에는 새롭고 깊은 취향의 언어가 있으며, 황홀한 향기가 따끔하게 찌르는 것 같은 기지를 포함할 결이 고운 말씨가 있다. 호화로운 은유에서는 시인이 모습을 드러냈고, 잘 다듬은 문장에서는 화가의 모습이 드러났다. 아름다운 유혹과 진리의 요구를 느낄 수 있는 인간을 찾아낸 것은 참으로 좋은 일이었다.

이 역작으로 명성을 차지한 뒤, 산타야나는 그 명성에 안주하여 시와 짧은 책만을 발표했다. 그로부터 그가 하버드를 떠나 영국으로 이주한 것을 보고 세계는 그가 자기의 일을 완료했다고 생각했지만, 1923년 그는 '존재의 영역'이라 불리게 될 새로운 철학 체계의 서론에 불과할 뿐이라고 유쾌한 예고를 하면서 《회의와 동물적 신앙》이라는 내용이 충실한 한 권의 책을 발표했다. 육십 고개를 넘은 사람이 새로이 먼 항해에 나선 것은 감명 깊은 일이다. 왕성한 사고력과 세련된 문체는 변함이 없었다. 우리는 이 새로운 저서를 연구하기 시작해야 한다. 왜냐하면 그것은 실제로 산타야나의 사상 전체로 들어가는 입구이기 때문이다.

《회의와 동물적 신앙》

머리말은 다음과 같다. '여기에는 또 하나의 철학 체계가 있다. 만약 독자가 미소 짓는다면 나도 독자와 함께 미소 지을 것을 보증할 수 있다. ……나는 단순히 독자가 미소 짓게 하는 모든 원리를 독자를 위하여 표현하려고 시도할 뿐이다.' 산타야나는 상당히 겸손하여—철학자에게는 흔치 않은 일이지만—자기의 체계 이외에 다른 여러 가지 체계가 가능하다고 믿는다. '사람들이 다른 사고방식을 좋다고 생각한다면 나는 결코 나의 사고방식으로 생각하지 않는다. 사람들은—만일 자기가 할 수 있으면—변화가 풍부한 아름다운 조망이 더욱 선명하게 전개되도록 마음의 창문을 잘 닦아야 한다.'

이러한 머리말의 새로운 책에서 산타야나는 무엇보다도 우선 현대철학을 얽어매어, 그 성장을 방해한 인식론이라는 거미줄을 떨어뜨리려는 시도를 한다. 《이성의 생활》을 서술하기 전에는 그도 자진하여 전문적 인식론자가 중요시하는 모든 술어를 써서 인간 이성의 근원, 타당성, 한계를 논하고 있었다. 그도 사고의 커다란 함정은 기존의 여러 가정을 비판 없이 받아들이는 일이라는 것을 알고 있었다. '비판은 인습의 팔에 안겨 있는 영혼을 놀라게 한다'고 그는 인습에 젖지 않고 말했다. 그는 스스로 모든 것을 의심한다. 세계는 통과해 온 모든 감각질의 물방울을 뚝뚝 떨어뜨리면서 우리에게 오고, 과거는 갖가지 욕망에 의하여 진실이지만 믿을 수 없는 기억을 통해 우리에게 오기 때문이다. 다만 한 가지 확실하다고 생각하는 것은 순간의 경험, 즉 이 색채, 이 형태, 이 맛, 이 향기, 이 질이다. 그것은 '실재계(界)'이며, 그것들의 지각이 '본질의 발견'이다.

관념론은 정당하다. 그러나 그다지 중요하지는 않다. 우리는 세계를 우리의 표상을 통해서만 알 수 있지만, 세계는 이미 몇 천 년째, 마치 상호 결합된 우리의 감각이 진실인 것처럼 행동하고 있기 때문에, 우리는 미래의 일을 근심하지 않고 이 실용주의적 승인을 믿어도 된다. '동물적 신앙'은 신화적 신앙일지도 모르지만 생명은 삼단논법보다는 중요하기 때문에 유용한 신화이다. 흄의 과오는 관념의 기원을 발견함으로써 관념의 타당성을 파괴했다고 생각한 데 있다. '그의 철학은, 아이들은 모두 자연의 자식이 아니냐고 물어본 저 프랑스 부인의 지혜에도 미치지 못했다.' 회의론자와 같이 경험의 진리성을 의심하는 일에 엄격하려는 이 노력은 독일인들 사이에 추진되어 병폐로까지 되어 더럽지도 않은 손을 자주 씻는 정신병자를 연상케 한다. 그러나 '자기 자신의 정신 속에서 우주의 기초를 찾는 이들 철학자라 하여도, 그 생활을 보면 물질은 지각되지 않았을 때는 존재하는 것을 중지한다고 참으로 믿는 것 같이는 생각되지 않는다.'

"우리는 자연계에 대한 우리의 개념을 버릴 필요는 없다. 하물며 일상생활에서 자연계의 존재를 믿는 것을 그만둘 필요는 더구나 없다. 우리는 '북부서'로 향하고 있을 때만 '선험적'으로 관념론자이며, 남풍이 불어올 때는 여전히 실재론자가 된다. ……나는 토론할 때 이외에는 믿지도 않는 견해에 찬성하는 것은 수치스러운 일이라고 생각한다. 자기가 내걸고 생활하는 것과 다른 의식에서 싸우는 것은 부정직하고 비겁한 것처럼 생각된다. 그러므로 내 눈으로 볼 때 스피노자를 제외한 근대의 저작자들은 모두 철학자가 아니다. ……나는 솔직하게 자연의 손을 잡았다. 그리고 멀리 사색을 달릴 때도 내가 그것을 믿고 매일을 살아가는 동물적 신앙을 기준으로 승인한 것이다."

이렇게 하여 산타야나는 인식론과 손을 끊었다. 그리고 우리는 그와 함께 플라톤 및 아리스토텔레스의 당당한 부흥—그것을 그는 '이성의 생활'이라고 부르지만—에 도달하면 한숨 돌리게 되는 것이다. 이 인식론적 서론은 명백히 새로운 철학을 위하여 필요한 세례였다. 과도기적 양보였다. 철학은 마치 궁정에서 왕을 알현할 때, 비단바지를 입은 노동운동 지도자들처럼 여전히 인식론적 옷차림을 자랑하고 있기 때문이다. 언젠가 중세가 정말로 사라지면 철학은 이 구름에서 내려와 인간사를 다루게 될 것이다.

《과학에서의 이성》

이성의 생활이란 '의식의 결과에 의하여 정당성이 인정된 모든 실제적 사고 및 행위에 대한 명칭'이다. 이성은 본능의 적이 아니고, 모든 본능의 적합한 화합이다. 그것은 의식화된 우리의 본성으로서 자기 자신의 진로와 목표를 비쳐 준다. 그것은 '두 가지 요소—충동과 개념 작용—의 행복한 결혼이며, 만약 이혼하게 된다면 인간은 짐승이나 미치광이가 된다. 이성적 동물은 이 두 괴물의 결합으로 생긴다. 그것은 공상적이지 않은 관념과 공허하지 않은 행위로부터 만들어진다.'

'이성의 생활'은 분명히 과학을 기초로 하고 있다. 왜냐하면 '과학은 신뢰하기에 충분한 모든 인식을 포함하기 때문'이다. 이성은 믿을만한 것이 못되고 과학은 과오를 범하기 쉬운 것임을 산타야나는 알고 있었다. 그는 현대의 과학적 방법에 의해 행해지는 분석을 단지 경험 속에서 규칙적으로 관찰한 것의 빠른 기술로 인정할 뿐이며, 세계를 지배하는 불변의 '법칙'으로 간주하지 않는다. 그러나 이와 같이 한정되기는 하지만 과학은 우리가 신뢰하는 유일한 것이어야 한다. '지성의 신앙은 ……그 결과에 의해 정당하다고 인정된 유일한 신앙이다.' 이와 같이 산타야나는 인생을 이해하려고 결심한 것이다. 그리고 소크라테스와 같이 이야기를 주고받지 않는 생활은 인간에게 맞지 않다고 느끼고 있다. 그래서 모든 '인간 발달의 제상(諸相)', 즉 인간의 관심과 역사의 모든 야외극(野外劇 : 패전트)을 이성의 음미에 붙이고자 했다.

그럼에도 불구하고 그는 대단히 소극적이어서 굳이 새로운 철학을 내세우려는 것이 아니라 단지 낡은 모든 철학을 우리의 현재의 생활에 적용하려는 것뿐이었다. 그는 최초의 철학자들이 가장 훌륭하다고 생각했으며, 그중에서도 데모크리토스[2]와 아리스토텔레스를 으뜸으로 치고 있다. 그는 전자의 단순하고 솔직한 유물론과 후자의 냉정한 온건, 공정성을 좋아한다. '아리스토텔레스에서 인간 본성에 대한 개념은 완벽하게 건전하다. 이상적인 모든 것은 자연적 기초를 가지고 있으며, 자연적인 모든 것은 이상적인 발전을 하고 있다. 그의 윤리학은 철저히 소화하고 저울질할 때 완전히 궁극적인 것처럼 보일 것이다. 이성의 삶은 거기서 고전적인 전유물을 발견한다.' 이러한 산타야나는 데모크리토스의 원자와 아리스토텔레스의 중용으로 무장하고 현대생활의 모든 문제에 맞선다.

"자연철학에서 나는 단호한 유물론자다. 아무래도 이것이 유일하게 살아있는 철학인 것 같다. ……그러나 나는 물질이 그 자체로 무엇인지를 알고 있다고 말하지 못한다. ……나는 과학자들이 그것을 가르쳐 주기를 기다리고 있다. ……그러나 비록 물질이 무엇이든 나는 그것을 대담하게 물질이라고 부른다. 마치 그의 비밀은 모르지만 아는 사람이기에 스미스나 존슨이라고 부르듯이."

그는 무신론의 도피 구실인 범신론(汎神論)과 같은 사치품은 허용치 않는다. 우리는 자연을 신이라 부름으로써 자연에 무엇을 덧붙이는 것은 아니기 때문이다. '자연이라는 단어는 아주 시적이다. 이 말은 내가 살고 있는 세계의 생성적이고 통제적인 기능, 즉 끝없는 생명력과 변화하는 질서를 충분히 보여준다.' 이러한 세련되고 변질된 형태의 낡은 믿음에 영원히 집착하는 것은 구식 갑

---

2) 산타야나는 데모크리토스를 그 저서 《Diglogues in Limbo》의 주인공으로 하고 있다. [원주]

옷을 만지작거리는 돈키호테와 같다. 그렇지만 산타야나는 시인이므로 신성을 모두 빼앗긴 세계는 차갑고 불편한 집이라는 것을 알고 있다. '어째서 인간의 양심은 결국 항상 자유주의에 반항하고 어떤 형태로 보이지 않는 것의 예배로 향하는 것인가?' 아마도 그것은 '영혼이 영원하고 이상적인 것에 속하기 때문이리라.' 영혼은 현재의 상태에 만족하지 않고 보다 나은 생활을 동경한다. 죽음을 생각하고 탄식하며, 어떠한 힘이 자기를 유전 속에서 영원한 것으로 만들지도 모른다는 희망에 매달린다. 그런데 산타야나는 주저 없이 단정한다. '나는 영생은 존재하지 않는다고 믿는다. ……틀림없이 우리의 내부에 작용하는 것은 세계의 영(靈)과 에너지이다. 마치 바다가 하나하나의 작은 물결에 의해 움직이듯이. 그러나 아무리 불러보아도 그 영혼은 우리를 지나쳐서 거침없이 앞으로 가버린다. 우리의 특전은 그것이 움직이는 것을 보았다는 것뿐이다.'

기계론은 아마도 보편적일 것이다. 그리고 비록 '물리학이 인간사도 그 일부분인 지각의 미세한 움직임과 번식을 설명할 수 없다'고 하더라도 심리학에서 가장 좋은 방법은 영혼의 가장 깊은 곳에서도 기계론이 타당하다고 가정하는 것이다. 심리학은 모든 정신적 사건의 기계적이고 물질적인 기초를 추구할 때만 문학을 떠나서 과학의 영역으로 들어간다. 스피노자의 정념에 대한 훌륭한 연구조차도 문학 심리학에 불과하다. 스피노자는 각각의 충동과 감정을 생리적이고 기계적인 근거로 삼지 않았기 때문에 연역의 변증법에 지나지 않는다. 오늘날의 '행동주의자들'은 올바른 길을 찾았고, 그것을 두려워하지 않고 따라야 한다.

생명은 철두철미하게 기계적이고 물질적이기 때문에 물건이 아니라 상태이며, 과정인 의식은 원인으로서의 작용력을 갖고 있지 않다. 작용력은 충동이나 욕망이 뇌와 육체를 움직이는 열에 있는 것이지 사상으로서 번쩍이는 빛에 있는 것이 아니다. '사고의 가치는 관념적인 가치일 뿐, 원인으로서의 가치는 아니다.' 즉 사고는 행동의 도구가 아니라 표상된 경험의 무대이며, 도덕적 또는 미적 향수의 그릇이다.

"혼란한 신체를 지배하여 어떤 결과가 생길지 알 수 없는 육체적 습관의 길을 가리키는 것은 정신인가. 아니면 이 불가사의한 일을 수행하는 것은 오히려 자동적인 내적기구이고, 정신은 때때로 이 작용을 힐끗 쳐다보고는 어떤 때는 기뻐서 동의하고, 어떤 때는 무력하게 거부하는 것인가. ……랄랑드였는지 누구였는지는 망원경으로 천계를 조사하고도 신을 발견하지 못했지만, 가령 그가 현미경으로 뇌를 조사했어도 인간의 정신만은 발견하지 못했을 것이다. ……이러한 정신을 믿는 것은 마력을 믿는 것과 마찬가지다. ……심리학자가 관찰하는 유일한 사실은 신체적 사실이다. ……마음이란 물질적인 동물의 내부의 뛰어나고 민첩한 조직 활동이며……각 세대마다 종자에서 성장하는 신경과 조직의 놀라운 그물 눈(綱目)에 불과하다."

우리는 이 경솔한 유물론을 용인하여야만 하는 것일까. 산타야나 같은 치밀한 사상가이자 영기(靈氣)를 내뿜는 시인이 수세기의 노력을 거쳐서도 여전히 한 개의 꽃의 성장도, 한 사람의 어린아이의 웃음조차도 설명하지 못하는 철학의 무거운 짐을 지고 있다는 것은 놀랄 일이다. 세계를 물질과 정신으로 양분할 수 있는 혼성물이라고 해석하는 것은 '자동인형과 유령을 억지로 결합시키는 격'이라는 것은 옳은 말일지 모르지만, 그것은 산타야나가 자신을 반성하는 자동인형이라고 해석하는 것처럼 의인화된 논리이다. 만약 의식이 작용력을 가지고 있지 않다면 어째서 의식은 이와 같이 천천히, 애를 써서 진화했으며, 쓸모없는 것은 즉시 쓰러지는 세계에서 어째서 존속하고 있는 것일까. 의식은 향수의 기관일 뿐만 아니라 판단의 기관이다. 의식 생활의 임무는 반응의 예행연습이며, 반작용의 조정이다. 우리가 사람인 것은 의식이 있기 때문이다. 분명히 꽃과 그 종자, 아이와 그 웃음은 생각할 수 있는 어떠한 기계보다 그 이상으로 우주의 신비를 포함하고 있으며, 아마도 자연을 죽음의 개념으로 이해하려는 것보다 생의 개념으로 해석하는 것이 현명하리라. 그러나 산타야나는 베르그송을 읽고도 그를 경멸하며 등을 돌렸다.

"베르그송은 삶에 대해 많은 이야기를 하고 있으며, 생명의 본성에 깊이 파고들었다고 생각한다. 그러나 탄생과 마찬가지로 죽음도 삶이 무엇인지 분석하는 데 필요하다. 태양이 움직이고 비가 내리기를 기다려야 하는 이 창조적인 목적은 무엇인가? 어떤 개인이든 총알에 의해 갑자기 소멸할 수 있는 이 삶은 무엇인가? 온도가 조금만 떨어져도 우주에서 완전히 추방될 수 있는 이 '생명의 약진(elan vital)'은 과연 무엇인가?"

《종교에서의 이성》

　프랑스인은 크리스천을 그만둔 뒤에도 오랫동안 가톨릭 신자로 있을 것이라고 생트뵈브는 말했다. 이 분석은 르낭이나 아나톨 프랑스에게 해당되지만 동시에 산타야나에게도 해당된다. 그는 배반한 여자를 아직도 생각하는는—'그녀가 거짓말한다는 것을 알면서도 나는 그녀를 믿는다'는—사나이처럼 가톨릭교를 사랑하고 있다. 그는 옥스퍼드에서 어느 구식 제례(祭禮)에 참석했을 때의 자기를 다음과 같이 묘사했다.

　　구아다라나의 산봉우리 보랏빛으로
　　거센 바람 휘몰아치는 황야에서 쫓겨
　　모든 희망의 목표, 지선(至善)의 정원
　　영혼이 믿고 의지할 천국으로부터 쫓겨난
　　추방자이다, 나는.

　산타야나가 《종교에서의 이성》이라는 걸작을 쓴 것은 이 은밀한 꿈, 즉 이 두터운 신앙적 무신앙 때문이다. 이 회의의 책에는 정다운 비애의 정이 줄줄이 넘치고, 가톨릭교의 아름다움에서 발견한 가톨릭교를 여전히 사랑하는 충분한 이유가 있다. 과연 그는 '전통적 정통신앙, 즉 우주는 인간을 위하여, 또는 인간의 영혼을 위하여 존재하고 또한 소임을 다한다는 신앙'을 일소에 붙이고 있는 것이 틀림없다. 그러나 '과학적으로 본 종교의 어리석음—이것은 아무리 볼 줄 모르는 사람도 조금은 알 것이다—을 발견한 것을 자랑은 하지만, 그들의 교의(敎義 : 도그마)가 나온 원래의 사고 습관, 그들의 교의의 근원의 의의와 진리의 작용을 탐구하지 않고 방치하는 젊은 재사들이나 시대에 뒤떨어진 늙은 풍자가들에게서 흔히 볼 수 있는 그 '계몽'을 경멸하고 있다.' 인간이 곳곳에서 종교를 가져왔다는 것은 뭐니 뭐니 해도 역시 주목할 현상인데, 만약 우리가 종교를 이해하지 않는다면 어떻게 인간을 이해할 수 있을 것인가. '이러한 연구는 회의자를 가사적 존재(可死的存在 : 즉 인간)의 신비와 슬픔에 직면시킬 것이다. 그리고 어째서 종교가 이렇게까지 인간의 마음을 움직이고, 또 어느 의미에서는 어째서 이렇게까지 깊은 정당성을 갖고 있는가를 회

의자에게 이해시킬 것이다.'

산타야나는 루크레티우스와 같이, 처음에 신들을 만든 것은 공포였다고 생각한다.

"초자연적인 존재에 대한 믿음은 가장 불행한 상태에 놓인 인간이 시도하는 필사적인 내기이다. 그것은 그의 운세가 회복하면 서서히 다시 찾게 될 정상적인 생명력의 원천으로부터 끌어낸 것이다. ……모든 일이 뜻대로 풀릴 때 우리는 우리의 힘으로 그렇게 되었다고 생각한다. ……인간이 구별하고 반복하는 것을 배우는 첫 번째 일은 자신의 의지를 가진 것들, 자신의 일상적인 요구에 저항하는 것들이다. 그래서 그가 최초로 현실에 직면하는 감정은 일종의 증오이고, 이 증오는 약자에 대해서는 잔인함으로 강자 앞에서는 두려움과 아첨으로 변질한다. 종교, 심지어 최고의 종교에서도 신에게 귀속되는 동기가 얼마나 초라한지, 그리고 얼마나 곤궁하고 쓰라린 생활로부터 이러한 동기를 이끌어냈는지를 알게 된다면 애처롭기만 하다. 최고의 음식을 제공받고, 기억되고 찬양받고 맹목적으로 격식을 차려 복종하는 것은 신들에게 명예로운 일로 여겨져 왔으며, 이 명예에 따라서 신들은 터무니없는 규모의 은총과 처벌을 퍼부을 것이다."

공포에는 상상력이 작용한다. 인간은 억제할 수 없는 정령 신앙자(精靈信仰者 : 물활론자)로서 모든 것을 의인화하여 해석한다. 자연을 제 백신(諸百神)으로 인격화하고 희곡화하여 채워 '무지개는……어느 아름다운 신출귀몰의 여신이 하늘에 남긴 발자국으로 본다'고는 하지만, 인간은 이들 훌륭한 신화를 문자 그대로 모두 믿는 것은 아니다. 그렇지만 이들 신화 속에 포함되어 있는 시는 인간을 도와서 산문적인 인생에서 견디도록 한다. 신화를 낳는 힘은 오늘날에는 약해졌고, 과학은 상상력에 대하여 격심하게 의심 많은 반동을 초래했지만 미개 민족 사이에는, 특히 근동지방에서는 그것이 약화되지 않았다. 《구약성서》에는 시와 은유가 가득하다. 그러나 《구약성서》를 기록한 유태인들은 그들 자신의 묘사를 문자 그대로 해석하지 않았다. 그럼에도 문자에만 구애되는 유럽인들이 이들의 시를 과학으로 잘못 알았을 때 우리 서양의 신학은 생겨난 것이다. 그리스도교는 처음에 그리스의 신학과 유태의 도덕과의 결합이었다. 그것은 어느 쪽인가의 요소가 서로 우세를 나타내는 불안정한 결합으로써 가톨리시즘에서는 그리스의 이교적 요소가 우세하고, 프로테스탄티즘에서는 엄격한 헤브라이의 도덕이 우세하다. 전자는 르네상스를 경험했고, 후자는 종교개혁을 경험한 것이다.

독일인—산타야나는 독일인을 '북방의 야만인'이라고 부른다—은 결코 참뜻으로 로마의 그리스도교를 받아들인 것은 아니었다. 고딕식의 대성당은, 야만인, '비 희랍인'의 것이지 로마인의 것은 아니었다. 독일인의 호전적 기질이 동양인의 평화 애호성을 깔보고, 그리스도교를 동포애의 종교로부터 상업 도덕의 엄격한 훈육으로 바꾸고, 청빈의 종교에서 번영과 권력의 종교로 바꿨다.

산타야나는 그리스도교를 문자대로만 해석하지 않는다면 그리스도교만큼 아름다운 것은 없는데, 독인인은 그것을 문자대로 해석할 것을 고집했다고 생각한다. 그리스도교의 정통신앙이 독일에서 소멸하는 것은 불가피한 일이었다. 만약 문자대로 한다면 죄 없는 인간이 영원한 벌을 받고, 전능한 신의 인자에 의하여 창조된 세계에 악이 존재하는 이러한 옛 교리보다 더한 부조리는 있을 수 없기 때문이다. 종교에 관한 개별적인 해석의 원칙은 자연스럽게 사람들 사이의 종파를 난립시켰고 엘리트들 사이의 온화한 범신론—'시적으로 표현된 자연주의'에 지나지 않는 범신론—을 퍼뜨렸다. 레싱과 괴테, 칼라일, 에머슨은 이러한 변화의 상징이었다. 간단히 말해서, 예수의 도덕 체계는 역사의 짓궂은 우연으로 말미암아 선지자와 그리스도의 평화주의와 함께 그리스도교에 전달되었던 호전적인 여호와를 파괴했다.

산타야나는 체질상으로나 집안의 전통상으로나 프로테스탄티즘에 동감할 수가 없으며, 청년시절의 신앙(가톨리시즘)의 색채와 향기를 좋아했다. 그는 프로테스탄트가 중세의 아름다운 전설을 버린 것을, 더욱이 그가 하이네와 같이 '지극히 아름다운 시의 꽃'이라고 보는 처녀 마리아를 무시한 일을 질책한다. 어느 문인이 말했듯이 산타야나는 신은 존재하지 않지만 마리아는 신의 어머니라고 믿고 있는 것이다. 그는 자기 방을 마리아와 성도들의 초상화로 장식하고, 산업을 취하기보다는 예술을 취한다는 것과 동일한 이유에서 다른 어떤 종교의 진리보다도 오히려 가톨리시즘의 아름다움을 사랑한다.

"신화를 비평하는 데는 두 단계가 있다. ……첫째는 화를 내어 그것을 미신으로 취급하고, 둘째는 미소 지으며 그 시를 읽는다. 종교는 인간의 상상력에 의해 해석된 인간의 경험이다. ……종교는 진리와 생명을 문자대로 서술한 것이지 상징적 표현은 아니라는 견해는 전혀 있을 수 없다. 그런 견해를 가진 사람은 이 주제에 관한 유익한 철학적 사색의 영역에 발을 들여놓은 일은 없는 것이다. ……종교적 문제는 결코 논쟁할 문제가 아니다. ……우리는 오히려 이들 우화를 존경하고 시를 이해하려고 노력하는 것이다."

그러므로 교양 있는 사람은 민중의 생활을 위로하고, 고무하는 신화를 혼란하게 하는 행동은 하지 않을 것이다. 그리고 마침내 마음속으로 그들에게는 희망이 있어 부럽다고 생각할 것이다. 그렇지만 그는 내생의 신앙은 갖지 않을 것이다. '태어났다는 사실은 불사에 대한 흉조이다.' 교양 있는 사람의 관심을 끄는 불사는 오직 스피노자가 기술한 불사이다.

산타야나는 말한다. '이상에 살고, 이상을 사회 또는 예술에 표현하여 후세에 남기는 사람은 이중의 불사를 누린다. 살아있을 때는 영원한 것이 그를 열중시키고, 죽은 뒤에는 그의 영향에 의해 똑같이 영원한 것이 사람들을 열중시킨다. 그 일로 인하여 그들은—그의 자기 최선의 부분과 이념에서 같기 때문에—그가 당연히 멸망으로부터 구출하려던 그 자신의 모든 내부 것의 화신이 되어 그 영원한 자리를 차지한다. 그는, 아무것도 속이지 않고 자신을 기만하지도 않고 자신이 완전히 죽는 것은 아니다, 라고 말할 수 있다. 왜냐하면 그는 자신의 죽음과 모든 변화의 고찰자가 되고 고백자가 됨으로써 자신을 모든 영혼 속에서 작용하고 있는 영적인 것, 모든 이해 속에 움직이는 정묘한 것과 동일시했을 것이다. 자기 자신을 이와 같이 이해함으로써 그는 자기가 영원하다는 것을 진지하게 느끼고, 또한 인식할 수 있었다.'

《사회에서의 이성》

초자연적인 희망과 공포를 이용해 격려하지 않고 인간을 설득하여 덕을 행하게 하는 수단을 발견하는 것은 철학의 큰 문제다. 이론적으로 철학은 이 문제를 두 번 해결했다. 즉 소크라테스와 스피노자의 철학은 자연적 윤리학과 이성적 윤리학의 완벽한 체계를 세상에 내놓았다.

만약 사람이 이 철학의 어느 쪽인가를 규범으로 삼고 자란다면 모든 일이

제대로 될 것이다. 그러나 '참으로 이성적인 도덕이라든가 참으로 이성적인 사회제도는 아직까지 존재하지 않았으며, 또 도저히 그런 것을 기대할 수는 없다.' 그것은 어디까지나 철학자들의 사치품이다. '철학자는 그 자신 안에 안식처를 가지고 있는데, 나는 이 안식처에 내세에서 따라야 할 우화와도 같은 행복이 있을지 의심스럽다. 그것은 다만 시적 상징일 뿐이다. 그는 진리에서 즐거움을 느끼며, 이 장면을 즐기거나 그만 둘 준비가 되어 있다.'(비록 철학자에게도 장수를 바라는 고집스러운 소망이 엿보일지라도). '철학자가 아닌 나머지 사람들에게 도덕적 발달의 길은 과거와 마찬가지로 미래에도 사랑과 가정의 관대한 분위기 속에서 피어나는 사회적 감정의 성숙에 있어야 한다.'

쇼펜하우어가 주장했듯이 연애는 종족이 개인에 거는 사기라는 것, '연애의 원인의 10분의 9는 사랑하는 사람 쪽에 있고, 그 10분의 1이 상대측에 있다'고 말한 것, 그리고 연애는 '영혼을 또다시 비인격적인 맹목적 흐름 속에 흘려버린다'고 하는 것은 과연 옳은 말이지만, 그럼에도 불구하고 연애는 그것을 보상하고 인간은 그 최대의 희생 속에 가장 행복한 만족을 얻는다. '라플라스는 죽음의 순간에 과학 같은 것은 보잘것없다. 연애만큼 진실한 것은 없다'고 말했다 한다. 로맨틱한 연애는 시적 망상인데도 불구하고 결국 통상적인 상태인 어버이와 자식의 관계로 마무리 지으며, 이 관계는 독신생활의 편안보다는 본능에 있어 훨씬 만족한 것이다. 자식은 우리의 '불사'이며 '우리는 보다 깨끗한 원고에 불사의 원문이 절반쯤 쓰인 것을 보면, 자기의 생활이라는 잉크로 더러워진 원고를 자진하여 태워 버린다.'

가족은 인류 영속의 길이며, 따라서 변함없는 인류의 기초적인 조직이다. 이것만 존속되면 다른 조직은 모두 붕괴되어도 종을 보존할 수는 있을 것이다. 그러나 가족은 문명을 단지 어떤 단순한 단계에까지밖에 이끌어갈 수 없으며, 그로부터 앞으로의 발전은 보다 큰, 보다 복잡한 조직이 필요한 것이며, 그러한 조직 속에서는 가족은 생산 단위가 될 수 없고, 그 성원의 경제 관계에 대한 통제력을 상실하여 정신을 차렸을 때는 그 권위와 권력을 국가에 빼앗긴 것이다. 국가란—니체가 부르짖었듯이—괴물, 그것도 불필요하게 커다란 괴물일지도 모른다. 그러나 국가의 중앙집권적인 전제(專制)는 여러 가지 잡다한, 한없는 작은 전제—그것에 의하여 옛날에는 생활에 고통을 받고 속박되었던 것이다—를 배제했다는 장점도 있다. 편안히 앉아서 공물을 받는 해적 두목이 수수료니, 자릿세니 하며 예고 없이 무제한 갈취하는 것보다는 낫다.

인민의 애국심의 일부분은 여기서 비롯된다. 그들은 정부에 대하여 지불하는 금액이 무질서의 대가보다는 싸다는 것을 알고 있다. 산타야나는 이러한 애국심은 이익보다는 오히려 해가 되지 않을까 생각했다. 이러한 애국심은 변화를 부르짖는 자를 반역으로 몰기 쉽기 때문이다. '자기 나라를 사랑하는 것은 그 사랑이 전혀 맹목적이고 타성적인 것이 아닌 이상 나라의 현재 상태와 나라 고유의 이상과는 확실히 구별되어야 한다. 그리고 이렇게 구별하면 거기에는 필연적으로 변화와 노력이 필요하다.' 한편 민족애도 간과할 수 없다. '일부 민족은 분명히 다른 민족보다 우수하다. 존재의 모든 조건에 더욱 잘 적응했다는 점이 그 민족의 정신에게 승리, 활동의 기회 및 상대적 안정을 얻게 한 것이다.' 그러므로 잡혼은 같은 수준의 안정을 가진 민족끼리 하지 않으면 위험하다.

국가 최대의 재앙은 국가가 전쟁의 기관—즉 열세하다고 생각하는 세계의 머리 위에 쳐드는 주먹—이 되려는 경향이다. 산타야나는 일찍이 전쟁에 이긴 민족은 없다고 생각한다.

"대개 시대와 국가가 그러하듯이, 정당이나 정부가 나쁠 경우, 전쟁에서 군대가 이기느냐 지느냐 하는 것이 토지의 황폐라는 문제를 제외하면 공동체에게는 사실상 어느 쪽도 마찬가지다. ……이러한 국가에 사는 시민들은 어쨌든 계속하여 최대의 세금을 지불하고 개인적 이익에 관하여는 극단적으로 복잡한 간섭을 받든가 아니면 극단적으로 무시당한다. 그럼에도 불구하고……억압된 인민들은 그렇지 않은 자들과 마찬가지로 애국적 열정을 불태우고, 대중의 이익을 대표하지 않는 정부에 대한 이 보람 없는 복종이 얼마나 잘못된 것인가를 지적하는 사람이 있으면, 즉시 그를 가리켜 의무감도 없고 명예심도 없다고 비난할 것이다."

이것은 철학자로서는 과격한 말이다. 그러나 산타야나의 말을 삭제하지 말자. 그의 생각에 의하면, 비교적 큰 국가에 의한 정복이나 병합이 때로는 인류를 조직하고 평화스럽게 만드는 일보 전진일 경우가 있다. 세계가 일찍이 로마에게—최초는 칼로, 나중에는 말로—통치되었던 것처럼 만약 세계가 어떤 강국의 집단에 의하여 통치된다면 그것은 세계에 있어 고마운 일일 것이다.

아마도 국제 스포츠의 발달은, 모든 국민 간의 경쟁심에 어떤 돌파구를 주어, 어느 정도 '전쟁의 정신적 대용물로써의 역할을 할 것이며, 또는 자본의 상호투자는 세계 시장을 위해 전쟁도 마다하지 않은 상업의 경향을 제한할 수도 있을 것이다.' 산타야나는 스펜서만큼 산업에 매혹된 것은 아니고, 산업의 평화적 측면과 함께 그 전투적 측면을 알고 있을 뿐이다. 대체로 그는 현대 대도시의 소음보다는 옛날의 귀족주의 분위기가 편안하다고 생각하고 있다. 우리는 너무나 많이 생산하여 자기가 만든 것에 압도되고 있다. 에머슨의 말과 같이 '물질이 인간을 말(馬)로 만들어 타고 다닌다.' 철학자만이 살고 있는 세계에서는 매일 한두 시간만 노동을 하면—매우 환영받을 일이지만—물질적 욕망을 충족시킬 수 있을 것이다.

산타야나는 세상에 알려진 문화는 항상 귀족주의의 결과였다고 믿고 있다. "지금까지 문명이란 특히 좋은 조건을 가진 중심지에서 생긴 풍습이 주위에 퍼져서 희석된 것이다. 문명은 민중 속에서 생기지 않았다. 오히려 그들과는 다른 어느 집단의 손에 의하여 그들 사이에 생겨난 것으로, 그것이 나중에 위로부터 그들에게 강요된 것이다. ……오늘날 모든 국민의 대부분은 노동자와 농민으로 구성되어 있지만, 만약 노동자와 농민만으로 구성된 국가가 있다면 그것은 아주 야만적인 국가임에 틀림없다. 그러한 국가에서는 모든 자유로운 전통은 사라질 것이다. 나라를 사랑하는 마음은 지속되겠지만, 고결한 마음이 민중에게 없는 것은 아니기 때문이다.

그들은 모든 충동을 가지고 있다. 다만 그들은 경험을 쌓지 못한다. 만약 경험을 쌓을 수 있다면 그들은 귀족주의 사회의 본질인 모든 고급 기관을 만들었을 것이기 때문이다.

그는 평등이라는 이상을 싫어하고, 플라톤과 같이 불평등한 것의 평등은 불평등이라고 주장한다. 그럼에도 불구하고 그는 귀족주의에 완전히 몸을 판 것은 아니다. 그것은 역사가 귀족주의를 실험하고 장점이 결점과 반반인 것을 발견한 것도, 귀족주의가 계보(系譜)없는 인재에게 출세의 문을 닫는 것도,

또 귀족주의가 이론상으로는 발달시키고 이용하여야 할 그 뛰어나고 가치 있는 것의 성장을 어느 한정된 가계의 사람을 제외하고는 완전히 포기하는 것도 그는 잘 알고 있기 때문이다. 귀족주의는 문화를 촉진시키지만 동시에 또 전제(專制)를 조장한다. 민중의 고역에 의하여 소수자의 자유는 충당되는 것이다. 정치학의 제1원리는, 사회는 그 구성요소인 개인의 생활과 능력을 향상시키는 정도에 따라 평가되어야 한다는 것이다. '전형적이고 단일한 생활의 탁월함이 없었다면 어느 민족이나 바다의 모래처럼 잊히고 말 것이다.' 이 점에서 민주주의는 귀족주의에 대한 일대 개선이다. 그러나 민주주의에도 악폐는 있다. 즉 단순한 부패와 무력이 있고, 좀 더 나쁜 것은 민주주의에만 있는 특유한 전제(專制), 즉 획일성의 미신이 있다는 것이다. '천박한 익명의 전제자보다 더 증오스러운 횡포는 없다. 그것은 어디에나 침투하고, 모든 것을 방해한다. 또한 그것은 편재한 지독한 어리석음으로 모든 출현하는 참신함과 천재성의 가지를 모조리 꺾어버린다.'"

산타야나가 특히 경멸하는 것은 현대생활의 무질서와 보기 흉한 초조함이다. 선(善)이란 자유가 아니라 지혜이며, 자기의 자연적 한계에 대한 만족이라는 낡은 귀족주의적 교의에 인간의 보다 큰 행복이 있었던 것이 아닐까 그는 생각한다. 고전적 전통에서는 오직 소수의 사람만이 승리하는 것을 알았다. 그러나 민주주의가 자유방임의 산업주의라고 하는, 마음대로 뛰어드는 반칙 없는 레슬링 시합을 열자, 사람들은 모두 입신출세에 안달하여 누구도 만족할 줄 모른다. 계급은 서로 염치없이 대립하고, '이 투쟁—그것에 영합한 것은 자유주의—에서 승리하는 자는 누구나 자유주의를 포기할 것이다.' 이 일, 즉 자기를 지키기 위하여 자신이 타도한 전제를 부활해야 한다는 것은 혁명의 인과응보이기도 하다.

"혁명은 양면을 갖고 있다. 일반적으로 혁명의 성공이란, 혁명에 적응 능력이 있어 혁명이 반대한 것을 다시금 내 것으로 하는 힘에 비례한다. 수많은 개혁은 이전과 마찬가지로 세계를 부패하도록 내버려 뒀다. 그 성공한 개혁은 모두 새로운 제도를 만들었지만, 이들 제도는 그 자신의 본질에 상응한 새로운 폐해를 낳은 것이다."

그렇다면 어떠한 형태의 사회를 위해 노력해야 할까. 아마도 아무것도 없을 것이다. 어떤 사회 형태든 그다지 큰 차이는 없기 때문이다. 그러나 특히 어느 것이냐를 묻는다면, 그것은 '명예정치(timocracy)'[3]이다. 물론 이것은 훈공이 있고 명예가 있는 사람들에 의한 정치로서 일종의 귀족정치이지만 세습제도는 아니다. 남자에게도 여자에게도 능력에 따라 국가 최고 관직에의 길이 열려 있지만 무능력자에게는 닫혀 있다. 가령 아무리 많은 투표를 얻는다 해도. 이러한 정치 아래서 부패는 최소한 억제되고 과학과 예술은 이해를 통한 장려에 의해 번영할 것이다. 이야말로 틀림없이 오늘날 세계가 정치적 혼란의 와중에서 열망하는 민주주의와 귀족주의의 총합이라고 말할 수 있다. 즉 가장 뛰어난 사람들만이 통치하는 것이지만, 이 가장 뛰어난 사람이 되는 기회는 누구에게나 열려 있다. 이것은 물론 플라톤의 반복이며, 《국가》의 철인왕은 모든 뛰어난 정치철학에 있어 반드시 그 수평선상으로 나타난다. 이 문제에 대해 오랫동안 생각할수록 우리는 더욱 확실하게 플라톤으로 돌아온다. 우리는 새로운 철학을 필요로 하지 않는다. 다만 가장 오래되고 가장 훌륭한 철학에 따라서 살아가는 용기를 필요로 할 뿐이다.

비평

이 모든 기술에는 사랑하고 친하던 모든 것으로부터 떼어 놓인 사람, 조국으로부터 떨어져 있는 사람, 미국의 중류계급 속으로 쫓겨난 스페인 귀족의 우울이 어딘지 모르게 풍기고 있다. 남모르는 슬픔이 때때로 강하게 피어오른다. '인생이 살 만한 가치가 있는 것은' '가장 필요한 전제이다. 만약 그렇게 전제되지 않는다면, 도저히 인생은 살 만한 가치가 있다고 결론지을 수 없을 것이다' 이렇게 산타야나는 말한다. 《이성의 생활》의 제1권에서 그는 인간의 생활 및 역사의 계획과 의미를 자기 철학의 주제라고 말했지만, 마지막 권에서는 '대체 인간의 생활 및 역사에 의미나 계획이 있는 것일까' 의심한다. 그는 무의식중에 자기 자신의 비극을 쓴 것이다. 그의 날카로운 미적 감각이 그로 하여금 드문드문 보이는 이 세상의 아름다움에 희열을 느끼기보다는 오히려 세상사의 추악함에 고통을 느낀 것으로 생각된다. 그는 때때로 신랄하게

---

3) 원래 아리스토텔레스가 말한 것으로, 태생에 의해서가 아니라 능력과 그에 대한 명예에 따라 정치적 권력을 준다는 일종의 특별한 귀족주의.

비꼬여, 결코 이교정신의 마음으로부터 명랑한 웃음도, 르낭이나 아나톨 프랑스의 온건하고 관대한 그 이성성도 이해하지 않았다. 그는 초연하고 탁월했다. 따라서 고독했다. '지혜의 역할은 무엇이냐'고 묻고, 그는 이렇게 대답하고 있다. '한쪽 눈을 뜨고 꿈을 꾸는 것, 세상을 적대시하지 말고 세상에서 떨어지는 것. 아름다움도 고통도 순식간이라는 것을 한시도 잊지 말고 순간의 아름다움을 기쁨으로 맞이하고 순간의 고통을 슬피 탄식하는 것.'

그러나 아마도 이 부단한 'memento mori(죽음을 잊지 말라는 경고)'는 환희를 슬퍼하는 종소리이다. 살기 위해서는 죽음보다 생을 생각하고, 완전한 것의 까마득한 희망뿐 아니라 바로 눈앞의 현실도 꺼안지 않으면 안 된다. '사변적 사고의 목표는 될 수 있는 한 영원에 살고 진리에 열중하는 이외는 없다.' 그러나 철학을 본래의 가치 이상으로 엄숙히 생각하는 인간을 생활로부터 끌어내리는 철학은 다른 세계의 환영에 마음이 쏠려, 이 세상의 즐거움을 보지 못하는 숭고한 미신처럼 잘못된 일이다. '지혜는 환멸에 의해 생긴다'고 산타야나는 말한다. 그러나 또 한편 그것은 지혜의 시작에 불과하다. 회의가 철학의 시작인 것처럼 말이다. 그것은 지혜의 끝도 완료도 아니다. 목적은 행복이며, 철학은 수단에 불과하다. 만약 철학을 목적이라고 해석한다면 우리는 아랫배에 정신을 집중시키는 것을 인생의 목적으로 삼는 인도의 신비가와 같이 되어 버린다.

어쩌면 산타야나가 우주를 단순한 물질적인 기계장치라고 해석한 것은 이 음울한 자기 도피와 어느 정도 관계가 있을 것이다. 생명을 세계로부터 내쫓고 나서 그는 그것을 자기의 가슴속에서 찾는 것이다. 그렇지 않다고 그는 항의할 것이다. 그리고 우리는 아마도 그의 말을 믿지 않겠지만, 그의 지나친 항의는 그 아름다움에 의하여 우리의 날카로운 표현을 무디게 할 것이다.

"이론이라는 것은 감정을 배제한 것은 아니다. 어떤 단일한 감각에 형식을 부여할 뿐이며, 이미 음악에 열정이 충만할 수 있다면, 우리가 알고 있는 모든 것 속에 질서와 방법을 주는 어떤 환상이, 그것보다도 얼마나 더 많은 아름다움, 또는 공포에 찬 것이 될 수 있을까. ……만약 여러분이 어느 특별한 섭리를 믿거나 자신의 낭만적인 모험을 내세까지 기대한다면, 유물론은 여러분의 희망을 파괴하고 매우 불쾌하게 할 것이다. 그리고 아마도 여러분은 1, 2년 동안

사는 목적을 완전히 잃게 될 것이다. 그러나 철저한 유물론자—신앙의 집안에 태어나 냉수로 세례(즉 유아 세례)를 받았어도 조금도 그 신앙에 젖지 않은 사람—는 저 훌륭한 데모크리토스, 저 '떠들썩하게 웃는 철학자'[4]와 비슷하다. 그렇게도 많은 불가사의한 아름다운 모습을 하고, 그렇게도 가슴이 뛰는 열정을 낳을 수 있는 메커니즘에 보내는 유물론자의 기쁨은 박물관을 구경하는 사람이 유리 속에 있는 수많은 나비류, 홍학, 갑각류, 매머드 그리고 고릴라를 보고 느끼는 기쁨과 같은 지적 성질일 것이다. 물론 수많은 생활에는 여러 고통이 있었지만, 곧 사라졌다. 그동안의 색색가지 행렬이 얼마나 아름다우며, 세계에 널리 퍼진 작용과 반작용의 한없는 재미와 그 사소한 여러 가지 격정이 얼마나 어리석고, 또 피할 수 없는 것이었을까.'

그러나 만약 나비가 말을 할 수 있다면 아마도 우리에게 경고할 것이다. 박물관—유물론적 철학과 같음—은 무생물의 진열상자에 불과하다. 세계의 현실은 애처로운 보존을 피하여 격정의 고통 속에 존재하며, 끊임없이 변하여 끊임없는 생명의 흐름 속에 존재한다고, 산타야나에 대해 어느 조심성 있는 친구는 이렇게 말한다.

"그는 천성적으로 고독을 좋아했다. ……나는 사우댐턴에 정박하고 있던 어느 정기원양선의 난간에 기대어 승객들이 영국의 텐더 선(船)에서 기선으로 건너지른 판도를 따라 배에 오르는 것을 보고 있을 때의 일을 기억하고 있다. 홀로 사람들과 떨어져서 텐더 선 한 구석에 서 있는 사람이 있었다. 그 사람은 조용히 재미있다는 듯이, 초연하게 승객들이 제각기 앞을 다투어 배에 오르는 것을 관찰하고 있었다. 그리고 갑판에 승객이 한 사람도 없게 되자 그는 그들의 맨 뒤를 따랐다. '틀림없이 산타야나다'하고 내 곁에 있던 사람이 말했다. 보니 그것은 틀림없는 산타야나였으므로 우리는 모두 만족을 느꼈다."

결국 철학에 대해서도 우리는 똑같이 말할 수밖에 없다. 그것은 정직하고 거리낌 없는 자기표현이기 때문이다. 여기에 원숙하고 총명한—너무 음울하기는 하지만—영혼이 자신을 우아한 고전적 산문으로 조용히 묘사한 것이다.

---

4) 데모크리토스는 최고의 선은 행복이며, 행복은 마음의 평정과 청량에 있다고 말하고 스스로 그것을 실천한 데에서 '떠들썩하게 웃는 철학자'라 불리었다. 이에 대해 헤라크레이토스는 그 학설의 비극적 엄숙성 때문에 '울어대는 철학자'라는 말을 들었다.

그 차분한 격조, 소실된 세계를 아끼는 감미로운 슬픔의 저음은 아마도 우리의 마음에는 들지 않겠지만, 우리는 거기에서 낡은 것이 죽고 새로운 것이 태어나려는 이 시대—낡은 모든 관념은 버렸지만 사람들을 완전에 보다 가깝게 할 새로운 모든 관념을 아직 발견하지 못했기 때문에 사람들이 모두 현명하고 자유롭지 못한 이 시대—의 완벽한 표현을 본다.

2. 윌리엄 제임스

인간

방금 요약한 철학은 쓰인 장소를 제외하면 어디서 어디까지가 유럽적인 철학이냐는 것을 새삼스럽게 독자에게 물을 필요는 없을 것이다. 그것은 낡은 문화의 특유한 그림자와 광택과 평온한 체념을 가지고 있다. 《이성의 생활》의 어느 구절에서나 이것은 순수한 미국인의 말소리가 아니라는 것을 알 수 있다.

윌리엄 제임스의 경우, 말소리도 말투도 미국적이다. 그는 그 사상을 '거리의 대중'들도 잘 알게 하기 위해, 자주 '현금가치(cash-value)'니 '결과(results)'니 '이윤(profits)'이니 하는 독특한 표현을 즐겨 썼다. 그는 산타야나와 헨리 제임스와 같이 귀족적인 신중성이 아닌 생기발랄한 미국어로 힘차고 솔직하게 말했다. 동시에 그는 일반 시민을 위해 낡은 신학의 본질에 대하는 '부드러운 마음'[5]에 기초한 신뢰를 표명했지만, 이것이야말로 상업 및 재정의 현실주의적 정신과 황야를 바꾸어 약속의 땅[6]으로 만든 불굴의 용기와 함께 미국 정신 속에 살아 있다.

윌리엄 제임스는 1842년 뉴욕시에서 태어났다. 부친은 스베덴보리[7]를 신봉하는 신비주의자였지만, 그 신비주의는 그의 기지와 유머를 손상시키지 않았다. 윌리엄은 얼마동안 미국의 사립학교에서 공부한 뒤, 한 살 아래인 동생 헨리와 함께 프랑스의 사립학교로 보내졌다. 그곳에서 우연히 그들은 샤르코[8]

---

5) 제임스는 인간 기질의 양 극단을 나타내는 것으로 부드럽고 상냥한 마음(tender-minded)과 강인하고 씩씩한 마음(tough-minded)이라는 말을 사용했다.

6) 신이 아브라함과 그 자손에게 약속한 가나안 땅, 여기서는 희망의 땅이라는 뜻.

7) Emanuel Swedenborg(1688~1772). 스웨덴의 저명한 신비주의자.

8) Jean Martin Charcot(1825~1893). 정신의학의 대가, 프로이트의 스승.

와 그 밖의 정신병리학자들과 일하게 되어 두 사람은 함께 심리학을 공부했다. 다시 말해 동생은 심리학과 같은 소설을 썼고, 형은 소설과 같은 심리학을 썼다. 헨리는 생애의 대부분을 외국에서 보내다 마침내는 영국 시민이 되었다. 끊임없이 유럽문화에 접촉함으로써 그는 형이 도달하지 못한 사고의 성숙을 얻었고, 윌리엄은 미국으로 돌아와 생활하면서 기회(찬스)와 희망에 찬 젊은 국민으로부터 자극을 받아 시대정신에 맞추어, 국토의 본질을 잘 포착했기 때문에 어떤 미국의 철학자도 일찍이 맛보지 못한 인기의 정상에 홀로 오를 수 있었다.

1870년, 하버드에서 의학박사 학위를 받은 그는 1872년에서 1910년 죽을 때까지 거기서 교편을 잡았다. 처음에는 해부학과 생리학을, 그다음엔 심리학을, 끝으로는 철학을 가르쳤다. 그의 최대의 업적은 첫 작품이라고도 할 《심리학의 원리》(1890년)로서, 그것은 해부학과 철학과 심리분석의 눈부신 혼합물이었다. 그 이유는 제임스의 심리학이 그 모태인 형이상학과 매우 닮았기 때문이다. 그런데도 이 책은 가르치는 바가 매우 많았고, 또한 매우 재미있는 심리학의 개요이다. 헨리가 문장에 사용하는 세밀한 분석력을 윌리엄 제임스는 내성(자기의 의식과정의 분석)에 사용했다. 그 내성은 심리학으로서 데이비드 흄의 기분 나쁠 정도의 명석한 분석이 있은 뒤 처음 보는 날카로운 것이었다.

분석에 의한 해명에 대한 열정은 필연적으로 제임스를 심리학에서 철학으로, 그리고 드디어는 형이상학 자체로 환원시켰다. 그는—자기의 실증주의적 성향에 반대하여—형이상학을 문제를 똑똑하게 끝까지 생각하려는 노력이라고 주장하여, 그의 특유의 허식 없는 투철한 방법으로 철학을 정의하고 '사물에 관한 최대한도의 포괄적인 사색이다'라고 기술했다. 그런 까닭으로, 1900년 이후에 그가 실제로 출판한 것은 거의 철학적 분야의 것이었다. 처음에 《신앙에의 의지》(1897년)가 나왔고, 이어서 《종교적 경험의 제상(諸相)》(1902년)이라고 하는 심리학적 해석의 걸작이 나왔고, 그 뒤에 유명한 《프래그머티즘》(1907년), 《다원론적 우주》(1909년) 및 《진리의 의미》(1909년)가 계속되었다.

그가 죽은 뒤 1년 만에 《철학의 제 문제》(1911년)가 나왔고, 조금 뒤에 《근본경험론》(1912년)이라는 중요한 한 권이 나왔다. 우리는 이 마지막 책으로부터 고찰을 시작하지 않으면 안 된다. 제임스가 철학의 기초를 가장 명쾌하게 정

식화한 것이 이 책이기 때문이다.[9]

실용주의

제임스 사상은 항상 물질로 향하고 있
어, 그가 심리학에서부터 시작하는 것도 그
가 즐겨서 영묘하고 불가해한 것에 미혹되
는 형이상학자이기 때문이 아니라, 사고는
비록 아무리 물질과 다르다고 하지만 본질
적으로 외적인 물적 실재의 거울이라고 생
각하는 실재론자이기 때문이다. 또한 사고
는 어떤 이들이 믿어왔던 것보다 더 훌륭한

제임스

거울이다. 사고는 흄의 생각처럼 개별적인 사물을 지각하고 반영하는 데 그치
지 않고 개별 사물들의 관계 또한 지각하고 반영하기 때문이다. 사고는 일체
를 연관 지어 보고, 이 관련은 물질의 형태나 촉감이나 냄새와 같이 직접적인
지각이다. 칸트의 '인식문제'—어떻게 우리는 감각에 의미와 질서를 부여하느
냐—가 무의미한 까닭이다. 왜냐하면 의미와 질서는 적어도 개괄적으로 이미
물질 속에 포함되기 때문이다. 사고란 기계적으로 결합된 여러 관념 조각의
계열이다, 라고 생각하는 영국학파의 낡은 원자론적 심리학(소위 연상 심리학)
은 물리학과 화학을 모방하여 사람들을 오해하게 한다. 사고는 지각과 감정의
계열이 아니고 흐름(즉 연속)이며, 이 속에서 관념은 혈액 속에 혈구와 같이 일
시적으로 작은 덩어리를 만들고 있다. 우리는, 언어로 말하자면 명사나 대명
사에 해당하는 정신적 '상태'—'상태' 또한 오해하기 쉬운 정적인 말이지만—
는 물론, 전치사·동사·부사·접속사에 해당하는 정신적 '상태'도 가지고 있다.
우리는 물질이나 인간에 대한 느낌을 가지고 있는 것과 같이 'for' 'to' 'against'

---

9) 제임스의 책을 한 권밖에 읽을 틈이 없는 사람은 곧 《프래그머티즘》을 읽어야 할 것이다. 이
　책은 대개의 철학에 비한다면 명석한 지혜의 샘이다. 독자에게 좀 더 시간이 있다면 광채 있
　는 《심리학의 원리》에서 많은 이익을 얻을 수 있을 것이다. 헨리 제임스는 자서전 두 권을 썼
　는데, 그 속에는 윌리엄에 관한 유쾌한 가십이 많다. Flournoy에는 훌륭한 한 권의 해설서가
　있고, Schinz의 "Anti-pragmatism"은 힘찬 비평이다.

'because' 'behind' 'after'의 느낌을 가지고 있다. 사고의 흐름에 있어서 이들의 '일시적' 요소가 우리의 정신생활을 이어주는 끈이 되어 어느 정도 물질의 지속성을 우리에게 전해 주는 것이다.

의식은 존재, 즉 물질이 아니고 흐름이며, 관계의 체계이다. 그것은 사상의 연속과 관계가 사건의 연속 및 물질의 관계와 일치하여 순간적으로 밝아지는 시점이다. 이러한 순간에 번쩍, 하고 사고 속에서 빛나는 것은 실재 그 자체이지 단순한 '현상'은 아니다. 왜냐하면 '현상'의 피안(彼岸)에는 아무것도 존재하지 않기 때문이다. 또 경험과정의 안에서 영혼을 찾을 필요도 없다. 영혼이란 단순히 우리의 정신적 생활의 총화에 불과하다. '본체'가 단순히 모든 현상의 총체에 불과하고, '절대자'가 세계에서의 모든 관계의 직물인 것처럼 말이다.

제임스 실용주의로 인도한 것도 직접적인 것, 현실적인 것, 실재적인 것에 대한 똑같은 열정이다. 프랑스적인 명석의 훈련을 받아 성장한 그는 독일 형이상학의 몽롱하고 애매한 것이나 현학적 술어를 혐오했다. 그는 독일 형이상학의 여러 개념 및 문제는 실체가 없는 공허한 것이라고 확신했다. 그리고 그는, 이들의 추상 개념이 공허한 것이 공평한 사람에게는 반드시 명백하다는 의미의 유무를 음미하는 표준을 찾아보았다.

그가 소요의 무기를 발견한 것은 1878년 '통속 과학 잡지'에서 '어떻게 하여 우리의 관념을 명석하게 할 것인가'라는 차알스 퍼스의 논문을 읽었을 때이다. 어떤 관념의 의미를 발견하기 위해서는—하고 퍼스는 말하는 것이었다—우리는 그것이 행동에 있어서 어떠한 결과가 되는지 조사해야 한다. 그렇지 않으면 그 관념에 관하여 토론하여 보았자 끝이 없고, 아무런 결과도 얻지 못할 것이 확실하다. 이 주의 사항을 제임스는 기꺼이 따랐다. 그는 이 시금석을 사용하여 낡은 형이상학의 여러 문제와 관념을 검토했다. 그러자 그것들은 돌연 전류가 통한 화합물처럼 분해되고 말았다. 그리고 의미를 지닌 여러 문제는 플라톤이 비유했듯이 어두운 동굴 속에서 햇볕이 쬐는 밝은 곳으로 나온 것과 같이 명백하게 현실성을 찾았다.

이 단순하고 오래된 음미법에 이끌려 제임스는 진리의 새로운 정의에 도달했다. 진리는 일찍이 선과 미가 그렇게 해석되었듯이 어떤 객관적 관계로 해석되었다. 그러나 만약 진리가 인간의 판단과 인간의 필요에 관계가 있다면 어떻게 될까. '자연법칙'은 영원불변의 '객관적' 진리로서 간주되어 스피노자는 자연법칙을 그의 철학의 실체로까지 드높였다. 그럼에도 불구하고 이들의 진리는 실질상 유용하고 잘되어 있는 경험의 정식화에 불과했던 것이 아닐까. 대상의 모사가 아니고, 오히려 특수한 결과의 정확한 계산이 아니었을까. 진리란 어떤 관념의 '현금 가치'인 것이다.

"진리란……'정의'가 우리의 행동을 촉진하는 수단에 불과하듯이, 우리의 사고를 촉진하는 수단에 불과하다. 거의 모든 사고의 양식은 수단이다. 주위의 모든 경험에 사용되는 수단이 반드시 미래의 모든 경험이 요구하는 것에 똑같이 만족하게 응할 수 없기 때문이다. ……일반적으로 진리는 선의 한 종류일 뿐 선과 다른 범주도 아니며, 선과 같은 줄에 서는 범주도 아니다. 진이란 믿는 것이 좋다고 판명된 것에 붙이는 이름이다."

진리란 하나의 과정이며 '관념에 일어나는' 진리란 진인 것의 확증이다. 관념의 기원은 무엇인가, 관념의 전제는 무엇인가라고 묻는 대신에 실용주의는 관념의 결과를 검토한다. '그것은 둘 곳을 변경하여 앞을 바라본다.' 그것은 '최초의 것·원리·범주 등 소위 필연적인 것에서 눈을 돌려, 최후의 것·성과·귀결·사실의 쪽을 보는 태도'이다. 스콜라 철학은 물질이란 무엇이냐고 묻고 물질의 '본질문제'에 빠져 들어갔고, 다윈의 설은 물질의 기원을 물어 성운 속에 빠져버렸다. 프래그머티즘은 물질의 결과를 묻고, 사고의 얼굴을 미래의 행위로 돌린다.

다원론

이 방법을 철학의 가장 중요한 문제, 즉 신의 존재 및 본성의 문제에 적용하여 보자. 스콜라 철학자들은 신을 '모든 종(種)의 밖에, 그리고 위에 자존하며, 필연적이고 단일한 무한·완전·단일·불변의 무변하고 영원한 지적 존재'로서 기술했다. 이것은 실로 당당한 것이나 이러한 정의를 자랑으로 여기지 않는 어떤 신성이 있을 것인가, 그러나 이 정의는 무엇을 의미하는가, 인간에게 어떠한 결과가 되는 것일까. 만약 신이 전지전능하다면 우리는 허수아비여서 신의 의지가 처음부터 윤곽을 그려 결정한 운명의 진로를 바꾸기 위하여 아무것도 계획할 수 없다. 칼뱅주의와 숙명론은 이러한 정의의 논리적 귀결이다.

기계관적 결정론에 똑같은 음미를 가해도 결과는 똑같다. 만약 정말로 결정론을 믿는다면, 우리는 인도인 같은 신비가가 되어 우리를 인형과 같이 조종하는 예측하지 못하는 운명에게 몸을 맡기게 된다. 물론 우리는 이들 음울한 철학을 받아들이는 것은 아니다. 인간정신은 이러한 철학을 논리와 단순과 균제 때문에 반복하여 끄집어내지만, 생명은 이러한 철학을 무시하고 이러한 철학에서 빠져나와 거침없이 앞으로 나아간다.

"다른 점에서는 조금도 나무랄 데 없는 철학도 다음의 두 가지 결점 중에서 어느 하나만 있어도 반드시 그 보급에 치명적일 것이다. 첫째, 철학의 최고 원리는 우리의 가장 중요한 소망과 가장 깊게 마음속에 품고 있는 희망을 저지하거나 방해해서는 안 된다. ……둘째, 철학이 우리의 적극적 모든 경향을 반대하는 것보다 더 곤란한 결점은 그것에 아무런 대상을 부여하지 않는 점이다. 철학의 원리가 우리의 가장 내적인 모든 힘에 적합하지 않기 때문에 보편적인 사항에 있어 그것들의 힘에 어떠한 의의도 인정되지 않고, 그것들의 힘의 동기가 한꺼번에 절멸하는 것 같은 철학은 염세주의보다도 인기가 없을 것이다. ……이것은 유물론이 항상 일반에게 승인되지 않는 이유이다."

사람들은 '객관적 진리'가 아니라 필요와 기질에 따라서 철학을 받아들이든가 배척한다. 그들은 '이것은 논리적인가'라고는 묻지 않고, 이 철학을 실제로 신봉하는 것은 우리의 생활과 이해에 어떠한 의미를 갖는 것이냐고 묻는다. 찬반의 이론적 근거는 해명의 역할은 할지 모르지만 그러나 그것은 결코 증명은 되지 못한다.

우리가 알고 있듯이 논증은 우리의 욕구의 명령을 받지만, 우리의 욕구는 논증의 명령을 받지 않는다.

"대부분 철학의 역사는 인간의 기질에서 일종의 충돌의 역사이다. ……직업적 철학자는 어떠한 기질을 가졌든 사색 중에는 자기의 기질을 표면에 나타내지 않으려고 노력한다. 기질은 일반적으로 인정된 논거는 아니므로 철학자는 자기가 내리는 결론에 대하여는 비개인적—일반적 객관적인—인 논거만을 역설한다. 그럼에도 불구하고, 실제는 철학자의 기질 쪽이 엄격한 객관적인 여러 전제(前提)의 어느 것보다도 강하게 철학자의 근본방향을 규정하는 것이다."

철학을 선택하고 그 방향을 규정하는 이 기질은 부드러운 마음과, 강인한 마음으로 나눌 수 있다. 전자는 종교적이며 일정불변의 교의(도그마)와 선천적인 진리를 즐기고, 천성적으로 자유의지·관념론·일원론(一元論)·낙천관에 마음이 쏠린다. 후자는 유물론적·비종교적·경험주의적(사실에만 의지한다)·감각주의적(모든 인식의 유래를 감각에서 구한다)·숙명론적·다원론적·염세론적·회의론적이다. 어느 쪽이든 커다란 모순이 있으나, 이론의 일부분은 한쪽 그룹에서 취하고 다른 일부분은 또 다른 그룹에서 취하는 기질은 물론 존재한다. 사실에 열중하고 감각을 신뢰한다는 점에서는 '강인한 마음'을 갖고 있지만, 결정론을 혐오하고 종교적 신앙을 필요로 하는 점에서는 부드러운 마음인 사람들—이를테면 윌리엄 제임스—이 존재한다. 한편으로는 모순된 이들의 요구를 조화하는 철학이 발견될 수 있을까.

다원론적 유신론(有神論)은 이러한 총합을 우리에게 갖게 할 수 있다고 제임스는 믿는다. 그는 어느 유한한 신을, 즉 초연하게 구름 위에 앉아 있는 올림푸스의 제우스가 아니고, '이 세계의 커다란 운명을 형성하는 모든 것의 한가운데 있는 조력자, 즉 제1인자'를 믿을 것을 제안한다. 우주는 하나의 마무리된 조화체계가 아니라 서로 엇갈리는 조류(潮流) 또는 서로 모순된 목적이 부딪치는 전장이다. 그것은 'uni-verse(우주적 세계적)'가 아니고 'multi-verse(종합적)'[10]인 것을 명백히 나타내고 있다. 우리가 그 속에서 살아 움직이고 있는 이 혼돈(混沌 : 카오스)을 일관된 의지의 결과라고 부르는 것은 무익하다. 혼돈은 모순과 내적 분열의 모든 징후를 내포하고 있기 때문이다. 아마도 고대인은 우리보다 현명해서 세계의 놀라운 다양성에는 그들의 다신론이 우리의 일신론보다 정확할지도 모른다. 이러한 다신론은 '항상 서민들의 현실적인 종교였으며, 현재도 그러하다.' 서민들이 옳고, 철학자들이 틀렸다. 일원론은 철학자들이 가지고 태어난 병으로, 그들은—그들이 믿고 있듯이—진리에 목마른 것이 아니라 통일에 목말라하는 것이다. '세계는 하나다!'—이 정식은 아마도 일종의 수숭배(數崇拜)가 될 것이다. "과연 '3'과 '7'은 신성한 숫자로 간주되었지만, 추상적으로 생각하면 어째서 '1'이 '43' 또는 '2백 10만'보다 뛰어난 것일까."

---

10) universe, multiverse uni-verse, turned into one(하나로 변한 것), multi-verse, turned into many(많은 것으로 변한 것)의 뜻.

'Multiverse'의 가치는 'Universe'에 비교하면 다음과 같다. 즉 서로 엇갈리는 조류가 있으므로 서로 싸우는 세력이 있는 경우엔 우리 자신의 힘과 의지가 말을 하며, 결과를 결정할 수 있다는 점이다. Multiverse는 결정된 다음 번복할 수 없는 것은 하나도 없으며, 모든 행위가 중대한 관계를 갖는 세계이다. 일원론의 세계는 우리에게 있어서는 죽은 세계이다. 완성된 Universe에서는 개성은 망상이다. 우리는 모두 '정말은'—하고, 일원론자는 우리에게 보증한다—어느 하나밖에 없는 모자이크 풍의 실체의 한 조각이다. 그러나 완성되지 않은 세계에서 우리는 자기가 연출하는 역할의 몇 행은 자기가 쓸 수 있고, 우리의 선택은 우리가 살아야 할 미래를 어느 정도까지 형성할 수 있다. 이러한 세계에서 우리는 자유일 수 있다. 그것은 기회의 세계이지 숙명의 세계는 아니다. 무엇이나 '말할 여지가 있다'는 것이며, 우리의 존재와 행위는 이러한 세계에 있어서 모든 것을 바꿀 수 있다. 만약 클레오파트라의 코가 1인치 길든가 짧았으면 역사 전체가 달라졌을 것이라고 파스칼은 말했다.

이러한 자유의지, 혹은 이러한 'Multiverse', 혹은 이러한 유한한 신에게 이론적 증명이 결여된 것은, 정반대의 철학에 그것이 결여되어 있는 것과 마찬가지다. 실천적 증명조차도 사람에 따라 제각각일지 모른다. 자유주의 철학보다는 결정론적 철학으로부터 자기의 생활에 더욱 좋은 결과를 얻는 사람이 있을 수 있기 때문이다. 그러나 결정적인 증명이 아닌 경우에는 우리의 생활 및 도덕상의 관심이 선택할 일이다.

"만약 그러한 생활을 하는 것이 실제로 우리에게 좋다는 경우가 있다면, 그리고 믿기만 하면 우리를 도와서 그러한 생활을 하게 하는 관념이 있다면, 그것을 믿는 것이 실제로 우리에게 좋다. 이렇게 믿는 것이 보다 큰 생활의 이익과 종종 충돌하지 않는다면."

그럼에도 신이 존재한다는 신앙이 영존(永存)하는 것은 신앙의 보편성이라고 할 수 있는 생활, 또는 도덕의 가치에 대한 최상의 증명이다. 제임스는 종교적 경험 및 신앙 형태가 한없이 다양한 것에 놀라는 동시에, 또 흥미를 느껴 다양한 그들의 경험 및 형태를—가장 동의하지 못했을 경우에도—예술가의 공감을 가지고 기술했다. 그는 그것들의 하나하나에 무엇인가 진리를 인정하고 새로운 모든 희망에 대하여 허심탄회하기를 요구한다. 조금도 주저하지 않고 그는 '심령연구회'에 입회했다. 어째서 이러한 현상이 다른 모든 현상과 마찬가지로 참을성 있는 연구의 대상이 될 수 없는가. 마침내 제임스는 또 하나의 영적인—세계의 실재를 확인하게 되었다.

"나 자신은 단연코 우리의 인간적 경험이 우주에 존재하는 최고의 경험이라고 믿지 않는다. 오히려 나는 우리와 우주 전체의 관계는 사랑스러운 개나 고양이와 인간생활 전체의 관계와 거의 같다고 믿는다. 그들은 우리의 거실과 서재에 살고 있다. 그들은 이 무대의 일역을 담당하고 있지만 그 역할의 의의를 꿈에도 모른다. 그들은 역사의 곡선에서 단순한 접선(탄젠트)에 불과하여, 그 시작도 끝도 형태도 전혀 모르고 있다. 우리도 사물의 보다 포괄적인 생명에 접선처럼 스치는 것이다."

그럼에도 불구하고 제임스는 철학을 죽음의 명상이라고 생각하지 않았다. 다른 문제도 우리의 지상의 생활을 지도하고 촉진시키지 못하는 한 그에게는 무가치했다. '그는 우리 본성의 탁월한 점에 매달렸던 것이지, 우리 본성의 지속성에 매달리지는 않았다.' 그는 서재보다 오히려 생명의 흐름 속에서 생활하며, 인간 개선을 위해 많은 노력을 했다. 그리고 언제나 누군가를 도왔으며, 감화력이 강한 용기로 사람들을 나아지게 했다. 인간에게는 반드시 '축적 에너지'가 있어, 사정이 때로는 산파의 역할을 하여 표면으로 나온다고 믿었다. 그리고 그가 개인에 대하여, 또는 사회에 대하여 언제나 하는 설교는 이 자원을 완전히 이용하라는 것이었다. 그는 인간의 에너지가 전쟁에 낭비하는 것을 겁냈다. 그리고 이 투쟁 및 지배의 본능은 '자연에 대한 전쟁'에 더욱 관심을 두어야 한다는 것을 암시했다. 빈부를 불문하고 모든 사람이 생애의 2년동안 국가에 봉사하여 다른 국민을 죽이기 위해서가 아닌, 질병을 정복하고, 간척사업을 하고, 사막을 관개하고 운하를 파서 전쟁이 순식간에 파괴하는 것을 천천히 애써 건설하는 자연 및 사회 공사를 민주주의적으로 행하는 일이 왜 안되는 것일까.

제임스는 사회주의에 동정적이었지만 사회주의가 개인과 천재를 무시하는 것이 마음에 들지 않았다. 모든 문화 현상을 '종족·환경·시대'에 환원한 텐의 정식은 개인을 고려하지 않았으므로 충분하지 못했던 것이다. 다만 개인만이 가치가 있다. 다른 것은 모두—철학까지도—단순한 수단이다. 그러한 관계로 우리는 한편으론 개개 남녀의 이익의 수탁자이며 봉사자인 것을 스스로 알고 있는 국가가 필요하며, 다른 한편으론 '우주를 (신의) 계획보다는 오히려 모험으로 보고' 세계에는 많은 패배가 있는 것이 틀림없지만, 그러나 또한 승리가 획득되는 것을 기다리는 것에 인간들의 주의를 촉구하여 모든 사람의 원기를 고무하는 철학과 신앙이 필요하다.

논평

독자는 이 철학의 새로운 요소와 낡은 요소를 구별하는 데 안내하지 않을 것이다. 이 철학은 과학과 종교 사이의 근대전의 일부분이며, 칸트나 베르그송 같이 유물론이라는 보편화된 역학으로부터 신앙을 구출하려는 노력이다. 실용주의는 그 근원을 칸트의 '실천이성', 쇼펜하우어의 의지의 찬양, 적자(따라서 가장 목적에 맞고, 가장 진리인 관념)생존이라는 다윈의 견해, 모든 선을 효용함으로써 측량하는 공리주의, 영국철학의 경험적·귀납법적 전통, 마지막으로 미국의 환경의 감화에 두고 있다.

누구나 지적했듯이 제임스의 사고방식은—사고의 실질은 아니라도—특히 유례없이 미국적이었다. 미국적인 활동욕과 획득욕이 그의 문체와 사고를 움직여 경쾌한, 거의 공기 같은 유동성을 부여한다. 허네커[11]는 이 철학을 '속인의 철학'이라고 부르지만 실제로 거기에는 어딘가 외판원 비슷한 곳이 있다. 제임스는 신에 대한 말을 할 때 낙천적인 광고를 연구하고는, 유물주의가 소비자에게 파는 상품에 대한 말을 하듯이 우리에게 신앙을 권한다. 마치 배당률이 높은 장기투자를 권하면서 하나도 손해를 볼 것이 없고, 세계를 송두리째 얻을 수 있다고 말하는 것 같다. 이 철학은 유럽의 형이상학과 유럽의 과학에 대한 젊은 미국의 방어적 반응이었다.

진리의 새로운 시금석은 물론 옛날부터 있었다. 그래서 이 정직한 철학자는 자기의 실용주의를 조심성 있게 '낡은 사고법에 대한 새로운 이름'이라고 말했다. 이 새로운 시금석이 진리라는 것은, 경험과 실험에 의해 음미된 것을 뜻하느냐고 묻는다면 대답은 물론 그렇다고 할 것이며, 개인적 호용이 진리의 시

---

11) James Gibbons Huneker(1860~1921). 미국의 평론가, 특히 음악평론가로서 중요시되었다.

금석임을 뜻하느냐고 묻는다면 대답은 물론 그렇지 않다고 할 것이다. 개인적 효용은 단지 개인적 효용에 불과하며, 보편적인 영원한 효용만이 진리의 본질이기 때문이다. 어떤 신조는(지금은 반증이 있는 것이지만) 이전에 유용했으므로 진리였다는 실용주의가 있다면, 그들은 학자로서 무의미한 일을 하는 셈이다. 그 신조는 유용한 오류였지 진리는 아니었다. 실용주의는 평범한 일을 논설할 때만 정당한 것이다.

그러나 제임스가 계획한 것은 철학을 얽어놓고 있던 거미줄을 털어 버리는 일이었다. 그는 신학과 이데올로기에 대한 영국적 태도를 사람들에게 깜짝 놀랄 새로운 방법으로 또다시 표현하고자 했다. 그가 철학의 얼굴을, 다시 한번 피하려 해도 피할 수 없는 사물의 세계에 향하게 한 것은 베이컨의 일을 속행한 것에 불과하다. 그는 진리론보다는 오히려 경험의 강조, 그 새로운 실재론에 의해 오랫동안 우리에게 기억될 것이다.

그리고 분명 철학자로서보다는 심리학자로서 존경받을 것이다. 그는 많은 옛 문제에 대해 새로운 해결을 발견하지 못한 것을 알고 있으며, 자기는 어떤 다른 추측, 어떤 다른 신앙을 표현한 데 불과하다고 솔직하게 시인했다. 그가 죽었을 때 그의 책상 위에는 한 장의 종이가 놓여 있었고, 거기에는 그의 마지막, 그리고 가장 특징 있는 문장이 쓰여 있었다. '결론은 없다. 우리가 그것에 관해 결론을 낼 수 있다는 결론을 도대체 누가 끄집어냈는가. 말할 수 있는 예언도 없으며, 들려줄 조언도 없다. 안녕!'

3. 존 듀이
교육

결국 실용주의는 '최고의' 미국 철학까지 이르지 않아, 뉴잉글랜드주의 남쪽과 서쪽에 가로놓인 '더욱 큰 미국' 정신을 완전히 포함하진 못했다. 그것은 강인한 도덕주의적 철학이며, 그 저자가 청교도 출신임을 잘 나타내고 있다. 실제의 결과라든가, 사실의 문제라든가 하는 말을 하면서도 실용주의는 희망을 서둘러 가지며 땅 위에서 하늘 위로 뛰어올랐다. 실용주의는 형이상학 및 인식론에 대해 건전한 반동을 가지고 시작한 것이므로, 사람들은 이것에서 자연과 사회에 관한 철학을 기대했다. 그런데 그것은 마음의 신앙은 모두 지적으로 존경해야 한다는, 거의 변명에 가까운 주장으로 끝나고 있는 것이다. 언제쯤이나 철학은 이들 귀찮은 내세의 문제를 종교에 떠맡기고, 인식과정의 미묘한 여러 난문을 심리학에 맡긴 뒤 전력을 모아 인간의 목적과 생활의 조정·향상에 몰두할 수 있게 될까.

존 듀이가 이 필요를 만족시키고, 교양 있고 자각 있는 미국 정신을 표현할 철학의 윤곽을 그리기 위한 주위의 사정은 모든 준비를 갖추었다. 그는 '기력을 상실한 동부(東部)'에서(버몬트의 벌링턴에서 1859년에) 태어나 학교교육을 받았다. 새로운 모험으로 떠나기 전에 낡은 문화를 흡수하기 위한 것처럼, 그런데 얼마 뒤 그릴리[12]의 권고에 따라 서부로 가서 미네소타 대학(1888~89년), 미시간 대학(1889~94년) 및 시카고 대학(1894~1904년)에서 철학을 가르쳤다. 그 뒤, 다시 동부로 돌아와서 컬럼비아 대학의 철학과 교수가 되었고, 그 뒤에 부장이 되었다. 생애 최초의 20년인 버몬트에서의 환경은 그로 하여금 전 세계가 환호로써 맞이하는 오늘날까지도 그의 특색으로 되어 있는 시골 냄새가 풍기는 순박성을 심어 주었다. 그다음 중서부에서 지낸 20년 간, 그는 동부 사람들이 모르는 것을 자랑으로 하는 그 광대한 미국을 직접 보고 미국의 가능성과 힘을 알았다. 그리고 자기의 철학을 쓰게 되었을 때, 그는 자기의 학생이나 독자에게 미국 '지방(地方)'의 피상적 속담 속에 숨어 있는 건전하고 순박한 자연주의를 해석하여 보였다. 휘트먼의 시가 그러했듯이 그가 쓴 철학은 하나의 뉴잉글랜드의 철학이 아니라 대륙 전체의 철학이었다.

듀이는 시카고의 '교육학교'에서의 업적으로 비로소 세계의 주목을 끌었다. 그때 그는 확실히 '사고의 실험적 경향'을 나타냈으며, 1952년 눈을 감을 때까지 교육상의 모든 새로운 운동에 대해 보다 나은 길을 찾았으며, '내일의 학교'에 대한 그의 관심은 조금도 줄지 않았다. 아마도 그의 가장 훌륭한 저서는 《민주주의와 교육》으로, 이 책에서 그는 그의 철학의 여러 방향을 한 곳으로 모아 더 좋은 세대를 발달시킨다는 과제를 중심에 두었다. 진보적인 교사들은 모두 그에게 지도자로서의 지위를 인정하고 있으며, 미국에서 그의 영향을 받지 않은 학교는 하나도 없다. 그는 가는 곳마다 세계의 학교교육을 개조한다

---

12) Horace Greeley(1811~1872). 미국의 저명한 저널리스트. 〈트리뷴〉지 창간자.

는 과제에 몰두했으니, 예컨대 중국에서 2
년간을 보내면서 교사들에게 교육의 개혁
에 관한 강의를 했고, 터키 정부를 위해 초
등학교의 개편에 관한 보고서를 작성했다.

교육에서는 '보다 많은 이과(理科)와 보다
적은 문과'를 말하는 스펜서의 요구에 더하
여, 학생은 자연 과학을 책이 아닌 유용한
직업을 통해 실제로 배워야 한다고 말했다.
그는 '인문' 교육을 크게 중시하지 않았다.
'인문(liberal)' 교육이라는 말은 원래 '자유로
운 사람', 즉 일하지 않는 사람들의 교양을
나타내기 위해 사용되었고, 그러한 교육이

듀이

산업 사회의 민주적인 삶보다는 귀족 사회의 유한계급에 더 적합한 것은 당
연한 일이었다. 거의 모두 유럽과 미국의 산업화에 의존하는 오늘날, 우리가
배워야 할 교육의 내용은 책보다는 직업을 통한 것이라야 한다. 학교 교육의
교양은 신사 기질을 조장하지만, 직업의 동료 관계는 민주주의를 촉진한다. 산
업 사회에서 학교는 작은 작업장, 작은 공동체여야 하며, 실천과 '시행착오(trial
and error)'를 통해 경제적·사회적 질서를 위해 필요한 기능과 자제를 가르쳐야
한다. 그리고 마지막으로, 교육은 단순히 성숙기를 위한 준비가 아니고—청년
기 이후에는 교육을 중지하여야 한다는 어리석은 생각이 그곳에서 나왔다—
끊임없는 정신의 성장과 끊임없는 생활의 발전으로 다시 생각해야 한다. 어떤
의미에서 학교는 정신적 성장의 수단을 제공할 뿐이고, 나머지 일은 경험의
흡수와 해석에 달렸다. 참다운 교육은 우리가 학교를 졸업한 뒤에 시작되는
것이니, 우리가 죽기 전에 교육을 그만둘 이유는 전혀 없다.

도구주의
듀이의 특색은 진화론을 드러내어 놓고 받아들인 태도에 있다. 신체는 물론
이요, 정신도 생존경쟁의 결과 낮은 형태로부터 진화한 기관으로 보았다. 모든
영역에서 그의 출발점은 다원주의적이다.

"데카르트가 '물적 사물의 본성은 이루어진 완전한 상태로써 한꺼번에 만들어졌다고 생각하는 것보다는 서서히 발달했다고 보는 편이 훨씬 이해하기 쉽다'고 말했을 때, 근대세계는 이후에 지배될 운명의 논리, 즉 다윈의 《종의 기원》을 그 최신의 과학적 업적으로 하는 논리를 자각하기에 이르렀다. ……갈릴레이가 지구에 관하여 '그렇지만 그것은 움직이고 있다(e pur si muove)'라고 말한 것과 같이 다윈이 종(種)에 관하여 말했을 때, 다윈은 발생에 관한 많은 실험적 관념에 질문을 정하고 설명을 구하는 도구로서 생존의 권리를 부여한 것이다."

따라서 사물을 초자연적 원인이 아닌, 사물이 그 환경 속에서 얻는 위치와 기능으로 설명한다. 듀이는 노골적인 자연주의자로서 '우주 전반을 이상화(理想化)하고 이성화(理性化)하는 것은 우리에게 특별히 가까운 관계에 있는 사물의 경과를 지배하는 능력이 없는 것을 고백하는 것이다'라고 단언한다. 그 또한 쇼펜하우어의 의지나 베르그송의 도약력을 믿지 않는다. 그런 것은 존재하는지는 몰라도 숭배할 필요는 없다. 이들 우주력(力)은 인간이 창조하고 존경하는 것을 매우 자주 파괴하기 때문이다. 신성은 우리 내부에 있는 것이지 이들 무색투명한 우주력에 있는 것은 아니다. "지성은 움직이지 않는 이전자(移轉者)로서, 궁극적인 선으로 작용하던 사물로부터 멀리 떨어진 고독한 자리에서 내려와 인간의 활발한 사건 속에 자리 잡았다." 우리는 지상의 삶에 충실해야 한다.

훌륭한 실증주의자로서, 또한 베이컨·홉스·스펜서·밀의 후예로서 듀이는 형이상학을 신학의 역조이며 변장이라 하여 거부한다. 철학에서 왈가왈부하는 것은 항상 철학의 문제가 종교의 문제와 뒤섞여 있는데 그 불씨가 있다. '내가 플라톤을 읽은 바에 의하면 철학은 본질적으로 정치학적인 기초와 사명의 어떤 의식을 가지고 시작하며, 철학의 문제는 어떻게 올바른 사회 질서를 조직하느냐 하는 것임을 알고 있었다. 그런데 곧이어 철학은 내세의 몽상에 자신을 잊어버리고 말았다.' 독일 철학에서는 종교 문제에 대한 관심이 철학의 발전 방향을 한쪽으로 치우치게 했고, 영국 철학에서는 사회적 관심이 초자연적인 것보다 중시되었다. 2세기 동안 권위주의적 종교와 봉건적 귀족주의의 반영이었던 관념론과 진보적 민주주의와 자유 신앙의 반영이었던 감각주의 사이의 전쟁은 처참했다.

이 전쟁은 아직 끝나지 않았다. 따라서 우리는 아직도 중세를 완전히 벗어나지 못하고 있다. 근대는 자연주의적 관점이 모든 영역에서 선택되었을 때, 비로소 시작될 것이다. 그것은 정신이 물질에 환원된다는 뜻이 아니며, 다만 정신과 생명은 신학적 개념에 의하여서가 아니고 생물학적 개념에 의하여 어느 환경 속의 기관 또는 유기체라고 생각되어, 환경의 영향을 받는 동시에 환경에 작용하고, 환경에 의해 형성되는 동시에 환경을 형성한다는 뜻에 불과하다. 우리는 '의식의 상태'가 아니고 반응의 방법을 연구해야 한다. '뇌는 원래 어떤 종류의 행동 기관이지 세계 인식의 기관은 아니다.' 사고는 재적응의 도구이며 손발과 치아와 똑같은 하나의 기관이다. 관념은 가상된 연관, 적응실험이다. 그러나 이것은 수동적 조절도 단순한 스펜서식의 적응도 아니다. '환경의 완전한 적응은 죽음을 의미한다. 모든 반응의 본질은 환경을 지배하려는 욕구이다.' 철학의 문제는, 우리가 어떻게 외계를 지배하고 개조하느냐 이다. 철학은 감각과 인식의 분석이 아니고—그것은 심리학의 과제이기 때문이다—인식과 욕망의 총합이며 조정이다.

사고를 이해하기 위해서 우리는 사고의 발생을 특별한 국면에서 관찰해야 한다. 그렇게 하면 이성의 활동은 전제가 아닌 곤궁에 그 출발점이 있는 것을 알게 된다. 그럴 경우에 이성은 가설을 세운다. 그 가설은 실은 결론이 되는 것이며, 이 결론 때문에 이성은 여러 가지 전제를 구한다. 그리고 마지막에 이 가설을 관찰이나 실험에 의하여 음미하는 것이다. '사고의 현저한 첫째 특징은 사실을 직시하는 일, 즉 탐구와 정밀하고 상세한 음미, 그리고 관찰이다.' 여기에는 신비주의가 들어갈 여지가 별로 없다.

그리고 또 사고는 사회적이기도 하여 단순히 어느 특별한 국면에서 일어날 뿐 아니라 어떤 주어진 문화적 환경에서도 일어난다. 사회가 개인의 소산인 것과 같은 정도로 개인은 또 사회의 소산이다. 관습·풍속·인습·언어·전통적 관념의 거대한 그물은 모든 신생아를 덮쳐 그들이 그 속에서 태어난 국민의 형(型)대로 키우려고 대기하고 있는 것이다. 이 사회적 유산의 작용은 산속하고 철저하기 때문에 그것은 종종 육체적, 또는 생물적 유전으로 착각된다. 스펜서조차도 칸트와 범주, 즉 사고의 형식은 개인에게 천성적으로 붙어있다고 믿었지만, 그것은 필경 성인의 정신적 습관이 아이들에게 전달된 사회적 결과이다.

일반적으로 본능의 의의는 과장되고, 초기 교육의 의의는 과소된다. 성본능이나 투쟁본능 같은 가장 강력한 본능은 사회적 훈련에 의해 상당히 완화되고 제어되므로 획득 본능이나 지배 본능과 같은 다른 모든 본능은 완화될 필요가 없다거나, 환경은 전능이라는 생각을 버려야 한다. 변화와 성장을 인식할 수 있는 한계는 없으며, 사고가 한계를 설정하지 않는 이상 불가능한 일은 없다.

과학과 정치학

듀이가 모든 것 중에서 가장 아름답게 보고 존중하는 것은 성장이며, 그 결과 그는 상대적이고 특수한 개념인 성장을 그의 윤리학의 기준으로 하지만 절대적 '선'은 기준으로 하지 않는다.

"궁극 목표로서의 완전성이 아니고, 완성·성숙·세련에 이르는 영속적 과정이 생명의 목적이다. ……나쁜 인간이란 비록 지금까지는 아무리 선했더라도 현재 타락하고 있는—즉 선인이 아닌—사람이다. 좋은 인간이란 비록 지금까지 도덕적으로 무가치했더라도 현재는 좋아지고 있는 사람이다. 이러한 개념은 인간이 자기를 비판함에 엄하고, 남을 비판함에 관대하게 한다."

또 선량하다는 것은 단지 온순하고 사람이 좋다는 것만은 아니다. 능력 없는 선량은 절름발이며, 만약 우리에게 예지가 없다면 세상의 모든 덕도 우리를 구하지 못할 것이다. 무지는 지극히 덕이 아니라 무자각(無自覺)이며 예속이다. 다만 예지만이 우리를 자기의 운명 형성의 협력자로 하는 것이다. 의지의 자유란 인간관계의 방해가 아니고 인식에 의하여 행위를 밝히는 것이다. '의사나 기사는 무엇을 취급할까를 알고 있는 정도에 따라 그 사고, 또는 행위에 있어 자유이다. 아마도 우리는 여기에서 일체의 자유를 해결하는 열쇠를 발견할 것이다.' 우리는 결국 본능이 아니고 사고를 신뢰해야 한다.—산업에 의해서 우리의 주위에 구축되어 더욱 인위적으로 되어가는 환경과 우리가 휘말려 들어가고 있는 모든 복잡한 문제의 미궁에 어떻게 우리의 본능 같은 것이 적응할 수 있단 말인가.

"자연과학은 현재로서는 정신과학을 앞서고 있다. 우리는 여러 가지 귀중한 것을 만들어 내기 위해서 자연의 메커니즘을 충분히 지배했지만, 가능적 가치가 생활 속에서 현실적으로 되는 모든 조건의 지식을 아직 획득하지 않고 있어 우리는 아직도 여전히 습관이나 우연, 또는 맹목적인 힘에 좌우되고 있다. ……자연은 지배하는 힘과 자연을 인간의 소용과 인간의 만족에 쓸모 있게 하는 능력은 크게 중대했지만 그와 동시에 목적의 실현, 가치의 향수가 점점 믿을 수 없게 되는 것을 우리는 느낀다. 때때로 우리는 모순에 빠져 있는 것처럼 생각된다. 즉 수단을 늘리면 늘릴수록 그것을 사용하는 목적은 대체로 애매하게 되어 간다. 칼라일이나 러스킨 같은 사람이 산업적 분명 선체를 배척하고, 톨스토이가 황야로 들어갈 것을 선언한 것도 이상하지 않다. 그러나 사태를 전체적으로 확실하게 보는 유일한 방법은 모든 문제가 과학의 발달과 과학을 생활에 어떻게 응용하느냐에 달려 있음을 명심하는 것이다. ……도덕이나 철학은 그 최초의 사랑. 즉 선의 유모인 지혜의 사랑으로 돌아가는 것이다. 즉 특수한 연구 및 음미의 여러 가지 특수한 방법과 대량의 질서정연한 인식을 갖추어 지금까지 얻어진 모든 가치를 남녀 누구나가 충분히 혜택을 받도록 한다는 문제에 산업·법률·교육이 전심(專心)하기 위한 방책을 자유로이 세울 수 있는 소크라테스적 원리로 돌아가는 것이다."

대개의 철학자와는 달리 듀이는, 그 결점을 알면서도 민주주의를 용인한다. 국가 질서의 목표는 개인을 도와서 그 각자를 완전하게 발전시키는 일이며, 이 목표는 각자가 그 능력에 따라서 소속된 집단의 정책과 운명의 결정에 참여할 때만이 달성될 수 있다. 계급이 고정되어 있다고 믿는 것은 종(種)이 고정되어 있다고 생각하는 것과 같으며, 계급의 차별이 유동한다는 생각은 종의 변형의 학설과 동시에 일어났다. 귀족정치 및 군주정치는 민주정치보다 능률적이지만, 동시에 또 그만큼 위험하다. 듀이는 국가를 신용하지 않고 사회의 일이 될 수 있는 한 많은 자발적 협동에 의하여 이루어지는 다원적 질서를 희망한다. 그는 협동조합·정당·회사·노동조합 등등에 개인주의와 공동행위의 조화를 보는 것이다.

"이들의 협동체가 중요성을 띠기 시작함에 따라 국가는 더욱 이들 협동체의 활동에 한계를 설정하고, 상호 간의 알력을 방지하고 해결함으로써 조정자 또는 조정자(調停者)가 되려고 한다. 그리고 그 이상의 자발적인 협동 관계는……

정치적 경계와는 관계없이 수학자·화학자·천문학자의 단체, 실업 단체, 노동 단체, 교회 등은 그 관심이 세계적인 관계로 초국가적이다. 이러한 영역에서의 국제주의는 요구가 아니라 사실이며, 감상적인 이상이 아니라 힘이다. 그런데 이 관심이 배타적인 국가주권이라는 전통적 교의에 차단되어 상태를 혼란시킨다. 이 교의의 유행이 국제적 정신—단지 국제적 정신만은 지금의 노동·상업·과학·예술·종교를 움직이고 있는 힘과 일치하지만—의 효과적 형성을 저지하는 가장 강한 장해물이다."

그러나 정치의 재건은 자연과학에서 그처럼 성공한 실험적 방법 및 태도를 사회문제에 적용할 때 비로소 실현될 것이다. 정치철학에서의 우리는 아직도 형이상학적 단계에 있으며, 서로 추상적인 일을 말하고 있을 뿐인지라 전쟁이 끝나도 얻는 것은 아무것도 없다. 사회 병폐는 즉 개인주의니 질서니 하는, 아니 민주정치다, 군주정치다, 귀족정치다, 뭐다 하는 따위의 잘난 체하는 개괄론으로는 치료할 수 없다. 우리는 일반적인 이론으로써가 아니고 특수적인 가설을 가지고 하나하나의 문제와 맞서야 한다. 이론은 촉수이며, 유익한 진보적 생활은 시행착오에 의지할 수밖에 없다.

"실험적 태도는…… 개략적인 일반론에 대신하여 상세한 분석을, 기질에 의한 확신에 대신하여 특수한 탐구를 하며, 규모의 대소가 애매함에 정비례하는 의견에 대신하여 작은 사실로 한다. 사회과학·윤리학·정치학·교육학에서 사고는 커다란 대립 속에서 진행된다. 즉 질서와 자유, 개인주의와 사회주의, 교양과 효용, 자발심과 훈련, 현실과 전통 등의 이론적 대립이 그것이다. 자연과학의 영역도 이전에는 유사한 '총체적' 견해에 지배되어, 이 견해의 감정적 매력은 그 지적 명석에 반비례하고 있었다. 그런데 실험적 방법의 진보와 함께 서로 버티는 양자의 어느 쪽이 이 분야에 권리가 있느냐는 것은 이미 묻지 않게 되었으며, 착잡한 문제를 조금씩 고쳐가며 해결한다는 방법으로 되었다. 나는 마지막 결과가 실험 이전의 생각의 어느 것이든 하나를 도와서 승리를 얻게 했다는 사례는 하나도 모른다. 실험 이전의 생각은 모두 그 뒤에 발견된 사태에 직면하여 더욱 예상착오가 되어 사라진 것이며, 예상 착오라는 것이 밝혀짐과 함께 무의미하고 보잘것없는 것이 되었다."

철학은 이 영역의 일을, 즉 인간의 인식을 우리의 사회적 모든 대립에 응용하는 것을 임무로 해야 한다. '현대의 난제와 직접 씨름하는 것은 문학이나 정치학이 할 일이다.' 오늘날 철학은 모든 과학 앞에서 도망쳤으며, 모든 과학은 차례로 철학을 버리고 생산의 세계로 들어가 버려 철학은 혼자 쓸쓸히 남게 되었다. 하늘과 땅같이 믿는 자식이 떠나고, 찬장도 옷장도 온통 텅 빈 고독한 어머니처럼, 철학은 그 참된 관심사―이성과 세계에서의 그 생활―로부터 소심하게 몸을 빼내어 인식론이라고 불리는 허물어져 가는 건물의 한구석에 숨어서 쓰러져 가는 건물에 정착하는 것을 금하는 법률에 의하여 당장이라도 쫓겨날 것같이 된 것이다. 그런데 이들 낡은(인식론의) 문제는 우리에게 의의가 없다. '우리는 그들 문제를 해결하는 것이 아니라 뛰어넘는 것이다.' 그들 문제는 사회적 마찰과 산 변화와의 열 속에서 증발하는 것이다. 철학은 다른 모든 것과 마찬가지로 종교의 손을 벗어나 세속화되어야 한다. 철학은 지상에 살면서 생활을 개화하는 것에 의하여 생계를 세워야 한다.

"철학을 전문으로 하지 않는 성실한 마음의 사람들이 무엇보다도 알고 싶어 하는 것은 산업·정치·과학의 새로운 움직임을 위하여 우리의 정신적 유산에 어떠한 변경과 폐기가 필요한 것인가이다. ……장래의 철학 과제는 시대의 사회상 및 도덕상의 싸움에 관하여 사람들이 지녀야 할 관념을 명백히 하는 일이다. 철학의 목적은 인간으로서 될 수 있는 한 이들 알력을 처리하기 위한 도구가 되는 일이다. ……서로 다투는 생활의 모든 요인을 어떻게 조정하느냐 하는 일반적인 선견지명이 있는 이론, 그것이 철학이다."

이렇게 해결된 철학이라면 마침내 왕으로서의 가치가 있는 철학자를 낳을 수도 있을 것이다.

맺는말

만약 독자가 지금 이 세 사람의 철학을 요약한다면 연대를 무시하고 산타야나를 제임스나 듀이의 앞에 놓았던 일을 아마도 처음 생각했던 것보다 옳다고 할 것이다. 현대 미국의 사상가 중에 가장 웅변적이고 섬세한 사상가(산타야나)가 거의 모든 유럽의 문화적 전통에 속했다는 일과, 윌리엄 제임스가―많은 점에서 이 전통에 애착하고는 있지만―그 사고에서는 적어도 동부 미국의 정신을, 문체에서는 모든 미국의 정신을 포착한 일과, 동부 및 서부의 아들인 존 듀이가 미국 국민의 현실주의적이고 민주주의적인 기상을 철학적으로 표현한 것은 돌이켜보면 더욱 뚜렷하다. 유럽 사상에 대한 우리의 의존도가 바야흐로 줄어들어서 철학·문학·과학에서 우리의 일을 독자적인 방법으로 하기 시작한 것은 명백하나, 물론 하기 시작한 것에 불과하다. 왜냐하면 우리는 아직 젊어서 유럽 조상의 도움이 전혀 없이는 아직 걷지 못하기 때문이다. 그러나 만약 우리가 우리 자신을 초월하는 것이 힘들어 우리의 피상적인 태도, 촌스러운 모습, 편협과 완고함, 혁신과 실험에 반대하는 유치한 배타심과, 소심하기 때문에 거칠어지는 것에 때로 낙담하는 일이 있다면─생각해 보자. 영국이 나라를 세우고 셰익스피어를 낳을 때까지 8백 년을 필요로 했던 사실을, 또 프랑스가 나라를 세우고 몽테뉴를 낳을 때까지 8백 년이 걸린 것을. 우리는 유럽으로부터 명상적이고 예술적인 인물보다는 진취의 기상이 풍부한 개인주의자와 획득욕이 왕성한 개척자를 이 나라에 끌어들여 그런 사람들을 선출하여 우리 사이에 존속시킨 것이다. 우리는 우리나라의 대삼림을 벌채하고 우리 국토의 천연자원을 개발하는 데 힘써야 했으며, 아직 국민문학과 성숙한 철학을 산출할 여가가 없었다.

그러나 우리는 부유해졌다. 그리고 부유는 예술의 서막이다. 수세기에 걸친 물질적 노력으로 사치와 여가를 위한 자력을 비축한 국토에는 반드시 문화가, 마치 비옥하고 관수가 잘 된 토지에 식물이 잘 생장하듯이 자연적으로 흥했다. 부유하게 되는 일이 첫째로 필요한 조건이었던 것이다. 국민 또한 철학적 사색을 할 수 있기 전에 우선 살아야 한다. 우리 모든 국민은 통상적으로 성장하는 속도보다도 틀림없이 빠르게 성장했다. 우리 미국인의 영혼의 혼란은 우리의 발달이 너무 빨랐기 때문이다. 우리는 빠른 성장과 청춘기의 경험 때문에 일시적으로 동요되어 평형을 잃은 젊은이와도 같다. 그러나 곧 우리의 성숙기는 시작될 것이다. 우리의 정신은 우리의 신체에 따르고, 우리의 문화는 우리의 재산을 따를 것이다. 아마도 셰익스피어보다도 위대한 영혼이나, 플라톤보다도 위대한 정신이 태어나는 것을 기대할 수 있을 것이다. 우리가 자유를 부(富)와 마찬가지로 존중하게 되었을 때 우리에게도 르네상스는 올 것이다.

월 듀랜트의 즐거운 철학이야기

월 듀랜트는 1885년 11월 5일 미국 매사추세츠주 노스애덤스에서 조셉 듀랜트와 메리 알라드 사이에서 태어났다. 그의 부모는 월이 장차 성직자가 되기를 원하여 성 베드로 학교에 입학시켰으나, 월은 다양한 서적을 접하면서 차츰 자신이 진실로 가야 할 길을 깨닫게 된다.

그는 1907년 〈뉴욕 이브닝 저널〉지 기자로 활동하다가 세튼 홀 대학교에서 라틴어·프랑스어 강사로 재직했다.

1911년 페러 모던 학교에서 교수활동을 하던 중 러시아 이민자인 에이다 코프먼(뒤에 에어리얼로 개명)을 만나 사랑을 하게 된다. 이들은 뒷날 결혼하여 평생을 학문과 저술을 함께하는 동지가 된다. 이 부부는 1981년 같은 해 일 주일 간격으로 세상을 떠났다.

듀랜트는 1917년 콜럼비아 대학 재직 중《철학과 사회 문제 *Philosophy and the Social Problem*》를 출간하면서 저술활동을 시작했다. 그로부터 9년 뒤 듀랜트는 두 번째 저작《철학 이야기 *The Story of Philosophy*》(1926)를 발표했는데, 이 책은 30여 년 동안 여러 나라 말로 번역되어 300만 부 이상 팔렸고 지금도 꾸준히 사랑받고 있다.

그는《철학 이야기》를 발표한 그 이듬해인 1927년에는《과도기 *Transition*》를 펴냈다. 이 책은 그의 유일한 소설로서, 자신의 청년기의 사회적·종교적·정치적 각성 과정을 보여 주는 자전적 성격을 띠고 있다.

그 이후 그는 1935년부터 75년까지 전11권으로 구성된《문명 이야기 *Story of Civilization*》를 차례대로 발표했다. 부인 에어리얼 듀랜트는《문명 이야기》 각 권마다 그 집필에는 참여했지만, 7권《이성의 시대가 시작되다 *The Age of Reason Begins*》가 출판된 1961년에야 작품의 공식적인 공저자로 인정받게 되었다. 그 이후 그녀는 공동 집필자로서 나머지 작업을 계속했고, 제10권《루소와 혁명 *Rousseau and Revolution*》(1967)으로 남편과 공동으로 퓰리처상을 수상했다. 1970년에는 평생 동안 문학 작품을 읽으며 써 온 자신들의 주해들을 확대하여 《삶의 해석 : 현대문학 개관 *Interpretations of Life : A Survey of Contemporary Literature*》을 발표했는데, 이 작품은 일반대중을 겨냥해 문학사와 작가들의 비공식적 이야기와 일화들을 소개하고 있다. 이들 부부는 1977년 발간된 《두 사람의 자서전 *A Dual Autobiography*》에서 자신들의 공동작업에 관해 이야기하고 있다.

그의 저서들은 일반대중들이 인간에 대한 이해의 지평을 넓히고 인류의 지식을 더 폭넓게 공유할 수 있도록 해 주었다. 특히 1953년에 발표된 《철학의 즐거움 *The Pleasures of Philosophy*》은 고리타분한 상아탑 속에만 들어앉아 있는 철학을 대중들 앞으로 끌어내, 그것이 결코 인생과 동떨어진 학문이 아니며 우리 모두가 인생을 생각하는 철학자임을 가르쳐 준 획기적 명저이다.

그러나 듀랜트를 세계적인 저술가로서 유명하게 만든 작품은 무엇보다도 바로 이 《철학 이야기》이다. 이 책은 세상에 나오자마자 미국의 베스트셀러가 되었고, 흥미롭고 유익한 철학 입문서라는 정평을 얻어 단기간 내에 세계 여러 나라에서 출간되었다.

《철학 이야기》는 그 양식으로 본다면 일종의 철학 서적이지만, 이 책을 전문적인 철학서로 보는 데에는 다소 어려움이 있다. 그것은 이 책의 집필 의도가 철학사의 서술이 아닌 다른 곳에 있고, 따라서 철학에 접근하는 그 방식도 일반적인 철학서와는 많은 차이가 있기 때문이다. 다시 말해 이 책은 먼지 낀 서재에서 잠자는 철학을 해방시켜 대중에게 되돌려 주기 위해, 유명 철학자들의 생애를 통해 철학에 다가가는 접근법을 취하고 있는 것이다. 이 책에 대해 미국의 저명한 철학자 존 듀이는 다음과 같이 말하고 있다.

"이제까지 철학적 저술은 너무나 전문적이어서 상당히 교양 있는 사람들도 읽기 어려웠다. 그러나 듀랜트는 철학사상을 일반 사람들도 가벼운 마음으로 읽을 수 있게 했다. 따라서 이 책은 틀림없이 철학의 대중화를 시도한 것이지만 그것은 결코 단순한 대중화에 그치는 것이 아니었다. 그로부터 비롯된 결과는 오히려 매우 학문적이었다. 듀랜트는 이론의 인용 말고 다른 모든 면도 일일이 원전에 의거하고 있고, 결코 어물어물 넘어가는 일이 없다. 또한 철학자의 선택도 매우 타당하고 설명도 정확하고 명석하며, 비판도 정곡을 찌르고 있다."

듀랜트는 이 책의 저술을 위해 자료 수집과 분석 등의 준비 기간 11년을 거쳤으며, 이후 집필에도 3년이 넘는 시간을 들였다. 그런 만큼 그는 중요한 철학자들을 소개할 때에도 거의 그들 자신의 말, 곧 원전을 인용하고 있다. 이러한 점에서 이 책은 '철학 명저 해설'이라는 성격도 갖고 있다고 할 수 있을 것이다.

이렇게 이《철학 이야기》는 독자들에게 뛰어난 철학자들의 삶에 대한 이야기를 소개하여 그들의 사상을 재미있게 이야기해 주고 있다. 따라서 이 책을 읽기 시작하면 우리 일상인들은 알 수 없는 세계에서 초연한 자세로 사색하는 듯하던 철학자들이 갑자기 가까운 친구처럼 느껴진다. 그리고 그들과 어깨를 겨누고 고요한 숲 속에서 다정하게 인생을 논하는 것 같은 기분이 들게 된다. 이렇듯 우리 독자들은 난해한 용어나 논리에 집착함이 없이 쉬운 수필을 읽듯 심원한 철학사상을 터득하게 되는 것이다.

듀랜트는 뛰어난 철학자들의 사상을 소개하는 데 그치지 않고, 철학자들의 사상을 통해 '삶이란 무엇인가?' '도덕이란 무엇인가?' '정치란 무엇인가?' '정의란 무엇인가?' 등의 질문을 던지고 있다. 그렇게 함으로써 그는 우리 인간 생활의 가장 중요한 문제들에 대한 슬기로운 해설을 하고 있는 것이다. 따라서 이 책은 위대한 철학자의 학설을 빌려서 쓴, 듀랜트의 '인생론'이라고 할 수 있다.

이 책을 보면서 독자들은 참으로 눈부신 '인생의 파노라마'와 마주치게 될 것이다. 그러므로 이제 우리는 그가 솜씨 있는 요리사처럼 우리 탐구의 식탁 위에 차려 놓은 영양분 풍부한 인생론을 음미할 준비만 하면 되는 것이다. 그 식탁에 메인 메뉴로 그의 또 다른 저서《철학의 즐거움》의 첫 장인 '철학의 유혹'을 올린다. 이보다 더 멋진 진수성찬은 없으리라 생각한다.

철학의 유혹

서곡

오늘날 철학이 사람들의 인기를 얻지 못하는 것은 무엇 때문일까? 철학의 자손인 과학은 어머니의 재산을 모조리 물려받았는데, 어째서 정작 그녀(哲學)는 한겨울 칼바람보다도 더 차가운 배은망덕을 당한 리어왕처럼 문밖으로 쫓겨나 버렸을까?

지난날에는 그녀를 위해 죽음도 두려워하지 않던 굳센 사람들이 있었다. 소크라테스는 철학의 적에게 굴복하는 치욕을 참고 살기보다는 차라리 순교자가 되기를 택했다. 플라톤은 그녀의 왕국을 지키기 위해 두 번씩이나 위험을 무릅썼다. 마르쿠스 아우렐리우스는 자기 왕국보다는 그녀에게 훨씬 뜨거운 사랑을 바쳤다. 브루노는 그녀에 대한 충성을 지키다가 끝내 화형장에서 한줌의 재로 남았다. 한때 왕좌도 법관도, 왕조가 철학 때문에 무너질까 두려워 그 지지자들을 감금한 일이 있다.

아테네는 프로타고라스를 추방했으며, 알렉산드리아는 히파티아 앞에 벌벌 떨었다. 한 고귀한 교황은 머뭇거리며 에라스뮈스에게 벗이 되기를 간청했다. 볼테르를 자기 나라 안에 발도 못 붙이게 했던 왕들이나 지배자들은, 마침내 모든 문명세계가 왕의 옥장(玉杖) 아닌 그의 펜 한 자루에 굴복했을 때, 걷잡을 수 없는 질투심에 불탔다.

디오니시우스 부자는 플라톤에게 시라쿠사를 지배해 달라고 간청했다. 알렉산더 대왕의 후원은 아리스토텔레스를 역사상 가장 박식한 사람으로 만들었다. 영국의 한 학자왕은 베이컨을 기용하여 그에게 영국 최고의 지배권을 위임하고 온갖 적으로부터 그를 감싸 주었다. 또한 프레데리크 대왕은 위풍당당한 장군들이 잠자리로부터 물러간 한밤중에, 시인·철인들과 우아한 잔치를 열어 그들이 품은 영원한 이상의 왕국 지배에 다시없는 부러움을 느끼고는 했다.

이는 철학의 황금시대의 일이다. 그즈음 철학은 모든 지식에 군림하고 정신의 행진대열 맨 앞에서, 그것이 어느 모퉁이를 돌아가든 늘 있는 힘을 다해 앞장 섰다. 사람들은 그녀에게 찬사를 보내며 진리에 대한 사랑보다 고귀한 것은 없다고 고백했다. 자기와 비길 만한 사람은 디오게네스뿐이라고 말한 알렉산더 대왕에게, 디오네게스는 "비키시오, 당신의 몸이 햇빛을 가렸소" 하고 명령했다.

정치가도 사상가도 예술가도, 모두 기꺼이 아스파시아의 말에 귀 기울였고, 몇만 명의 학생이 아벨라르에게서 배우려고 파리를 향해 길고 긴 편력의 길을 떠났다. 그때 그녀는 차가운 세상의 비웃음이 두려워, 꼭꼭 문을 걸어 잠그고 성 안에 숨어 있는 노처녀가 아니었다. 그녀의 빛나는 두 눈은 햇빛을 두려워하지 않았다. 위험을 무릅쓰고 씩씩하게 나아가며 미지의 먼바다로 항해를 떠났다. 군왕들을 모아놓고 회의를 주재하던 그녀가, 오늘과 같이 갇혀 살아야 하는 비좁은 한계를 당시에 과연 만족할 수 있었을까? 지난날 그녀는 숱한 심오한 마음을 훈훈한 온기와 밝은 빛으로 가득 채워 주는 오색 찬란한 불빛이었다. 그런데 지금은 단편적 과학이나, 까다롭고 복잡한 교설의 꼴사나운 더부살이 신세에 지나지 않는다. 한때 모든 지적 세계의 자랑스런 여왕으로 군림하며, 기꺼이 찾아와 머슴이 된 자들에 의해 최고의 자리를 차지했던 철학이, 이제는 그 아름다움과 힘을 제거당하고 홀로 외로이 길가에 서 있다. 이제는 아무도 그녀를 존경해 주지 않는 것이다.

철학이 오늘날 사랑받지 못하는 이유는 그녀가 지녔던 모험정신을 잃었기 때문이다. 갑자기 나타난 과학은 철학의 온 우주에 걸쳐 있던 영토를 하나씩 하나씩 훔쳐갔다. '우주론'은 천문학과 지리학으로 갈라져 나오고, '자연철학'은 생물학과 생리학으로 독립했으며, 요즘에 와서는 '정신철학'에서 심리학이 싹터 나왔다. 모든 진지하고 결정적인 문제는 철학에서 빠져나가 버렸다. 철학은 이제 물질의 본질에도, 생명이나 생성의 신비에도 아무 상관이 없어졌다. 철학이 수없는 사상의 흐름 속에 그 '자유'를 위해 들고 나가곤 하던 '의지'마저, 근대생활의 기계주의 속에 말려들어가 산산조각이 나 버렸고, 한때 철학 자신의 문제였던 국가는 이제 시정잡배들의 흥겨운 사냥터가 되어, 지난날 철학이 베풀어 주던 충고를 말할 수 없는 모욕으로 갚고 있다.

철학에게 남은 것이라고는 형이상학의 얼어붙을 듯 차가운 봉오리와, 인식론의 아이들 놀음 같은 수수께끼 풀이, 그리고 인간에게 아무런 영향도 주지 못하는 윤리학의 강의뿐이다. 이 황폐한 땅조차도 장차 새로운 과학은 컴퍼스와 현미경·법칙 등을 들고 들어와 철학에게서 빼앗아 갈지 모른다. 그리고 세상 사람들은 지난날 철학이라는 것이 있었고, 사람들의 심금을 울리며 길잡이가 되어 주었다는 것을 까맣게 잊어버리게 될지도 모른다.

인식론자

철학은 지난 2백 년 동안 많은 것을 써 남겼지만, 위에서와 같은 모욕과 망각을 받아 마땅하다고 해야 할 것 같다. 베이컨과 스피노자가 죽은 뒤 철학은 과연 어떠했는가? 그 대부분은 소위 인식론(epistemology), 까다롭고 복잡한 지식의 신학, 외부존재에 대한 전문적이며 비교적·신비적이고도 해석할 수 없는 인식들뿐이 아니었는가. 한때 철학정치가를 만들겠다고 했던 이성과 지혜는 별·태양·박테리아·이웃 사람 등이(그들 스스로 깨달건 그렇지 못하건 간에)이 세상에 존재한다는 가능성을 따지노라고, 왈가왈부하며 골치 아픈 이성의 분석이나 일삼고 있었다. 이렇듯 250년 동안 계속된 이전투구는 철학과 인생에 유익하고 수긍할 만한 어떠한 결과도 가져다주지 못한 채, 다만 일부 출판업자에게나 이득이 있었을 뿐이다.

이런 숱한 비난에 대해서는 저 데카르트의 간결하고 소박하다고 할 만한 한마디, 즉 '나는 생각한다, 그러므로 존재한다(Je pense, done je suis)'에 그 일부의 책임을 묻고 싶다. 데카르트는 자기 철학을 최소한도의 가정에서 출발시키려 했다. 그는 소위 '방법론적 회의'로 우리의 모든 신념, 나아가서는 모든 공리까지도 의심하고, 아주 간단한 전제인 "나는 생각한다, 그러므로 존재한다"에다 지식의 온갖 체계를 세우려 했다. 그러나 그것은 우리의 사유(思惟) 위에다 올려놓기에는 너무도 벅차고 위험한 것이었다. 재치 있는 사람이라면, 그가 존재를 사유의 주춧돌 위에 세우려 함이 존재를 충족적 특권으로 보려는 것임을 간파했을 것이다. 그리고 야유가는—바이닝거가 그렇게 했듯이—양성에서 영혼뿐만 아니라 실재성까지도 빼앗아 올 수가 있었을 것이다.

어쨌든 그가 철학에 입힌 손해는 컸다. 인간이 생각(사유)한다는 사실 위에다 세계의 설명을 세운다는 것은 걷잡을 수 없는 혼란을 일으켰으며, 실제로 십대에 걸쳐 배출된 인식론자들의 거미 떼와 같은 교묘한 재주로 끝내 이 혼란하게 엉킨 실마리를 풀지 못했다. 우선 데카르트의 '나' ego=I는 정신적·비물질적인 영혼이라고 알려졌다. 그런데 한 물체가 다른 물체와의 관계에 의해서만 움직인다는 추측이 옳다고 하면, 비물질적인 영혼이 뇌수의 미분자에 작용하는 것은 무엇에 의한 것일까 하는 의문이 생겨난다.

이 막다른 골목에서 세 갈래의 길이 생겨났다. 즉 유물론(materiailism)·유심론(idealism)=관념론·물심병행론(psychophysical parallelism)이다. 병행론자는 주장한다―정신과 뇌수가 엄연히 별개의 것인 이상, 양자 사이에 상호작용이란 절대로 있을 수 없다. 물적인 것과 심적인 것, 뇌수적인 것과 정신적인 것, 두 계열을 이룬 사상이 마땅히 서로 아무런 영향도 주지 않고 각기 떨어져 있어야 할 텐데 기적적으로 병행되고 있다고. 유물론자는 말한다. 정신이 물질에 작용한다는 것이 부정할 수 없는 사실이라면, 정신은 쓸개즙 같은 물질, 물체적 존재여야 한다고. 그러면 유심론자는 뭐라고 하는가. 그들은 이렇게 내세운다. 우리가 확실히 알 수 있는 유일한 실재는, 데카르트가 그 철학의 출발점으로 삼은 '사유의 실재' 즉 '생각한다는 것'밖에 없다, 그 밖의 모든 것은 우리에게 지각의 대상이 되고 우리의 마음에 의해 구성될 때만 실제적인 것이라고. 따라서 육체는 지각이고, 물질은 단순한 관념의 덩어리가 되고 말았다.

신학자

철학의 기능은 과학적 방법의 비판에 있다고 하는 생각도, 거의 마찬가지로 위험한 것이다. 여기서도 욕망은 암암리에 그러한 사상을 낳았다. 사물의 진상을 명백히 할 수가 없는 학자들은 변명투로 과학불신임안을 결의했다. 즉 마하, 피어슨, 푸앵카레 등은, 과학이 도달하는 결론이란 관찰할 수 없는 자연의 '풍습'에 대해 불완전한 공식을 만드는 데 지나지 않으며, 따라서 이러한(과학의) 결론은 보다 넓은 관찰의 결과로 언젠가는 흔들리고 폐기될 것이라고 했다. 그들의 이런 말은 곧 '신학의 방울새를 죽인 하수인'의 '아킬레스의 뒤꿈치' Achilles ; heel(=약점)로 당장 이용되었다.

즉 다시 없이 좋은 이 기회를 놓칠세라 신학자들은 떠들기 시작했다. 인간의 현상처럼 연약한 것은 없다. 과학은 우리에게 아무런 필요성도 주지 못했고, 단지 개연성을 보여 주었을 뿐이다. 그러하기 때문에 우리는 옛날의 그리운 교의(dogma)를 박물관에서 꺼내다가, 조심스럽고도 알쏭달쏭한 글귀로 다시 장정하여, 약간의 흠밖에 없는 상품으로 다음 세대에 팔자고 하게 되었다.

온갖 방면에서 별 사람이 다 나타나 수학의 공리·시간·공간·교·측정·양·질 등의 개념을 열심히 살피고, "결국 산타클로스는 있었다"는 결론을 제법 의젓하게 축문에서 끄집어냈다.

이런 불경스런 요술에도 불구하고, 정직한 사람들이 철학자를 차차 의심하게 되다니 이상하지 않은가? 철학의 어떠한 논리도, 이 삼단논법이 우리의 참된 바람을 배반하는 거짓말이라면 아무 소용이 없지 않은가? 브래들리는 "형이상학이란 우리의 본능적 신념을 통해 나쁜 이유를 발견해 주는 것이다. 그러나 그런 이유의 발견이 본능은 아니다"라고 했다.

이것은 이따금 우리가 남을 믿도록 만들려는 데 대한 나쁜 이유도 발견해 준다. 볼테르는 그가 부리고 있는 하녀나 요리사가, 자기네 위치와 시대에 대해 정통파의 신앙을 가져 주기를 바란다고 정직하게 말했다. 그것은 보석을 도둑맞거나 요리에 독을 넣거나 할 위험이 조금은 줄어들 거라고 생각했기 때문이었다. 로체도 철학 논문에 대해 '우리가 어렸을 때부터 품어 온 근본적 신념'을 정당화하려는 시도라고 했다. 또 정직한 니체는 "철학자는 자신의 의견이 냉정하고 순수하며, 성스럽고도 공평한 변증법적 자기전개로 발견된 듯한 얼굴을 하고 있다.……그러나 실은 편협한 주장이나 관념 및 신념 속에 순수한 자기 목소리가 있으며, 사후에 발견된 의논이란 거기에다 무장한 것에 지나지 않는다"고 했다.

철학을 해치는 모든 잘못은 여기에 그 근원을 두고 있다. 진리를 찾고 있으면서 바로 그 진리를 모독하는 것도 이 잘못 때문이다. 이것은 덧없는 도그마(dogma)의 변명을 만든다. 그리고 훔볼트나 다윈 같은 참된 과학자, 레오나르도나 괴테처럼 직업적인 티를 안 내는, 글자 그대로의 진정한 철학자들이 지니는 뚜렷한 지적 양심, 실증에 대한 끈기 있는 존경, 등한시되는 사례에 대한 고도의 주의력 등을 무참히도 깎아 없앤다. 철학자로 잘못 불려진 중세의 스콜라학파는, 본래 신학자였고 진리의 탐구를 포교 도구로 삼았던 것이다. 그들의 거대한 고서들은 모두 교리와의 싸움을 위해 바티칸 선교부가 발행한 황색표지본이다. 그들은 솔직하게 말한다. "철학은 신학의 시녀이다"(Philosophia anoila theologioe)라고.

근대철학의 위대한 시조인 베이컨, 데카르트, 스피노자가 이런 철학적 매음에 항거했음에도 불구하고, 그들의 후손은 오늘날 옛 전통에 숱하게 굴복했다.

　이 신학적인 오점으로부터, 왕성한 번식력을 가진 원인 불명의 유전병처럼, 다른 철학의 잘못이 차례로 드러나기 시작한다. 먼저 철학의 연성에 대해 그것은 바로 양심의 결핍 때문이라고밖에 달리 설명할 수 있겠는가? 근대 철학 사상을 뒤덮은 어두운 구름의 일부는 진리 자체의 회피성, 우주론적 사변의 인권성에도 기인된다. 그러나 이런 종류의 막연성뿐이라면, 그렇게도 사람들의 관심에서 멀어질 리가 없다. 셸리는 막연한 존재이다. 그러나 적어도 입으로나마 그에게 경의를 표하지 않는가. 여성 또한 막연한 존재이다. 그런데 여전히 세상 남자들은 자진해서 이 연성으로 돌입하고, 그 신비의 문을 열려고 영원한 노력을 유인당하고 있지 않은가. 근대철학이 지닌 막연성은 이들과는 전혀 다른 것이다.

　꾸민 이야기는 사실보다 더 이해하기 어렵다. 그것에는 많은 상상적 요소가 들어 있기 때문이다. 다만 대가만이 허구에서 진실을 찾아낼 수 있을 것이다. 그러나 철학자는 허구의 대가가 못 된다. 오히려 외교계에서 절실히 필요로 할 테니 말이다. 그러다 보면 신성한 철학은 드디어 삼류소설계와 닿으려는 순간 그대로 떨어져 나가 버린다.

　끝으로, 오늘날 사상계의 메마른 이지주의도 역시 바로 맨 처음의 그 부정직에서 생겨났다. 자기의 정직에 자신을 못 가진 자는 인간의 생사 문제에 직면하면 주저한다. 인생이라는 위대한 실험실은 언제든 그의 사소한 거짓까지도 밝혀내고, 거짓 옷이 벗겨져 진리 앞에 발가벗겨 벌벌 떨게 만든다. 그래서 그는 비전의 두툼한 책들과 철학 전문잡지들로 스스로 상아의 탑을 쌓아놓고, 같은 패끼리만 있어야 안심이 되며, 절실한 가정생활의 현실조차도 두려워하게 된다. 그는 차차 자기의 시대와 입장을 떠나 멀리 방황하게 되고, 나아가서는 대중과 시대가 관심을 가진 문제로부터도 멀어져 버린다.

　철학가가 적게 말하고 많은 일을 한 그리스에서는 그렇지가 않았다. 파르메니데스는 막연한 지식의 신비에 깊이 골몰한 사람이었다. 그 밖의 전소크라테스기 학자들은 늘 굳건한 대지에 눈길을 보내며, 쥐어짜듯이 변증법적 방법으로 자연을 날조하는 대신, 실험과 관찰로 자연의 비밀을 캐내려고 했다. 그리스인들 사이에는 곰곰이 생각에 잠기는 사람은 적었다. 웃는 철학자 데모크리스토스를 놓고 논란을 벌이고 있던 중세적 논쟁에다 외계실재의 문제를 대치시키지 않았던가. 또 탈레스를 보라. 철학자는 "시장에서의 돈벌이에 관해서"는 바보라는 소리를 듣자, 당장 일 년 이내에 거부를 이루어 놓지 않았는가. 아낙사고라스는 다윈과도 견줄 만한 일을 그리스를 위해 해놓았고, 페리클레스를 꼭두각시 인형사 같은 정치가에서 철학 정치가로 바꾸어 놓지 않았는가. 그러면 또 해와 별들을 두려워하지 않은 노(老)소크라테스를 보라. 그는 기꺼이 젊은이들을 타락시키고 나라를 전복시켰다. 한때 위대했던 이 여왕의 궁정에서, 지금 아무 일도 해 놓은 것 없이 뒹굴고 있는 사이비 철학자 무리를 본다면 과연 그는 어떻게 했을까? 이들 씩씩한 선배들과 마찬가지로 플라톤에게도 인식론은 철학의 인문에 지나지 않았다.

거기에는 사랑의 시초 같은 달콤한 순간이 있다. 하지만 지혜를 사랑하는 자의 온 영혼을 잡아 끄는 저 창조적인 충실성이 없다. '소 대화편' 도처에서 플라톤은 스승 소크라테스로 하여금 지각·이성·지식 등의 문제에 잠시 애착의 발을 멈추게 한다. 그러나 본연의 플라톤은 보다 넓은 시야에 서서, 혹은 이상국가에 대해, 혹은 인간의 본질과 운명에 대해 무거운 명상의 고개를 숙인다. 이윽고 아리스토텔레스에 이르러 철학은 비로소 그 끝없는 영성과 한없는 힘을 예찬받게 된다. 철학의 모든 분야는 샅샅이 살펴지고 아름다운 조화가 주어진다. 모든 문제는 제자리를 찾고 과학은 이 지혜에 통행세를 내도록 했다.

이들 그리스의 철학자들은 철학의 기능이 인식론의 어두운 암자에 스스로를 묻는 데 있지 않고, 용감하게 온갖 탐구의 분야로 뛰어가, 일체의 지식을 모아 쥐고 인성과 인생의 통일 및 장식으로 돌진하는 데 있음을 알고 있었다. 그들은 철학의 본령이 암중모색에서 사소한 의문을 푸는 따위에 있지 않고, 또 인생에 대한 관심이나 영향에도 없으며, 오직 한없이 넓고 쉴 새 없이 변해가는 이 세계에서, 인간의 의지와 가치와 힘의 총괄적인 문제를 다루는 데 있음을 알고 있었다.

과학자

이제까지 어떤 것이 철학이 아닌가, 또 철학이 어떤 것이 되어서는 안 되는가를 말해 왔다. 그러면 철학이란 무엇인가, 또 무엇이어야 하는가 하는 문제가 남게 된다. 우리는 지난날 과학의 여왕이었던 철학을 다시금 그때의 드넓은 범위와 강력한 힘으로 돌려놓을 수 없을까? 다시 한번 철학을 생명의 통일성 있는 지식으로 정의할 수 없을까? 지식을 사랑하는 사람으로 하여금 먼저 자기 자신을 지배하고 뒤이어 나라를 통치할 수 있는, 철학 정치가의 이름에 합당한 사람을 만드는, 그러한 새 철학을 그려보는 일은 불가능할까?

학문적으로는, 철학이란 이미 이전에 우리가 정의했던 바와 같이, '전체로 본 경험의 연구'라고 할 수 있다. 따라서 전체적 시야에서 살펴지고, 인간의 모든 경험과 욕망의 빛에 비치는 이상, 어떤 문제도 다 철학의 내용이 될 수 있음은 명백하다.

철학적 정신의 특징은 시각의 폭과 관념의 통일을 측정하는 미묘한 사색일 필요가 없다는 점이다. 여기서 우리는 스피노자의 'sub specie eterntitais(영원의 상에서)' 대신에 'sub specie totius(전체의 상에서)'라고 하자. 이 두 초점은 마치 두 눈의 초점이 동일 물체 위에 떨어지듯이 결국은 같은 것이다. 그러나 사람이 그 자신의 경험을 전체 안의 상관적 질서에 집중시킬 수 있었다 하더라도, 사물을 영원의 입장에서 본다는 것은 불멸의 신에게나 주어진 특권일지 모른다. 그리고 아마 그런 신은 어디에도 존재하지 않을 것이다.

과학과 철학의 관계에 대해서는 새삼 더 말할 필요가 없을 것이다. 과학은 그것을 통해 철학의 세계를 내다보는 창문이다. 또는 과학은 감각이며 철학은 이성이다. 즉 철학이 없는 과학의 지식은 무질서한 마음에 찾아드는 지각처럼, 혼돈되고 걷잡을 수 없는 바보의 잠꼬대가 되고 만다. 철학은 가장 보편화된 지식이다. 이 점에서 스펜서는 옳았다. 그러나 단순한 지식만은 아니다. 이 점에서 스펜서는 잘못 알고 있다. 철학이 단순한 지식과 욕망의 혼돈을 정화하고 질서 있게 해 주고, 이를 전체적 전망으로까지 지양시키는 어렵고도 고매한 통찰이기 때문이다. 그것은 지혜라고 불리는 특이한 성질을 지닌다.

과학이 없는 철학은 무능한 존재이다. 올바른 관찰과 탐구로 옳게 얻어지며, 어디에도 기울지 않는 공정한 마음으로 기록·복원된 지식을 제쳐 놓고서는 지혜가 자라날 수 없기 때문이다. 과학이 없는 철학은 타락·부패하고 인간발전의 흐름에서 따돌려져서, 마침내 황폐한 스콜라철학의 불모지로 굴러 떨어지는 수밖에 없다. 그러나 철학 없이는 과학은 절망적일 뿐만 아니라 파괴와 몰락이 있을 뿐이다. 과학은 기능적이다. 그것은 육안이나 망원경·현미경·분광기 등을 수단으로 하여 관찰하고, 그 결과를 우리에게 보고하면 된다. 과학의 기능은 눈앞의 사실을 주의 깊게 관찰하고 그 결과를 정확하게 기록하는 데 있다. 그것이 인간에게 미치는 영향을 고려할 필요는 없다. 가령 여기에 니트로글리세린이나 글로린 가스가 있다 하자. 과학의 임무는 다만 조용히 이들을 분석하고 그 배합과 요소 및 작용을 말해 주면 된다. 만약 그것이 온 도시를 멸망시키고 인류가 모든 문명을 무(無)로 돌아가게 하는 것일지라도, 과학은 그저 이러한 것이 어떻게 과학으로 신속하게 납세자의—만약 그들이 생존해야 한다면—희생을 최소한도로 막을 수 있는가를 냉정하게 알려 주면 된다. 문명은 몰락해야 하느냐 마느냐, 여기에 대해 과학이 무슨 말을 할 수 있겠는가?

위대한 재산을 축적하는 것, 창조와 건설에 몰두하는 것이 과연 인생의 행복이냐 아니냐, 지식을 찾고 공상에서 깨어나며 미의 황홀경에 빠지는 것 등은 선이냐 아니냐, 우리는 전통생활에서 신의 명령에 앞장서려고 노력해야 하느냐 마느냐, 우리는 사물을 마음의 입장에서 보아야 하느냐, 마음을 사물의 입장에서 보아야 하느냐…… 이런 문제에 대해 어떻게 과학이 대답할 수 있단 말인가? 인간생활의 최종 선택은 우리의 전체적 경험과 지식을, 단지 그 소재로밖에 삼지 않는 지식에 의해서—그 전체적 통찰 속에서 비로소 과학의 모든 재산이, 장소와 질서와 지도적 의의를 얻게 되는 지혜에 의해서—만 명백해질 수 있는 것이다.

철학은 필요상 과학보다 가설적이다. 과학에도 가설의 필요는 있다. 그러나 단지 출발점으로서 필요할 뿐이다. 과학이 과학일 수 있기 위해서는, 개인의 이해나 변덕과는 독립되어 실증적인 지식으로 나아가야 한다. 이와는 반대로 철학은 과학을, 즉 사실과 실증된 지식을 그 출발점으로 삼는다. 그렇게 안 했다면 꼭 해야만 한다.

그리고 더욱 나아가, 이제 더 이상 확실한 자료가 없는 궁극적인 문제에 대해, 보다 높은 가설을 만든다. 철학은 모험적이면서도 상상적인 인식의 완성인 것이다. 실험으로는 증명할 수 없는 가설도 세계에 관한 과학지식의 틈을 메운다. 이런 의미에서 모든 사람은 스스로 인정하건 않건 간에 철학자이다. 매우 조심스런 회의론자도, 아주 점잖은 불가지론자도, 또 가장 평범한 행동주의자도, 철학이란 불가능한 것이라고 세상에 공언하는 바로 그 순간에 이미 철학자인 것이다. 신의 존재를 믿지도 의심치도 않는다는 완전한 중립지에 살며, 그의 행동과 사상을 공평하게 긍정과 부정 사이 한가운데에 놓을 수 있는 불가지론자가 있다고 하면, 그는 숨을 멈추고 움직이지도 않는 철학의 모라토리움, 철학적 혼수, 완전한 무의식상태에 놓여 있는 것이리라. 그러나 이것은 불가능한 일이며 비인간적이다. 우리는 지금 어느 쪽인가에 서 있다. 부정 아니면 긍정 쪽에서 살고 있다. 우리는 철학을 형성하는 이 무서운 딜레마의 어느 쪽인가를 택한 자처럼 행동하고 있다. 우리는 가성을 만든다. (가정을 만들지 않는다고 한) 뉴턴조차도 결국 가정 위에 서 있다. 절대자의 유혹이 우리를 자꾸 앞으로 끌어당기고 있는 것이다.

철학의 역사를 살펴볼 때, 거기서는 끝없는 자기모순이 되풀이되고, 철학자는 적을 쓰러뜨리고 진리의 국왕, 진리의 왕권을 빼앗으려는 동족상잔의 살인마처럼 보인다. 과연 그러한가? 이 혼란된 모순을 제거하고, 이 비참한 전화에 끝장을 낼 만한 생명력은 무슨 수로도 얻을 수 없는 것일까? 많은 철학이 서로 싸우다가 마침내 소멸되어 버리지 않을까?

과학의 역사를 한번 더듬어 보자. 거기에는 만화경 같은 변화가 있다. 이에 비하면 통일성이 없다는 철학의 혼란은, 당장 근본적인 일치와 동일성 속에 융합되고 말 것이다. 저 유명한 성운설도 어느 별까지 흘러갔을까? 현대의 천문학이 과연 이 설에 협조할까, 아니면 그 어두운 얼굴에 대고 미소나 지어줄까? 아인슈타인과 민코프스키, 그 밖의 여러 저명한 학자가 난해한 상대성이론으로 우주를 복위시켜 버린 오늘날, 위대한 뉴턴의 법칙은 어디로 가는가? 현대물리학의 혼돈된 논쟁 속에서 물질의 불위성, 에너지 불위의 원리는 어디 있는가? 수학자가 제 구미가 닿는 대로 새로운 차원을 만들어 내고, 서로 타자를 포함시킬 수 있는 많은 무근대를 생각해 내서, 정치학뿐이 아니라 물리학에서도, 진천은 두 점 사이의 최장거리임이 입증되도록 된 오늘날, 가장 위대했던 교과서 저자인 유클리드의 가련한 모습은 어디 있는가? 유아 때의 환경이 유전으로 바뀌고, 이를 흘러간 과학의 신으로 삼던 우생학은 오늘날 어디에 있는가? '성격단위'가 발생학자의 인망을 잃은 오늘날, 멘델은 또 어디에 있는가? 진화는 우연·연속이라는 두 가지 방법에 의하지 않고, 급진적 돌연변이에 의한다고 인정되는 오늘날, 파괴력 있던 다윈은 어디로 갔는가?

그리고 이 변화는 한 쌍의 잡종이 낳은 자손일까? 진화현상의 설명을 위해 우리는 다시 후천성의 유전으로 돌아가야만 할까? 우리는 일세기 이상이나 거슬러 올라가, 다시금 라마르크의 기린 목을 껴안아야 하는가? 행동주의 심리학자가 시체를 욕되게 하지 않고서는, 새로운 심리학서의 단 1페이지도 쓸 수 없다는 오늘날, 분트의 실험, 홀의 의문은 어떻게 되었는가? 이집트 학자가 각기 2, 30년씩이나 틀리는 왕조의 계보나 연대표를 만들어 낸 오늘날, 새 역사학은 어디 있는가? 뛰어난 인류학자들은 타일러, 웨스터마크, 스펜서를 그리고 이미 죽어서 오늘날 원시종교에 대해서 더 이상 알 수가 없게 된 기사 작위의 소유자 프레이저까지도 비웃는다. 그럼 과학은 지난날 어떤 길을 더듬어 왔을까? 그 확실성과 영원한 진리성을 근래에 와서 갑자기 잃어버린 것일까? 과연 '자연의 법칙'조차도 역시 인간의 가설에 지나지 않는단 말인가? 과학에는 이미 확실성이나 안정성이란 더 이상 없단 말인가?

만약 우리가 정신의 안정성을 원한다면 그것은 과학보다도 철학에서 찾아야 한다. 철학자 간의 차이는, 그들이 품는 신념의 차이보다도 용어의 시대적 변천에 의하는 수가 많다. 또한 한때 경시했던 한 가설을 버리고, 다른 새로운 설로 자꾸 옮겨가는 과학 자신의 변덕 때문에 그러는 수도 적지 않다. 우리가 갖가지 다양한 표현의 외형적 차이를 젖히고, 안에 있는 근본사상으로 다가갈 때, 인생의 중요한 문제에 관한 대사상가의 판단 사이에는 놀라울 정도의 일치성이 있음을 깨닫는다. 산타야나는 점잖게 말했다. 자신은 아리스토텔레스에게 추가할 것이라고는 아무것도 없고, 다만 고대 철학을 우리 시대에 적용하려는 것뿐이라고. 이와 비슷한 말을 현대의 물리학자·생물학자·수학자는 그리스의 과학자에 대해 할 수 있을까? 아리스토텔레스의 과학은 거의 모든 점에서 현대의 과학과 배위되어 있다. 그러나 현대의 과학이 미래의 과학의 확실성에 의해 웃음거리가 되고 내버려지는 날이 올지라도, 아리스토텔레스의 철학은 영원히 심오한 사상으로서 그 광채를 지닐 것이다.

과학의 여왕

그래서 만약 철학이 지난날의 권위를 지니고 모든 과학을 그 손아래 거느리며 지식을 도구로 삼는다면, 그녀는 여전히 '과학의 여왕(Regina Scientiarum)'으로 어디서나 인정받게 될 것이다. 세계는 그녀의 대상이, 우주는 그녀의 전문 분야가 될 것이다. 그리고 총명한 여왕은 자기 왕국의 각 영지에 유능한 영주를 선임하고, 그들은 또한 각기 종속자들에게 재료수집 및 상세한 실무를 시킨다. 동시에 지배자는 현지적 조직과 기획에 참여한다. 또한 철학은 그녀의 왕국을 여러 영역으로 분할한다. 그리하여 철학의 낙원 안에는 많은 저택이 있는 것이다.

철학의 왕국의 첫 영역이며 그 입구가 되는 것은 논리학(logic)이라는, 별로 매력이 없는 이름으로 불리는 곳이다. 철학은 자기의 아름다움을 낯선 사람들의 눈에 보이지 않게 신중히 가리고, 먼저 이 과제(논리학)를 시련으로 내려, 그녀의 '철학의 즐거움'을 나누어 가질 만한가 시험해 본다. 왜냐하면 철학의 즐거움은 고귀한 사랑의 즐거움과도 비길 만한 것이며, 천박한 인간 따위가 끼어들 수 없는 것이기 때문이다.

진리의 모습을 상상해 볼 수도 없는 자가 어떻게 진리를 알 수 있으며, 그러한 시련을 겪지 않고 어찌 진리의 '실재'를 확인할 수 있겠는가? 빌라도의 애타는 듯한 질문에 우리는 어떻게 대답해야 할 것인가? 우리의 연약하고 위험한 이성이나, 심오하고 막연한 직관에 의할 것인가, 아니면 우리의 눈과 귀와 손이 파악하는 거친 실증을 따라야 할 것인가? 모든 왜곡된 편견과 기만적 우상의 감각과 이성을 말끔히 씻어 없애고, 모든 지나가던 진리가 우리에게 찾아들어 환영을 받으며 제 자리를 찾게 할 수 있도록, 이지의 등불을 계속 켜둘 수 있을까? 지혜의 탐구와 사랑을 위해 운동선수처럼 어떻게 스스로를 단련할 것인가?

그리고 철학의 왕국 중심부에서 꽤 멀리 떨어진 곳에 인식론(epistemology)이라는 커다란 용이 도사리고 있다. 또 하나의 시련영역인 것이다. 논리학의 고달픈 길을 다니다 지친 우리는, 여기서는 어둠 때문에 거의 아무것도 못 보게 될 것이다. 우리는 도처에서 수렁에 빠져 쓰러지며, 마룡(魔龍) 입가에서 방황하다 이윽고 그럴듯한 그의 말에 매혹되어, 그만 동굴같이 커다란 놈의 입에 삼켜지고 말 것이다. 그리하여 영원히 인식론자에게서 벗어나지 못하게 된다. 그러나 우리는 이 시련에도 직면해야 하며, 지식의 수수께끼를 풀고 우리가 지각하는 세계에 대한 확실성·실재성의 문제를 해결해야 한다. 그래야만 이 어둠의 미개지를 통과하여, 위대한 여왕의 궁정에 들어가 겸허하게 설 수가 있는 것이다.

다음 영지인 형이상학(metaphysics) 역시 암흑의 고장이다. 이곳은 우리가 들고 간 등불로만 길을 밝힐 수가 있다. 그러나 이곳은 영혼을 위해 풍부한 보물이 가득 차 있는 곳이다. 자연은 이곳에 자기의 신비의 근원을 감추어 두고 우리를 수없는 문제로 괴롭힌다. 철학은 이곳에서 지난날 피타고라스에게 노래했던 '천체의 음악'을 울려준다. 형이상학에 의해 자연은 의식하고 스스로의 목적을 비판하여 뜻있는 것이 된다. 여기서 우리는 물질과 생명, 뇌수와 정신, 유물론과 유심론, 기계론과 생명론, 결정론과 자유론 등의 문제를 생각하게 되리라. 인간이란 무엇인가? 코일과 용수철과 톱니바퀴로 이루어진 물건인가? 아니면 조그맣고 기묘한 창조신인가?

또 다른 영지는 역사학(history)이라고 불린다. 여기에는 많은 실패자와 천재들이 있어서 먼 시대와 장소로부터 교훈을 보내주어 우리는 그것을 종합적으로 살피고 배움을 얻는다. 과연 과거에는 무슨 의의가 있는 것일까? 흥망에는 법칙이 있고 국가·종족·문명의 흥망은 단순한 사실이 아니라 법칙일까? 여기에는 인류의 운명에 대한 지리의 영향을 논하는 몽테스키외와 버클이 있다. 인간진화의 사상, 무한한 완성의 가능성을 안고 그것으로 자위하며 죽는 콩도르세가 있다. 헤겔은 여기서 변증법의 요술을 보여 주고 칼라일은 그의 영웅을 이야기한다. 배타적 애국주의는 조국의 힘을 구가하고 야만인의 침입을 저주한다. 마르크스는 산더미 같은 사례와 의논을 내놓고, 경제의 역사적 결정력을 주장하여 우리를 놀라게 한다. 몇몇 학자는 이에 대해, 이들 편광자의 진리란 다면체의 한 면에 지나지 않고, 역사나 자연은 그들이 자기 철학에서 꿈꾸어 온 것처럼 단순하지는 않다고 할 것이다. 그리고 이 영지의 한구석에서는 니체가 '영구회귀'의 노래를 부르고, 슈펭글러가 서유럽의 몰락을 정열적으로 입증한다.

다음 영지로 계속 가면 정치학(politics)에 대한 논쟁을 듣게 된다. 순간, 우리는 미국의 정체가 드러날까 두려워 언짢아질 것이다. 그러나 두려워할 것은 없다. 우리는 특별한 존경심을 가질 필요 없이 민주주의를 논하고, 아무 두려움 없이 무정부주의를 토론해야 하기 때문이다. 사회주의를 사랑하는 자도 그 결함을 의식하고, 귀족주의를 숭상하는 자도 사회 하층에 있는 인재에 대해 베풀어 온 자기네 부정을 경멸하기를 잊어서는 안 된다. 그리고 때때로 우리는 현자의 지배하에서만 모든 도시가 아름답고 풍성하게 되는, 유토피아에 대해 젊은이 같은 정렬로 말하게 되리라.

마음에 여전히 아름다운 여운을 남기는 이 유토피아의 노래를 간직한 채, 드디어 우리는 왕국의 중심부에 들어가게 된다. 우러러보면 철학은 아름답고 영원하며, 선량한 여신으로 그녀를 연모하는 사람들 앞에 나타난다. 철학은 예술에 대해 은밀한 질투심을 품고 미에 관한 예술의 창조적 정열을 부러워한다. 과학은 철학의 적이 아니라고 하더라도, 예술은 가장 고귀한 인간의 소유와 특권에 대한 철학의 커다란 적수인 것이다. 미를 숭배하는 것은 진리를 찾는 것보다 현명한 길일지도 모른다. 지혜에 있어서 양보의 여지가 여기에 있다. 왜냐하면 영원한 진리에 이르는 길에는 많은 함정이 놓여 있어서, 우리는 그녀의 옷깃조차 건드려 보지 못할지도 모르는데, 미는 언젠가는 죽어야 할 자기의 운명을 알기 때문이다. 그리하여 진심으로 우리의 숭배를 받아들이고 이에 보답해 주는 것이다.

철학은 냉정히 미를 연구하지만, 예술은 미를 숭배하고 창조한다. 즉 예술은 훌륭하게 건축된 전당의 힘과 조각상의 요염한 광채를 통해 열렬한 사랑을 표현하고, 빛깔의 아늑함과 언어의 음악, 아름다운 음률의 합주를 통해 단숨에 미를 깨닫게 한다. 그러나 철학은 애석하게도 미의 문제를 이론적으로 이해할 뿐이다. 즉 미가 어디서 오는가, 그 의의는 무엇인가, 미는 그 형상 자체 속에 있는가, 아니면 우리 마음의 굶주림 속에 있는가 하는 따위 말이다. 이것이 수세기 동안 스콜라철학 정신에 의해 황폐해진 미학(aesthetics)의 영지이다. 그러나 거기에는 아직도 많은 신비와 환희가 가득 차 있다.

철학의 한가운데에는 또한 도덕(morals) 혹은 윤리학(ethics)의 영지가 있다. 이것도 한때는 아카데믹한 추상의 불모지였으나 지금 새로운 입장에서 볼 때, 이야말로 철학의 저택들 중에서 가장 풍성한 곳이다. 왜냐하면 윤리학이란 생활의 창조를 가르치는 것으로, 생활의 창조는 창조의 생활보다도 높은 것이기 때문이다. 윤리학에 있어서 철학은 많은 지식을 하나의 살아 있는 지혜로 지양하는 것이며, 모든 철학의 저택에서 인류의 지도자를 모아 온다.

결국 최선의 생활이란 무엇인가? 어떤 선이 참된 선인가? 참 속에 어떤 정의가 있는가? 최고의 덕은 소크라테스의 지혜 속에 있는가, 아니면 니체의 용기에 있는가, 또는 그리스도의 사랑에 있는가? 우리는 제논이나 스피노자와 함께 찾는 에피큐리안이 되어야 할까? 쾌락이 인생의 목적일 수 있을까? 법적이 아닌 사랑은 부덕한 것일까? 정의란 무엇이며 오늘날 생산적 세계의 현상에서 무엇을 정의라고 할 수 있는가? 여기서 만약 꼭 필요한 문제가 있다면 윤리학의 문제를 제쳐놓을 수 없다. 모든 문명의 운명과 모든 나라, 온갖 사람에게 저촉되는 딜레마가 여기에 있기 때문이다. 윤리학의 문제를 앞에 놓고 부기나 속기, 기체·액체·고체 등에 대한 고찰에 매달릴 수 있을까? 그렇다면 그것은 생명과의 동맹자가 아니라, 오히려 죽음의 단체의 일원이라고 해야 할 것이다.

하지만 죽음의 문제도 역시 철학에 속한다. 온갖 논쟁의 소리가 가라앉았을 때, 이성은 겁먹은 얼굴로 조심스레 이 인생 최대의 강적에 대한 생각으로 돌아서게 된다. 그리하여 철학은 종교학(religion)의 문에 들어선다. 신학이 문제로 삼은 초자연적 존재나, 그의 인간에 대한 관계 따위는 철학이 말할 것이 못 된다. 철학은 인생의 총화, 사물의 전체 등에 대한 인간과의 관계를 논한다. 그리고 이 지상에 있어서의 인간의 발생과 최후의 운명 등에 대하여 인간다운 겸허를 지니고 말한다. 다른 중요한 문제와 마찬가지로 그것은 불멸의 문제와 연관된다.

만일 천체가 일시적인 성운의 응고에 지나지 않고, 생명이란 모두에게 영원하지만 한 사람 한 사람에게는 덧없는 교질 현상이며, 인간은 해체와 소멸의 운명을 걸어야 하는 화학 성분의 합성이고, 예술의 창조적 황홀감도 현자의 너그러운 지혜도, 성인의 자발적인 순교도, 모두 지상에서 일어나는 원형질의 순간적 현상에 지나지 않으며, 오직 죽음만이 모든 문제의 해결책인 동시에 모든 인간의 운명이라 하더라도, 철학은 그것과 맞서 나아갈 것이다.

자, 이제 철학의 유혹을 받아들여 그녀를 사랑하는 노력을 시도해 보기로 하자.

윌 듀랜트 연보

1885년 11월 5일 미국 매사추세츠주 노스애덤스에서 프랑스계 캐나다인 이민자 조셉 듀랜트와 매리 알라드 사이에서 태어남.

1900년(15세) 성 베드로 학교 입학. 어머니의 소망에 따라 성직자가 되고자 했으나 학교 도서관에서 다양한 철학자와 무신론자의 작품을 접하면서 더 이상 종교인이 될 수 없음을 깨닫는다.

1907년(22세) 〈뉴욕 이브닝 저널〉에서 기자로 활약함. 뉴저지주 세튼 홀 대학교에서 라틴어와 프랑스어·영어·기하학을 가르치기 시작함.

1911년(26세) 페러 모던 학교에서 학생들을 가르치며 자유주의 교육을 실험함. 이곳에서 13세 연하의 제자 에어리얼을 만나 사랑에 빠지고 뒷날 결혼하게 된다.

1913년(28세) 교직을 그만두고 생계를 위해 한 교회에서 철학·문학·과학·음악·예술의 역사에 대한 강좌를 진행함. 이 강의는 뒷날 《문명 이야기》를 쓰는 데 밑거름이 된다.

1917년(32세) 컬럼비아 대학교에서 박사학위를 받고 이 학교에서 강의를 시작하게 됨. 첫 번째 저서 《철학과 사회 문제》 출간.

1926년(41세) 《철학 이야기》 출간. 철학을 대중화하는 데 결정적인 기여를 한 이 책은 출간 즉시 베스트셀러가 됨으로써 뒷날 듀랜트가 경제적 부담 없이 《문명 이야기》를 집필할 수 있게 해 주었다.

1933년(48세) 《러시아의 비극》 출간. 사회 비평가인 윌 로저스로부터 '러시아에 대해 쓴 최고의 작가'라는 평을 듣는다.

1935년(50세) 《문명 이야기》 제1권 《동양의 유산》 출간. 듀랜트는 그 후 1975년까지 총11권의 《문명 이야기》를 저술하는데, 아내와 공저한 이 시리즈는 고대 문명의 기원에서 20세기 초반까지 약 1만 년의 시간을 휴머니즘적 관점에서 다루고 있다.

1953년(68세) 《철학의 즐거움》 출간.

1967년(72세) 《문명 이야기》의 제10권 《루소와 혁명》으로 아내와 공동으로 퓰리처상 수상.

1968년(73세) 《역사의 교훈》 출간.

1970년(75세) 《삶의 해석》 출간.

1977년(92세) 《두 사람의 자서전》 출간. 대통령 자유 훈장 수상.

1981년(96세) 10월 25일 아내 에어리얼 죽음. 11월 5일 아내가 죽자 식음을 전폐하던 듀랜트 죽음.

사후

2001년 《역사 속의 영웅들》 출간.

2002년 《시대를 초월한 위대한 사상가들》 출간.

2003년 《철학으로의 초대》 출간.

2008년 《철학 안에서의 모험》 출간.

임헌영

경북 의성 출생. 중앙대 국문과 동대학원을 졸업했다. 1966년 〈현대문학〉에 평론 〈장용학론〉과 〈니힐과 반항〉으로 등단. 평론 〈전쟁 속의 인간상〉(1969), 〈도전의 문학〉(1969), 〈미학의 사회적 기초〉(1971), 〈참여와 어용〉(1977), 〈한의 문학과 민중의식〉(1984), 〈4·19와 한국소설〉(1985), 〈카프문학을 어떻게 이해할 것인가〉(1989) 등을 발표. 중앙대 문창과 교수와 민족문제연구소장을 역임했다. 지은책 《한국근대소설의 탐구》(1974), 《창조와 변혁》(1979), 《문학의 시대는 갔는가》(1983), 《민족의 상황과 문학사상》(1987), 《임헌영 평론집》(1988), 《변혁운동과 문학》(1989)을 간행하였다.

세계사상전집041
Will Durant
THE STORY OF PHILOSOPHY
철학이야기
윌 듀랜트/임헌영 옮김
동서문화사창업60주년특별출판
1판 1쇄 발행/1994. 6. 5
2판 1쇄 발행/2007. 9. 1
3판 1쇄 발행/2016. 9. 9
3판 3쇄 발행/2023. 8. 1
발행인 고윤주
발행처 동서문화사
창업 1956. 12. 12. 등록 16-3799
서울 중구 마른내로 144(쌍림동)
☎ 546-0331~2 Fax. 545-0331
www.dongsuhbook.com
✳

사업자등록번호 211-87-75330
ISBN 978-89-497-1449-3 04080
ISBN 978-89-497-1408-0 (세트)